I 서양정치철학사

서양정치철학사 I

레오 스트라우스 | 조셉 크랍시 엮음
김홍우 감수 | 김영수 외 옮김

인간사랑

History of Political Philosophy, third edition
Edited by Leo Strauss and Joseph Cropsey

❖ 감수자 서문 ❖

레오 스트라우스는 1899년 독일에서 출생하였으며, 후설(Husserl)과 젊은 하이데거(Heidegger)에게 배웠다. 시카고 대학 정치학과에 1949년부터 봉직하면서 북미 학문공동체에 커다란 영향을 미쳤다. 그는 고전의 부흥을 일생의 학문적 목적으로 삼아 그 전통을 소크라테스, 플라톤 그리고 아리스토텔레스로부터 찾았다. 그러나 그는 고전연구에 있어 이슬람-유대세계에서의 경전해석 방식을 존중하여 알파라비(Alfarabi)의 입장을 따랐다. 스트라우스가 고전연구에 있어 암호해독을 위한 텍스트의 집요하고 철저한 정밀독해(情密讀解, close reading)를 강조한 것도 따지고 보면 알파라비의 영향이라고 볼 수 있다. 기록에 의하면, 스트라우스는 그의 학생들에게 이렇게 말했다고 한다 : "숨겨진 암호를 찾아 텍스트를 비로 쓸 듯이 샅샅이 읽어라!" (scour text for hidden code)

고전으로 복귀하려는 노력은 실상 근대 학문에 대한 비판적 태도에 연원을 두고 있다. 고대 자연철학자들은 신적인 것 혹은 존재의 불변하는 궁극적 원인, 말하자면 천상(天上)의 것들을 발견하려고 했다. 그러나 소크라테스는 오히려 천상의 것보다는 지상의 것, 즉 인간의 존재상황을 이해해야 한다고 여겼다. 소크라테스가 지향했던 앎의 대상은 인간적인 사물들(human things)이었다. 이것은 소피스트의 경우에도 마찬가지였다. 그러나 그들은 인간적인 사물들의 "본질"(nature 또는 whatness)에 대한 탐구에 무관심했다. 인간적 사물들이란 결국 "관행"(nomos 또는 convention)에 지나지 않는다는 것이었다. 그러나 소크라테스는 인간적 사물의 본질이 획일적인 만듦의 대상이 아니며, 사람마다 다르게 이해되는 것도 아니라고 보았다. 그는 본질이란 형상(form) 또는 이데아(idea)로서 발견되는 것 또는 "관조의 대상"이라고 보았다.

스트라우스는 특히 정치철학과 정치사상 간의 구별과 관련하여 매우 흥미 있는 관찰을 하고 있다. 그에 따르면, 오늘날 괄목할 만한 현상 중의 하나는 "정치철학"이 "정치사상"에 의해 대체되고 있다는 점이다. 그는 이러한 대체현상을 현대사회의 위기적 증상 중의 하나로 해석한다. 스트라우스는 첫째, 정치적 사물에 관한 "의견"(doxa)과 이것에 관한 "지식"(episteme)을 각각 구별하고, 둘째, 정치철학을 "정치적 사물의 본질에 관한 의견을 지식으로 대체하려는 시도"라고 정의하는 반면, 정치사상을 "정치이념에 관한" 단순한 "성찰 또는 규명"으로 정의한다. 여기서 스트라우스가 강조하는 것은 정치사상이 의견과 지식을 구별하지 않는다는 것이다. 말하자면 정치사상은 모든 것을 의견 또는 이데올로기로 본다는 것이다. 이 말을 뒤집어 보면 정치사상은 모든 의견을 그 나름의 진리, 즉 시대적 진리로 받아들인다는 뜻이다. 스트라우스에 의하면, 정치사상의 이와 같은 의견과 지식의 구별에 대한 무관심은 사실상 정치철학의 폐기이며, 이런 이유에서 정치사상은 정치철학의 가장 큰 적이다. 여기서 정치사상으로부터 정치철학의 구별은 단순한 개념정의 이상의, 말하자면 정치철학의 사활에 직결된 근본적 문제로 제기된다.

스트라우스의 설명에 따르면, 정치사상이 의견과 지식의 구별에 무관심하게 된 가장 큰 이유는 역사주의의 영향 때문이다. 역사주의란 보편적 진리 대신에 특정의 시-공에 국한된 상대적 진리만을 인정하는 입장이다. 역사주의는 어떤 의미에서 오늘날 우리들의 의식과 무의식을 지배하는 시대정신이라고 볼 수 있다. 현대 과학으로 대표되는 이른바 실증주의도 따지고 보면 이성의 보편적 가치판단의 능력을 불신하는 데서 비롯되었다. 이런 이유에서 스트라우스는 실증주의를 역사주의의 과도기적 형태라고 말한다. 그에 의하면 실증주의는 필연적으로 역사주의로 전환되고, 역사주의는 허무주의로 귀결된다.

역사주의에 대한 스트라우스의 비판을 요약하면 대체로 다음과 같다. 첫째, 역사주의는 "근대성의 위기"의 산물이다. 루소는 이러한 "근대성의 위기"에 대해 언급한 첫 번째 사상가였다. 니체는 그 두 번째였으며, 하이데거는 세 번째 철학자이다. 둘째, 역사주의는 특히 니체에 이르러 허무주의로 변신되었고, 반이성주의적 경향으로 나타났다. 셋째, 정치철학과 구별되는 정치사상의 배후에는 이와 같은 역사주의-허무주의-반이성주의가 도사리고 있으며, 이것을 극복하는 길은 고전(古典)에로의 복귀뿐이다.

그러나 필자는 스트라우스가 비판한 "역사주의"에 대해 좀더 조심스러운 접근이 필요하다고 생각한다. 어떤 점에서 스트라우스는 나쁜 의미의 역사주의와 좋은 의미의 역사주의를 구별하지 않았다는 비난을 면하기 어렵다. 물론 역사주의에는 허무주의라는 위험성이 항상 도사리고 있음을 경계해야 한다. 스트라우스의 가장 위대한 공헌 중의 하나는 마치 소크라테스의 "쇠파리"(gadfly)처럼 역사주의의 위험성에 대해 우리들의 경각심을 끊임없이 각성시킨 데 있다.

그러나 스트라우스의 역사주의 비판은 나쁜 의미와 좋은 의미의 역사주의를 구분하지 않음으로써 결과적으로 역사 자체에 대한 부정적 시각을 강화시켰음을 부인할 수 없다. 역사주의가 상호주관성을 상실할 때, 그것은 닫혀진 상대주의—자기의 입장을 절대화하는 상대주의—로 화석화될 수밖에 없다. 이른바 밀실주의—패거리주의—집단적 이기주의란 바로 이러한 닫혀진 상대주의의 산물이다. 그럼에도 불구하고 바로 이런 이유만으로 또 다른 역사주의의 가능성—나는 이것을 상호주관적 또는 열려진 상대주의라 부르고 싶다—마저 부인되어서는 결코 안 될 것이다.

따지고 보면 소크라테스의 무지(無知)의 지(知) 그 자체도 역사적 산물임을 부정할 수 없다. 그것은 푸른 하늘에서 갑자기 떨어진 벼락 같은 그런 사건이 아니다. 그것 역시 역사적 삶의 산물이다. 보다 정확하게 말해서 그것은 당시의 역사적 현실 속에서 끊임없이 제기된 상대주의의 위협에 직면하면서 그 마지막 단계에서 이루어진 위대한 자각이었다.

진리는 역사를 필요로 한다. 왜냐하면 역사 없는 진리는 이름에 불과하기 때문이다. 마찬가지로 역사는 진리를 필요로 한다. 왜냐하면 진리 없는 역사는 터무니없기(non-sense) 때문이다. 우리는 다시 한 번 역사와 진리가 어떻게 만나는가에 대한 플라톤의 말을 상기할 필요가 있다. 역사와 진리가 필연적으로 만난다고 단정지을 수 있는 근거는 어디에도 없다. 이러한 믿음이야말로 모든 어용주의(御用主義)의 온상이 된다. 여기서는 모든 현실적인 것이 이성적인 것으로, 다시 말하면 진리로 둔갑하게 된다. 그렇다고 진리와 역사의 만남을 처음부터 배격할 수도 없다. 진리와 역사의 본질적 분리 속에서는 오직 은둔주의와 방관주의만이 판을 칠 뿐이다. 이제 『국가』(*Republic*)의 언명에 다시 귀를 기울여 보자 : 즉 도시와 철학 또는 역사와 진리의 만남은 "아주 불확실하다. 그러나 불가능하지는 않다”(very improbable, but not impossible). 어쩌면 스트라우스의 역사주의 비판은 “아주 불확실하다”는 데 악센트가 두어졌다고 생각된다. 그 결과 “불가능하지는 않다”는 점을 간과해 버렸다는 짙은 여운을 남긴다.

이 책의 번역은 정치사상에 관심을 가진 여러 사람들에 의해 이루어졌다. 1992년 이 책의 일부분이 번역되어 1권으로 출판된 이래 15년의 시간이 흘렀다. 그동안 자신의 학문분야에서 정진을 거듭하여 한국 정치학계의 동량이 된 총 34명의 학자들이 이 번역작업에 참여하였다. 최근 5년 동안 이루어진 2, 3권의 번역작업은 이동수 교수와 김남국 교수가 총괄하여 진행하였고, 장명학 · 김영수 · 박현모 교수 등 5인으로 이루어진 편집위원회가 실무를 관장하여 번역내용의 통일과 수정작업을 진행하였다. 그러나 각 장의 번역자를 원문 집필자와 함께 장 말미에 명기함으로써 그 수고를 기리는 동시에 책임을 분명히 하고자 하였다. 이 책의 완역출판에 오랜 시간이 걸렸지만 아직도 여러 가지 미비한 부분이 남아 있을 것이다. 훗날을 기다려 좀더 다듬고자 한다.

2007년 5월 25일

감수자 김홍우

❖ 제3판 서문 ❖

이 책의 제2판은 레오 스트라우스가 죽기 바로 전 해인 1972년에 나왔었다. 그 이후로 새로운 세대가 거의 혹은 이미 성숙해 있었기 때문에 새로운 판을 내려는 결정에 있어서 그들의 작품을 이 책에 포함시킬 수 있는 기회를 가질 수 있었다. 동시에 중요한 항목에 있어서는 책의 범위를 넓힐 수 있었다. 투키디데스와 크세노폰에 관한 부분은 처음으로 실리게 되었지만 이에 대해서는 별도의 설명이 필요없을 것이다. 후설과 하이데거도 실리게 되었는데, 이에 대해서는 약간의 설명이 필요하리라 본다. 레오 스트라우스에 관한 언급에 대해서도 어느 정도의 설명이 필요할 것이다.

초판 서문에서 우리가 중세 이슬람이나 유대 철학자, 그리고 데카르트에 관한 장(章)을 포함시킨다고 말했을 때 의아스럽게 여겼을 것이다. 우리는 물론 이와 관련된 사상가들이 본래 정치철학자가 아니라는 점을 명심하고 있었다. 현상학과 실존주의 역시 정치철학이 아니라고 할 수 있으며, 후설과 하이데거에 대해서도 같은 말을 할 수 있다. 그렇지만 1960년대와 그 당시의 "급진주의"를 생각해 볼 때, 비록 변질되기는 했지만 실존주의가 대중의식에 끼쳤던 영향을 떠올리지 않을 수 없다. 또한 우리는 하이데거의 철학이 그로 하여금 극악무도한 정치에 잠깐이건 오랫동안이건 간에 참여하게끔 허락하고, 준비시키고, 혹은 유인했다는 사실—이것은 여전히 논쟁의 여지가 남아 있지만—을 잊을 수도 없다. 아마도 늘, 우리 시대에 있어서는 더욱 더 정치학은 인류의 권력, 지평 그리고 목적에 관한 인간의 숙고에 대해 어떤 파생적이고도 불확실한 방식으로 대답하며, 정부제도를 통해 나타나는 전망에 대해서도 불완전하게나마 영향을 미친다. 나는 후설과 하이데거의 저작에 관한 지식이 20세기의 정치학뿐만 아니라 원칙적으로 정치적 가능성에 대한 학생들의 이해를 깊게 해주는 데 도움을 줄 것이라고 믿는다.

아리스토텔레스, 버크, 벤담, 그리고 제임스 밀에 관한 부분은 이번에 새롭게 집필되었다. 이러한 대체(代替)는 저자 자신이 원래의 글을 철회했거나 아니면 성장하는 혹은 성장한 학자들의 글을 포함시킴으로써 이 책에 참여하는 저자의 범위를 넓히려는 의도의 결과이다.

레오 스트라우스에 대한 후기—이제는 고인이지만 이 책의 편집자 중의 한 분에 대한 에세이—를 포함시킨 것에 대해서는 설명이 필요하다. 이러한 글을 덧붙이도록 요구한 것은 나였는데, 그것은 레오 스트라우스가 정치철학의 전통 속에서 사상가로서의 그의 위치를 차지한 것이 이제는 너무도 분명해졌기 때문이었다. 물론 그 위치의 수준은 지금으로서는 알 수 없는 것이지만, 여러 분야에 있어서 그를 흥미 있고 논쟁적인 존재로 만들기에는 충분할 정도로 높다. 나는 이 에세이가 어렵고도 널리 연구되어지는 저작들에 대한 엄격하면서도 공감을 주는 소개서—중립적이지 않으나 그럼에도 불구하고 객관적인 소개서—를 찾는 사람들에게 유용한 것으로 판명되리라고 확신한다.

나는 이전의 판과 새로운 판 사이에 차이점을 가져오게 한 모든 결정들에 대해서 선배 편집자(레오 스트라우스)의 동의를 얻을 수 있을는지에 대해 알 수 없으며, 또 그럴 거라고 주장할 수도 없다. 나는 이 새로운 판이 과거에 많은 호의를 받았던 지난 판들의 의도를 계속 견지하고 있는 것으로 받아들여지기를 바란다.

시카고, 1986년

조셉 크랍시

❖ 제2판 서문 ❖

이 책에서 제시되고 있는 정치철학의 가르침에 접근하기 위한 끊임없는 관심이 두 번째 판을 출판할 수 있는 기회를 마련해 주었다. 새로운 판이 과거의 것과 다른 것은, 칸트에 대한 글이 실렸다는 것과 아우구스 티누스, 토마스 아퀴나스 그리고 마키아벨리에 대해서는 새롭게 다시 집필됐다는 것이다. 또한 데카르트와 로크에 대해서는 중요한 항목에 대한 수정이 있었다. 다른 몇 군데에도 수정이 가해지기는 했으나 그것은 사소한 것이다.

레오 스트라우스
조셉 크랍시

❖ 초판 서문 ❖

이 책은 주로 정치학을 전공하는 학부생들에게 정치철학을 소개하려는 의도를 갖고 있다. 저자들과 편집자들은 정치철학을 신중히 다루기 위하여 최선을 다했다. 그것은 위대한 정치철학자들의 가르침이 현재와 과거의 사회를 이해하기 위해 우리가 반드시 배워야 할 현상으로서 뿐만 아니라, 그러한 사회를 이해하고자 한다면 우리가 꼭 배워야 할 현상으로서도 역시 중요한 것이라고 생각했기 때문이다. 설사 대개는 암묵적으로, 또는 잘 알아채지 못하게 대답되는 문제들만이 살아남게 되는 방식이지만, 우리는 지난날 정치철학자들이 제기했던 문제들이 우리 사회에 아직도 살아 있다고 믿는다. 나아가 우리는 어떠한 사회를 이해하기 위해서, 또 그에 대한 어느 정도 깊이 있는 분석을 하기 위해서는 반드시 이 같은 지속적인 문제에 연구자가 그 자신을 드러내고 그것에 사로잡혀 봐야 한다는 믿음을 갖고 이 책을 썼다.

이 책은 그 이유야 어쨌든 정치학을 공부하는 학생이라면 이처럼 지속적인 문제들을 철학적으로 다루는 것에 대해 어느 정도의 이해를 갖추어야만 한다고 믿는 사람들과, 정치학이 화학이나 물리학—이들의 주제에는 그들 자신의 역사가 제외되어 있다—만큼 과학적인 것이라고는 생각하지 않는 사람들을 위해 집필된 것이다. 대부분의 정치학자들은 정치철학의 역사가 당연히 정치학의 한 부분이라는 견해에 동의하고 있는데, 우리는 이 주제에 대한 강의가 개설되어 있다는 단순한 사실로 이를 확인할 수 있다.

우리는 이 책이 완전한 역사적 연구가 아니라는 것을 충분히 알면서도 대중 앞에 제시한다. 이 책은 완벽한 교과서조차 되지 못한다. 그 불완전성은 우리가 당연히 인정하고 있듯이 이 책이 한 사람에 의해 집필된 것이 아니라는 사실에 기인한다. 만일 필요한 문헌 모두에 통달해 있으며 시간적 여유까지 있어 보다 논리적 일관성이 있고 보다 통일적인, 따라서 분명히 보다 이해하기 쉬운 책을 쓸 수 있는 한 사람의 저자를 발견할 수 있다면, 그가 나타났을 때 바로 우리들 자신이 그를 채택할 것이다. 한편, 여러 사람이 쓴 책을 읽는 독자는 이러한 단점들을 이 책 각 부분을 채우고 있는 다양한 견해, 재능, 배경 등으로 어느 정도 보상받을 수 있을 것이다.

우리는 가장 뛰어난 교과서라 할지라도 그것은 단지 제한적인 목적에만 사용될 수 있다는 확신을 가지고 있다. 어느 학생이 원저자의 가르침에 대한 가장 훌륭한 이차적 설명만을 열심히 공부한다면, 그가 얻게 되는 것은 그에 대한 지식이라기보다는 그러한 가르침에 대한 견해와 풍문일 뿐이다. 만일 그러한 풍문이 정확하다면 그 학생은 올바른 견해를 갖게 되고 그렇지 못하다면 틀린 견해를 갖게 될 것이다. 그러나 어느 경우에 있어서도 견해를 넘어서는 지식은 얻을 수 없게 된다. 우리가 견해를 초월하려고 의도된 것들에 대하여 견해를 되풀이하여 가르친다는, 어떤 역설적인 것을 깨닫지 못한다면, 우리는 잘못된 생각에 빠질 가능성이 매우 높은 처지에 놓이게 된다. 우리는 이 교과서나 다른 어떠한 것도 학생들이 그것을 읽으면서 동시에 반드시 원전을 읽도록 지도받아야만 하는 보조수단 혹은 지침서 이상일 수는 없다고 믿는다.

우리는 어떤 저자와 주제는 포함시키고 어떤 것은 제외시켜야 할지 결정을 해야만 했다. 이렇게 하면서도 우리는 정치철학의 어떤 부분이 살아 있으며 살아 있을 만하다는 논쟁점에 대해 미리 판단하지 않으려고 의도했다. 물론 단테, 보뎅, 토마스 모어, 해링톤 등을 포함시키고, 예컨대 중세 이슬람과 유대 철학자나 데카르트를 제외시켜야 한다는 논의가 있을 수 있다. 각 철학자들에 할당된 충분량에 대해서도 의문이 제기될 수 있으며, 학생들에게 보이기 위한 단 하나의 목적만으로 글쓴이들의 이름을 언급하는 관행을 따르지 않은 것에 대해서도 마찬가지로 의문이 제기될 수 있다. 우리는 잘못을 비는 미사여구를 반복함으로써 독자들을 지루하게 하지 않을 것이다. 어떠한 결정 없이는 이러한 책이 나올 수 없으며, 또 그 타당성에 대한 의문이 제기되지 않는 결정이란 있을 수 없다는 것은 누구나 다 알고 있는 사실이다. 주장하고 싶은 것은, 우리가 우리의 행위를 변호할 수 있다고 믿는다는 것이다.

레오 스트라우스
조셉 크랍시

차례

* 대부분의 장 끝에는 읽어야 할 책이 수록되어 있는데, 두 부분으로 나뉘어 있다. 우리의 견지에서 볼 때 A로 분류된 것은 학생들의 이해를 위해 필수적인 저작 혹은 발췌를 포함하고 있으며, B로 표시된 것은 시간이 허락한다면 읽어볼 만한 중요한 추가적 문헌을 포함하고 있다.

서론

오늘날 "정치철학"은 "신화"라고는 말할 수 없지만 "이데올로기"와는 거의 동의어가 되어버렸다. "정치철학"은 확실히 "정치과학"과 대비되어 이해될 수 있다. 정치철학과 정치과학의 구분은 철학과 과학의 근본적인 구분의 결과이다. 그러나 이러한 근본적인 구분도 상대적으로는 근래에 비롯된 것이다. 전통적으로 철학과 과학은 분리되지 않았었다. 자연과학은 철학의 가장 중요한 부분 중 하나였던 것이다. 근대 자연과학을 빛나게 했던 17세기의 위대한 지적 혁명은 전통적인(주로 아리스토텔레스적인) 철학 혹은 과학에 대한 새로운 철학 혹은 과학의 혁명이었던 것이다. 그러나 이 새로운 철학, 즉 과학의 성공은 부분적이었을 뿐이다. 새로운 철학, 즉 과학에 있어서 가장 성공적인 부분은 새로운 자연과학이었다. 그것의 승리 덕분에 새로운 자연과학은 철학으로부터 점차 독립하게 되었으며, 적어도 외관상으로는, 말하자면 철학에 대한 권위가 되기까지 하였다. 이리하여 철학과 과학의 구별은 일반적으로 받아들여지게 되었으며, 마침내 정치철학과 정치적 사실들을 자연과학의 일종으로서 정치과학과 구별하는 것 역시 일반적인 것이 되었다. 그러나 전통적으로 정치철학과 정치과학은 같은 것이었다.

일반적으로 정치철학은 정치사상과 같은 것이 아니다. 정치사상은 언제나 정치적 삶과 함께 있어 왔다. 그러나 정치철학은 우리가 그 기록을 갖고 있는 그리스와 같은 과거의 특정한 정치적 삶 속에서만 나타난다. 전통적인 견해에 따르면 아테네의 소크라테스(B.C. 469-399)는 정치철학의 창시자였다. 소크라테스는 플라톤의 스승이었고 플라톤은 아리스토텔레스의 스승이었다. 플라톤과 아리스토텔레스의 정치적 저작들은 우리에게 전해 내려오는 정치철학 중 가장 오래된 것이다. 소크라테스로부터 비롯된 정치철학의 유형은 고전 정치철학이라 불리운다. 고전 정치철학은 16-17세기에 근대 정치철학이 나타날 때까지 주도적인 정치철학이었다. 근대 정치철학은 의식의 간격을 뛰어넘어 소크라테스가 세워놓은 원칙에 닿아 있었다. 한편, 고전 정치철학은 플라톤과 아리스토텔레스 그리고 그들 학파의 가르침에만 국한되는 것은 아니다. 여기에는 스토아 학파의 정치적 가르침도 포함되며, 교부철학과 스콜라학파의 정신적 가르침 역시 그것이 신의 계시만을 그 바탕으로 한 것이 아닌 이상 마찬가지로 여기에 포함된다. 소크라테스가 정치철학의 창시자라는 전통적인 견해에는 어느 정도의 제한 혹은 설명이 필요하다. 그렇지만 이 견해는 다른 어떠한 견해보다 오해의 소지가 적다.

소크라테스는 물론 최초의 철학자는 아니었다. 이것은 철학이 정치철학에 선행한다는 것을 의미한다. 최초의 철학자들은 아리스토텔레스에 의해서 "본질에 대해 논하는 사람들"이라 불리웠다. 그는 이들을

"신에 대해 논하는 사람들"과 구분했다. 그러나 철학의 중심 주제는 "본질"(nature)이다. 그러면 본질이란 무엇인가? 그 작품이 전해 내려오는 최초의 그리스 사람인 호머 자신은 "본질"이라는 말을 단 한번만 언급하고 있다. 이 최초로 사용된 "본질"이란 말은 그리스 철학자들이 "본질"을 어떻게 이해하고 있었는지에 대해 대단히 중요한 암시를 준다. 『오딧세이』 제10권에서 오딧세우스는 여신(女神) 키르케의 섬에서 그에게 일어났던 일에 대해서 이야기한다. 키르케는 오딧세우스의 많은 부하들을 돼지로 만들어서 돼지우리에 가둬버렸다. 그의 부하들을 구출하기 위해 키르케의 집으로 가던 도중 오딧세우스는 그를 보호해 주려는 헤르메스 신과 마주치게 된다. 헤르메스는 이상한 약초가 오딧세우스를 키르케의 마법으로부터 안전하게 지켜줄 것이라고 이야기하며 "땅에서 그 약초를 캐어 그것의 생김새(nature)를 내게 보여주었다. 뿌리는 검었으나 꽃은 우윳빛이었다. 신들은 이를 몰리라고 부른다. 인간이 그것을 캐내기는 어렵지만 신들은 어떤 일이나 할 수 있지 않은가?" 그렇지만 신들이 비록 그 약초를 쉽게 캐낼 수 있다 하더라도 우선 그들이 그것의 본질—그것의 모습과 효능—을 알지 못한다면 아무런 소용도 없게 된다. 신들이 전능한 것은 정말 모든 것을 다 알기 때문이 아니라 사물들—그들이 창조하지는 않은—의 본질을 알고 있기 때문이다. 여기서 "본질"은 신이나 인간에 의해서 만들어진 것으로 간주되지 않는 어떤 사물이나 사물의 종류가 어떤 모습을 하고 있고 어떻게 움직이는가 하는 것, 즉 그 사물의 성질(character)을 의미한다. 만약 우리가 시적인 이야기를 그대로 받아들일 수 있다면 본질에 대해 최초로 이야기한 것은 바로 꾀 많은 오딧세우스였다고 할 수 있을 것이다. 그는 여러 지방을 돌아다니면서 많은 사람들을 만났고, 인간의 생각이 지방마다 혹은 종족마다 얼마나 다른지에 대해 알게 되었을 것이기 때문이다.

본질(nature)에 해당하는 그리스 말(*physis*)은 주로 "자라남"을 의미하는 듯한데, 여기서 자라남이란 말은 어떠한 사물의 성장이 완성되었을 때, 혹은 충분히 성장한 사물만이 할 수 있는 일을 그 사물이 할 수 있게 되었을 때 그 사물이 갖게 되는 성질을 의미한다. 구두나 의자와 같은 사물은 "자라지" 않고 "만들어"진다. 이런 것은 "자연적인 것"(by nature)이 아니라 "인위적인 것"(by art)이다. 한편, "자연적인 것"이면서도 "자라지" 않을 뿐만 아니라 존재하지도 않는 것이 있다. 이런 것을 "자연적인 것"이라 말하는 이유는 이들이 만들어진 것이 아니기 때문이며, 또한 이들을 통해서 다른 모든 자연물들이 존재하게 되는 "최초의 사물"이기 때문이다. 철학자 데모크리토스가 만물의 근원으로 밝혀낸 원자들은 이러한 의미에서 자연적인 것이다.

본질은 어떻게 이해되든 간에 자연적으로 알 수 있는 것은 아니다. 본질은 발견되어져야 한다. 예컨대 헤브루 성서에는 "본질"(nature)이라는 말이 없다. 헤브루 성서에서 본질에 해당하는 말은 "방식" 혹은 "관습"과 같은 말이다. 본질을 발견하기에 앞서 사람들은 어떤 사물이 갖고 있는 "방식" 혹은 "관습"—즉 "규칙적인 움직임"—을 먼저 알게 된다. 이러한 방식 혹은 관습은 불에도, 개에게도, 여자에게도, 미친 사람에게도, 인간에게도 있다. 즉 불은 타고, 개는 짖으며 꼬리를 흔들고, 여자는 배란(排卵)하고, 미친 사람은 울부짖으며, 인간을 말할 수 있다. 또한 여러 종족에도(이집트인, 페르시아인, 스파르타인, 모압인, 아말렉인 등) 나름대로의 방식과 관습이 있다. 본질을 발견함으로써 두 종류의 "방식" 혹은 "관습"의 근본적인 차이점에 주목할 수 있게 된다. 본질에 대한 발견은 "방식" 혹은 "관습"을 한편으로는 "본질"(*physis*)로, 다른 한편으로는 "인습" 혹은 "규범"(*nomos*)으로 나누어 버린다. 예를 들자면 인간이 말할 수 있는 것은 본래적인 것이지만 특정한 종족이 특정한 언어를 사용하는 것은 인습적인 것이다. 이러한 구분은 본질적인 것이 인습적인 것에 우선한다는 것을 암시한다. 본질적인 것과 인습적인 것에 대한 이러한 구별은 고전 정치철학에 있어서 뿐만 아니라 자연권과 실정법적 권리(positive right)의 구별 등에서 간단히 알 수 있듯이 근대 정치철학에 있어서도 근본적인 것이다.

일단 본질이 발견되고 주로 인습이나 법과 대비되어 이해되면 다음과 같은 질문을 제기하는 것이 가능해질 뿐만 아니라 필요해진다. 즉 정치적인 것들은 본질적인 것인가? 만일 그렇다면 어느 정도까지 그러한가 하는 것이다. 이러한 질문은 법은 본질적인 것이 아니라는 것을 암시하고 있다. 그러나 법을 지키는 것은 일반적으로 정의로운 것으로 간주된다. 따라서 우리는 정의란 단지 인습적인 것인가 혹은 본질적으로 정의로운 것들이 있는가 하는 의문을 갖지 않을 수 없게 된다. 법조차도 단지 인습적인 것인가 아니면 본질적인 근원을 가지고 있는가? 법이 선한 것(good)이기 위해서 그것은 "본질에 따라야만", 특히 인간의 본질에 따라야만 하는 것은 아닌가? 법은 정치적 공동체의 기초 혹은 결과물인데, 그렇다면 정치적 공동체는 본질적인 것인가? 이러한 질문에 대답하기 위해서는 인간다운 인간을 위해 선한 것이 본질적으로 존재한다는 사실이 전제되어야 한다. 그러므로 정확한 질문은 한편으로는 본질적으로 선한 것과 다른 한편으로는 정의 혹은 권리 간의 관계에 대한 것이다. 이에 대한 대답은 간단히 둘로 나누어진다. 즉 모든 권리는 인습적이라는 것이거나 아니면 본질적인 권리도 있다는 것이다. 이렇게 반대되는 대답은 소크라테스 이전부터 있어 왔고 발전되어 왔다. 여러 가지 이유로 해서 여기에다 이러한 소크라테스 이전부터 알려진 견해들의 요약을 제시하는 것은 유용하지 못하다. 플라톤의 『국가』에는 인습적인 관점(모든 권리는 인습적이라는 관점)에 대한 요약이 들어 있으므로 우리가 이 책을 공부하게 될 때 이에 대한 개념을 얻을 수 있게 될 것이다. 반대 관점에 대해서는 그것이 소크라테스에 의해 발견되었으며, 이에 관한 한 고전 정치철학은 일반적으로 그 이전의 관점을 훨씬 능가한다는 것을 언급하는 것으로 충분할 것이다.

소크라테스가 정치철학의 창시자라는 주장은 도대체 무엇을 의미하는가? 소크라테스는 단 한 권의 책도 쓰지 않았다. 대부분의 고대 기록에 의하면 그는 신이나 자연적인 것에 대해 연구하지 않고 전적으로 인간적인 것들, 즉 정의로운 것, 고귀한 것, 그리고 인간다운 인간을 위해 선한 것들에 관심을 기울였다고 한다. 그의 대화는 항상 "무엇이 경건하고 무엇이 불경스러운가, 무엇이 고귀하고 무엇이 저속한가, 무엇이 정의롭고 무엇이 부정한가, 무엇이 제정신이고 무엇이 미친 것인가, 무엇이 용감한 것이고 무엇이 비겁한 것인가, 무엇이 도시인가, 무엇이 정치가인가, 무엇이 인간을 지배하는가, 무엇이 인간으로 하여금 인간을 지배하게 하는가"[1] 하는 것, 그리고 이와 유사한 것에 대한 것이었다. 소크라테스가 신이나 자연적인 것에 대한 연구를 하지 않은 것은 그의 경건함 때문인 것 같다. 신들은 그들이 드러내려 하지 않는 것, 특히 하늘에 있는 것이나 땅 속에 있는 것을 인간이 밝혀내려는 것에 대해 동의하지 않는다. 그러므로 경건한 사람은 사람이 탐구하도록 남겨진 것, 즉 인간적인 것들에 대해서만 탐구하려 한다. 소크라테스는 대화라는 수단을 통해 그의 탐구를 수행했다. 이것은 그가 일반적으로 받아들여지고 있는 견해로부터 출발했다는 것을 의미한다. 일반적으로 받아들여지는 견해

중에서 가장 권위 있는 것들은 도시와 그 법에 의해서—가장 엄숙한 인습에 의해서—인가된 것들이다. 그러나 일반적으로 받아들여지는 견해는 서로 모순된다. 그러므로 일반적으로 받아들여지는 견해의 전체 영역을, 말하자면 지식이라는 방향으로 초월해야 할 필요가 있게 된다. 가장 권위 있는 견해라 할지라도 단지 견해에 불과하므로 소크라테스 역시 인습 혹은 법으로부터 본질로의 길을 갈 수밖에, 즉 법으로부터 본질로 올라갈 수밖에 없었던 것이다. 그러나 이제는 그 어느 때보다도 견해, 인습 혹은 법이 진리를 담고 있고, 자의적이 아니며, 어떤 의미에선 본질적인 것으로 나타난다. 어떤 사람은 인간의 법이 그 근원으로써 신 혹은 자연적인 법을 가리키고 있다는 것이 입증되었다고 말할는지도 모른다. 그러나 이것은 인간의 법이 신이나 자연의 법과 일치하지 않는다는 바로 그 이유 때문에 절대적으로 옳거나 정의롭지는 않다는 것을 함축하고 있다. 오직 자연적인 권리, 정의 그 자체, 정의의 "이데아"(idea)나 형태만이 절대적으로 정의롭다. 그럼에도 불구하고 인간의 법, 즉 그 도시의 법은 만일 그 법의 지배를 받는 사람들이 그들의 재산을 갖고 다른 도시로 떠날 권리를 갖고 있다면, 즉 그 법에 대한 복종이 자발적인 것이라면 그들은 이 법에 복종해야 할 절대적인 의무가 있는 것이다.[2]

소크라테스가 정치철학의 창시자가 된 정확한 이유는 그가 그의 대화에서 다루었던 질문들의 성격을 살펴보면 알 수 있다. 그는 고려하는 모든 것에 대해 "무엇이 ~인가?"라는 질문을 제기했다. 이러한 질문은 의문이 제기된 사물에 대해 그 본질, 즉 그 사물의 형태나 성격을 밝히려는 것을 의미한다. 소크라테스는 전체에 대한 지식을 무엇보다도 (전체의역자) 성질, 형태, 전체의 모든 부분의 "본래적" 성질에 대한 지식이라고 가정했는데, 이는 전체가 그것으로 말미암아 존재할 수 있게 되는 것(예컨대 원자역자)에 대한 지식과 구분되는 것이다. 만약 전체가 본래적으로 다른 부분으로 구성되어 있다면 적어도 정치적인 것(혹은 인간적인 것)은 비정치적인 것과 본래적으로 다를 것이다. 그리하여 정치적인 것은 그 자체가 하나의 분류단위가 될 것이며, 그것 자체로서 연구되어질 수 있을 것이다. 소크라테스는 "본질"의 주된 의미를 그 이전의 누구보다도 신중하게 다루었던 것 같다. 그는 "본질"이란 주로 "형태" 혹은 "이데아"(idea)라는 것을 깨달았다. 만약 이것이 사실이라면 그는 단순히 본질적인 것에 대한 연구를 하지 않은 것이 아니라, 오히려 본질적인 것에 대한 새로운 연구를 시작한 셈이 된다. 이 새로운 종류의 연구란 예컨대 정의의 이상이나 본질, 자연적 권리 및 인간이나 인간정신의 본질, 그리고 더 중요한 것, 예컨대 태양의 본질 등에 대한 연구이다.

우리가 인간 사회의 본질을 이해하지 못한다면 인간의 본질도 이해할 수 없다. 플라톤, 아리스토텔레스와 마찬가지로 소크라테스도 인간 사회의 가장 완벽한 형태를 폴리스(*polis*)라고 생각했다. 오늘날 폴리스는 흔히 그리스의 도시국가로 간주된다. 그러나 고전 정치철학자들에게 있어서 그리스 이외의 지역보다 그리스에서 폴리스가 더 보편적이었던 것은 우연에 불과했다. 따라서 우리는 고전 정치철학의 주제는 그리스 도시국가가 아니라 그냥 도시국가였다고 해야만 한다. 그런데 이는 도시국가가 "국가"의 특별한 한 형태라는 것을 전제하고 있다. 그러므로 국가라는 개념은 국가의 여러 형태 중에서 도시국가를 포함하는 것으로 전제되는 것이다. 그럼에도 고전 정치철학은 "국가"의 개념을 결하고 있다. 오늘날 사람들이 "국가"에 대해 이야기할 때 그들은 보통 "국가"를 "사회"와 대비하여 이해한다. 이러한 구분은 고전 정치철학에 있어서는 생소한 것이다. 폴리스(도시, city)가 국가와 사회 모두를 포괄한다고 말하는 것은 충분치 않다. 왜냐하면 "도시"라는 개념은 국가와 사회의 구별보다도 더욱 오래된 개념이기 때문이다. 그러므로 우리는 "도시"가 국가와 사회를 포괄하는 것으로 이해해서는 안 된다.

보통 사람들이 이해하고 있는 "도시"에 해당하는 오늘날의 말은 "나라"(the country)이다. "나라가 위험하다"고 말할 때 그는 아직 국가와 사회에 대한 구별을 하지 않고 있는 것이다. 고전 정치철학자들이 주로 도시에 대해 관심을 기울인 이유가 일반적인 다른 형태의 사회나 특정한 정치사회에 대해 무지했기 때문은 아니다. 그들은 종족(민족)에 대해서도 알았으며, 페르시아 제국과 같은 구조에 대해서도 알고 있었다. 이러한 (도시국가에 대한역자) 선호의 근거는 종족이란 높은 문명을 발달시킬 능력이 없으며 매우 큰 사회는 자유로운 사회가 될 수 없다는 데 있다고 말할 수도 있을 것이다. 『연방주의자 논고』(*Federalist Papers*)의 저자들은 거대한 사회도 공화국 혹은 자유로운 것일 수 있음을 여전히 증명했어야만 했다는 것을 기억하도록 하자. 또한 『연방주의자 논고』의 저자 자신들이 "공화주의자"(Publius)로 자처했다는 사실을 기억하도록 하자. 즉 공화주의(republicanism)는 다시 고전적인 옛날 것을, 그러므로 고전 정치철학을 지향하고 있는 것이다.

❖ 주 ❖

1_ 크세노폰, *Memorabilia* I. 1. 11–16.

2_ 플라톤, *Crito* 51.[d–e]

투키디데스

Thucydides_B.C. 460-400년경

투키디데스의 유일한 저작은 『펠로폰네소스 전쟁』(*The War of the Peloponnesians and the Athenians*)[1]이다. 그는 일반적으로 정치철학자로 간주되지는 않는데, 거기에는 명백하고 중요한 이유들이 있다. 그는 "정치철학"이란 말을 한번도 사용하지 않았을 뿐만 아니라, 적어도 정치철학의 보편적 질문들에 대해 명시적으로 언급한 적이 없다. 그가 자신의 일생 동안 경험했던 아테네 정체 중 최고의 정체에 대해 이야기하고 있음은 사실이지만 단순히 가장 좋은 정체가 무엇인가에 대해서는 결코 말하지 않는다. 또한 그가 몇 사람들의 우수성(excellence, 희랍어로는 aretē[역자])에 찬사를 보낸 것은 사실이지만 단순히 가장 좋은 생활방식이 무엇인가에 대해서는 결코 말하지 않는다.[2] 뿐만 아니라 그는 자신의 "진리탐구"의 결과를 하나의 정치적 사건, 즉 스파르타와 그 동맹들이 아테네 제국을 붕괴시킨 27년간의 전쟁을 서술함으로써 보여준다. 이러한 이유들로 해서 그는 역사가로 분류되는 경향이 있다. 그러나 그의 선행자인 헤로도투스(Herodotus)와는 달리 투키디데스는 "역사"(history, history에는 '이야기'라는 의미도 포함되어 있다역자)라는 용어를 결코 사용하지 않는다. 뿐만 아니라 실제로 그의 테마가 하나의 전쟁에만 국한되지 않는다. 그는 그의 이 전쟁에 대한 연구가 전쟁에 대해, 아니 더 일반적으로는 과거에 대해 명쾌한 이해를 얻고자 하는 사람들뿐만 아니라, 심지어 그의 관점에 따르면 결국 과거를 닮게 마련인 미래에 대한 명쾌한 이해를 얻고자 하는 사람들에게도 유익하게 될 것이라고 주장한다. 이리하여 그는 자신의 저작을 "모든 시대를 위한 재산"이라고 자부한다(I 22.4). 그는 그의 테마를 적어도 인간사에 대한 포괄적이고 영원한 진리를 드러내는 사건(비록 그것이 일개의 개별사건이지만)으로 보기 때문에 한 사건에 초점을 맞춘다는 사실로 인해 그가 단순히 역사가로 분류되어서는 안 될 것이다. 그러나 보편적인 것들에 대해 거의 언급하지 않고 자기 저작의 보편적 중요성을 주장하지도 않는 사람을 철학자나 정치철학자로 분류하는 것 역시 어렵다. 따라서 이러한 경우 그의 사상이 역사학에 속하는지 철학에 속하는지를 분류하기보다는 그의 책의 가장 현저한 특징들에 좀더 주목하는 것이 최선책일 것이다.

투키디데스는 책의 서두에서 펠로폰네소스 전쟁이 처음 발발했을 때 이 전쟁이 장차 가장 주목할 만한 큰 전쟁이 될 것이라고 직감했으며, 이러한 이유로 해서 전쟁이 발발하자 곧 그의 집필을 시작했다고 밝힌다. 그리고 그는 결국 이 전쟁이 그의 예측대로 적어도 그리스인들이 경험한 "사상 최대의 움직임" 또는 변화로 밝혀졌음을 덧붙여 말한다. 자신의 주장을 옹호하기 위해 그는 당시 전쟁 당사국들의 부와 힘이 최고조에 달했으며, 또한 이 전쟁의 고통이란 타의 추종을 불허할 정도로 심했음을 말한다. 그러나 우리들에게 이 전쟁의 거대함과 중요성을 납득시키는 그의 작업이 서두에서 끝나는 것은 아니다. 더욱 감동적인 것은 이 책의 본문 전체이다. 그는 여기에서 엄숙하면서도 생생한 서술로써 기록 속에 나오는 전투들과 그 전투들의 비참함을 마치 우리가 직접 목격하고 있는 것처럼 생생하게 만든다. 우리가 이 전쟁의 거대함을 느낄 수 있는 것은 바로 이 전쟁이 우리 눈앞에서 벌어지고 있는 듯한 느낌 때문이다. 이러한 느낌은 투키디데스가 전쟁 참가자들의 연설을 직접화법 그대로 보여줌으로써 더욱 고조된다. 우리는 그들이 정의의 이름으로 연설할 때, 신들에게 기원할 때, 그들이 자유와 제국의 영광에 대한 시민들의 사랑에 호소할 때, 그리고 잘못된 정책이 낳는 엄청난 결과들에 대해 경고할 때 그 연설을 직접 듣고 있는 것처럼 느낀다. 그러나 더욱 중요한 것은 이 연설들이 우리들 자신의 도덕적 · 정치적 관심에 대해 호소하고 그들의 관점대로 이 전쟁을 대할 것을 요구한다는 점이다. 뒤따라 오는 서술(또는 해설, narrative)의 배치와 강조점의 선택 역시 이러한 관심에 호소하도록 교묘히 디자인되었다. 투키디데스는 이 전쟁의 거대함과 그 보편적 의미를 바로 이러한 방식, 즉 우리 자신의 도덕적 · 정치적 관심을 북돋우는 방식으로 납득시킨다.

투키디데스의 책에 나오는 연설들은 도덕적 진지함과 상황적 긴급성을 가지고 우리에게 그 연설의 내용에 대해 찬성과 반대 중 하나를 택할 것을 요구한다. 그러나 모든 독자들은 이 연설의 거리낌 없음과 투키디데스의 침묵 간의 확연한 대조에 내심 놀랄 것이다. 사실 그 역시 어느 정도 명시적 판단을 내린다. 그러나 대부분의 경우 전쟁에 참가한 도시들과 그 지도자들, 또는 그가 전달해 주는 많은 연설들과 행위들에 대해 우리가 어떻게 생각해야 하는가를 강요하지는 않는다. 이 침묵은 그가 무관심하다거나 사람들과 사건들에 대해 판단(그는 우리들에게 이것을 요구했다)하지 않겠다는 것을 뜻하지는 않는다. 그것은 오히려 그가 재능 있는 정치교육자임을 보여준다. 그가 우리에게 심어준 도덕적 진지함은 여전히 미숙한 상태이므로 도덕적 진지함이 정치적 지혜에 의해 지도되거나 승화되지 않는다면 그 도덕적 진지함은 우리 공동체의 복리를 증진시키는 데 충분한 도움을 줄 수 없다. 공동체는 당연히 복리를 증진시키는 데 충분한 도움을 줄 수 없다. 공동체는 당연히 복리를 증진시키고자 할 텐데 … 그리고 정치적 지혜는 근본적으로 선례가 없는 구체적 상황에 대한 올바른 판단이므로 그것은 가르치고 배울 수 있는 과목이라기보다는 실천을 통해 계발될 수 있는 기술인 것이다. 따라서 그는 우리에게 어떤 주어진 정책에 대한 그의 찬반 여부를 말해주는 대신 먼저 우리 자신의 판단을 내리게 하고, 그리고 나서는 이 전쟁이 제공하는 사건들로써 자신의 판단이 옳았는지를 테스트하도록 한다. 그는 우리가 민회에서 여러 정책들에 대해 찬성 혹은 반대하는 연설들을 듣도록 하며, 실제의 민회의원들처럼 명확한 판단의 길잡이도 없이 이러저러한 방식으로 자신의 입장을 가지도록 한다. 우리는 오직 차후에 그리고 정치적 삶 자체가 그러하듯 조금씩 당대인들이 실제로 선택했던 정책들의 결과를 알게 된다. 이때에도 역시 그 정책들의 진정한 영향력과 그 지혜로움의 여부를 저울질하고 판단하는 것은 전적으로 우리의 몫이다. 확실히 투키디데스가 한 해설 내용의 선택과 위치 선정은 그가 명시적으로 표현한 판단들(이 판단들의 중요성은 그것이 드물기 때문에 더욱 크다)과 더불어 우리들 자신이 취했던 입장을 곰곰이 반성할 수 있도록 도와주는데, 『펠로폰네소스 전쟁』을 영어로 번역했던 홉스(Hobbes)가 "그의 해설(narration)은 독자를 금언이나 훈계 등에 의한 교훈보다 더 효과적으로 비밀리에 가르친다"[3]고 말할 정도로 그 도움이 크다. 그러나 이러한 도움들이 결실을 맺게 되는 것은 오직 우리가 자신의 입장을 정하고 우리의 실수로부터 스스로 교훈을 얻도록 노력하라는 이 책의 요구를 받아들일 때만이다. 만약 독자들에게 앞에서 말한 노력을 회피하는 도구가 될 수 있다는 인상을 준다면, 사실 이 글처럼 소개를 목적으로 하는 글은 없느니만 못하게 될 것이다.

우리가 이미 살펴보았듯이 투키디데스의 침묵은 구체적 문제들 뿐만 아니라 보편적인 문제들에까지(보편적 문제들에 대한 그의 침묵은 유별나다) 미치고 있다. 그의 책에 나오는 많은 연설가들이 이러한 문제들 중 가장 중요한 것에 대해 상충하는 많은 주장들을 하고 있음에도 불구하고 저자 자신은 사실상 침묵하고 있다. 차차 알게 되겠지만, 여기에서도 역시 그의 침묵은 무관심의 표시가 아니라 그가 독자들을 가르치는 교육방식의 중요한 요소인 것이다. 즉 보편적 문제에 대해 잘못된 입장을 취한 독자는 구체적 사건들에 대해 계속해서 같은 유형의 오판을 내리게 될 것인데, 이때 주의 깊은 독자라면 투키디데스의 해설(또는 서술)의 도움을 통해 이러한 오판의 뿌리 깊은 원천들을 알아챌 것이며, 그리하여 극복하게 될 것이다. 뿐만 아니라 다양한 연설가들이 보편적 문제들에 대한 자신들의 입장을 옹호하기 위해 행한 주장들이 종종 일관성을 상실하게 되는데, 이러한 사실은 연설가들 자신들도 입장을 정하는 데 몹시 어려워한다는 것을 보여준다. 쟁점 사안들에 대해 관심을 가지게 됨으로써 우리는 이러한 어려움들을 마치 나의 것인 양 곰곰이 생각해 보게 되는데, 이때 이러한 어려움들이 문제에 대해 좀더 잘 이해할 수 있도록 방향을 제시해 준다. 때때로 투키디데스는 이러한 보편적 질문에 대한 자신의 대답을 보여주는데, 일부 전쟁 지도자들의 잘못된 관점들을 비판함으로써 넌지시 답을 보여주는 경우가 그러하다. 그러나 우리의 생각을 지도하고자 하는 그의 의도가 눈에 보이는 이러한 경우들에서조차 그는 우선 우리가 자신의 입장을 갖도록 하며(물론 그의 입장과 다를 수 있다), 그리고 나서 책을 읽어나가면서 그의 관점에 조금씩 접근하도록 한다. 더욱이 그가 명시적으로 내린 판단들은 언제나 불완전하며, 우리가 스스로 답해야 하는 더 많은 문제들을 제기한다.

그리스 문명의 출현과 성장에 대해 짧게 소개한 후 투키디데스는 전쟁의 원인을 살펴봄으로써 전쟁에 대한 이야기를 시작한다. 명시적으로 말한 바는 없지만 그에 의하면 진정한 원인은 아테네의 국력이 신장함으로써 다른 폴리스들이 갖게 된 두려움인데, 이러한 두려움이 스파르타로 하여금 전쟁으로 나아가게 했다는 것이다. 그러나 그는 원인이 아니라 원인들(causes), 오히려—그리스어로는 원인(原因)과 같은 단어인—비난들(accusations)을 기록하겠다고 덧붙인다. 물론 공개적으로 행해진 비난들이다(I 23.5–6 ; cf. 188). 투키디데스는 그가 진정한 원인으로 간주한 것보다는 공개적으로 개진된 원인들(causes, 여기서는 accusations의 의미로 사용되었음역자)에 더 관심을 쏟는 것 같다. 그러나 이러한 인상은 좀 잘못된 것인데, 왜냐하면 이 공개적 비난들 역시 투키디데스가 진정한 원인으로 보았던 아테네의 국력신장의 구체적 사실들과 관련이 있기 때문이다. 그의 서술방식을 정당화하는 가장 중요한 장점은 그것이 우리로 하여금 전쟁 초기의 충격을 사건들이 사람들 앞에서 벌어졌던 그대로 느끼도록 해준다는 것이다. 혹 이러한 수다한 사건들이 우리의 판단을 모호하게 만들지라도(실제로 투키디데스도 그의 글의 이러한 성격을 시인했다), 그의 서술은 우리가 그의 권위에 의해 이러한 사실(즉 진정한 원인역자)을 단순히 받아들이기보다 우리 스스로 깨닫도록 도와준다. 뿐만 아니라 우리가 투키디데스의 전쟁 연구의 제일 주제인 정의, 즉 강제의 상대 개념으로서의 정의(正義)를 정확히 이해하는 것은 오직 이러한 단순 사건들로부터 시작함으로써 가능하다.

첫 번째 비난은 아테네처럼 해상강국이며 스파르타 동맹, 즉 펠로폰네소스 동맹의 주요 구성원인 코린트(Corinth)의 아테네에 대한 비난이다. 코린트는 아테네가 코린트와 해전 중인 코린트 식민지 코르키라(Corcyra)를 도와줌으로써 스파르타 동맹과 아테네 동맹국들 사이의 휴전협정을 어겼다고 비난했다(I 55.2 ; cf, I 44). 당시 아테네인들은 그런 행동이 전면전을 일으킬 수 있다는 코린트의 경고에도 불구하고 코린트의 전쟁 위협을 받은 코르키라와 방위동맹을 맺었다. 이것은 아테네인들이 어쨌든 전쟁은 올 것이라고 믿었고, 막강한 해군을 가진 코르키라가 코린트의 지배 하에 들어가는 것을 원치 않았기 때문이다. 공격 혹은 방어의 관점에서 어떤 쪽에 더 큰 의미가 있는지는 알 수 없지만, 시칠리와 이탈리아의 연안 항로에 놓인 코르키라의 위치 또한 아테네가 내린 결정의 한 요소였다. 곧 코린트의 두 번째 공격이 있었고, 이에 대해 아테네인들은 역습으로 대응했다. 코르키라와의 해전은 기대 밖으로 코린트의 패배로 끝났다. 이때 아테네인들은 코린트인들이 아테네의 식민지였고 지금은 아테네 동맹의 하나인 포티다에아(Potidaea)가 모반하도록 설득함으로써 보복할까봐 두려워했다. 그리하여 아테네는 포티다에아인들이 그들의 장벽 중 하나를 철거할 것을, 그리고 아테네에 인질을 보내고 그들의 코린트인 행정장관들을 추방할 것을 명령했다. 그러나 포티다에아인들은 이 요구들을 거절했다. 이 요구들은 오히려 코린트가 이전부터 부추겨 왔던 반역을 수행하도록 촉진시켰다. 또한 스파르타는 아테네가 침략하면 아테네 영토를 공격하겠다는 약속을 함으로써 이러한 반역을 고무했다. 코린트는 포티다에아의 방어를 돕기 위해 군대를 보냈다. 아테네가 번갈아 대규모 공격부대를 파견하자 전면적 휴전에도 불구하고 아테네와 코린트 간에는 다시 전투가 벌어졌다. 이 전투의 승리자인 아테네가 포티다에아를 포위했을 때, 코린트는 자기의 군대가 주둔해 있는데도 그의 식민지를 포위했다고 비난했다. 반면 아테네 측은 코린트가 자신의 조공국들 중 한 나라의 모반을 부추겼고, 공개적으로 싸움을 걸어왔다고 비난했다(I 66).

포티다에아에 대한 포위공격이 시작된 직후 코린트인들은 그들의 동맹국들을 스파르타로 소집했다. 거기서 그들은 아테네의 휴전 파기와 펠로폰네소스인들에 대한 위해행위를 비난했다. 스파르타인들은 동맹국들이 스파르타 의회에서 아테네의 침해에 대한 진술을 하도록 초청했는데, 많은 도시들이 아테네에 대해 비난했음을 알 수 있다. 투키디데스가 그 전체를 밝혔듯이 코린트의 연설은 아테네의 코르키라와 포티다에아에 대한 행위들이 그리스 모든 도시국가를 정복하기 위한 오래된 정책의 가장 최근 사례에 불과하다고 주장했다. 코린트인들은 또 이미 많은 도시들이 아테네에 종속되었으며, 지금은 스파르타의 동맹국들조차 자유를 빼앗으려는 음모에 처해 있다고 말한다. 그리스 전체가 위기에 처해 있다는 느낌을 전달하기 위해 코린트인들은 아테네인의 성격을 무례하고 교활하며 탐욕스러운 것으로 묘사하고, 그들은 "평온을 가지고 있지 않으며, 다른 인간들에게 그것을 허용하지도 않는" 그런 성격의 소유자라고 말한다(I 70.9). 코린트인들은 너무 늦기 전에 포티다에아와 다른 도시들을 도와주기 위해 앗티카(Attica)를 공격할 것을 스파르타에 재촉하는 것으로 말을 끝맺는다. 후에 이 의회의 마지막 연설자인 스파르타의 한 장관(ephor)은 그의 동료 시민들에게 침략자 아테네인들에게 동맹자들을 팔지 말 것을 호소했다. 스파르타 의회는 아테네인들이 휴전을 파기하여 침해행위를 하였으므로 스파르타 동맹이 공동으로 침략자에 대해 전쟁을 결행할 것을 압도적으로 결정했다(I 87.2-4). 이제 아테네인들의 침해행위와 앞으로 침해행위가 있을 것이라는 두려움이 전쟁의 원인인 것처럼 보인다. 그리고 이러한 인상은 투키디데스가 이야기하듯이 전쟁 초기에 그들의 동정심이 스파르타로 기울어졌던(특히 스파르타가 해방전쟁에 참여하고 있다고 주장한 후) 대부분의 그리스인들에 의해 공유되었다(II 8.4-5). 델피(Delphi)의 신조차 스파르타인들에게 그들이 기원하건 안 하건 그들을 도울 것이며, 스파르타의 전쟁수행이 아테네의 정의롭지 못한 행위의 대가가 되게 하겠다고 약속했다(I 118-3 ; cf. II 54.4-5).

그러나 투키디데스가 말했듯이 스파르타의 전쟁 결정과 아테네 권력의 분쇄 결정은 동맹국들의 비난 때문이라기보다는 스파르타 자신의 두려움에 의해서였다. 더구나 페르시아 전쟁과 펠로폰네소스 전쟁 사이의 50년에 대한 그의 설명은 적어도 스파르타가 아테네 제국의 부상과 빠른 성장을 저지하는 데 실패했다는 점을 보여줌으로써 이 주장을 받쳐주는 경향이 있다(I 89.1-118.2). 이렇게 볼 때 스파르타에서의 코린트의 연설은 적어도 아테네에 대한 비난인 만큼이나 스파르타의 무관심에 대한 비난인 것이다. 그래서 코린트인들은 스파르타가 계속해서 아무 조치도 취하지 않는다면 동맹을 해산하겠다고 위협하기까지 했다. 특히 이러한 위협에 비추어 보건대, 전쟁을 회피하고자 했던 스파르타의 평소 입장을 변화시킨 것은 아테네의 전제로부터 그리스의 평화를 구하려는 것은 차치하고서라도, 동맹국들을 방어하려는 의도보다는 동맹을 잃게 될지도 모른다는 두려움이었던 것처럼 보인다. 이러한 인상은 전쟁 동안 계속되는 스파르타의 행위에 의해 확실해질 것이다. 특히 플라타에아

(Plataea)에 대한 처리와 아테네와의 니키아스 평화조약(the Peace of Nicias)을 받아들인 것을 보면 알 수 있다. 그러나 전쟁을 선포했던 스파르타의 관용의 부족보다는 아테네의 침략이 결국 전쟁의 돌발에 대한 제일 원인인 것처럼 보인다.

아테네에 대한 비난이 적어도 한 가지 점에서는 설득력이 약하다. 코린트와 스파르타가 아테네를 휴전 위반으로 비난했는데, 이는 옳지 않은 것 같다. 아테네가 코르키라와 방위동맹을 맺은 것은 그것이 아무리 도발적인 것이라 하더라도 휴전 하에서 금지된 것은 아니었다. 코린트인들조차 포티다에아에 대한 아테네의 제재가 휴전 위반이라고 주장하지는 않았다. 더구나 아테네인들은 휴전협정에 따라 구속력 있는 중재에 모든 논쟁을 맡길 것을 제의했다. 스파르타는 이러한 중재를 제의하거나 수락하지도 않았다. 이런 사실들을 부각시키면서 아테네의 지도자 페리클레스(Pericles)는 아테네인들에게 스파르타의 최후통첩에 굴복하지 말 것을 설득했다(I 78.4, 140–2, 144.2). 스파르타 의회에서 전쟁에 반대한 스파르타 왕 아르키다무스(Archldamus)조차도 중재를 요청한 도시에 대항해 전쟁을 일으키는 것은 불법이라고 시인했다. 그리고 그는 스파르타가 선전포고를 하면 스파르타가 전쟁을 일으킨 것이 된다고 경고했다. 사실상 후에 전쟁이 그들에게 불리해져 갈 때 스파르타인들은 그들의 중재 거절 및 다른 위반들에 의해 그들이 먼저 휴전을 위반하고 전쟁을 일으킨 잘못이 있다고 믿게 되었다(I 81.5 ; VII 18.2 ; cf. IV 20.2).

그러나 투키디데스는 그들의 죄과라는 스파르타인들의 믿음을, 따라서 아테네인의 무죄를 인정하지 않았다. 그에 따르면 우리가 보았듯이 아테네인들이 그들의 커가는 힘으로 스파르타를 자극해 그 두려움 때문에 전쟁을 일으킬 수밖에 없도록 만들었다는 것이다. 스파르타가 전쟁을 일으킨 궁극적 동기가 수긍할 만한 것은 아니지만 그들은 그렇게 하도록 강요되었기 때문에 휴전 위반의 비난을 받을 수 없다(cf. IV 98.5-6). 아테네에 대한 두려움은 다른 마땅한 선택의 여지를 남겨놓지 않았고, 적어도 그들은 다른 선택의 여지가 없다고 믿을 만한 충분한 근거를 가지고 있었다. 그래서 우리는 스파르타보다는 차라리 아테네가 전쟁을 일으킨 책임이 있다는 최초의 인상으로 돌아간다.

아테네의 책임은 아테네인들이 자신에 대한 비난에 대응한 방식을 통해서 더욱 명확하게 밝혀질 수 있을 것이다. 예를 들어 그들이 코린트인들과 다른 사람들이 아테네에 가한 비난을 들었을 때, 다른 공적인 일로 우연히 스파르타에 있었던 어떤 아테네인들은 그들의 도시를 대신해서 그 의회 참석을 요청했고 허가를 받았다. 그들은 스파르타인들을 법정의 판사로 여겨 스파르타 동맹의 비난에 대해 자신들을 변호한 것이 아니라, 스파르타가 전쟁을 일으키는 성급한 결정을 단념할 것을 설득했다. 그들 주장의 핵심은 제국 때문에 그들이 미움받을 이유가 없고, 따라서 그들이 제국을 소유하는 것은 불합리하지도 부당하지도 않다는 것이다. 이 주장을 뒷받침하기 위해 그들은 어쩔 수 없이 제국을 건설하고 확장할 수밖에 없었다고 주장했다. 우선은 공포에 의해, 그 다음은 영광 때문에, 나중에는 이익 때문이었다(이러한 어쩔 수 없는 이유들을 그들은 나중에 "가장 위대한 것들"이라 부른다). 그러나 만약 영광이나 이익을 위한 행동뿐만 아니라 두려움 때문에 행한 행동들이 불가피한 것으로 간주되고 그 때문에 용서된다면 그 어떤 것이 금지될 수 있겠는가? 그런 식의 아테네인의 변호는 변호가 될 수 없다. 왜냐하면 그것은 아테네에 대한 모든 비난의 바로 그 전제, 즉 의도적인 부정(不正) 행위가 있다는 전제를 공격하기 때문이다. 그 아테네인들은 그들이 제국의 유혹에 굴복한 첫 번째가 아니고, 강자에 의해 약자가 억압당하는 것은 당연한 이치이며, 힘으로 어떤 것을 얻을 수 있는 기회를 가진 사람이 정의(正義) 때문에 그것을 포기한 경우는 없었다고 주장한다. 이 아테네인들은 그들의 파격적인 무례함이 오직 힘 있는 도시만의 전유물이므로 이를 통해 스파르타를 협박할 수 있을 것이며, 따라서 스파르타가 전쟁을 못 하게 할 수 있을 것이라고 믿었던 것 같다. 뿐만 아니라 그들은 그들의 힘에 비해 더 온건하게, 또는 그들의 위치에 있는 다른 국가들이 할 수 있는 것보다 더 온건하게 지배하고 있다고 주장했다. 또한 그들은 스파르타에 경고하여 그들이 휴전을 위반하기보다는 중재를 통해 분쟁을 해결할 것을 촉구했다. 이런 식의 정의에 대한 호소가 말해주듯이 아테네인들은 오직 힘의 위협을 통해 스파르타가 그들 제국을 묵인하게 할 정도로, 그리고 그들이 제국을 증가시키기 위해 하는 모든 행위들을 묵인하게 할 정도로 강하지는 못했다. 그러나 그들은 정의에 대한 고려가 그들의 힘의 추구를 제한하지는 못할 것임을 공공연히 천명했다. 따라서 이 연설이 전쟁을 막는 데 실패했다는 것은 그리 놀라운 일이 아니다. 왜냐하면 그것은 아테네의 어떤 요소가 스파르타 동맹을 그처럼 분노하게 하고 위협했던가를 생생하게 드러내 주었기 때문이다(I 72–78).

스파르타에서 행한 아테네인들의 자기 제국에 대한 옹호는 전쟁 기간 중 아테네 대표들에 의해 여러 번 되풀이된다. 아테네가 전쟁에 돌입했을 때의 지도자인 페리클레스는 후에 그들이 전쟁에 싫증났을 때 말하기를, 그들의 제국은 "취하기에는 의롭지 못하고 내버려 두기에는 위험한 참주정 같다"고 하였다(II 63.2–3). 그는 또한 제국 때문에 얻는 거의 무한한 이익들을 약속했고, 제국이 일으킨 해악에도 불구하고 그것이 가져올 영광을 위하여, 특히 미래에 영원히 기억될 영광을 위하여 제국을 방어할 것을 촉구했다(II 62.1-3, 64.3-6). 전쟁이 많이 경과된 후에 이 제국주의적 명제는 작고 독립된 섬인 멜로스(Melos)에 이미 주둔하고 있던 아테네군의 사신들에 의해 반복된다. 그들은 멜로스인들에게 그들의 지배를 순순히 받아들이는 게 좋을 것이라고 설득했다. 이들은 아테네 제국을, 또한 멜로스를 굴복시키려는 결정을 정당화하려고도 하지 않았다. 왜냐하면 그들이 공공연히 주장했듯이 정의는 양쪽에 동등한 힘이 있을 때에만 사람들이 고려하게 되기 때문이다(V 89). 그리고 "정의롭지 못한 사람들에 대한 가해행위는 죄가 되지 않으므로" 신의 가호가 그들을 지켜준다고 믿었던 멜로스 지도자들이 항복을 거부했을 때 아테네인들은 다음과 같이 말한다.

> 신(神)의 선의에 관한 한, 우리는 당신들보다 못할 게 없다. 우리는 지금 신과 인간의 바람이라 생각되는 바를 벗어나는 행동을 하고 있지 않으며, 이를 우리들의 권리라고 주장하는 것도 아니다. 왜냐하면 신에 대한 일반적 견해와 인간에 대한 피할 수 없는 자연의 강제(强制, compulsion)를 생각해 보건대 힘 있는 자가 지배하게 되어 있기 때문이다. 이러한 원칙은 우리가 만든 것이 아니며, 우리가 이 원칙의 첫 번째 행위자도 아니다. 단지 우리는 그것을 이미 존재하는 그대로 받았을 뿐이며, 우리 뒤에 영원히 존재하도록 물려줄 따름이다. 만약 당신들과 또 다른 사람들이 우리가 지금 가지고 있는 힘을 가지게 된다면 역시 이 원칙에 따르게 되리라는 것을 너무나 잘 알고 있기에 우리는 이를 따르고자 한다(V 105.1-2).

이것은 투키디데스에 있어 가장 악명높은 구절로 아테네인의 제국주의적 사고의 핵심을 밝힌 것이다. 그러므로 그것은 그 전쟁을 아테네의 침해행위에 대항하는 전쟁으로 보도록 하는 가장 강한 유인을 제공한다.

반(反)아테네의 관점에서 전쟁을 본다면 투키디데스의 저작에는 우리에게 감동을 주는 두 가지 극적인 드라마가 있다. 이를 통해 우리는 이 작품이 통일된 주제를 가지고 있음을 알게 된다. 페리클레스는 추도연설에서 아테네가 가진 힘의 미를 찬양하고 아테네인들이 모든 곳에 선과 악의 영원한 기념비를 세운 것을 자랑했는데 얼마 있지 않아 아테네에 무섭고 괴멸적인 역병이 퍼졌다(II 34–54). 또한 멜로스인과의 대화—멜로스인들을 설득시키는 데 실패하자 나중에 그들 성인 남자들을 학살하고 여자와 아이들을 노예화시켜 더욱 더 충격을 주는—후에는 곧 시칠리 원정이 뒤따르게 되는데, 이때 아테네의 야심은 결국 너무 지나쳤으며, 그것은 결국 아테네의 마지막 운명을 결정짓는 재난으로 끝나버렸다. 이리하여 투키디데스는 우리로 하여금 전쟁에서 아테네의 궁극적 패배와 함께 역병과 시칠리 재난을 불의와 오만에 따른 예정된 벌로 생각하도록 한다(cf. I 23.3–6).

그러나 투키디데스 자신은 아테네에 대한 신 또는 우주의 벌로서 전쟁을 해석하는 데 동의하는 것 같지는 않다. 역병의 원인에 대해 숙고하지는 않았지만 그는 우리에게 그것이 아테네 이전에 아프리카와 아시아에서도 번졌던 것이라고 말하고, 고대 신탁에 의해 그것이 예언되었다고 생각하는 사람들의 어리석은 믿음을 비웃기도 한다(II 48, 54.1–3 ; cf. V 26.3–4). 시칠리 원정에 관해서는 그것의 적절하지 못함에도 불구하고 더 나은 지도력과 본국으로부터의 군대 지원만 좀 있었더라면 성공했을 것이라고 말한다(II 65.11 ; cf. VI 15.3–4). 뿐만 아니라 전쟁이 끝나기 약 6년 전, 즉 아테네인들이 더욱 훌륭한 정권을 창출하고 한 해전에서 중요한 승리를 쟁취함으로써 스파르타를 이길 수 있다는 확신을 회복한 시기에 그의 이야기가 중단되기 때문에 우리는 아테네의 최종적 패배가 예정되었다는 생각에 회의를 품게 된다.

그러나 아테네에 고난을 초래했던 원인을 떠나서 투키디데스를 읽으면 읽을수록 아테네의 재해가 적합하다거나 받을 만한 가치가 있다고는 느끼지 못하게 된다. 그래서 대체로 이 책 전체에 대한 첫 번째 느낌은 정의가 구현되었음에 대한 만족이 아니라 오히려 비애의 감정이다. 이 비애의 감정은 대부분 아테네의 패배가 정의의 승리가 아니고 정의 그 자체는 전쟁의 주요 희생자 가운데 하나라는 느낌이 점점 커지면서 나온다. 아테네의 힘으로 인한 멜로스와 다른 희생자들을 구하기에 아테네가 너무 늦게 패배당했다는 사실에 주목하지 않더라도, 승리한 스파르타인들이 늘 그렇지는 않았지만 적어도 아테네인들만큼은 억압적으로 되는 것을 보게 된다. 예를 들어 페르시아 전쟁에서 보여준 플라타에아의 영웅주의에 경의를 표하며 플라타에아의 독립을 보호하겠다는 그들의 맹세에도 불구하고, 그리고 플라타에아가 근처 테베(Thebes)의 위협과 그에 대한 스파르타의 무관심 때문에 아테네와 동맹을 맺을 수밖에 없었음에도 불구하고 스파르타와 그 동맹국들은 플라타에아를 공격했다. 그리고 그 도시를 포위한 후 스파르타는 항복한 플라타에아인들을 모두 죽였는데, 그것은 테베인이 플라타에아인에 행한 신랄한 비난을 믿었기 때문이 아니라, 투키디데스가 말했듯이 전쟁에서 스파르타에 유익하다고 생각한 테베인들을 만족시키기 위해서였다(III 68 ; cf. II 71-74 ; III 55-1). 후에 제1신분 100명을 포함해서 단지 300명의 포로를 구출하기 위해 스파르타인들은 소위 니키아스 평화협정에 동의한다. 여기서 그들은 스파르타 지도자 브라지다스(Brasidas)의 관대한 약속을 믿고 아테네로부터 떨어져 나온 많은 도시들을 배반했다.[4] 그런데 이것들은 멜로스에서 아테네 사신들이 말한 것을 스파르타에서도 확인하게 되는, 그리고 다른 도시국가들과의 관계에서 이익이 되는 것은 무엇이나 정의(그리고 즐거운 것은 무엇이나 숭고하다)라는 아테네인들의 명백한 주장을 분명하게 하는 여러 경우 가운데 두 가지에 불과하다(V 105-4). 그러나 전쟁에서 정의의 허약함에 대한 확신을 준 것은 다만 스파르타와 아테네의 행위만은 아니다. 한 가지 예를 더 들어 보면, 시칠리에 대항해서 또는 찬성해서 싸운 많은 도시와 국가들의 상세한 목록을 보면 투키디데스는 그들이 정의 또는 혈맹관계 때문이라기보다 이익 또는 강제 때문에 편을 들어 주었다는 것을 알 수 있다고 말한다(VII 57.1 ff.).

더구나 인간은 아마도 일시적인 정열을 만족시켜 주는 경우를 제외하고는 자신의 이익에 봉사하지 않는 정의나 법의 표면적인 제한력을 인정하지 않을 것이다. 우리는 이러한 사실을 적어도 아테네의 역병 전염기간 동안에 볼 수 있다. 이 기간 동안 사람들은 죽음을 코앞에 느끼게 되어 신에 대한 두려움과 모든 인간 법에서 연유하는 행동 제한의 경계를 넘어버리고, 그들의 삶과 재산을 덧없는 것들로 간주하여 자신의 이익과 쾌락에 몰두하게 되었다(II 53). 그러나 아테네로부터 고국으로 돌아오는 도중에 미칼레수스(Mycalessus)의 작은 마을에서 남자, 여자, 어린이, 심지어 짐승들까지 도륙한 피에 굶주린 트라키아(Thracia)의 용병들을 이해하기란 더 어렵다. 이것은 투키디데스가 말했듯이 이 전쟁에서 어느 것보다 슬픈 재앙이었다(VII 29.4-5, 30-3). 그리고 가장 엄청난 것은 코르키라에서의 내전과 모든 그리스를 끊임없이 격동시켰던 내전들에 관한 투키디데스의 고찰이다. 이 폭동들의 원인은 명예욕과 소유욕에 기반을 둔 지배에의 욕구이다. 그러나 시간이 경과함에 따라 폭력이 자신의 생명을 갖는 것처럼 보인다. 복수가 홀로 감수하는 것보다 더 명예로운 것이다. 그리고 복수와 그것의 범위는 정의와 도시의 이익에 의해 제한되는 것이 아니라 오직 우세를 점한 쪽의 순간적 즐거움에 의해 제한된다. 더구나 중립적인 시민들은 양쪽에 의해 죽임을 당한다. 그 이유는 그들이 자신에게 가담하지 않았다는 것일 수도 있고, 그들이 살아남을 가능성을 시기하는 것일 수도 있다(III 82).

이기심과 폭력 앞에서 정의가 무력하다는 이 슬픈 광경은 단지 펠로폰네소스 전쟁의 모습만은 아니다. 투키디데스는 고대 그리스와 시칠리에서의 고찰을 통해, 그리고 마케도니아와 트라키아에서 발생하는 권력의 기술을 통해 이 전쟁에서의 정의의 운명이 시공(時空)을 초월해서 동일하다는 것을 보여준다(I 2–17 ; II 97–99 ; VI 2–5). 특히 그는 내전 동안 도시에서 일어났던 그같이 잔혹한 일들이 인간의 그러한 본질이 바뀌지 않는 한 예전에도 있었고, 현재에도 있으며, 미래에도 있을 것이라고 말한다(III 82.2). 이 인간 본질에 대한 단호한 언급은 인간만사에 대한 확실하고 영원한 진리를 밝히겠다는 약속에 대한 투키디데스의 확실한 대답이다. 그리고 진실로 이 작품의 명확한 교훈은 정치가와 다른 사람들에게 있어서도 인류가 지속되는 한 기회가 올 때마다 법과 정의의 나약한 제한력을 넘어서려는 인간 본질을 계산해야 한다는 냉정한 교훈이다. 그러나 투키디데스는 모든 사람들이 내전 중 보여진 것처럼 타락한다고 하진 않았다. 예를 들자면 스파르타인들은 아테네인들과 달리 자신들의 우위를 이용하여 제국을 건설하고자 하지 않았으며, 키아(Chia)인들이 그랬던 것처럼 번영과 절제를 함께 달성했다. 그러나 나중에 투키디데스가 말했듯이 스파르타와 키아인들이 그들 노예의 수에 있어 다른 도시들을 압도했다는 것 또한 사실이다(VIII 24.4, 40.2). 다시 말해 외교에 있어서 스파르타의 절제는 노예반란에 대한 그들의 두려움 때문이었다. 그들의 행동은 법과 정의의 무력함에 대한 일반법칙에 모순되지 않는다. 따라서 스파르타의 예로써 우리가 이 저작 전체에 대해 우선적으로 느꼈던 그 비애감을 덜기란 어렵다.

그러나 전쟁 전에 정의를 고려하여 이익의 획득을 포기한 사람이 없었다는 주장을 하는 아테네인에게는 우리가 막연히 전쟁에 대한 정의의 열위(劣位)라고 부른 것이 슬픔의 원인이 되기보다는 차라리 강자가 항상 약자를 지배한다는 그들의 기본 명제의 심화된 확신이 되는 것이다. 아테네인들은 이 명제에 찬성했고, 따라서 전통적으로 이해되어 오는 덕에의 헌신을 거부했다(II 63.2 ; V 101). 그것은 그런 덕이 인간의 본성과 양립할 수 없으며 안전과 명예, 이익을 향한 막을 수 없는 욕구들과 양립할 수 없다는 근거에서였다. 이제 우리는 불가피한 자연적 강제라는 논리로 아테네인들이 그들 자신의 행동과 과거 강국들의 행동을 변호하는 데 너무 성급하지 않았나 생각할 수 있다. 왜냐하면 영토를 획득하거나 지배할 수 있는 힘을 가진 사람들이 항상 그렇게 할지라도 이러한 사실로부터 그들이 그렇게 할 수밖에 없다는 논리가 필연적으로 나오는 것은 아니기 때문이다. 그러나 아테네인들은 그들의 주장에 있어 이처럼 불확실한 신념에 의존하지 않는다. 이것을 보려면 우리는 다시 힘의 우세를 믿고 아무 거리낌 없이 말하는 아테네 사신들이 멜로스인과 가진 대화를 보아야 한다. 아테네인들은 멜로스를 제국에 합병하려 했다. 그래서 그들은 멜로스 지도자들에게 그들이 아테네에 어떠한 침해행위도 하지 않았다고 주장함으로써 아테네인들을 단념시킬 수 있을 것이라고 기대해서는 안 된다고 말했다. 실제에 있어서 강자들은 자신들이 할 수 있는, 즉 가능한 모든 것들을 행하고 약자들은 이에 굴복하게 되는 반면,

정의란 아테네인들이 주장하듯이 말에 있어서나 사고에 있어서 동등한 상호 강제력에 기반하고 있음을 멜로스 지도자들 역시 잘 알고 있었다(V 89). 그리고 그들의 대답에서 드러나듯이 아테네인들이 자기들의 말을 경청해 주기 바란다면 정의에 대해서 말하는 대신 이익에 국한해서 말해야 된다고 생각했다. 그러나 그들은 아테네인들을 오해했다. 실제로 아테네인들은 정의란 없으며, 정의가 무엇인지 얘기한다는 것은 불가능하다고 말했던 것이다. 그러한 까닭에 한편의 이익이 다른 한편의 이익과 양립할 수 없는 상황에서 그 같은 얘기를 금지할 필요가 없다고 말했던 것이었다. 우리가 현명하다면 무슨 이유로 자신의 이익을 추구하지 않겠는가? 결국 정의에 대한 주장 역시 적어도 궁극적으로는, 또는 진정한 의미에 있어서 항상 정의로운 것은 우리 자신에 있어 이익이 된다는 주장을 함으로써 이 이익이 강제적인 힘이라는 것을 인정하는 것이 아니겠는가? 어쨌든 후에 멜로스인들은 아테네인들의 정의롭지 못함을 비난할 때 아테네인들이 자신들을 굴복시킬 수 없을 것이라고 경고했다. 왜냐하면 죄가 없는 그들은 동맹인 스파르타뿐만 아니라 신의 축복에 의해 도움받을 것이기 때문이다(V 104). 정의가 항상 자신의 최선의 이익이라는 주장은 정의라는 개념 자체에 포함되어 있다. 왜냐하면 우리는 정의를 공공선으로 생각하고 있는 데 반해 공공선은 자신의 이익도 포함하기 때문이다. 사실 멜로스인들 또한 정의보다는 이익에 근거하여 주장하고자 했던 첫 번째 시도에서 적어도 묵시적으로 이 같은 정의의 개념으로부터 시작한다. 그들이 말했던 것은 "공공선"을 손상시키지 말고 정의와 공정함을 위험에 처한 자에게 베풀어 (시비가역자) 불분명한 다툼에서 약자가 이익을 얻도록 하는 것이 미래에 위험에 처할지도 모를 아테네인들에게 유용하다는 것이었다(V 90). 그러나 아테네인들은 멜로스를 독립시켜 두는 것이 자신들에게 이익이 되지 않는다는 것을 입증할 수 있었다. 더 일반적으로 말해 아테네인의 명제는 공공선, 즉 이익들의 일치를 사람들 사이의 모든 상황에서 항상 찾을 수 있는 것은 아님을 인정했다. 더구나 그것은 이 일치가 찾아질 수 없는 경우, 우리가 그 상황을 정확히 이해한다면 타인의 이익을 전적으로 배제한 자신의 이익을 추구할 수밖에 없다고 주장한다. 그렇게 하지 않으면 우리에게 손해가 되기 때문이다. 그리하여 정의를 옹호하고자 하는 주장조차도 어떠한 진정한 정의도 우리의 이익을 향한 자연적인 욕망의 힘에 저항할 수 없다는 것을 인정해야 한다.[5] 뿐만 아니라 우리가 앞에서 언급한 이유들로 인해 자신의 이익을 추구할 수밖에 없다면 참다운 이익을 오판해서 대가를 치른다 해도 우리가 이익이라고 믿는 것은 무엇이나 추구해야만 한다. 아테네인들은 스파르타와의 전쟁을 불사해서라도 그들의 제국을 얻는 것과 영토를 확장하는 것을 이익으로 생각했다. 따라서 그들이 그렇게 하는 데 어떠한 죄의식도 느끼지 않은 것은 오로지 그와 같은 이유 때문이다.

멜로스 시민에 대한 학살이 사신들의 언표 이후에 자행되었다는 이유로 이 같은 아테네인들의 주장 전체가 부정되는 경향이 있다. 그러나 이것은 부적합한 대응인데, 그 살인들 그리고 멜로스인들이 복종하기를 거부한다면 살해하겠다는 위협조차 위 주장의 필연적 또는 적절한 결과는 아니기 때문이다. 아테네인들의 논지는 제국을 얻고 유지하려는 데 공헌했다고 해도 좋을 것이다. 그러나 아테네인들 또는 적어도 그 지도자들 중 뛰어난 몇몇은 그들 제국의 통치를 감당할 만한 능력과 고매함(nobleness)을 갖추고자 특별한 관심을 보여주었다는 것 또한 사실이다. 외견과는 달리 그들의 제국주의적 명제는 상당한 정도로 고매함과 정의에 대한 관심의 결과이다. 왜냐하면 그 시민들 스스로가 제국의 방위를 맡고자 하고, 그것도 일반적으로 따르는 그런 위선 없이 맡고자 하는 것은 이러한 관심의 결과이기 때문이다. 더구나 아테네인들에게는 그들 제국의 방어와 이기심의 보호가 최상의 것, 즉 고매함을 더럽히는 것은 아닌 것으로 여겨졌다. 그렇다면 어떤 근거에서 아테네인들은 그들이 고매(noble)하며 나아가 우수(superior)하다고 믿었는가, 그리고 스스로에 대한 자신들의 평가가 올바른 것인가의 여부를 검토해 보는 것이 우리에게 중요한 관심사가 되는 것은 당연하다.

아테네인들은 그들의 우수성에 관해, 특히 개인으로서 타도시의 시민들에 비해 우수하다는 것을 여러 방식으로 이야기한다. 아테네인들이 스파르타에서 그들의 제국을 옹호할 때 그들은 어떠한 지배권력에 있어서도 변명거리가 되는 (자연적역자) 불가피성이라는 명제와, 뛰어난 지성과 열정을 가지고 있다는 점에서 그들은 특히 지배할 만한 자격이 있다는 주장을 결합한다. 물론 아테네인 연설자들은 페르시아 전쟁에서의 승리에 크게 기여한 이러한 뛰어남(excellence)이 여전히 그리스 자유에 공헌하고 있다고 주장하지는 않는다. 대신 그들은 이 뛰어남이 제국을 만들 수 있는 정당한 권리로, 또는 적어도 제국 건설에 대한 비난을 무마시킬 수 있는 근거로 생각한다(I 73.2–74.4 ; 75.1 ; 76.2). 스파르타에서 아테네인들이 이야기한 것은 페리클레스의 추도연설에서 더 정교화된다. 거기서 그는 아테네인들은 지혜와 미를 사랑하는 사람들이라고 말한다. 더구나 그는 길고 강한 훈련 없이도 전투에서 용감히 싸운 그들의 의지를 칭찬한다. 더 일반적으로 말하면 개인적인 관심의 무시를 요구하는 것이 아니라, 개인의 여러 측면을 가진 가장 고귀한 힘들을 우아하게 발전·완성시키는 삶인 정치적 삶에 대한 그들의 적극적인 참여를 칭찬한다. 페리클레스에 따르면 아테네인들의 권력은 아테네의 복속 도시들로 하여금 자신들이 부적격한 자들에 의해 지배받는다고 비난할 여지를 주지 않는 뛰어난 시민들의 업적이라고 한다(II 37-41).

아테네인들이 기꺼이 목숨을 던질 정도로 도시를 위해 지혜와 다른 재능들의 이용을 자유로이 결정할 수 있다는 것은 자신을 고매하게 여기게 되는 주요한 측면이다. 페리클레스는 아테네인들에게 적들에 대항함으로써 얻는 이익을 고려해서만이 아니라 도시의 힘을 유지하고 그것에 대한 사랑을 갖게 함으로써, 또한 자신의 가장 숭고한 부분을 도시에 바쳐 전사한 군인들을 본받게 함으로써 그들의 애국적 열정을 일으킬 수 있었다. 군인의 전사에 관해 말할 때 페리클레스는 "숭고함"(nobleness) 또는 "아름다움"이란 말을 사용한다. 왜냐하면 그들의 아테네에 대한 헌신은 단순한 타산(calculation) 또는 이기심을 초월한 것으로 간주되기 때문이다. 마찬가지로 그가 은연중 아테네가 육감적인 사랑을 불러일으킬 정도로 아름답거나 고귀하다고 주장했는데, 그것은 아테네가 힘뿐만 아니라 이기적 타산보다 뛰어난 것을 가지고 있음을 보았기 때문이다. 아테네는 외교관계에서조차도 이러한 뛰어남을 보여준다. 그러나 이것이 그가 아테네의 정책이 정의에 대해 고려하면서 이루어진다고 믿었다는 것을 의미하지는 않는다. 앞에서 말했듯이 그는 아테네가 모든 곳에서 선과 악의 영원한 기념비를 건설한 것을 자랑한다. 그러나 페리클레스는 아테네인들이 이익에 대한 계산보다는 자신의 관대함에 대한 전적인 신뢰로써 타인들에게 이익을 줄 수 있는 유일한 사람들이라고 말한다(II 40.5, 41.4). 그리고 선과 악의 영원한 기념비에 대해 말할 때조차 그는 아테네가 가한 것뿐만 아니라 감수한 해악을 고려한다. 확실히 아테네의 궁극적 야심이 무한하다는 것과 최고의 목적을 위해 기꺼이 고통을 감수하려는 의지는 페리클레스에게 단순한 손익계산보다 훨씬 고상하다는 근거가 된다. 특히 도시의 한 개인으로서, 또한 타도시와의 관계에서는 하나의 도시로서—적어도 그들의 눈에는 그렇게 보였듯이—아테네인들은 고상하고 숭고한 목적을 위해 헌신했다. 이와 관련해서 우리가 잊어서는 안 되는 것이 있는데, 스파르타에 와 있던 아테네 사신들이 아테네 시민들에 대한 아테네 공권력의 찬사를 받을 만한 절제를 언급했음이 그것이다. 사실 이러한 절제가 불평불만을 조장할 수도 폴리스의 통치를 더욱 어렵게 할 수도 있는데, 그럼에도 불구하고 아테네인들은 이러한 절제를 실행에 옮겼던 것이다(II 76.3–77.5).

아테네인들은 자신을 고매하고 지배할 자격이 있다고 생각했기 때문에 그들이 제국 건설로부터 기대하는 명예 또는 영광을 자신을 위한 큰 이익뿐만 아니라 더 훌륭한 어떤 것으로 간주했다. 페리클레스는 제국 건설이 불러일으킨 증오에도 불구하고 그들에게 이 증오는 잠깐인 반면에 제국의 광휘(光輝)와 그 미래의 영광은 기억 속에 영원히 남을 것이므로 무한히 제국을 추구하는 것은 옳다고 말했다. 그러나 한편 그는 이 영광은 좁은 또는 단지 계산하는 이기심보다 훌륭한 숭고함의 반영인 고매한 어떤 것이라고 말했다(II 64.5–6). 명예나 영광에 대한 그들의 태도를 유지한 채 스파르타에서 아테네의 사신들이 제국을 얻고 늘리도록 강제하는 가장 위대한 것들에 대해 이야기할 때 그들은 바로 명예(honor)에 대해 이야기한 것인데, 명예는 이익으로 환원될 수 없는 별개의 것이다(I 75.3, 76.2). 후에 알키비아데스(Alcibiades)가 명예에 관한 자신의 열망을 이익을 향한 욕망의 한 측면으로서 이야기한 것은 사실이다. 그러나 이 경우에조차 투키디데스가 명확히 밝혔듯이 그는 가장 큰 또는 기쁜 이익으로서 뿐만 아니라 고매한 행동, 즉 그의 눈에 도시 전체의 이익이며 동시에 본질적으로 위대한 행동에 대한 고매한 보상으로서 명예를 추구했다(VI 16.1–3, 16.5–6 ; cf. VI 15.2).

아테네인들이 뛰어나게 고매하다거나 존경받을 만하다는 것은 그들 자신만의 주장은 아니었다. 적대적인 코린트인들조차 아테네의 위협을 동맹국들에게 경고하기 위해 아테네인들을 칭찬할 수밖에 없었다. 그리고 그들은 무엇보다도 아테네인들이 "자신들의 도시를 위해 그들과 가장 거리가 먼 것인 그들의 신체를 사용하고, 자신들의 도시를 위한 어떤 일을 행하기 위해 가장 그들 자신의 것인 그들의 지성(知性)을 사용한다"고 말했다. 페리클레스나 다른 아테네인들이 그들의 미와 영광을 찬양할 때 과장할 이유가 있었던 것처럼 코린트인들이 아테네인들의 열정의 강도를 과장해서 이야기할 이유가 있었던 것도 사실이다. 그러나 그들의 행동에서 알 수 있듯이 아테네인들에 관한 진실은 여러 면에서 페리클레스의 화려한, 그러나 명백히 자랑하는 연설이 우리가 믿도록 했던 것보다 훨씬 더 아름답다. 예를 들어 전쟁 초기의 코린트 만에서 훨씬 막강한 전력의 펠로폰네소스 함대에 두 번 승리한 포르미오(Phormio)의 승전은 페리클레스의 대담무쌍함, 현명한 지도력과 병사들의 열정적인 헌신을 입증해 주는 명백한 것이었다(II 83–92). 공직에서 물러나 있었던 데모스테네스(Demosthenes)가 대담하게 펠로폰네소스에 있는 필로스(Pylos)의 보강을 제안하고 아테네군으로 하여금 그렇게 할 것을 설득했는데, 이 아테네 군인들은 순풍을 기다리며 빈둥거리기를 원치 않았으므로 그의 제안을 받아들여 실행에 옮겼다. 우리는 여기에서 민주주의의 절정을 보게 된다. 데모스테네스의 전술과 아테네의 열정이 따른 이 전투는 일찍이 없었던 3백 명이나 되는 스파르타인들의 항복을 받아냈고, 아테네로 하여금 전쟁의 첫 국면을 순조롭게 끝내게 하는 결과를 가져왔다(IV 2.4–5.2 ; cf. IV 6–41).

아테네 민주주의의 뛰어난 면은 미틸레네(Mytilene)에서의 반란의 사후처리로 명백해진다. 미틸레네는 오랜 포위 끝에 아테네에 정복된 도시인데, 아테네인들은 그 도시의 남자 시민들에게 죽음의 벌을 내렸고, 그 명령의 전달을 위해 연락선을 보냈지만 다음날 아테네인들은 마음의 변화를 일으킨다. 그들은 그것이 너무 포악한 명령이고, 한 도시를 멸망시킬 과도한 것이라고 생각했다. 따라서 그들은 바로 그날 두 번째 회의를 열어 대부분의 미틸레네인들을 살려주기로 결정했다. 두 번째 배는 곧 떠났고 부분적으로는 노젓는 이들의 열성 덕분에, 그리고 첫째 배에 탄 사람들의 주저함 때문에 새로운 명령은 미틸레네를 참화로부터 구할 수 있는 시간 내에 도착하게 되었다. 아테네인들이 결정을 번복한 것은 적어도 전쟁기간 동안 전체 아테네인들의 성격이 온화했음을 보여주는 타의 추종을 불허하는 좋은 예이다. 아테네인들은 그 회의에서 클레온(Cleon)의 주장, 즉 정의는 모든 미틸레네인들에게 벌주기를 요구한다는 것을 믿기에는 분별이 있었다. 미틸레네에 대한 아주 온화하고 비교적 공손한 행동의 근원에는 역시 위선 없이 자신의 제국을 자발적으로 방어하게 하는 아테네인들의 정의와 고매함에 대한 민감함이 있었던 것이다(III 36, 49).

그러나 아테네인들의 고매함이 가장 빛났던 때는 그들이 가장 무절제함을 보여주었던 시칠리 원정 때였다. 시칠리를 제국에 편입시키는 것은 아테네인의 오래된 꿈이었다. 그러나 이 꿈은 바다를 지배함으로써 맞게 될 무한한 가능성을 아테네인들에게 이야기함으로써 페리클레스 자신이 키운 꿈이었다. 또한 페리클레스는 스파르타와의 전쟁 동안 제국을 늘리려고 하는 시도에 대해 경고했다. 따라서 그가 살아 있었더라면 무모하게 시칠리 원정을 서두르는 것에 대해 아직 때가 되지 않았다고 반대했을 것이다. 아테네에 대한 페리클레스의 계획은 절약 또는 검소함으로써 고매한 것을 사랑하는 도시로 만드는 것이었다. 반면에 시칠리 원정은 사치스러울 정도로 비싸고 전에 없는 모험이었다. 그러나 페리클레스 자신도 비록 건강의 아름다움은 아닐지라도 이러한 무절제에 특별히 아름다운 어떤 것이 있다는 것을 인정했음에 틀림없다. 투키디데스에 따르면 모든 아테네인들은 똑같이 시칠리 원정에 대한 사랑에 빠졌다. 페리클레스가 아테네 공동체에 호소했던 열광적인 사랑은 시칠리 원정 전야에 아테네 공동체를 사로잡았다.[6] 그리고 혈기왕성한 사람들은 부와 권력 또는 영광에의 욕망에 의해서가 아니라 "장래에 대한 전망과 사려에 대한 갈망" 속에서 고무되었다(VI 24.3). 우리는 전적으로 시칠리에 있어서 그들의 목적은 그들의 혈족인 레온티네스(Leontines)와 에게스타에 동맹(Egestaean allies)을 돕는 것이라는 아테네인들의 주장을 단지 변명으로 여기지 않는다(VI 6.1, 18.1–2, 19.1). 더구나 첫 번째 원정이 큰 반대에 부딪쳤을 때, 펠로폰네소스인들이 아테네 근처의 요새를 점령하여 본국에 큰 실망을 주었을 때 아테네인들은 시칠리에 머물렀을 뿐만 아니라 첫 번째와 같은 규모의 두 번째 선단을 보냈다. 투키디데스가 말하듯이 전에는 아무도 그러한 완강함이 가능하리라는 것을 믿는 사람이 없었다. 그리고 시칠리에서의 아테네의 완패 이후에조차 스파르타와의 전쟁을 수행하는 유연성을 보여줌으로써 그리스 전체를 놀라게 했다.[7] 스파르타는 번영에 있어서 아테네보다 더 절제했다. 그러나 어떠한 도시도 우리가 시칠리 원정과 그 여파에서 보았듯이 그 야망의 웅장함과 재난의 위력을 볼 때 아테네와 경쟁할 수 없었다.

시칠리 원정은 실패로 끝났다. 그러나 페리클레스는 전쟁 목적 달성에 실패하더라도 아테네인들이 미래에 그리스 제국 중 가장 큰 부분을 지배함으로써 유명해질 것이라고 수년 전에 말한 적이 있다. 그가 암시했듯이 모든 물질은 본성상 멸망하기 때문에 실패는 항상 가능했다(II 64.3). 참으로 페리클레스의 탁월한 인식은—즉 결국 모든 것은 쇠퇴한다는 인식—아테네인들로 하여금 영원히 기억될 수 있는 영광을 최고의 선으로 추구하도록 해야 한다는 신념을 키우는 데 도움을 주었다(II 64.5-6과 그 전후). 우리는 또한 페리클레스가 아테네의 한 실패에 대한 영원한 기념비를 기렸다는 것을 기억한다. 그러나 시칠리 원정에 있어서 아테네의 패배가 가장 기억할 만하고 어떤 의미에서는 아테네 실패 중에서 가장 숭고한 것일지라도 그것을 기리기는 힘들다. 그리고 적어도 여기서 제국의 영광을 추구하는 것이 무분별한 것이며, 그것의 엄청난 대가 또한 가치 없는 것이라고 느낄 수밖에 없을 것이다. 왜냐하면 우리는 군대의 커다란 고통을 느끼게 되고 아테네 패배의 원인으로 밝혀진 추악함을 보기 때문이다. 투키디데스 자신이 가능한 것으로 본 대담한 원정에서 보여준 아테네의 놀랄 만한 인내력에도 불구하고 시칠리에서 전 군대는 사익(私益)의 근시안적 추구로 인해, 또는 공익 대신 사익처럼 보이는 것의 추구로 인해 완패했다.

페리클레스에 대한 그의 찬사에 있어서 투키디데스는 전쟁에서의, 특히 시칠리에서의 패배를 페리클레스 사후(死後) 지도적 시민의 현명하고 공공정신적인 인도(guaidance)에 의해 더 이상 제한되지 않는 명예와 이익을 향한 개인적 야망들 탓으로 돌렸다(II 65.7-12). 페리클레스의 치세기에 아테네가 가졌던 특징인 공공선과 지도자의 사적 야망들 사이의 조화는 더 이상 존재하지 않았다. 이 분석은 시칠리 원정을 포기하도록 하는 데 있어서 동료 지도자인 알키비아데스가 완전히 사적 동기들로부터 원정을 추구하고 있다는 니카이스의 비난을 생각나게 한다(VI 12.2). 그러나 알키비아데스의 사적인 야망, 즉 시칠리아 원정에서 명예와 부를 얻으려는 야망은 아테네 의회의 욕구들과 완전히 일치했다고 말할 수 있다. 그 같은 점에서 알키비아데스가 자신을 변명할 수 있다. 그러나 의회에서 표현된 것처럼 민중의 요구가 도시 이익의 올바른 척도는 아니며, 그리고 그것은 그들의 이익에 대한 무지 때문만은 아니었다.

아테네인들조차 공공선을 일종의 사적 이익에 종속시켰다는 사실은 시칠리 원정을 준비하는 동안 일어난 헤르메스(Hermes) 신상의 절단에 대한 그들의 야만적인 반응에서 확실히 알 수 있다. 아테네인들은 이 절단들이 원정에 대한 나쁜 암시라고 믿었다. 또한 그럴 듯하지 않더라도 그것들이 민중에 반대하는 음모의 일부로 행해진 것이라고 믿었다(VI 27). 일부의 아테네인들은 참주적 도시가 된 벌로서 시칠리에서 패할 것이라고, 또는 참주적 개인들의 음모에 빠졌다고 믿었는지도 모른다. 어쨌든 과두적 또는 참주적 음모에 대한 그들의 병적인 두려움이 신들에 대한 모욕을 복수하기 위해 그들에게서 좀처럼 보여지지 않았던 격분을 촉발시켰다. 그들은 많은 존경할 만한 사람들을 체포했고, 그들의 일부는 단지 고소당했다는 이유로 죽임을 당하기까지 했다. 그들은 신비로운 의식들을 세속화시켰다는 중대한 비난을 이유로 시칠리에서 알키비아데스의 지휘권을 박탈하기까지 했다. 그들이 주장하기에 이것 또한 민중에 적대적인 음모와 관련이 있는 것이었다(VI 53, 60.1–61.1). 확실히 알키비아데스가 참주적 야망을 가지고 있다고 의심할 이유들이 있었다. 그리고 그는 기소를 피해 달아난 후에 스파르타를 위해 아테네를 배반했다. 그러나 그는 아테네의 가장 유능한 장군이었고, 그의 지휘권으로부터의 면직은 그가 스파르타에 제공한 유용한 충고와 함께 시칠리에서 아테네 패배의 직접적 원인이었다. 아테네 민중, 더 정확히 말해 자신들을 하나의 공동체로 부른 아테네 빈민계급은 동료 시민들이 원정에 반대하는 의견을 표명하는 것을 두려워할 정도로 시칠리 정복의 열망에 차 있었다. 그리고 아테네인들은 나쁜 징조 같은 것이 나타났다고 해서 원정을 포기하지 않았다. 또한 아테네 시에서의 그들의 지배와 마찬가지로 전쟁에서 군대의 안전과 도시의 생존에 대해 거의 걱정하지 않았다. 그리하여 그들은 그가 했는지 안 했는지 불확실한 불경한 행동에 대한 대가로 그들의 가장 뛰어난 장군에게 죽음을 선고했던 것이다. 시칠리에서 승리하면 알키비아데스가 참주가 될 수 있다는 위험은 아테네 민주주의가 시칠리를 정복하는 대가로 받아들여야만 했던 것이었다. 더구나 지엽적인 부분에서 투키디데스는 초기 아테네의 참주들은 그들 지배의 대부분을 덕과 지력으로 실행했고, 그들은 신성한 계율을 포함하는 대부분의 관습법을 지지했다고 지적했다(VI 54.4-6 ; cf. VI 24.4). 물론 이런 행위는 그때까지 어리석은 당파심에 얽매여 있었고 그들의 주요 관심사가 도시 전체와 신들을 위한 것이라고 믿었기 때문에 부주의한 행동을 했던 대중들과 현저히 대립되는 것이었다. 이 모든 것에 따라 투키디데스는 도시를 몰락시킨 장본인은 알키비아데스라기보다는 차라리 그의 행동에 개인적으로 화가 난 다수의 아테네인들이라고 결론지었다(VI 15.3-4 ; cf. II 65.8-10).

시칠리로부터 알키비아데스가 소환된 이후 남은 두 사람의 장군 중 하나가 니키아스(Nicias)이다. 그는 원정에 반대했고, 아테네인들이 신뢰할 만한 충성심을 지닌 장군이었다. 투키디데스는 그가 시라쿠스(Syracus)인들에게 항복하고 죽음을 당했을 때 니키아스에 대한 다음과 같은 자신의 동정심을 보여준다 : "우리 시대의 아테네인들 중 관습에 의해 수립된 덕에 완전히 헌신함으로써 이 같은 불행에 이른 드문 사람이다" (VII 86.5). 그러나 이 언급은 여러 독자들을 놀라게 할 것이다. 왜냐하면 이미 투키디데스가 니키아스의 우유부단한 성격과 판단이 아테네 패배의 주요 요인이라고 말했기 때문이다. 자 그럼 아테네의 패전에 니키아스가 기여한 몇 가지 방식들을 살펴보자. 그러면 우리는 투키디데스의 서술과 그의 명확한 판단 사이의 표면적인 불일치를 설명할 수 있는 더 좋은 위치에 서게 될 것이다. 니키아스는 그가 갈 수밖에 없다면 가능한 한 안전하게 항해하고 아테네인들이 이미 결정한 원정을 포기하도록 하려는 희망에서 아테네인들이 의도했던 것보다 훨씬 많은 군대를 보내도록 건의했다. 그의 전술은 원정을 포기하게 하는 데는 실패했지만 아테네인들이 더 많은 군대를 보내게 하는 데는 성공했다. 그들이 원정에 푹 빠진 것은 그의 충고가 원정의 안전성에 대해 그들을 확신시킨 후의 일이다. 성공한 장군으로서의 명성 유지와 안전에 대한 니키아스의 관심은 시칠리에서 아테네가 감수할 위기의 크기와 그들의 열정에 대한 직접적인 책임이 있다(VI 19.2, 24–26). 그러나 니키아스의 실수 중 가장 중대하고 확연한 것은 훨씬 후의 원정에서, 즉 데모스테네스(Demosthenes)의 원병에도 불구하고 시라쿠스 정복에 실패했을 때 일어났다. 함대와 병사들의 사기는 점차 저하되고 적들은 점점 강해져 갔다. 아테네인들은 당연히 자신의 해군력이 우세할 때 고국으로 돌아가야 했다. 그러나 니키아스는 본국으로부터의 명령 없이는 돌아가려 하지 않았는데, 돌아갈 경우 돌아가기를 원하는 병사들의 대부분을 포함한 아테네인들은 장군들이 적에게 매수당했다고 확신할 것이기 때문이다. "아테네인들의 본심을 알았을 때 그는 아테네인들의 손에서 부끄러운 죄로 불명예스럽게 죽기보다는 적들의 손에서 죽는 위험을 감수했다" (VII 48.4). 니키아스가 민주주의 지도자들의 의심을 받았을 때 군대와 함께 고국으로 돌아갔더라면 받았어야 할 벌과 죽음을 두려워한 것은 당연하다. 시칠리에서 "사적으로" 죽음을 택한 것은 직접적으로 군대의 패배와 수천 명의 인명상실을 가져왔다. 니키아스에 대한 불완전한 변호이지만, 그가 아직 시라쿠스를 정복할 가망이 있다고 믿었다는 것과 새로운 적군의 도착으로 그의 실수가 입증되었을 때 그가 군대의 귀향에 동의했다는 사실을 말할 수 있을 것이다. 그러나 그때 월식(月蝕)이 일어나 아테네인들을 떨게 하여 장군들이 출발을 연기하도록 만들었을 때, 니키아스는 점쟁이들이 예언한 "27일"(thrice nine days)이 지날 때까지 출발방법에 대해 생각조차 하지 않았다고 말했다. 투키디데스가 보기에는 "그가 너무 예언 같은 데 집착했기 때문이었다"(VII 50.4). 니키아스가 자신과 함대를 위한 가장 좋은 방법은 예정된 기간 동안 시라쿠스에 머무는 것이라고 믿었던 것은 당연하다. 그러나 그러한 미신적인 두려움과 희망에 굴복한 장군을 용서하기란 힘든 일이다. 이 바보 같은 지연 때문에 아테네 군대는 고국으로 안전하게 돌아갈 수 있는 마지막 기회를 잃어버렸다. 마지막 해전에서의 패배 후 시라쿠스 항구로부터 필사적인 탈출을 시도할 때 그 당시 재앙의 엄청난 위력에 눌려 아테네인들, 그리고 경건한 니키아스조차도 죽은 동료들의 시체를 돌려달라고 하지 못했다.[8] 슬프게도 많은 자책감을 지닌 채 도망치는 아테네 군대는 부상당한 동료들을 포기했고, 더구나 자신도 구할 수 없었다. 이 이야기에 있어서 투키디데스가 니키아스의 불행이 부당하다고 말했을 때 그가 이것은 "관습에 의해 세워진 미덕", 즉 관습적인 덕—순수한 덕과는 다른—에 대한 헌신 때문이라고 말한 것을 알 수 있다. 관습적인 덕에 대한 니키아스의 헌신은 아테네인들로 하여금 온화하고 가장 일반적인 상황에서는 그를 신뢰할 수 있는 사람으로 만들었을지라도 그와 그가 이해한 덕은 시칠리 원정의 극단적인 시험에 적합하지 않았다. 니키아스는 관습적인 덕에 충실했고, 어쨌든 고의적으로 고국에 해를 끼치지는 않았다. 그러나 관습적인 덕은 믿을 수 없는 것이다. 왜냐하면 그것은 그 자체에 대한 믿음 이외에는 어떤 다른 토대도 없는 희망에 의해 부분적으로 인도되고 의존하기 때문이다. 니키아스의 관습적인 덕에 대한 헌신은 그 자신 또는 그의 선한 이름이 이와 같은 헌신을 통하여 가치 있다고 생각되는 안전을 얻을 수 있다는 신뢰에 그 뿌리를 두고 있다(cf. V 16.1). 그리고 이 개인적인 안전에 대한 맹목적인 희망은 그 자신의 죽음과 그의 도시가 패망한 주요 원인이 되었다.

시칠리 원정은 중대한 실수였다. 아테네의 성공 또는 군대의 안전한 귀향에 대한 전망은 사익과 공익을 조화시키는 아테네의 능력에 달려 있었다. 그러나 이 원정은 아테네의 이러한 능력을 벗어나 있었다. 확실히 아테네인들에게 행운이 있었더라면—예를 들어 헤르메스 신상의 절단이 없었더라면—시칠리에서 그들은 성공했을 것이다. 그러나 그 시도는 적절하지도 현명하지도 못했다. 그리고 더 중요한 것은 원정의 커다란 손실과 그것이 명백하게 밝혀주었던 도시 내부의 부조화로 인해 우리는 아테네 제국주의에 대해 더 냉정하고 침착한 관점을 지닐 수 있게 될 것이다. 아테네인을 속였던 화려함에 속지만 않았다면 우리는 이미 그들의 제국주의가 지혜의 근본적인 결여로 인해 처음부터 약점이 있었다는 것을 알았을 것이다. 아테네인들과 그 지도자들 중 가장 훌륭한 사람들은 거대하고 고상한 제국을 세우려고 노력했다. 그러나 그들이 스스로 고상하다고 생각했기 때문에 그들에게 대항하는 다른 도시들을 지배하려 한다는 그들에게 가해지는 비난의 무게를 느끼지 않을 수 없었다. 따라서 그들은 이 비난에 대해 자신을 방어해야만 한다고 느꼈으며,

그들은 모든 사람들처럼 본성상 이기적일 수밖에 없다는 것을 주장함으로써 자신을 방어했다. 반면에 그들이 자신의 제국과 자신들을 고상하다고 생각했기 때문에 그들은 자신의 지배와 관련하여 자신들의 이익과 상반되는 어떤 두려움과 위험도 감수했다. 지금 그들이 이렇게 하기란 힘들 것이 틀림없다. 왜냐하면 제국을 위한 그들의 관점에서 볼 때 이런 추가적인 위험과 부담들은 무의미한 희생으로 보일 것이기 때문이다. 아테네인들은 제국 확장에 관련된 그들의 수고가 영원한 영광이란 상으로 보상받으리라 믿었기 때문에 이런 위험과 부당들을 희생이라기보다는 그들이 지불해야 할 대가로 간주했다. 그러나 이러한 생각에 있어서 그들은 실수를 저질렀다. 왜냐하면 영광과 미래의 그것에 대한 전망에 관련하여 그들이 경험한 것은 영광이란 좋은 것뿐만 아니라 고귀한 어떤 것, 말하자면 단순한 사익에 굴하지 않는 그들의 우수성 및 때때로 그들의 자발적인 희생을 입증하는 것이라는 믿음으로 색칠되어 있었기 때문이다. 다른 말로 하면 그들은 제국의 옹호에 있어서 자신들의 주장을 정직하게 대하지 못했다. 왜냐하면 이 주장은 사익에 대한 우월성의 여지를 주지 않았거나 또는 선 자체보다 중요한 어떤 것을 위한 여지를 주지 않았기 때문이다. 따라서 그들이 진실로 이 주장을 받아들였다면 그들은 영광이라는 전망에 의해 감명받지 않았을 것이다. 또한 그들은 그것의 추구에 있어서 고난이 영구히 그리고 충분히 보상되리라는 것을 거의 느끼지 못했을 것이다. 시칠리에서의 재난이 있기 오래 전에 아테네인들과 그들의 지도자들은 자신들과 그들이 갈망하는 대상을 잘못 이해함으로써 이미 길을 잘못 들어섰다.

아테네인의 주장을 옳게 이해한다면 자기 이익보다 우월한 숭고함이란 있을 수 없다는 사실을 알게 될 것이다. 따라서 투키디데스의 고찰에 있어서 모든 아테네인들 중 가장 뛰어난 사람들은 멜로스 사신들이 된다는 이상한 결론에 도달하게 된다. 그들은 강자의 지배를 옹호할 때 어떤 지속적인 또는 숭고함에 대한 명백한 관심을 가장 적게 나타냈다. 그러나 이 결론은 잘못되었는데, 그것은 단순히 멜로스인들의 순박함을 파괴하고자 하는 사신들의 야수 같은 시도가 그들을 오히려 아테네 지배에 복종하지 않도록 만들었기 때문만은 아니다. 그것은 아테네의 주장을 상당히 잘 이해한 어느 아테네인이 있기 때문이다. 이 사람은 디오도투스(Diodotus)로 투키디데스의 이야기에 단 한번 등장하는, 다른 자료를 통해서는 알 수 없는 뛰어난 사람이다. 그는 정치인이 아닌 것처럼 보인다. 그렇지만 아테네 정치에 대한 그의 단 한번의 간섭은 매우 뛰어난 것이었다. 그는 아테네가 제국을 유지하는 데, 그리고 종속적 동맹국들을 비교적 인간적으로 대함으로써 제국을 유지하는 데 도움을 주었다. 더구나 그의 연설은 온화함과 침착함을 그 특징으로 한다. 그것은 투키디데스 작품 안에서 유일한 것이자 투키디데스 자신에게서 반영되고 있는 것이었다.

우리가 이에 언급했던 것처럼 미틸레네 남자들을 모두 죽이기로 한 결정을 재고하는 회의에서 디오도투스는 연설을 했다. 그는 아테네인들이 그 결정을 철회할 것을 재촉했다. 사람들 사이에 마음이 변하여 회의가 소집되었지만 그의 임무는 힘든 것이었다. 왜냐하면 클레온이라는 당시 강한 영향력을 행사하던 사람이 어떤 변화도 반대한다고 그에 앞서 연설했기 때문이다. 클레온은 정의와 아테네의 이익을 위해서는 반란한 미틸레네인들에게 가혹한 벌을 내리는 것이 필요하다고 주장했다. 그러나 디오도투스의 즉각적인 관심을 끈 것은 클레온이 자신들의 결정을 종종 다시 생각해 보는 아테네인들의 관습을 공격하고 있다는 점이었다.

그는 이 관습을 공공선에 대한 관심이라기보다는 공적인 일이 주요 관심사가 된 후로 이것에 관한 자신들의 지혜를 과시하기 위한, 그리고 법보다 현명하게 보이고 싶어하는 연설자들의 욕망에서 기인한다고 보았다. 클레온은 또 전날의 결정에 대해 반대하는 사람들은 허영심 또는 뇌물 때문에 그러는 것이 틀림없다고 말했다(III 38.2–3, 37.3–4). 이런 공격들에 맞서 디오도투스는 그가 "가장 훌륭한 일들"이라고 부른 도시의 공무에 대한 잦은 숙의의 타당성을 방어함으로써 이야기를 시작한다. 그리고 그는 연설자들이 서로를 돈에 의해 타락했다고 비난할 때 도시가 해를 입는다고 경고한다. 왜냐하면 그렇게 되면 조언자가 두려워서 조언을 하지 못하기 때문이다. 그는 그런 비난을 하는 시민들에게 발언권이 주어지지 않는다면 도시는 최상이 될 것이라고 말한다. 계속해서 그는 "절제 있는 도시"에서는 실패한 연설자가 부정하다고 고발되거나 벌을 받지도 않으며 망신을 당하지도 않는다고 말한다. 또 그런 도시에서는 회의에 참석한 모든 사람들이 사욕으로부터 자유롭기 때문에 설득하는 데 실패했다고 해서 망신당했다고 느낄 리 없다. 그러나 디오도투스는 아테네의 민주주의가 다른 어떤 실재하는 도시처럼 필연적으로 연설자의 사적 동기들에 대해 의심할 수 있다는 것과 도시의 이익을 위해 때로는 이러한 경계심을 필요로 한다는 것을 잘 알고 있었다. 그는 정치세계의 이러한 측면을 잘 알고 있었기 때문에 "절제 있는 도시"에 대한 자신의 유토피아적 기준을 무시하고 그가 멍청하거나 자신의 사익으로부터만 말한다고 비난한 클레온의 명예를 실추시키려고 노력했다. 그러나 클레온의 비난의 영향으로 아테네의 의심은 대단해서 디오도투스가 공감을 얻으려면 훨씬 더 노력해야 했다. 왜냐하면 그가 대담하게 말했듯이 아테네인들은 연설자가 자신의 사익을 위해 충고하고 있다고 의심하면 도시를 위한 충고인 것이 명백해도 그것을 거절하기 때문이다. 따라서 도시 자체의 이익을 위해 도시를 이끌고 싶은 사람은 그에 대한 의심부터 극복해야 한다. 이 일은 정직한 방법만으로는 불가능하다. 왜냐하면 디오도투스는 더 좋은 것을 말하려는 사람조차 신용을 얻기 위해서는 대중에게 거짓말을 해야 하며, 도시를 속이지 않고 도시를 이롭게 하는 것은 불가능한 것으로 결론지었기 때문이다(III 42-43). 대단히 솔직하게 디오도투스는 아테네인들에게 자기가 그들을 속일 것이라고 말한다. 그리고 이것은 다음과 같은 문제를 우리에게 남긴다. 왜 거짓말을 하지 않고 도시의 신뢰를 얻는 것이 불가능한가? 그리고 디오도투스는 어떻게 거짓말을 하는가?

디오도투스는 미틸레네인들이 정의로운지 그렇지 않은지, 즉 정의의 문제를 생각하는 것이 아니라 그들 모두를 죽이는 것이 아테네의 이익인지 아닌지의 문제를 생각하게 함으로써 그의 거짓말을 시작한다. 이 살육에 반대하는 그의 주장의 대부분은 아테네 자신의 사익에 대한 빈틈 없는 분석으로 나타난다. 그러나 그는 그가 꾸미고자 한 만큼 냉정하지는 못했다. 더구나 그는 정의에 대한 고려를 전적으로 무시하지는 않았다. 디오도투스는 가장 심한 벌조차 모든 반란을 막지 못한다고 말함으로써 시작한다. 따라서 아테네는 가능한 적은 비용으로 일어날 수 있는 어떤 반란도 막기 위해 준비해야만 한다고 주장한다. 그는 아테네인들이 반란자들 사이의 계급분열을 이용함으로써, 그리고 미틸레네의 군중이 일단 중병기를 받은 후 그랬던 것처럼 도시를 자발적으로 넘겨준다면 군중들에게 관대할 수 있다는 것을 보여줌으로써 그 일을 할 수 있다고 말한다. 그러나 놀랍게도 디오도투스는 미틸레네의 군중들이 아테네의 보조자였기 때문에 과두정치의 참주들과는 달리 그들을 죽이는 것은 옳지 않다고 말한다.[9] 따라서 그의 기본적인 주장에도 불구하고 디오도투스는 정의에 관한 명백한 주장을 펼쳤다. 더구나 그의 연설의 많은 부분이 정의에 대한 주장으로 이끌려진다. 반란을 금지하는 것이 불가능하다는 것을 보여주기 위하여 디오도투스는 모든 인간의 본성상 사적 · 공적으로 범죄를 저지른다는 것과 법률과 처벌의 위협이 그것을 억제할 수 없다고 말한다. 다른 말로 하면 우리는 욕망과 자연스러운 열정에 의해 가장 강한 욕구의 대상들을 얻기 위해 노력할 수밖에 없다는 것이다. 그리고 우리는 이것을 할 수밖에 없기 때문에 성공에 대한 희망이 아무리 멍청한 것이더라도 우리의 실수 또는 죄는 자의적인 것은 아니다. 그리고 클레온조차 비자의적 범죄는 용서받을 만하다고 인정했다. 디오도투스는 타당한 이유로 모든 죄인이 용서받을 수 있다는 결론을 명확히 내리지는 않는다. 특히 그 중에서도 그는 폭동의 주모자를 벌주는 데 반대하지 않는다. 그러나 죄의 불가피성을 말함으로써 그는 아테네인들을 용서의 분위기로 이끌었으며, 그날 회의에서 그들이 가지고 있었던 온화한 분위기를 다시 일깨우고 심화시키는 데 성공한다. 이런 식으로 그는 미틸레네인의 대다수를 죽이는 것이 옳지 못한 행위라는 것을 받아들이게 했다.

그러나 디오도투스의 속임수가 정의를 등한시하려는 꾸밈이었다면 왜 그는 더 직접적으로 정의(또는 인간애)와 아테네의 이익이 미틸레네 군중을 죽이지 않는 것이라고 말하지 않았는지 의문시된다. 그러나 이렇게 이야기하는 것은 나쁜 충고가 되었을 것이다. 왜냐하면 클레온의 연설이 아테네인들을 화난 분위기로 몰았기 때문에 살인이 정의에 배치된다는 솔직한 주장은 그들을 괴롭혔을 것이며, 그것은 그들로 하여금 디오도투스의 이익에 관한 주장에서 몇 가지 약점들을 의심하게 했을 것이다. 그리고 더욱 중요한 것은 클레온이 비난했던 것처럼 자신의 사익 때문이면서도 정의 또는 인간애란 구실 하에 고의로 도시의 이익을 배반했다고 그를 의심했을 것이다. 도시는 자신에 관해 연설하는 시민들을 절대 신뢰하지 않았으므로 디오도투스는 도시의 신뢰를 얻으려고 노력했다. 그는 적어도 그것이 도시의 이익과는 다른 개념인 한에서 정의에는 무관심한 것처럼 보임으로써 그 일을 한다. 이 일과 관련해서 그는 여러 번 도시의 관심사들, 특히 도시의 평화와 타도시에 대한 지배는 "가장 위대한 일들"이라고 말한다.[10] 도시의 이익 또는 평화와 제국을 정의보다 훨씬 중요한 것으로서, 그리고 참으로 모든 관심사 중 가장 중요한 것으로 간주하는 것처럼 보임으로써 디오도투스는 신뢰받는 데 성공한다. 물론 이 성공은 거짓말과 속임수에 의존한다.

그러나 디오도투스의 속임수는 우리가 이미 인정한 것 이상의 것인데, 그것은 그의 숨은 관심이 원래 정의에 대한 것이라는 생각으로 우리를 속이기 위해서였다. 과연 그런지 보기 위해서 우리는 제국을 위한 아테네의 주장이라고 불리우는 그의 연설을 다시 봐야만 한다. 디오도투스는 모든 사람은 공적·사적으로 죄를 저지르는 본성을 가지고 있고 어떤 법도 사람들로 하여금 죄짓는 것을 항상 막을 수는 없다고 말했다. 그러나 디오도투스가 우리의 본성에 대해 알고 있었기 때문에 정의에 관하여 찬성을 지속하는 것이 유효한 경우에조차 정의 또는 법은 그의 주요 관심사가 아니었다. 그러나 그는 사적으로 사람들 또는 개인들에게 아테네인의 주장을 명백히 적용시킴으로써 그의 주요 관심사가 무엇인지 밝힌다. 이것은 투키디데스의 저작 속에서 어느 누구도 하지 못했던 일이다. 다른 말로 하면 그는 선(the good)의 우선성이란 사실은 도시의 그것과는 다른 개인적 이익의 우선함이라고 명쾌하게 말한 유일한 사람이다. 마치 이익보다 더 뛰어나고 중요한 것이 없듯이 자신을 위해 이롭거나 해되는 것보다 개인에게 중요한 것은 없다. 연설자들이 사적 이익에 의해 움직인다는 아테네인들의 의심은 적어도 디오도투스의 경우에는 충분히 근거가 있는 것이다. 디오도투스가 아테네인으로서 가지는 사익과 그가 교육받는 인간애 이 두 가지가 아테네인들로 하여금 그들의 거칠고 잘못된 명령을 취소하도록 설득함으로써 아테네에 유익하게 하도록 그를 분발시켰다는 것은 사실이다. 그러나 아테네인들이 그의 동기를 이해했다면 그를 지지함으로써 존경을 표하지 않았을 것이다. 전제정에 대한 두려움 때문이든 타인의 더 좋은 이익에 대한 시기심 때문이든, 그가 자신의 도시에 대한 관심사가 "가장 훌륭한 것들"이라고 그들에게 확신시키지 않았다면 그의 충고는 받아들여지지 않았을 것이다. 그리고 그는 그것들이 가장 훌륭한 것들이라고 믿지 않았기 때문에 거짓말을 할 수밖에 없었다.

디오도투스가 궁극적인 이익은 도시의 이익과는 다른 개인의 이익이라고 명시적으로 밝혔을지라도 그것의 성격에 관해 거의 말하지 않았다. 그러나 그가 도시의 관심사가 "가장 훌륭한 것들"이라는 도시의 주장을 비판한다면 그가 정치세계로부터 나오는 보상에만 만족하리라고 생각하는 것은 불가능한 것처럼 보인다. 참으로 우리가 이 정치적으로 재능 있는 사람에 대해 잘 모른다는 것은 그가 타인에 대한 지배나 그것의 성과들을 개인의 궁극적인 이익으로 간주하지 않았다는 것을 보여준다. 그러나 행동 전에 숙고해야 한다는 그의 언급은 별도로 하고 그는 그 이익에 대한 긍정적인 사고를 숨겼다. 다른 점에서와 마찬가지로 이점에서도 디오도투스는 투키디데스와 비슷하다. 왜냐하면 이미 보았듯이 투키디데스도 가장 좋은 삶의 방식에 대해서는 조용했기 때문이다. 그런데 그는 정말 그러한가? 투키디데스의 작품 전체가 우리들을 인간을 위한 가장 좋은 삶으로서 그 자신의 생활방식—특히 그의 "진리 추구"와 "모든 시대를 포괄하는" 그의 작품(I 20.3, 22.4)—으로 이끌지 않았는가? 투키디데스의 작품에서 유일한 철학적 언급은 페리클레스의 추도연설에 있다. 페리클레스는 아테네인들이 "부드러움 없이" 철학을 한다고 칭찬한다. 그것은 정치적 삶으로부터의 후퇴가 없음을 의미한다. 그는 또 단호히 여가생활보다는 활동적이거나 또는 정치적인 삶의 탁월성을 이야기한다.[11] 그러나 페리클레스는 아테네인들의 "철학함"이 일종의 부드러움과 함께 한다는 것을 이해하는 데 실패한다. 왜냐하면 인간들, 적어도 능력 있는 인간들은 그들의 도덕적 · 정치적 관심들에 대한 신중함에 의해 그들이 가장 소중히 여기는 확신에 대해 그 진실을 묻게끔 되어 있고, 궁극적으로는 최고선으로서 철학으로 향하게끔 되어 있기 때문이다. 그것을 명확히 이해할 때까지 계속 숙고하고 의무로 받아들일 수 있는 마음의 힘을 가진 사람이 바로 투키디데스이다. 그리고 이런 이해로부터 그는 점점 더 강한 힘을 얻을 수 있었다. 왜냐하면 한편으로는 그의 저작을 통하여 잔잔한 투명함과 균형과 인간애를 가지고 정치에 영향을 미치면서 그가 얻은 관점으로부터 거대한 공포뿐만 아니라 아름다움을 지닌 정치생활을 지속적으로 바라볼 수 있었기 때문이다.

■■■ David Bolotin / 김경희 번역

❖ 주 ❖

1_ 다른 지시가 없으면 이 책에서 모든 인용을 하였다. 그리스어로부터의 번역은 필자 자신의 것이다. 필자는 특히 다음 두 논문의 도움을 받았다 : Christopher Bruell : "Thucydides' View of Athenian Imperialism," *American Political Science Review*, LXVIII, No. 1 (March, 1974), 11–17 ; "Thucydides and Perikles," St. *John's Review*, XXXII, No. 3. (Summer 1981), 24–29.

2_ VIII 97.2 ; IV 81.2 : VI 54.5 ; VII 86.5 ; VIII 68.1.

3_ Richard Schlatter, ed., *Hobbes' Thucydides* (New Brunswick : Rutger University Press, 1975), 18.

4_ V 18.5–8, 32.1을 IV 86.1, 114.3–4, 120.3 과 비교하라. 또한 IV 81.2, 108.6–7, 117 ; V 14.3–15.1을 보라.

5_ V 25.3을 참조. 그러나 VII 57.1과 대조하라.

6_ VI 24.3 ; cf. I 143.5–144.1 ; II 62.2, 65.7, 40.1.

7_ VIII 1–2, 24.5 ; cf. VII 28.3, 42.2.

8_ VII 72.2 ; cf. VII 75.3, 그리고 IV 44.5–6과 대조하라.

9_ III 47.3 (그리고 46.5–6)을 III 44와 비교하라.

10_ III 42.1, 43.4, 45.6 ; cf. III 37.4, 40.3.

11_ II 40.1, 40.2, 63.2–3, 64.4–5 ; cf. II 41.4.

❖ Readings ❖

Thucydides, *The War of the Peloponnesians and the Athenians*.

플라톤

Plato_B.C. 427-347

플라톤의 저작으로 서른다섯 편의 대화(dialogue)와 열세 편의 서간문이 전해내려 오고 있는데 전부가 다 플라톤 자신의 작품으로 여겨지고 있지는 않다. 몇몇 학자들은 어떤 서간문도 진본(眞本)이 아니라고 의심하고 있다. 따라서 우리들의 이야기를 논쟁들로 채우지 않기 위해서 서간문 전부를 논의의 대상에서 제외하기로 한다. 그리고 우리는 플라톤이 자신의 이름으로 이야기하지 않는다는 점을 짚고 넘어가야 하는데, 그의 대화편에서 이야기하는 사람은 오직 그의 등장인물들뿐이다. 정확히 말해서 플라톤의 가르침이라는 것은 어디에도 없다. 있는 것이라고는 그의 대화편에 나오는 주요 인물들의 가르침뿐이다. 왜 플라톤이 이러한 방식으로 그의 글을 전개하는지는 알 수 없다. 아마도 그는 도대체 철학을 가르친다는 것이 가능할 것인가에 대하여 회의했던 것 같다. 또 그는 스승 소크라테스처럼 철학이란 결국 무지함을 깨닫는 것일 뿐이라고 생각했던 것 같다. 사실 소크라테스는 플라톤의 대화편 대부분에서 주인공으로 등장한다. 전체적으로 보았을 때 "대화편"은 가르침의 전개라기보다 소크라테스의 삶(그의 삶의 핵심적인 면)에 대한 기념비라고 말할 수 있다. 그것들은 모두 소크라테스가 어떻게 그의 가장 중요한 일, 즉 그의 동료들을 일깨워 그들을 자신이 살고 있는 "훌륭한 삶"으로 이끄는 작업에 들어가는지를 보여준다. 그러나 소크라테스가 플라톤의 대화편에서 언제나 주인공인 것은 아니다. 몇 개의 "대화" 중에서는 다른 사람이 이야기하고 있는 동안 오직 듣기만 하며, 하나의 "대화" [『법률』(*Laws*)]에서는 아예 그가 나오지도 않는다. 우리가 이렇게 납득하기 어려운 사실에 대해 언급하는 이유는 플라톤의 가르침에 대하여 이야기하는 것이 얼마나 어려운가를 보여주기 위해서이다.

플라톤의 "대화편"은 모두가 정치적 질문들을 직간접적으로 언급한다. 그러나 정치철학이 주제라는 것을 알 수 있는 제목의 대화는 오직 세 개뿐이다. 즉 『국가』(*Republic*), 『정치가』(*Statesman*), 『법률』(*Laws*)이다. 우리는 주로 이 세 저서를 통해 플라톤의 정치적 가르침에 접근하고자 한다.

1. 『국가』(*Republic*)

『국가』에서 소크라테스는 꽤 많은 사람들과 "정의"의 본질에 대해 토론한다. 이 일반적인 주제에 대한 토론은 물론 특정한 배경을 가지고 이루어진다. 즉 특정 장소, 특정 시간, 그리고 특정한 나이와 성격, 능력, 사회적 지위뿐만 아니라 특정한 모습을 가진 특정한 사람들 … . 그러나 토론이 이루어지는 장소는 우리가 명확히 알 수 있는 데 반해 시간, 즉

연도에 대해서는 그러하지 못하다. 따라서 우리는 정치의 주요 원칙들에 관한 이 대화가 어떠한 정치적 배경을 가지고 있는가에 대해서는 알 수가 없다. 그렇지만 이 대화가 아테네 정치의 퇴조기에 일어나고 있으며, 적어도 소크라테스와 주요 화자들[즉 글라우콘(Glaukon)과 아데이만토스(Adeimantos) 형제]이 아테네 정치의 퇴조에 깊은 관심을 보여주고 있고, 정치적 건강성의 회복에 대해 고민하고 있음을 추측할 수 있다. 확실히 소크라테스는 어떠한 저항도 받지 않고 매우 과격한 개혁안을 만든다. 그러나 『국가』에서 우리는 고대하는 그러한 개혁이 정치의 장에서는 이루어질 것 같지 않고 오직 가능한 개혁은 개인의 개혁일 것이라는 암시를 몇 가지 볼 수 있다.

대화는 그곳에서 가장 연로한 케팔로스(Kephalos)옹(翁)에게 소크라테스가 질문을 하는 것으로부터 시작되는데, 케팔로스옹은 그의 부유함뿐만 아니라 그의 독실한 신앙심으로 인해서 존경받는 사람이다. 소크라테스의 질문은 "현문"(賢問)의 전형이었다. 그것은 케팔로스옹에게 그가 가지고 있는 좋은 점들, 즉 그의 행복을 나타낼 수 있는 기회를 주며, 아마도 소크라테스가 그에게서 배울 수 있는 오직 하나의 주제인 "늙음에 대한 소감"에 그 논의의 초점을 둔다. 대답 도중에 케팔로스옹은 불의와 정의에 대해 언급하게 된다. 그는 "정의는 진실을 말하는 것이며, 다른 사람에게서 빌린 것을 돌려주는 것이다"라고 생각하는 것 같다. 이에 소크라테스는 그에게 진실을 말하고 빌린 것을 돌려주는 것이 언제나 정의롭지만은 않다는 것을 가르쳐 준다. 이때 케팔로스옹의 아들이며 상속자인 폴레마르코스(Polemarchos)가 아버지의 견해를 방어하기 위해 일어나 그의 아버지를 대신하여 토론에 참가한다. 그러나 그가 방어한 견해는 자기 아버지의 견해와 다르다. 소크라테스는 폴레마르코스가 자기 아버지의 지적 유산 중 반, 아니 반도 되지 않는 것을 물려받았다고 농담한다. 폴레마르코스는 진실을 말하는 것이 정의의 본질이라는 주장을 굽힌다. 부지불식중에 그는 『국가』의 주요 원칙 중 하나를 만들어낸다. 이 작품의 후반에 나오는 대로 훌륭하게 조직된 사회에서는 특정한 거짓말이 어린이들에게 뿐만 아니라 성인들에게까지도 필요하다는 것이다.[1] 이러한 대화의 예는 소크라테스가 정의에 관한 잘못된 많은 견해들을 반박해내는 『국가』 제1권의 대화의 성격을 보여준다. 그 작업은 이처럼 부정적이고 파괴적이지만 그 안에 『국가』 주요 부분의 건설적인 주장들을 담고 있다. 이러한 관점에서 『국가』 제1권에서 논의된 정의에 관한 세 가지 견해들을 살펴보자.

그의 아버지가 종교의식을 치르기 위해 떠난 뒤 폴레마르코스가 물려받은 케팔로스옹의 견해를 보자. 그 견해의 요지는 정의란 다름 아닌 "맡겨놓은 것을 돌려주는 것"이라는 것이다. 좀더 일반적으로 말한다면 케팔로스옹의 주장은 "정의란 모든 사람들의 소유물을 돌려주고, 손대지 않고 그들이 소유하도록 하는 것"이라는 것이다. 그런데 그는 또한 정의란 주는 자뿐만 아니라 받는 자에게도 좋은 것, 즉 유익한 것이라고 주장한다. 그러나 어떤 경우엔 소유물을 돌려주는 것이 받는 사람에게 해가 되는 경우가 명백히 존재한다. 모든 사람이 자신의 소유물을 현명하게 이용하는 것은 아니다. 깊이 생각해 보건대 자신의 소유물을 현명하게 이용할 수 있는 사람은 극소수인 것 같다. 만약 정의가 좋은 것이어야 한다면 우리는 모든 사람이 오직 자신에게 알맞은 것, 유익한 것만을, 그리고 동시에 그것이 자신에게 유익할 동안만 소유해야 한다고 주장할 수 있을 것이다. 간단하게 말하자면 우리는 사유재산의 폐지 또는 공유제의 도입을 요구해야 할지도 모른다는 것이다. 그리고 사유재산과 가족이 서로 관련이 있는 한 우리는 가족의 폐지, 즉 재산뿐만 아니라 여성들과 아이들도 공유하는 절대적 공유제(absolute communism)를 요구해야 한다. 무엇보다도 매우 소수의 사람들만이 각 개인을 위해(적어도 지배계급 구성원들 각각을 위해) 무엇이, 그리고 어느 정도가 적당할지를 현명하게 결정할 수 있을 것이다. 즉 오직 특출한 지혜를 가진 사람만이 그렇게 할 수 있을 것이다. 그렇다면 우리는 사회가 진정 지혜로우며 절대적인 권력을 보유하는 자, 즉 "엄격한 의미의 철인"들의 지배를 받아야 한다고 주장해야 할 것이다 케팔로스옹의 정의관에 대한 이러한 반박은 그리하여 정확한 의미의 "절대적 공유제"와 철인들에 의한 절대적 지배의 필요성에 대한 증명을 담고 있다. 이러한 증명은—이러한 것을 꼭 말할 필요는 없지만—깊이 관련된 많은 사항들에 대한 무시와 그것들의 사상(捨象, abstraction)에 근거를 두고 있다. 그것은 정말 추상적(abstract)이다. 우리는 『국가』를 이해하고자 할 때 사상된 사항이 무엇인지, 그리고 그것이 왜 사상되었는지를 찾아내야 한다. 조심스럽게 읽고 나면 『국가』 자체가 이러한 물음에 직접 대답할 것이다.

더 이상 나아가기 전에 우리는 매우 흔히 있는 오해를 없애야 한다. 위의 두 단락에서 요약한 『국가』의 명제들은 플라톤, 아니 적어도 소크라테스가 자유민주주의자(liberal democrat)가 아니라는 것을 명확하게 보여준다. 또한 그것들은 플라톤이 마르크스적인 의미의 공산주의자(communist) 또는 파시스트가 아니라는 점 역시 보여준다. 마르크스주의적 공산주의나 파시즘이 철인의 지배와 무관한 데 반해 『국가』의 구도는 철인의 지배와 그 존망을 함께 한다. 자, 빨리 『국가』로 돌아가도록 하자.

정의에 관한 첫 번째 견해가 케팔로스옹에 의해 제기되었고 소크라테스에 의해 논술되었는데, 두 번째 견해는 물론 소크라테스의 도움이 없지는 않았지만 폴레마르코스에 의해 논술되었다. 더욱이 케팔로스옹의 견해는 불의는 죽은 뒤 신들에 의해 처벌되기 때문에 옳지 않다는 그의 마음 속 생각과 결부되어 있다. 그러나 폴레마르코스의 견해에는 이러한 생각이 없다. 폴레마르코스는 "정의란 받는 자에게 언제나 유익한 것이며", 동시에 "정의란 각자에게 그의 소유물을 주는 것"이라는 두 견해 간의 모순에 부딪히게 된다. 폴레마르코스는 두 번째 견해를 포기함으로써 이 모순을 극복할 뿐만 아니라 첫 번째 견해에도 수정을 가한다. 그는 "정의란 친구를 돕고 적을 해롭게 하는 것"이라고 말한다. 이리하여 정의란 주는 자와 그에 우호적인 받는 자 양자에게 무한정 유익한 것이 되는 것 같다. 그러나 문제가 발생한다. 즉 만일 "정의가 각자에게 그들의 소유물을 주는 것"이라고 한다면 정의로운 사람이 알아야 할 오직 하나는 무엇이 상대방의 소유물인가 하는 것뿐이다. 이러한 지식은 법이 제공하는데, 이 법이라는 것은 본래 생각할 필요없이 듣기만 해도 알 수 있는 것이다. 그러나 만일 그 정의로운 사람이 그의 친구에게 이로운 것을 주어야 한다면 스스로 판단해야만 한다. 따라서 그는 친구와 적을 정확히 구분할 수 있어야 하며, 각각의 친구들에게 무엇이 이로운 것인지를 알아야만 한다. 정의는 고도의 지식을 수반해야 한다. 적어도 그 지식은 인간의 신체에 무엇이 이로운지를 알고 또한 그 이로운 것을 만들어 내는 "의술"로 비유될 수 있는 하나의 기술(art)이 되어야 한다. 폴레마르코스는 정의와 함께 하고 또한 그 자체가 정의인 "기술" 또는 "지식"에 대해 인식하지 못했다. 그리하여 그는 어떻게 정의가 좋은 것이 될 수 있는지를 보여줄 수 없었다. 이 토론은 정의가 각각의 사람에게 그의 영혼(soul)에 이로운 것을 주는 "기술"이라는, 즉 정의는 영혼의 의술인 철학과 같은 것이든지 아니면 적어도 불가분의 것이라는 관점에 논의의 초점을 맞추고 있다. 이것은 곧 철학이 지배하지 않는 곳에서는 정의가 존재할 수 없음을 가리킨다. 그러나 소크라테스는 아직 이러한 생각을 언급하지 않는다. 대신 그는 폴레마르코스에게 정의로운 사람은 자신의 친구를 돕기보다는 정의로운 사람을 도우며, 아무에게도 해를 입히지 않는다는 점을 명확히 한다. 그는 정의로운 사람이 모든 사람을 돕는다고 하진 않는다. 아마도 그는 정의로운 사람이 도울 수 없는 사람도 있다고 생각하는 듯싶다. 그러나 그는 확실히 그 이상의 것을 암시한다. 폴레마르코스의 명제는 정의에 관한 가장 유력한 주장, 즉 정의란 공공의식이며, 특별한 사회로서의 자신의 도시—다른 도시에 대한 잠재적 적인—에 대한 절대적 충성 등을 의미한다는 주장을 반영한다고 할 수 있다. 이렇게 이해된 정의는 애국심이며, 그것은 현실에 있어서 친구들, 즉 동포들을 돕는 것이면서 적들, 즉 외국인들을 해롭게 하는 것이다. 이렇게 이해된 정의는 매우 정의로운 도시라 하더라도 갖추지 않으면 안 되는 것인데, 왜냐하면 가장 정의로운 도시조차도 하나의 도시이며, 따라서 개별적이고 폐쇄되어 있는 배타적인 사회이기 때문이다. 소크라테스는 이 "대화"(즉 『국가』)의 후반에 가서 도시의 수호자들은 천성적으로 그들 백성들에게는 우호적이면서도 이방인들에게는 거칠고 고약해야 한다고 주장한다.[2] 그는 또한 정의로운 도시의 시민들이 모든 인간을 그들의 형제로 여기는 것을 중지하고 형제애를 오직 이웃 시민들에게 한정할 것을 요구한다.[3] 이러한 폴레마르코스의 견해는 『국가』 제1권에서 토론된 일반적인 견해들 중에서 『국가』의 적극적이고 건설적인 부분에서 조금도 변경되지 않는 유일한 견해이다. 이 견해는 "정의란 공공선에 대한 완전한 헌신"이라고 주장한다. 이는 개인이 소유물을 그의 도시(polis)에 내어놓을 것을 요구하는 것이며, 따라서 우리가 모든 상황을 고려하여 추상해 볼 때 절대적 공유제를 요구하고 있는 것이다.

『국가』 제1권에서 세 번째이며 마지막 견해는 트라시마코스(Thrasymachos)가 주장하는 견해이다. 이 책에서 그는 화를 내고 무례하게 행동하며 또한 난폭하게까지 행동하는 유일한 토론자이다. 그는 소크라테스와 폴레마르코스 간의 대화 결과에 대해서 몹시 화를 낸다. 그는 특히 어떤 사람에게도 해를 끼치는 것은 좋은 것이 못 되며, 정의는 어느 누구에게도 해를 끼쳐서는 안 된다는 소크라테스의 주장에 충격을 받았던 것 같다. 우리는 트라시마코스에 대해서 그가 했던 것처럼 그에게 화를 내고, 과도하게 흥분하며, 무례하게 행동해서는 안 된다. 그것은 『국가』의 올바른 이해를 위해서나 상식적으로나 아주 중요하다. 그리하여 우리가 분개하지 않고 트라시마코스의 분노를 살펴본다면, 우리는 그의 과격한 반응이 어느 정도까지는 상식적인 반응이라는 것을 인정해야 한다. 모름지기 도시란 때때로 전쟁을 해야 하는 사회이고, 또한 전쟁이란 아무 죄도 없는 사람들에게 해를 끼치지 않을 수 없기 때문에[4] 인간에게 해를 끼치는 것을 무조건적으로 비난하는 것은 가장 정의로운 도시마저도 비난하는 것이 될 것이다. 한편, 현존하는 가장 야만적인 사람이 정의에 대해 가장 야만적인 명제를 주장할 것이라는 것은 옳은 이야기인 것 같다. 트라시마코스는 "정의는 강자의 이익"이라고 주장한다. 그러나 이 명제는 명백히 야만적인 것이 아닐 뿐만 아니라 오히려 매우 훌륭한 견해에서 나온 것이다. 이 견해에 따르면 정의롭다는 것은 합법적임을, 즉 그 도시의 관습이나 법이 규정하는 것에 부합함을 말한다. 그러나 이 견해는 인간이 만든 법과 관습을 제외하고 인간이 호소할 수 있는 더 높은 것은 어디에도 있지 않다고 주장한다. 이 견해는 현재 법실증주의라고 알려진 견해와 같다. 그러나 그 근원에 있어서 그것은 아카데믹한 것이 아니다. 그것은 모든 정치체제가 행동에 있어서 취하기 쉬운 견해이다. 만약 정의로움이 합법과 같은 것이라면 정의의 근원은 입법가의 의지이다. 각 도시에 있어서 입법가란 정권(regime)—즉 도시를 지배하는 한 사람 또는 집단, 참주(또는 독재자), 보통 사람들, 뛰어난 사람들 등—을 의미한다. 트라시마코스에 의하면 각각의 정권은 자신의 유지와 안녕, 즉 다름 아닌 오직 자기 자신의 이익을 위해 법을 만들어낸다고 한다. 여기에서 법을 준수하는 것이 피지배자에게 언제나 유리한 것은 아니며, 심지어는 해롭기까지 하다는 추론이 나온다. 한 마디로 하자면 지배자(들)에게 정의란 존재하지 않는다. 즉 그(들)은 오직 그(들)의 이익을 위해서 법을 만든다.

잠시 동안만 트라시마코스의 법과 지배자들에 대한 관점이 옳다고 해보자. 그러나 지배자들이 실수를 한다는 것은 확실한 사실이다. 그들은 실제로 그들에게 불리하고 피지배자들에게 유리한 명령을 할 수 있다. 그러한 경우 정의로운 시민, 즉 법을 준수하는 시민들이 사실상 지배자에겐 불리하고 자신들에겐 유리한 행동을 할 수 있다. 이러한 문제가 소크라테스에 의해 지적되었을 때 트라시마코스는 잠시 주저한 뒤, "만일 실수를 한다면 그들은 지배자가 아니다. 마치 진정한 의미의 기술자는 실수를 하지 않는 것처럼 … "이라고 외친다. 트라시마코스의 논의에 대항하여 소크라테스가 적절히 이용하는 것이 바로 이 "진정한 의미의 기술자"라는 개념이다. 왜냐하면 진정한 의미의 기술자는 그 자신의 이익뿐만 아니라 그가 상대하는 타인의 이익에도 관심을 가진다고 밝혀졌기 때문이다. 즉 신발 수선공은 주로 타인의 신발을 만들며, 자신의 신발을 만드는 것은 드문 경우이다. 의사는 환자의 이익을 위해 처방한다. 따라서 만약 트라시마코스가 인정한 대로 지배가 기술 같은 것이라면 지배자는 피지배자에게 봉사한다. 즉 피지배자의 이익을 위해서 지배한다. 진정한 의미의 기술자는 실수를 하지 않는다. 즉 그는 그의 일을 잘 해내며 오직 다른 사람들의 복지에만 관심을 둔다. 이것이 진정한 기술이 정의이며, 이는 준법처럼 의도에 있어서의 정의가 아니라 실제에 있어서의 정의임을 의미한다. "기술이 정의이다." "이 명제는 "앎이 덕이다"라는 소크라테스의 주장을 반영한다. 소크라테스와 트라시마코스의 토론에서 나온 이 주장은 다음과 같은 것이다. 즉 정의로운 도시란 모든 사람들이 진정한 의미의 기술자가 되는 결합체이며, 그곳에 사는 남녀 시민들이 그가 아주 잘 할 수 있고 전념해서 할 수 있는(즉 자신의 이익에 마음을 두지 않고 오직 다른 사람들의 이익 내지 공공선에만 관심을 두면서) 오직 하나의 직업만을 가지는 한 마디로 기술의 도시이다. 이러한 결론은 『국가』 전체를 관류한다. 모범형으로서 건설된 도시는 "한 사람에 하나의 직업"(一人一業)이라는 원칙을 그 기초로 한다. 그곳의 군인들은 그 도시 독립의 기술자이며, 그곳의 철인들은 공공선을 담당하는 기술자들이다. 뿐만 아니라 하늘의 기술자가 있는데, 즉 신이 그러하다. 그는 영원한 이데아(eternal ideas)의 기술자인 것이다.[5] 이 도시에서는 남녀 차별이 그 중요성을 상실하게 되고 남녀평등이 자리잡게 되는데, 왜냐하면 그곳에서의 "시민됨"(citizenship)이란 곧 "기술자됨"(craftsmanship)을 의미하며, 기술이 자리잡는 곳은 신체가 아니라 정신이기 때문이다.[6]

만일 트라시마코스가 지배자들도 물론 실수를 할 수 있다는 "상식"에 그 논의를 맡겼더라면, 또는 그가 모든 법들을 지배자들이 그들의 진짜 이익이 아니라 "눈에 보이는" 이익을 염두에 두고 만든 것이라고 주장했더라면 자신의 (이론적) 몰락을 맞지는 않았을 것이다. 우리는 그가 사려 깊은 고상한 사람(noble man)이 아니기 때문에 자신의 이익이라는 점에서 자신에 불리한 논리를 선택하게 되었을 것이라고 추측할 수 있다. 트라시마코스는 수사학, 즉 설득하는 기술을 가르치는 교사였다. (그는 이리하여 『국가』에서 토론에 참가하는 사람들 중 기술을 가지고 있는 유일한 사람이다) 설득의 기술은 지배자들을, 특히 지배기관들(의회, 법원 등)을 설득하여 적어도 그럴 듯하게 그들 자신(지배기관들)의 이익이 무엇인가를 확신시키는 데 꼭 필요한 기술이다. 지배자들조차도 법이 피지배자들 자신들에게 이익이 된다는 것을 확신시키기 위해 설득의 기술을 필요로 한다(사실은 그 법들이 지배자들의 이익만을 고려하여 만들어졌지만 …). 트라시마코스 자신이 의미하는 "기술"은 "사려깊음"(prudence)이 지배에 있어서 가장 중요한 것이라는 생각과 그 존망을 함께 한다. 이러한 생각은 실수를 하는 지배자는 진정한 의미의 지배자가 될 수 없다라는 명제에서 가장 명확히 표현되고 있다.

트라시마코스의 (이론적) 몰락은 그의 정의관에 대한 격렬한 반박이나 그 자신의 실수가 아니라, 그의 정의에 대한 평가절하 또는 무관심과 그가 말하는 "기술"의 의미 사이에 존재하는 모순이 가져온 것이다. "기술이 정의"라는 생각에 어느 정도 진리가 있다는 것은 사실이다. 어떤 이는(그리고 사실 트라시마코스도 역시) 소크라테스의 결론, 즉 자신의 이익을 생각하는 지배자와 기술자는 진정한 의미의 지배자나 기술자가 아니다라는 주장이 매우 순진한 생각이라고 말할 수 있을 것이다. 소크라테스는 세상물정 모르는 아이같이 느껴진다. 진정한 기술자에 관하여 생각해 볼 때 그들은 물론 그들이 한 일에 대해 보상을 기대한다. 의사가 치료비에 관심이 있는 한 그는 의술을 행하는 것이 아니라 "돈 버는 기술"을 행한다는 것도 사실일 수 있다. 그리고 의사에게 적용되는 이 사실이 제화공이나 다른 기술자들에게도 적용되므로 보편적인 오직 하나의 기술, 모든 기술에 동반하는 기술, 즉 기술 중의 기술은 돈 버는 기술이라고 말해야 할 것 같다. 뿐만 아니라 타인들에게 봉사하는 것, 즉 어느 누구도 정의 자체를 위해 정의로워지는 것이 아니며, 정의 자체를 좋아하는 사람은 없다고 해야 할 것이다. 그러나 소크라테스의 주장에 반대하는 가장 유력한 주장은 지배자에 의한 피지배자의 가장 무자비하고 빈틈 없는 착취와 관련한 기술들에 의해 지지받는다. 그런 기술은 "양치기의 기술"이다. (이 기술은 트라시마코스가 소크라테스의 주장을 논파하기 위해 영리하게 선택한 기술인데, 특별히 선택된 이유는 왕들과 다른 지배자들이 예로부터 양치기로 비유되어 왔기 때문이다) 양치기는 실제로 그의 양들에게 관심을 쏟는다. (그렇게 해야지 사람들에게 맛있는 양고기를 줄 테니 말이다) 트라시마코스 말대로 양치기는 오직 주인들과 자신들의 이익에 관심이 있다.[7] 그러나 분명히 주인과 양치기 간에는 차이가 있다. 즉 양치기가 부정을 저지르지 않는다면 맛있는 양고기는 주인을 위한 것이다. 그러면 트라시마코스와 그의 부류의 사람들과 지배자와 피지배자와의 관계는 양치기들의 주인과 양들 간의 관계와 완전히 일치한다. (즉 소피스트 : 지배자 : 피지배자=양치기 : 주인 : 양). 그런데 트라시마코스가 지배자들에게 충성을 다하거나 지배자들과의 거래에서 계약대로 자신의 역할을 해낸다면, 즉 그가 정의롭다면 그는 그가 지배자들에게 주었던 도움으로 해서 편안히 이득을 취할 수 있을 것이다. 따라서 그의 주장과 반대로 한 사람의 정의로움은 타인들에게, 특히 지배자들에게만 유리한 것이 아니라 그 사람 자신에게도 유리하다는 사실을 트라시마코스는 인정해야만 한다. 제1권의 마지막 부분에서 그의 태도를 눈에 띌 정도로 바꾼 것은 부분적으로 그가 이러한 필요를 인식하게 되었기 때문이다. 지배자의 조력자에게 적용되는 사실은 지배자 자신에게도 적용되며, 아무리 불의한 일을 할지라도 타인들의 도움이 필요한 모든 사람들(독재자들과 강도들을 포함해서)에게 적용된다. 즉 구성원들이 그들 사이에서 정의를 행하지 않는다면 어떠한 집단도 존재할 수 없다.[8] 그러나 이러한 논리는 정의란 불의를 위한, 즉 단지 외부인들의 착취를 위한 수단, 아마도 필수 불가결한 수단일 것이라는 주장을 인정하는 단계에 이르게 된다. 무엇보다도 이는 도시가 다름 아닌 이기심이 모여 이루어진 공동체이며, 도시와 강도단 사이엔 아무런 차이가 없다라는 가능성을 전혀 배제하지 않는다. 이런 비슷한 어려움들은 소크라테스가 트라시마코스에 대한 자신의 반박이 불충분했다고 여기는 이유를 설명하는데, 그는 결론에 가서 자신이 정의가 무엇인지 명확히 하지도 않은 채 정의는 좋은 것임을 보여주기 위해 애를 먹었다고 밝힌다.

적절히 정의를 방어하고 찬양할 수 있다는 것은 정의가 무엇인가를 알고 있다는 것뿐만 아니라 정의에 대한 적절한 공격도 할 수 있음을 전제한다. 제2권이 시작될 때 글라우콘은 이러한 공격을 하려고 시도한다. 그는 실제로 옹호하진 않지만 트라시마코스의 논리를 트라시마코스보다 더욱 정열적으로 펼쳐보이겠다고 말한다. 또한 글라우콘은 정의란 법이나 관습과 같은 것이라고 가정하지만 그는 관습이 어떻게 필연적으로 나타나는가를 보여주고자 노력했다. 원래 각자는 자신의 이익에만 관심을 두며, 자신의 동료들에게 어떠한 해악도 끼치기를 주저하지 않을 정도로 타인의 이익에는 완전히 무관심하다. 모든 사람들이 그렇게 행동하기 때문에 그들 모두는 거의 모든 사람들에게 견딜 수 없는 상황을 만들게 된다. 따라서 약한 다수는 그들 사이에 무엇을 해야 하고 무엇을 하지 말아야 하는가에 대한 동의를 확립시킨다면 모두 더 잘 살 수 있게 되리라는 것을 깨닫는다. 그들이 무엇에 동의하는지는 글라우콘이 언급하지 않았지만 어느 정도는 쉽게 추측할 수 있다. 아마도 그들은 이웃 시민들의 생명, 육체, 자유, 재산을 침범하지 말며, 외부의 침입자들로부터 이웃을 지키기 위해 최선을 다해야 한다는 데 동의할 것이다. 그러한 침해행위의 자제와 국토방위의 의무는 그 자체로 좋은 것이 아니라, 오직 극도의 혼란상태보다는 덜 나쁜 필요악으로서의 의미를 가질 뿐이다. 그러나 다수에 적용되는 이와 같은 동의는 자신에만 관심을 가지고 법과 관습에 복종하지 않으면 더 잘 살 수 있는 "현실인"(real man)[9]에게는 적용되지 않는다. 그는 자발적으로 기꺼이 법과 관습에 복종하는 것이 아니라 오직 복종하지 못했을 때 오는 결과에 대한 두려움, 즉 여러 가지 처벌에 대한 두려움 때문에 복종하게 된다. 따라서 모든 사람들은 발각만 확실히 피할 수 있다면 정의보다는 불의를 택할 것이다. 정의는 오직 알려질 가능성, 정의롭게 보여진다는 점, 즉 좋은 평판이나 어떤 보상이라는 점에서만 불의보다 선호할 만한 것이 된다. 그리하여 글라우콘이 바라는 대로 정의가 그 자체로 선택할 만한 가치가 있어야 하기 때문에 그는 소크라테스에게 정의로운 사람은 아주 불의한(나쁜) 사람으로 여겨져 온갖 고통을 다 겪으며 비참함의 나락에 빠지는 반면, 불의한 사람은 가장 정의로운 사람으로 여겨져 온갖 상을 받고 행복의 정상에 군림할지라도 정의로운 사람의 삶이 불의한 사람의 삶보다 더 좋은 것임을 증명해달라고 요구한다. 이때 불의, 즉 비도덕적 행동의 극치로는 교묘하게 자기 자신의 이익만을 위해 법과 관습을 이용하는 매우 교활하고 대담한 참주의 행동을 들 수 있다. 트라시마코스와의 토론에서는 이 문제가 정의와 기술 간에 유사점이 있다는 문제제기로 인해 제대로 부각되지 못했었다. 글라우콘은 가장 불의한 사람을 완벽한 기술자로 비유하는 반면에 가장 정의로운 사람을 정의 이외에는 어떠한 기술도 가지고 있지 않은 착한 사람으로 가정함으로써 논점을 명확히 했다. 『국가』 전체의 내용을 보면 글라우콘이 정의를 순수한 도덕적 완고함으로 이해하지 않았나 생각된다. 그가 말하는 완전히 정의로운 사람은 남들에게 자신의 행동이 알려질 전망도 없이 오직 용감히 죽겠다는 목표를 위해서 가장 고통스럽고 가장 비참한 죽음으로 뛰어드는 어느 무명용사를 연상케 한다.

아데이만토스도 글라우콘이 소크라테스에게 요구한 것을 강력히 지지했다. 아데이만토스의 이야기를 통해서 글라우콘의 정의관이 예전엔 들어보지 못한 새로운 것임을 알 수 있다. 왜냐하면 글라우콘에 의하면 정의란 그 자체로 선택할 가치가 있다는 것인 데 반해 전통적인 관점은 완전히 그렇진 않더라도 정의란 신의 상 때문에 선택할 가치가 있는 것이며, 불의란 신의 벌 때문에 피해야 할 뿐만 아니라 여러 대가들이 있기 때문에 정의를 행하며 불의를 피해야 하는 것이라고 한다. 아데이만토스의 긴 이야기는 정의가 선택할 가치가 있으려면 행하기 쉽고 즐거운 것이어야 한다는 점을 주장함으로써 글라우콘의 논의와 달라진다.[10] 글라우콘과 아데이만토스의 요구는 소크라테스의 정의에 대한 찬사를 평가할 수 있는 기준을 확립시킨 셈이다. 그러한 요구들은 정의가 그 자체로 선택할 만하고, 즐거운 것이며, 극도의 고통에도 불구하고 정의 하나만으로도 완전히 행복할 수 있는지 어떤지를 소크라테스가 『국가』에서 정말 증명해내는가, 또 어느 정도까지 증명해내는가를 살펴보도록 만들고 있다.

소크라테스는 정의의 대의를 방어하기 위하여 글라우콘, 아데이만토스와 함께 "말 속의 도시"를 건설하기 시작한다. 왜 이러한 과정이 필요한가는 다음과 같이 이야기할 수 있다. 정의란 준법이며, 또한 모든 사람들에게 그들의 것들을, 즉 법이 그들의 것이라고 인정한 것들을 주는 강력한 의지이다. 그러나 정의란 또한 선한 것이며 유익한 것으로 믿어지고 있다. 그러나 법이 자신에게 해로운 것이 될 수도 있기 때문에 법을 준수하는 것과 타인에 속하는 것을 그들에게 돌려주는 것이 언제나 좋은 것만은 아니다. 따라서 정의는 법이 좋은 것일 때에만 유익한 것이 되며, 이것은 법을 만드는 정권(regime)이 정의로운 정권이어야 함을 요구한다. 정의는 오직 정의로운 도시에서만 유익한 것이 된다. 더욱이 소크라테스의 논의 전개는 소크라테스가 현실 속에서 정의로운 도시를 보지 못했음을 암시한다. 이것이 바로 그가 정의로운 도시를 몸소 건설해야 하는 이유이다. 그는 도시가 사람보다 크기 때문에 도시에서 정의를 찾기가 사람에게서 정의를 찾는 것보다 수월할 것이라는 생각으로 자신의 도시 건설을 정당화한다. 이리하여 그는 도시와 개인, 즉 좀더 정확히 하자면 도시와 개인의 영혼(soul) 간에 어떤 유사점이 있음을 암시한다. 이것은 그러한 유사점이 인간 신체로부터 유추한 것에 그 기반을 가지고 있음을 의미한다. 도시와 개인 또는 개인의 영혼 간에 어떤 유사점이 존재하는 한, 도시는 적어도 자연물과 유사한 것이 된다. 그러나 그러한 유추는 완벽하지 않다. 도시와 개인 모두 정의로워질 수는 있을 것 같지만 둘 다 행복할 수 있을지는 확실치 않다(제4권 서두를 참조하라). 사람에 있어서 정의와 행복의 분리는 정의가 외부적인 이익의 매력 유무에 관계없이 유익한 것이어야 한다는 글라우콘의 소크라테스에 대한 요구에서 준비된다. 그것은 또한 정의란 공공선에 대한 전면적 헌신을 요구한다는 상식에 의해서도 알 수 있다.

정의로운 도시의 건설은 다음의 세 단계로 이루어진다. 즉 (1) 건강한 도시, 즉 돼지들의 도시, (2) 정화된 도시, 즉 군대 같은 도시, (3) 그리고 아름다움의 도시(City of Beauty), 즉 철인에 의해 통치되는 도시가 그것이다.

도시의 건설에 앞서서 도시는 인간의 필요에 그 기원을 둔다는 언급이 나오는데, 즉 모든 인간은 정의롭다든지 불의하든지 간에 많은 것을 필요로 하며, 적어도 이러한 이유로 해서 다른 사람들을 필요로 한다. "건강한 도시"는 일차적 요구인 신체적 요구를 적절히 만족시키는 곳이다. 적절한 만족을 위해서는 각자가 오직 하나의 기술만을 행해야 한다. 이것은 모든 사람들이 다른 사람들을 위해서 오직 하나의 기술을 행하며, 동시에 다른 사람들은 그를 위해 일을 한다는 것을 의미한다. 이곳에선 모든 사람들이 자신의 생산물을 "자기 자신"의 생산물로서 타인들의 생산물과 교환하고, 사유재산을 소유한다. 또 타인의 이익을 위해 일함으로써 그는 자신의 이익을 위해 일하게 된다. 모든 사람들이 오직 하나의 기술을 행해야 하는 이유는 사람들은 선천적으로 타인들과 다르다는 점, 즉 다른 두 사람은 각자 다른 기술에 적합하도록 태어났다는 것 때문이다. 모든 사람들은 자신에 선천적으로 적합한 기술을 행하게 됨으로써 각자의 수고가 줄어들게 될 것이다. "건강한 도시"는 행복한 도시이다. 그곳엔 가난이나 강제, 즉 정부나 전쟁, 육식이 없다. 그 도시의 모든 구성원들이 행복하다는 점에서 그곳은 행복한 곳이다. 그곳엔 각자의 노동과 그 대가 간에 완벽한 조화가 있다는 점에서 정부가 필요치 않다. 어느 누구도 타인의 영역에 침범하지 않는다. 그곳에서는 각자가 자신에 가장 적합한 기술을 선택하기 때문에 정부가 필요치 않다. 선천적 재능과 선호 간에 불일치가 존재하지 않는다. 각자에 유익한 것(즉 선천적으로 자신에 잘 맞는 것을 선택하는 것)과 도시에 유익한 것은 언제나 일치한다. 자연이 대장장이가 남아돌지 않도록, 그리고 제화공이 부족하지 않도록 잘 조정해 놓는다. "건강한 도시"는 정의롭기 때문에 행복하며, 또한 행복하기 때문에 정의롭다. "건강한 도시"에서는 정의를 행하기가 쉽고, 즐거우며, 또한 어떤 자기 희생도 요구하지 않기 때문에 정의롭다. 그곳은 어느 누구도 정의에 관심 가질 필요도 없이 정의롭다. 그곳은 원래 정의로운 곳이다. 그럼에도 불구하고 그곳엔 결핍되어 있는 것이 있다. 일반적으로 무정부주의가 실현 불가능한 것과 똑같은 이유로 해서 그러한 도시는 불가능하다. 만약 인간들이 순진무구한 상태로 계속 남을 수만 있다면 실현 가능할 수 있다. 그러나 순진무구성은 쉽게 잃어버릴 수 있다는 속성을 가진다. 따라서 삶은 오직 지식을 통해서 정의롭게 되며, 사람들은 노력과 대립 없이는 지식을 얻을 수 없다. 다시 말한다면 "건강한 도시"는 어떤 의미에선 정의로운 곳이지만 그곳엔 덕(virtue)과 우수함이 결여되어 있다. 그러한 그곳의 정의는 덕이 아니다. 덕은 노고와 노력, 자신의 사악함을 억제하는 고통 없이는 불가능하다. "건강한 도시"는 사악함이 아직 잠자고 있는 도시일 뿐이다. 죽음은 오직 "건강한 도시"에서 다음 단계로 넘어갈 때 입에 오르게 된다.[11] "건강한 도시"를 돼지들의 도시라고 부른 이는 소크라테스가 아니라 글라우콘인데, 글라우콘은 자신이 말한 바에 대하여 전혀 모르고 있다. 사실인즉 "건강한 도시"는 문자 그대로 돼지들이 없는 도시이다.[12]

"정화된 도시"가 나타나기 전에, 아니 자리잡기 전에 먼저 "건강한 도시"가 몰락해야 한다. 그것의 몰락은 신체의 행복, 즉 건강에만 필요한 것이 아닌 불필요한 것에 대한 욕망 역시 해방됨으로써 나타난다. 이리하여 환락과 열광의 도시가 나타나는데, 이 도시는 부(富)의 무한정한 획득을 향한 몸부림으로 특징지워진다. 그러한 도시에서는 개인들이 선천적으로 자신에 가장 적합한 하나의 기술만을 행하는 것이 아니라 돈벌이에 좋은 것은 어떠한 기술이든지 가리지 않고 행하며, 그곳에서는 더 이상 노동과 대가 간에 일치가 존재하지 않는다. 따라서 불만과 갈등이 생겨날 것이며, 이러한 이유로 해서 다시 정의를 회복시킬 정부가 필요하게 된다. 따라서 "건강한 도시"에서는 없었던 "어떤 것"이 필요하게 되는데, 그 어떤 것이란 교육(적어도 지배자들에 대한 교육)이며, 특히 정의에 관한 교육이다. 그리고 분명히 영토 확장에 대한 욕구가 생겨날 것이며, 따라서 전쟁, 즉 침략전쟁이 발생하게 될 것이다. 소크라테스는 "한 사람에 하나의 기술"이라는 원칙에 따라 군대는 전사의 기술 이외의 어떠한 기술도 가지고 있지 않은 사람들로 구성될 것을 요구한다. 군인 또는 수호자들의 기술은 다른 기술보다 월등히 뛰어난 것인 듯하다. 지금까지 모든 기술은 평등한 위치에 있으며, 모든 기술에 동반하는 오직 하나의 기술은 돈 버는 기술인 것처럼 보였다.[13] 그러나 이제 우리는 기술의 진정한 서열을 처음으로 보게 된다. 그 서열은 위계적이다. 즉 보편적 기술은 최상의 기술이며, 이 기술은 다른 모든 기술을 지도하고 그 자체는 다른 기술의 실행자에 의해서는 행해질 수 없는 것이다. 이 기술 중의 기술은 철학으로 판명될 것이다. 당분간 우리는 군인들이 "철학적" 동물인 개(犬)의 본성과 유사한 본성을 가진다는 이야기만 듣는다. 군인들은 혈기왕성해야 하며, 따라서 한편으로는 포악하고 거친 반면에 또 한편으로는 친절해야 한다. 왜냐하면 그들은 이방인들에게는 거칠고 시민 동포들에게는 친절해야 하기 때문이다. 그들은 시민 동포들을 무조건적으로 사랑해야 하며, 외국인들은 무조건적으로 싫어해야 한다. 그런 특별한 성품을 타고난 사람은 거기에다 특수한 교육이 필요하다. 그러나 이것이 소크라테스의 교육에 관한 주된 관심분야는 아니다. 그들은 선천적으로 가장 훌륭한 투사일 것이며, 무장할 수 있는 유일한 사람들이 될 것이다. 뿐만 아니라 순진무구의 시대가 지나가면 악덕이 사방 도처에

넘쳐 흐르고, 따라서 군인들에게도 악덕이 스며들 것이다. 어느 누구보다도 군인들에게 꼭 필요한 교육은 무엇보다도 "공공덕"을 함양하는 교육이다. 이러한 교육은 "음악"교육인데, 특히 시와 음률을 통한 교육을 말한다. 모든 시와 음률이 사람들을 좋은 시민으로 만드는 것은 아니며, 특히 좋은 군인 또는 좋은 수호자를 만드는 것은 아니다. 따라서 이러한 윤리, 도덕에 맞지 않는 모든 시와 음률은 도시에서 추방될 것이다. 소크라테스가 "교육용 쓰레기"를 만들어내는 시인들로 호머(Homer)나 소포클레스(Sophocles)를 대체하겠다는 것은 결코 아니다. 그가 정의로운 도시를 위해서 요구한 시들은 정말 "시적"인 것이어야 한다. 그는 신들이 우수한 인간성, 즉 수호자들이 지향할 수 있고 지향해야만 하는 그러한 종류의 우수한 인간성의 모범이 되어야 한다고 주장한다. 지배자들은 수호자들 중 엘리트 그룹에서 선출한다. 그러나 상기한 것들이 아무리 우수하고 효과적이라고 해도 그것이 바람직한 제도인 절대적 공유제, 즉 사적 자유의 완전한 폐지에 의해 보완되지 않는다면 충분하지 못하다. 모두 다른 사람들의 집에 마음대로 드나들 수 있는 그러한 제도가 필요한 것이다. 다른 기술자들에 대한 봉사의 대가로 그들은 어떤 금전도 받지 않으며, 오직 충분한 음식과 생각컨대 다른 생활필수품만을 공급받을 뿐이다.

그럼 지금까지 묘사한 정의로운 도시가 어떻게 정의는 그 자체로 좋은 것이며 매력적인 것이라는 점을 밝혀내는지 알아보자. 정의, 즉 "노동(勞動)과 대가(代價), 또는 타인을 위한 노동과 자기 자신의 이익 간의 공정한 비율"을 준수하는 것이 필요함은 트라시마코스와의 토론 중에 강도단의 보기에서 밝혀졌다. 소크라테스와 아데이만토스가 동의한 수호자들의 교육은 "정의에 대한 교육"이 아니라[14] 용기와 절제의 교육이다. 체육교육과 달리 음악교육은 절제, 즉 아름다움에 대한 사랑, 즉 원래 그 자체로서 매력적인 것에 대한 사랑을 교육하는 것이다. 좁고 엄밀한 의미의 정의는 절제에서 나온 것이거나 아니면 절제와 용기의 적절한 조화에서 나온 것이라고 할 수 있다. 이리하여 소크라테스는 말 없이 강도단과 정의로운 도시 간의 차이를 밝힌다. 본질적인 차이는 정의로운 도시의 무장된 지배계급은 아름다움에 대한 사랑, 즉 찬미할 만하고 우아한 모든 것에 대한 사랑에 의해 움직인다는 점에 있지, 정의로운 도시가 다른 도시들(그리스 도시이건 다른 미개민족들의 도시이건 간에)과의 관계에 있어서 정의에 대한 고려에 의해 지도된다는 점, 즉 정의로운 도시의 영토는 그 도시 자신의 절제된 요구에 의해서만 결정된다는 점에 그 차이점이 있는 것이 아니다.[15] 그런데 소크라테스가 지배자에 대하여 논하는 말 중에서 어려움은 더욱 명백히 나타난다. 즉 다른 자질들에 덧붙여서 지배자들은 도시를 보살피는, 즉 도시를 사랑하는 자질이 있어야 하는데, 거의 대부분의 사람은 자기 자신과 이해를 함께 하는 사람 또는 그들의 행복이 그 자신의 행복의 조건이 되는 그러한 사람들을 선호하기 마련이다. 이러한 선호란 지배자는 도시를 그 자체로서 좋아하고 봉사한다는 의미의 그런 사심 없는 선호는 명백히 아니다. 이것은 왜 소크라테스가 지배자는 생전이나 사후에나 똑같이 예우를 받아야 한다고 주장했는가를 설명해 줄 것이다.[16] 어쨌든 사람들이 모든 시민 동포들, 아니 시민 동포들만이 같은 형제라는 거짓 관념을 믿게 되지 않는 한, 도시에 대한 깊은 애정과 시민들 간의 사랑은 이루어지지 않을 것이다.[17] 적어도 아직은 "건강한 도시"의 쇠퇴와 함께 잃어버렸던 사적 이익과 도시의 이익 간의 조화는 회복되지 않았다. 확실히 제4권의 도입부분에서 아데이만토스는 "군대 같은 도시"에서의 군인들의 형편에 대하여 불만을 표출한다. 모든 논의의 맥락 속에서 읽어보면 소크라테스의 응답은 이러하다. 즉 오직 행복한 도시라는 전체의 일원으로서만 개인 또는 도시의 다른 구성요소들이 행복할 수 있는데, 이때 행복한 도시에 대한 헌신이 바로 정의인 것이다. 행복한 도시에 대한 완전한 헌신으로 해서 각 개인이 행복한지, 또한 각 개인이 행복할 수 있는지는 좀더 두고 볼 일이다.

정의로운 도시의 건설이 어느 정도 완성된 후 소크라테스와 그의 친구들은 그 도시 어디에 정의와 불의가 있는지, 그리고 행복하고자 하는 사람은 정의를 취해야 하는지 아니면 불의를 취해야 하는지를 탐구하기 시작한다.[18] 그들은 정의보다 먼저 세 가지 덕목, 즉 지혜, 용기, 절제를 찾는다. 자연의 뜻에 맞춰 건설된 도시에서 지혜는 통치자들에게, 오직 통치자들에게만 있다. 어느 도시에서나 지혜로운 사람들이란 원래 소수이며, 또한 그 도시의 방향키를 지혜로운 자들만이 갖도록 하지 않는다면 도시에게도 역시 좋은 일이 못 된다. 정의로운 도시에서 용기는 전사계급에서 볼 수 있는데, 왜냐하면 야만적인 용기와 구분되는 정치적 용기는 오직 선천적으로 타고난 사람들에게 교육을 통하여 생기는 것이기 때문이다. 반면에 절제(moderation)는 정의로운 도시의 모든 부분에서 찾아볼 수 있다. 여기에서의 절제는 전사들의 교육에 대해 토론할 때의 절제와 그 의미가 같지 않으며, 오히려 선천적으로 우수한 구성요소(또는 계급)에 의한 열등한 구성요소의 통제라는 의미를 가지는데, 전체는 이러한 구성요소들 간의 통제를 통해 조화를 이루게 되는 것이다. 다시 말하자면 (여기에서의) 절제란 선천적으로 우수한 것과 열등한 것 간의, 둘 중 어느 것이 도시에서 지배자가 될 것인가에 대한 합의를 뜻한다. 통제하는 것과 통제받는 것 간엔 차이가 있으므로 우리들은 지배자의 절제와 피지배자의 절제가 같지 않음을 염두에 두어야 한다. 소크라테스와 글라우콘은 위에서 언급한 세 덕목을 도시 안에서 찾아내는 것이 쉬웠던 반면에 정의를 찾는 것은 어려웠다. 왜냐하면 소크라테스의 말대로 정의가 그 도시 안에 너무나도 명백히 나타나기 때문이다. 정의는 모든 사람들이 도시 관련 업무 중 자신에게 선천적으로 가장 잘 맞는 것 "하나"를 선택하여 행하는 데 있으며, 쉽게 말하자면 자기 자신의 업무에만 전념하는 데 있다. 이리하여 다른 세 가지 덕목이 덕이 될 수 있는 것은 이러한 정의 때문이다.[19] 더 정확히 말한다면 생산자, 전사, 지배자 세 계급의 구성원들은 각각 자신의 일을 하며, 아니 그들 자신의 일만을 할 때 그 도시는 정의로운 도시가 되는 것이다.[20] 따라서 정의는 지혜나 용기와 달리 한 계급의 영역이 아니라 절제처럼 전체 계급에 요구되는 것이다. 그리하여 정의는 세 계급의 각각에 있어서 다른 성질을 가진다. 따라서 우리는 예컨대 지혜로운 지배자들의 정의는 그들의 지혜에 의해 영향을 받고 생산자들의 정의는 그들의 지혜의 결여에 영향을 받는다고 가정해야 한다. 왜냐하면 만약 전사들의 용기조차 오직 정치적 또는 시민적 용기이지 순수하고 단순한 용기가 아니라면,[21] 그들의 정의가—돈 버는 사람들의 정의는 말할 것도 없고—순수하고 단순한 정의가 아닐 것이라는 것은 옳은 이야기일 것이기 때문이다. 그리하여 순수하고 단순한 정의를 찾기 위해서 개인에 있어서의 정의를 생각해 보는 것이 필요하게 된다. 만약 도시의 정의와 개인의 정의가 같은 것이라면 이러한 생각은 매우 쉬울 것이다. 이는 개인, 아니 인간 영혼이 도시의 것과 같은 세 가지 성질로 구성될 것을 요구한다. 그런데 영혼에 대한 잠정적인 생각은 이러한 요구를 충족시키는 것 같다. 즉 영혼은 마치 도시가 생산자, 전사, 지배자로 구성되어 있는 것처럼 욕망과 혈기(spiritedness), 즉 노여움(anger)[22]과 이성을 담고 있다. 따라서 우리는 영혼의 각 부분이 자신의 일을 해내고 또한 자신의 일만을 해낼 때, 즉 영혼이 건강한 상태에 있을 때 그 사람은 정의롭다고 결론지을 수 있다. 그러나 정의가 영혼의 건강이며 반대로 불의가 영혼의 질병이라면, 어떤 사람이 정의롭다고 알려지든지 불의하다고 알려지든지 간에 정의는 좋은 것이며 불의는 나쁜 것이라는 것이 명백해진다.[23] 어떤 사람에 있어서 이성의 부분이 지혜롭고 또한 그것이 지배적인 구성요소가 된다면,[24] 그리고 혈기의 부분이 이성의 부분에 복종하고 동맹자가 되며 결국엔 끝없는 금전욕으로 타락하는 많은 욕망들을 통제하려는 이성의 작업에 협조하게 된다면 그 사람은 정의로운 사람이 될 것이다. 이것은 지혜가 나머지 두 부분을 지배하는 사람, 즉 지혜로운 사람만이 진정 지혜로울 수 있음을 의미한다.[25] 물론 정의로운 사람이란 결국 철인으로 판명된다.[26] 생산자들과 전사들은 진정으로 정의로운 사람들이 못 되는데, 그 이유는 그들의 정의란 전적으로 철학이 아닌 어떤 숙달에서 나오는 것이기 때문이다. 따라서 영혼 깊은 곳에서 그들은 참주, 즉 완전한 불의를 원하게 되는 것이다.[27] 이제 우리는 소크라테스가 정의로운 도시에서도 불의를 찾을 수 있다라고 했을 때 그가 얼마나 옳았던가를 알게 되었다.[28] 물론 이것이 철인이 아닌 일반인들이 저급한 도시의 일원일 때보다 정의로운 도시의 일원일 때 훨씬 더 정의롭게 행동할 것이라는 점을 부정하지는 않는다.

지혜롭지 못한 사람들(철인이 아닌 일반 시민들)의 정의는 도시의 정의가 검토될 때와 개인 영혼의 정의가 검토될 때 각각 그 빛깔을 달리 한다. 이 사실은 도시와 개인 영혼 사이의 유추가 결점을 지니고 있다는 것을 보여준다. 이 유추는 마치 도시에서 전사(戰士)가 생산자들보다 더 높은 지위를 차지하고 있는 것처럼 영혼에서 혈기가 욕구보다 더 높은 지위를 가져야 함을 요구한다. 외국과 국내의 적들로부터 도시를 보호하고 음악 교육과정을 거쳤던 사람들이 음악교육뿐만 아니라 공적 책임에도 관련하지 않는 사람보다 더 존경을 받는다는 것은 타당한 것 같다. 그러나 혈기가 그 자체로서 욕구보다 더 존경받는다는 것은 좀 어색한 이야기이다. 사실 혈기는 불의, 야비함, 추악함에 대한 분개로부터 아무리 해로운 것이라도 자신이 원하는 것을 빼앗기는 것에 성을 내는 되먹지 못한 아이의 투정(anger)까지 다양한 현상을 포함한다. 그러나 욕망도 마찬가지이다. 즉 욕망 중 하나가 **에로스**(eros)인데, 이는 건강한 형태로서 다음과 같은 것들을 가진다. 즉 자손을 통한 불멸에의 갈망에서 영원한 명성을 통한 불멸에의 갈망, 언제나 변하지 않는 것에 대한 지적 동참을 통한 불멸에의 갈망까지 다양한 형태를 가진다. 따라서 혈기가 욕망보다 지위에 있어서 상위라는 주장은 문제가 있는 것이다. 철학적 에로스가 존재하는 반면 철학적 혈기는 존재하지 않음을 우리는 잊지 말아야 한다.[29] 즉 다른 말로 한다면 트라시마코스가 욕구의 화신이라기보다는 혈기의 화신이라는 점을 잊지 말아야 한다는 것이다. 이 문제의 주장은 『국가』의 특징적 성격인 **에로스**에 대한 의도적인 사상에 그 논리적 기초를 둔다.

이러한 사상은 다음 두 가지 사실에서 가장 확연히 드러난다. 즉 소크라테스가 인간 사회를 발생케 하는 기본적 욕구에 대해서 언급할 때 그는 생식에 대해서 침묵한다. 그리고 그가 불의의 화신인 참주를 묘사할 때 그는 참주를 **에로스**의 화신으로 설명한다.[30] 혈기왕성함과 욕구 각각의 개별 지위에 관한 주제별 토론을 할 때 그는 **에로스**에 대해 침묵한다.[31] 이러한 것을 볼 때 **에로스**와 도시 간에, 따라서 **에로스**와 정의 간에 긴장이 존재하는 것 같다. 즉 오직 **에로스**를 깎아내림으로써만 도시의 기능이 발휘되는 것 같다. **에로스**는 자연의 법을 따르며, 도시가 아무리 정의로워도 도시의 법을 따르지 않는다. 따라서 정의로운 도시에서 에로스는 단지 도시가 요구하는 바에 종속되어야 하는 것이다. 정의로운 도시는 개인의 모든 사랑, 즉 부모에 대한, 자식에 대한, 친구와 연인에 대한 모든 사랑을 공동체에 대한 공공애에 바칠 것을 요구한다. 가능한 한 개인의 사랑은 그것이 자기 자신의 도시에 대한 사랑일 경우를 제외하고는 모두 제거되어야 한다. 또한 애국심은 에로스를 대체하며, 에로스보다는 혈기(또는 기개), 투지, 심술, 화 그리고 분개에 가깝다.

플라톤은 자유민주주의자가 아니기 때문에 그의 이야기에 쉽게 동의해 버린다는 것은 영혼에 해로울 수 있는데, 그렇지만 플라톤의 사상과 자유민주주의 간의 차이점을 흐리게 하는 것 역시 옳지 않다. 왜냐하면 "플라톤은 훌륭하다", 그리고 "자유민주주의는 훌륭하다"라는 두 명제가 플라톤은 자유민주주의자라는 결론으로 이끌 수 있는 정당성을 가지고 있는 것은 아니기 때문이다. 정의로운 도시의 건설은 인간이란 원래 서로 다른 천성을 가진다는 전제에서 출발하는데, 이는 결국 인간은 본래 불평등한 지위를 타고난다는 것을 의미한다. 인간들은 특히 덕을 얻는 능력에 있어서 불평등하다. 이런 천부적인 불평등은 정의로운 도시의 각 계급이 영위하는 교육, 관습, 생활양식(공유제적 또는 비공유제적)의 차이로 인해 더욱 증대되고 깊어진다. 결과적으로 정의로운 도시는 카스트 계급 사회와 닮게 된다. 등장인물 중 한 사람은 『국가』의 정의로운 도시의 상(像)을 듣고는, 비록 고대 이집트에선 확실히 지배계급이 철인들이 아닌 사제들이지만 고대 이집트에 세워진 카스트 제도를 머리 속에 떠올리게 된다.[32] 확실히 『국가』의 정의로운 도시에선 일차적으로 혈통이 아닌 천부적인 재능이 그의 계급을 결정한다. 그러나 여기엔 어려움이 따른다. 공유제적으로 사는 상층계급의 구성원들은 자신보다 연로한 세대에 속하는 모든 남자와 여자들을 자신의 부모로 여기도록 되어 있기 때문에 그들은 친부모가 누구인지 알지 못하게 되어 있다. 한편, 비공유제적인 하층계급의 재능 있는 아이는 상층계급으로 이동하게 되며, 그 반대도 마찬가지이다. 그런데 출생하자마자 그들의 뛰어난 재능이 필연적으로 발휘되는 것이 아니기 때문에(재능이 발현될 때까지 기다리게 되어) 그들은 그들의 친부모를 알게 되고, 따라서 그들과 사랑으로 묶이게 되는 것이다. 이러한 문제를 없애는 데에는 두 가지 방법이 있다. 첫째는 절대적 공유제를 하층계급에까지 확대하는 것이며, 둘째는 생활방식과 교육의 연관에 대해 생각할 때 음악교육을 하층계급에까지 확대하는 것이다.[33] 아리스토텔레스에 따르면[34] 소크라테스는 정의로운 도시에서 절대적 공유제를 상층계급에 한정할 것인지, 아니면 하층계급에까지 확대 시행할 것인지를 미결 상태로 남겨두었다고 한다. 이 질문을 미결인 상태로 남겨둔 사실은 소크라테스가 하층계급을 중요하게 생각하지 않는다고 실토한 것과 일치한다.[35] 어쨌든 소크라테스가 공유제와 음악교육을 상층계급에 한정하기를 원했다는 데 대하여 의심할 수 없다.[36] 따라서 위에서 언급한 어려움을 제거하기 위하여 그는 상층계급 또는 하층계급의 자격이 상속될 수 있도록 하여 그의 정의의 기본원칙들 중 하나를 위반하게 되는 것을 피할 수 없을 것이다. 이와는 별도로 전사계급에 필요한 재능의 유무에 대한 경계선을 정확하게 그을 수 있는가, 따라서 각 개인들을 상층 또는 하층계급에 매우 정확하게 배치하는 것이 가능한가, 결국 정의로운 도시가 완전하게 정의로울 수 있는가에 대한 의심이 생길 수 있을 것이다.[37] 그러나 만일 그러하더라도 공유제가 상층계급에 한정된다면 생산자 계급과 철학자 계급엔 사적 부분이 존재하게 될 것이다. 왜냐하면 도시에는 당연히 한 무리가 아닌 오직 한 명의 철학자만이 있을 것이기 때문이다. 전사계급은 완전히 정치적이고 공적이며 도시에 헌신하는 유일한 계급이다. 따라서 전사계급만이 "정의"의 어떤 의미에서 가장 확연히 "정의로운 삶"을 보여준다.

왜 공유제가 상층계급에 한정되는지, 무엇이 공유제에 본래적인 장애물인지를 이해할 필요가 있다. 태어날 때부터 사적인 것, 즉 개인만의 것은 "몸"(body)이며, 오직 몸만이 사적인 것이다.[38] 몸의 요구, 즉 욕망은 가능한 한 그 사적 영역, 즉 개인적 영역을 넓히려고 한다. 이 강력한 욕망의 몸부림은 절제를 위한 음악교육에 의해 제지당하는데, 이 음악교육은 아마도 소수의 사람들만이 견딜 수 있는 영혼의 모진 훈련일 것이다. 그러나 개인의 물질에 대한, 그리고 인간들의 소유에 대한 욕망을 완전히 근절하진 못한다. 따라서 전사계급이 철인들에게 종속되지 않는다면 그들은 절대적 공유제를 거부할 것이다. 이리하여 사적 소유에 대한 몸부림은 결국 철학, 즉 그 자체로서 어느 누구의 사적 소유도 될 수 없는 진리탐구에 의해 제지받는다는 점이 명백해졌다. 가장 중요한 사적 영역이 "몸"이라면 가장 중요한 공적 영역(즉 사회적 영역)은 "정신"(mind)이다. 여기서 정신이란 일반적인 영혼(soul)이라기보다는 단순히 정신을 말한다. 공유제의 비공유제에 대한 우위는 철학이 철학 아닌 것에 대한 우위의 반영으로 생각될 때만이 이해 가능하다. 이것은 확실히 앞의 단락과 모순된다. 이 모순은 정의의 두 가지 구분으로 해결될 수 있고 또한 그렇게 해결되어야만 한다. 이 구분은 철학과 도시에 관한 『국가』의 가르침을 이해하기 전에는 명확해질 수 없다. 따라서 우리는 새로운 시작을 해야 한다.

제4권 끝부분에서 소크라테스는 글라우콘과 아데이만토스가 그에게 부과한 일을 완수한 것처럼 보인다. 왜냐하면 그는 영혼의 건강으로서 정의는 그것의 결과뿐만 아니라 무엇보다도 그 자체 때문에 선택할 만하다는 것을 밝혀냈기 때문이다. 그러나 그후 제5권 서두에서 우리는 갑자기 『국가』 전체의 도입부분에서 일어났던 장면의 반복에 맞부딪히게 된다. 전체의 도입부분과 제5권의 서두 두 곳에서(다른 곳엔 이러한 광경이 없다) 소크라테스의 동료들은 결정을 내리고(아니 오히려 투표를 한다고 하는 것이 더 정확하겠다), 그 결정과정에 참가하지 않았던 소크라테스는 그 결정에 복종하는 장면이 벌어진다.[39] 소크라테스의 동료들은 이 두 경우에서 세상에서 가장 작은 도시이겠지만 하여튼 도시처럼 (시민의 회처럼) 행동한다.[40] 그러나 이 두 장면 사이에는 결정적인 차이점이 있다. 즉 첫 번째 장면에선 트라시마코스가 빠졌지만 두 번째 장면에선 그가 그 도시의 일원이 되어 있다는 것이다. 아마도 정의로운 도시의 건설은 트라시마코스가 한 명의 시민으로 바뀔 것을 요구하는 것 같다.

제5권 서두에서 소크라테스의 동료들은 그에게 "여자와 아이들의 공유"(communism)를 주제로 삼을 것을 강요한다. 그들은 이제 아데이만토스가 제4권 서두에서 "재산의 공유"에 반대했던 것처럼 그 제안(즉 공유제) 자체를 반대하지는 않는다. 왜냐하면 아데이만토스조차도 이미 그 때의 그가 아니기 때문이다. 그들은 오직 여자와 아이들의 공유가 어떠한 방식으로 운영되는지를 알고 싶어할 뿐이다. 소크라테스는 그 질문을 다음의 더욱 예리한 질문들로 바꾼다 : (1) 그러한 공유제가 가능한가? (2) 그것은 바람직한가? 아마도 여자의 공유는 주어진 일에 대한 남녀의 평등이 낳은 결과이거나 그 전제인 것 같다. 즉 도시는 노동력이나 군사력에서 그 도시 어른 인구의 절반을 사용하지 않고 내버려 둘 여유가 없으며, 다양한 기술에 대한 선천적 재능에 관한 한 남성과 여성 사이에 하등의 본질적 차이가 없는 것이다. 양성(兩性) 평등에 대한 요구는 관습의 완전한 전복(여기에서 충격적인 것이라기보다는 재미있는 것으로 묘사된)을 필요로 한다. 그 요구는 오직 유용한 것이 정당하고 고귀한 것이며 오직 나쁜 것, 즉 자연의 이치에 반하는 것이 우스꽝스러운 것이라는 점에서 타당하다. 즉 양성(兩性)의 관습적 구분은 자연의 이법에 반하는 것으로 거부되며, 그 혁명적 변화는 자연에 따라 질서를 창조하게 될 것이다.[41] 왜냐하면 정의는 모든 인간들이 관습이 명하는 바와 관계없이 선천적으로 자신에 가장 잘 맞는 (남녀 구분할 것 없이) 일을 할 것을 요구하기 때문이다. 소크라테스는 먼저 양성의 평등이 가능함을, 즉 양성의 평등이 다양한 기술의 행사에 대한 적성이라는 점에서 볼 때 양성(兩性)의 본성에 부합함을 밝히며, 그리고 나서 그것이 바람직함을 보여준다. 그러나 이 양성의 평등이 가능함을 증명하면서 그는 명백히 생식에 있어서 남녀 간에 차이가 있다는 사실을 무시한다.[42] 이것은 『국가』 전체의 논의, 즉 도시는 남녀 기술자의 공동체라는 주장이 도시의 기본적인 주요 활동 중 "인위"가 아닌 "자연발생적"인 활동들을 지극히 무시한다는 것을 의미한다.

그리고 나서 소크라테스는 여자와 아이들에 관한 공유로 논의를 옮기는데, 그것이 도시를 개개의 가족들로 구성된 도시보다 더욱 "하나"로 묶어주며, 따라서 더 완벽하게 만든다는 점을 밝히는데, 도시는 가능한 한 하나의 인간 또는 하나의 인간 신체, 즉 자연물과 비슷해져야 한다.[43] 이러한 점에서 우리는 왜 소크라테스가 도시와 개인 간의 중요한 유추를 가정하면서 그의 정의에 대한 논의를 시작했는지를 좀더 잘 이해할 수 있다. 먼저 그는 도시의 가능한 최고의 종합을 생각하고 있었다. 물론 가족의 폐지가 성적 방종, 즉 난교(亂交)의 도입을 의미하는 것은 아니다. 그것은 무엇이 도시에 유용한가 또는 무엇이 공공선에 필요한가라는 관점에서 성교에 대해 더욱 철저하게 통제함을 의미한다. 유용성에 대한 고려는 성스러움에 대한 고려를 대신한다고 할 수 있다.[44] 즉 남자들과 여자들은 마치 개 또는 새, 말을 키우는 사람들이 하듯이 오직 가장 우수한 자손들의 출산이라는 우생학적 관점에서 짝지워질 것이다. 에로스의 요구는 간단히 묵살된다. 이 새로운 질서는 필연적으로 관습법의 가장 성스러운 규칙인 근친상간 금지의 관습법에 영향을 주게 된다.[45] 이 새로운 계획에선 어느 누구도 자신의 친부모, 자식들, 형제자매들을 알지 못하며, 그들은 윗 세대의 모든 사람들을 그들의 부모로, 같은 세대의 모든 사람들을 그들의 형제자매로, 그리고 아랫 세대의 모든 이들을 그들의 아이들로 생각하게 된다.[46] 그러나 이것은 자연에 맞춰 건설했다는 도시가 대개는 자연보다는 오히려 관습에 따라 운영됨을 의미한다. 이러한 이유로 해서 우리는 소크라테스가 여자와 아이들에 대한 공유제의 가능성을 문제로 제기했다가 곧 폐기하는 것을 보고 실망하게 된다.[47] 이 검토 중인 제도(즉 여자와 아이들의 공유제)는 정의로운 도시의 필수불가결한 요소인데, 이러한 이유로 해서 소크라테스는 정의로운 도시를 위해 자신의 굉장한 희생(즉 가족과 에로스의 포기 등)을 결심하고 나서 이것(정의로운 도시의 가능성 문제를 유보하는 것)에 접하게 된다.

소크라테스는 이제 정의로운 도시의 가능성에 대한 질문에 대답해야만 하는 그의 어마어마한 의무를 더 이상 피할 수 없게 되었다. 성격이 단호한 글라우콘은 그가 이 문제에 직면하도록 그에게 강요한다. 소크라테스는 분명히 전쟁이라는 주제로(이 주제는 글라우콘에게 여자와 아이들의 공유라는 문제보다 더 매력적이고 쉬운 것이다) 도망쳤지만, 그 주제를 정의의 완고한 요구들에 의거하여 다룸으로써 그것의 매력들을 많이 없애 버렸기 때문에 결과적으로 그는 글라우콘이 그에게 본질적인 문제로 돌아가기를 강요하도록 하는 결과를 낳았다. 그렇지만 소크라테스와 글라우콘이 돌아간 문제는 그들이 두고 떠났던 그 문제와 같은 것이 아니다. 그들이 처음 두고 떠났던 그 문제는 "자연의 이법과의 부합성이라는 점에서의 정의로운 도시의 가능성"이었다. 이에 반해 그들이 돌아간 문제는 실제 도시의 변화를 통해서 성취할 수 있는가라는 점에서의 정의로운 도시의 가능성 문제이다.[48] 이 두 번째 문제가 첫 번째 문제에 대한 긍정적 대답을 전제한다고 생각할 수도 있겠지만 이는 옳지 않다. 우리가 곧 배우게 되는 대로, 정의가 무엇인가를 밝혀내는 우리의 모든 노력(우리는 정의가 무엇인지 알아냄으로써 그것이 행복과 어떠한 관계를 가지는지 알 수 있게 될 것이다)은 하나의 틀(pattern)로서의 "정의 그 자체"에 대한 탐구였다. "틀"로서의 정의를 찾음으로써 우리는 정의로운 사람이나 정의로운 도시가 완전하게 정의롭게 되지는 않을 것이며, 실제로는 정의 그 자체에 어느 정도의 근접성을 가지며 접근할 뿐이라는 암시를 하게 된다.[49] 즉 오직 "정의 그 자체"만이 완전히 정의로울 것이다.[50] 이는 정의로운 사회의 특징적인 제도들(절대적 공유제, 양성평등, 철인의 지배)조차도 순수하게 정의로운 것은 아님을 의미한다. 그런데 정의 그 자체는 세상에 실존할 수가 없다. 왜냐하면 그것은 언제나 어떠한 변화(becoming)도 배제한 채 존재(be)하기 때문이다. 정의는 하나의 "이데아"(idea) 또는 "형상"(form)이며, 많은 이데아들 중 하나이다. 이데아는 엄밀한 의미에서 "존재한다"(be)라고 할 수 있는 유일한 것이다. 즉 그것은 어떠한 "탈존"(nonbeing)과의 혼합도 없는데, 그 이유는 그것이 모든 "변화"(becoming)를 초월하기 때문이다. 모든 "변화"(becoming)는 "현존"(being)과 "탈존"(nonbeing) 사이에 자리 잡고 있다. 오직 이데아만이 변화를 초월하는 것이기 때문에 이데아는 어떠한 의미에서 모든 변화와 모든 변화 가능한 사물들의 원인이다. 예를 들자면 정의의 이데아는 어떠한 것(사람, 도시, 법, 명령, 행동)이 정의로운 것이 되도록 하는 원인이다. 그것은 언제나 존재하며, 스스로 영위하는 존재이다. 이데아는 가장 훌륭하다. 예컨대 정의의 이데아는 완전히 정의롭다. 그러나 그것의 광채는 신체의 눈을 빗겨나간다. 그 이데아는 오직 마음(사유하는 곳으로서의 마음)의 눈에 보일 뿐이며, 마음(즉 사유) 자체는 오직 이데아만을 인지한다. 그러나 많은 이데아들이 있다는 것과 이데아들을 인지하는 마음이 이데아들 자체와는 근본적으로 다른 것이라는 사실이 가리키듯 이데아들보다 더 높은 것이 있음에 틀림없다. 즉 "선"(the good) 또는 "선의 이데아"(idea of good)가 어떠한 의미에서 모든 이데아들의 원인이며, 그 것들을 인지하는 마음의 원인인 것이다.[51] 정의로운 도시가 나타나서 잠시 동안 유지될 수 있는 것은 오직 선천적으로 그것을 인식할 수 있는 사람들이 그것(즉, 선)을 인식함으로써이다.

소크라테스가 글라우콘에게 제시한 이데아론은 매우 이해하기가 어렵다. 우리는 그것이 매우 공상적이라고 말할 수는 없겠지만 믿기가 어려운 것만은 사실이다. 지금까지 우리는 정의가 본질적으로 인간 영혼 또는 도시의 특정한 성질이며, 따라서 스스로 존재하는 어떤 것이 아니라는 점을 이해하게 되었다. 그러나 지금 우리는 그것이 독립적이며, 이를 테면 인간들과 정의에 참가하는 모든 사물들과는 완전히 다른 곳에 존재한다고 믿도록 요구받는다.[52] 지금껏 어느 누구도 이 이데아론에 대한 만족스럽고 명확한 설명을 하는 데 성공하지 못했다. 그러나 중심적 논점을 정확하게 정의하는 것은 가능하다. "이데아"는 우선 사물의 모양(looks) 또는 형태(shape)를 의미하며, 그것은 같은 모양, 즉 같은 성질과 힘(power), 같은 본질을 가졌다는 사실로 묶여진 한 부류의 사물을 의미한다. 그리하여 그것은 문제의 부류에 속하는 사물들의 유적 성질(類的 性質), 즉 본질(nature)을 의미한다. 따라서 한 사물의 이데아는 어떤 사물 또는 어떤 한 부류의 "무엇"(what), 즉 본질이다(이 책의 레오 스트라우스의 서문을 참고하라). "이데아"와 "본질"의 연결은 정의의 이데아가 "본질적으로(by nature) 정의로운 것"으로 불리고, 이데아가 아닌 또는 감각적으로 지각된 사물들과 대칭되어 구별되는 이데아가 "본질 안"에(in nature) 존재한다고 이야기된다는 사실로부터 『국가』에 나타난다.[53] 그러나 이것은 왜 이데아가 이데아를 가짐으로써 자신의 모습을 갖추게 되는 구체적인 사물들과 "분리된 것"으로 서술되는지, 즉 왜 "개다움"[dogness, 개의 유적 성질(類的 性質)]이 "진짜 개"(the true dog)여야 하는지를 설명하지 못한다. 그러나 두 가지 종류의 현상(들)이 소크라테스의 주장을 지원하는 것 같다. 첫째, 수학적인 것들 그 자체는 감각되는 것들에선 볼 수가 없는 것인데, 즉 모래나 종이 위에 그려진 선들 중 어느 것도 수학자들이 의미하는 그러한 선은 아니다. 둘째, 무엇보다도 우리가 말하는 정의나 그러한 종류의 것들이 그 자체로, 순수한 형태로, 즉 완전한 형태로 사람들이나 도시들에서 발견될 수 있는 것이 아니다. 오히려 우리가 말하는 정의는 사람들이 성취할 수 있는 모든 것을 초월한다. 정확하게 말하자면 가장 정의로운 사람은 언제나 자신의 정의가 아직도 부족함을 깨닫는 자였다. 소크라테스는 수학적인 것들이나 덕목들에 명백히 적용되는 것이 다른 모든 곳에서도 적용된다고 말하는 것 같다. 즉 원(圓)과 정의에서처럼 침대와 탁자의 이데아가 역시 있다는 것이다. 그런데 눈으로 볼 수 있는 모든 것을 초월한 완전한 원과 완전한 정의가 존재한다는 것은 명백히 타당하지만 인간이 영원히 도달할 수 없는 완전한 침대가 존재한다고 말하기는 힘들 것이다. 어쨌든 글라우콘과 아데이만토스는 절대적 공유제론보다 훨씬 쉽게 이 이데아론을 비교적 무리 없이 받아들인다. 이런 역설적인 사실이 우리에게 그렇게 놀라운 것이 못 되는데, 왜냐하면 만약 『국가』가 보다 기본적인(즉 "이전의") 대화들에 친숙한 독자들을 대상으로 하는 철학적 논문은 아니라고 생각할지라도, 우리는 여기에 나오는 유능한 젊은이들이 소크라테스 교수 밑에서 철학을 공부해 왔으며, 소크라테스가 이미 그의 이데아론을 몇 번이고 그들에게 설명해 주었을 것이라고 믿고 있기 때문이다. 그러나 플라톤은 『국가』에 나오는 글라우콘과 다른 대담자들과 나누는 소크라테스의 대화라는 매개수단을 통해서만 『국가』의 독자들에게 이야기하고 있다. 그리고 『국가』의 저자로서의 플라톤은 글라우콘—아데이만토스 나 여타의 사람들은 말할 것도 없고—이 이데아의 원리들을 진지하게 공부해 본 적이 있다는 사실을 보여주지는 않는다.[54] 그러나 글라우콘과 아데이만토스가 이데아의 원리에 대해 참다운 이해를 가졌다고는 믿어지지 않지만, 그들은 디이케(Dike, 정의의 여신역자) 혹은 정의(Right)의 신들이 존재한다는 사실을 그들 나름대로 알고 있다.[55] 그리고 이러저러한 승리나 조각한 니이케(Nike, 승리의 여신역자)상이 아니라, 믿을 수 없이 찬란한 모든 승리의 원인인 자존적인 존재(selfsubsisting being)로서의 니이케 또는 승리의 신들이 존재한다는 사실을 알고 있다. 나아가 그들은 선이란 모든 것의 원인이며, 믿을 수 없을 정도로 찬란하며, 그들의 "형상"(form)을 결코 바꾸는 법이 없으므로 감각으로는 알아챌 수 없는 자존적 존재로서의 신들이 존재함을 알고 있다.[56] 이것은 『국가』의 "신학"[57]에서 이해되는 신들과 이데아들 사이에 심원한 차이가 존재한다는 사실을 부인하는 것이 아니다. 『국가』에서 신들은 어떤 의미에서는 이데아들로 대치되고 있다. 그것은 단순히 그와 같은 신학을 받아들이고 그것으로부터 모든 결론을 끌어내는 사람들은 아마도 이데아의 원리에 도달하게 되리라고 주장하는 것이 아니다.

우리는 정의로운 도시의 가능성 문제로 다시 돌아가야 한다. 우리는 완전한 정의, 즉 정의 그 자체가 현실 내에선 불가능함을 이미 배웠다. 우리는 곧 정의 자체뿐만 아니라 정의로운 도시도 실현 가능하지 않다는 것을 배우게 된다. 그러나 이것이 "국가"에서 의도되었고 계획되었던 "정의로운 도시"가 "정의 그 자체"와 같은 이데아라는 것을 의미하지는 않는다. 그것이 이상(ideal)을 의미하는 것은 더욱 아니다. 왜냐하면 "이상"이라는 것은 플라톤의 용어가 아니기 때문이다. 정의로운 도시는 말하자면 하늘 높은 곳에서 초월하여 존재하는 그런 독립적 존재가 아니기 때문이다. 그것은 오히려 완벽한 아름다움을 가진 사람의 초상화 같은 것이다. 즉 그것은 오직 화가의 그림에 의해 존재한다. 더욱 정확히 말하자면 정의로운 도시는 오직 말 속에 존재한다. 그것은 오직 한편으로는 정의 그 자체, 즉 본질적으로 옳은 것과 다른 한편으로는 "인간적인 너무나 인간적인" 것이라는 관점에서 이해될 때만 "존재"(be)한다. 비록 정의로운 도시가 정의 그 자체보다 낮은 곳에 있는 것으로 결정되었지만 하나의 틀로서 그것의 청사진 그대로 세상에 나타날 수 있는 것은 아니다. 말 속에서가 아닌 실제의 도시는 오직 그것에의 접근이 기대될 뿐이다.[58] 그러나 이것이 무엇을 의미하는지는 명백하지 않다. 가장 가능한 문제해결은 타협이 될 것이며, 그렇다면 어느 정도의 사유재산과(예를 들자면 전사들이 그들이 살아 있는 동안 신발 등을 소유할 수 있도록 허용한다든지) 어느 정도의 양성 불평등(예를 들자면 특정한 군사적·행정적 임무를 남성 전사들에게 전임시킨다든지)을 허용한다는 것이 이것의 의미일까? 이것이 소크라테스가 의도했던 바라는 합리적인 이유가 없다. 계속 이어지는 대화로 보건대 다음의 추측이 더욱 타당할 것 같다. 즉 정의로운 도시가 청사진 그대로 실현될 것 같지 않다는 주장을 준비하는 것이다. 어쨌든 정의로운 도시에의 접근만이 어느 정도 가능할 것이라고 밝힌 후 곧 소크라테스는 다음의 문제를 제기한다. 즉 실제의 도시에서 어떤 현실적인 변화가 정의로운 도시로의 변형을 위한 필요충분 조건이 되는가? 그 대답은 이러하다 : “정치권력과 철학의 일치”, 즉 철인은 왕처럼 지배해야 하며, 왕은 진정한 철인이어야 한다. 우리가 『국가』 제1권의 요약에서 이미 밝혔으므로 이러한 대답은 그렇게 놀라운 것은 아니다. 만약 정의가 법에 따라 각자의 소유물을 각자에게 주고 손대지 않는 것이 아니라, 각자에게 각자의 영혼(soul)에 이익이 되는 것을 주고 손대지 않는 것이며, 그의 영혼에 이익이 되는 것이 바로 선이라고 말한다면 선 자체, 또는 일반적으로 말한다면 이데아에 대하여 무지한 자, 즉 철인이 아닌 자는 진정 정의로운 자가 될 수 없음이 그 논리적 귀결이다.

어떻게 정의로운 도시가 가능한가라는 질문에 대답하면서 소크라테스는 “국가”의 주제로서 철학을 도입한다. 그런데 『국가』에선 철학이 사람들이 그것을 지향해서 살아야 하는 목적으로서 도입되는 것이 아니다. 상층계급, 즉 전사계급에 있어서 절대적 공유제와 양성 평등으로 특징지워지는 군대막사 같은 도시, 즉 정의로운 도시를 실현시키는 도구로서 도입된다는 것을 의미한다. 철인의 지배가 정의로운 도시의 구성요소가 아니라 오직 그것의 실현을 위한 도구로서 도입되기 때문에 아리스토텔레스가 『국가』에 대한 비판적인 분석(『정치학』 2장)에서 이러한 제도(즉 철인의 지배)를 무시한 것은 정당하다. 어쨌든 소크라테스는 정의로운 도시의 가능성 문제를 철학과 정치권력의 일치 가능성 문제로 축소하는 데 성공한다. 그러한 일치가 가능할 것인가는 우선 매우 믿기가 어렵다. 즉 모든 사람들은 철학이 정치에 해로울 정도는 아닐지라도 적어도 쓸모 없는 것이라는 것을 알 수 있을 것이다. 소크라테스는 어느 정도 아테네 시에 대한 그 자신의 경험을 가지고 있었다. 그의 경험은 결국 도시에 의한 사형선고로 그 절정에 이른다. 비록 더 깊은 탐구가 필요하지만 소크라테스는 그 비난을 충분한 근거를 갖춘 것으로 여긴다. 그는 도시의 철학에 대한 반감의 근원이 도시에 있음을 밝힌다. 즉 철인이 지배하지 않는 현존하는 도시들은 마치 미친 놈들의 집합과 같은 것이어서 철인의 자질을 가진 대부분의 사람들을 타락하게 하며, 또한 그 도시에서 모든 역경을 딛고 철인이 된 사람들은 곧바로 역겨움을 참지 못하고 등을 돌려버린다는 것이다. 그러나 소크라테스가 철인들을 용서하는 것은 결코 아니다. 오직 도시와 철인 양측에서의 근본적 변화만이 자연이 그들에게 정해준 조화를 가져올 수 있다. 그 (근본적) 변화는 정확히 이러한 것이다. 즉 도시는 철인의 지배를 더 이상 거부하지 말아야 할 것이며, 철인은 더 이상 도시에 대한 지배를 거절하지 말아야 한다. 이러한 철학과 정치권력의 일치는 매우 이루기가 어렵고 가능성이 희박하지만 그렇다고 불가능한 것은 아니다. 도시, 즉 철인이 아닌 사람들, 다시 말하자면 일반 시민대중들 편에서 변화가 있기 위해선 적절한 설득이 필요하며, 그것이면 충분하다. 그 적절한 설득은 설득의 기술(art), 즉 철인의 지도를 받고 철학에 봉사하는 "트라시마코스의 기술"이 제공한다. 따라서 소크라테스가 그와 트라시마코스는 이제 막 친구가 되었다라고 선언한 것이 이러한 맥락에서는 그리 놀라운 것이 아니다. 철인이 아닌 시민대중들은 원래 천성이 착하기 때문에 철인들이 충분히 설득할 수 있을 것이다.[59] 만약 그렇다면 왜 소크라테스는 말할 필요도 없이 고대의 철학자들은 철학과 철학자들의 우월성을 대중들에게 설득하는 데 성공함으로써 철학자들의 통치를 가져오고 그리하여 도시의 구원과 행복을 가져오는 데 실패했는가? 이상하게 들릴지 모르지만 그 같은 주장이 여기쯤 이르게 되면 철인들로 하여금 대중을 지배하도록 설득하는 것보다는 대중들로 하여금 철인의 지배를 수용하도록 설득하는 것이 더 용이해 보인다. 즉 철인들은 그 도시를 지배하도록 설득될 수 없으며, 단지 강요될 수 있을 따름이다.[60] 오직 철인이 아닌 사람들(즉 시민대중들)만이 철인들에게 도시를 보살피도록 강요할 수 있다. 철학자가 아닌 사람들에게 철인들의 도시 지배를 강요하도록 설득하지 않는다면 그러한 강요(철인에 대한)는 불가능하며, 철인들이 지배하기를 꺼리는 한 이러한 설득(철인이 아닌 시민대중들에 대한)은 불가능하다. 따라서 우리는 도시를 지배하는 데 대한 철인들의 기피 때문에 정의로운 도시가 가능하지 않다는 결론에 도달한다.

왜 철인들은 지배하기를 원치 않는가? 유일한 욕망인 앎에 대한 열정 때문에, 또는 철학이야말로 가장 즐겁고 축복받은 소유물임을 알기 때문에 철인들은 인간사를 보살피는 것은 물론이고 그것을 내려다 볼 여유조차 가지고 있지 않다.[61] 철인들은 아직 살아 있는 중에도 이미 그들의 도시에서 멀리 떨어진 "축복받은 자들의 섬"에 정착해 있다고 믿는다.[62] 따라서 오직 강요만이 그들을 정의로운 도시의 정치적 삶에 가담시킬 수 있는데, 여기에서 정의로운 도시란 철인의 적절한 육성을 가장 중요한 임무로 생각하는 도시를 가리킨다. 철인들은 진정으로 중요한 것들을 알아버렸기 때문에 그들에게는 인간사가 시시하게 보인다. 철인 자신의 정의—즉 사람들에게 해를 끼치지 않는 것—는 사람들이 치열하게 얻고자 경쟁하는 대상물들에 대한 경멸에서 나왔다.[63] 그들은 철학에 몰두하지 않는 삶, 특히 정치적 삶이란 "동굴 속의 삶"과 유사한 것임을 알고 있다. 도시가 플라톤이 말한 바 있는 동굴과 같은 것일 때는 더욱 그렇다.[64] 동굴에 사는 사람들(즉 철인이 아닌 사람들)은 오직 인공물의 그림자만 볼 뿐이다.[65] 즉 그들은 그들이 보는 모든 것들을 입법가들에 의해 허가된 의견(opinion)에 의거하여 이해하며, 정의와 고귀함을 관례화된 견해에 비추어 이야기한다. 그들은 그들이 몹시 소중히 여기는 그러한 신념들이 억견 이상의 지위를 차지하고 있지 않다는 사실을 알지 못한다. 왜냐하면 최고의 도시조차도 그 국가의 기반이 되는 "근본적인 허위"(물론 고매한 허위지만)와 그 존망을 함께 한다면 불완전한 도시들이 의지하고 믿는 생각들이 거짓이라는 것은 쉽게 알 수 있기 때문이다. 정확히 말해서 철인이 아닌 사람들 중 가장 우수한 사람들, 즉 훌륭한 시민들은 이러한 억견을 매우 충실히 따르는 사람들이므로 그들은 억견를 뛰어넘어 진리를 지향하는 철학에 격렬하게 반대한다.[66] 즉 대중들은 우리가 앞의 논의에서 낙관적으로 가정했던 것처럼 쉽게 철인의 설득에 호응하지 않는다. 이것이 바로 왜 철학과 정치권력의 일치가 불가능한가에 대한 진정한 이유이다. 즉 철학과 도시는 서로 반대 방향으로 멀어져 가는 경향이 있다.

도시와 철인의 근본적인 긴장관계를 극복하는 것이 어렵다는 것은 소크라테스가 인간본성에 부합하는 정의로운 도시가 가능한가라는 문제에서 현존하는 도시의 변화를 통해 정의로운 도시가 가능한가라는 문제로 돌아선 데서 알 수 있다. 두 번째 문제와 비교해 볼 때 첫 번째 문제는 정의로운 도시가 전에 서로 함께 살지 않았던 사람들의 집주(集住)를 통해 정의로운 도시를 건설할 수 있는가라는 질문에 논의의 초점을 맞추는 것인데, 소크라테스는 현존하는 도시를 변화시켜 정의로운 도시를 실현시킬 수 있는가라는 문제로 돌아섬으로써 그 질문에 부정적인 대답을 하게 된다. 어떠한 인문적 교육도 받지 않은 사람들, 미개인들, 우매한 동물들, 야만인들(친절하건 잔인하건 간에)로부터 정의로운 도시가 탄생할 수는 없는 것이다. 따라서 앞으로 그곳의 구성원이 될 사람은 이미 문명생활의 기초를 습득하고 있어야 한다. 미개인이 문명화되는 긴 과정은 정의로운 도시의 건설자나 입법가가 담당하는 일이 아니라(그가 정의로운 도시의 건설을 하는 데 대한) 전제조건이다.[67] 그러나 반면에 앞으로 정의로운 도시가 될 도시가 오래된 도시여야 한다면 그곳의 시민들은 오랜 역사에 의해 신성화된 그 도시의 불완전한 법과 관습에 의한 견고한 틀에 사로잡혀 있을 것이므로 그것에 몹시 집착하게 될 것이다. 그리하여 소크라테스는 철인의 지배가 정의로운 도시 실현의 필요충분 조건이라는 종래의 주장을 수정하도록 강요받는다. 그는 처음엔 철인이 왕이 된다면 그것만으로 정의로운 도시는 실현될 것이라고 주장했지만, 나중엔 정의로운 도시는 철인이 왕이 되고 동시에 열 살 이상의 모든 사람들이 그 도시로부터 추방될 때, 즉 아이들을 부모들과 부모들의 삶의 방식으로부터 분리시켜 정의로운 도시의 가장 고상한 방식으로 키워낼 때 실현된다고 주장한다.[68] 철인(들)은 하나의 도시를 접수함으로써 (새로 만드는 것이 아니라) 그(들)의 백성들이 야만인이 되지 않도록 하며, 열 살 이상의 사람들을 추방함으로써 그들은 백성들이 전통적 도덕의 노예가 되지 않도록 한다. 이 문제 해결은 멋이 있다. 그러나 그것은 어떻게 철인이 열 살 이상의 모든 사람들에게 추방명령을 고분고분히 따르도록 강제할 수 있는가라는 문제점을 남긴다. 왜냐하면 그들은 아직 그들에게 충성을 다하는 전사계급을 육성할 수 없었기 때문이다. 그렇다고 이것이 소크라테스가 시민대중들이 정의의 실현을 위해 강요가 아닌 철인의 설득을 통해 도시와 아이들을 두고 떠나 들판에 살도록 많은 훌륭한 젊은

이들을, 뿐만 아니라 다소 나이 많은 사람들까지도 설득할 수 있음을 부정하진 않는다.

『국가』 중 철학을 다루는 부분이 이 책의 가장 중요한 부분이다. 따라서 이 부분은 정의에 대한 질문에의 대답에 있어서 『국가』 전체의 논의가 집약된 곳이라고 할 수 있다. 정의란 무엇인가에 대한 명확한 대답(즉 정의란 '선천적으로 자신의 적성에 가장 잘 맞는 일을 하는' 도시나 영혼의 각 부분 안에 존재하며, 환언한다면 그러한 일들을 한다는 '사실'에 있다. 또한 도시나 영혼의 한 부분은 '특정한 방식으로' 자기 자신의 일에 전념할 때 정의로운 것이 된다)은 오히려 애매모호하다. 그런데 만약 "특정한 방식으로"라는 표현이 "가장 좋은 방식으로" 또는 "매우 잘"이라는 표현으로 바뀐다면 그 애매모호함은 제거될 것이다.[69] 따라서 정의로운 사람이란 자기 영혼의 각 부분이 자신의 일을 잘 해내는 사람이다. 영혼의 최고 부분은 이성이며, 다른 두 부분이 자신의 일을 잘 해내지 못한다면 이성은 자신의 일을 잘 해낼 수가 없으므로 오직 철인만이 진정으로 정의로울 수 있다. 그러나 철인이 잘 해낼 수 있는 것, 즉 철학은 원래가 매력적인 것이며, 실제로 결과와는 관계없이 가장 즐거운 일이다.[70] 따라서 오직 철학에서 정의와 행복이 일치하게 된다. 달리 말하자면 오직 철인만이 "행복한 도시는 정의롭다"와 같은 맥락에서의 정의로운 개인이 된다. 즉 그는 자기충족적이며 진정으로 자유롭다. 즉 그는 도시가 다른 도시들에 그러하듯이 다른 사람들을 위해 어떠한 자기 희생도 하지 않는다. 그러나 좋은 도시의 철인은 또한 그가 그의 동료들과 이웃 시민들, 그리고 그의 도시에 봉사한다는 점에서, 즉 법을 준수한다는 점에서 정의롭다. 즉 철인은 정의로운 도시의 모든 구성원들과 일반 도시의 정의로운 시민들이(그들이 철인이든 아니든 간에) 정의롭게 되는 것과 같은 맥락에서 정의롭다.

그러나 이러한 두 번째 의미의 정의는 본래적으로 매력적이거나 그 자체로 선택할 만한 것이 아니라 오직 그것의 결과라는 점에서만 좋은 것이 된다. 즉 그것은 고상한 것이 아니라 필요한 것이다. 즉 철인은 진리를 탐구할 때처럼 자연스러운 선호에 의해, 즉 에로스 때문에 도시에 봉사하는 것이 아니라 강제에 의해 도시에 봉사한다. (이것은 좋은 도시인 경우에도 그러하다) 설사 그것이 자기 강제라 하더라도 그것 역시 강제라는 것은 말할 필요가 없다.[71] 소크라테스의 정의가 제시하는 것보다 더 일반적인 정의관에 따르면 정의는 다른 사람들에게 해를 입히지 않는 데 있다. 이렇게 이해된 정의는 결국 기껏해야 철인의 영혼의 위대함의 한 부수물일 뿐이다. 그러나 정의가 좀더 넓은 의미에서 받아들여진다면, 즉 정의가 각자에게 그의 영혼에 이로운 것을 주는 것에 있다고 한다면 우리는 이러한 행위가 주는 자에게 원래 매력적인 경우(잠재적인 철인에게 해당되는 경우)와 그것이 의무이거나 강제에 의해 행해지는 경우를 구분해야 한다. 말이 난 김에 이러한 구분은 소크라테스의 자발적인 대화(그가 자발적으로 추구한 대화들)와 강제된 대화(그가 적절히 피하지 못했던 대화들) 간의 차이에도 적용된다는 점을 밝히고자 한다. 그러나 결과와는 상관없이 그 자체로서 선택할 만한 정의(이러한 정의는 철학과 같은 것이다)와 오직 필요에 의해 행해지며 그 최상의 경우에 철인의 정치적 활동과 같아지는 정의 간의 구분은 『국가』의 특징인 "에로스에 대한 무시"에 의해 가능해진다. 왜냐하면 철인이 애국심이라는 자기 도시에 대한 애정으로 인해 정치활동에 참가하는 것이 불가할 이유가 없다는 의문을 당연히 제기할 수 있기 때문이다.[72]

제7권 마지막 부분쯤에서 정의의 전모가 눈앞에 나타난다. 이리하여 소크라테스는 글라우콘과 아데이만토스가 그에게 부과한 의무, 즉 진정한 정의는 결과와 관계없이 그 자체만으로 선택할 가치가 있으며, 따라서 실제로 정의는 불의보다 무한정 좋은 것임을 증명해야 하는 의무를 완수했다. 그럼에도 불구하고 대화는 계속되는데, 왜냐하면 우리의 정의에 대한 명확한 이해가 불의에 대한 명확한 이해를 내포하고 있는 것은 아니어서 완전히 불의한 도시와 완전히 불의한 사람에 대한 명확한 이해가 보충되어야 한다. 즉 오직 우리가 완전히 정의로운 도시와 완전히 정의로운 사람을 보았을 때만큼 완전히 불의한 도시와 완전히 불의한 사람을 본 이후에야 불의를 선택한 소크라테스의 친구 트라시마코스와 정의를 선택한 소크라테스 자신 중 어떤 사람을 따라야 하는지를 판단할 수 있을 것이다.[73] 이것은 다시 정의로운 도시가 가능하다는 가상(fiction)이 유지될 것을 필요로 한다.[74] 사실 『국가』에서 신들의 사회나 신의 아들들로 이루어진 사회와 구별되는 인간 사회로서 정의로운 도시가 가능하다는 가상이 폐기된 적이 없다. 오히려 소크라테스가 불의에 대한 탐구를 시작할 때 그에게 있어서 이 가상을 더욱 강력하게 재확인하는 것이 꼭 필요한 것이 된다. 정의로운 도시의 가능성이 높아질수록 불의한 도시는 더욱 추해지고, 더욱 비난받을 것이며, 정의로운 도시가 한 번도 실재한 적이 없다면 정의로운 도시의 가능성은 여전히 의심스러운 것으로 남을 것이기 때문이다. 따라서 이제 소크라테스는 정의로운 도시가 한때 실재했었다고 주장한다. 더 정확히 말하자면 그는 뮤즈들(the Muses)[75]이 그것을 주장하도록, 또는 더 정확히 말하자면 암시하도록 만들었다. 정의로운 도시가 한때 실재했었다는 주장은 "가장 오래된 것이 가장 좋은 것"이라는 신화적 가설과 일치하는 신화적 주장이다. 그리고 나서 소크라테스는 뮤즈들의 입을 통해 정의로운 도시가 열등한 도시들이 나타나기 전, 태초에 실재했다고 주장한다.[76] 이 열등한 도시들은 그 훌륭한 도시의 부패된 형태들이며, 완전했던 그 깨끗한 도시의 더럽혀진 잔해들이다. 하나의 열등한 도시가 시간적으로 그 정의로운 도시에 근접할수록 그 도시는 좋은 도시가 되고 멀어질수록 열등한 도시가 된다. 훌륭하거나 열등한 도시에 대해 이야기하기보다는 훌륭하거나 열등한 "정체"(政體)에 대해 이야기하는 것이 더 타당하다(543d-544a에 있는 도시로부터 정체로의 변동을 주시하라). "정체"라 함은 그리스어인 *Polit-eia*의 번역어이다. 우리가 『국가』라고 부르는 책의 그리스어 제목이 바로 *Politeia*이다. 폴리테이아는 보통 정체(constitution)로 번역한다. 이 용어는 도시의 형태, 즉 논의 중의 도시가 추구해야 할 목적과 그것이 최고의 것으로 우러러 보아야 할 것, 그리고 동시에 도시를 지배할 사람들의 종류를 결정함으로써 그 도시에 성격을 부여하는 것으로 이해되는 정부형태를 지칭한다. 예를 들자면 과두정(oligarchy)은 부자들이 지배하고 부의 획득에 대한 찬양이 도시 전체를 움직이는 그러한 종류의 정체이며, 민주정(democracy)은 모든 자유민들이 지배하고 자유가 그 도시가 추구하는 목적인 그러한 종류의 정체이다. 소크라테스에 따르면 다섯 가지 정체가 있다 : (1) 정의로운 도시의 정체이며 선과 덕을 지향하고 가장 우수한 사람 또는 가장 우수한 사람들이 지배하는 왕정(monarchy) 또는 귀족정(aristocracy), (2) 우위와 승리를 지향하고 명예추구자들 또는 야심가들이 지배하는 명예정(timocracy), (3) 부가 추앙받고 부자들이 지배하는 과두정(또는 금권정, oligarchy), (4) 자유가 추앙받고 자유민들이 지배하는 민주정(democracy), (5) 수치심 모르는 무한정한 불의가 횡행하고 완전히 불의한 사람이 지배하는 참주정 또는 독재정(tyranny). 이 다섯 가지 정체의 우수한 것으로부터 열등한 것으로의 순서는 헤시오도스(Hesiod)의 다섯 가지 종족분류 순서에 따라 만들어졌다. 여기서 다섯 가지 종족이란 즉 금(金)의 종족, 은(銀)의 종족, 동(銅)의 종족, 신성한 영웅들의 종족, 철(鐵)의 종족이다.[77] 우리는 곧 헤시오도스의 "신성한 영웅들의 종족"에 해당되는 플라톤의 "정체"가 민주정임을 알게 될 것이며, 우리는 곧 이 이상하게 보이는 대응관계의 이유를 알게 될 것이다.

『국가』는 도시와 영혼 사이에 엄밀한 유사관계가 있다는 전제를 그 기초로 한다. 따라서 다섯 가지 정체가 있는 것처럼 다섯 가지 성격의 인간들이 있다고 주장한다. 예를 들자면 명예정에 대응하는 인간으로 명예추구형 인간이 있다. 현대 정치학에서 잠시 동안 유행했던 권위주의 사회와 민주주의 사회와 대응하는 권위주의적 성격(personality)과 민주주의적 성격의 구분은 소크라테스가 귀족정, 명예정, 과두정(또는 금권정), 민주정, 참주정에 대응하는 것으로 제왕적, 귀족적, 명예추구적, 과두제적(또는 금권주의적), 민주적, 참주적(또는 독재적) 영혼(즉 인간)을 구분한 것을 어느 정도 묘사한 것이다. 이러한 대비에서 우리는 다음의 것을 이야기해야만 한다. 즉 정체들에 대해 묘사하면서 소크라테스는 그 정체에 속하는 "이데올로기"들에 대하여 언급하지 않았으며, 우주론, 신학, 형이상학, 역사철학, 신화 등에 논리의 근거를 두는 어떠한 정치초월적 정당화가 아니라 도시의 목적에 대한 정치적 정당화에 관심을 두는 동시에 각 정체의 성격과 그것이 명백히 공개적으로 추구하는 "목적"에 관심을 갖는다. 열등한 정체들에 대한 탐구를 진행할 때 소크라테스는 각각의 경우에서 먼저 그 정체를 살펴보고, 그리고 나서 그것에 대응하는 개인이나 영혼을 살핀다. 그는 정체와 그것에 대응하는 개인 모두 순서상 바로 앞의 것(즉 정체 또는 개인)으로부터 유래하는 것으로 묘사한다. 우리는 여기서 오직 민주정에 대한 설명만을 살펴보겠는데, 왜냐하면 이 주제가 민주정에 살고 있는 시민들에겐 가장 중요한 주제일 뿐만 아니라 그것의 내재적인 중요성 때문이다. 민주정은 과두정에서 나오며, 과두정 역시 충분한 음악교육을 받지 못한 전사들이 지배하고 혈기가 지배적인 특성을 지닌 정체, 즉 명예정에서 나온다. 과두정은 욕망이 지배적인 요소가 되는 첫 정체이다. 과두제에서 지배적인 욕망이란 부(富), 즉 돈(금전) 또는 무한정한 소유에 대한 욕망이다. 과두제적(또는 금권주의적) 인간은 구두쇠이며 부지런하다. 또한 그는 금전에 대한 욕망 이외의 모든 욕망을 억제하며, 배움이 없고 또한 순전히 이기심에서 나온 얄팍한 정직성을 지닌다. 과두정은 각자에게 자신의 소유물을 마음대로 처분할 수 있는 권리를 주어야 한다. 그리하여 그것은 필연적으로 "수펄들"(drones),[78] 즉 빚을 졌거나 아니면 이미 파산하여 시민권을 박탈당한 지배계급의 구성원들—잃어버린 재산을 되찾고자 하며, 정체의 변혁을 통하여 그들의 재산과 정치권력을 회복하기를 바라는 거지들—다시 말해 카탈리나적 존재들[79]의 등장을 가져온다. 뿐만 아니라 올바른 금권주의자(과두정의 지배자들)들은 부유할 뿐만 아니라 덕과 명예에는 관심이 없는 관계로 그들 자신들과 특히 그들 자식들을 비만하도록 놔두며, 타락하고 연약하게 만든다. 그리하여 그들은 깡마르고 강인한 빈자들의 경멸을 받게 된다. 빈자들이 부자들에 대한 우위를 깨닫거나 또는 자신의 계급을 배반하며, 대개는 지배계급이 독점하는 "기술들"을 가지고 있는 지배계급 이탈자들, 즉 "게으름뱅이들"에 의해서 지도될 때 빈자들은 절호의 기회를 이용하여 부자들을 패배시키고, 그들의 일부를 죽이거나 추방하고 나머지 부자들에겐 완전한 시민권을 주고 그들 빈자들과 함께 살도록 허용함으로써 도시의 지배계급이 된다. 이때 민주정이 나타난다. 민주정 자체는 자신이 바라는 대로 말하고 행동할 권리를 포함한 "자유"로 특징지워진다. 즉 (민주정에서) 모든 사람들은 자신에게 가장 즐거운 생활방식을 마음대로 선택할 수 있다. 민주정은 다양성을 가장 크게 조장하는 정체이기 때문에 그 안에서 모든 생활방식과 모든 정체들을 발견할 수 있다. 따라서 덧붙이자면 최선의 정체를 제외하고 철인이 방해받지 않고 나름의 생활방식을 추구할 수 있는 유일한 정체는 민주정인 것이다. 즉 우리가 어느 정도 과장해서 민주정을 헤시오도스가 말한 신성한 영웅들의 종족이 지배하는 시대—어느 시대보다 황금시대에 가까운—에 비유하는 것은 이러한 이유 때문이다. 확실히 민주정에서 철인인 시민이 정치적 삶에 참가하거나 관직을 담당하도록 강요받는 일은 없다.[80] 따라서 왜 소크라테스가 민주정에 열등한 정체들 중에서 최고의 지위, 아니 최고의 정체가 불가능하다는 점에서 모든 정체 중에서 최고의 지위를 부여하지 않았는가에 대한 물음이 생길 수 있었다. 그는 "행동으로는" 민주정에 대한 선호를 보였다고 말할 수 있다. 즉 그의 일생을 민주주의 아테네에서 보냈고, 아테네의 전쟁에서 아테네를 위해 싸웠으며 아테네 국법에 복종하여 죽음을 받아들임으로써 그러했다. 그럼에도 불구하고 "말로는" 확실히 다른 정체들보다 민주정을 좋아하지는 않았다. 그 이유인즉, 정의로운 사람인 소크라테스는 철인뿐만 아니라 철인이 아닌 일반 시민들의 행복까지도 생각했으며, 그는 민주정이란 그 목적을 덕이 아닌 자유, 즉 자신의 기호대로 비천하게 살든지 마음대로 결정할 수 있는 자유에 두고 있기 때문에 민주정은 철인이 아닌 일반 시민들을 가능한 가장 훌륭한 사람으로 만들도록 구성되어 있지 않다고 주장했기 때문이다. 따라서 그는 민주정에 과두정보다도 더 낮은 지위를 부여하는데, 왜냐하면 과두정은 그래도 어느 정도의 절제를 요구하는 데 반해 민주정은 그가 이야기한 대로 어떠한 절제도 싫어하기 때문이다. 소크라테스는 아마도 자신도 민주정의 영향을 받았는지 절제를 싫어하는 이 정체에 대해 이야기할 때 자신의 모든 절제를 내버리는 것 같다. 그의 주장에 따르면 민주정에선 자신이 원하지 않는다면 어느 누구도 지배하거나 지배받도록 강제되지 않는다. 즉 자신의 도시가 전쟁을 하고 있더라도 자신은 평화롭게 살 수 있는 것이다. 사형선고는 그 선고를 받은 자에게 어떠한 영향도 줄 수 없으며, 그는 감옥조차도 가지 않는다. 지배자와 피지배자의 위치는 완전히 뒤집혔다. 즉 아버지는 아이처럼 행동하고 아들은 아버지를 존경하지도 두려워하지도 않는다. 선생은 학생을 무서워하고 학생은 선생을 존중하지 않는다. 그리고 그곳엔 양성의 완전한 평등이 존재한다. 말이나 당나귀조차 사람을 만나도 길을 비켜주지 않는다. 플라톤은 마치 아테네 민주정이 소크라테스의 처형을 실행하지 않았고, 시칠리 원정이 시작될 즈음 헤르메스(Hermes)상이 파괴되었을 때 아테네 민주정이 죄의 유무를 가리지 않고 피의 살육제를 벌인 데 관여하지 않았던 것처럼 쓰고 있다.[81] 민주적 인간의 무절제에 대한 것과 마찬가지로 소크라테스는 민주정의 변덕스러운 유약함을 심하게 과장한다. 만약 그가 열등한 정체들에 대한 토론 중에 따랐던 민주정에 대한 자신의 논리에서 이탈하기를 원치 않았다면 그는 후자(즉 민주적 인간의 무절제)의 과장을 피할 수 없었을 것이다. 말하자면 어떤 열등한 정체에 걸맞는 인간이란 과두제적(금권주의적) 아버지의 아들, 즉 오직 돈 버는 데에만 관심이 있는 부자 아버지의 타락한 아들과 같다는 논리이다. 즉 민주적 인간은 수펄(drone)이며, 살찌고 유약하며 방탕한 난봉꾼이며, 평등한 것이든 불평등한 것이든 모두 같은 것으로 여기며 하루는 가장 저급한 욕망의 노예가 되어 살다가 다음에는 금욕주의자처럼 살며, 마르크스의 표현을 빌리자면 "아침엔 사냥하고 오후에는 낚시, 저녁에는 가축을 돌보고 저녁식사 후엔 철학에 몰두하는", 즉 매 순간마다 자기 자신이 원하는 대로 살아가는 "한량"(lotus-eater)[82] 같은 사람이다. 따라서 민주적 인간은 오직 하나의 직업만을 가진 깡마르고 강인하며 검소한 장인(匠人)이나 농부가 아니다.[83] 소크라테스가 민주정에 대해 왜 고의적으로 과장되게 비난했는가는 절도 있고 엄숙한 아데이만토스가 그것의 직접적인 대담자라는 사실을 생각해 보면 어느 정도 이해할 수 있다. 아데이만토스에 대해 이야기하자면 그는 잘 웃지 않으며, 이 책의 전사의 교육에 관한 장에서 빈곤에 대해 엄숙한 토론을 했던 사람이다. 소크라테스는 민주정에 대한 과장된 비난을 통해 아데이만토스의 민주정의 "꿈"에 첨언하게 된다.[84] 우리는 또한 이제 도시와 철학의 조화를 증명하기 위해 잠정적으로 필요했던 대중들에 대한 낙관적인 설명이 재검토될 필요가 있음을 잊지 않아야 한다. 소크라테스의 민주정에 대한 과장된 비난은 전보다 더 강하게 철학과 도시의 부조화를 상기시킨다.[85]

소크라테스는 완전히 불의한 도시와 완전히 불의한 인간을 밝히고 완전히 불의한 인간의 삶을 완전히 정의로운 사람의 삶과 비교했다. 그리하여 정의가 불의보다 더 좋은 거라는 사실은 조금도 의심할 여지없이 명백해졌다. 그럼에도 불구하고 대화는 계속된다. 소크라테스는 갑자기 이미 전사들의 교육에 관해 토론했을 때 아주 상세하게 대답했던 문제인 시(詩)의 문제로 돌아간다. 우리는 이 명백하게 갑작스러운 회귀에 대해 이해하도록 노력해야 한다 소크라테스는 일찍이 참주에 대한 토론 중 주제에서 벗어나면서 시인들이 참주를 찬양하며 참주에 의해(그리고 민주정에 의해) 찬양되지만, 이에 반해 그 밖의 더 좋은 세 가지 정체에 의해선 찬양되지 않음을 밝혔던 바 있다.[86] 참주정과 민주정은 가장 무절제한 것들을 포함한 감각적 욕망에의 도취로 특징지워진다. 참주는 에로스의 화신이며, 시인들은 에로스를 찬양하는 노래를 부른다. 그들은 소크라테스가 『국가』에서 최선을 다해서 초월하고자 했던 **에로스**에 대단한 존중과 경의를 표한다. 그리하여 시인들은 불의를 조성한다. 트라시마코스 역시 그러하다. 그러나 이러한 점에도 불구하고 마치 트라시마코스의 친구가 될 수 있었던 것처럼 소크라테스는 시인들, 특히 호메로스의 친구가 될 수 있다. 아마도 소크라테스는 다른 기회에 에로스의 존귀함을 회복하고자 이들 시인들을 필요로 할 때가 있을 것이다. 즉 그것은 소크라테스가 시인들과 대화를 나누는 유일한 플라톤의 대화인 『향연』(饗宴 또는 주연, *Banquet*)에서인데, 이 대화의 전부가 **에로스**에 대한 토론에 바쳐진다.

논의가 갑자기 시(詩)로 회귀한 원인은 열등한 정체와 열등한 영혼에 대한 토론이 막 시작될 때 나타난다. 최고의 정체(政體)에서 열등한 정체들로의 전이(轉移)는 그 생각의 기원을 "비극적"으로 말하는 뮤즈들에 둔 것임이 명백하며, 최고의 인간에서 열등한 인간으로의 전이는 사실 좀 "희극적"인 색조를 띤다.[87] 최고의 주제—즉 철학으로서의 정의—로부터 하강이 시작될 때 시인은 그것을 주도한다. 열등한 정체들과 열등한 영혼들에 대한 설명 다음에 있는 시로의 회귀 뒤에는 "덕(또는 선)에 대한 가장 값진 대가", 즉 정의나 철학에 내재되어 있지 않은 대가에 대한 토론이 온다.[88] 시로의 회귀는 『국가』 중 최고의 주제에서 대화가 내려가는 부분의 중심을 이룬다. 이는 별로 놀랄 일이 아닌데, 왜냐하면 진리추구로서의 철학은 인간 최고의 활동이며, 시는 진리와 관련이 없는 활동이기 때문이다.

철학이 하나의 화제로서 도입되기 훨씬 전의 시(詩)에 대한 첫 번째 토론에서 시가 진리와 무관하다는 것이 그 토론의 가장 중요한 찬사였는데, 왜냐하면 그때 필요했던 것은 바로 거짓이었기 때문이다.[89] 가장 위대한 시인들은 정의로운 도시에서 추방되었는데, 그것은 그들이 거짓을 가르치기 때문이 아니라 잘못된 종류의 거짓을 가르치기 때문이다. 그러나 논의 전개 도중에 오직 철학을 하는 한 철학하는 사람의 삶이 정의로운 삶이며, 그러한 삶은 거짓을 필요로 하지 않고 그것을 완전히 거부한다는 점이 밝혀진다.[90] 아마도 도시(그것이 최고의 도시일지라도)에서 철인으로의 진전은 시의 선택적 수용에서 완전한 거부로 진행될 것을 요구하는 것 같다.

철학의 시각으로 본다면 시는 진리, 즉 여러 이데아(ideas)의 모방의 모방이다. 이데아에 대해 사색하는 것은 철인의 활동이며, 이데아에 대한 모방은 일반 기술자의 활동이고, 기술자의 작품을 모방하는 것은 시인들 또는 다른 "모방적" 기술자의 활동이다. 먼저 다음과 같이 서열을 매긴다. 즉 이데아(예를 들자면 침대의 이데아)의 제작자인 신(神), 모방(실제로 사용하는 침대)을 하는 기술자, 모방한 것에 대한 모방(침대를 화폭에 옮기는 것)을 행하는 "모방적" 기술자 순이다. 그러나 그는 나중에 그 서열을 다시 조정한다 : 첫째, 사용자(user) 그리고 기술자, 마지막으로 모방적 기술자. 침대의 이데아(idea)는 그것의 사용 목적이라는 관점에서 그 "형상"(form)을 결정하는 사용자에 기원하는 것이다. 그렇다면 사용자는 가장 훌륭하거나 가장 믿을 만한 지식을 가진 사람이다. 즉 최고의 지식은 단순한 기술자가 가질 수 있는 것이 아니다. 그리고 사용자의 반대편 극(極)에 서 있는 시인은 어떠한 지식도 가질 수 없을 뿐만 아니라 올바른 견해조차도 가질 수 없다.[91] 시에 대한 이러한 모욕적인 비난을 이해하기 위해선 먼저 시인이 모방하는 작품을 만드는 기술자가 누구인지 알아야 한다. 시인들의 주제는 무엇보다 선악이 관련되는 인간사이다. 시인들은 인간사를 선이라는 기준으로 조명한다. 그러나 그들이 지향하는 선은 불완전한 것일 뿐만 아니라 왜곡된 선의 관념이다.[92] 시인이 모방하는 기술자는 철인이 아닌 입법가인데, 그는 선 그 자체의 불완전한 모방자이다.[93] 특히 도시가 이해하는 정의는 언제나 입법가의 작품인데, 왜냐하면 도시가 이해하는 정의란 합법을 의미하기 때문이다. 이러한 소크라테스의 생각을 가장 명확히 표현하는 사람은 니체(Nietsche)인데, 그는 "시인은 언제나 어떤 도덕의 하인이었다"고 했다.[94] 그러나 프랑스의 속담에 의하면 "하인에겐 영웅이 없다." 즉 기술자들과 특히 시인들이 그들의 영웅들의 숨겨진 약점을 알지 못했는가? 소크라테스에 따르면 그들은 알고 있다는 것이다. 예를 들자면 시인들은 자신에게 소중한 사람이 죽었을 때 느끼는 슬픔의 감정을 진솔하게 공공연히 표현한다. 그러나 존경받을 만한 사람은 이러한 감정의 적절한 표현을 자신이 혼자 있을 때를 제외하고는 삼갈 것이다. 왜냐하면 그러한 감정의 공공연한 표현은 보기 좋은 것이 아닐 뿐만 아니라 합법적인 것이 아니기 때문이다. 시인들은 이렇게 법이 강력히 억제하는 우리의 본능적 감정을 공공연히 표출한다.[95] 이러한 것이 사실이라면, 그리고 시인들이란 법이 억제하는 욕망의 본질을 가장 잘 아는 사람이라면 그들은 단순히 입법가들의 하인은 아닌 것이다. 그들은 또한 사려깊은 입법가가 배워야 하는 사람들이기도 하다. 철학자의 눈으로 볼 때 진정한 "철학과 시의 싸움"[96]은 시의 가치 자체에 대한 것이 아니라 철학과 시의 서열에 대한 것이다. 소크라테스에 따르면 시는 최고의 "사용자"(user)인 철인왕의 신하로서만 합법적인 것이지 독립적으로 합법적인 것은 아니다. 왜냐하면 (철학으로부터) 독립적인 시는 인간의 삶을 독립적인 것으로, 즉 철학적인 삶을 지향하지 않는 삶으로 묘사하기 때문이다. 그리하여 시가 철학을 묘사할 때는 오직 비꼬는 투로 할 뿐이다. 결과적으로 독립적인 시는 필연적으로 비극이든지 아니면 희극이다. 왜냐하면 비철학적 삶이 독립적인 것일 때 그것은 근본적인 어려움으로부터 빠져나갈 탈출구를 찾지 못할 것이며, 설사 찾는다 하더라도 그것은 서투른 것이기 때문이다. 그러나 신하로서의 시는 비철학적 삶을 철학적 삶의 신하로 묘사한다. 그리하여 그것은 무엇보다 철학적 삶 자체를 묘사하게 된다.[97] 신하로서의 시의 가장 위대한 실례가 바로 이 플라톤의 대화이다.

『국가』는 정의에 대한 가장 값진 상과 불의에 대한 가장 무거운 벌에 대한 토론과 함께 끝을 맺는다. 이 토론은 다음의 세 부분으로 이루어진다 : (1) 영혼의 불멸성 증명, (2) 생전에 받게 되는 신과 인간의 상과 벌, (3) 사후의 상과 벌. 두 번째 부분은 철학자들에 대해 침묵한다. 왜냐하면 생전에 받게 되는 정의에 대한 상과 불의에 대한 벌은 비철학자들을 위한 것인데, 비철학자들의 정의는 철학자들의 정의가 가지고 있는 내재적 매력을 결하고 있기 때문이다. 사후의 상벌에 대한 설명은 신화의 형태로 주어진다. 그러나 이 신화는 근거가 없는 것이 아니다. 왜냐하면 그것은 영혼의 불멸성에 대한 증명에 근거하기 때문이다. 영혼이 많은 것들의 조합체라면 그 조합이 완전한 것이 아닌 한 불멸일 수가 없다. 그런데 우리가 경험할 수 있는 영혼은 그러한 완전한 조화를 결한다. 진실을 발견하기 위해 우리는 사유를 통해 영혼의 본래적인 또한 진정한 본성을 되찾아야만 할 것이다.[98] 그러나 이러한 사유는 『국가』에서 이루어지지 않는다. 즉 소크라테스는 영혼의 본성을 밝히지도 않고서 영혼의 불멸성을 밝혀낸다. 『국가』 마지막 부분의 상황은 『국가』 제1권 마지막 부분의 상황과 정확히 일치하는데, 거기에서 소크라테스는 정의의 "무엇"(what), 즉 본질을 알지도 못하고 정의란 좋은 것임을 증명했다고 밝힌다. 제1권 이후의 토론은 정의의 본질이 영혼의 올바른 질서임을 밝혀낸다. 그러나 영혼의 본성 또는 본질을 알지 못하고 어떻게 영혼의 올바른 질서를 알 수 있겠는가? 여기서 다시 『국가』의 영혼론의 전제가 되는 영혼과 도시의 유추가 의문점이 많은 것이며 지지하기 어려운 것이라는 사실을 기억하도록 하자. 『국가』는 영혼의 본질을 밝히지 못한다. 왜냐하면 그것은 에로스, 즉 신체를 초탈했기 때문이다. 우리가 정말 영혼의 본질 또는 본성에 대해 관심이 있다면 우리는 영혼의 탐구에 있어서 『국가』에서 취해졌던 길보다 훨씬 더 멀리 우회하는 길을 취해야 할 것이다.[99] 그러나 이것이 우리가 『국가』에서 정의에 대해 배운 바가 거짓이거나 잠정적인 것임을 의미하지는 않는다. 그러나 정의에 대한 『국가』의 가르침은 비록 완벽하지는 않지만 정의의 본성이 절대적으로 도시의 본성(또는 본질)에 달려 있는 한 진실일 수 있다. 왜냐하면 초정치적인 것들 역시 도시가 이해되지 않고는 이해될 수 없으며 도시는 그것의 명백한 한계 때문에 완전히 이해될 수도 있는데, 이 한계를 보기 위해서 전체에 대한 질문에 꼭 답해야 하는 것은 아니며, 전체에 대하여 물음을 제기한 것만으로도 충분하기 때문이다. 그렇다면 『국가』는 사실상 정의란 무엇인가를 밝히게 된다. 그리고 키케로가 관찰했듯이 『국가』가 밝힌 것은 실현 가능한 최고의 정체가 아니라 오히려 정치적인 것들의 성격, 즉 도시의 본질이었다.[100] 『국가』에서 소크라테스는 인간 최고의 욕구들을 충족시키려면 도시가 어떤 성격을 띠어야 하는가를 밝혔다. 그러나 이러한 요구에 부합하는 도시의 건설이 불가능함을 보여줌으로써 그는 우리에게 도시의 근본적인 한계, 즉 본질을 보여준다.

2. 『정치가』(*Statesman*)

『정치가』는 『소피스트』(*Sophist*) 다음 편이며, 『소피스트』는 『테아이테토스』(*Teaitetos*) 다음 편이다. 『테아이테토스』는 소크라테스와 젊은 수학자인 테아이테토스 간의 대화를 보여준다. 이 대화는 소크라테스라는 이름의 테아이테토스의 젊은 동료와 세상에 널리 알려진 원숙한 수학자인 테오도로스(Theodoros)가 동석해 있는 자리에서 전개된다. 그것은 앎(knowledge) 또는 학(學, science)이란 무엇인가를 밝히기 위해 의도된 것이다. 이 대화는 건설적인 결과를 낳지 못했다. 왜냐하면 소크라테스 자신은 자신이 모른다는 사실만을 알고 있고, 테아이테토스는 소크라테스의 도움을 받아 (또는 소크라테스를 도와) 건설적인 가르침을 도출할 수 있는 글라우콘, 아데이만토스 형제와는 달랐다. 소크라테스와 테아이테토스 간의 대화가 있었던 그 다음날 소크라테스는 테오도로스, 소크라테스 청년, 그리고 테아이테토스와 다시 만나게 되는데, 거기엔 엘레아(Elea)에서 온 한 이름 모를 철학자도 함께 하게 된다. 소크라테스는 그 엘레아 사람에게 그의 친구들이 소피스트, 정치가, 철인을 같은 범주 안에 넣는지, 두 범주로 나누어 보는지 아니면 각각이 모두 다른 범주에 속한다고 보는지에 대하여 물었다. 소피스트, 정치가, 철학자 간의 동질성 또는 이질성에 대한 이 질문은 "앎이란 무엇인가"라는 질문에 대신한 것이며, 좀더 명확한 질문인 것 같다. 그 엘레아 사람은 자신의 친구들이 그들(소피스트, 정치가, 철인)을 모두 서로 다른 것들로 여긴다고 대답한다. 철인과 왕이 동일하지 않다는 사실이 『국가』의 중심 명제에서 밝혀졌는데, 이에 따르면 철학과 왕권의 일치가 도시의 구원과 인류 구원의 조건인 것이다. 사실 동일한 것이라면 일치해야 할 필요가 없다. 그러나 『국가』에서는 "왕다움"(kingship)이나 "정치가다움"(statemanship)의 인지적 지위가 충분히 밝혀지지 않았었다. 『국가』로부터 우리는 철인왕에게 필요한 지식(knowledge)이 두 부분으로 구성되어 있다는 인상을 쉽게 받을 수 있는데, 즉 선의 이데아(idea)에서 그 절정을 이루는 여러 이데아들에 대한 순수한 철학적 지식이 그 한 부분이요, 지식이라는 지위를 결코 얻지 못하나 동굴 속에서 길을 찾고 그 동굴벽에 비치는 그림자들을 분별할 수 있게 해주는 순전히 정치적 경험이 다른 한 부분이다. 그러나 이 철학적 지식에 대한 필수불가결한 보충물 역시 하나의 기술(art) 또는 학(學, science)인 것 같다.[101] 엘레아 사람은 이 비철학적 자각(정치적 경험에서 나온)의 더욱 고매한 안목을 정치가에게 특유한 것이라고 여기는 것 같다. 한편, 『소피스트』와 『정치가』 편에서 그는 소피스트와 정치가의 본질을, 즉 소피스트와 정치가의 차이를 밝혀낸다. 그러나 그는 정치가와 철인의 차이는 밝혀내지 않는다. 테오도로스는 엘레아 사람이 『정치가』의 속편에서 철인의 본질을 밝히게 될 것이라고 약속했는데, 플라톤은 이 테오도로스의 약속을 지키지 못하였다. 그렇다면 소피스트와 정치가의 본질을 알고 나면 철인의 본질을 알게 된다는 말인가? 정치가다움이란 『국가』에서 말한 대로 단순한 철학의 보충물이 아니라 철학의 한 요소인 것인가? 즉 정치가에 특유한 기술이나 지식으로서의 정치가다움이라는 것이 단순히 동굴에서 길을 찾는 데 필요한 안목이나 선의 이데아를 보는 것과는 별개인 것이 아니라 선의 이데아를 보는 데 있어 하나의 조건, 아니 한 구성요소란 말인가? 만일 그렇다면 정치는 『국가』보다 『정치가』에서 분명히 왕 또는 정치가에 대한 이 대화는 소크라테스가 유죄판결을 받은 직후 집행된 그의 과실에 대해 그가 이미 사형죄로 피소되었을 때 이루어졌다(『테아이테토스』의 끝을 보시오) : 이때의 도시는 『국가』에서보다 『정치가』에서 훨씬 강력하게 묘사되고 있다. (『국가』에서는 오직 소크라테스의 반대자인 트라시마코스만이 도시의 편에 서서 논의를 전개한다) 비록 말 속의 도시지만 『국가』에서 소크라테스는 정의와 도시에 열정적으로 관심을 가진 두 형제의 도움을 받아가며 도시를 건설해 가는 데 반하여, 『정치가』에서는 이름 모르는 엘레아 사람(이름을 알 수 없기 때문에 정치적 책임이 없다)이 정치가란 무엇인가를 수학의 냉철한 분위기 속에서 밝혀가고 있을 때 그는 조용히 듣기만 하고 있다. 왜냐하면 정치가란 무엇인가를 밝히는 데 대한 관심은 정치적인 것이라기보다는 철학적인 것이기 때문이다.[102] 『정치가』는 『국가』보다 훨씬 더 차분하다.

아마도 『정치가』가 『국가』보다 더 학문적이라고 말해도 무방할 것 같다. 플라톤은 "학"(學, science)을 지식(앎)의 최고 형태 또는 오히려 지식(앎)이라 불릴 만한 유일한 종류의 깨달음으로 이해한다. 그는 그러한 형태의 지식을 "변증법"(dialectics)이라 부른다. 변증법은 첫째로 대화의 기술을 의미하며, 둘째로 소크라테스가 행하는 것과 같은 최고 형태의 대화술, 즉 사물의 본질, 다시 말해 이데아를 밝히는 것이 그 목적인 대화술을 의미한다. 따라서 변증법은 이데아에 대한 지식(어떠한 감각적 경험도 이용하지 않는 지식)인 것이다. 변증법은 이 이데아에서 저 이데아로 움직여 가며 결국 이데아들의 세계 전부를 포괄하게 된다. 왜냐하면 각각의 이데아는 하나의 부분이며, 그리하여 다른 이데아들에 접해 있기 때문이다.[103] 완벽한 형태의 변증법이 있다면 그 변증법은 이데아들의 세계를 지배하는 이데아인 최고의 이데아에서 한 발짝 한 발짝 최하의 이데아로 내려갈 것이다. 이 운동은 "한 발짝 한 발짝" 진행된다. 다시 말해 그것은 "구체(具體)로 향한 분화(分化)", 즉 이데아들의 "자연적 구분"을 따르는 것이다. 『소피스트』에서 뿐만 아니라 『정치가』에서도 우리는 이러한 의미의 "변증법"을 현실에 흉내낸 것을 볼 수 있다. 이 흉내들은 모두 그러한 의미의 변증법을 어렴풋이나마 보여주고자 의도된 것이다. 그것들이 보여주는 변증법의 흉내는 장난기가 있다. 그러나 이 장난은 단순히 장난인 것은 아니다. 감각적 경험의 도움 없이 한 이데아에서 다른 이데아로 운동하는 것이 불가능하다면, 또한 다른 말로 『국가』가 최고의 도시에 대해 이야기한 것뿐만 아니라 철학, 즉 최고 형태의 변증법에 대해 이야기한 것 역시 유토피아적이라면 최고 형태의 변증법은 그것이 불가능하기 때문에 별볼일 없는 것이 된다. 현실 가능한 변증법은 경험에 의존하게 될 것이다.[104] 『정치가』에서 다루어지는 이데아는 종(種, Calss)을 의미하고, 해당 이데아에 "참여하는" 개체들로 이루어져 있으며, 따라서 개체들에게서 독립하여 또는 개체들을 "초월하여"(beyond) 존재할 수는 없다는 사실과 『정치가』의 이 같은 특성 사이에는 하나의 관계가 존재한다. 어쨌든 『정치가』에서 그 엘레아 사람은 "기술" 또는 "지식"(앎) 일반에서 "한 발짝 한 발짝" 정치가의 기술로 내려옴으로써, 또는 "기술"을 "한 단계 한 단계" 정치가의 기술에 도달할 때까지 구분해 나아감으로써 정치가의 본질을 밝히고자 노력한다. 많은 이유로 해서 우리는 여기서 그의 "질서정연한"(methodical) 절차를 따를 수 없다.

그 대화가 시작되고 나서 곧 그 엘레아 사람은 소크라테스 청년으로 하여금 이른바 공(公)과 사(私)의 구분을 폐기하는 데 동의하도록 만든다. 그는 이러한 결과를 다음의 두 단계를 거쳐 만들어낸다. 첫째, 정치가다움과 왕다움은 근본적으로 일종의 지식(앎)이므로 이러한 지식을 가진 사람이 고관의 관복을 입고 있든지(예를 들자면 선출되어서) 공인이 아닌 일반 시민으로 남아 있든지 별로 중요하지 않다. 둘째, 도시와 가족

사이에 어떠한 근본적 차이도 없으며, 따라서 정치가 또는 왕과 가장(家長), 즉 주인 사이에 어떠한 차이도 존재하지 않는다. 정치의 특유한 현상인 법과 자유(양자 간에 불가분의 관계가 있다)는 처음부터 논의에서 제외된다. 왜냐하면 정치가다움이란 일종의 지식 또는 기술로 이해되며, 정치적인 것과 기술 간의 차이는 무시되기 때문이다. 엘레아의 이방인은 여기서 단순한 육체적 힘이 인간의 인간에 대한 지배의 필수요소라는 사실을 무시해 버린다. 이러한 무시는 정치가다움 또는 왕다움이라는 것이 손기술이나 신체적 기술이라기보다는 인지적(認知的) 기술이라는 사실에 의해 어느 정도 정당화된다. 그러나 그것은 단순히 수학과 같은 인지적 기술은 아니다. 그것은 사람들에게 명령을 내리는 기술인 것이다. 명령을 내리는 모든 기술은 무엇인가를 만들어내기 위해 명령을 내린다. 이러한 기술 중 어떤 것들은 생물체, 즉 동물들을 만들기 위해 명령을 한다. 즉 그것들은 동물의 출산과 사육에 관계한다. 제왕술은 이러한 류의 기술이다. 이 제왕술을 제대로 하기 위해서는 "동물"을 "짐승"과 "사람"으로 나누는 것만으로 충분하지 못하다. 이러한 구분은 남녀의 구분과 달리 인간을 "그리스인"과 "바르바로이"(barbarians)로 구분하는 것처럼 자의적인 것이다. 그것은 자연적 구분이 아닌 우월감에서 연유한다.[105] 엘레아 사람이 변증법, 즉 종(種), 이데아, 류(類)의 분류기술을 소크라테스 청년에게 가르칠 때 그는 절제에 대한 훈련을 병행한다. 그 엘레아 사람의 동물분류법에 의하면 인간에게 가장 가까운 동물은 다윈의 『종의 기원』에 의한 것보다 더 하등의 동물이다. 그러나 다윈이 심각하고 엄밀한 언어로 이야기했던 것을 이 엘레아 사람은 장난스럽게 이야기한다.[106] 인간은 인성(人性)에서 신성(神性)으로 발전하기 위하여, 즉 진정한 인간이 되기 위하여 자신의 상태가 저열(低劣)함을 깨달아야 한다.

“기술”의 분류는 “정치가의 기술이란 인간이라고 불리는 동물 무리의 출산과 양육, 즉 보살핌에 관계하는 기술이다”라는 결론을 가져온다. 그러나 이러한 결론은 불충분한 것이다. 왜냐하면 정치적 기술처럼 인간들에 대한 보살핌에 관련된다고 주장하는 다른 많은 기술들이 있기 때문이다. (예를 들자면 의학과 남녀의 짝짓기 등이 있다) 이러한 오류는 인간의 무리를 다른 동물들의 무리와 동일시했기 때문에 생긴 것이다. 그러나 인간의 무리는 매우 특별한 무리이다. 즉 인간과 짐승의 이분법은 단순히 우월감에 기인하는 것은 아닌 것이다. 이 오류는 한 신화에 의해 제거된다. 처음으로 전모가 밝혀지는 이 신화에 따르면 옛날에 신이 세상을 지도하던 시대, 즉 크로노스 시대(the age of Kronos)가 있었다. 그리고 나서 신이 세상을 자기 마음대로 움직이도록 내버려둔 시대가 도래했다. 그것이 바로 지금 우리가 살고 있는 제우스 시대(the age of Zeus) 이다. 크로노스 시대에는 크로노스 신이 각종 동물들을 각각 다른 신들에게 맡김으로써 동물들을 다스리고 보살폈는데, 그 신들 은 목자처럼 동물들을 이끎으로써 세상의 평화와 풍요를 유지했다. 그리하여 그때엔 정치사회도 없었으며 사유재산도 없었다. 그렇다고 이것이 필연적으로 그때의 사람들이 행복했었다는 것을 의미하는 것은 아니다. 오직 그들이 그 당시 존재했던 평화와 풍요를 철학하는 데 사용할 때만 그들은 행복하게 살았었다고 말할 수 있는 것이다. 적어도 지금의 시대에는 신이 인간을 보살피지 않는다. 따라서 인간은 스스로 자신들을 보살펴야 한다. 신의 보살핌이 없기 때문에 세상엔 무질서와 불의가 넘치게 되었다. 그리하여 인간은 이 결핍의 시대에는 공유제, 즉 절대적 공유가 불가능함을 깨닫고 최선을 다해 질서와 정의를 확립해야만 했다. 『정치가』는 『국가』가 언급하지 않고 넘어갔던 것, 즉 『국가』에서 제시되었던 “최선의 정체"가 불가능함을 밝혔다고 말할 수 있다.

『정치가』에 나오는 이 신화(神話)는 엘레아 사람과 소크라테스 청년이 빠졌던 오류를 설명하기 위해 의도된 것이다. 즉 인간의 무리를 보살피는 유일한 기술을 찾다가 그들은 본의 아니게 크로노스 시대, 즉 신의 보살핌을 지향하게 되었던 것이다. 그러나 신의 보살핌, 즉 모든 인간들의 눈에 명확히 인간보다 우월한 존재에 의한 보살핌이 사라졌기 때문에 모든 기술들과 모든 인간들이 다른 기술들, 다른 인간들과 마찬가지로 지배할 만한 자격이 자신에 있다고 믿게 되는 것,[107] 다시 말해 적어도 다른 기술들이 제왕술의 경쟁자가 되는 것은 피할 수 없는 일이 되었다. 제왕술이 부분적이고 한정된 보살핌이 아니라 피지배자를 양육하고 짝지어 주는 것까지 포함하는 총체적 보살핌에 바쳐진다고 생각하는 데 바로 그 오류가 있었던 것이다. 다시 말하자면 그 오류는 목민술이 아닌 다른 모든 목자의 기술에 있어 목자는 그 무리의 구성원과는 다른 종에 속한다는 사실을 무시한 데 있다. 우리는 "무리들에 대한 모든 보살핌"을 두 가지 범주로 나누어야 한다. 즉 목자가 무리의 일원으로서 그 무리를 이끄는 경우와 목자가 무리와는 다른 종류에 속하는 경우(즉 짐승을 이끄는 인간 목자와 인간 무리를 이끄는 신)이다. 그리고 우리는 목자가 무리의 일원으로서 이끄는 목자의 보살핌 중 어느 부분이 제왕술인지를 발견할 수 있도록 첫 번째 범주를 다시 세분화해야 한다. "도시에 대한 지배"가 바로 그 부분이라고 가정하자. 도시에 대한 지배는 피지배자의 동의 없는 지배(오직 힘에 의한 지배)와 피지배자의 동의에 의한 지배로 나뉘어진다. 전자는 전제적(tyrannical)이며, 후자는 왕도적(kingly)이다. 여기서 우리는 자유(自由)라는 정치학의 특유한 주제와 처음으로 조우하게 된다. 그러나 그 엘레아 사람은 이 중요하고 어려운 문제를 넌지시

꺼내려는 바로 그 순간 논의를 바꾸어 버린다. 그는 지금까지의 논의 전개가 탐탁지 않았다고 생각한다.

신화뿐만 아니라 일반화하고 구체화하는 방법인 변증법 역시 설명에 실패할 때 가장 도움이 된다고 밝혀진 방법은 바로 실례를 이용하는 방법이다. 그 엘레아 사람은 하나의 실례를 들어 실례가 지닌 유용성을 입증한다. 그 실례는 3부작 『테아이테토스』–『소피스트』–『정치가』의 주제가 되는 현상인 지식, 즉 앎과 인간의 관계를 설명하기 위한 것이었다. 그래서 선택된 실례는 어린이가 읽기를 할 줄 알게 되는 과정이다. 어린이들의 읽기 학습은 문자들(즉 기본요소들)에 대한 지식부터 시작하여 가장 짧고 쉬운 음절(音節)들(즉 기본요소들의 조합)에 대한 지식을 거쳐 어렵고 긴 음절들에 대한 지식으로 진행한다. 전체에 대해 아는 것은 그것이 읽기와 같지 않다면(기본요소들을 알 수 있어야 하고, 기본요소들의 수가 적어야 하며, 또한 모든 요소들이 서로 조합 가능해서는 안 된다) 불가능한 것이 된다.[108] 그러나 우리는 전체의 구성요소들을 안다고 말할 수 있는가? 또는 우리가 언젠가는 학(學)의 절대적 기초에서 출발할 수 있을 것이라고 말할 수 있는가? 『정치가』에서 우리는 "기술" 또는 "지식, 즉 앎"에 대한 적확한 이해를 가지고 출발하였는가? 우리는 당연히 전체를 알기 원하지만 결국 부분들에 대한 부분적인 지식에 만족하도록 운명지워져 있지 않은가? 따라서 철학, 그리하여 인간의 삶이란 필연적으로 시지푸스적이지 않은가? 이것이 자유에 대한 요구가 현대 자유애호가들이 매우 흡사한 생각을 기초로 해서 믿는 만큼 건전하진 않다는 것의 이유가 될 수 있을까? (아마도 이것은 도스토예프스키의 『종교재판장』(*Crand Inqusitor*)을 플라톤의 『정치가』의 관점에서 읽어보도록 할 것이다) 우리에게 이러한 의문들과 관련된 질문들을 제기하도록 한 뒤 그 엘레아 사람은 일반적 지식, 즉 철학이 아니라 제왕술을 밝히고자 예를 든다. 그가 선택한 예는 뜨개질의 기술이다. 그는 목축이나 항해 등과 같은 "외향적인" 기술이 아닌 전형적으로 가정적인 기술로 정치적 기술을 설명한다. 그는 가장 남성적인 기술을 전형적으로 여성적인 기술로 설명한다. 뜨개질이 무엇인지 알기 위해서 우리는 "기술"을 구분해야 한다. 그러나 그들이 처음에 구분했던 것처럼 구분해서는 안 된다. 새로운 구분법에 기초한 뜨개질에 대한 분석은 그 엘레아 사람에게 기술 일반과 개별 기술로서의 제왕술을 밝힐 수 있도록 해주며, 그리하여 그는 분석의 결론을 제왕술에 명확히 적용한다. 아마도 이 문맥에서 가장 중요한 점은 두 가지 종류의 계산 구분일 것이다. 첫 번째 종류의 계산은 상호 간의 상대적 대소(大小), 다소(多少)를 재는 계산이고, 두 번째 계산은 중간, 알맞음, 즉 중용 또는 알맞음을 기준으로 한 계산이며, 따라서 그것은 수학적인 것이 아니다.

뜨개질 기술의 분석에서 나온 결론을 제왕술에 적용함으로써 그 엘레아 사람은 제왕술과 다른 기술들, 특히 어느 정도 정당성을 가지고 도시의 지배에 대해 제왕술과 경쟁하는 기술들과의 관계를 명확히 할 수 있게 되었다. 가장 성공적이며 영리한 경쟁자들은 제왕술을 가지고 있는 체하는 유명 소피스트들이다. 이들은 도시의 지배자들, 즉 제왕술 또는 정치적 기술을 결여한 지배자들인데, 과거와 현재뿐만 아니라 미래의 모든 지배자들은 실제로 그러할 것이다. 이러한 정치적 지배에는 세 가지 유형이 있다. 즉 일인의 지배, 소수의 지배, 다수의 지배가 그것이다. 이 유형들은 각각 폭력과 자발성의 차이, 즉 무법전횡과 법치의 차이로 인해 이분된다. 그리하여 왕정은 참주정(또는 독재정)과 구분되고 귀족정은 과두정(또는 금권정)과 구분된다. 그러나 민주정이라는 이름은 소수의 부자들에 대한 다수 가난한 대중들의 지배가 부자들의 동의를 얻고 법을 준수하면서 이루어지든 폭력과 무법전횡으로 이루어지든 그와 관계없이 다수 대중들의 지배를 뜻한다. (엘레아 사람이 행한 이 구분은 아리스토텔레스가 『정치학』 제3부에서 행한 구분과 거의 같다. 그러나 차이점을 관찰하라.) 이 정체들 중 어떠한 것도 절대적으로 정당한 오직 하나의 조건인 지배자의 지식, 즉 지배자의 기술에 기반하고 있지 않다. 그리고 피지배자들의 자발성(즉 동의나 자유의사)과 법치라는 조건은 미덥지 않다. 이러한 주장은 다른 기술의 예, 특히 의술의 예로써 정당화된다. 의사는 그가 우리의 동의를 얻어 치료하든지 우리의 자유의지를 무시하고 치료하든지, 또는 그가 우리의 신체를 잘라내든지, 태우든지 아니면 다른 신체적 고통을 가하든지, 또는 글로 쓰여진 규칙에 맞춰 일을 하든지 안 하든지 하여간 의사인 것이다. 따라서 그의 지배가 정치체(body politic)의 이익에 도움이 되기만 한다면 법으로 지배하든 무법적으로 지배하든, 또는 피지배자들이 그의 지배에 동의하든 안 하든 간에 제왕술의 소유자가 지배하는 정체가 진정으로 올바른 정체인 것이다. 따라서 지배자가 몇 사람을 죽이거나 추방하여 도시의 인구를 줄임으로써 목적(즉 정치체의 행복과 이익)을 달성하든, 또는 외국에서 시민들을 더 들여와 도시의 인구를 늘임으로써 달성하든 그것은 중요한 것이 못 된다.

살인과 추방에 대한 엘레아 사람의 이야기에는 놀라지 않던 청년 소크라테스는 법 없는 지배(즉 절대적 지배)가 정당할 수 있다는 주장에 대해서는 다소간 충격을 받는다. 청년 소크라테스의 반응을 완전히 이해하기 위해서는 그 엘레아 사람이 인간의 법과 자연법을 구분하지 않았다는 사실에 주목해야 한다. 엘레아 사람은 청년 소크라테스의 타오르기 시작하는 분개를 다음 토론에 대한 열정으로 바꾸어 놓는다. 법의 지배는 살아 있는 지혜의 지배보다는 열등한데, 왜냐하면 법은 그것의 일반성 때문에 끊임없이 변하는 매순간마다 그 순간의 상황에 무엇이 적절한지를 결정할 수가 없기 때문이다. 오직 현자만이 주어진 그 순간에 무엇이 옳고 적절한지를 즉석으로 정확히 결정할 수 있는 것이다. 그럼에도 불구하고 법은 필요한 것이다. 몇 안 되는 현자들이 아주 많은 우매한 사람들 옆에 앉아서 그에게 무엇을 하는 것이 옳은 것인지를 정확히 가르쳐 준다는 것은 불가능한 것이다. 따라서 거의 언제나 몇 안 되는 현자들은 헤아릴 수 없이 많은 우매한 사람들과 함께 있을 수 없다. 모든 법들은 그것이 성문(成文)이든 불문(不文)이든 현자들에 의한 지배에 대한 변변치 못한 대용물인데, 그럼에도 불구하고 필수불가결한 대용물이다. 그것들은 대부분의 경우엔 대체로 충분한 주먹구구식 지배이다. 그것들은 인간 개인을 어떤 짐승 무리의 짐승처럼 여긴다. 이처럼 조잡한 지배를 신성하고 불가침적이며 불변하는 명령들(이러한 명령이 학문에서나 예술에서 행해졌다면 우스운 것으로 거절되었을 것이다)로 못박는 것은 인간사에 대한 관리에는 꼭 필요한 것이다. 아마도 이러한 필요가 정치적인 영역과 초정치적 영역의 뿌리깊은 차이의 원인일 것이다. 그러나 법에 대한 주요한 반대는 그것의 일반성으로 인해 개인들 각각에 유연하게 적용될 수 없다는 것에 대한 반대가 아니라 그것이 현자들, 즉 제왕술을 가진 사람들에게 구속적이라는 사실에 대한 반대이다.[109] 그러나 이러한 반대도 완전히 타당한 것은 아니다. 엘레아 사람이 비유를 통해 설명하듯이[110] 현자도 법(정의로움에서나 지혜라는 것으로 보나 자신보다 열등한)의 지배를 피할 수 없다. 왜냐하면 우매한 사람들은 현자를 불신하지 않을 수 없으며, 그들은 현자를 이해할 수 없기에 그들의 불신은 어쩔 도리가 없는 것이기 때문이다. 그리고 그들은 진정한 왕으로서 법 없이 지배할 수 있을 만한 현자가 기꺼이 그들을 지배할 것이며 정말 지배할 수 있을까에 대해 의심한다. 이러한 불신의 근본적 원인은 어떠한 사람도 주저 없이 무조건적으로 복종할 수 있는 명백한 신체적·정신적 우위를 가지고 있는 사람은 한 명도 없다는 사실이다.[111] 우매한 대중들은 스스로 현자에 대해 가치판단을 한다. 그리고 물론 현자들은 지배하기를 원치 않는다. 우매한 대중들은 현자에게 법이 절대적으로 정당한 것이라고 여기기를, 즉 실정법이 절대적으로 정의로운 것이며 현명한 것이라는 데 대해 어떠한 의심도 하지 않을 것을 요구해야 한다. 만일 그가 이 요구를 어기게 된다면 그는 젊은이들을 타락시킨 죄, 즉 사형에 해당하는 죄로 고발될 것이다. 그들은 가장 중요한 주제에 대한 어떠한 자유로운 물음도 금지해야 한다. 우리는 법의 지배의 이러한 모든 내용들을 인정하고 받아들여야만 하는데, 왜냐하면 법의 지배에 대한 현실 가능한 대용물이라고는 이기적인 사람의 무법적 지배일 것이기 때문이다. 그리하여 현자는 행동에서 뿐만 아니라 말에서도 현명함과 정의로움에서 자신보다 열등한 이 법에 머리를 숙여야 한다. [여기서 우리는 법에 대한 현자의 복종에 한계가 있는지 없는지에 대해 의문을 가지게 된다. 플라톤의 설명은 다음과 같다. 즉 소크라테스는 그가 젊은이들을 타락시켰다는 죄목으로 그에게 죽음을 명령했던 법에 거역하지 않고 복종했다. 그러나 그는 공식적으로 그의 철학적 탐구를 금지시키는 법이 있다면 그것에 대해선 복종하지 않았을 것이다 『소크라테스의 변명』(*Apology of Socrates*)과 『크리토』(*Crito*)를 읽어보라.] 법의 지배는 우매한 자의 무법적 지배보다는 선호할 만한데, 왜냐하면 아무리 악법이라도 어떤 이성적 사유의 결과물이기 때문이다. 이러한 관찰은 열등한 정체들, 즉 진정한 왕 또는 진정한 정치가의 절대적 지배를 제외한 나머지 정체들의 순위를 매길 수 있게 해준다. 법치적 민주정은 소수의 법치적 지배(귀족정)나 한 사람의 무법적 지배(참주정)보다는 순위가 높다. 그런데 여기에서의 "무법"이라는 것이 법이나 관습이 전혀 존재하지 않는다는 것은 아니다. 그것은 정부가 법을, 특히 정부의 권력을 억제하기 위해 마련된 법을 상습적으로 무시한다는 것을 의미한다. 즉 모든 법을 변경할 수 있는, 즉 "주권적인"(sovereign) 정부는 무법적인 정권이다. 따라서 엘레아 사람의 말을 따르자면 진정한 왕의 지배를 받는 도시에도 법이 존재할 것이다. (진정한 왕은 진정한 입법가이다) 그러나 진정한 왕은 다른 지배자와는 달리 법을 바꾸어도, 그리고 법에 반하는 행위를 해도 괜찮다. 엘레아 사람은 진정한 왕이 없는 경우엔 현자가 만든 법전에 의해 지배되는 도시, 즉 극단적인 경우가 아닌 한 우매한 지배자에 의 한 변경이 불가능한 법전을 가진 도시로 만족할 것이다.

진정한 왕의 기술을 다른 기술들과 구분한 후 엘레아 사람에겐 왕의 특수한 업무가 무엇인가를 결정하는 것이 남아 있다. 바로 여기서 뜨개질 기술의 예가 결정적인 중요성을 가지게 된다. 왕의 기술은 어떤 망(網)을 닮았다. 일반적으로 모든 부분의 선은 서로 조화되어 있는 것으로 생각된다. 그러나 실제로는 그들 사이에 어떤 긴장이 있다. 특히 용기, 남자다움이라는 부분(즉 남성적 성격)과 절제, 부드러움, 아름다움에 대한 관심이라는 부분(즉 여성적 성격) 양자 간에는 긴장이 존재한다. 이러한 긴장은 남자다움이 우세한 사람들과 여자다움이 우세한 사람 간에 긴장 또는 적대감까지 생기는 현상을 설명한다. 진정한 의미의 왕의 업무는 이런 반대 성격의 사람들을 뜨개질하듯 짜서 하나로 만드는 일에 있다. 왜냐하면 전혀 남자답게 되지도 못하고 절제하지도 못하는 도시의 인민이 시민이 된다는 것은 불가능하기 때문이다. 왕이 얼개를 짜는 일 중 중요한 한 부분은 남성적 성격이 우세한 집안의 자식들과 여성적 성격이 우세한 집안의 자식들을 결혼시키는 것이다. 그리하여 인간 왕(王)은 이제 통치술에 짝짓기를 포함시킴으로써 인간의 목자였던 신(神)에 근접하게 된다. 그런데 왕이 행하는 짝짓기는 소크라테스가 행한 짝짓기와 "유사"하다.[112] 이 말은 양자가 동일하진 않다는 것을 의미한다. 왕의 짝짓기와 소크라테스의 짝짓기의 유사성을 이해할 수 있다면 우리가 왕과 철인의 유사성을 이해하는 데 좀 진전이 있을 것이다. 우리가 다음과 같은 말을 하는 데 별 위험은 없을 것이다. 즉 "우리가 왕에 대해서 규정할 때에는 인간 무리에 대해서 말하는 것이 가능하고 또한 필요한 데 반해 철인은 인간 무리와 어떠한 관계도 없다."

『정치가』는 지식론 3부작 중 한 편이다. 플라톤에 있어서 진정한 지식(또는 앎) 또는 진정한 지식에 대한 갈구의 몸부림이란 바로 철학이다. 철학은 전체를 알려는 몸부림이며, 전체에 대해 깊이 통관(通觀)하고자 하는 몸부림이다. 전체는 부분들로 이루어져 있다. 전체에 대해 안다는 것은 전체의 부분들을 모두 안다는 것이다. 철학은 인간의 최고 활동이며, 인간은 전체 중 최고 부분이다. 따라서 전체는 인간이 없이는 전체가 아니며, 인간이 전체적으로 완전하지 않고는 전체가 아니다. 그러나 인간은 자신의 노력 없이 완전해질 수 없으며, 이러한 노력은 어떤 특별한 종류의 지식을 전제한다. 즉 그것은 사색적이거나 이론적인 지식이 아니라 처방적(prescriptive)이거나 명령적(commanding)이거나[113] 또는 실천적인 지식이다. 『정치가』는 실천적인 지식에 대한 이론적인 토론이다. 그 반면 『국가』는 실천적인, 즉 정치적인 삶에 대한 토론에서 시작하여 철학과 이론적인 삶에 대한 토론으로 끝난다. 『국가』는 이론에 대한 실천적 토론을 보여준다. 즉 『국가』는 인간 문제에 관심을 가진 사람들에게 그것에 대한 해결방법이 이론적 삶에 있음을 보여준다. 『국가』에서 말하는 "이론"은 처방적이고 명령적인 것이다. (즉 실천적이다) 『정치가』에서의 최고의 실천적 지식(즉 제왕술)에 대한 이론적 토론은 단지 제왕술의 성격에 대해서 설명함으로써 명령적 성격을 가진다. 즉 그것은 지배자가 무엇을 해야 하는지를 설명한다. 이론적 지식과 실천적 지식의 구분은 필요한 것이지만 분리는 불가능하다(이러한 관점에서 『테아이테토스』 173b-177c에 나오는 이론적 삶에 대한 설명을 생각해 보라). 제왕술은 인간을 완전히 온전하게 만드는 데 직접적으로 관련된 기술들 중 하나이다. 인간이 불완전하다는 가장 명확한 표시는, 그리고 동시에 그것이 완전해질 수 있는 방법에 대한 가장 명확한 표시는 인간의 양성(兩性)이 구분되는 것이다. 즉 마치 **에로스**의 기본목표인 남녀의 결합이 인간을 인류의 영속을 위해 적합하도록 만드는 것처럼 인간에게서 발견되는 모든 종류의 불완전함들은 인간이라는 "종"(種)에서, 즉 인간의 "이데아"에서 완전하게 된다. 인류 전체는 (부분이 아니라) 세상 전체의 부분으로서 (주인이나 정복자로서가 아니라) 하나의 완결체이다. 『정치가』가 특정한 방식의 남녀 짝짓기에 대한 찬사로 끝을 맺는 것은 아마도 이러한 이유 때문일 것이다.

3. 『법률』(*Laws*)

『국가』와 『정치가』는 서로 다르긴 하지만 매우 유사한 방식으로 도시를 초월한다. 먼저 이 두 글은 도시가 철학 앞에서 자신의 우위를 계속 주장하고자 한다면 자신을 어떻게 변형시켜야 하는가를 보여준다. 그리고 나서는 도시가 이러한 변형을 감당하지 못할 것임을 보여준다. 『국가』는 보통의 도시—즉 공유제가 아니며, 기술자들의 공동체라기보다는 아버지들의 모임인 도시—만이 실현 가능한 유일한 도시임을 암시한다. 『정치가』는 법의 지배가 필요함을 명백히 하는 반면에 『국가』와 『정치가』는 각각의 방식에 따라 도시의 근본적 한계, 따라서 도시의 근본적 성격을 밝혀낸다. 이리하여 이 두 대화는 최선의 정치질서, 즉 인간 본성에 부합하는 최선의 도시체제가 무엇인가라는 질문에 대해 해답의 기초를 놓았다. 그러나 이 두 글에서는 실현 가능한 최선의 정체가 무엇인가에 대한 설명은 없다. 이 과제는 『법률』의 몫이다. 플라톤의 대화편 중 『법률』만이 정치적 저작으로 불릴 수 있는 유일한 작품이라고 할 수 있으며, 소크라테스가 나오지 않기 때문에 우리가 "플라톤"의 대화라고 부를 수 있는 유일한 것이다. 『법률』의 등장인물들은 정치적 경험이 많은 늙은이들이다. 즉 이름이 밝혀져 있지 않은 아테네에서 온 늙은이[이하 아테네옹(翁)역자], 크레타인 클레이니아스(Kleinias) 그리고 스파르타인 메길로스(Megillos)가 그들이다. 여기서는 아테네옹이 평소 소크라테스가 맡았던 역할을 맡게 된다. 대화는 아테네에서 아주 멀리 떨어진 크레타 섬에서 이루어지는데, 그들은 크노소스 시(市)에서 제우스의 동굴로 걸어가는 중이었다.

우리가 첫 번째 받은 인상은 아테네옹이 일면 세상에서 가장 유명했던 그리스 제방(諸邦)의 법에 대해 무언가 진실을 캐고자 크레타에 온 것이 아닌가라는 것이다. 왜냐하면 크레타의 법은 최고신인 제우스에 그 기원을 두고 있다고 믿어졌기 때문이다. 그리고 크레타 법은 아폴로 신으로부터 연유한, 훨씬 유명했던 스파르타 법과 유사했다. 아테네옹의 제안으로 세 사람은 범과 정체에 대해 토론한다. 아테네옹은 크레타옹으로부터 크레타의 입법가들은 전쟁을 염두에 두고 모든 법률들을 만들었다는 사실을 알게 된다. 즉 본래 모든 도시들은 언제나 타도시들과 포고되지 않은 전쟁상태에 있으며 전쟁에서의 승리, 즉 전쟁이 모든 행복의 조건이라는 것이다. 그러나 아테네옹은 크레타옹에게 크레타의 법은 목적을 잘못 정했음을 쉽게 납득시킨다. 즉 도시의 목적은 평화이지 전쟁이 아니라는 것이다. 왜냐하면 행복 자체는 평화의 범주에 속하는 것이기 때문이다. 따라서 전쟁의 덕목인 용기는 절제의 하위에 있는 것이며, 무엇보다 정의와 지혜의 하위 덕목인 것이다. 이제 덕목들의 자연적 위계를 알게 된 우리는 따라서 입법의 최고 원칙을 알 수가 있다. 왜냐하면 덕은 필연적으로 건강과 아름다움, 권력과 부를 수반한다는 아테네옹의 주장을 믿게 된 크레타의 향신(gentleman) 클레이니아스가 법이 다른 가치들보다 오히려 덕(virtue), 즉 인간 영혼의 우수함(excellence)[114]에 관심을 두어야 한다는 사실을 쉽게 인정했기 때문이다.[115] 그런데 스파르타와 크레타의 입법가들은 도시의 목적이 평화가 아니라 전쟁이라고 믿었으므로 그들은 백성들과 친구들을 최고의 고통과 공포를 경험하도록 하여 용기, 즉 고통과 공포에 대한 자기 통제를 교육했다. 그러나 그들은 최고의 즐거움을 통한 절제 교육, 즉 즐거움에 대한 자기 절제 교육에 대해서는 무관심했다. 실제로 우리가 메길로스의 말을 믿는다면 스파르타의 입법가가 쾌락(즐거움)의 향유를 전면적으로 금지했음은 사실이다.[116] 확실히 스파르타와 크레타의 입법가들은 음주의 즐거움(이를 아테네인들은 자유롭게 만끽했다)을 금지했다. 아테네옹은 음주가, 그리고 술취함(酩酊)조차도 제대로만 행해진다면 용기와 짝이 되는 덕목인 절제의 교육에 도움이 된다고 주장한다. 올바른 사람의 지도만 받는다면 음주 그리고 술취함조차도 좋은 것이 된다. 어떤 사람이 선장이 되기 위해서는 그가 항해의 기술이나 지식을 아는 것만으로는 충분하지 않으며, 그가 배멀미를 하지 않아야 한다는 것 역시 필요하다.[117] 마찬가지로 기술이나 지식만으로는 주연(또는 향연)을 지도하기에 충분하지 않다. 역시 기술만으로는 어떤 조직, 특히 도시를 지도하기에 충분치 않다. 주연이 배("국가라는 이름의 배")보다 도시를 묘사하기에 보다 적절한 비유인데, 왜냐하면 주연 참석자들이 술에 취하는 것처럼 도시의 구성원들은 두려움, 희망, 욕망, 혐오에 취하며, 따라서 그들은 맑은 정신을 지닌 지도자가 필요하기 때문이다. 주연이 스파르타와 크레타에서는 불법이고 아테네에서는 합법이므로 아테네옹은 아테네의 제도인 주연을 정당화해야 했다. 그 정당성에 대한 주장은 매우 길었는데, 이야기가 긴 것은 스파르타나 크레타적이기보다는 아테네적인 습속(習俗)이다. 아테네옹은 결국 아테네의 방식으로 아테네의 제도를 옹호했던 것이다. 그는 그와 대화하는 비(非)아테네인들을 어느 정도 아테네인으로 만들어야 했는데, 오직 이러한 방식으로만 그는 법에 대한 그들의 잘못된 관점을 교정할 수 있고, 그리하여 그들은 결국 자신들의 법을 고칠 수 있는 것이다. 이로부터 우리는 『법률』 전체의 성격을 더 잘 이해하게 되었다. 『국가』에서[118] 스파르타와 크레타의 정체(政體)는 최고의 정체 바로 아래의 정체이며, 소크라테스의(또는 플라톤의) 생애 대부분 동안 아테네의 정체였던 민주정보다 훨씬 상위의 정체인 "명예지상정"(名譽至上政)의 실례로 다루어진다. 반면 『법률』에서는 아테네옹이 이 명예지상정을 『국가』의 최고 정체와 명예지상정 사이 어디엔가에 있는 실현 가능한 최고의 정체로 개선을 시도한다. 이 실현 가능한 최고 정체는 결국 아테네의 민주정 이전 정체인 "옛 정체"(the ancestral regime)로 밝혀진다.

앞에서 크레타와 스파르타의 법은 백성들에게 최고의 즐거움을 맛보도록 허락하지 않았으며, 이는 오류였음이 밝혀졌다. 그러나 음주가 최고의 즐거움, 아니면 적어도 최고의 "감각적" 즐거움을 준다고 할 수 있을까? 그러나 아테네옹이 염두에 두었던 것은 사람들이 함께 공개적으로 즐기며 절제하는 것을 배우기 위해서 필히 경험해야 하는 그러한 즐거움이다. 주연의 즐거움은 음주와 노래부르기이다. 따라서 주연을 정당화하고자 한다면 또한 노래부르기와 음악, 나아가서는 교육 전체를 논해야만 한다.[119] 왜냐하면 음악의 즐거움은 사람들이 함께 즐길 수 있고 그것에 노출됨으로써 절제를 배울 수 있는 최고의 즐거움이기 때문이다. 스파르타와 크레타의 법은 그것들이 백성들을 음악의 즐거움에 노출시키지 않았다는, 아니면 적어도 충분히 노출시키지 않았다는 큰 약점을 지니고 있다.[120] 이유는 이 두 사회가 도시(town)가 아니라 오히려 군대, 즉 일종의 무리(herd)이기 때문이다. 즉 스파르타와 크레타에서는 가정교사로부터 개인적으로 교육을 받는 것이 더 적당한 어린이들조차도 무리의 일원으로 길러진다. 즉 스파르타인들과 크레타인들은 오직 합창만 할 줄 알기 때문에 그들은 가장 아름다운 음악, 가장 고상한 음악을 모른다는 것이다.[121] 『국가』에서 군대 같은 도시(이 도시는 스파르타를 개선한 정체이다)는 최고의 뮤즈인 철학을 제대로 대우하는 도시인 아름다움의 도시(City of Beauty)에 의해 초월된다. 반면 실현 가능한 최고의 정체가 제시되어 있는 『법률』에서는 이러한 초월이 일어나지 않는다. 그러나 이 『법률』의 도시는 어떤 의미에서도 군대 같은 도시는 아니다. 하지만 어떤 점에서는 군대 같은 도시와 공통된 면이 있다. 『국가』에서처럼 음악 교육은 절제의 교육이며, 이러한 교육은 진정한 정치가 또는 진정한 입법가가 음악가나 시인의 감독자가 될 것을 요구한다. 그런데 『국가』에서는 절제 교육이 아름다움에 대한 사랑에서 그 궁극에 도달하게 되는 데 반하여 『법률』에서는 절제가 오히려 염치나 외경 같은 느낌을 준다. 교

육은 확실히 덕의 교육이며, 시민의 덕 또는 인간의 덕에 대한 교육이다.[122]

인간의 덕이라 함은 우선 즐거움과 고통에 대한 올바른 태도, 즉 즐거움과 쾌락의 올바른 통제를 말한다. 그리고 올바른 통제는 올바른 생각에 의해 행해지는 통제이다. 생각의 결과물이 도시에 의해 채택되면 그것은 법이 된다. 범이라 불릴 만한 것은 무엇보다 즐거움과 고통에 대해 올바른 사유를 강제하는 명령이다. 올바른 법과 올바른 사유의 유사성(동일성이 아니라)은 좋은 시민과 좋은 인간의 유사성(동일성이 아니라)에 대응한다. 일상적인 즐거움과 고통을 통제하는 법을 배우기 위해 시민들은 어렸을 때부터 시(詩)와 다른 모방적 기술이 제공하는 즐거움 또는 쾌락에 노출되어야 한다. 그런데 이 시를 포함한 모방적 기술들은 훌륭하고 현명한 법, 따라서 변경의 필요가 없는 법의 통제를 받아야만 한다. 왜냐하면 시와 다른 모방적 기술은 필연적으로 혁신의 욕망과 결부되며, 이러한 혁신의 욕망은 가능한 한 억압되어야 하기 때문이다. 이를 성취하기 위한 방법은 무엇이 올바른 것인가를 밝히고 나서 그것을 신성화하는 것이다. 완전한 입법가는 시인들을 설득하든지 강제하든지 해서 정의는 필연적으로 즐거움을 수반하고 불의는 필연적으로 고통을 수반하게 됨을 가르치도록 할 것이다. 그리고 완전한 입법가는 확실히 유익한 이 이론이 비록 진실은 아닐지라도 가르쳐져야 한다고 명령할 것이다.[123] 『법률』에서는 이러한 "이론"이 『국가』 제2권의 신학(神學)을 대신하게 된다. 『국가』에서는 정의와 즐거움, 즉 정의와 행복의 관계에 대한 이러한 유익한 가르침이 비철인(非哲人, 즉 일반 대중)들의 교육이라는 맥락에서 논의될 수 없었는데, 그것은 『법률』은 주인공의 대화자들이 정의가 무엇인지를 이미 알고 있다고 가정한 반면에 『국가』는 그렇게 가정하지 않았기 때문이다.[124] 교육에 대한, 또한 입법의 목적과 원칙들에 대한 이 대화 전체는 아테네옹에 의해서 "술" 또는 "술취함"(酩酊)이라는 주제 하에서 다루어진다. 왜냐하면 구법의 개선은 오직 교육을 잘 받은 늙은이에게 맡겨졌을 때 안전하게 되는데, 이 늙은이 역시 다른 늙은이들처럼 모든 변화에 적대적이기 때문이다. 따라서 구법(舊法)의 변화에 호감을 갖기 위해서는 음주 등을 통한 회춘 과정을 거쳐야만 한다.

정치적 삶이 추구해야 하는 목적(즉 교육과 덕)을 결정하고 나서야 아테네옹은 정치적 변동, 특히 정체 변동의 원인을 찾기 위해 정치적 삶의 시작, 즉 도시의 기원을 찾기 시작한다. 정치적 삶의 시작이 여러 번 있어왔는데, 그것은 홍수, 역병 그리고 모든 기술과 도구의 파괴를 가져왔던 기타 재앙들이 있었기 때문이다. 그리고 그때마다 오직 몇 명만이 산꼭대기나 신의 은총을 받은 장소에서 살아남았고, 그들이 용기를 내어서 다시 평지로 내려오는 데에는 긴 시간이 필요했으며, 이러는 동안 기술들에 대한 마지막 기억조차 사라져 버렸다. 모든 도시와 정체, 그리고 모든 기술과 법, 모든 악과 선이 발생하는 조건은 바로 이러한 것들의 "결여"이다. " ~ 때문에"(out of which) 어떤 것이 발생한다고 했을 때 이 " ~ 때문에"가 그 어떤 것의 일종의 원인인 것이다.[125] 우리가 문명이라고 부르는 것의 결여가 모든 정치적 변동의 원인인 것과 같다. 만약 인간의 시작이 완벽했다면 변동이 일어날 만한 하등의 이유가 없었을 것이다. 그리고 이 시작의 불완전함은 문명의 제 단계에(그것이 아무리 완벽한 문명이라 할지라도) 필히 영향을 주게 된다. 아테네옹은 역사의 시작, 즉 인간들이 진정 지혜로워서가 아니라 단순하고 순진한 야만인에 불과했기 때문에 겉으로 선한 것처럼 보였던 때부터 초기 정착기의 스파르타와 그 자매 도시였던 메세나(Messena), 아르고스(Argos)가 붕괴할 때까지 인간의 삶이 겪었던 변화들을 차례차례 보여주면서 위에서 말했던 것이 사실임을 밝힌다. 이야기하는 도중에 그는 조심스럽게 스파르타의 메세나인들에 대한 폭력적 정복을 넌지시 내비친다. 그는 이러한 탐구의 결과를 일반적으로 받아들여지고 있으며 실제로도 그러한 "통치명분들"(themes of rule)을 열거함으로써 정리한다. 지혜에 기반한 통치명분은 물론 최고의 것이지만 일곱 가지 중 하나일 뿐이다. 다른 것으로는 주인의 노예에 대한, 강자의 약자에 대한, 그리고 제비뽑기에 의해 뽑힌 자의 뽑히지 않은 자에 대한 통치명분 또는 권리주장을 들 수 있다.[126] 지혜만으로는 충분치 않으며, 실현 가능한 정체는 지혜에 기반을 둔 명분과 다른 종류의 우월성에 기반한 명분들의 혼합을 필요로 한다. 그리고 아마도 기타 명분들 몇 가지를 혼합한 것이 지혜에서 연유된 명분을 대체할 수 있을 것이다. 아테네옹은(『정치가』에 나오는) 엘레아 사람처럼 인간에 의한 인간 지배의 한 요소인 신체적 힘을 사상(捨象)하지 않는다. 실현 가능한 정체는 혼합정체여야 한다. 스파르타의 정체 역시 혼합정체이다. 그런데 그것은 현명한 혼합이었을까? 이 질문에 답하기 위하여 우리는 먼저 올바른 혼합에서 각 요소들을 떼어놓고 보아야 한다. 이 요소들은 페르시아로 대표되는 군주정(monarchy), 그리고 아테네로 대표되는 민주정이다.[127] 군주정은 지혜로운 사람 또는 주군(master)의 절대적 지배를 나타내며, 민주정은 자유를 표현한다. 올바른 혼합은 첫째 지혜와 자유의 혼합이고, 둘째 지혜와 동의의 혼합이며, 셋째 현명한 법(지혜로운 입법가 한 명이 만들고 우수한 도시 구성원들이 집행하는)에 의한 통치와 보통 사람들에 의한 통치의 혼합이다.

실현 가능한 최고 정체의 일반적 성격과 목적이 밝혀진 뒤 클레이니아스는 이 대화가 그에게 직접적인 유용성을 지닌다고 밝혔다. 왜냐하면 크레타인들은 식민지를 하나 건설하고자 계획하고 있는데, 그 계획을 그와 다른 몇몇 사람들에게 위임했으며, 특히 이들이 옳다고 생각한 대로 법을 만들도록 허락했기 때문이다. 이 식민지에 정착할 주민들은 크레타 섬과 펠로폰네소스 반도에서 오게 되어 있다. 따라서 그들은 같은 도시 출신이 아닌 것이다. 만약 그들이 같은 언어와 같은 법, 같은 제례(祭禮)와 같은 제도를 가진 같은 도시 출신이라면 그들 고향 도시의 것들과 다른 제도들을 쉽게 받아들이려 하지 않을 것이다. 반면, 미래의 도시를 구성하는 주민들이 이질적이라면 그것은 불일치를 가져올 것이다.[128] 그런데 이 크레타 식민지에 관한 한, 이질성은 어느 정도의 발전적 변화를 가져오기에는 충분한 정도이지만 융화를 방해할 정도로 크지는 않은 것 같다. 우리는 이제 『국가』에서 최고 정체를 위해 필요했던 10세 이상의 주민들의 추방이라는 조치에 대한 실현 가능한 대안을 보게 된다. 다양한 정착민 그룹들이 동반해 오는 전통들은 폐기되기보다는 수정될 것이다. 식민지 건설이 준비되고 있을 때 아테네옹이 크레타에 오게 된 행운 덕분에 그러한 제(諸) 전통들은 현명하게 수정될 좋은 기회를 가지게 되었다. 따라서 이 현명한 자의 지도 하에 건설된 새 질서가 이 후에 덜 현명한 자들에 의해 바뀌지 않도록 각별한 주의가 필요하다. 즉 이 새 질서는 변화에의 노출이 최대한 방지되어야 하는데, 왜냐하면 지혜로운 질서의 어떠한 개정도 개악(改惡)을 의미하기 때문이다. 어쨌든 아테네옹이 우연히 때맞춰 크레타에 있지 않았다면 이 새 도시는 현명한 법을 가질 수 없었을 것이다. 이러한 사실로부터 우리는 인간이 아닌 우연(偶然)이 입법을 한다는, 즉 모든 법은 우연적 사태(calamity)에 의해 입법된다는 아테네옹의 주장을 이해할 수 있게 된다. 그러나 여전히 입법기술이 개입할 여지는 있다. 그러나 역으로 입법기술을 가진 사람도 행운 없이는 무력하며, 이 행운에 대해서는 신에게 기원하는 도리밖에 없다. 입법가가 기원할 수 있는 최고의 상황은 그가 입법을 맡은 도시가 젊은 참주(그의 본성은 그가 자비심과 재치, 즉 지혜에 대한 사랑 또는 정의감을 가지고 있지 않다는 점을 제외하고는 여러 모로 철학자의 본성과 동일하다)에 의해 통치되는 상황이다. 그런데 참주가 정의롭지 않다는 사실은(즉 그가 자신의 권력과 영광에 대한 욕망에 의해서만 부추겨진다는 사실은) 그가 지혜로운 입법가에 귀를 기울이고자만 한다면 아무런 해가 되지 않는다. 이러한 조건(즉 참주와 현명한 입법가의 협력을 통한 권력과 지혜의 통일)이 주어진다면 그 입법가는 시민들의 생활방식에 가장 신속하며 근본적인 개선을 가져올 수 있다. 그런데 이렇게 건설된 도시는 가능한 최소한의 변화만을 겪어야 하므로 『국가』에서 제시된 제 정체들의 위계 중 중간을 차지한 정체인 과두정이 변화시키기 가장 어려운 정체임을 아는 것이 매우 중요하다.[129] 물론 이렇게 건설된 도시가 전제적으로 통치되어서는 안 된다. 최고의 정체는 헤시오도스가 황금의 시대라고 했던 크로노스(Kronos) 시대에서처럼 하나의 신(神)이나 하나의 악령이 지배하는 정체이다. 신적 지배에 가장 근접한 모방물은 법의 지배이다. 그러나 법은 그것을 제정하여 시행하는 사람(들), 즉 정체(또는 정권, 즉 군주정, 참주정, 과두정, 귀족정, 민주정)에 그 형태와 내용이 달려 있다. 이 각각의 정체는 도시의 일부분이 나머지를 지배하며, 따라서 그 부분은 전체 이익이 아니라 부분의 이익을 염두에 두고 통치한다.[130] 우리는 이미 이러한 문제의 해결책을 알고 있는데, 그것은 정체가 스파르타와 크레타처럼 혼합된 정체여야 하며[131] 지혜로운 입법자가 만든 법전을 채택해야 한다는 것이다.

지혜로운 입법가는 자신의 임무를 단순히 제재, 즉 처벌의 위협이 뒤따르는 명령을 내리는 데에만 국한시키지 않는다. 이것은 자유민이 아니라 노예를 지도하는 방법이다. 그는 법제정의 이유를 설명하는 전문(前文)을 법전에 실을 것이다. 그러나 다른 종류의 사람들을 설득하는 데에는 다른 종류의 이유가 필요하므로 여러 가지 이유들이 만들어지게 된다. 그러나 이러한 여러 가지 이유들은 사람들을 혼동케 할 것이며, 따라서 복종의 단순성을 위협할 것이므로 입법가는 각각의 사람들에게 다른 방식으로 말하지만 동일한 결과, 즉 법에의 복종을 가져오도록 하는 기술을 익혀야만 한다. 이 기술을 얻는 데 그는 시인들의 도움을 많이 받게 될 것이다.[132] 법은 이중적(二重的)이어야 하는데, 첫째로 그것은 무엇을 해야 하고 무엇을 하지 말아야 하며, "그렇지 않을 경우 … "라는 말하자면 "전제적 강제"인 "순수 법률"과 둘째로 이성에 호소하면서 점잖게 설득하는 전문으로 구성된다.[133] 강제와 설득, "참주정"과 "민주정",[134] 지혜와 동의(同意)의 훌륭한 혼합은 모든 지혜로운 입법의 특성임이 밝혀진다.

법은 적당한 위계 속에서 예우를 받아 마땅한 여러 존재들을 예우하도록 권유하기 위해 일반적인 내용의 전문을 필요로 한다. 법의 지배란 신적 지배의 모방이므로 예우는 먼저 신들에게 주어져야 하며, 다음으로 다른 초월적 존재들, 그리고 나서 선조들, 마지막으로 부모들에게 주어져야 한다. 또한 모든 사람들은 자신의 영혼을 예우해야 한다. 그러나 물론 신들 다음이다. 자기 영혼의 예우와 부모의 예우 간의 순서는 명확하지 않다. 자신의 영혼을 예우한다 함은 좋은 시민이 되는 데 꼭 필요한 여러 덕목들을 가지게 되는 것을 의미한다. 앞에서 말한 새로운 식민지의 창설자는 법을 만들기 전에 먼저 다음과 같은 두 가지 매우 중요한 조치를 취해야 한다. 첫째로, 그는 미래의 시민들에 대해 일종의 숙청을 해야 한다. 즉 오직 적당한 이주민들만이 이 새로운 식민지에 받아들여져야 한다. 둘째로, 이렇게 시민권을 획득한 사람들에게는 식민지의 토지가 분배되어야 한다. 따라서 공유제(communism)는 행해지지 않을 것이다. 공유제는 어떤 장점을 가지고 있든지 간에 입법가 자신의 전제적 통치 없이는 불가능하다.[135] (이 새로운 식민지의 경우 입법가와 참주의 협력조차 고려되고 있지 않다) 그럼에도 불구하고 토지는 전체 도시의 소유로 되어야 한다. 따라서 어떤 시민도 분배된 토지의 절대적 소유권자는 아니다. 그리고 분배된 토지는 매매 등의 방법으로 소유권이 변동되어서는 안 되며, 소유권 변동은 각각의 시민이 한 명의 아들에게 전 재산을 물려주는 경우에만 가능하며, 따라서 다른 아들들은 상속녀와 결혼하도록 노력해야 한다. 또한 시민 남자의 수가 처음 분배되었던 토지의 수를 초과하지 않게 하기 위해서 산아제한과 극단적인 경우 식민지로부터의 추방이라는 조치가 취해져야 한다. 도시 안에서는 금과 은의 소유는 금지되며, 돈벌이는 가능한 한 최소화되어야 한다. 소유를 평등하게 하는 것은 불가능하지만 소유의 상한선은 있어야 한다. 즉 가장 부유한 시민은 가장 가난한 시민의 재산(즉 집과 노예를 포함한 분배된 토지)의 4배 이상을 가져서는 안 된다. 권력배분에 있어서 재산의 불평등을 무시할 수 없다. 시민들은 재산 정도에 따라 4계급으로 나뉘어질 것이다. 각 시민들에 할당된 토지는 그들이 전쟁 중에 기사나 중장보병으로 종군하는 것이 가능할 정도로 충분해야 한다. 바꾸어 말하면 시민권은 오직 기사나 중장보병들에게만 주어진다는 것이다. 이 정체는 아리스토텔레스가 "혼합정"(polity)라고 부르는 것, 즉 어느 정도의 재산자격 요건에 의해 제한되는 민주정과 동일한 것 같지만 "위원회"(Council) 구성원의 자격조건과 선출방법에서 나타나듯 같은 것은 아니다. 위원회는 우리가 국가부문 중 행정부라 부르는 것이다. 위원회 구성원의 1/12이 각각 일개월씩 교대로 통치하게 되어 있다. 위원회는 4개의 같은 크기를 가진 그룹(각 90명씩역자)으로 구성되어 있는데, 첫째 그룹의 위원들은 최고 유산계급 출신들이며, 둘째 셋째 넷째 그룹 역시 대응하는 계급(재산으로 분류된) 출신들이다. 모든 시민들은 동등한 투표권을 가진다. 그러나 최고 유산계급 출신을 선출할 때에는 모든 시민들이 투표를 하도록 강제되지만 최하층 출신 위원을 선출할 때는 오직 제1, 제2계급에게만 그러한 강제가 주어진다(제3, 제4계급 구성원들은 투표를 하든 안 하든 자유이다역자). 이러한 장치는 명백히 부자들에게 유리하도록 만들어진 것이다. 이 정체는 군주정과 민주정의 중간 정체,[136] 더 정확히 말하자면 아리스토텔레스의 "혼합정"(polity)보다 더 과두적이며 더 귀족적인 중간 정체이다. 의회 안에서의 권력이나 최고 명예직을 차지하는 데에도 마찬가지 특권이 부자들에게 주어진다. 그러나 특혜의 기준이 부(富) 자체는 아니다. 즉 아무리 부유하더라도 장인과 상인은 시민이 될 수가 없다. 오직 시민적 덕을 실천하는 데 전념할 수 있을 정도의 여유를 가진 자만이 시민이 될 수 있다.

입법의 가장 독특한 부분은 물론 형법에서 이루어지는데, 그것은 불경(impiety)에 관한 것이다. 근본적인 불경은 신의 존재를 부정하는 것, 즉 무신론이다. 좋은 법은 단지 범죄를 처벌하는 데, 즉 두려움에 호소하는 것에만 국한된 것이 아니라 이성에도 호소해야 하므로 아테네옹은 신들의 존재를 합리적으로 증명해야 한다. 그리고 인간의 정의(正義)에 무관심하고 정의로운 사람에게 상을 주지도 않으며, 불의한 사람에게 벌을 주지도 않는 신들이란 도시에게 충분한 것이 못 되므로 그는 역시 인간을 계도하고자 하는 신의(神意, divine providence)의 존재를 증명해야만 한다. 『법률』은 이러한 증명을 담고 있는 유일한 플라톤의 저작이다. 그리고 그것은 플라톤 저작 중 "신(神)께서 ~ "라고 시작하는 유일한 것이다.

『법률』이 플라톤의 가장 종교적인 저작이며, 그리고 『법률』에서 불경(不敬), 즉 신의 부재(不在)를 옹호하는 견해들을 근절한 것은 이러한 때문인 것 같다. 아테네옹은 크레타나 스파르타에서 제기조차 되지 않는 신들의 존재 문제를 거론하는데, 아테네에서는 이것이 한창 제기되고 있었기 때문이다.[137] 클레이니아스는 그것이 최고의 전문이 될 것이라는 생각에서 아테네옹이 제안한 신(神)의 존재 증명을 전적으로 지지한다. 무신론자들의 주장이 무엇인지 알고 나서야 그들의 생각에 대한 반박을 이해할 수 있으므로 아테네옹은 그들의 주장을 다음과 같이 요약한다 : "신체가 영혼에 선행하며, 영혼이나 정신은 신체에서 파생된 것이다. 따라서 어느 것도 선천적으로 정의롭거나 불의한 것은 없으며, 모든 규범은 단지 관습일 뿐이다." 이에 대한 반론은 영혼이 신체에 선행함을 증명하는 것이며, 이러한 증명은 자연법이 존재함을 의미한다. 불경의 처벌은 불경의 종류에 따라 달라진다. 정의롭지만 무신론자인 시민에게 무슨 벌이 내려질지는 명확하지 않다. 하지만 적어도 그가 (예를 들자면) 법정에서 변론하는 것으로 돈을 버는 자들보다는 가벼운 벌을 받게 될 것임에는 틀림이 없다. 다른 종류의 불경에도 사형은 극히 예외적으로 적용될 것이다. 우리가 이러한 사실을 언급하는 것은 충분한 이해 없는 무지한 사람들이 플라톤은 관대함(liberalism)이 없다고 비난할지 모르기 때문이다. 여기서 우리가 그들을 무지하다고 하는 것은 그들이 관대함, 즉 리버럴리즘이란 아무리 위험하고 사람들을 타락시키는 견해라 하더라도 그 가르침을 무제한적으로 관용해야 함을 의미한다고 믿기 때문이 아니다. 우리는 그들이 플라톤이 그들의 기준(이것은 "절대적"인 것이 아니다)에 의해서도 보통 이상으로 관대하다는 사실을 알아채지 못하기 때문에 무지하다고 말하는 것이다. 플라톤 시대에 일반적으로 인정되었던 기준은 관대함, 즉 리버럴리즘으로 유명했던 아테네의 관행이 가장 잘 보여주는데, 아테네에서 소크라테스는 아테네가 숭배하는 신들(이 신들의 존재는 증명이 아니라 풍문으로만 알 뿐이었다)의 존재를 믿지 않았다고 고발되었고, 결국 사형선고를 받고 죽었다. 『법률』의 도시에서 신의 존재는 증명된 한에서 믿도록 강요될 것이다. 그리고 정의로운 사람은 비록 이 증명을 받아들이지 않는다 하더라도 사형을 받게 되지는 않을 것이다.

아테네옹이 구상한 정체는 최고의 안정을 보장받게 될 것 같다. 왜냐하면 그것은 가능한 최고의 불변성을 가진 현명한 법에 대한 시민 대다수의 복종에 의해서, 그리고 주로 덕의 교육, 즉 품성 교정의 결과로 만들어지는 복종심에 의해서 보장될 것이기 때문이다. 그러나 법은 차선책일 뿐이다. 즉 어떠한 법도 진정으로 지혜로운 자가 즉석에서 내리는(즉 일반적으로가 아니라 구체적 개별사항에 대하여 내리는) 결정만큼 지혜로울 수는 없는 것이다. 따라서 법의 타락을 방지하기 위해서 뿐만 아니라 정체의 개선을 위해서도 법의 끊임없는 개선을 위한 대비가 있어야 한다. 이리하여 이제 입법은 끊임없는 운동과정이 되게 된다. 따라서 각 시대마다 살아 있는 입법가들이 있어야만 한다. 법은 오직 최고의 주의를 기울여서만, 그리고 보편적으로 인정된 필연성이 있을 경우에만 개정되어야 한다. 이후의 입법가들도 처음의 입법가들과 마찬가지로 도시 구성원들의 "영혼의 우수함"에 도시의 목적을 두어야 한다.[138] 법의 변화를 막기 위해 내국인이 외국인들과 교류하는 것은 철저히 감독되어야 한다. 어떠한 시민도 사적(私的)인 목적으로 외국에 나가서는 안 된다. 그러나 외국에 나가도록 권유되는 사람들이 있는데, 그들은 높은 덕망을 지니고 나이는 50세 이상이며, 다른 나라 사람들이 어떻게 살고 있는지를 보고자 하거나 특히 법의 개선에 도움이 될 만한 것을 가르쳐 줄 수 있는 특출한 사람들과 대화하기를 원하는 사람들이다.[139] 그러나 이러한 것들만으로는 법과 체제의 보호에 충분치 않다. 확고한 기반이 여전히 부족하다. 이 확고한 기반은 오직 야간위원회(Nocturnal Council)가 제공하는데, 이것은 가장 특출한 원로 시민들과 정선된 30세 이상의 젊은 시민들로 구성된다. 야간위원회는 도시에 대해서 정신이 전체 개인에 대한 관계와 같다. 기능을 수행하기 위해서는 구성원들이 무엇보다도 정치적 행위가 직간접적으로 지향하고 있는 유일한 목적에 대한 최대한의 지식을 가져야만 한다. 이 유일한 목적이란 덕을 말한다. 덕은 하나여야 하지만 덕목은 여러 가지이다. 덕목에는 네 가지가 있다. 그리고 적어도 그 중 두 가지(지혜와 용기, 즉 혈기)는 근본적으로 상이하다.[140] 사실이 이러한데 어떻게 도시에 유일한 목적이 있을 수 있는가? 만일 이 질문에 대답하지 못한다면 야간위원회는 자신의 기능을 수행할 수 없을 것이다. 즉 더 일반적으로, 그리고 아마도 더 정확히 말하자면 야간위원회는 적어도 제 덕목(諸德目)이 무엇인지를 알며, 또한 그 덕목들을 통일시키는 것이 무엇인지와 더불어 각 덕목의 이데아(idea)를 알고 있는 사람들을 몇 명이나마 포함해야 한다. 그런데 덕목의 통일을 통해 제 덕목들은 단수형으로 "덕"이라 불릴 수 있는데, "덕"은 도시의 유일한 목적인가? 하나의 목적인가 아니면 전체 목적인가, 또는 양자 모두인가 아니면 다른 무엇인가? 그들은 또한 인간의 능력이 미치는 한 신(神)들에 대한 진실을 알아야 한다. 신들에 대한 확고한 경의는 별들의 움직임뿐만 아니라 영혼에 대한 지식에서도 나오는 것이다. 오직 이 지식과 대중적이고 통속적인 덕목들을 결합할 수 있는 사람만이 도시의 적당한 지배자가 될 수 있다. 야간위원회가 실현된다면 우리는 도시의 지배권을 이것에 넘겨주어야 한다. 플라톤은 『법률』의 최고 정체를 점차적으로 『국가』의 최고 정체에 접근시킨다.[141] 『법률』이 끝나면 우리는 다시 『국가』를 시작하여야 한다.

■■■ Leo Strauss / 김동규 번역

❖ 주 ❖

1_ Plato, *Republic* 377 ff., 389^{b-c}, 414^{b}–415^{d}, 459^{c-d}.

2_ *Ibid.*, 375^{b}–376^{c}.

3_ *Ibid.*, 414^{d-e}.

4_ *Ibid.*, 471^{a-b}.

5_ *Ibid.*, 395^{e} ; 500^{d} ; 530^{a} ; 507^{c}, 597.

6_ *Ibid.*, 454^{e}–455^{a} ; cf. 452^{a}.

7_ *Ibid.*, 343^{b}.

8_ *Ibid.*, 351^{c}–352^{a}.

9_ 역주 : 'real man'은 희랍인들에게 있어서 특별한 의미를 지닌다. 크세노폰의 Hiero or Tyrannicrs에서 나오는 real man 관련한 구절은 다음과 같다 : "… a real man differs from the other animals in his striving for honor. Since, after all, all animals alike seem to take pleasure in food, drink, sleep, and sex. But ambitions does not arise naturally either in animals without reason or in all human beings. Those in whom love of honor and praise arises by nature are the ones who already far surpass the brutes, and who are also believed to be no longer human beings merely, but real men." [출전 : Leo Strauss, On Tyranny (Cornell University Press)].

10_ Cf. *Ibid.*, 364^{a}, $^{c-d}$, 365^{c} with 357^{b} and 358^{a}.

11_ *Ibid.*, 372^{d}.

12_ *Ibid.*, 370^{d-e}, 373^{c}.

13_ *Ibid.*, 342^{a-b}, 346^{c}.

14_ *Ibid.*, 392^{a-c}.

15_ *Ibid.*, 423^{b} ; cf. also 398^{a} and 422^{d}.

16_ *Ibid.*, 414^{a}, 465^{d}–466^{c} ; cf. 346^{e} ff.

17_ *Ibid.*, 415^{b}.

18_ *Ibid.*, 427^{d}.

19_ *Ibid.*, 433^{a-b}.

20_ *Ibid.*, 434^{c}.

21_ *Ibid.*, 430^{c} ; cf. *Phaedo* 82^{a}.

22_ *Republic* 441^{a-c}.

23_ *Ibid.*, 444^{d}–445^{b}.

24_ *Ibid.*, 441^{e}.

25_ Cf. *Ibid.*, 442^{c}.

26_ *Ibid.*, 580^{d}–583^{b}.

27_ *Ibid.*, 619^{b-d}.

28_ *Ibid.*, 427^{d}.

29_ Cf. *Ibid.*, 366^{c}.

30_ *Ibid.*, 573^{b-e}, 574^{e}–575^{a}.

31_ Cf. *Ibid.*, 439^{d}.

32_ *Timaeus* 24^{a-b}.

33_ *Republic* 401^{b-c}, 421^{e}–422^{d}, 460^{a}, 543^{a}.

34_ *Politics* 1264^{a}13–17.

35_ *Republic* 421^{a}, 434^{a}.

36_ *Ibid.*, 415^{e}, 431^{b-c}, 456^{d}.

37_ Reconsider, *Ibid.*, 427^{d}.

38_ *Ibid.*, 464^{d} ; cf. *Laws* 739^{c}.

39_ Cf. *Republic* 449^{b}–450^{a} with 327^{b}–328^{b}.

40_ Cf. *Ibid.*, 369^{d}.

41_ *Ibid.*, 455^{d-e}, 456^{b-c}.

42_ *Ibid.*, 455^{c-e}.

43_ *Ibid.*, 462^{c-d}, 464^{b}.

44_ Cf. *Ibid.*, 458^{e}.

45_ Cf. *Ibid.*, 461^{b-e}.

46_ *Ibid.*, 463^{c}.

47_ *Ibid.*, 466^{d}.

48_ *Ibid.*, 473^{b-c}.

49_ *Ibid.*, 472^{b-c}.

50_ *Ibid.*, 479^{a} ; cf. 538^{c} ff.

51_ *Ibid.*, 517^{c}.

52_ Cf. *Ibid.*, 509^{b}–510^{a}.

53_ *Ibid.*, 501^{b} ; 597^{b-d}.

54_ Cf. *Ibid.*, 507^{a-c} with 596^{a} and 532^{c-d}, contrast with *Phaedo* 65^{d} and 74^{a-b}.

55_ *Republic* 536^{b} ; cf. 487^{a}.

56_ Cf. *Ibid.*, 379^{a-b} and 380^{d} ff.

57_ *Ibid.*, 379^{a}.

58_ *Ibid.*, 472^{c}–473^{a} ; cf. 500^{c}–501^{c} with 484^{c-d} and 592^{b}.

59_ *Ibid.*, 498^{c}–502^{a}.

60_ *Ibid.*, 499^{b-c}, 500^{d}, 520^{a-d}, 521^{b}, 539^{e}.

61_ *Ibid.*, 485^{a}, 501^{b-c}, 517^{c}.

62_ *Ibid.*, 519^{c}.

63_ *Ibid.*, 486^{a-b}.

64_ *Ibid.*, 539^{e}.

65_ *Ibid.*, 514^{b}–515^{c}.

66_ *Ibid.*, 517^{a}.

67_ Cf. *Ibid.*, 375^{e}.

68_ *Ibid.*, 540^{d}–541^{a} ; cf. 499^{b}, 501$^{a, e}$.

69_ *Ibid.*, 433^{a-b} and 443^{d} ; cf. Aristotle, *Nicomachean Ethics* 1098^{a} 7–12.

70_ *Republic* 583^{a}.

71_ *Ibid.*, 519^{e}–520^{b} ; 540$^{b, e}$.

72_ Consider, *Apology of Socrates* 30^{a}.

73_ *Republic* 545^{a-b} ; cf. 498^{c-d}.

74_ *Laws* 739^{b-e}.

75_ 역주 : 제우스의 딸들로 학문과 예술을 관장하는 신들, 주로 시(詩)의 대명사 또는 상징으로 쓰이는데 여기에서도 시를 의미함.

76_ Cf. *Republic* 547^{b}.

77_ Cf. *Ibid.*, 546^{e}–547^{a} and Hesiod, *works and Days* 106 ff.

78_ 역주 : 여기서 수펄은 게으름과 선동을 상징한다.

79_ 역주 : 로마 시대 당시 정부를 전복시키려 기도했던 Lucius Sergius Catilina 같은 사람.

80_ *Republic* 557^{d-e}.

81_ See Thucydides VI 27–29 and 53–61.

82_ 역주 : 연실(蓮實)을 먹고 사는 족속. 오딧세이에 의하면 연실을 먹고 산다는 전설적인 종족으로 연실을 먹은 사람들은 고향을 잊게 되어 연실의 나라에서 머무르고 싶어진다고 한다.

83_ Cf. *Republic* 564^{c}–565^{a} and 575^{c}.

84_ Cf. *Ibid.*, 536^{d} with 389^{a}.

85_ Cf. *Ibid.*, 577^{c-d} with 428^{d-e} and 422$^{a, c}$.

86_ *Ibid.*, 586^{a-d}.

87_ *Ibid.*, 545^{d-e}, 549^{c-e}.

88_ *Ibid.*, 608^{c}, 614^{a}.

89_ *Ibid.*, 377^{a}.

90_ *Ibid.*, 485^{c-d}.

91_ *Ibid.*, 601^{c}–602^{a}.

92_ *Ibid.*, 589^{e}, 599^{c-e}, 600^{e}.

93_ Cf. *Ibid.*, 501^{a}.

94_ *The Gay Science*, No. 1.

95_ *Republic* 603^{e}–604^{a}, $606^{a,c}$, 607^{a}.

96_ *Ibid.*, 607^{b}.

97_ Cf. *Ibid.*, 604^{e}.

98_ *Ibid.*, 611^{b}–612^{a}.

99_ *Ibid.*, 504^{b}, 506^{d}.

100_ Cicero, *Republic* II 52.

101_ Cf. Plato, *Republic* 484^{d} and 539^{e} with 501^{a-c}.

102_ Cf. *Statesman* 285^{d}.

102_ *Republic* 511^{a-d}, 531^{a}–533^{d}, 537^{c}.

104_ Cf. *Statesman* 264^{c}.

105_ *Ibid.*, 262^{c}–263^{d}, 266^{d}.

106_ Cf. *Ibid.*, 271^{c}, 272^{b-c}.

107_ *Ibid.*, 274^{e}–275^{c}.

108_ Cf. *Sophist* 252^{d-e}.

109_ *Statesman* 295^{b-c}.

110_ *Ibid.*, 297^{a} ff.

111_ *Ibid.*, 301^{c-e}.

112_ Cf. *Theaitetos* 151^{b}.

113_ *Statesman* 260^{a-b}.

114_ 역주 : virtue, 즉 라틴어의 virtus는 희랍어인 arete의 번역어이다. 그런데 arete의 원래 의미는 virtue보다는 excellence(우수함)에 가깝다. aristocracy는 arete를 지닌 자들의 통치를 말하며, 따라서 우수한 자들의 통치를 뜻한다.

115_ *Laws* 631^{b-d} ; cf. 829^{a-b}.

116_ *Ibid.*, 636^{e}.

117_ *Ibid.*, 636^{b-e}.

118_ *Republic* 544^{c}.

119_ *Laws* 642^{a}.

120_ Cf. *Ibid.*, 673^{a-c}.

121_ *Ibid.*, 666^{e}–667^{b}.

122_ *Ibid.*, 643^{c}, 659^{d-e} ; 653^{a-b}.

123_ *Ibid.*, 660^{e}–664^{b}.

124_ *Republic* 392^{a-c}.

125_ *Laws* 676$^{a, c}$, 678^{a}.

126_ *Ibid.*, 690^{a-d}.

127_ *Ibid.*, 693^{d}.

128_ *Ibid.*, 707^{e}–708^{d}.

129_ Cf. *Ibid.*, 708^{e}–712^{a} with *Republic* 487^{a}.

130_ *Laws* 713^{c}–715^{b}.

131_ *Ibid.*, 712^{c-e}.

132_ *Ibid.*, 719^{b}–720^{e}.

133_ *Ibid.*, 722^{e}–723^{a} ; cf. 808^{d-e}.

134_ Cf. Aristotle, *Politics* 1266^{a} 1–3.

135_ *Laws* 739^{a}–740^{a}.

136_ *Ibid.*, 756^{b-e}.

137_ *Ibid.*, 886 ; cf. 891^{b}.

138_ *Ibid.*, 769^{a}–771^{a}, 772^{a-d}, 875^{c-d}.

139_ *Ibid.*, 949^{e} ff.

140_ *Ibid.*, 963.

141_ Aristotle, *Politics* 1265^{a} 1–4.

❖ Readings ❖

A. Plato. *Republic*.

B. Plato. *Laws*.

크세노폰

Xenophon_B.C. 430-354년경

소크라테스에 대해 기록을 남겼던 그의 동료들 중 오직 플라톤과 크세노폰만이 오늘날 우리에게 다소간 손상되지 않은 채로 전해져 오는 저작들을 남겼다. 플라톤의 저작들은 이른바 완전히 소크라테스에 관한 것이다. 크세노폰은 다섯 권의 전집을 남겼는데, 다만 소크라테스에 대해 썼던 네 편의 저작들[『메모라빌리아』(*Memorabilia*), 『외코노미쿠스』(*Oeconomicus*), 『심포지움』(*Symposium*), 『소크라테스의 변명』(*Apology of Socrates*)]은 그의 전집 중 단지 한 권의 분량일 따름이다. 그러한 연유로 크세노폰을 읽는 사람은 플라톤의 연구에서는 없었던 문제에 직면하게 된다. 그것은 소크라테스에 대한 저작의 위치를 크세노폰 전체 저작의 보다 넓은 맥락에서 이해해야 한다는 과제이다.

크세노폰의 저작 중 단연 긴 『키로파에디아』(*Cyropaedia*, 키루스의 교육)는 페르시아 제국의 교육과 그 건국자의 편력을 다루고 있으며, 크세노폰은 그를 통치에 대한 왕도의 대표적인 실행자로 서술하고 있다. 다음으로 긴 그의 저작은 『헬로니카』[*Hellonica*, 그리스 사정(事情)]인데, 크세노폰 생전에 그리스에서 일어났던 정치·군사적인 움직임들 중 기록할 만한 것들을 진술하는 데 할애했다. 이 책은 대체로 투키디데스(Thucydides)의 역사기술이 끝나는 시점에서 시작되고 있으므로 그 책의 앞부분은 투키디데스의 기술을 연속시켜 끝맺음한 것으로 평가된다. 통상 『아나바시스』(*Anabasis*)로 불리우는 『키로아나바시스』[*Cyroanabasis*, 키루스의 등정(登程)]는 대략 크세노폰 자신의 정치적 편력 가운데 하나의 특출한 사건을 설명하고 있다. 즉 그것은 자신의 형인 페르시아 왕을 전복시키려는 소(少)키루스의 시도를 지지하여, 페르시아의 중심부까지 키루스를 따라갔던 만 명이나 되는 그리스의 상인들을 이끌고 그리스까지 무사히 귀환했던 크세노폰 자신의 이야기이다. 키루스가 전투에서 죽고 그의 다른 부대들이 페르시아 왕에게 투항해 버리자 그리스인들은 그곳에서 고립되었던 것이다. 소크라테스와 관련이 없는 나머지 저작들은 전통적으로 크세노폰이 썼다고 여겨지는데, 보다 짧은 저술들로 이루어져 있다. 거기에는 크세노폰과 개인적으로 알고 지내던 스파르타의 아게실라우스(Agesilaus) 왕에 대한 송덕문(頌德文), 전제군주인 히에로(Hiero)와 시인인 시모니데스(Simonides)와의 대화, 스파르타와 아테네의 정체(政體) 및 아테네의 세입(稅入)에 대한 논문, 기병(騎兵) 지휘자와 마술(馬術), 개들을 데리고 하는 사냥의 기예(技藝)에 대한 글들이 실려 있다.

한동안 시골 영지(領地)의 영주(領主)로서 생활하기도 했던 크세노폰[1]은 과도할 정도로 많은 말과 개들을 사용하는, 시골에 기반을 가지고 있는 수많은 향신(鄕紳)들의 활동들뿐만 아니라 그리스 향신계급의 취향과 견해들—예컨대 한편으로는 왕도(王道)에 대한 그의 찬양[2]과 다른 한편으로는 스파르타식 공화주의에 대한 그의 찬양[3]—에 대한 특정한 사실들을 우리에게 전해주고 있다.[4] 그의 저작들은 전체적으로 이러한 취향을 반영하고 있을 뿐만 아니라, 무엇보다도 그것에 대한 지지를 나타내려고 한다 해도 좋을 것이다. 우리는 크세노폰과 플라톤 저작들 사이의 또 다른 차이를 반드시 관찰할 필요가 있는데, 이때 크세노폰의 이러한 경향은 더욱 강화될 것이다. 플라톤의 대화편이 지닌 엄숙하고도 감동적이며 거의 비극적인 톤을 크세노폰에게서는 잘 찾아볼 수 없다. 그 대신 항상 그렇지는 않지만 유머에 의해 생기가 넘치고 아름답게 장식된, 쾌활한 천진난만함을 명백하게 발견할 수 있다. 크세노폰은 작은 외투를 입은 큰 소년과 큰 외투를 입은 작은 소년의 이야기를 통해서 정의(justice)의 문제를 제시할 수도 있는 저술가이다.[5] 버티 우스터(Bertie Wooster, 뒷날 P. G. Wodehouse가 허구로 꾸며낸 신사[역자])가 자신의 딸들을 진지한 목적에 열중케 하고 그의 마음을 개선시키려고 애쓰는 부인들과 다투는 것을 피하려고 했던 것만큼이나 크세노폰은 지나친 진지함을 피했던 듯싶고, (그 점에서는) 우스터보다 더 성공적이었던 듯싶다.

크세노폰에게 생기를 불어넣고 그가 이야기하고 싶어했던 독자들이 받았던 이와 같은 인상에는 어느 정도의 진실이 존재할 것이다. 그러나 그것은 소크라테스에 대한 그의 저작들이 이해되어야 하는 맥락을 명확히 해주지는 못한다. 참으로 이 첫인상은 이와 같은 저작들과 아무런 관련이 없다. 예컨대 그의 가장 포괄적인 논문에서 귀족적인 삶과 그 특징을 보여주고 있는 이런 향신들은 소크라테스에 아무런 관심도 없었다.[6] 그 반면 크세노폰은 소크라테스에 심취해 있었다. 이것은 소크라테스에 대한 본래의 저술에서 뿐만이 아니라 여타의 주요한 그의 매 저작들에 소크라테스 및 그와 관련된 주제들이 등장하고 있다는 점에서 드러난다.[7] 이리하여 우리는 크세노폰 저작의 두 측면—소크라테스적인 것과 소크라테스적이지 않은 것—을 보다 공정히 다룰 수 있게 된다. 크세노폰은 아마도 가장 좋은 삶의 방식에 대한 소크라테스적인 **질문**을 추구하기는 했지만, 그와 같은 삶의 방식이 철학적인 삶이라는 소크라테스적인 **해답**에는 전혀 동의하지 않은 사람이었을 것이다. 이 같은 착상은 크세노폰의 상반된 두 측면을 통합시킬 수 있는 가능성을 열어준다.

크세노폰은 플라톤과는 완전히 다르게 『메모라빌리아』[*Memorabilia*, 회상(回想)], 즉 소크라테스에 대한 그의 회상을 소크라테스에 관한 그의 저작들 중 가장 중요한 것이라고까지 하면서 소크라테스와 그와의 관계를 빈번히 환기시킨다. 그 반면 소크라테스와의 우정으로부터 그가 상세히 이야기하려고 선택한 단지 두 개의 일화에서 그는 소크라테스의 가르침과 충고를 받아들이기보다는 그것에 저항했다는 것을 보다 분명히 보여주고 있다. 이런 점을 고려해 볼 때 크세노폰의 이원성에 대한 착상은 어느 정도 뒷받침될 수 있다.[8] 크세노폰과 같은 방식으로 저술했던 사람이 [과연 어떻게] 가장 좋은 삶의 문제 같은 것에 관심을 가질 수 있었던 것일까? 이 같은 의문에 따라 크세노폰의 변덕을 우리가 택했던 설명방식으로 이해하게 되는 경우, 아마도 크세노폰보다 훨씬 더 비극에 기꺼이 탐닉했을 플라톤이 [오히려 그 반대로] 비극에 대한 취미를 문제성 있는 것이라고 지적했다는 사실을 떠올리게 된다.[9] 우리의 제안은 크세노폰의 저작에 대한 연구를 기초로 해서 수정되고 그 타당성을 인정받아야 한다. 그러나 그러한 제안은 크세노폰의 저작들 중 가장 중요한 것들이 서로 맞서 있는 질서를 우리에게 식별시켜 줌으로써 이 연구를 시작할 수 있게 해주는 장점을 가지고 있다.

크세노폰은 『키로파에디아』에서 완벽한 통치자의 특성과 정상에서의 정치적 삶의 방식에 대한 그의 소견을 피력하고 있다. 『메모라빌리아』로 대표되는 소크라테스에 대한 저술들은 크세노폰이 소크라테스를 따라다니면서 직접 목격했던 가장 뛰어난 철학자와 철학적인 삶의 방식에 바쳐지고 있다. "키루스"와 "소크라테스"는 크세노폰에게 가장 감명을 준 두 개의 대안임이 분명하다. 또한 그는 이 두 대안 사이에서 여타의 모든 인간적 가능성—예컨대 준공공적(準公共的)인 향신(鄕紳)들의 생활—이 발견될 수 있고, 이 가능성들이 이 준거에 의해 이해되어야 할 두 개의 축을 구성하고 있다고 생각했다. 『아나바시스』에는 소크라테스의 학생인 크세노폰이 소(少)키루스에 의해 조직되고 있는 군사작전에 참가하기 위해 소크라테스의 충고를 무시하고 그를 떠난 연유로 이 두 개의 축이 동시에 등장하고 있다.

1. 『키로파에디아』

노(老)키루스의 업적은 부분적으로는 그의 혈통(가문)과 자질, 그리고 또 한편으로는 그의 교육에 기인하고 있다.[10] 만약 그가 특정한 천부적 능력—자신의 천부적 자질들을 특정한 방식으로 사용하려는 특성을 지닌, 뛰어난 능력—을 가지고 있지 않았다면[11] 그의 위대한 계획들을 생각하지도 못했을 뿐만 아니라 그것들을 실행하지도 못했을 것이다. 만약 그가 두 왕가(王家)에서 태어나지 않았다면—그의 아버지는 페르시아 왕이었고 외할아버지는 메디아 왕이었다—그의 기회들은 제한되었을 것이며, 그 결과 그의 업적의 성격에 영향을 미쳤을 것이다.[12] 그러나 이와 같은 문제들은 잠시 한쪽으로 미뤄두고 크세노폰이 우리에게 요구하고 있는 대로 그의 교육에 대해 먼저 살펴보도록 하자.

"그는 페르시아의 법률에 의해 교육되었다." 크세노폰의 설명은 반드시 역사적인 사실들을 고집하는 것이 아니다. 그의 설명에 따르면 키루스가 자라났고, 아시아를 정복하기 위해 그 군대를 이끌었으며, 그가 그 이름으로 한 제국을 창설했던 페르시아는 매우 작은 공화국이거나 또는 우리가 입헌군주제라고 불러야 할 그런 국가였다. 더욱이 그것은 스파르타의 노선을 따른 모범적인 공화국, 즉 개선된 스파르타였다. 만약 크세노폰이 스파르타를 찬양했다면 이 페르시아는 더욱 더 찬양했음에 틀림없을 것이다. 페르시아는 스파르타와 같이 공식적으로 젊은이들에 대한 교육을 행하여 군사적 기술뿐만 아니라 절제와 복종을 주입시켰다. 그러나 정의에 대한 교육을 애호했으므로 약탈을 가르치는 스파르타의 교육은 억제되었다.[13] 플라톤과 아리스토텔레스에 의하여 찬양되었던 도시들과 마찬가지로 크세노폰의 페르시아는 시민들의 품성 형성을 그 법률의 가장 중요한 임무로 간주했다 : 그것은 시민들이 어떠한 사악한 또는 부끄러운 행위를 저지를 생각조차도 갖지 않기를 바랐다.[14] 그리고 그와 같이 높은 평판을 지닌 여타의 다른 도시들과 마찬가지로 페르시아는 귀족정의 도시국가였다. 왜냐하면 그 법률이 지닌 높은 이상에 대한 그 국가의 충성은 소수—그 목적을 완수할 수 있으리라고 생각되는 교육과정을 완료한 사람들—의 수중에 굳건하게 장악된 정치적 권위체에 의존하고 있었기 때문이다.[15] 다시 말해 바람직한 정치제도란 단순히 미래를 간절히 바라는 사람이나 희망의 대상일 뿐만 아니라, 과거 어느 땐가는 실제로 존재했던 것이라는 그의 활기찬 제안을 어느 정도 제외한다면, 페르시아에 대한 크세노폰의 진술은 우리에게 보다 익숙한 플라톤과 아리스토텔레스의 입장을 따르고 있다. 그리고 키루스와 그의 페르시아가 거둔 성공이 상당한 정도로 페르시아의 법률들로부터 이

어받은 [그 국가의] 구성에 힘입었으므로[16] 『키로파에디아』는 전체적으로 그러한 법률과 그 법률들을 유지시켰던 페르시아 정체(政體)에 대한 일종의 찬사이다.

그러나 교육이라는 말을 넓은 의미에서 생각한다면 키루스의 교육은 단지 페르시아에서 뿐만이 아니라 그의 외할아버지의 궁정이 있는 메디아에서도 이루어졌다. 그리고 이 외할아버지는 전형적인 동방(東方)의 전제군주[17]로 페르시아와 전혀 다른 방식으로 한 나라를 다스렸다. 키루스의 성공이 참으로 심대한 스케일로 페르시아의 정치변혁을 초래했다는 것은 이런 사실과 부합된다. 키루스가 당연한 정치적 이유 때문에 신구(新舊) 질서 사이의 상이성보다는 그들 사이의 유사성을 아무리 강조하고자 했다 해도[18] 그가 창설했던 페르시아 제국은 구페르시아와 거의 아무런 공통점도 갖고 있지 않았다. 구페르시아는 효과적으로 대체되어 조그마한 일개 지방의 수준으로 전락했던 것이다. 그리고 크세노폰은 키루스가 변모시킨 구페르시아에 대해서 만큼이나 키루스의 페르시아 변혁을 긍정적으로 진술하고 있는 듯 보인다. 더구나 만약 구페르시아에 중대한 결함이 없었다면 키루스에 의해 야기된 변화는 거의 발생되지 않았을 것이며, 또한 그에 의해 옹호될 수도 없었을 것이다. 키루스의 성공을 진술하면서 크세노폰은 그와 같은 결함들에 주의를 환기시키지 않을 수 없었을 것이다. 이것은 크세노폰이 플라톤과 아리스토텔레스가 큰 용기를 내서 겨우 암시했던 것, 즉 최고의 또는 가장 존귀한 형태의 고전적 공화주의조차 가지고 있는 결함들을 강조하지 않을 수 없었다는 사실을 의미한다. 이리하여 그는 [사람들에게] 긍정적인 평판을 받지 못하는 마키아벨리의 입장을 따라 중요한 일보를 떼어놓는데, 마키아벨리는 찬사적인 여러 비평에서 [크세노폰에 대한] 지지를 자인(自認)하

고 있다.[19]

키루스가 메디아에서 받았던 교육으로 돌아가 보자. 그는 13세와 15세, 16세를 그의 외할아버지 궁정에서 보냈으며, 거기에서 좋아하는 것과 싫어하는 것 둘 다를 알았다. 예컨대 그는 사치스러움과 화려함에 있어서 페르시아를 훨씬 능가하는 메디아식 옷과 장식이 마음에 들었으며,[20] 기마술을 배우는 데 대단한 기쁨을 가지게 되었다.[21] 그러나 그는—배고픔을 충족시키는 과정을 쓸데 없이 복잡하게 만들고 시간을 낭비하게 하는—[22] 메디아인들의 음식에 대한 식도락적 탐닉을 싫어했다.[23] 또한 메디아인들의 마취성 음료에 대한 탐닉을 싫어했는데, 그것은 기껏해야 이 음료가 왕의 가신들뿐만이 아니라 왕 자신조차도 그에게 표해야 할 경의를 망각하게 했기 때문이었다.[24] 돌이켜 보면 키루스는 최소한 메디아 군주들의 행위에 대해서 매우 비판적이었지만, 소년이었을 때조차도 그는 메디아와 같은 이점들이 없다면 절대군주란 존재할 수 없다는 것을 어느 정도 인지하고 있었을 것이다.[25] 그리고 그때 또는 그후에 그가 부와 명예를 얻을 수 있는 "메디아적인" 기회들에 이끌렸던 것처럼 페르시아에 남아 있는 그의 동지들 역시 매력을 가질 것이라는 자신의 견해를 형성하게 되었다. 비교할 수 없을 정도로 훨씬 엄격한 페르시아 공화국에서는 그들이 이 기회들을 이용할 수 있다는 것이 불가능했다.

아마도 키루스가 겨우 27세쯤 되었을 때(그러나 페르시아에서는 이미 성인들 중 하나로 인정되었다) 앗시리아의 왕이 이끄는 동맹군이 이제는 키루스의 외삼촌 키악사레스(Cyaxares)가 다스리는 메디아를 위협하기 시작했다. 메디아에 대한 위협은 동시에 페르시아에 대한 위협이기도 했다. 왜냐하면 인근 국가와 페르시아와의 동맹은 분명히 페르시아의 독립을 유지시켜 왔던 초석들 중 하나였기 때문이다. 그리하여 키악사레스의 요청에 따라 페르시아 정부는 그 동맹국의 방위를 돕기 위하여 3만 1천 명의 페르시아인들을 파견하기로 결정했다. 또한 페르시아 정부는 키루스가 이 군대를 지휘하도록 해달라는 키악사레스의 희망에 동의했다. 키루스는 예전에 메디아에서 십 수년간 머물렀기 때문에 그곳에 여전히 많은 친구들을 가지고 있었던 것이다. 키루스의 말에 의하면 그는 이 지시를 기꺼이 수락했다. 이것은 틀림없이 그가 오랫동안 기다려 왔던 기회의 서막이었다. 그러나 선견지명과 과감성, 창의성, 인내력, 과단성과 끈기가 위대한 정치적 리더십의 요소들임을 생각해 볼 때, 우리는 단지 [정부의] 동의에 의하여 키루스가 행동할 수 있도록 부여된 것과 그가 하고자 했던 것과의 거리 및 그에게 주어진 자원들(resources)과 그의 보다 커다란 계획이 요구했던 자원들 사이의 거리를 고려하기만 하면 된다.

키루스는 페르시아 왕권의 진정한 후계자였다. 그러나 그가 설사 왕이라 해도 그는 나라를 위해 희생하는 것 외의 다른 어떠한 독립적 권한도 가지고 있지 않았다.[26] 따라서 그의 법률적인 권한은 전적으로 그가 통솔하도록 임명된 군대의 지휘권에 있었다. 즉 그의 권한은 완전히 페르시아 정부의 (취소 가능한) 결정에 의존하고 있었다. 이제 그가 위임 받은 군대의 규모와 성격을 고려해 보고 그 군대가 파견되는 정황을 생각해 볼 때, 정부는 키루스가 제한적이고 방어적인 전쟁 이상의 어떠한 싸움에도 개입하지 말아야 한다는 생각을 가지고 있었음에 틀림없다. 그리고 오로지 이러한 성격의 전쟁만이 페르시아적인 독특한 삶의 방식—이 삶의 방식은 일상적인 접촉을 통해서 서로 친숙하게 된 시민부문에 대한 엄밀한 상호 감독을 요구했다—을 유지하려는 바람과 진정으로 양립할 수 있으리라고 생각했다.[27] 이와 같은 삶의 방식은 아마도 보다 큰 페르시아에서는 지탱하기가 곤란할 것이다. 다시 말해 불가능할 것이다.

그리고 이 "보다 큰 페르시아"는 아마 외국의 정복지를 합병하려는 시도로부터 결과될 것이다. 또한 속주(屬州)인 정복된 영토를 지배하게 되는 경우, 다수의 사람이 장기간에 걸쳐 페르시아를 떠나 있어야 할 필요가 생길 것이므로 이에 의해서도 똑같이 페르시아적인 생활방식이 위협받게 될 것이다. 그러나 키루스는 단순히 페르시아의 동맹국을 도움으로써 그에 의해 페르시아의 방어에 기여하려고 했던 것만이 아니었다. 동시에 그는 페르시아에 대항하는 모든 국가들을 정복해서 그 국가들을 다른 국가들과 함께 그가 구상해 왔던 보다 큰 페르시아에 통합시키려고 하였다. 더욱이 그는 미래의 어느 날엔가 그가 제한된 왕권을 가지게 될 페르시아 정부에 정복지들을 헌납할 생각이 전혀 없었다. 차라리 그는 처음부터(즉 그의 아버지의 생전에) 헌법적으로 제한받지 않는 절대군주로서 그 스스로 정복지들을 다스리고자 했다.

이러한 것들을 성취하는 데 필요한 조치들을 취해야 했던 반면에 그는 그들에게 거부할 수 없는 유혹[28]이나 또는 기정사실화된 일들,[29] 또는 그 두 가지가 서로 결합된 무엇인가를 제시할 수 있을 때까지 페르시아 정부의 바람이나 심지어는 명령조차도 무시했어야 했을 것이다.[30] 그의 군사적 목표들만으로도 방대한 군대가 필요했는데, 그가 거느린 본래의 페르시아 군대는 겨우 그 커다란 군대의 핵심을 이룰 수 있을 뿐이었다. 그리고 그것조차도 그가 자신의 계획에 대한 페르시아 군대의 동의를 확고히 했을 때만 가능했는데, 그는 군대로 하여금 그 계획을 수행하도록 요구할 권한이 없었다. 그는 또한 그 군대의 동의를 확보해서 아주 근본적으로 군대를 재조직해야 했는데, 그것은 수적인 열세를 전투력의 향상으로 보충하려는 것을 목표로 하고 있었다. 키루스는 메디아인들뿐만이 아니라 의식적이든 무의식적이든 페르시아의 패권과 그들 자신의 복종을 위해 기꺼이 분투하고 위험을 무릅쓸 동맹국들을 찾아야 했을 것이다. 반면에 그는 메디아인들(키루스의 외삼촌인 키악사레스는 물론이고) 스스로 이제까지는 그들과 동등했거나 또는 오히려 열등했던 동맹국[페르시아]의 패권을 인정하도록 납득시켜야만 했을 것이다.[31]

키루스에게 주어진 군대는 3천 명의 귀족들—즉 페르시아의 교육을 이수하고 그에 따라 완전한 시민권이 허용된 사람들—과 3만 명의 평민들로 구성되어 있었다(전체 페르시아인들은 12만이다).[32] 이와 같은 비율이 갖는 엄밀한 군사적 의의는 오로지 귀족만이 육박전을 위한 무기와 준비를 갖추고 있었다는 사실에 있다. 이러한 종류의 전투는 비(非)그리스인들보다는 그리스인들이 뛰어났으며, 수적으로 열세인 군대가 단지 소규모 전투나 원거리 전투를 위해 준비된 보다 커다란 규모의 군대들을 패배시킬 수 있는 종류의 전투였다. 그러나 키루스 군대에 존재하는 구별은 또한 정치적 의미도 가지고 있었다. 이른바 전체 귀족계급은 페르시아 본국에서 수적으로 소규모였지만 시민적 권리에 있어서 아무런 몫도 가지고 있지 못했던 훨씬 다수의 평민들을 지배하고 있었다.[33] 가장 효과적인 전투에 대한 귀족계급의 독점은 아마도 그들이 그들 자신의 지배권을 용이하게 유지하는 데 기여했을 것이다. 그러므로 우리는 페르시아 밖으로 군대를 파견하면서 페르시아 당국이 군대 내에, 그리고 본국에 남겨진 페르시아인들 사이에 정치적으로 안전하다고 생각되는 수적인 비율을 유지하는 데 유의했으리라는 사실을 짐작할 수 있다.[34] 심지어 그들은 키루스에게 허용했던 군대가 그 군대에게 맡겨진(방어적인) 임무에 적당하도록 고려해야만 했다. 또는 만약 그들이 그 [군대의] 숫자에 어떤 의심을 가지고 있었다면, 그들은 대내적인 정치적 적들의 수중에 위험한 무기들을 허용하기보다는 차라리 그들의 대외적인 적들로부터 어느 정도 커다란 위험을 감수해야 되는 정치적 결정들을 내려야만 했다.

키루스는 그가 거느린 군대의 상황을 약간 다르게 이해했다. 그는 최소한도 그 군대 내에서와 본국에서 정치적 균형을 보존하는 일에는 관심이 없었다. 오히려 그는 그 군대의 가장 효율적인 지대(支隊)가 작은 규모라는 사실이 그가 마음먹고 있었던 과업들에 대해 그 군대를 부적합하게 만들고 있다는 것에 깊은 관심을 보였다. 그것에 대한 명백한 군사적 해결은 평민들을 중무장시키는 것이었다(그 무기는 공포에 질린 키악사레스가 지원해 주었다).[35] 그리하여 앞으로는 동등한 대우를 해주겠다는 약속으로 설득하여 육박전을 하는 전사들의 대열에 그들을 끼워넣는 것이었다. 평민들은 그들의 지위와 삶의 상태를 개선시키기 위해 그 기회를 잡을 수 있다고 생각할 것이다. 그러나 군대 내에서 귀족들의 반대가 예상될 수 있었다. 본국의 당국자와는 달리 그들은 바로 현장에 있었으며, 이와 같은 어떠한 변화에 대해서도 즉시 통지를 받고 의견을 말해야 했다. 그리고 그들은 그와 같은 변화의 대내적인 정치적 의미를 모를 리 없을 것이다. 그래서 평민들을 재무장시키는 문제에 대해 말을 꺼내기 전에 키루스는 그를 수행하도록 선발되었던 귀족들에게 연설을 했다.[36]

많은 정치적 연설들 중 첫 번째인 이 연설에서 그는 그들의 조상들로부터 그들이 계승해 온 관행들과 그들 자신의 상황에 대해서 귀족들에게 이야기했다. 키루스에 따르면 그들은 지금 그들의 가치 있는 관행들을 아무런 쓸모 없이 만든 조상들의 과오를 피해야 할 위치에 존재하고 있다 : “나는 선조들이 우리보다 나쁘지 않는 상태에 있었다는 점을 주목해 왔다. 그들은 덕행이라고 주장되는 것들을 실천하는 데 너무 집착했다. 그러나 나는 더 이상 이러한 인간이 됨으로써 그들이 페르시아 공영체를 위해서나 또는 그들 자신을 위해서 획득했던 좋은 점을 알 수 가 없다." 키루스는 은연중에 페르시아 정권과 페르시아적인 삶의 방식을 무가치한 것으로 취급하고 있다. 그가 생각하고 있었던 좋은 것들이란 정확하게 페르시아가 제공하지 못했던 것들, 즉 자신과 자신의 나라를 위한 "많은 부, 많은 행복, 그리고 위대한 명예"였다. 이것이 페르시아 당국자들이 단지 가능한 한 신속하게 진압되어야 할 하나의 위협으로서 이해했던 그 전쟁을 키루스는 일종의 기회—군사적 탁월성을 위해 그들의 몸에 갖추고 그들의 영혼 속에 준비해 온 페르시아인들에 의해 그토록 오랫동안 배양되어 온 자질들을 이용할 수 있게 된 하나의 기회—로서 이해한 이유이다.

> 어린 시절부터 우리가 고상하고 선한 행위들의 실천자였다는 사실을 우리 스스로 알고 있으므로 적을 향하여 전진하자. 나는 적들이 우리와의 싸움에서 풋내기와 같다는 사실을 확실하게 알고 있다 … 그러므로 용기 있게 나아가자. 왜냐하면 정의롭지 못한 것을 바란다는, 다른 사람들에게나 속하는 평판이 우리들로부터는 제거되었기 때문이다. 또한 정의롭지 못한 공격을 진척시키고 있는 자들은 적들이며, 한편 우리의 벗들은 우리들을 동맹으로서 요청했기 때문이다. 무엇이 자신을 방어하는 것보다 더 정의롭겠으며 무엇이 나의 벗들을 돕는 것보다 더 숭고하겠는가?

크세노폰은 여기에서 이 연설을 들었던 귀족들의 반발을 지적할 필요가 없다 : 그 책의 나머지 모든 부분이 그것에 대한 지적이다. 아마 하나의 예외를 제외하고[37] 귀족들은 키루스가 평민들을 재무장시키는 것뿐만 아니라 그의 많은 다른 조치들에 대해서도 묵묵히 복종했다. 그리고 그들은 각각의 조치 그 자체와 함께 취해진 그 모든 조치들에 의해 야기될 중대한 정치적 결과들에도 불구하고 그와 함께 행동했다. 그 이유는 그들이 그러한 결과들에 대해서 완전히 깨닫지 못할 정도로 어리석었기 때문이 아니다. 그 이유는 키루스의 연설이 그들에게 미친 영향에서 찾아볼 수 있다. 그들의 가슴, 또한 그들의 마음도 더 이상 고향과 그들의 조상과 같은 삶의 방식으로 돌아가려고 하지 않았으며, 키루스의 말이 그들의 눈을 뜨게 한 그 위대한 전망에 동참하고자 했다.

평민들을 재무장시키라는 짧은 명령이 잇달아 내려졌다. 앞서 얘기했듯이 귀족들에게는 사전에 마음의 준비를 시켰으므로 키루스는 단지 이러한 조치가 엄밀한 군사적 관점에서 득책(得策)이라는 사실만 지적해야 했다.[38] 그러나 그가 평민들에게 제안했던 방식을 이해하기 위해서는[39] 크세노폰이 "페르시아인들의 정권 전체"를 조명한 앞의 단락[40]으로 되돌아가야 한다. 그것은 법률상으로만 볼 때는 페르시아인들 중 어느 누구도 고위직과 공직, 또한 소위 시민적 권리에 대한 몫에서 제외되지 않는다는 것을 보여준다 : 모든 사람은 오히려 정의를 가르치는 공립학교에 그들의 자녀를 보내는 것이 허용되었다. 그러나 실제로는 그들의 자녀에게 일을 시키지 않고 그들을 뒷받침할 수 있을 정도의 여유를 가진 부모들만이 자신의 자녀들을 학교에 보낼 수 있었다. 그리고 오로지 공립학교에서 교육을 받고 다른 단계들의 훈련(이것은 수입을 얻는 일에 매우 여유가 있을 것을 요구하고 있다)을 성공적으로 완전히 통과한 사람들만이 고위직과 공직에 참여할 수 있었다. 이러한 법률적 평등과 실질적 불평등이라는 상황은, 귀족주의적인 페르시아에서의 계급 구분이 귀족들 스스로는 공개적으로 옹호하지 않는 세습적인 부라는 기초에 의존하고 있었다는 것을 우리에게 가르쳐 주고 있다. 평민들에 관해서라면 그들이 정치적 평등으로부터 자신들이 배제되었다는 사실을 주목하고 있었으며, 일반적으로 힘든 자신들의 삶을 가치 없는 것으로 간주하고 있었다는 것을 확신할 수 있다.[41] 그리하여 키루스는 그들에게 다음과 같이 말했다.

> 페르시아인들이여, 여러분들은 우리[귀족들]가 태어나고 성장했던 바로 그 나라에서 태어나고 성장했다. 여러분들은 우리들 못지않은 육체를 가지고 있다. 그것은 여러분들이 우리들 못지않은 영혼을 가지고 있다는 사실과 일치한다. 그러나 여러분들이 이와 같은 사람들임에도 불구하고 여러분들은 조국에서 우리들과 평등한 몫을 나누어 받지 못했다. 여러분들은 우리들에 의해서가 아니라 여러분 자신의 일용할 식량을 구해야 되는 불가피함 때문에 배제되었다. 이제 그 반면에 여러분들이 그러한 것들을 가지게 되는 것이 신(神)들과 더불어 나의 관심이 될 것이다. 그러나 만약 여러분들이 원한다면 여러분들은 우리와 마찬가지로 무기를 들고 일어나 우리와 더불어 똑같은 위험을 겪을 수 있다. 그리고 만약 그로부터 귀중하고 훌륭한 무엇인가를 얻게 된다면 그에 합당한 보답을 받을 자격이 있다고 생각될 수 있을 것이다.[42]

이런 방식으로 3만 명의 새로운 귀족들이 탄생되었으며, 그들은 자신들의 신분 상승이 오로지 무엇보다도 키루스 덕분이라고 생각했다. 이것은 물론 키루스와 (새롭게 위험에 처한) 그 군대 내의 구귀족들과의 관계를 결정하고 그 군대가 구페르시아로 영원히 재흡수되도록 하기 위해서 계획된 것이었다.

군대의 개혁은 두 개의 추가적인 조치가 취해졌을 때 완료되었다. 첫째, 공적에 따라 보수(경력의 승진을 포함해서)를 지급하고 키루스를 그

공적의 심사자로 하는 원칙이 (키루스에 의해 조정되어) 만장일치로 채택되었다.[43] 이것은 유인을 통해 그 군대에 활기를 불어넣기 위해서뿐만 아니라, 불신받았던 옛 방식 대신 구별과 위계에 대한 새로운 기초를 제공하기 위해서도 필요했다. 위계제는 옛날만큼 새로운 질서에서도 필요했을 것이다. 이와 함께 키루스는 그 자신의 권위에 의거하여 무가치한 자로 취급되어 계급에서 밀려난 사람들을 그들이 동료시민들인가의 여부에 관계없이 가용한 최선의 인물들로 대치시키라고 명령했다. 그는 이것이 "말들의 경우에 우리가 그 말들이 조국산인가의 여부에 앞서 가장 훌륭한 말들을 구하는 것과 같다"고 하였다.[44]

말할 필요도 없이 키루스는 동맹국들과 더불어 그의 군대를 확대시키고, 그 동맹국들이 적절한 군사적 과업에서 뿐만 아니라 사적으로도 페르시아인들과 그에게 복종하도록 준비시키는 작업에 착수했다. 여기에서도 그는 그의 군대를 재조직할 때 보여주었던 정력과 재능을 똑같이 발휘했다. 더구나 그는 자신에게 사람들을 끌어들일 때 그의 명백한 친절함과 인정미, 공정함과 관대함, 충실함과 믿음성의 덕을 대단히 많이 보았다.[45] 이와 같은 자질들은 그의 대단한 군사적 기예(일찍이 그가 이 기예를 행동으로 보여줄 기회를 얻게 되자 이에 의해 그는 즉각적인 명성을 얻었다)와 결합되어 강력하게 매력적인 조합을 이루었다. 비록 크세노폰의 설명에 따라 이러한 모든 활동을 읽어나가는 것은 즐거운 일이지만, 우리는 이 모든 활동들을 건너뛰어야겠다. 그리고 페르시아 군대를 재조직함으로써 키루스가 심었던 정치적 씨앗들과 그가 창설했던 페르시아 제국에서 그 씨앗들이 맺었던 열매들에 대해 계속 생각해 보아야 하겠다.

지금와서는 그의 노력들이 "페르시아", 즉 고전적인 귀족정의 한계에 대한 심원한 이해나 또는 놀라운 직관적 파악에 의존하고 있었던 것으로 이해될 수 있다. 예컨대 그는 페르시아가 요구했던 충성이 특수주의적이고 비보편적인 어떠한 사회에서도 그러한 것처럼 인류를 자의적으로 동료시민들(친구들)과 이방인들(실질적이거나 잠재적인 적들)로 구분하는 것에 의존하고 있다는 것을 알았다. (플라톤이 『국가』에서 벗들을 돕고 적들에게 해를 끼치는 것으로서 이해되는 정의의 결함들에 대해 해놓은 분석과 비교하라.) 마찬가지로 그는 위계적 계급질서—이것이 없다면 물자가 한정되어 있는 전근대적 조건에서 페르시아적인 독특한 교육체계가 유지될 수 없었다—가 공적이나 타고난 능력이 아니라 세습적 부라는 변명의 여지가 없는 기준에 의존하고 있다는 것을 알았다. (플라톤은 『국가』에서 단지 가족을 폐지하는 극단적인 임시방편에 의해서만 고전적인 귀족정에서 발생하는 이와 같은 긴장을 제거할 수 있었다) 보편주의적인(따라서 모든 사람들을 포용하는) 제국을 창설하고 그 제국 안에서의 부와 명예, 그리고 책임의 위치를 오로지 공적에 의해서만 결정되게 만듦으로써 구질서의 이와 같은 결함들은 새로운 질서 안에서 제거될 수 있을 것이다.

키루스는 무엇보다도 구페르시아의 교육이 산출하고 있는 것으로 자부하고 있는 즉자적 목적으로서의 미덕과 덕행들에 대한 애착, 즉 구페르시아와 그 삶의 방식에 대한 선호가 의존하고 있는 하나의 애착이 가진 취약성을 알았거나 또는 감지하고 있었다. 이제 단지 애착 그 자체만 말하고 그 애착의 목적인 미덕에 대해서 말하지 않는다면 그 애착은 참으로 엄밀한 의미에서의 교육에 의한 결과는 아니다. 차라리 그 애착은 문자 그대로,[46] 그리고 비유적(칭찬과 비난을 통해서)으로[47] 귀족들에게 주입되어 왔다. 그렇게 생겨난 하나의 애착은 유혹에 약했다. [『국가』에 포함되어 있는 에르(Er)의 신화 속에서 삶의 선택에 관한 에르의 이야기를 통해 플라톤이 제시하고 있는 것과 비교하라.] 그러나 귀족들이 그러한 유혹들을 제시하고 보상을 위해서가 아니라 그 스스로 목적을 지닌 미덕이라고 간주해 왔던 것을 더 이상 추구하지 말라고 그들에게 제안했을 때, 키루스는 개혁자라기보다 오히려 타락자처럼 보일 것이다. (여기서 바로 이 점이 키루스가 크세노폰의 또 다른 영웅인 소위 젊은이들을 타락시키는 자와 유일하게 유사한 점일 거라는 사실에 유의하자) 그리고 키루스의 혁명을 호의적으로 기술함으로써 크세노폰은 그가 귀족들의 부패에 동조하고 있다는 사실을 토로하고 있는 듯싶다. 키루스의 전체적인 신질서에 대한 크세노폰의 최종적인 판단이 가장 중요한 부분이라면, 크세노폰이 그러한 부패를 어떻게 보았는가라는 질문은 가장 중요한 부분 가운데 한 부분이다.

크세노폰은 그 저작의 서문에 해당되는 곳에서[48] 여러 민주정, 군주정, 과두정과 그리고 무엇보다도 참주정들이 숱하게 붕괴되는 사실들을 숙고해 보고, 인간들이 다른 인간들을 성공적으로 지배한다는 것이 불가능하다고 말할 수는 없지만 대단히 어렵다는 결론을 내린 후에 그의 관심을 키루스에게 돌리게 되었다고 말하고 있다. 이러한 결론은 키루스의 경력을 보면 반박될 수 있을 듯싶다. 그의 경력은 만약 인간이 그 방법을 알기만 한다면 인간을 지배하는 것이 어렵거나 불가능하지 않다는 것을 입증해 준다. 키루스는 그 같은 정치적 문제를 해결했던 듯싶다. 그러나 크세노폰은 『키로파에디아』의 결론부에서[49] 키루스의 제국이 그의 사후에 즉시 투쟁과 부패에 빠져들기 시작했다는 점을 인정하고 있으며 강조하기조차 한다. 그 이유는 단지 그의 위대한 자질들을 결여하고 있는 키루스의 후계자들이 그가 수립했던 제도들을 유지할 수 없었기 때문만이 아니었다.[50] 그 이유는 그 제도들 자체에 존재하는 결함들에서도 발견된다

우리는 키루스의 새로운 건설이 전(前) 지배계급을 새로운 주인들

에게 봉사하는 노예층으로 전락시키는 식으로 거의 단순히 "뱃머리를 돌린 것"일 뿐이라는 사실은 한쪽으로 제쳐둘 것이다. 또한 그 결과 발생한 폐해로 인해 방대한 군사적 장치와 키루스의 커다란 개인 경호대,[51] 비록 비공식적이지만 실질적으로는 전 사회적인 내적 스파이 망의 유지[52]가 필요해졌으며, 더불어 피지배층을 두려움과 공포로 장악하기 위한 다양한 "주술적" 테크닉들의 사용[53]이 필요하게 되었다는 사실도 제쳐둘 것이다. 그리고 키루스에 의해 그처럼 아낌 없는 보상을 받았던 개인적 "공적"이라는 것도, 종종 그에 대한 충성 및 단순히 그의 사적인 목적들에 기꺼이 따르는 것과 구별하기 어려웠으며,[54] 그렇게 받은 보상들은 키루스의 기분에 따라 언제라도 취소될 수 있었다[55]는 사실 또한 제쳐둘 것이다. 우리의 현재 목적을 위해 훨씬 더 중요한 것은 가장 많은 보상을 시혜받은 바로 그 친구들로부터 그의 왕권에 대한 최대의 위협이 비롯될 거라고 키루스가 판단했다는 사실에 주목하는 것이다.[56] 이러한 친구들이란 대부분 목적으로서의 미덕에 대한 추구를 그 보상을 위한 미덕의 추구로 대체하자는 키루스의 제안에 의해 자신들의 탐욕(그 모든 측면에서)을 해방시킨 바로 그 귀족들이었다. 이것에 의해 그 판단의 의미를 이해할 수 있을는지도 모른다. 보다 일반적으로 말해서 한편으로는 페르시아의 교육과 절제, 다른 한편으로는 메디아의 의상과 사치[57]를 결합시키려 했던 키루스의 노력은 일시적으로는 활기를 불어넣었지만, 결국 그리고 심지어는 단기적으로도 법도 있게 양성된 자질들과 성품들에 대해 파괴적이었다. 그런데 키루스의 군사적 기획은 바로 이런 자질들과 성품들에 의존했을 뿐만 아니라, 그 스스로를 지키고자 하는 어떤 나라의 역량도 부분적으로는 이것들에 의존해야 했다.[58] 따라서 그 규모와 전반적인 군사적 능력은 증대되었지만 키루스 군대의 자질은 점차 감퇴되기 시작했다.[59] 또한 키루스에 의해 그의 궁전 문앞에 설치된 새로운 귀족들에 대한 교육은—그것이 구페르시아의 교육과 표면적으로는 대단히 비슷하고 또 외면적인 질서와 상호 존경을 만들어내는 데는 대단히 성공했지만—키루스가 구페르시아의 교육에서 제거시켰던 목적으로서의 미덕에 대한 진심과 헌신을 제공하지는 못했다.[60]

이와 같은 점들과 여타의 사실들을 바탕으로 하여 생각해 볼 때 우리는 크세노폰이 키루스에 대해 그의 서문에서 개진했던 논지가 키루스의 경력을 상세히 설명함에 의해 유지되었다기보다는 오히려 반박되었다는 결론을 거의 피할 수 없다. 설사 그 저작에서 [구페르시아의 법률과 정체에 대한] 일종의 찬성이 구질서의 결함들을 조명하면서 적절히 유화되어 나타났지만, 결국 그가 『키로파에디아』의 전반적인 내용이 키루스에 의한 개혁보다는 오히려 구페르시아의 법률들과 정체(政體)에 대한 일종의 찬성이었다는 점을 시인했음에 분명하다. 그러나 그 경우 왜 그는 최소한도 첫인상에서나 또는 두 번째 인상에서도 우리에게 매력을 주는 방식으로 키루스의 개혁을 기술했는가? 아니면 이번에는 우리의 잘못된 견해로부터 그 반대편으로 너무 멀리 나아감으로써 이제 잘못을 반복하는 위험을 겪고 있는 것은 아닌가? 키루스에 대한 크세노폰 자신의 견해가 그러했듯이 키루스에 대한 진실은 이 극단들 사이의 어디엔가에 존재하는가? 우리는 젊은 키루스와 그의 양친 사이에 이루어진 두 개의 대화들을 살펴봄으로써 이러한 질문에 답하거나 또는 크세노폰의 최종적인 평가가 서 있는 관점을 판단하는 데 도움을 받을 수 있다.

키루스는 그의 거창한 계획에 대하여 양친에게 충고를 구하지 않았다. 아마 사전에 질문을 받았다면 그들 중 어느 한 사람도 그 계획에 동의하지 않았을 거라고 말해도 좋을 것이다. 이것은 [그 계획을] 하나의 현실이나 최선의 기정사실로 만든 이후에 친절하게 양보하는 것과 같은 것이 아니다.[61] 그러나 적어도 참조된 그 대화들로 판단하건대 반대의 근거들은 두 경우에 있어서 달랐을 것이다. 키루스의 어머니는 그가 아직 소년이었을 때 메디아와 페르시아의 정의 사이에 존재하는 차이에 대하여 메디아에 있는 키루스에게 이야기해 주었다.[62] 그녀는 의심할 여지없이 명백한 어조로 페르시아의 정의가 우월하다고 말하고 있는데, 키루스는 [오히려 페르시아의 정의가 이러한] 더 좋은 점을 가지고 있지 않다고 입증하려 했던 것이다.[63] 키루스의 아버지는 키루스가 다시 메디아로 떠나게 되었을 때 이번 기회에 그의 숙명적인 지배권을 떠맡으라고 말했다. 그는 타인들에 대한 지배를 실행한다는 것이 무엇을 의미하는가에 대한 질문을 제기하면서 키루스 자신의 상황에 대해 말하고 있다.

> 얘야, 너는 너와 내가 일찍이 숙고를 통해서 도달했던 결론들을 벌써 잊었느냐? 그것은 즉 한 인간이 확실한 기품과 선량함을 얻게 되고 그 자신과 가족들을 위해 일용에 필요한 양식을 가지고 있을 정도의 노고를 쏟을 수 있다면 그것은 한 인간에게 있어서 충분하고도 고결한 행위라는 것이다. 그러나 타인들을 이끌어서 그들 모두가 일용할 양식을 풍족하게 갖도록 하고 그들 모두가 스스로 바라는 바의 사람이 되도록 하는 방법을 안다는 것은 하나의 커다란[충분한] 과업이므로, 그리하여 그것은 우리에게 하나의 놀라운 것으로 보이게 된다. 예, 아버지, 제우스에게 맹세컨대 저는 이와 같은 당신의 말씀을 기억하고 있습니다. 그리고 훌륭하게 다스린다는 것이 나에게는 너무 엄청나게 커다란 과제인 듯싶었습니다. 그리고 지금도 다스림 그 자체를 검토함에 의해 그 문제를 생각할 때면 여전히 똑같은 견해를 가지고 있습니다. 그러나 다른 사람들을 보면서 어떤 종류의 인간들이 관습 속에서 존속[할 수 있으며] 어떠한 종류의 경쟁자들을 우리가 갖게

될 것인가에 대해 제가 알게 될 때마다 저에게는 그와 같은 종류의 인간들 앞에서 굽신거리거나 그들에 대항하여 기꺼이 어깨를 겨루지 않는다는 것이 매우 부끄러운 일로 생각됩니다 … 그러나 아들아, 어딘가에는 인간들과의 경쟁이 아니라 과업들 그 자체와의 경쟁으로서 존재하는 무엇인가가 있다는 것에 주의하거라. 과업들 그 자체와의 경쟁은 확고한 우위를 수립하기가 용이하지 않다.[64]

그의 아버지와 반대 입장에 서서 키루스는 자기 자신이 고결하고 선하게 되는 것이 지배하는 것과 분리된 것이거나 하나의 위대한 과제라고 간주하지 않았다. 그가 타인을 지배하는 데 지나치게 열중했다는 것은 그가 이미 그것을 많이 성취했거나 아니면 최소한도 고결하고 선하다는 것이 무엇을 의미하는가에 대해 이미 잘 알고 있다는 그 자신의 믿음을 시사하고 있다. 대화를 통한 그의 언명(言明)이 우리에게 소크라테스를 상기하게 하는 그의 아버지는 분명히 그렇게 확신하고 있지 않았다. 그러므로 그의 아버지는 키루스 본인을 위하여 키루스가 정치적(또는 군사적) 책임을 떠맡는다는 것이 올바른 방책이라는 사실에 대해 키루스 자신보다 더 주저하고 있었다. 그리고 이것은 크세노폰이 얼마 후 키루스가 왕으로서 보낸 삶의 내면적 빈곤—끝없는 외면적인 영광과 성공이라는 배경과 대조적으로—에 관하여 지적했던 점들이 그가 아버지의 충고에 대해 무지했던 결과를 제시하려고 의도했던 것인지 아닌지에 대한 의문을 우리에게 던져주고 있다.[65] 크세노폰은 키루스에 대해 분명히 "나에게는 그가 그 스스로 축복받아 행복한 듯 보인다"고 일찍이 소크라테스에 대해 말했던 것과 같은 말을 결코 하고 있지 않다.[66]

이제 키루스가 귀족들을 부패시킨 것에 대한 크세노폰의 견해가 무엇인지 다시 한 번 질문하기로 하자. 단지 농담삼아 말한다면, 키루스가 타락자라는 사실이 그에게 소크라테스와 공통적인 무엇인가를 제공해 준다는 것은 앞서 얘기한 바 있다. 이제 우리는 바로 그 말에 진리의 싹이 존재한다는 사실을 이해해야 할 지점에 서 있다. 왜냐하면 그의 아버지가 키루스에게 가했던 암시적인 비판은 실제적으로 구페르시아에서 교육받은 귀족들 어느 누구에게도 적용될 수 있었기 때문이다. 귀족들은 그들의 교육이 그들을 선하게 만들기에 충분하다고 확신했다.[67] 그러한 확신을 가지고 키루스가 했던 것과 똑같이 그들은 "적절한 나이"에 그들 자신의 개발로부터 공공적인 일을 경영하는 데로 자신들의 관심을 돌렸다. 실제로 그들은 키루스보다 열등했는데, 왜냐하면 키루스는 그들이 미덕으로서 중시하고 있는 것이 불충분하다는 것을 그들보다 어느 정도 더 잘 알고 있었기 때문이었다. 이런 식으로 볼 때 키루스가 귀족들을 부패시키고 그들의 미덕에 의문을 제기한 것은 일종의 해방으로 이해될 수 있다. 그리고 소크라테스적인 방식으로 가르치는 구페르시아에서의 금령(禁令)을 생각한다면[68] 그것이 그곳에서 유일한 종류의 해방이었을지도 모른다. 그렇지만 이와 같은 공식적인 노력이 반드시 존재해야 했으므로 그것은 분명히 불완전하며, 나아가 유산(流産)된 해방이기도 했다. 그의 해방은 소크라테스가 아테네와 외국의 몇몇 젊은이들을 타락시켰다는 어리석은 비판을 받았던 것과 똑같이 됨으로써만 그것이 받는 것과 같은 동조를 얻어낸다. 즉 그것은 우리에게 소크라테스의 교육이 무엇에 의존하는가에 대한 질문을 상기시키는 데 도움을 준다.

크세노폰은 키루스가 이와 같이 가장 높은 종류의 교육을 결여하고 있었을 것이라는 의심을 불러일으킨다. 그러나 우리의 예상과는 달리, 만약 키루스를 알기 위해 가장 중요한 것이 교육이 아니라 그가 결여했던 것이라면 그의 책 제목인 "키로파에디아"(키루스의 교육)에 의해 크세노폰은 무엇을 제시하려 했던 것일까? 아니면 이 책은 젊은 키루스가 완수하지 못한 "등정"(登程)이나 혹은 국토 순력(巡歷)에 관계된 "키로아나바시스"(키루스의 등정)와 적절히 짝을 이루고 있는 것에 불과한 것일까? 그리하여 "키로파에디아"는 노(老)키루스가 끝내지 못했거나 그의 교육이 중단된 지점에 대해 관심을 기울이지 않았던 바로 그 교육에 주의를 돌렸던 것이다.

2. 『메모라빌리아』

이미 언급했듯이 소크라테스에 대한 언급은 크세노폰의 소크라테스에 대한 저작들에서는 물론이고 『키로파에디아』의 여러 곳에도 존재한다. 키루스와 그의 아버지 사이의 대화—다른 것들 사이에 소크라테스와 같은 식으로 정의를 가르쳤던 한 선생님에 대한 언급이 포함되어 있다—는 이러한 예의 하나이다. 이 언급의 뒷부분은 아르메니아 왕이 그 아들의 선생님인 어떤 "소피스트"를 죽이는 것으로 구성되어 있다. 그 부왕(父王)은 선생님이 자신의 아들을 타락시켰다고 비난했는데, 즉 그가 부친에 대한 그 아들의 애정 또는 숭배를 소원(疏遠)케 했다는 것이었다.[69] 우리는 또한 델피(Delphi)의 신탁(神託) 및 아폴로 신—크로에수스(Croesus)[70]가 그의 진실을 의심함으로써 노여움을 샀던 신—과 더불어 크로에수스를 다루고 있는 것을 볼 수 있다.[71] 크세노폰은 아마도 우리를 판테아(Panthea)와 테오도테(Theodote)에 대한 유사한 이야기에 의해 키루스와 소크라테스를 비교하도록 이끌었거나 또는 인도했을 것이다. 판테아—포로가 된 극히 아름다운 여왕—를 돌보도록 위임받은 그의 친구가 키루스에게 그녀를 만나보라고 재촉하자 그는 거절했다. 그것은 그녀의 아름다움으로 인해 자신이 해야 할 일들을 소홀히 하게 될지도 모른다는 두려움 때문이었다.[72] 그 반면 소크라테스는 그 말을 전해준 사람에 따르면, 너무 대단해서 필설로 형용할 수 없을 정도로 아름다운 테오도테라는 부인이 도시에 나타났다는 소식을 듣자 "그렇다면 구경을 가야 하겠다. 왜냐하면 [단순히] 듣기만 한 사람은 필설로 형용할 수 없을 정도로 대단한 것이 무엇인지 알 수 없기 때문이다"라고 대답했다.[73] 소크라테스에게는 테오도테를 계속 보고 싶은 바람으로 인해 그의 일상적인 활동이 저해될 위험이 존재하지 않았다.

키루스와 소크라테스 사이의 가장 현저한 차이점은 소크라테스는 높은 정치적 공직을 결코 추구하지도 않았고 가져본 적도 없다는 것이다. 일견 이러한 차이는 별달리 중요하지 않은 것처럼 보인다. 그 이유는 소크라테스 자신이 인정하고 주장하고 있듯이 그가 정치를 가르치는 교사였다는 점 때문이다. [몇 가지 증거를 들어보자 : 『메모라빌리아』에 따르면 소크라테스의 가장 악명높은 두 제자인 크리티아스(Critias)와 알키비아데스(Alcibiades)가 소크라테스에게서 추구했고 그와 더불어 교제했던 것은 정치를 가르치는 한 교사로서였다.[74] 그리고 『메모라빌리아』에서는 그에 의한 직접적인 교육이 가장 커다란 주목을 받고 있는데, 소크라테스는 제자들에게 그 자신을 정치를 가르치는 한 교사로 소개하고 있다.[75] 이와 더불어 그 책의 또 다른 상당한 부분이 실제 또는 자칭 정치·군사적 지도자들과 소크라테스와의 대화에 할애되고 있다.[76]] 소크라테스의 한 비판자이자 경쟁자는 소크라테스의 학생들을 뺏고 싶어했다. 그래서 그는 일찍이 소크라테스는 그가 다른 사람들로 하여금 정치에 종사할 수 있게 만든다고 자기 좋을 대로 믿고 있지만, [사실은] 소크라테스 자신의 정치에 대한 회피—[정치에 관한] 이해나 지식에 대한 주장과는 거의 일치되지 않는 회피—때문에 [소크라테스의 생각은] 믿기 어려운 것이 아닌가라고 소크라테스에게 물었다. 이에 대한 응답에서 소크라테스는 그가 정치를 회피한다는 것을 인정하지 않았다. 즉 그는 "내가 나 스스로 그렇게 행위하고 그렇게 행위할 수 있을 가능한 한 많은 주의를 정치에 기울이는데 어떻게 그 이상 정치에 더 많이 종사할 수 있겠습니까?"[77]라고 반문했다. 따라서 소크라테스는 아마도 키루스가 추구했던 것과 같은 종류의 목적, 즉 공공의 목적을 단순히 다른 수단에 의해 추구했던 것이다. 그런데 소크라테스는 정치를 이해하는 어떠한 사람도 정치에 종사함으로써 그 지식을 사용할 것이라는 그 비판자의 가정에 의견을 같이 하고 있는가? 그리고 그가 몇몇 다른 사람들을 정치에 보다 많이 종사할 수 있게 만드는 교육이 그들로 하여금 또한 그렇게 하기를 원하도록 인도하는가? (아니면 그들이 계속해서 원하도록 허용하는가?)

크세노폰에 따르면 소크라테스는 그가 인정했던 것을 그의 동료들이 받아들이기를 원했다.[78] 이것은 그의 가장 훌륭한 학생들의 경우에서만 완전히 가능했을 것이다. 그가 생각하기에 그가 가장 교제하고 싶어했던 최고의 천품(天稟)을 가진 젊은이들을 알아볼 수 있는 징표 가운데 하나는 정치적 공동체를 훌륭하게 이끄는 데 요구되는 모든 것을 배우고 싶어하는 욕구였다.[79] (크세노폰이 플라톤을 언급하고 있는 것은 실제 또는 자칭 정치·군사적 지도자들과 소크라테스와의 대화를 다루고 있는 『메모라빌리아』의 한 부분에서 뿐이다. 크세노폰은 거기서 소크라테스가 가장 관심을 가졌던 학생이 플라톤이라는 사실을 암시적으로, 그러나 분명하게 밝히고 있다)[80] 또한 크세노폰은 소크라테스가 여러 종류의 젊은이들을 각각 다른 방식으로 접근했다는 것을 보여주고 있다. 즉 그는 대면하고 있는 사람의 천품에 따라 그의 접근방법을 채택했다.[81] 따라서 최고의 천품을 가진 젊은이들에 대한 접근방식은 아마도 그들의 고매한 이상을 고려했을 것이다. 그리고 이 점만으로도 소크라테스의 교육은 정치학에 대한 교육이라고 그 젊은이들에게 소개할 수 있는 충분한 근거가 되었을 것이다. 따라서 그들이 정치적 출발점으로부터 어디로 인도되고 있는가 하는 질문은 여전히 타당하다. 소크라테스 교육—그가 스스로 체득했으며, 몇몇 다른 사람들에게 전수하거나 또는 그들이 체득하도록 준비시켰던 교육—의 결과는 무엇인가?

크세노폰은 『메모라빌리아』의 마지막 권에서 소크라테스의 교육을 가장 완벽하게 서술하고 있다. 사실 크세노폰은 소크라테스가 유티데무스(Euthydemus)—가장 형편 없는 자질을 갖춘 젊은이—를 위해 채택했던 교육방식을 서술하고 있다.[82] 그러나 이 점을 참작하고, 한편 가장 훌륭한 학생들조차도 유티데무스와 공통점을 가지고 있었다는 사실을 고려한다면 우리는 소크라테스의 가르침에 대한 이 같은 진술, 특히 그 교육의 첫 시작에 대한 진술에서 무엇인가를 배울 수 있을 것이다. 첫째, 가장 훌륭한 학생들도 유티데무스와 같이 "인간들이 정치를 운영할 수 있게 되고 또한 통치할 수 있게 되는 "참다운 미덕"(virtue), 즉 이른바 "왕도"라고 불리는 "가장 고매한 미덕과 가장 위대한 기예"(art)에 대한 열망을 가지고 있다. 둘째, 그들의 이상이 고매하므로 정의롭지 않고서는 이러한 것들에 능숙할 수 없다는 소크라테스의 신념에 그들은 동조하게 된다.[83] 소크라테스는 명백히 그러한 이상과 열망, 그리고 신념에 호소함으로써 그의 진지한 가르침을 시작하곤 했다. 정의에 대한 앎이 정치적 이해와 정치적 행위에 있어 근본적인 중요성을 지닌 선결조건이라는 것은 당연하다. 그러나 지금 운위되고 있는 그 젊은이(유티데무스)는 이러한 앎을 가지고 있는가? 유티데무스는 정의가 무엇인가를 아는 것은 간단한 일이라고 손쉽게 추측하며, 따라서 그는 그것을 알고 있다는 순진한 신념을 가지고 있다. 그러나 보다 나은 자질을 갖춘 젊은이들은 유티데무스와 같이 손쉬운 추측과 순진한 신념을 가지고 있는 것 같지는 않다. 그러나 그들은 정의가 무엇인지 알고 있다는 믿음으로부터 완전히 자유로운가? 그리고 정의가 무엇인가에 대한 그들의 견해들은 소크라테스의 비판에 유티데무스보다 얼마나 더 버틸 수 있을 것인가?[84]

소크라테스와의 대화가 이 지점에 이르게 되면 소크라테스의 보다 나은 학생들에게는 하나의 사실이 명백해진다. 즉 어떠한 것도 정의가 무엇인가에 대한 탐구보다 더 중요할 수 없으며, 이와 같은 탐구에 대한 항존적(恒存的)인, 그러나 지금까지는 인식되지 않은 필요성을 드러내기 위해 비할 바 없이 귀중한 봉사를 이미 수행해 온 사람의 도움을 받아 그와 같은 탐구를 하는 것보다 더 중요한 일은 없다는 것이다. 정치적 활동에 관계된 모든 사고는 이 과제가 완료될 때까지 연기되어야만 한다. 그러나 이 과제는 시간상 어떤 한정된 기간 내에 완료될 수 있을 것인가? 소크라테스가 유티데무스를 교육하는 것과 관련하여 던져준 정의에 대한 설명이 완벽하게 만족스럽지 않다는 것은 더 이상 말할 필요가 없을 것이다.[85] 그러나 또한 크세노폰(또는 플라톤)의 저작에 나타난 소크라테스의 어떠한 다른 설명이라 해도 충분히 만족스러운가? 플라톤의 저작에 나타난 소크라테스[86]는 물론이고 크세노폰의 라테스[87]는 결코 중단하지 않는, 즉 정의가 무엇인가에 대한 그의 탐구를 결코 끝낼 줄 모르는 것으로 악명높다. 그 결과 정치적 활동에 종사하기 위해 계획된 단순한 예비적 탐구활동이 오히려 정치적 활동을 대치해 버렸다. 정치에 대한 교육인 것처럼 보였던 것, 즉 수단이 목적으로 되었다.

분명히 소크라테스나 그의 몇몇 학생들을 정치적 삶으로부터 철학적 삶으로 전환하도록 인도했던 것에 대한 바로 앞서의 설명은 그것이 대답해 주는 것보다 더 많은 의문을 불러일으킨다. 사람들은 심지어 그 설명이 철학에 유리한 것만큼이나 철학에 불리한 하나의 사례를 구성하고 있다는 것을 발견할는지도 모른다. 왜냐하면 만약 철학적 탐구가 정의가 무엇인지에 대해 대답을 제시해 주지 못한다면, 하나의 대답에 대해 깊고 절박하기조차 한 필요를 확신하고 있는 사람이라 해도 왜 그러한 탐구에 그의 일생을 기꺼이 낭비하겠는가? 명시적으로 표현되지는 않았지만 이 질문에 대한 소크라테스의 답변이 아마도 유용할 것이다. 철학적 삶이 정치적 삶보다 더 우월—만약 그것이 사실이라면—하다는 것에 대한 보다 충분한 설명은 아마도 그 답변과 자아에 대한 앎(self-knowledge) 및 선(善)에 명백히 관련된 질문들에 대한 답변들[88] 속에 존재할 것이다. 부적절하거나 결함이 없는 주장에 대해 결코 의문을 제기해 본 적도 없었던 유티데무스를 위해 소크라테스는 자신의 견해들을 적절하게 단순화시킨 설명이나 비슷한 견해들을 제시하는 것이 적합하다는 것을 알았다.[89] 크세노폰은 이 단계에서 가장 훌륭한 자질을 갖춘 젊은이들의 경우에 소크라테스가 무엇을 했는지에 대해 이야기하지 않는다. 따라서 우리는 그 대답이 어떤 근본적인 딜레마—소크라테스는 이 젊은이들을 대신하며 이 딜레마를 해결하는 것을 거부했다—에 대해 그들을 각성시키고 특정한 질문들—소크라테스는 그들이 스스로 대답하도록 이 질문들을 남겨놓았다—을 제기하기 위하여 소크라테스가 사용했던 교수법이었는지 아닌지에 대해서는 알 수가 없다.[90] 이처럼 난처한 경우에 의지해야 할 버팀대로 알고 있는 것은 단지 다음과 같은 것이다. 즉 이른바 정의의 문제라는 하나의 장애는 적절하고 훌륭하게 만족스러운 정치적 삶과 관련하여 항존하고 있으며, 최소한 일시적으로나마 존재하고 있다는 사실이다. 또한 그 장애를 제거하려고 할 때—우리가 반드시 제거해야 할 때—우리는 정치적 삶보다 우월하다고 하는 또 다른 삶과 거의 불가피하게 만난다는 사실이다. 결과적으로 우리의 과제는 정의가 무엇인가를 알아내는 것뿐만 아니라 철학이 무엇인가를 요해(了解)하는 것이며, 어떻게 살 것인가에 대해 최선의 답변을 구성하려는 철학의 요구를 탐구하는 것이다.

『메모라빌리아』("회상")는 전체적으로 소크라테스라는 개인이 다른 방식의 삶을 어떻게 시현(示顯)했는가에 대한 크세노폰의 설명이다. "회상"(回想)은 어떤 암울함 아래 쓰여져 출판되었다. 그들의 영웅은 불경죄와 젊은이를 타락시켰다는 두 개의 죄목으로 유죄판결을 받았으며, 아테네인 동료들에 의해 처형되었다. 크세노폰이 그것들을 저술하는 데 이 사실이 어떻게 영향을 미쳤는가 알아보기 위해서 최소한 잠시 동안만이라도 오늘날의 상황으로부터 우리를 자유롭게 하기 위한 노력을 해야 한다. 즉 오늘날에는 어느 누구도 소크라테스가 죽을 죄를 지었다고 생각하지 않는다. 소크라테스가 기소받은 사실들에 대해 결백하다는 것과, 또는 나아가 설사 그가 완전히 결백하지는 않다 해도 그가 기소된 사실들은 죄로서 취급되지 않으며 취급되어서도 안 된다는 것이 오늘날 널리 믿어지고 있다.

크세노폰이 소크라테스의 결백에 대한 옹호자인 한, 그 자신이 오늘날의 상황에 대해 부분적으로 책임이 있다는 사실에도 불구하고 우리는 이 같은 노력을 해야 한다. 크세노폰이 저술했을 당시에는 소크라테스의 무죄 또는 유죄문제에 대한 일반적인 견해가 여전히 뒤섞여 있었음이 분명하다. 비록 그의 저작에 나오는 대부분의 직접적 청원자들, 즉 소크라테스에게 관심이 있는 대부분의 사람들은 그의 결백을 확신하고 있었던 듯하지만 그들 대부분은 그 반대 견해를 가진 친구들이나 친척들을 분명히 가졌을 것이다. 또한 제일가는 청원자들조차도 의심하는 사람들을 만족시키고 소크라테스에 대한 그들의 관심이 존경받을 만한 것이라는 사실을 옹호할 만한 논거들을 반드시 가지고 있지는 않았다. 그리하여 크세노폰은 그 자신과 다른 사람들, 즉 실질적이거나 잠재적인 소크라테스의 학생들을 위하여 이와 같은 논거들을 제시했다. 따라서 그의 회상(回想)이 플라톤의 대화편처럼 소크라테스를 위한 변명의 형식을 취하는 것이 필요했다. 오늘날 몇몇 사람들은 항상 크세노폰의 증언이 플라톤의 증언보다 더 유력한 점을 가지고 있다고 생각한다. 예컨대 토마스 제퍼슨(Thomas Jefferson)에 따르면 "우리는 오로지 크세노폰의 『메모라빌리아』에서만 순수한 소크라테스를 만나게 된다."[91] 따라서 크세노폰은 이러한 변명이 거두어 온 위대한 성공, 즉 현재의 견해들을 형성하는 데 도움을 주어 온 성공에 대해 그 명예와 그 책임을 플라톤과 함께 공유해야 한다.

만약 우리가 전술한 바와 같은 노력을 기울이지 않는다면 그러한 견해의 영향 하에서, 즉 하나의 특수한 방식으로 그의 저작에 접근하고 있는 것이다. 우리는 소크라테스가 무죄라는 그 논지를 당연한 것으로 여겨서 크세노폰이 이러한 논지를 뒷받침하려고 애쓰는 논거와 논거들의 사용 및 사례들을 특별히 주목하지는 않는다. 크세노폰의 시대에 소크라테스의 지지자들조차도 그랬던 것처럼 소크라테스에 반대하는 입장의 강도에 대해서 우리는 더 이상 깨닫지 못하고 있으므로 명시적인 직접적 토론 아래에 깔려 있는 섬세함을 보지 못한다. 결과적으로 크세노폰이 그러한 입장과 싸우면서 감수해야 했던 희생, 즉 현재에는 진실한 것으로서 널리 받아들여지고 있는 그 견해를 형성하기 위하여 그가 허용할 수밖에 없었던 소크라테스에 대한 왜곡된 설명의 징표들을 우리는 충분히 주의깊게 보고 있지 않다.

예컨대 젊은이들을 부패시켰다는 죄목을 다루고 있는 그 저작의 제2장에서 크세노폰은 소크라테스의 기소자들이 소크라테스에 반대하여 행하고 있는 수많은 구체적 진술들을 인용하고 있다.[92] 각각의 경우에 그 공격 뒤에는 문제가 되고 있는 사항에 대해 소크라테스를 옹호하는 크세노폰의 변명이 이어지고 있다. 그 변명은 분명히 공격을 물리치기 위해 의도된 것이므로 구체적인 진술들이 전혀 근거가 없다는 인상을 받게 된다. 그러나 크세노폰도 분명히 알고 있듯이 그의 응답들은 언제나 그 공격들을 정면으로 받아내거나 완벽하게 패배시키고 있는 것은 아니다.

첫 번째 진술에 따르면, 소크라테스는 제비뽑기로 공직자를 선출하는 방법을 비난하는 것과 같은 언사들에 의해 그의 동료들에게 기존의 법률들과 기존의 (민주적) 정체를 경멸하도록 했다는 것이다. 그리하여 그는 동료들을 난폭하게 만들었다. 이중의 공격에 대하여 크세노폰은 소크라테스가 결단코 동료들을 난폭하게 만들지 않았다고 응답한다. 이 주장조차 의심스러워 보인다. 왜냐하면 그 기소자는 이어서 난폭하기로 악명높은 크리티아스와 알키비아데스가 소크라테스와 어울리는 사람들 사이에 언제나 있어 왔다는 사실을 언급했기 때문이다. 크세노폰은 크리티아스와 알키비아데스의 행위들을 옹호하려 하지 않는다. 또한 소크라테스와 그들의 교제를 부인하지도 않는다. 그는 단지 소크라테스가 그의 영향 하에 있는 동안 그들을 온순하게 하기 위해 그 자신이 할 수 있는 것을 어느 정도 성공적으로 했다고 이야기한다. 그리고 만약 그들이 뒤에 형편없이 되어버렸다고 해도 집을 떠난 후에 형편 없이 되어버린 아들을 가진 어떤 훌륭한 아버지 이상으로 그러한 사실로 인하여 소크라테스가 비난받아서는 안 된다고 이야기하고 있다. 이것은 대단히 훌륭하다. 그러나 그것은—앞날의 성향이 명백한 그들의 인격에 대하여 소크라테스가 제한된 영향력을 가지고 있었다는 점을 엄밀히 고려해 볼 때—소크라테스가 크리티아스와 알키비아데스에게 정치적 교육의 형태로 도구들을 제공해 주었는지 아닌지의 여부와 같은 결정적인 질문들에 대해 답변하진 못한다.

기소자의 세 번째 진술에 따르면, 소크라테스는 자기가 그들의 아버지보다 그들을 더 현명하게 만들 수 있다고 동료들을 설득하고, 그 결과 무지한 자는 보다 현명한 자에 의해 억제되는 것이 정당하다고 주장함으로써 아버지에 대한 불경(不敬)을 가르쳤다는 것이다. 크세노폰의 반대는 단지 억제와 관련된 점만을 다루고 있다. 그리하여 네 번째 진술은 소크라테스가 아버지에 대한 존경에 미친 영향에 관하여 비난을 되풀이하고 있다. 그리고 그것을 널리 친척들과 친구들에게까지 확장시킨다. 여기서는 크세노폰조차도 소크라테스가 친구들은 물론이고 아버지와 다른 친척들에 대해 말한 것으로 추정되고 있는 사실들을 이야기했다고 그의 응답과정에서 인정한다 : 필요한 것들을 알고 있고 그것들을 설명할 수 있는 사람들에 대한 존경이 고양된 결과 친척들과 심지어 친구들에 대한 존경이 어느 정도 상실되는 것은 이처럼 불가피한 것처럼 보인다. 기소자의 마지막 진술은 소크라테스가 가장 높은 평판을 지닌 시인들의 특정한 구절을 악의적으로 이용하고 있다는 것이다. 예컨대 소크라테스는 헤시오드(Hesiod) 시의 한 행을 "사람은 어떤 부정한 행위나 부끄러운 행위도 해서는 안 되지만 돈벌이를 위해서라면 이러한 일조차도 해야 한다"는 의미로 해석했다는 것이다. 크세노폰의 응답은 유익한 것이나 이익이 되는 것에 대한 소크라테스의 기준을 이야기하고 있다. 그러나 그것은 고귀한 것과 정의로운 것에 대한 소크라테스의 견해에 대해서는 아무것도 이야기하지 않는다.[93]

『메모라빌리아』가 쓰여진 방식을 알게 되면 우리는 그러한 저술방식이 그것이 제시하고 있는 소크라테스적인 철학함의 상(像)에 전반적으로 어떻게 영향을 미쳤을 것인가에 대해 의문을 가지게 된다. 일면 크세노폰은 일찍이 소크라테스가 소위 자연철학이라고 할 수 있는 것에 관심을 가졌다는 것을 부인하는 듯싶다 : "또한 그는 소피스트들이 코스모스라고 부르는 것의 상태를 탐구하고 어떤 필연성에 의해 개개의 신성한 것들이 발생하는가를 연구하면서 모든 사물들의 본질에 대하여는 대부분의 다른 사람들이 했던 방식대로 대화하지 않았다."[94] 오히려 그는 "무엇이 경건하며 무엇이 불경한가, 무엇이 고귀하며 무엇이 비천한가, 무엇이 정의로우며 무엇이 정의롭지 않은가, 무엇이 중용이며 무엇이 광기(狂氣)인가, 용기란 무엇이며 비겁함은 무엇인가, 국가는 무엇이며 정치가란 무엇인가, 인간에 대한 통치는 무엇이며 인간에게 알맞은 통치란 무엇인가를 연구하면서 언제나 인간에 대해 대화하고 있었다. 그리고 그것들을 아는 사람들을 고귀하고 훌륭한 것으로 간주하고, 그것들에 무지한 자들은 비천하다고 간주하는 것들에 관해 언제나 대화하고 있었다."[95] 그러나 『메모라빌리아』 자체에서와 소크라테스에 대한 다른 저작들에서 소크라테스가 자연철학에 관심을 가지고 있었다는 다른 징표들이 존재한다. 한 경우에 소크라테스는 그것에 수긍하지 않으면서도 자연철학자로서 그가 지닌 명성에 대해 언급하고 있다.[96] 그는 모든 존재들에 대한 과학을 지혜[그는 이것을 가장 위대한 재보(財寶)라고 지칭했다]와 동일시했던 듯싶다.[97] 그리고 아마도 부분적으로는 고대의 현인들이 남긴 저술들을 읽고 연구함으로써 그는 각각의 존재들이 무엇인가에 대해 탐구하는 것을 멈추지 않았다.[98] 탐구 중에 있는 존재들 중에 신성한 존재들이 포함되어 있지 않다는 것을 보여줄 아무런 사실도 존재하지 않는다. 또는 그 저술들이 소크라테스 이전 철학자들의 저작들을 내포하고 있지 않다는 것을 보여주는 어떠한 사실도 존재하지 않는다. 실제로 크세노폰은 특별히 아낙사고라스(Anaxagoras)를 거명(擧名)하여 언급하면서 소크라테스가 그러한 철학자들의 교의(敎義)에 정통했다는 것을 매우 분명하게 지적하고 있다.[99] 우리의 첫인상을 형성했던 그 구절들조차도 다시 검토해 보면 그것들이 처음에 그렇게 보였던 이상으로 더욱 합당하다는 것을 알게 된다. 모든 사물들의 본질에 대해 대화할 때 소크라테스는 "대부분의 다른 사람들이 했던 방식대로" 하지 않았다 : 그는 다른 방식으로 그렇게 했었을 것이다. 그는 언제나 인간들에 대해 대화하고 있었고, 고귀함과 훌륭함(紳士道)에 긴요하다고 생각했던 "그 밖의 것들"에 대한 앎의 문제를 항상 대화하고 있었다 : 소크라테스적인 감각에서 보면 분명 인간적인 사실들보다 그 밖의 사실들에 대한 지식이 신사도에 긴요했을 것이다. 이 두 구절은 『메모라빌리아』 제1장에 나오는데, 이 장에서 크세노폰은 불경죄를 다루고 있다. 아마도 그가 불경죄로부터 소크라테스를 옹호하기 위해서는 소크라테스가 자연철학에 관심을 가지고 있었다는 사실을 어느 정도 부인하는 것이 요구되었을 것이다.[100]

이것이 왜 문제가 되었어야 했는가를 가능한 한 명확하게 이해하기 위해서는 자연철학에 관심을 가지고 있다는 것이—소크라테스 자신과 소크라테스 이전의 철학자들(소크라테스는 그들이 자연철학에 관심을 가지는 방식으로부터 떨어져 나와 그것을 비판했다)에게 있어서—무엇을 의미하고 있었던가를 곰곰이 생각해 보아야 한다. 크세노폰은 그의 선배들에 대한 소크라테스의 비판을 설명함으로써 이러한 숙고를 향하여 우리를 인도해 준다.

소크라테스는 모든 사물들에 대한 선배들의 교의가 납득하기 어렵다는 점을 들어 비판했다 : "그들 중 몇몇은 존재란 일자(一者)라고 하며, 다른 사람들은 무수한 다자(多者)라는 의견을 가지고 있다. 몇몇은 모든 것은 언제나 운동하고 있다고 하며, 나머지 사람들은 어떠한 것도 일찍이 운동해 본 적이 없었다고 한다. 어떤 사람들은 만물은 발생했다가 소멸된다고 하며, 다른 사람들은 어떠한 것도 결코 발생하거나 소멸되지 않는다고 한다."[101] 그는 이러한 견해들을 뛰어넘어 그들이 밝혀내려는 사실들이 인간에게서는 결코 발견될 수 없는 것이라고 간주했다.[102] 그렇다고 해서 소크라테스가 이성은 탐구 중인 문제들에 전혀 어떠한 빛도 던져줄 수 없다고 말하려는 것은 아니다. 즉 납득하기 곤란한 교의들 자체가 타당한 교의들(양 극단 사이의 중용)을 가리키고 있다. 그는 오히려 대단히 그럴 듯한 교의들을 가졌다고 해서 그러한 문제들에 대한 앎을 가지고 있는 것은 아니라는 사실을 명심하고 있었음에 분명하다. 그리하여 소크라테스의 철학적 활동은 최소한도 그의 많은 선배들과 구별되는데, 왜냐하면 그는 그 한계들에 대해 보다 많이 자각하고 있었기 때문이다.

이것은 크세노폰이 철학적 활동을 개개의 존재들이 무엇인가를 발견하기 위한 시도라고 기술한 데서 이미 시사된다. 우리가 가장 접근할 수 있는 자연의 측면은 개개 존재들의 변하지 않는 원인들(발생하지도 소멸되지도 않는 원인들)이라기보다는 오히려 이 개개 존재들의 지각 가능한 성질인 "무엇"(the "what")이다. 개개 존재의 지각 가능한 성질은 언제나 한 그룹이나 한 부류의 존재들이 지닌 성질이다.[103] 언사(言辭)에서는 그 점이 그 자체로서 가장 잘 드러난다. 실제로 우리의 언사와 언어능력의 저변에는 사물들을 부류나 종류로 가르는 분류가 내재해 있다.[104] 소크라테스에 따르면 "대화한다는 것"(*to dialegesthai*)은 그 종류에 따라 사물들을 가름(*to dialegein*)으로써 공통으로 함께 협의할 수 있게 된 사람들의 관행에서 그 이름이 비롯된 것이다.[105] 우리는 불변의 부류나 종류, 혹은 유(類)에 대한 앎이 불변의 원인들에 대한 앎을 간단히 대치할 수 있다는 생각에 끌릴 수도 있을 것이다. 그러나 이것은 존재들의 부류가 그러한 (개별적) 존재들의 실재(existence)에 명백하게 의존하고 있다는 사실을 망각하는 것이다. 크세노폰이 기술하고 있는 소크라테스는 분리되어 존재하는 "이데아"(idea)에 대해 결코 이야기하지 않는다 : 그 부류들이나 종류들은 그들의 구성소(構成素)들과 떨어져 있지 않다. 그 성질들은 언제나 그 성질들을 가지고 있는 사물들의 성질들이다. 그 성질들이 사물들을 제한하는 이 사물들의 원인이라는 것은 사실이다. 그러함에도 불구하고 이 성질들은 그것들 이외의 다른 어떠한 것, 즉 그 성질들과는 관련이 없으며 그들의 존재와 본질이 그 성질들에 의해서나 우리가 알고 있는 그 밖의 어떠한 것에 의해서도 확증되지 않는 무엇인가와 책임(responsibility)을 나누어 갖고 있다. (소크라테스가 지각적으로는 동일한 성질을 가지고 있는 사물들의 상이한 행태에 주의를 환기시키고 있을 때 그는 이러한 공유하고 있는 책임을 지적하고 있는 것인지도 모른다)[106] 결과적으로 우리는 이러한 분류들이 영원하지 않을까 추정해 볼 수는 있지만 그 사실 여부를 알 수는 없다.

철학적 선배들에 대한 소크라테스의 비판이 지닌 가장 깊은 의미는 우리가 소크라테스 이전의 철학자들이 무엇을 하려고 노력하고 있었는가를 보다 정확하게 살펴볼 때만 명확해진다. 그들은 우주의 상태뿐만 아니라 개개의 신성한 존재들이 발생하는 "필연성", 혹은 신(神)이 그것들을 고안해내는 방식(신이 반드시 그것들을 설계해야만 하는 방식으로서 이해되고 있었다)을 발견하려고 했다.[107] 말할 필요도 없이 그들은 지상의 사물들에도 또한 필연성의 지배가 미치고 있는 것으로 이해하고 있었다. 우연은 물론이고 인간의 신중함과 어리석음도 근본적인 필연성으로부터 비롯되고 그것에 의해 제한된다. 그들의 가장 기본적인 내용, 즉 그들이 그것에 의해 정치화(精緻化)시키고 그 내용의 정당성을 입증하려고 하는 교의들의 착상은, 단순히 어떠한 것도 생겨날 수 있거나 소멸될 수도 있다는 것이 아니라, 오로지 근본적인 원인 혹은 원인들의 본성(the nature)에 알맞거나 그것에 의해 허용될 때만 그렇게 될 수 있다는 것이다. 그러나 만약 근본적인 원인들이 발견될 수 없다면 이 내용은 단지 그럴 가능성이 있는 것으로 간주되어서는 안 되는가? 그러나 소크라테스는 철학자와 한 인간으로서 여전히 "단지 어떠한 것"도 소멸될 수 있는지 어떤지의 여부를 열려진 질문으로 남겨둘 수 있는가?

이에 대해 조금 천착해 보면 소크라테스는 이와 같은 입장을 뒷받침해 줄 확증, 즉 그 철학자들의 기본적 내용에 도전할 어떠한 확증에 대해서도 아는 바가 없었는지 모른다. 이와 반대로 그 내용은 그에게 이용 가능한 모든 증거들에 의해서 뒷받침되었을지도 모른다. 그러나 그는 적절하게 이와 같은 사실에 상당한 비중을 두었을는지도 모르지만, 다른 한편 반대되는 증거들에 대해 알고 있다고 말하는 사람들의 주장들도 여전히 고려했어야 했을 것이다. 예컨대 복술(卜術)의 사용은 사건들 그 자체와 인간들의 신중한 행동, 또는 우연으로부터 비롯되지 않은 두 사건들[크세노폰의 『아나바시스』에 있는 많은 예들 중에서 하나의 사례를 고른다면 한 차례의 재채기와 그 뒤에 있었던 한 군대의 구조(救助)] 사이에 의미 있는 연관이 존재할 것이라는 생각을 함축하고 있다.[108] 또는 크세노폰이 그의 『헬레니카』 가운데에서 매우 열렬히 서술하고 있는 바처럼 어떤 악행에 대한 신의 벌을 언급한다는 것은, 그러한 행위가 이를 테면 그 행위들 자체로부터 저절로 비롯되지 않는 결과들을 가지고 있다고 주장하는 것이다.[109] 특히 이것은 『헬레니카』의 처음과 끝에서 전달하고자 하는 주장, 즉 인간사(人間事)란 오로지 실권을 쥐고 있는 유능한 지도자의 모습을 한 인간의 신중함에 의해 인도될 때, 그리고 그러는 한 인간사의 항상적인 혼란으로부터 벗어날 수 있다는 주장의 진실성을 부정하는 것이다.[110] 이러한 의문에 대한 그의 견해가 무엇이든지 간에 크세노폰은 소크라테스에 대항하는 어려움을 확실히 알고 있었다. 재언하면, 소크라테스는 그의 철학적 선배들의 (특수한 교의들과 구별되는 것으로서) 기본적인 내용이나 전제에 의심을 던져줄 수 있는 확증에 대해서 전혀 아는 바가 없었는지도 모른다. 따라서 그는 이러한 증거가 존재한다는 주장들, 즉 그가 알 수 있고 느낄 수 있는 것과 모순되는 주장들을 받아들일 수 없었을 것이다. 그러나 그는 또한 이러한 주장들이 잘못된 것이라는 사실도 입증할 수 없었다.

그러면 이러한 상황에서 소크라테스는 어떻게 나아갔는가? 앞서 말했던 것이 크세노폰이 왜 이 질문을 제기했는가를 보여주었다면 좋겠다. 그러나 그것에 대한 크세노폰의 대답은 여전히 핵심을 피한 채 남아 있다. 그것은 그가 소크라테스에 대한 저술들에서 소크라테스로 대표되는 철학적 삶에 대해서 설명하고 있는 내용 중에 감추어진 가장 깊은 부분이다.

3. 『아나바시스』

우리는 앞서 크세노폰이 가장 행복하다고 지칭했던 사람은 키루스가 아니라 소크라테스였다는 사실을 언급한 적이 있다. 그리하여 『메모라빌리아』와 다른 여타의 소크라테스에 관한 저작에서 크세노폰이 소크라테스에 관하여 설명한 것은 그에게 알려진 인간 최상의 가능성의 실현에 대한 설명이다. 그럼에도 불구하고 크세노폰 자신은 최소한 모든 측면에서 소크라테스의 전범(典範)을 따르지 않았다. 그는 소(少)키루스에 의하여 조직되고 있던 원정(遠征)에 합류하기 위해 소크라테스를 떠나갔다. 그리고 그가 분명히 그리고 강조까지 하고 있듯이 그는 소크라테스의 충고에 반하여 이 행동을 했다. 그러나 소크라테스와 소크라테스적인 길로부터의 이탈은 반드시 근본적인 이견을 의미하지는 않았다. 그것은 크세노폰이 소크라테스의 전범을 철저하게 따를 수 있다고 그 스스로 충분히 느끼지 않았다는 것 이상을 의미하지 않을 것이다. 불가능한 것을 시도하고 그리하여 대단히 정확하고 약간 우스꽝스러운 흉내내기에 만족하기보다[111] 그는 오히려 그 자신의 성향과 능력에 적합한 방식으로 보다 자유롭게 소크라테스를 따르고 모방하기로 선택했을 것이다. 『아나바시스』에 나오는 그의 행위들과 언사들을 읽어보면 분명하지만 크세노폰의 성향은 대단히 정치지향적이었고, 그의 정치적 능력은 대단히 높은 수준이었다.

그러나 이것은 크세노폰의 입장에서—"그러한 삶의" 뛰어난 대표자인 노(老)키루스에 의하여 추구되어 왔던 "삶의" 형태 속에서—그가 명백하게 거부했던 삶의 방식을 용인함을 의미하는가? 크세노폰 자신이 소(少)키루스와 어울려서 그 자신의 정치적 삶을 경험한 후에만이, 그리고 아마도 그 결과로서만이 노키루스를 비판하게 되었다는 것을 주장함으로써 이 같은 어려움을 회피하고 싶은 유혹이 있었을 것이다. 그러나 이 같은 주장은 키루스에 대한 그의 결정적인 비판(키루스와 그의 아버지와의 대화에서 나타난 비판)이 키루스와 정치에 대한 그의 적절한 사색에 의해서가 아니라, 그가 정치에 입문하기 전에 받았던 소크라테스의 교육에 의하여 이미 크세노폰에게 주어졌다는 것을 생각하면 쓸모가 없게 된다. 그래서 우리는 크세노폰이 노키루스와 약간 다른 방식으로 정치적 삶을 이해하고 추구하지는 않았을까, 또는 여행하기에 알맞은 코스인 소크라테스와 키루스의 중간 코스는 존재하지 않을까 생각해 볼 수밖에 없게 된다. 『아나바시스』는 사실이 그러하다는 것을 입증해 주는 과제를 부여받았던 듯싶다. 『아나바시스』에서 크세노폰과 노키루스 사이의 차이점들을 이해할 수 있도록 주어진 배역인물은 소키루스이다.

크세노폰은 소크라테스가 일찍이 농담삼아 두 명의 키루스를 동일인물로 취급했다는 점을 들어 결국은 거의 동일한 그들의 유사성에 관심을 환기시킨다.[112] 『아나바시스』와 『외코노미쿠스』(*Oeconomicus*)에 따르면 소키루스는 노키루스 이후 페르시아에서 부상한 가장 유능한 정치적 인물이었다.[113] 그럼에도 불구하고 그들은 상이한 여러 측면들을 가지고 있었다. 첫째로, 소키루스는 에로틱한 인물이었다. 어쨌든 그에게는 두 명의 부인이 있었는데, 그 중 하나는 지혜로운 데다가 아름다웠다고 전해진다. 그리고 그는 어떤 기회로 인해 방문한 한 왕비와 성관계를 가졌다고 전해진다.[114] 노키루스에게는 이러한 종류의 일들이 전혀 언급되어 있지 않다. 그는 아름다운 판테아를 보러 가는 것을 기꺼이 포기했다. 그리고 대단히 사려깊게(아마도 연상의 숙모와) 정략결혼을 했다. 그와 가장 가까운 페르시아의 동료는 그를 냉정한 왕으로 묘사했다.[115] 이러저러한 차이점 사이에 하나의 연관이 있을 것이다. 그가 성숙하자 노키루스는 그의 제국 건설에 대한 목적과 어긋나는 어떠한 모험도 하지 않았다. 그 반면 소키루스는 결정적인 전투에서 그의 형인 왕을 발견하자 그때 자신의 경호대가 흩어지고 있었는데도 감정에 빠져 그를 즉시 공격하기 시작했다. 이 행위는 그 자신의 생명은 물론이고 그가 얻었던 승리까지도 희생시켰다.[116] 이와 같은 행위는 바빌론을 공략하고 그의 주요한 적인 앗시리아 왕을 죽인 것과 관련된 노키루스의 냉정함과 신중함에 특히 비교된다.[117] 그의 몇몇 주요한 동맹들과는 달리 노키루스 개인적으로는 앗시리아인들에 의해 어떠한 부당한 일도 당하지 않았다. 그 반면 소키루스는 그의 형에 의하여 대단히 부당한 취급을 받아 왔다.[118] 그러나 이러한 진술은 우리가 논의하고 있는 그 둘 사이의 차이점을 없애준다기보다는 무엇이 그 차이점의 내재적인 원인인가를 지적해 준다. 소키루스는 노키루스보다 더 에로틱했던 것만큼이나 또한 보다 많이 정의를 고려하여 행동했다. 의심할 여지없이 소키루스가 노키루스와 공유하고 있었을 야심에 따라 그를 연기(演技)하게 하는 것은 잘못된 일이다. 야심이란 누군가가 완전히 다른 이유들을 가지고 이미 하기로 작정했던 행위들에 대한 정당화나 구실을 발견하는 것과는 다른 문제이다.[119]

소키루스는 부분적으로는 크세노폰의 개인적인 경험으로부터 그에게 알려졌으므로[120] 크세노폰이 창조해낸 그 자신의 키루스, 즉 『키로파에디아』에 나오는 노키루스의 소재였다고 말할 수 있다. 노키루스는 소키루스의 이상판 또는 완성판이다. 이에 따라 무엇보다도 먼저 정치적 관점에서 볼 때 둘 사이의 차이점들은 적어도 소키루스의 결함으로 보이게 된다. 이러한 관점에서조차도 그 차이점들이 언제나 결함인지의 여부는 크세노폰에 의해 제시된 대안을 고려함으로써만 최종적으로 결정될 수 있다.

크세노폰 역시 소키루스를 그의 보다 뛰어난 조상(노키루스)과 구별시켜 주었던 특징들을 가지고 있었다. 소키루스처럼(그리고 또한 크세노폰이 바라보는 소크라테스처럼) 그는 에로틱한 사람이었다.[121] 그리고 적어도 그의 저술들이 정의의 문제에 기울였던 관심으로 판단해 보건대 그는 정의에 대해 적지 않은 관심을 가지고 있었다. 그러나 그는 소키루스가 지닌 판단상의 성급함이나 결점은 없었다. 특히 그는 한순간도 악에 공분(公憤)하는 그의 열정이 그의 신중함을 절대로 넘어서지 않게 하였다. 이와 같은 점을 크세노폰적이라기보다 투키디데스적인 방식으로 표현하자면 부당함이 존재한다고 해서 마땅한 응보를 안겨주려는 시도가 성공을 보장받지는 않는다는 것, 우리의 상황이 단순히 악에 보복하지 않고 참는 것을 요구하고 있는지도 모른다는 것을 그는 알고 있었다.[122] 그가 소키루스에게 소속되었던 그리스 군대를 이끌고 그리스로 귀환했을 때와 대부분의 성년기 동안은 이러한 악들이 아마도 스파르타 인들의 손에 의하여 자행되지 않았나 싶다. 왜냐하면 27년에 걸친 펠로폰네소스 전쟁에서 스파르타가 아테네를 패배시켰기 때문이다. 이 전쟁으로 75년 이상 그리스를 지배해 오던 두 강대국 사이의 세력균형이 바뀌었는데, 스파르타의 우세가 확고해졌다.[123] 그리고 크세노폰이 『아나바시스』와 『헬로니카』 모두에서—그의 통상적인 절제에서 벗어나지는 않았지만 그러나 분명하게—보여주고 있듯이 스파르타의 통치는 일반적으로 지혜나 고상함에 있어 뛰어나지 않았다. 정치지도자로서의 크세노폰은 이 상황에 그 자신을 적응시켜야만 했고, 그들을 설득하여 그렇게 하도록 해야 했다. 『아나바시스』의 가장 인상적인 구절들에 속하는 연설들 중에서 크세노폰은 정의롭거나 합당한 것과는 거리가 먼 특정한 스파르타인들의 요구에 순응해야 할 불가피성, 그리고 보다 일반적으로 현재 그리스를 통치하는 자들에게 그들 자신을 적응시켜야 하는 불가피성에 관해서 그의 벗들인 그리스인들에게 설명하고 있다.[124] 어쨌든 정치적 불가피성이 경우에 따라 얼마나 가혹한가에 대해 잘 느끼고 있는 독자들은 크세노폰이 스파르타인들을 다루는 것을 보면서 그에게서 전범, 즉 유사한 상황들에서 어떻게 나아갈 것인가에 대한 모델을 발견할는지도 모른다. 그는 선한 것을 찬양하고 고무했던 반면에 그렇게 하는 것이 신중하고 유용하다고 생각될 정도로 증오나 신랄함이 없이 악한 것을 지적하고 있다. 무엇이 노키루스와 소키루스로부터 그를 구별시켜 주고 있었는지 돌아가 보자. 두 페르시아인들(즉 야만인들)의 경우에는 억제되는 것에 의해서만 정치적 해악을 끼치는 것을 금할 수 있거나 또는 영혼으로부터 발휘될 수 있는 높은 자질들이 크세노폰에게서는 안전하게 발양(發陽)되었다. 그는 그만을 위한 소크라테스 교육(a Socratic education)의 덕을 입고 있었으며, 다른 여러 자질들 중 그와 같은 자질들로 인해 그는 그를 위한 소크라테스의 교육을 받는 데 적합했다.

그 결과 그는 냉정한 정치적 계산의 영역에서 노키루스와 필적할 만한 능력을 지니게 되었다. 정치적 계산에서 그는 자신이 지닌 에로스나 그가 결여하고 있는 오도된 열정에 의해 방해받지 않았다. 뿐만 아니라 그 결과 정치에 대한 그의 전반적인 입장이 내면적인 자유로부터 솟아나오는 기품과 위엄을 가지게 되었다. 소키루스는 그것을 결여하고 있었다. 크세노폰은 너무 "야심적"이었다. 즉 그는 키루스 산하 그리스군의 단독 사령관이 되려는 바람에 끌리고 있었다. 그리고 흑해 연안에 있는 새로운 한 그리스 도시의 창설자가 되기를 열망했다.[125] 그러나 키루스는 모든 사람들에 의해 찬양받기를 원했으나 크세노폰은 그의 벗들로부터의 명예에 일차적인 관심을 갖고 있었다.[126] 키루스와 달리 그는 적격의 판단자들이 아닌 부적격한 판단자들의 찬사를 갈구하지 않았다. 이러한 차이점은 가장 변화가 심한 정치적 운명에도 불구하고 그가 보여주는 침착함을 이해하는 데 도움을 준다. 예컨대 그가 생명을 구해주었던 바로 그 사람들의 배은망덕함과 이유 없는 적대감에 직면했을 때 그가 자신을 방어했던 위엄과 기지가 그러하다.[127] 이것은 또 그가 사생활로 돌아가기 위하여 정치적 삶을 떠나갈 수 있었던 힘을 이해하는 데 도움이 된다. 그 자신과 타인들을 위하여 그의 리더십으로 이루어지는 좋은 것이 존재하거나 또는 어떤 절박한 필요가 존재할 때, 그는 그 과업을 이루거나 또는 그 필요에 대처하기 위해 가장 과단성 있고 현명하게 행동했다. 최소한 그에 의해 이루어질 수 있는 것이 더 이상 존재하지 않을 때, 즉 성취하는 것이 쓸모 있을 어떠한 것도 존재하지 않을 때 그는 옆으로 물러섰다. 그러나 이 경우 그는 그가 받은 교육의 결과 사생활을 영위하는 방법을 어느 정도 갖추고 있었다. 정치의 절정에서 주어지는 강렬한 직접적 도전은 결여하고 있지만 향리로의 은퇴는 명상과 저술을 위한 여가를 보다 많이 허용하도록—특히 『아나바시스』에서 알 수 있듯이 그 명상이 다른 것들 중에 그 자신의 정치적 경험들을 채택한 이후로—그에게 호소했을 것이다. 크세노폰 같은 사람에게 있어서 경험들의 관조적인 재생은 분명히 그것들의 심화였을 것이다. 그리하여 원래의 경험들 그 자체보다도 더 심원한 즐거움과 고통이 덜 섞인 즐거움을 약속하는 것으로 기대될 수 있었을 것이다.

■■■ Christopher Bruell / 김영수 번역

❖ 주 ❖

1_ *Anabasis* V 3.7–13.

2_ *Oeconomicus* 21.10 ; 4.4 ; 13.5

3_ *Memorabilia* III 5.15–16. 이 진술은 아테네에서 반스파르타 정책의 창시자인 대(大) 페리클레스의 아들에 의해서 이루어지고 있다.

4_ *Oeconomicus* 5 그리고 11.

5_ *Cyropaedia* I 3.16–17.

6_ *Oeconomicus*에는 스크라테스와 흠잡을 데 없는 한 향신과의 긴 대화에 대한 보고가 실려 있다. 이 보고는 두 방식의 삶을 비교하는 데서 절정에 이르고 있다. 이 대화는 소크라테스에 의해 시작되었고 … , 이 대화에 생기를 불어넣는 모든 질문들은 그로부터 계속되고 있으며, 그 향신에 대해 배우려는 소크라테스의 바램에 도움을 주고 있다.

7_ *Anabasis* III 1.4–8 ; *Hellenica* I 7–15와 전후(*Memorabilia* I 1.17–18과 IV 4.1–2를 비교하라). *Cyropaedia* I 6.31–34 ; III 1.38–40 ; VII2.I5–25.

8_ *Memorabilia* I 3.8–13 ; Amabasis III 1.4–8.

9_ 예컨대 *Laws* 658d2–4와 *Memo* 76e3–7을 보라. 이러한 견지에서 플톤보다 크세노폰을 좋아하는 사람의 견해로는 Shaftesbury의 *Characteristics* I, 167과 309 (Indianapolis : Bobbs–Merrill, 1964)를 보라.[a]

10_ *Cyropaedia* I 1.6.

11_ *Ibid.*, I 3.1., 3.1–3, 4.24.

12_ 그의 통치가 상대적으로 부드러웠던 것은 혈통에 의해 주어진 정통성에 대한 그의 권리에 부분적으로 힘입고 있었다. 그런데 그는 항상 이 정통성을 유지하는 데 애를 먹고 있었던 것이다. 특히 VIII 5.17–20, 5.26, 5.28과 VII 5.37ff.

13_ *Ibid.*, I 2.6ff. ; *Constitution of the Spartans* 2.6ff, *Anabasis* IV 6.14와 비교하라.

14_ *Cyropaedia* I 2.2–3.

15_ *Ibid.*, I 2.15.

16_ *Ibid.*, I 1.6, 2.2, 3.1, 5.7–13 ; II 1.3 ; III 3.50–55, 3.70 ; IV 2.38–46, 5.1–4, 5.54 ; V 2.15–20 ; VII 5.70 ; VIII 8.15를 보라.

17_ *Ibid.*, I 2.2와 3.1, 3.13–18,, 4.1, 4.25 그리고 5.1을 비교하라.

18_ *Ibid.*, VII 5.85.

19_ 특히 *Cyropaedia*를 언급한 것으로는 14와 16, 그리고 *Discourses* II 13 ; III 20, 22 그리고 19를 보라.

20_ *Cyropaedia* I 3.2–3 ; VIII 1.40–41과 3.1–14를 비교하라.

21_ *Ibid.*, I 3.3, 3.15, 4.4–5 ; IV 3과 VIII 3.16과 3.25를 비교하라.

22_ *Ibid.*, I 3.4 ; I 5.12 ; IV 2.38–47, 5.1–7 ; V 2.14–21, 3.34–35 ; VI 2.25–29를 비교하라 ; 그러나 또한 VIII 2.1–7도 비교하라.

23_ *Ibid.*, I 3.10–11 ; VIII 4.9–15를 비교하라.

24_ *Ibid.*, I 6.8 ; 3.18과 비교하라.

25_ *Ibid.*, I 3.16–18과 VII 1.22 그리고 아리스토텔레스의 *Politics* 1269a8–12, 1286a9–16을 보라.

26_ *Cyropaedia* VIII 5.26 ; I 3.18과 비교하라.

27_ *Ibid.*, I 2.3–5.

28_ *Ibid.*, IV 5.16.

29_ *Ibid.*, VIII 5.

30_ *Ibid.*, IV 1.4를 참고하라.

31_ *Ibid.*, I 3.18을 VII 5.37ff., VIII 1.1–5, 그리고 특히 3.13–14와 비교하라 ; *Anabasis* III 2.13을 비교하라.

32_ *Cyropaedia* I 2.15.

33_ *Ibid.*, II 1.3.

34_ 페르시아 당국이 키루스의 병력강화 요청을 수락하기로 결정했을 때, 그들은 귀족은 전혀 없고 5만 명의 평민으로 구성된 추병력을 파견했다는 사실을 참고하라 : V 5.3.

35_ *Cyropaedia* II 1.2–10.

36_ *Ibid.*, I 5.7–14.

37_ II 2.11–14에서 (우리더 이상 아무것도 알지 못하는 사람인) 아그라이타다스(*Aglaitadas*)의 견해들을 참작하라.

38_ *Cyropaedia* II 1.10–12.

39_ 키루스 자신이 평민들에게 무기를 제공한 사람이 되었던 것은 외견상 자신의 자발성에 따라 행동한 어느 협조적인 귀족의 제안에 따른 것이다 : II 1.12–14. 이것은 키루스 그의 부상(浮上)과정에서 받았던 여러 "도움" 중 최초의 것이다. 말할 필요도 없이 이 같은 자발성을 보여주었던 사람들은 잊혀지지 않았다 : VIII 4.11과 그 전후를 보라.

40_ *Cyropaedia* I 2.15.

41_ *Ibid.*, II 1.19 ; VII 5.67을 비교하라.

42_ *Ibid.*, II 1.15 ff.

43_ *Ibid.*, II 2.17–21, 3.1–16.

44_ *Ibid.*, II 2.26 ; I 6.27–34를 비교하라.

45_ 키루스의 명백한 자질들을 이야기할 때 우리는 마키아벨리가 지적하기를 좋아하는 것, 즉 다른 종류의 자질들을 분별 있게 사용하는 것이 키루스의 성공에 똑같이 필요했다는 것을 부정하고자 하지 않는다. 물론 크세노폰 역시 그러한 다른 자질들과 그것이 키루스에게 지닌 중요성을 우리에게 보여준다. 그러나 그것은 그가 *Anabasis*(V 8.26)에서 표명했던 원칙, 즉 "악한 것들보다는 선한 것들을 기억하는 것(또는 언급하는 것)이 정의롭고 신성할 뿐만이 아니라 기품이 있는 것"이라는 원칙에 합치되는 방식으로서만 보여준다. 즉 그는 악한 것들을 언급하는 즐거움을 완전히 없애는 것은 아니다.

46_ *Cyropaedia* I 2.6–7, 3.16–17.

47_ *Ibid.*, I 2.12, 6.20.

48_ *Ibid.*, I 1.

49_ *Ibid.*, VIII 8.

50_ *Ibid.*, VIII 1.6–8.

51_ *Ibid.*, VIII 5.58–70.

52_ *Ibid.*, VIII 2.10–12.

53_ *Ibid.*, VIII 1.40–42, 3.1–24.

54_ *Ibid.*, VIII 4.3–5, 4.9–12.

55_ *Ibid.*, VIII 1.16–20과 2.15–19.

56_ *Ibid.*, VIII 1.45–48, 2.26–28, 4.3 ; V 2.7–12를 비교하라.

57_ *Ibid.*, VIII 8.15.

58_ *Ibid.*, III과 3.51–55를 I 5.7–10과 비교하라.

59_ 이것은 특히 기술적 혁신에 대한 의존이 증대되고 후위대(後衛隊) 장교들의 역할이 변화하는 데서 드러난다. III 3.41–42를 IV 3.27을 비교하라. 그리고 IV 1.27–30, 1.50–55, 그리고 VII 1.33–35를 보라.

60_ *Ibid.*, VII 5.85–86 : VIII 1.10–12, 1.16–33. 크세노폰은 이러한 교육의 산물에 대해서 "거기에서[궁궐문에서] 그들을 볼 때, 당신은 그들이 참으로 무엇이 기품 있는 것인가에 대한 특정한 견해를 가지고 살았다는 것을 생각했었을 것이다"라고 말한다.

61_ *Cyropaedia* VIII 5.22–28 ; VI 1.4를 비교하라.

62_ *Ibid.*, I 3.18과그 전후관계.

63_ *Ibid.*, VIII 5.24를 비교하라.

64_ *Ibid.*, I 6.7–9과 그 전후.

65_ 일단 키루스의 정복들이 완료되자 크세노폰은 그의 삶에 대해서 거의 언급하지 않았다 : VIII 6.19–7.2를 보라. 사람들은 여기에서 키루스를 둘러싸고 형성된 일종의

만찬(VIII 4)과 소크라테스를 둘러싸고 형성되었던 만찬(크세노폰의 *Symposium* 전체)을 비교할는지 모르겠다. 사람들은 또한 *Cyropaedia*가 에로스와 "두 개의 영혼들" 이라는 주제, 즉 무엇이 영혼의 조화 또는 건강을 구성하는가에 대한 질문에 던져준 탁월함을 깊이 생각할는지 모르겠다 : V 1.2−18 ; VI 1.31−51, 3.34−37, 4.2−11 ; VII 1.15−18, 1.29−32. 그리고 3.2−16을 보라 ; VIII 2.20−21 그리고 7.6을 비교하라.

66_ *Memorabilia* I 16.14.

67_ *Cyropaedia* I 2.15 ; 2.5와 비교하라.

68_ *Ibid.*, I 6.31−33 ; *Memorabilia* IV 2.11−20을 비교하라.

69_ *Cyropaedia* III 1.14와 1.38−40 ; *Memorabilia* I 12.49−55를 비교하라.

70_ 역주 : 기원전 6세기 리디아의 왕(큰 부자로 유명).

71_ *Cyropaedia* VII 2.I5−29 ; 플라톤과 *Apology of Socrotes* 21[b]3−[c]2는 물론이고 *Apology of Socrates* 14−15를 비교하라.

72_ *Cyropaedia* V 1.2−8ff.

73_ *Memorabilia* III 11.1ff.

74_ *Ibid.*, I 2.12−48.

75_ *Ibid.*, VI 2.1−7.

76_ *Ibid.*, III 1−7.

77_ *Ibid.*, I 6.15, 6.1.

78_ *Ibid.*, I 2.8.

79_ *Ibid.*, IV 1.2

80_ *Ibid.*, III 6.1.

81_ *Ibid.*, IV 1.3.

82_ 그는 IV 1에 묘사된 부류들 중 가장 어리석은 자에 속한다.

83_ *Memorabilia* IV 2.11 ; IV 1.2를 참조하라.

84_ *Ibid.* IV 2.12−20을 참조하라.

85_ *Ibid.*, IV 4 ; 특히 I 2.40−46을 참조하라.

86_ *Clitophon* 전체를 보라. 또한 *Republic* 354와 3684−3, 435−5 (그리고 그 전후), 그리고 611[a]10−612[a]6을 보라.

87_ *Symposium* 4.1 ; 특히 *Memorabilia* I 1.16 ; IV 4.5, 8.4를 비교하라.

88_ *Memorabilia* IV 2.21−36 ; III 9에서 다루어진 주제들을 비교하라.

89_ *Ibid.*, IV 2.40f ; IV 6.13−15를 비교하라.

90_ *Ibid.*, III 11.14 (그리고 그 전후) 그리고 II 6.28를 참조하라.

91_ *The life and Selected Writings of Thomas Jefferson* (New York : Modern Library, 1944), 694에 수록된 William Short에게 보낸 서한.

92_ *Memorabilia* I 2.9, 2.12, 2.49, 2.51−52, 2.56과 2.58.

93_ *Memorabilia* I 2.54는 물론이고 플라톤의 *Hipparchus*를 비교하라.

94_ *Memorabilia* I .11 ; "자연철학"이라는 용어의 사용에 대해서는 "자연에 대한 탐구"인 플라톤의 *Phaedo* 968[a]을 비교하라.

95_ *Memorabilia* I 1.16.

96_ *Oeconomicus* 11.3 ; *Simposium* 6.6–7.4를 비교하라.

97_ *Memorabilia* IV 5.6. 6.7.

98_ *Ibid.*, IV 6.1 I 6.14.

99_ *Ibid.*, I 1.14 ; IV 7.5–7.

100_ *Ibid.*, IV 7.6과 플라톤의 *Laws* 966[e]4–967[a]8은 물론이고, *Simposium* 6.6–8, *Apology of Socrates* 18[b]6–[c]3을 참고하라.

101_ *Memorabilia* I 1.14 ; IV 7.6–7을 비교하라.

102_ *Ibid.*, I 1.13과 IV 7.6.

103_ *Ibid.*, IV 6.

104_ *Ibid.*, IV 5.11과 *Oeconomicus* 9.6ff.

105_ *Memorabilia* IV 5.12.

106_ *Symposium* 7.4.

107_ *Memorabilia* I 1.11과 IV 7.6.

108_ *Anabasis* III 2.9 ; *Memorabilia* I 1.3–4 ; IV 7.10 ; I 1.6–9, 1.19를 비교하라.

109_ *Hellenica* V 4.1 ; *Anabasis* II 6.21–29를 비교하라.

110_ *Hellenica* I 1.1–15 ; VII 5.26–27.

111_ *Symposium*에 나오는 안티스테네스(Antisthenes)에 대한 크세노폰의 묘사를 참고하라.

112_ *Oeconomicus* 4.16–18.

113_ *Anabasis* I 9.1 ; *Oeconomicus* 4.18.

114_ *Anabasis* I 10.2–3, 2.12.

115_ *Cyropaedia* V 1.2–18 ; VIII 5.28, 4.22.

116_ *Anabasis* I 8.21–29.

117_ *Cyropaedia* VII 5.20–34.

118_ *Anabasis* I 1.1–4 ; *Cyropaedia* IV 6.2. ; V 2.27f., 4.35f.

119_ *Cyropaedia* I 5.7–13, VII 5.72–73과 5.76–77을 비교하라.

120_ *Anabasis* III 1.8–9 ; I 9.1.

121_ *Anabasis* VII 3.20 ; V 3.10 ; *Memorabilia* I 3.8–15 ; *Memorabilia* II 28은 물론이고 *Symposium* 8.2를 비교하라.

122_ 투키디데스의 *The Peloponnesian War* IV 62.4 ; *Anabasis* V 8.26에 비추어 V 1.15와 II 6.21–29를 비교하라 ; *Cyropaedia* V 4.35를 비교하라.

123_ 아마도 스파르타는 아테네 제국에 의한 실질적 또는 절박한 "노예상태"로부터 그리스 도시들을 자유롭게 하기 위하여 전쟁에서 싸웠던 듯싶다. (예컨대 투키디데스의 *The Peloponnesian War* II 8.4를 보라.) 아테네의 최종적인 패배 이후 아테네의 "기나긴 성벽"은 피리부는 소녀들의 음악에 따라, 그리고 그날이 그리스를 위한 자유의 시작이라는 일반적인 예상과 더불어 헐렸다는 것을 크세노폰은 그의 *Hellenica* 도입부에서 말하고 있다(II 2.23). *Hellenica*의 나머지 부분은 그 예상이 얼마나 오류였던가를 보여주고 있다.

124_ *Anabasis* VI 6.8-16과 VII 1.25-31 ; III 2.37과 VI 1.26-28을 비교하라.

125_ *Ibid.*, VI 1.19-21 ; V 6.15-16(VI 4.1-8을 비교하라).

126_ *Cyropaedia* III 2.31 ; *Anabasis* VI 1.20.

127_ *Anabasis* VII 6.11 ff. ; V 7.5 ff.와 8.2 ff.를 비교하라.

❖ Readings ❖

A. Xenophon, *Cyropaedia and Memorabilia*.

B. Xenophon, *Anabasis*.

아리스토텔레스

Aristotle_B.C. 384-322

아리스토텔레스는 그리스의 북부 칼키디아 반도의 스태지라에서 태어났다. 아버지가 마케도니아 아민타스 3세의 주치의였던 까닭에 그는 마케도니아 왕가와 친분이 깊었다. 이러한 정치적 행운은 아리스토텔레스 자신의 경력에는 물론이고 아리스토텔레스가 설립한 철학학파의 역사 형성에도 깊은 영향을 주었다. 청년기에 아리스토텔레스는 교육을 위하여 아테네로 보내졌는데, 거기서 그는 플라톤과 조우하게 되었으며, 플라톤의 만년까지 아카데미의 한 멤버로 남았다. 비록 근거가 확실하지는 않으나 그가 알렉산더 대왕의 교사로 일했다고 전해지는 일정 시기 이후 아테네로 돌아와 그 자신의 학교인 리세움(Lyceum)을 설립하고 인간 지식의 모든 분야에 걸쳐 가르치며 연구하는 데 헌신하였다. 그러나 알렉산더 사후 마케도니아의 지배에 대해 그리스 도시국가들이 잇달아 봉기하자 아리스토텔레스는 다시 한 번 아테네를 떠나야만—아테네인들이 철학에 대하여 두 번째 죄를 지었다고 회자되는 바처럼—했다. 그리고 그로부터 얼마 지나지 않아 죽었다.

아리스토텔레스의 것으로 간주되는 방대한 분량의 저작 중 오직 일부만이 오늘날까지 전해진다. 아리스토텔레스는 스승의 본을 따라 일반 청중을 겨냥한 대화편(dialogues)을 지었다. 그 중 많은 부분이 정치적 문제에 관한 것이나 불행히도 몇몇 단편적인 인용을 제외하고는 대부분이 남아 있지 않다. 현존하는 저작들은 주로 연구 및 교수활동을 위하여 준비된 것이라 생각되는 논문들이다. 아리스토텔레스의 정치적 가르침은 주로 『정치학』과 『니코마코스 윤리학』에서 얻을 수 있다. 다른 두 편인 『에우데모스 윤리학』과 『대윤리학』은 많은 부분이 『니코마코스 윤리학』과 동일한 바탕을 지니고 있지만 덜 흥미로우며, 이 세 저작들 간의 관계는 매우 불확실하다. 『수사학』에 대한 언급 역시 빠뜨릴 수 없는데, 그것은 정치심리학에 대한 독특한 논의와 수사학과 정치학의 관계에 대한 심오한 고찰을 포괄하고 있다. 그리고 『아테네의 헌법』은 아리스토텔레스와 그의 제자들에 의하여 수집된 그리스 도시국가들의 헌정사에 관한 유일한 모음집이다.

일반적으로 아리스토텔레스의 저작은 문제에 대한 순수한 과학적·이론적 설명을 제시하려는 시도로 접근되는 경향이 있다. 그러나 윤리적·정치적 논문들이 이러한 관점에서 충분히 조명될 수 있는지는 분명치 않다. 아리스토텔레스는 지식을 추구하는 "이론"(theoretical)학과 "실천"(practical)학 사이에는 근본적인 차이가 있음을 천명한다. 실천학은 이론학으로부터 파생되는 이익을 추구한다. 정치학은 아리스토텔레스에 있어서 가장 뛰어난 "실천"과학이다. 아리스토텔레스의 정치적·윤리적 저작들의 학문적인 특징을 적절히 평가하기 위해서, 그리고 정치철학에 대한 이 같은 아리스토텔레스의 성찰이 갖는 문제틀적 역할(problematic role)을 파악하기 위해서 먼저 실천학 혹은 정치학의 범위와 목적을 아리스토텔레스가 생각하는 방식으로 이해하는 것이 필요하다.

1. 이론과 실천

어느 곳에서도 아리스토텔레스에 의해 이론과 실천학의 구분이 체계적으로 전개되진 않았지만, 이 두 지적 양식이 방법(method)과 그것들이 담당하는 지적 기능(intellectual faculty)에서 뿐만이 아니라 그 대상과 목적에 있어서도 근본적으로 다르다는 것이 나타날 것이다. 이론학의 대상은 불변적인 사물, 즉 변화의 원리가 그 자신에게 내재하는 사물에 관한 것이며, 이론학의 방법은 사물의 원리나 원인을 분석하는 것이다. 또 이론학의 목적은 확증적 지식(demonstrative knowledge)이며, 그것이 담당하는 지적 기능은 정신의 이성적 부분 중 과학적·이론적 부분이다. 아리스토텔레스가 인정한 이론학에는 형이상학, 신학, 수학, 물리학, 생물학, 그리고 심리학이 포함된다. 이와 달리 실천학은 오로지 인간, 즉 자의식적 존재로서 그 자신의 능력을 지닌 인간 혹은 "행위"(실천)의 근원으로서의 인간을 대상으로 한다. 인간의 행동은 인간의 의지에 기초하고 있기 때문에 인간의 의지에 의존하는 정도에 따라 필연적으로 변화하기 마련이다. 실천학의 목적은 지식이 아니라 행동의 향상이다. 그것에 적절한 지적 능력은 정신의 이성적 부분 중 계산적(calculative) 혹은 실천적 부분, 즉 아리스토텔레스의 용어로는 "실천적 지혜"(practical wisdom) 혹은 "신중함"(phronēsis)이다.[1] 아리스토텔레스는 실천학의 방법을 원리나 원인의 발견보다는 인간 행위의 현상을 명료하게 하기 위한 고안—대개 그러한 현상에 대한 여러 사람들의 의견을 변증법적으로 검토하고 다듬는 것을 통해서—으로 보고 있는 듯싶다.[2]

아리스토텔레스가 그의 정치적 저작을 통해 종종 변증법적 논박(dialectical argumentation), 즉 보편상식에 의거한 전제로부터 시작하는 준대화적 양식(quasi-conversational mode)에 기초하는 것은 그 모양은 다르지만 적어도 그 정설에 있어서는 플라톤적인 대화와 유사성을 지닌다. 플라톤 및 플라톤이 이해하는 소크라테스와 마찬가지로 아리스토텔레스는 정치철학의 적절한 출발점을 보통 사람의 의견과 언어에서 찾는다. 그는 인간 본성의 불변의 원칙으로부터 비롯되는 연역에 기반해서 논의를 진행시키지 않는다. 또 실제의 정치적 삶과 유리된 논리적으로 엄격한 기술적 용어(technical vocabulary)를 만들어내려 하지도 않는다. 그 이유는 부분적으로 실천학 혹은 정치적 영역이 이론학과 동일한 정확성을 추구하지는 않는다는 아리스토텔레스의 주장에 근거한다. 인간 존재는 본질적으로 가변적이기 때문에 보편법칙을 추구하는 물리학자나 수학자의 정신으로 접근하는 것은 현실과 얽혀 있는 현상(relevant phenomena)을 근본적으로 왜곡시킨다는 것이다. 정치적 문제를 다루는 데 적절한 추론(reasoning)은 과학자나 철학자의 연역적 추론이 아니라 일상적인 경험의 특수성에 기초한 보통 시민들의 실천적 혹은 신중한 추론과 유사하다. 이와 같은 생각은 오늘날 일반적으로 받아들여지고 있는 견해, 즉 아리스토텔레스의 정치학이 낡아빠진 목적론과 형이상학적 자연과학의 결합으로 인해 그 타당성을 상실했다고 주장하는 견해를 어느 정도 반박하는 것이다.

그러나 아리스토텔레스의 논의절차 역시 그의 실천학의 목적에 대한 이해를 반영하고 있다. 확실히 실천학은 행동을 위한 것이기 때문에 그 주제의 발표 역시 일반적인 정치적 인간들의 행동에 영향을 주며, 그들의 견해를 나타내는 그러한 방식에 특별한 관심을 가지고 있어야 한다. 아리스토텔레스의 실천학은 철학자나 철학도만을 위한 것이 아니며, 또 주로 그들을 위한 것도 아니다. 그것은 정치적 인간을 향한 것이다. 좀 더 정확히 그것은 실제적 혹은 잠재적으로 정치권력을 장악하게 될 교육받은 정치적 인간을 향한 것이다. 그리고 최선의 경우에 "입법가"를 향한 것인데, 입법가는 모든 정치적 행위가 발생하는 헌법의 틀을 창조하는 자이다.[3]

이것은 아리스토텔레스의 실천학이 그의 이론학과 전적으로 별개의 것임을 뜻하는 것이 아니다. 많은 지면에서 아리스토텔레스는 "이론학"이 그 탐구에 적절하다면 정치적 저작 어디에서나 일정한 위치를 차지할 수 있음을 시사한다.[4] 그는 특히 이론심리학으로부터 도출된 가정(assumption)을 자주 이용하고 있다. 그러나 그에 못지않게 명백한 것은 아리스토텔레스가 실천학을 가시적인 이론적 기초 위에 정립하는 것을 주저했다는 사실이다. 이것은 최소한 지식인들—아리스토텔레스는 주로 소피스트를 염두에 두고 있는 듯하다—에 의하여 개진되는 정치에 대한 이론적 주장의 영향에 정치적 인간들이 지나치게 민감하다는 그의 느낌에 부분적으로 기인하는데, 이 지식인들이란 모든 실천적 이해나 능력을 결여하고 있는 사람들인 것이다(*EE* 1. 6. 1217ᵃ1–6). 정치적 인간의 신중함이 불건전한 이론적 주장 혹은 여론에 의해 끊임없이 위협받는 한, 실천학은 이론학을 필요로 하는 듯이 보일 것이다. 그러나 바로 이 사실이 실천영역의 자율성을 보호하는 것이 중요하다는 근간을 이루는 것이다.

아리스토텔레스가 "정치철학"(political philosophy)이라는 용어를 사용하는 경우,[5] 그것은 기존의 윤리적 · 정치적 저작에서 행한 연구와는 이질적이라는 의미에서 그렇게 사용한다. 아리스토텔레스는 『정치학』이나 『니코마코스 윤리학』의 탐구를 "정치적 기술"(political expertise)이나 "정치학"(politikē)의 한 형태로 간주하고 있는 듯하다. 그러면 이것은 아리스토텔레스가 "정치철학"을 "정치학"과는 독립적인 독특한 영역으로 인정하고 있다는 것을 뜻하는 것인가?

일견 인간의 가변성과 인간 탐구에 있어서 정확성이 불가능함을 인정하고 있는 아리스토텔레스의 견해 때문에 이론적 정치철학의 가능성 역시 거부되고 있는 듯이 생각되기 쉽다. 다른 한편으로는 아리스토텔레스의 접근으로부터 자연을 필연성의 영역으로, 인간사를 역사나 자유의 영역으로 구분하는 근대적 구분의 전조를 구하는 것 역시 옳지 않다. 아리스토텔레스가 자연적인 것과 인간적인 것을 구분하는 것은 사실이다.[6] 그러나 아리스토텔레스에게 있어서 인간은 확실히 자연의 일부이기 때문에, 또 인간은 인간사의 흐름 속에서 상당한 규칙성(regularities)을 표출하는 "자연" 역시 지니고 있기 때문에 이러한 구분 그 자체가 이론적으로 명확하지 않다. 어떤 의미에서는 인간 행동의 원리나 원인이 이론적으로 다루어질 수 있다는 것을 따르는 듯이 보인다. 따라서 아리스토텔레스의 정치적 저작은 그 방식에 있어서 플라톤의 저작—인간에 대한 아리스토텔레스의 종국적이고 근본적인 성찰을 교묘하게 억제하는—과는 근본적으로 반어적일 가능성이 고려되어야만 한다

실천학 혹은 정치학을 가장 포괄적으로 다루고 있는 것은 『니코마코스 윤리학』이다. 거기에서 아리스토텔레스는 실천학이 어떤 의미에서 정치학과 신중함(prudence) 모두에 걸쳐 있다고 천명하고 있다. 이러한 광의의 실천학 혹은 정치학은 윤리학, 즉 인성(character)에 관한 학문, 경

제학, 즉 가정경영에 관한 학문, 그리고 협의의 정치학, 좀더 친숙한 의미에서는 정치공동체의 통치에 관한 학문의 세 가지 지류를 지닌다. 윤리학은 광의의 정치학에 있어서 중추적 부분을 형성한다. 확실히 아리스토텔레스의 윤리적 저작이 독립적인 논문으로 간주되고 있는 것이 아니라, 정치학 연구의 서론으로 간주되고 있음을 인정하는 것이 무엇보다도 중요하다. 그러므로 정치학에 대한 아리스토텔레스의 논의는 윤리학에 대한 저작, 그리고 윤리적 가르침과 『정치학』의 관계로까지 주의를 확장시키지 않고서는 그 어떠한 논의도 불완전하다.

2. 행복, 덕, 그리고 신사도

"모든 예술과 탐구, 그리고 모든 행동과 의도적 선택은 어떤 선(good)을 목적으로 한다." 『니코마코스 윤리학』의 이 첫 구절은 정치학의 범위(scope)와 위엄을 수립하고자 하는 아리스토텔레스의 관심을 반영한다. 모든 우리의 행동이 종국적으로 그 자신을 초월한 어떤 것을 위해서가 아니라 그 스스로를 위해서 갈구되는 궁극적 목적을 향하고 있듯이 모든 예술과 학문은 궁극적으로 인간의 포괄적인 선(comprehensive good)을 총괄하는 하나의 주학문(master science)에 종속된다고 이해될 수 있다. 이 주학문은 확실히 정치적 기술(political expertize) 혹은 정치학(politikē)이다. 왜냐하면 "도시에서 어떤 학문이 필요한지, 어떤 부류의 사람들이 무엇을 어느 수준까지 배워야 하는지 결정하는 것은 정치적 기술이기 때문이다. 우리는 지휘력, 가정경영, 수사학과 같이 많은 존경을 받는 대부분의 능력들이 이것에 종속됨을 알고 있다. 이것은 여타의 학문을 원용하고 있으며, 무엇이 행해져야만 하고 또 무엇이 피해져야 하는

지에 관한 원칙을 정하고 있기 때문에 이것의 목적은 여타 학문의 목적을 총괄하고 있는데, 그것이 바로 인간의 선(human good)일 것이다"(*NE* 1. 2. 1094a28-b7). 정치적 기술의 위엄은 모든 형태의 인간 지식에 대해 행사하는 권위에서 뿐만 아니라 입법에서의 역할에도 반영되는 듯이 보인다. 아리스토텔레스는 인간의 선에 대한 관심과 법, 도시에 대한 고려의 불가피한 연관성을 당연시한다. 왜냐하면 비록 도시의 선이 개인의 선과 동일한 것이라 할지라도 확실히 더 위대하며 고귀하고 완벽하기 때문이다. "이것들은 우리의 연구가 목적하는 바이며, 따라서 일종의 정치적 전문지식이다"(*NE* 1. 2. 1094b7-11). 개인으로서의 인간의 선은 물론이고 정치적 공동체에 있어서의 선 혹은 선한 인생은 아리스토텔레스적인 정치학의 일관된 주제이다.

아리스토텔레스는 인간의 포괄적 선의 본질에 대해 물음을 던짐으로써 연구를 시작한다. 그는 이러한 선을 "안녕"(well-being) 혹은 "행복"(*eudaimonlia*)으로 정의하는 데 조금도 주저하지 않는다. 그러나 행복의 내용을 상술하는 때에 이르면 보통 사람들 사이에서, 그리고 보통 사람과 "현자"(지자나 철학자)들 사이에서 의견의 일치가 이루어지지 않는 듯하다. 그 순간의 자신의 주된 관심사에 따라 시간마다 다르게 행복을 정의하는 사람들도 있다. 그러나 아리스토텔레스는 근대 자유주의 사상의 특징적 결론인 행복(행복의 조건이나 도구와는 구별되는 것으로서)은 근본적으로 주관적인 것이거나 혹은 정치적으로 유용한 정의가 불가능하다는 결론을 도출하지는 않는다. 사실상 아리스토텔레스는 행복의 본질에 대해 상당히 접근된 의견이 존재하고 있음에 만족한다. 또 그것에 관한 의견의 불일치가 인간 조건의 궁극적 측면에 대한 임의적 고찰이 아님에 만족하고 있다. 아리스토텔레스에 따르면 인간 존재는 기본적으로 쾌락적 삶(life of pleasure), 정치적 삶(political life), 그리고 이론적 혹은 철학적 삶(philosophical life)이라는 세 가지 삶의 길이 가능하다. 육체적 즐거움에 주목하는 삶은 대부분의 인간—운이 좋은 많은 사람들뿐만 아니라 보통 사람들—에 의해 영위되는 삶이다. 다른 한편으로 좀더 "수양된" 부류의 인간은 삶의 목적을 존중하며 정치적 행동 속에서 그들의 미덕을 발현함으로써 즐거움을 추구한다. 끝으로 소수의 사람들은 순수한 지적 활동에서 획득되는 즐거움을 추구한다(*NE* 1. 4, 1095ᵃ14–26).

예상되는 바와는 달리 아리스토텔레스는 이 논쟁을 판결하지 않는다. 그는 단지 쾌락적 삶에 대한 주장을 상세히 다루지 않고 나아가 행복의 정의를 정교하게 가다듬고 있는데, 이것은 정치적 삶과 이론적 삶의 차이를 무디게 하기 위해 의도된 듯이 보인다.

그는 청중이 잘 양육된 습관을 지니고 있으며 열정(passion)의 지배를 받지 않는 사람임을 명백히 하고 있는데, 이것은 아리스토텔레스 적 접근의 일반적인 특징이다(*NE* 1. 3, 1095ᵃ2–11). 요컨대 아리스토텔레스는 정치적 혹은 실천적 인간의 관점, 즉 좋은 교육과 양육의 덕택에 "수양된" 부류의 인간들이 가진 관점을 채택하고 있는 것이다.

그러나 아리스토텔레스의 접근을 폐쇄적이며 순환적인 것으로, 단지 자신을 그리스 상류계층 혹은 잘 교육받은 계층의 관점과 동일시하고 있는 것으로 결론짓는 것은 잘못일 것이다. 그의 청중이 마땅히 행할 만한 미덕보다는 정치적 삶에서 얻어질 수 있는 명예에 더 많은 관심을 지닌다는 암시와는 달리 아리스토텔레스는 결코 즐거움과 철학의 대안을 간과하지 않고 있으며, 이것들이 후기 저작의 주된 주제로 나타나고 있다. 사실상 『니코마코스 윤리학』의 전체적 구조는 보통의 정치적 혹은 실천적 인간의 관점으로부터 철학에 의해서 인도되는 인간의 관점으로 상승하는 특색을 지니고 있다. 또 제5권에서는 철학적 삶의 추구가 실천적 삶의 추구보다 확실히 우월한 것으로 표현되고 있다(*NE* 10.7–9).

아리스토텔레스는 보다 광범위한 동의를 얻을 수 있는 행복의 정의를 구하기 위해 행복에 대해 일반적으로 표현되고 있는 의견으로부터 인간의 본성과 적절한 일과 기능(*ergon*)에 관한 보다 일반적이고 이론적인 이슈로 잠깐 물러선다. 인간에 있어서 가장 특징적인 것은 그의 이성적 정신(rational soul)인데, 이것은 이성을 소유하거나 사고하는 요소와 이성에 복종하는 요소의 이중 형태로 되어 있다. 따라서 인간의 적절한 기능은 이성에 따라서 일하거나 정신활동을 하는 것이다. 나아가 인간의 적절한 기능은 그러한 활동의 가장 탁월한 형태이다. 결국 행복 혹은 인간의 선은 탁월(excellence) 혹은 미덕(aretē)에 따르는 정신활동이다. 그리고 만일 몇 가지 미덕이 존재한다면 그 중에서 가장 훌륭하고 가장 완벽한 것에 따라서 정신활동을 하는 것이다(*NE* 1.6.1097ᵇ22–98ᵃ18).

아리스토텔레스는 이와 같이 정의된 행복과 쾌락의 충돌 가능성을 단호하게 부정한다. 왜냐하면 미덕이 있거나 고귀한 행동은 본래적으로 즐거운 것이기 때문에 습관적으로 그러한 행동을 하는 자는 그렇게 행동함으로써 즐거움을 느낀다는 것이다. 그럼에도 불구하고 미덕과 행복의 관계는 몇 가지 중요한 점에서 제한될 수 있다. 아리스토텔레스는 "외적 재화"(external goods)의 매개 없이는 행복을 얻거나 덕 있는 행동을 하는 것이 어렵거나 불가능함을 인정하고 있다. 외적 재화에는 상당량의 부와 친구, 정치권력뿐만 아니라 자식, 가문 그리고 수려한 외모까지도 포함된다. 왜냐하면 "외모가 매우 추하거나 비천한 출신인 자, 혹은 홀로 살거나 자식이 없는 자는 행복하게 되기가 쉽지 않으며, 또 그들의 자식이나 친구가 매우 사악하거나 비록 선하다고 하여도 죽어버렸다면 더욱 그러할 것이기 때문이다"(*NE* 1. 8. 1099b3-6). 아리스토텔레스는 오랫동안 극도의 고통에 노출된 선한 사람이 행복하다고 생각될 수 있는가의 문제와 씨름하고 나서 종국에는 행복이 운명의 장난이거나 신의 선물이라는 일반적인 견해를 인정했다(*NE* 1, 9. 1099b9-1100a9). 비록 아리스토텔레스는 이러한 개념을 거부하고 있으나 그는 확실히 행복을 구하는 개인적 혹은 집단적 노력을 필연적으로 제한하는 이러한 인간 상황의 국면을 숙지하고 있다. 그러나 그는 행복의 구성소라고 이해되는 미덕을 함양함에 있어서 행복의 물질적 조건을 구하는 데 주목하는 대안에서 어떤 장점을 발견하지는 못한 듯이 보인다. 최소한 이러한 이유의 일부는 부가 행복의 외적 조건임에는 틀림없으나 근본적으로 덕에 의존하는 인간관계보다는 덜 중요하다는 아리스토텔레스의 확신—고대의 고전적 정치사상가들에 의해서 공유되고 있다—에 존재한다고 할 것이다. 결국 이러한 확신은 인간이 본래적으로 사회적 혹은 정치적 동물이라는 아리스토텔레스의 근본적 견해를 반영한다.

인간의 정신이 이성적 요소와 이성에 복종할 수 있는 요소로 구분되듯이 미덕(virtue) 혹은 탁월(excellence) 역시 양면적이다. 지적 미덕(intellectual virtue)은 정신의 이성적 부문에 속하며, 그것은(그것이 획득되는 한) 원칙적으로 말과 가르침을 통해 획득된다. 도덕적 혹은 윤리적 미덕, 즉 "인성"(*ēthos*)과 연관된 미덕은 비이성적 부문—정신의 일부분으로 열정과 감정의 장소—에 속한다. 아리스토텔레스에 따르면 인간이 도덕적 미덕을 지니게 되는 것은 본성에 의해서도 본성에 반해서도 아니다. 왜냐하면 인간은 도덕적 미덕을 발전시킬 수 있는 자연적 역량을 지니고 있으나 실제로 그렇게 되는 것은 습관화를 필요로 하기 때문이다. 도덕적 미덕은 습득되는 방식에 있어서 기술(art)과 유사하다. 목수가 그의 직업을 연습함으로써 습득하듯이 인간은 선을 행함으로써 선해지는 것을 배우기 때문이다(*NE* 1. 13-2. 1). 앞으로 살펴볼 바와 같이 미덕을 행함에 있어서의 습관화에 대한 요구는 교육과 정치적 권위체에 의해 적절한 교육을 실행하려는 아리스토텔레스의 견해에 중요성을 부여한다.

도덕적 미덕에 대한 아리스토텔레스의 다양한 주장들이 여기서 더 상세하게 다루어지지는 않을 것이나 몇 가지 점은 특히 주목할 만하다. 첫째, 도덕적 미덕이 이성과 연관이 있다고 말할 수는 있으나 필연적으로 합리적인 어떤 것을 의미하는 것은 아니다. 도덕적 미덕은 인성으로부터 흘러나오는 행동과 감정에 대한 인격적 태도 혹은 성향이다. 아리스토텔레스의 공식적 정의에 의하면 미덕은 의도적 선택을 포괄하는 성향이며, 극단들 중에서 "중용"을 지향하는 것이다. 중용은 추상적으로 정의될 수 없으며, 사건의 특수한 상황에 따라 이성에 의해 결정된다. 따라서 도덕적 행동에 있어서 이성의 역할은 완전히 그런 것은 아니라 할지라도 대체로 도구적인 것이다. 도덕적 행동이 진실로 도덕적이기 위해서는 선택의 결과여야 하지만 그의 선택에 도덕적으로 행동하는 것이 이익인가 손해인가를 합리적으로 계산해 보는 과정이 포함되어 있다고 생각되지는 않는다. 아리스토텔레스가 반복해서 강조하는 바와 같이 미덕을 행함은 그것이 초래할 결과를 위해서라기보다는 그 자체를 위해서인데, 이것이 도덕적 행동의 본질이다. 그러므로 오늘날 도덕에 대한 공리주의적 개념이라고 일컬어지는 것에 의거해 아리스토텔레스를 설명하는 것은 오류이다. 선한 인간(good man)은 그의 모든 행동에 있어서 정직이 최선의 방책이라는 계산이나 혹은 덕 있는 행동이 오히려 그 자신의 행복을 증진시킨다는 계산에서 그렇게 행동하는 것이 아니다.

아리스토텔레스의 일반적인 견해는 용기의 미덕(virtue of courage)

에 대한 그의 논의에서 잘 설명되고 있는데(*NE* 3. 6–9), 이것은 도덕성에 대한 그의 이해가 공리주의적인가 그렇지 않은가를 판단할 수 있는 시금석이다. 용기 있는 자는 습관적으로 비겁함과 성급함의 중도를 채택하는 사람, 특히 갑작스런 죽음의 위험이 도사리고 있는 전투상황에서 그렇게 행동하는 사람이다. 그러나 아리스토텔레스는 용기 그 자체를 위해 용기 있는 행동을 하는 자와 그 동료 시민들 사이에서의 평판만을 고려하여 그렇게 행하는 자—즉 수치심에서 비롯된 것과 명예욕에서 비롯된 것—를 구분하고 있는데, 후자와 같은 종류의 용기는 순수한 용기가 아니라 오직 "정치적 용기"이다. 또 그는 주로 비분강개에 기인한 인간의 행동을 순수한 용기(genuine courage)로 간주하는 것을 거부한다. 그러나 놀라운 것은 아리스토텔레스가 그의 분석 가운데 용기를 도시의 유지를 위한 필요조건이나 애국심의 동기로 지적하지 않았다는 사실이다. 부언하면 이 같은 사실은 시민의 미덕(civic virtue)에 대한 아리스토텔레스의 개념과 근대 공화주의 개념 사이에 근본적인 차이가 존재한다는 것을 보여주지는 않는다.

아리스토텔레스의 의도는 특히 『에우데모스 윤리학』의 한 구절 속에 명백히 나타나 있다. 거기에서 그는 덕 있는 자를 두 종류로 구분한다. 즉 인생에 있어서 자연적으로 좋은 것(good thing, 주로 부와 영광)을 얻을 목적으로 덕 있게 행동하는 "선한 인간"(*agathos*)과 덕 그 자체가 고귀한 것이기 때문에 그것을 위해 행동하는 "고귀하고 선한 인간"(*kaloskagathos*)을 구분하고 있다. 첫 번째 범주에는 대부분의 희랍인에게 있어서 가장 뛰어난 모범이 되는 스파르타인이 속하는 것처럼 보인다(*EE* 8. 1. 1248ᵇ8–49ᵃ17). 동일 저작의 전반부에서 아리스토텔레스는 "정치적 인간"의 대부분이 첫 번째 의미에서의 "선한 인간"임을 시사한다. 왜냐하면 "정치적 인간은 그 자체를 위해 선한 행동을 선택하는 사람이나 그들의 대부분은 사적인 이익과 영달을 위해 이러한 종류의 인생을 취하기 때문이다”(*EE* 1.5. 1216ª23–27). 따라서 도덕적 미덕에 대한 아리스토텔레스의 개념은 단순히 당시의 생각들을 추인하지 않는 것이 아니라 당대의 생각들에 대해 세심하게 의도된 도전처럼 보인다.

아리스토텔레스가 도덕적·정치적 미덕을 지닌 인간을 칭하기 위해 사용했던 엄격한 의미의 용어는 당시의 정치적 담화(political discourse)에서 차용된 것이며, 그 용어는 강한 귀족주의적 취향을 풍긴다. 아마 그것을 “신사”(gentleman)라고 번역하는 것이 가장 적절할 것이다. 아리스토텔레스는 신사라는 용어를 정치적 의미로만 좁게 사용하고 있는 것은 아니며, 이 용어가 지칭하는 정치적 현실은 윤리적·정치적 논문들의 구체적 주장은 물론이고 그 수사학적 전략을 이해함에 있어서도 고도의 적실성을 지닌다. 아리스토텔레스는 『니코마코스 윤리학』 제4권에서 막대한 부를 다루는 “장대함”(*megaloprepia*)의 미덕과 위대한 명예를 다루는 “영혼의 위대성”(*megalopsychia*)을 비할 바 없이 뛰어나게 서술하고 있는데, 이것이야말로 귀족주의적 도덕의 강점과 한계에 대한 아리스토텔레스의 견해를 가장 뚜렷하게 드러내고 있다(*NE* 4. 2–3). 위대한 영혼의 소유자는 그 수의 희소성에도 불구하고 그의 잠재적 정치적 역할, 그리고 도덕의 본질에 관해 그가 드러내고 있는 어떤 것 때문에 아리스토텔레스의 전반적인 분석에 있어서 중추적 요소를 이룬다. 도시의 입장에서 볼 때 위대한 영혼의 소유자는 가장 위대한 봉사를 할 수 있다는 사실 때문에 말할 수 없이 귀중하지만, 위대한 영혼의 소유자는 자신의 미덕이 존경만으로 보상되는 것에 만족한다. 물론 이것이 도시가 그 자신의 재량권에 따라 부여하는 명예를 어느 정도 경멸하고 있음을 의미하는 것은 아니다. 그러나 위대한 영혼의 소유자는 동일한 이유 때문에 도시로부터 거북살스러운 초연함을 견지하는 경향이 허다하며, 아킬레스와 알키비아데스의 예가 충분히 보여주듯이 어떠한 상황 하에서는 도시에 대한 위협이 될 수도 있다. 도덕의 관점에서 볼 때 위대한 영혼은 어떤 의미에서 모든 미덕을 포괄하는 듯이 보인다. 왜냐하면 위대한 영혼의 소유자는 자신의 자긍심의 충만을 위해 덕행을 행하기 때문이다. 또 보통의 인간들이 물질이나 쾌락 때문에 저속하게 행동하는 것과는 달리 이것들을 경시하기 때문이다. 그리하여 아리스토텔레스는 위대한 영혼이 이른바 "모든 덕의 제왕이며, 위대한 영혼은 다른 모든 덕을 확대시키고 그 같은 덕이 존재하지 않으면 이것 역시 존재할 수 없다"고 결론짓는다. 따라서 그것은 신사도의 품격을 완전하게 하는 것으로 전제된다.

3. 정의와 우정

영혼의 위대성이 개인의 관점에서 도덕적 덕의 최고봉을 이룬다면 정의는 도시의 관점에서 도덕적 덕의 정상을 구성한다. 가장 일반적인 의미에서 정의는 정치공동체를 위해 행복을 생산하고 유지하는 그 무엇인 까닭에 실질적으로는 법을 준수하는 것과 동일시된다. 왜냐하면 법률은 인간 삶의 모든 국면에 관해 판결함으로써 도시의 공동선을 보호하려는 목표를 가지기 때문이다. 타인과의 관련 속에서 실행되는 미덕에 관한 한, 법은 모든 종류의 덕을 포함하고 있기 때문에 정의는 가장 완벽한 미덕이다(*NE* 5. 1. 1129a3–30a1).

위대한 영혼이 도시의 필요조건과 어떤 긴장을 유지하는 자질인 것처럼 아리스토텔레스가 논의하는 정의는 개인의 요구를 명확하게 만족시키지 않는다. 『국가』에서 플라톤이 취하고 있는 논의의 절차와는 완전히 달리 아리스토텔레스는 정의에 대한 일반 이해의 약점을 입증하려 하지 않을 뿐만 아니라, 사실상 정의—이것만이 유일하게 다른 덕의 선이 된다고 그는 주장한다(*NE* 5. 1. 1130ª3–4)—가 그 자체를 위해 선택할 만한 가치가 있는 것임을 입증하고자 하지도 않는다. 아리스토텔레스는 정의에 대한 일반적 이해를 둘러싸고 있는 모호성을 존중하기로 결정하는데, 이것은 정치적 행동의 동기와 정치분석 요소로서의 정의를 어느 정도 경시하고 있는 것과 관련이 있다.

가장 일반적인 의미에서 정의가 도시의 법률에 따라 미덕을 행하는 성향에 지나지 않는 것이라면, 정의는 정확한 의미에서 혹은 부분적인 의미에서 단지 재화(good things)를 공평하게 혹은 동등하게(*ison*) 주고받는 성향일 것이다. 아리스토텔레스는 이렇게 이해될 수 있는 여러 의미의 정의를 구분하고 있다. 정의의 첫 번째 종류는 존경과 부, 그리고 정치공동체의 성원 간에 나눌 수 있는 다른 어떤 것의 분배에 있어서 작용하는 것이다. 이러한 종류의 정의는 산술적인 평등에 기초하는 것이 아니라 사람과 재화 간의 비율의 평등에 기초한다. 즉 정의로운 분배는 동등한 사람에게 동등한 몫을, 동등하지 않은 사람에게 동등하지 않은 몫을 나누어 주는 것을 의미한다. 그러나 아리스토텔레스가 천명하고 있는 바와 마찬가지로 분배적 정의는 본질적으로 논쟁적이다. 왜냐하면 공적(merit)에 따라 인간을 차별할 때 그 정체에 따라 부와 덕 그리고 자유로운 출생 중 무엇인가에 서로 다른 비중을 두게 되고, 또한 그것은 정치적 문제이기 때문이다. 아리스토텔레스는 여기에서 그 문제를 해결하고자 시도하지는 않으며, 이 주제는 『정치학』에서 논의될 것이다.

정의의 두 번째 종류는 아리스토텔레스가 "조정적"(corrective)이라고 명명한 것으로 거래와 연관된 정의이다. 이러한 의미에서의 정의는 사람들로부터 추출된 것이며, 관련된 사람과 재화에 단순한 산술적 평등을 적용한다. 이것은 계약과 같은 자발적인 거래에만이 아니라 살인, 절도와 같은 비자발적 혹은 범죄적 행동을 포괄한다. 그러나 일반적으로 말해 조정적 정의 역시 중대한 차별의 요소—법적인 문제에 있어서는 판사나 배심원의 역할들과 같이—를 내포하고 있다.

아리스토텔레스는 정의의 세 번째 종류에 관해서도 상당한 논의를 진행시키고 있는데, 그는 이것을 "상호성"(*to antipepothos*)이라 칭한다. 이러한 의미에서의 정의는 단순한 손해배상뿐만 아니라 이익과 재화의 교환을 포함하고 있는 것처럼 보인다. 비록 조정적 정의와의 관계가 모호하나 상호적 정의는 정치적 관리나 재판관에 의한 신중한 차별이 요구되지 않는 보다 원초적인 정의로 간주되고 있는 듯하다. 사실상 상호성은 모든 종류의 인간관계에 내재하는 본원적이고 근본적인 정의인 듯하다.

그러나 아리스토텔레스는 법에 의해 규제되는 상대적으로 자유롭고 동등한 인간들로 구성된 공동체에서만이 완전한 의미의 정의가 존재할 수 있음을 명백히 하고 있다. 정의의 미덕은 도시에 특징적인 그 무엇이며, 판결은 도시에 속함과 동시에 어떤 의미에서는 도시를 규정하는 제도이다.[7] 이것이 『니코마코스 윤리학』 제5권에서의 자연적 정의와 자연적 권리(*to physei dikaion*)에 대한 악명높은 논쟁에 접근하고자 할 때 명심해야 하는 것이다(*NE* 5. 7. 1134^{b}18–35^{a}5). 아리스토텔레스에 따르면 정치적 정의는 본질적으로 정의로운 것과 법률이나 관습(nomos)에 의해 정의로운 것으로 양분된다. 아리스토텔레스는 모든 정의로운 것은 변전(變轉)하거나 변화하기 때문에 정의는 오직 인습에 의해서만 존재한다는 소피스트의 견해에 대해 반대를 표명한다. 아리스토텔레스에 의하면 정의로운 것 역시 인간만사와 마찬가지로 변화하기 마련이나 그럼에도 불구하고 본질적으로 정의로운 것이 존재한다. 불행히도 그는 본질적으로 정의로운 것의 일례를 제공하는 데는 실패하지만 몇 가지 중요한 단서를 제공하고 있다. 그는 "본질적으로 오른손이 더 강하나 어떤 사람은 양손 모두 사용하는 것이 가능하듯이" 유사한 구별이 다른 문제에도 적용될 수 있다고 주장한다. 그리고 그는 인습적으로 정의로운 것으로 간주되는 도량형이 각 도시마다 상이함을 비교하면서 정체 역시 그와 마찬가지로 다양할 수 있음을 명백히 하는 동시에 "본질적으로 모든 곳에서 최선인 한 정체가 존재한다"고 주장한다.

이 구절의 해석은 아리스토텔레스의 견해를 자연법적 교리와 조화시키고자 하는 토마스 아퀴나스와 그후의 기독교 사상가들에 의해 많은 영향을 받아왔다. 그러나 아리스토텔레스는 불변하는 정의의 제일원칙이 존재하며, 아무리 관계가 없는 것처럼 보이는 경향에도 이것이 실제 관행에 대한 하나의 지침으로 작용한다는 생각을 고양시키지는 않는다. 차라리 아리스토텔레스는 자연적 정의를 천정이라기보다는 바닥으로, 영감이라기보다는 영감을 일으키는 기초로 간주하고 있는 듯하다. 자연적 정의가 최선의 정치질서에 대해 갖는 관계는 오른손잡이가 양손잡이에 대하여 갖는 관계와 유사한 듯이 보인다. 왜냐하면 둘은 모두 탁월함의 필요조건이나 충분조건은 아니기 때문이다. 사회에 대한 탁월함의 기준은 "본질적으로 모든 곳에서 최선인 정체"—그러나 인간만사의 어쩔 수 없는 가변성 때문에 모든 곳에서 충족될 리도 없고 충족될 수도 없는 정체—에 의해서 제공된다. 아리스토텔레스는 자연적 정의가 그 정체의 보존과 법의 준수라는 도시의 가장 근본적인(비록 가변적이지만) 필요조건에서 추구될 수 있다고 보는 듯하다.

이 구절에 대한 해석은 정의와 "형평"의 관계에 대한 아리스토텔레스의 연이은 논의에 의해 확증된다(*NE* 5.10). 법적으로 정의로운 형태로서의 정의는 실천의 지침으로서는 불충분하다. 왜냐하면 이러한 법은 일종의 보편성을 지니고 있어서 상당수의 구체적인 예를 결핍하고 있기 때문이다. 형평이란 특수성, 즉 개인적인 행위결과가 정의인가의 여부에 결정적인 영향을 미치는 것에 조심스럽게 주목함으로써 법의 보편성이 지니는 결점을 수정하는 미덕이다. 아리스토텔레스는 이 중 어떤 것도 법의 필요성에 반하는 주장이 아님을 명백히 하고 있다. 그러나 이것은 확실히 법과 법의 준수라는 단순한 정의에 관해 의문을 불러일으킨다. 그렇다 해도 아리스토텔레스가 형평을 상위법의 개념이나 자연적 정의의 원칙 위에 정착시키는 것에 실패했다는 것은 놀라운 사실이다. 형평의 실행은 구체적인 국면에서 행동하는 정치적 인간의 신중함이라는 측면과 어느 정도 유사한 듯이 보인다.

그러나 우정에 대한 아리스토텔레스의 견해를 고려하지 않고는 그가 정의를 평가절하하고 있는 것을 충분히 파악하는 것이 불가능하다. 『니코마코스 윤리학』 제8, 9권에서의 우정에 대한 논의는 이 저작 전체에서 단일주제로서는 가장 긴 논의이며, 이것은 아리스토텔레스의 윤리적 가르침에서 가장 독특한 특징 중의 하나이다. 아리스토텔레스와 그의 동시대인들의 언어에 있어서 "우정"(philia)은 오늘날의 용어보다 넓은 범위의 현상을 지칭한다. 이것은 친구에 대한 애정뿐만 아니라 남편과 부인의 사랑, 부모와 자식의 정, 다양한 사조직에 속한 사람들과 동일한 도시의 시민들, 그리고 (어떠한 상황에서는) 인간 존재라는 단순한 의미에서의 동지애를 포함한다. 그리하여 아리스토텔레스는 다음과 같이 주장한다.

> 우정은 도시를 뭉치게 하는 듯이 보이며, 입법가는 정의보다 우정에 더 많은 관심을 두고 있는 듯이 보인다. 왜냐하면 적을 몰아내거나 분파적 갈등을 축출하는 화합은 우정과 유사한 어떤 것이며, 이것은 특히 그들이 목적하는 바이기 때문이다. 또한 인간이 모두 친구일 때는 정의가 필요없으나 인간이 정의로울 때에도 우정은 필요하기 때문이다. 그리고 모든 정의로운 것 가운데에서도 특히 정의로운 것은 우정과 연관된 어떤 것이다(*NE* 8. 1. 1155a22-28).

우정의 근본적인 정치적 중요성은 타인과 외적 재화를 자발적으로 공유함으로써 사적 이익에로의 지나친 집착을 감소시키는 데 있다. 희랍 속담에 의하면 "친구의 것은 공동의 것이다." 따라서 우정은 모든 인간 결사의 기초를 형성하는 이익공동체를 강화시키는 작용을 한다.

그러나 아리스토텔레스의 분석이 보다 직접적인 정치형태에 있어서의 우정보다는 가장 고차원적인 의미에서의 우정을 고려하고 있다는 것은 놀라운 사실이다. 일반적으로 아리스토텔레스에 있어서의 우정은 그 주된 동기가 이익, 덕, 그리고 쾌락 중 어느 것인가에 따라 구분될 수 있다. 가장 완벽한 의미의 우정은 덕에 기초한 선한 인간의 우정이다. 이러한 의미의 우정은 이익과 쾌락을 모두 포괄하는 것으로서 가장 완벽하게 그 자신의 선과 친구의 선을 동일시한다. 아리스토텔레스는 이러한 우정의 희박성을 인정하고 있다. 그러나 이 현상의 중요성은 아리스토텔레스의 주장에 대한 보다 폭넓은 고려 속에서 나타날 수 있다. 우정은 도덕적·정치적 행위의 영역에서 해소될 수 있는 한, 개인적 덕의 완성으로 이해되는 도덕과 정의로 이해되는 도덕의 대립을 해소할 수 있다고 말할 수 있다. 아리스토텔레스는 "위대한 영혼의 소유자들이 친구를 제외한 다른 어떤 것을 위해 살 수는 없다"고 말한다(*NE* 4. 3. 1124b31–25a1). 우정은 위대한 영혼의 소유자에게 그의 덕에 대한 애착을 손상시킴이 없이 명예와 공동체에 대한 욕구에 만족을 가져다 준다. 다시 말해 이것은 신사의 삶의 방식이 결국 본래적으로 비극적인 것만은 아님을 보여준다.

4. 신중함, 정치적 수완 그리고 정치학

『니코마코스 윤리학』 제5권에서의 정의에 관한 논의는 도덕적 덕에 관한 아리스토텔레스의 설명이 적절하다고 결론짓는다. 다음의 책들은 도덕적 덕과 지식 간의 여러 관계에 대한 의문들에 할애되었다고 말할 수 있다. 제6권에서는 지적 덕, 즉 무엇보다도 신중함(prudence) 혹은 실천적 지혜에 주목한다. 제7권에서는 "또 다른 시작으로서" 그는 자기통제의 부족, 즉 의지의 허약(*akrasia*)—열정의 영향 때문에 그의 지식이나 도덕적 선택에 따라서 행동하지 못하는 무능력—의 문제를 취하고 있다.

아리스토텔레스에게 있어서 신중함 혹은 실천적 지혜(*phronēsis*)는 정신의 합리적 부문의 숙고적·계산적 부분에 적절한 덕이다. 신중함은 지적 덕이지만 이것은 도덕적 행동의 중추적 부분인 동시에 도덕적 덕 없이는 존재할 수 없는 것이다. 신중함은 단순한 명석함이나 명민함과 혼돈되어서는 안 된다. 신중함의 책무는 스스로의 선을 추구하는 것이 아니라, 오히려 도덕적 덕에 의해 부과되는 목적을 추구하는 데 적절한 수단을 고안하는 것이다. 이것은 신중함이 오직 보편적인 것들(universals)

만을 다루거나 혹은 그것만을 일차적으로 다루는 것이 아님을 의미한다. 즉 신중함의 일차적 관심은 도덕적 덕에 반영되어 있는 보편성을 도덕적 행위가 발생하는 구체적 상황에 적용하는 것이다. 따라서 신중함은 고도로 경험적이다. 아리스토텔레스는 이 이유 때문에 젊은이는 수학과 기하학의 전문가는 될 수 있지만 그들의 한정된 인생경험으로 인해 필연적으로 신중함을 결한다고 말한다(*NE* 6. 5, 7–8, 13).

신중함과 정치적 기술 혹은 정치적 수완의 관계에 대한 아리스토텔레스의 논의는 우리의 목적에 있어서 매우 중요하다. 비록 신중함이 개인의 선을 포괄한다는 일반적 견해에 몇 가지 수정을 가하고 있으나 아리스토텔레스는 정치적 수완이 신중함의 한 형태임을 주장한다. 정치가 혹은 정치적 인간의 신중함은 두 가지 특징적 종류, 즉 건축가적이고 "입법적인"(legislative) 신중함과 매일매일의 정치적 구체성과 연관된 좀더 "실천적이고 심사숙고하는"(practical and deliberative) 신중함으로 구분되는 듯이 보이며, 또 "정치적" 신중함은 숙고적인 것과 법률적인 것으로 세분된다(*NE* 6. 8. 1141b23–33). 따라서 아리스토텔레스에 의하면 진정한 의미의 정치가는 도덕적 덕과 실천적 지식, 즉 경험과 그의 도시와 시민의 특수한 성격들에 대한 지식을 겸비한 사람이다.

그러면 정치적 기술에는 좀더 엄밀한 지적 구성요소가 존재하지 않는가? 아리스토텔레스는 『니코마코스 윤리학』 끝부분에서 이 물음으로 그 초점을 옮긴다. 두 부류의 주창자들이 정치적 사물에 대한 지식을 주장하는 듯이 보이는데, 그 하나는 실제적인 정치실천가(practitioners)이고 다른 하나는 정치술을 가르친다고 자부하는 "소피스트"이다. 그러나 정치실천가는 정치적 문제에 관해 쓰거나 말하지 않으며, 또 그들의 지식이나 친구를 정치전문가로 만들 능력도 없는 듯이 보인다. 나아가 그들 자신의 성공은 지식 덕분이라기보다는 자연적 능력과 경험 덕분인 것처럼 보인다. 소피스트의 경우에는 대부분에 있어서 정치적 기술이 무엇인지, 또 그것이 어떤 주제를 다루고 있는지조차도 모른다. 왜냐하면 만약 그렇지 않았다면 그들은 정치기술을 수사학과 동일시하거나 심지어는 열등한 것으로 고려하지 않았을 것이며, 가장 유명한 법률을 수집하여 입법화하는 것이 쉽다고 생각하지도 않았을 것이기 때문이다(*NE* 10. 9. 1180ᵇ28–81ᵃ19). 좀더 앞서 아리스토텔레스는 덕을 권고하는 "연설"만으로는 사람들을 신사로 인도하는 데 불충분함을 천명했다. 왜냐하면 오직 법에 의해 표현되는 이성과 강제의 결합만이 젊어서 뿐만 아니라 전 생애를 통해 요구되는 덕행을 습관화시키는 데 적절한 틀을 제공하기 때문이다(*NE* 10. 9. 1179ᵇ4–80ᵃ22). 소피스트는 연설의 힘이나 이성의 힘만으로도 인간의 행동에 영향을 주기에 충분한 것으로 과대평가하고 있는 듯이 보인다. 입법에 대한 그들의 접근에서도 이와 유사한 오류가 반영되고 있다. 소피스트들은 입법이 쉽다고 믿는다. 왜냐하면 그들은 법의 강점은 합리성에 있으며, 또 좋은 법은 어느 도시에서나 동등하게 적용 가능하다고 생각하기 때문이다. 이와는 반대로 아리스토텔레스는 "습관적인 복종이 따르지 않는 법은 아무런 힘도 가질 수 없으며, 일정한 시대에 대한 숙고 없이는 법이 형성될 수 없다"(*P* 2. 8, 1269ᵃ20–22)고 본다. 그러나 이것이 의미하는 바는 우리가 참으로 고려해야 하는 것이 법이라기보다는 도시의 영속적인 정치문화, 도시의 특성—무엇보다도 사회·경제적 구성과 정부의 종류, 즉 아리스토텔레스의 용어를 빌리면 "정체"(*politeia*)—이라는 점이다. 그리하여 아리스토텔레스는 "우리의 선조들이 입법에 관한 한 미답의 처녀지를 남겨놓았으므로 만일 우리가 그것을 탐구한다면 그것은 아마도 최선일 것이며, 또 그것은 일반적으로 정체에 관한 것이다”(*NE* 10.9.1181b12–14)라고 한다.

따라서 아리스토텔레스적인 정치학이 정치가의 실천에 기여할 수 있는 가장 중대한 공헌은 “입법”영역에 있다. 이것은 『정치학』의 특성을 이해하는 데 있어서 매우 중요하므로 그 주장의 함의를 충분히 파악해야 한다. “입법”이라는 용어는 단순히 정치적 수완(statesmanship)에 대한 동의어로서만 사용되고 있는 것이 아니다. 제6권에서의 “입법적” 신중함과 “정치적” 신중함의 구분에서 적시되는 바와 같이 현실적인 의미에서의 정치적 수완 혹은 정치적 기술은 실천적으로 정치적 중요성을 지닌 문제의 영역에 대한 지식을 필요로 한다. 아리스토텔레스는 『수사학』의 한 구절에서 정치적 숙고의 주요 영역으로서 수입과 지출, 전쟁과 평화, 국토의 방어, 수입과 수출, 그리고 입법의 다섯 가지를 규정한다. 이들 중 마지막 문제에 관해 그는 다음과 같이 언급한다 : “도시의 보존은 그 법률에 달려 있다. 따라서 몇 종류의 정체가 존재하는지, 어떤 종류의 것이 각개의 도시에 유익한지, 그리고 무엇을 통해 그들은 필연적으로 붕괴되는지, 즉 정체에 적절한 것과 해가 되는 것을 모두 아는 것이 필요하다.”[8] 정치가는(아리스토텔레스의 표현을 오늘날의 용어로 대체하면) 무역, 재정, 국방, 그리고 외교정책에 관해 어느 정도 정통할 것이 요구되며, 이 정통함은 본질적으로 경험을 통해 얻어질 수 있는 듯이 보인다. 그러나 입법의 경우에 있어서, 혹은 좀더 일반적으로는 도시의 정체를 결정하는 법적이고 관습적인 제도 및 관행에 있어서는 이 같은 사실이 전혀 적용되지 않거나 혹은 동일한 정도로 적용되지는 않는다. 『정치학』이 충분히 입증하고 있는 바와 같이 아리스토텔레스적인 정치학은 무엇보다도 정체에 대한 학문이다.

왜 그러한지 그 이유가 즉각적으로 명백한 것은 아니나 적어도 잠정적인 대답은 제공될 수 있다. 첫째, 정치가는 필연적으로 특정한 시간과 장소의 산물이라는 것인데, 이것이 아마도 가장 중요한 대답일 것이다. 타도시와 타정치조직의 형태에 대한 지식의 정도에 관계없이 정치가의 지식은 불완전하거나 간접적이기 쉽다. 정치가는 자기가 속해 있는 정체의 자연성과 항구성을 당연시하는 경향이 있다. 그리하여 그들은 시간이 지남에 따라 도시의 정치적 구성에 극적인 영향을 줄 수 있으며, 또 그에 따라 통치조직에 영향을 줄 수도 있는 외견상으로는 미미한 발전에 충분히 민감하지 않다.[9] 더구나 정치가는 충분히 합리적이라고는 말할 수 없는 그의 도시와 정체—예컨대 특수한 정당이나 통치계급—에 집착하는 경향이 있다. 그러나 아리스토텔레스의 정치학은 이와 달리 정체와 시간에 따른 정체의 변이에 대한 체계적인 비교 연구를 전제한다. 또 아리스토텔레스는 정치적 삶의 파당심을 초월한다는 점에서 유리한 고지를 점하고 있다. 이 모든 점에서 철학의 생래적(生來的)인 무능력—도시로부터의 분리—은 도시에 이로움을 줄 수 있는 기초로 바뀐다는 사실을 덧붙여야겠다.

아리스토텔레스가 도시의 법정 앞에서 철학을 암묵적으로 정당화한 것은 플라톤이나 플라톤적 소크라테스가 행한 철학에 대한 명백한 변호를 연상케 한다. "우리의 선조들은 입법에 관한 한 처녀지로 남겨두었다"는 아리스토텔레스의 주장은 종종 확실히 그의 선조와 스승들도 예외로 하지 않았다고 이야기되어 왔다. 사실상 아리스토텔레스가 "입법"이라는 용어에 부여하는 정확한 의미를 명심하지 않으면 이 주장은 도착적인 것으로 보인다. 아리스토텔레스는 『정치학』에서 플라톤의 『법률』을 간략하게 비판하고 있는데, 거기에서 그는 『법률』이 실제적인 질서라고 표현될 수 있는 정체의 실제적 특성에 관해 거의 아무런 언급도

하지 않고 있다고 지적한다(*P* 2. 6. 1264b42–65a1). 플라톤의 『국가』는 정체의 본질이나 형태에 관한 문제를 광범위하게 다루고 있다. 그러나 『국가』의 주요 관심사는 플라톤 역시 그 실현이 불가능하지는 않으나 매우 어려움을 인정하고 있는 최선의 정체이다. 좀더 실천적인 것에 관심을 가지고 있는 『법률』에서도 도시와 정체의 다양성에 대한 분석은 거의 시도되지 않고 있다. 플라톤적인 정치철학에 대한 아리스토텔레스의 최종적인 견해가 무엇이든 간에 그는 플라톤적인 정치학을 정치가를 훈련시키는 데 필요한 형태의 지식으로서는 미흡하다고 보는 듯하다.

아리스토텔레스적인 정치학과 플라톤적인 정치학의 근본적인 차이는 『정치학』의 처음 두 권에서 명확하게 나타난다. 도시와 인간의 본질에 관한 가장 근본적이며 이론적인 물음이 던져지는 곳은 제1권이며, 제2권에서는 최선의 정체에 관한 앞서의 이론적 고려—적어도 이 문제에 관한 플라톤적인 논의—가 부적절하다는 것과 일반적으로 최선으로 간주되는 실제 정체의 한계에 대해 갈파하고 있다. 그러나 이것은 이론적인 명확성을 기하기 위한 것이 아니라, 정치적 실천의 요구에 대한 적절한 이해를 방해하는 지적 장벽을 제거하기 위한 것이다.

5. 도시와 인간

『정치학』의 서두는 『니코마코스 윤리학』의 시작과 밀접한 관계를 지닌다.

> 우리 모두는 도시가 어떤 종류의 결합(partnership)이라고 본다. 모든 결합은 어떤 선을 위해(왜냐하면 모든 사람은 선이라고 여겨지는 것을 위해 모든 것

> 을 행한다) 구성되기 때문에 모든 결합은 선을 목적으로 한다. 모든 결합 가운데 가장 권위적이며 다른 모든 것을 포괄하는 결합은 특히 그러하고, 이것은 모든 선 가운데 가장 권위 있는 선을 목적으로 하는 것임이 명백한데, 이것이 소위 도시 혹은 정치적 결합이다.

"도시"(*polis*)는 일종의 결합, 결사 혹은 공동체(*koinōnia*), 즉 공동의 어떤 것을 나누거나 간직하는 사람의 집단이다.『니코마코스 윤리학』을 시작하는 논의의 기초로서 아리스토텔레스는 어떤 결합보다도 권위적이며 그러한 결합들의 특수한 목적을 모두 포괄하거나 지향하는 한 종류의 결합이 존재함을 전제하는데, 이것이 정치적 결합을 특징짓는 권위적인 선의 정체로서 간주된다. 이러한 아리스토텔레스의 견해는 "국가"(state)가 단지 "사회"를 구성하는 여러 사조직의 도구에 지나지 않는다는 견해와 구별되어야 한다. 그러나 아리스토텔레스에 있어서의 "사회"가 여러 면에서 보아 "국가"의 시녀에 지나지 않는다고 가정하는 것 역시 오류이다. 아리스토텔레스의 사유방식에 있어서 "국가"와 "사회"에 대한 그러한 구분은 매우 낯선 것이다. 왜냐하면 도시는 국가 혹은 국가의 한 형태와 동일시될 수 없으며, 아리스토텔레스가 도시에 부여하고 있는 "권위적" 특징은 근대 국가 개념에 있어서의 법적 "주권"과는 무관하기 때문이다. 차라리 이것은 도시만이 인간의 포괄적인 선을 포괄적으로 고려한다는 상황에서 추론된 것이다.

도시와 국가의 비동일성은 곧 더욱 명백해진다. 아리스토텔레스는 계속하여 정치적 지배나 정치적 기술이 근본적으로 왕의 지배술, 가정경영술, 그리고 주인의 하인에 대한 지배술과 동일하다는 견해—플라톤이나 크세노폰에 의하여 발전된—를 비판한다. 인간 결사의 한 형태로서의 도시는 하부정치적 결사인 가족 내의 인간관계뿐만 아니라 부족(tirbe)이나 민족(*ethnos*)에 대한 지배와도 구분된다. 아리스토텔레스는 동시대의 부족사회나 제국의 정치적 장치의 분석에는 별로 관심을 보이지 않는다. 또 폴리스의 정체로 이해되는 "왕정"과 그것을 구분하는 데에도 관심을 보이지 않는다. 오히려 『정치학』에서 그것들이 세심하게 의도적으로 배제되었다는 사실을 명심해야 한다. 무엇보다도 도시는 자유로우며, 동등하고, 또 "그 종류에 있어서 다른" 인간 존재—고도의 경제적 분화에 의하여 특징지워지는—의 결합이며, 또 그러한 경향이 있다는 사실에 의해 본래의 왕정으로부터 구분된다(*P* 2. 2. 1261ª22-34). 아리스토텔레스는 이러한 정치적 자유와 기술의 결합이 도시의 본질이라고 인식한다.[10]

정치적 지배와 다른 형태의 지배에 대한 플라톤의 혼동은 『국가』에서 소크라테스의 입을 빌려 제시하고 있는 공산주의에 대한 옹호와 밀접한 연관을 맺고 있는데, 아리스토텔레스는 이것 역시 오류로 간주하고 있다(*P* 2. 2-5). 왜냐하면 둘 다 도시의 특징인 사람들의 분화를 적절히 평가하는 데 실패하고 있기 때문이다. 일견 시민들이 모든 것을 공유하거나 혹은 시민들 간에 차별을 주로 일으키는 그러한 것을 공유하는 도시는 그렇지 못한 도시보다 우월하게 보일 수 있다. 그러나 아리스토텔레스는 결혼의 폐지나 재산의 공동 소유를 통한 통합체(unity)의 성취는 불가능할 뿐만 아니라 바람직하지도 않다고 주장한다. 결혼의 폐지는 "우정"을 강화시키기는커녕 오히려 가족에 대한 일차적인 애정을 제거함으로써 우정을 약화시킬 것이다. 그리고 재산의 공산화는 재화에 관한 갈등을 제거한다기보다는 인간이 그 자신의 것일 뿐만 아니라 자유의 미덕이라 이해하고 있는 정당한 쾌락을 파괴할 것이다. 도시는 가족

성원과 친구들의 관계를 특징짓는 공동 이익체를 대신하는 것을 추구할 수 없으며 또 추구해서도 안 된다. 어느 하나로 환원하기는 불가능할 정도로 다양성을 지닌 도시는 "교육", 즉 "습관, 철학 그리고 법률"(*P* 2. 5. 1263b35–40)의 조합된 영향을 통해 하나로 되거나 공통이 되어야 한다. 『국가』의 저자가 철학을 무시했다고 비판하는 것은 플라톤에 대한 아리스토텔레스의 논의에 있어서 최고의 아이러니이다. 그러나 이 언급은 단순한 농담이 아니라 아리스토텔레스의 의도를 잘 드러내고 있다. 왜냐하면 앞으로 간단히 소개될 바와 같이 이슈가 되고 있는 것은 엄격한 의미의 철학과는 상당히 다른 어떤 것이기 때문이다.

도시의 구체적인 특성을 밝히기 위해 아리스토텔레스는 도시의 구성요소와 발전양식의 분석에 주목한다(1. 2. 1252a25–53a39). 가정은 두 가지 형태의 결합으로 형성되어 있는데, 그것은 각각 재생산과 보존이라는 자연적 필요를 반영하는 남편과 아내의 관계, 그리고 주인과 노예의 관계이다. (여기에서 아리스토텔레스가 노예제도를 지배와 피지배의 자연적 관계로 표현하고 있다고 주장하는데, 이러한 견해는 앞으로 간결하지만 충분히 재서술될 것이며 또 적절하게 평가될 것이다) 일반적으로 가정경영은 일상적인 생활의 요구에 봉사하는 결합이다. 비일상적 요구의 충족을 위하여 발생하는 첫 번째 형태의 결합은 촌락(village), 즉 몇몇 가정의 모임이다. 도시는 몇몇 촌락의 결속으로부터 발생하는 완벽하고도 완전한 결합이며, 여기에서 비로소 자급자족이 성취된다. 비록 도시를 발생시키는 충동이 가정이나 촌락을 발생시키는 것과 근본적으로 명백하게 다른 것은 아니지만 도시는 이러한 결합들과는 근본적으로 다름이 입증된다. 왜냐하면 아리스토텔레스가 지적한 바와 같이 "그것은 생존을 목적으로 발생하나 보다 나은 삶을 위해 존속되기 때문이다." 그러나 첫 번째 형태의 결합이 자연적인 것이기 때문에 도시 역시 자연적이며, 인간은 본성적으로 정치적 동물인 것 같다.

인간이 본성적으로 정치적 동물이라는 아리스토텔레스의 유명한 언명은 도시의 자연성에 대한 옹호라는 보다 큰 맥락에서 이해되어야 한다. 이것은 인간이 끊임없이 정치활동에 참여하거나 또 그렇게 하기를 원한다는 뜻이 아니다. 그와 반대로 아리스토텔레스는 인간의 대다수가 사적인 일에만 참여하는 경향이 있음을 강조하고 있다(*P* 6. 4. 1318ᵇ6–27). 그리고 가정이 "도시보다 선행하는 것이며 더 필요하다는 것"을 인정하고 있다. 또 다른 동물들보다 출산이 일반적이기 때문에 "인간은 본성적으로 정치적 동물이라기보다는 가정적"(conjugal)임을 인정하고 있다.[11] 첫 번째 예로 인간 존재는 어떤 종류의 동물들처럼 가정보다 큰 집단으로 모이며, "상대로부터 도움을 필요로 하지 않을 때조차도 함께 살려고 한다"는 점에서 정치적 동물이다(*P* 3. 6. 1278ᵇ19–20). 그러나 다른 한편, "인간은 벌이나 무리짐승들보다 훨씬 더 정치적 동물이다." 왜냐하면 모든 동물 중 오직 인간만이 말과 이성을 보유하고 있기 때문이다. 아리스토텔레스의 설명에 따르면 말 혹은 이성(*logos*)은 "이로운 것과 해로운 것, 나아가 정의로운 것과 정의롭지 않은 것을 표현하는 데 사용된다. "또 동물들 중 오직 인간만이 "선과 악, 정의와 부정의, 그리고 이러한 종류의 다른 어떤 것에 대한 지각을 지니고 있으며, 이러한 사실들 속에서의 결합이 가정과 도시를 형성하는 그 무엇이다"(*P* 1. 2. 1253ᵃ8–18). 도시를 그 성원들 간의 외적 재화의 공유에 의해서만 형성되는 것으로 간주하는 것은 오류이다. 왜냐하면 도시는 중대한 측면에 있어서 선이나 혹은 인생에 있어서의 올바른 길에 대한 지각(perception)의 공유에 의해서 형성되는 결합이기 때문이다. 인간은 이성적이며 도덕적인 동물이기 때문에 가장 뛰어난 정치적 동물이다.

아리스토텔레스는 도시의 본질에 대한 그 자신의 견해와 근대 자유주의 이론과 놀라울 정도로 유사한 자신과 반대되는 견해를 비교한다. 이러한 견해에 따르면 도시는 부정의를 방지하고 경제적 교환을 용이하게 하기 위해 그 성원들 사이에 맺어진 일종의 연합, 즉 법률에 의한 단순한 "계약"(Compact)이며, (아리스토텔레스가 소피스트 리코프론의 말이라고 한 구절에 따르면) 서로 다른 정의들 사이의 보증이다. 다른 한편, 아리스토텔레스에 있어서 도시의 훌륭한 정치에 관심이 있는 자는 "정치적 악과 덕에 모두 관심을 기울여야만 하는데, 이때의 덕은 모든 도시를 위한 고려이거나 혹은 적어도 그 용어가 적용되는 모든 사람에게 대한 단순한 말만이 아닌 진실한 고려여야 한다." 다시 말해 도시는 단지 생존을 위한 어떤 것이 아니라 보다 고귀하고, 행복하며, 또 잘 살기 위해 존재하는 것으로 이해되어야 한다(*P* 3. 9. 1280ª24–81ª6).

따라서 인간은 오직 도시에서만 덕에 부합되는 행위의 삶으로 이해되는 행복의 잠재력을 발현하게 된다. 도시는 인간의 잠재력을 발현하는 데 필수적이기 때문에 도시 그 자체는 매우 자연스럽다. 그러나 아리스토텔레스의 견해가 도시를 단순히 자연적 유기체로 보는 것이라고 서술하는 데에는 조심해야 한다. 아리스토텔레스는 "모든 사람은 본성적으로 이러한 종류의 결합을 향한 충동을 지니고 있으나 가장 먼저 도시를 형성하는 자는 선의 최대화를 위한 책임을 지닌다"고 말한다. 즉 도시는 단순히 자라나는 것이 아니라 특정 인간의 불연속적 행동에 의해 수립된다는 것이다. 이것은 인간성(humanity)에는 도시와 도시의 목적에 반하는 측면이 있기 때문에 그러하다. "인간은 완성될 때 모든 동물 중 최선인 것과 마찬가지로 법으로부터 분리될 경우 모든 것 중에서 최악이다. 왜냐하면 인간은 선천적으로 신중함과 덕을 위한 무기를 지니고 태어나나 그것의 적인 부정의를 위해 그 무기를 쉽게 사용하며, 이러한 경우에 있어서의 부정의는 가장 혹독한 것이 되기 때문이다" (*P* 1. 2. 1253[a] 29-37). 식인풍습과 근친상간에 대한 언급이 시사하는 바에 따르면 아리스토텔레스는 인간의 악, 즉 신성불가침이라 인정된 규율에 대한 침해에 대한 잠재력을 충분히 인식하고 있는 듯하다. 이러한 이유에서 그는 법의 허약성을 알고 있으며, 또 모든 도시에 있어서 힘(force)과 강제력(compulsion)이 결합되어야 할 필요성을 알고 있었다.

도시의 자연성에 대한 아리스토텔레스의 옹호는 도시가 자연에 반하는 어떤 것이며, 궁극적으로 힘에 기초한다는 동시대의 지배적인 의견에 대한 도전으로 보아야 한다. 소피스트의 이러한 주장은 (무엇보다도 플라톤의 『국가』와 『고르기아스』에서 친숙한) 노예제의 현상 속에서 그 논리적 기초를 구했다. 따라서 아리스토텔레스는 노예제가 비자연적이라는 견해와 싸우는 데 특히 관심을 기울였다. 일반적으로 해석가들은 노예제에 대해 아리스토텔레스가 논의하고 있는 바의 수사학적 목적과 세심히 의도된 모호성에 충분한 주의를 기울이지 않았다(*P* 1. 5-7). 아리스토텔레스는 인습적(conventional) 노예제, 즉 전쟁에서의 정복으로 인한 노예제와 같은 것이 존재한다고 생각했다. 정신이 육체와 다르고 인간이 짐승과 다르듯이 다른 인간들과는 구별되는 인간으로, 오직 육체적 노동만을 할 수 있는 사람으로, 그리고 오직 복종하고 지각하는 정도의 이성만을 지닌 사람으로 노예를 정의할 때 아리스토텔레스가 자연적 노예를 정상 인간 존재보다 열등한 어떤 것으로, 나아가 사회제도로서의 노예제는 본질적으로 인습적인 것임을 주장한다고 속단할 수 있다. 이것은 최선의 정체에서 노예가 협동적인 행동의 대가로서 자유를 보장받는다고 보는 아리스토텔레스의 생각과 노예에게 요구되는 덕이 자유로운 노동자에게 요구되는 덕보다 더 위대하다는 그의 언급에 의해 부인되는 듯이 보인다.[12] 첨언하면, 아리스토텔레스는 노예제의 관행을 보다 인간화시키려는 전략으로서 노예제를 주인의 단순한 힘보다는 덕의 우월성에 정착시키려는 데 주의를 기울였던 것이다.

6. 시민권과 정체

『정치학』 제2권의 서두에서 아리스토텔레스는 새로운 논의를 전개하기 시작하는데, 그것은 정체의 본질에 대한 근본적인 문제의 제기이다. 그는 시민권의 본질에 대한 물음으로 시작하여 정체의 기초적 형태, 정체들 간의 차이, 그리고 각 정체들의 정치적 정의에 대해 주장하는 논의로 나아간다. 그 뒤를 연이어 나오는 법률과 왕정에 대한 논의는 정치적 지배의 본질에 관한 주제를 더욱 발전시킨다.

아리스토텔레스는 도시와 정체의 관계를 이해하기 위한 방도로 시민권에 대해 물음을 던진다. 도시의 정체성(identity)은 그 도시의 "시민"(*politai*)으로 인정되는 사람들로부터 가장 명확하게 추출된다. 그러나 어떤 사람에게 시민의 자격을 부여할 것인가는 항상 명확한 것이 아니다. 일반적으로 사용되는 "정치적이고 일차적인 정의"는 개인의 부모나 조상의 시민권에 기초하는 경향이 있다. 그러나 혁명기와 같이 많은 수의 사람들이 시민체(citizen body)에 덧붙여지거나 추방되었을 때 이러한 정의는 부적절하다. 일반적으로 말해 시민은 실제로 공직을 보유하거나 공공집회에서 혹은 배심원으로서 실제로 투표를 하는가에 관계없이 정책결정(decision making)이나 지배(rule)를 공유하는 사람이라고 정의될 수 있을 것이다. 결국 시민권은 정체의 함수이다. 왜냐하면 민주정에서 시민인 자와 과두제의 시민은 필연적으로 다르기 때문이다. 따라서 도시의 정체성은 국적(nationality)이나 지리 같은 요소보다는 도시의 정체에 의해서 결정된다.

아리스토텔레스는 선한 시민과 선한 인간과의 관계에 관한 물음에 대해 연이어서 언급하고 있다(*P* 3.4). 선한 시민의 근본적인 기능은 정치적 결합의 보존이다. 그러나 이 결합을 가장 근본적으로 구성하는 것이 정체이기 때문에 시민의 미덕은 필연적으로 정체에 따라 상대적이다. 더구나 도시는 본질적으로 그들 직업이 서로 다른 사람들로 구성되어 있기 때문에 모든 시민의 미덕이 동일하지 않다. 그러면 시민의 덕과 선한 사람의 미덕이 완전히 일치하는 경우가 존재하는가? 그러한 경우는 통치자인 동시에 시민인 경우일 것이다. 왜냐하면 오직 통치자만이 모든 의미의 미덕에 필수적인 "신중함"을 지니고 있기 때문이다. 아리스토텔레스는 오해를 방지하기 위해 그러한 도시가 가지고 있는 지배의 형태, 즉 정체는 통치자와 피치자의 구분을 불분명하게 하는 것에 의해 특징지을 수 있음을 명백히 하고 있다. 왜냐하면 "지배와 피지배가 순환적으로 교체되는" 것이 시민에게 적절한 정치적 지배이며, 일반적으로 지배에 필요한 미덕은 지배당한 경험을 통해 획득되기 때문이다. 그러나 "통치에게 한정된 유일한 덕"인 신중함의 미덕의 경우에는 그렇지 않다. 이러한 아리스토텔레스의 주장은 일반 시민들보다 강력하고 보다 엄격한 의미에서 "통치"하는 정치적 인간의 타입이나 계급이 존재함을 인정하고 있는 듯이 보인다. 따라서 신중함을 얻기 위해서는 일상적인 정치적 삶의 경험을 통해 획득 가능한 어떤 것을 뛰어넘는 훈련의 필요성을 암시하고 있는 듯이 보인다.

"정체는 공직, 특히 모든 문제에 관해 권위를 지니는 공직의 배열이다. 왜냐하면 어느 곳에서나 도시 내에서 권위를 지니는 것은 지배체(governing body)이고, 그 지배체가 정체이기 때문이다"(*P* 3. 6. 1278b8–12). 아리스토텔레스가 논의의 서두에서 천명하고 있는 바에 따르면 정체는 제도적 배열이나 제도적 관점만으로는 적절히 이해될 수 없다. 정체는 보다 근본적인 정치적 현실—도시를 구성하는 다양한 집단 간의 권위와 복속관계—을 반영한다. 가장 실제적인 의미에서 정치적 지배계급—"지배체"(*politeuma*)—이 정체이다. 비록 이것이 제도와 집단 혹은 계급의 관계라는 문제에 대해 아리스토텔레스가 최종적으로 인급하고 있는 바는 아니지만, 이것은 그의 분석을 적절히 이해하기 위한 필요불가결한 시발점이다. 또한 이것은 아리스토텔레스의 사상과 마르크시즘, 그리고 근대 정치사회학 간의 중대한 유사성을 시사한다.

곧 명백해지겠지만 정체에 대한 아리스토텔레스의 분석은 처음에는 도식적이고 고도로 단순화된 형태로 제시된다. 모든 정체는 그 통치 요소로서 한 명 또는 소수의, 혹은 다수의 사람을 지니며, 정체의 목적은 도시 전체의 공동선 혹은 통치자들의 사적 이익이다. 따라서 여섯 가지의 기본적인 정체의 형태가 존재한다. 왕정(kingship)은 한 사람 혹은 왕가에 의한 올바른 지배의 형태이며, 참주정은 그것의 왜곡된 형태이다. 올바른 형태의 소수지배는 귀족정—소위 "최선의 인간이 지배하거나 혹은 그들이 도시에 최선이거나 도시에 참여하는 사람들에게 최선인 것을 위해 통치하기 때문에"—이거나 그렇지 못한 과두정의 형태를 취한다. 그리고 다수지배의 왜곡된 형태는 민주주의이며, 올바른 형태는 모든 정체에 공통적 용어인 "혼합정"(*politeia*)이다.

그러나 아리스토텔레스는 또한 정체 간의 구분 근거가 단순히 그

수에 의하는 것만이 아님을 명백히 하고 있다. 민주정과 과두정의 가장 근본적인 차이는 지배요소의 크기에 있는 것이 아니라 부의 존재 여부에 있다는 것이다. 왜냐하면 과두정은 일반적으로 소수인 부자의 지배이며, 민주정은 일반적으로 다수인 빈자의 지배이기 때문이다. 이러한 차이는 매우 중요하다. 왜냐하면 이것은 근본적으로 다른 삶의 방식과 정치적 정의의 개념에 기초하고 있기 때문이다. 과두주의자와 민주주의자는 분배적 정의의 원칙—동등한 사람은 동등한 몫을 받아야만 한다—에서는 의견이 일치하나 인간에게 있어서 동등함을 구성하는 것이 무엇인지에 관해서는 의견이 일치하지 않는다. 전자는 부에 있어서의 차등은 일반적인 불평등한 대우를 정당화한다고 믿으나, 후자는 자유에 있어서의 평등은 모든 면에 있어서의 동등한 대우를 요구한다고 믿는다. 정치적 정의에 대한 이러한 여러 주장이 단순히 인간 존재로서 혹은 자유인으로서의 신분에만 기초하고 있는 것이 아니라는 사실에 주목해야 한다. 왜냐하면 민주주의자의 요구에 내재된 평등은 도시를 그 적으로부터 방어함에 있어서의 위험의 평등을 반영하고 있기 때문이다. "군사적 미덕"이라는 이름 하에서의 정의에 대한 이러한 주장은 혼합정의 경우에 특히 명백한데, 거기에서는 중무장을 할 수 있는 권리가 지배체의 정의(definition)이다(*P* 3. 7. 1279^{b}1–4). 사실상 자유롭고 동등한 인간으로서의 결합을 설명하는 데에는 도시의 군사적 필요조건이 그 무엇보다도 우위를 점하는 듯하다. 그리고 적어도 이것은 대중지배의 방향으로 발전하는 경향을 부분적으로 설명하는 듯이 보인다(*P* 4. 13. 1297^{b}2–28).

아리스토텔레스는 그 도시에 있어서 각 구성집단의 정치적 정의에 대한 주장은 도시의 목적에 대한 각 집단의 상대적인 공헌의 견지에서 가장 적절하게 평가될 수 있음을 상기시킨다. 여기에도 난점이 존재하는 데, 그것은 도시에서 정치적으로 가장 강력한 집단—다수와 부유한 소수—이 행복이나 미덕에 대한 공헌보다는 행복이나 미덕의 수단에 대한 공헌을 근거로 보다 강력한 주장을 한다는 것이다. 그렇다면 이것은 도시에서의 권위가 "존경받을 만한" 사람—덕으로 교육된 신사—에 의해 정당하게 주장될 수 있음을 뜻하는가? 아리스토텔레스는 그들 주장의 장점을 부인하지는 않는다. 그는 단순히 그런 사람들의 배타적인 지배가 나머지의 권리 주장자들로부터 그들의 몫으로 간주되는 영예나 특권을 박탈할 수도 있다고 주장하는 것이다. 따라서 그는 다른 주장자들의 지배에 대한 참여는 정당함의 문제라기보다는 편의의 문제로 인식하고 있는 듯이 보인다. 그러나 아리스토텔레스는 이어서 다수의 주장에 대한 예를 보다 상세히 서술하고 있는데, 그렇게 함으로써 대중이 근거를 가지고 귀족의 주장에 논박할 수 있는 중요한 의미가 존재함을 드러내고 있다. 비록 대중이 개인적인 차원에서 모두 완전히 우월할 수는 없으나 많은 사람이 준비한 만찬이 단 한 사람에 의해 준비된 것보다 나은 것과 마찬가지로, 혹은 소수에 의한 음악이나 시보다 다수에 의한 것이 훌륭한 것으로 판단되는 것과 마찬가지로, 다수 개인들의 정신의 덕과 개성의 총계가 소수의 우수한 인간의 미덕보다 나은 경우가 발생할 수 있음을 주장한다. 그러나 몇몇 예는 이러한 옹호의 임시방편적인 특성을 암시하고 있을 뿐만 아니라, 아리스토텔레스는 그 주장이 모든 종류의 군중이나 혹은 개인적인 미덕이 프리미엄으로 작용하는 고위관직의 참여에도 적용되지는 않음을 명백히 하고 있다. 그럼에도 불구하고 아리스토텔레스는 기술에 대한 유추를 통해 대중의 정치적 자질을 (특히 플라톤적으로) 논박하는 데 수고를 아끼지 않는다. 집의 사용자가 건축가에 못지않거나 혹은 더 나은 평가자라고 주장될 수 있듯이 대중은 단지 타인에 의해 고안된 정책의 결과에 대해서만 보다 적절한 판단을 할 수 있기 때문이다(*P* 3. 11).

민주정 혹은 인민의 지배에 대한 이러한 아리스토텔레스의 제한적 옹호는 정치적 정의라는 보다 보편적인 문제에 대한 접근의 맥락에서 이해되어야 한다. 도시에서 상투적으로 권력을 획득하려고 경쟁하는 집단은 모두 정치적 정의를 주장하는데, 이것들은 모두 어느 정도 타당성을 지니고 있다. 그러나 인간은 그 자신에게는 관대하기 때문에 항상 타인의 요구를 희생하며 자신의 것을 절대화하는 경향이 있다. 일견 근본적으로 엄청나게 다르게 보이는 주장들 간의 갈등을 해소하는 것은 쉽지 않을 듯이 보인다. 그러나 그러한 주장들이 조화될 수 있는 것처럼 보일 수 있음이 입증된다. 부와 미덕 중 어느 것이 더 도시에 필수적인 기여를 하는지, 또 얼마만큼 더 그러한지를 결정하는 것은 불가능한 듯이 보이지만 신사의 미덕을 다수 혹은 뛰어난 일인의 미덕과 비교할 수 있듯이 과두주의자의 부를 신사의 부, 다수의 부, 그리고 단 한 사람의 부와 비교하는 것이 가능할 듯하다. 그러나 이러한 관점에서 정치적 정의를 고려할 때에는 각 집단의 주장을 절충하는 것이 필요하다. 그렇지 않으면 특정 집단의 주장이 다른 집단이나 혹은 몇몇 집단의 단체적 주장에 의해 말살되거나 그 집단성원 중 한 명에 의해 쉽게 도전받기 때문이다(*P* 3.12–13).

아리스토텔레스가 분배적 정의의 문제에 대해 이론적 해결을 제시하고 있다고는 말할 수 없다. 사실상 분배적 정의의 문제를 이론적 수준에서 해결 가능한 것으로 간주한다고 생각하기에는 의심의 여지가 있다. 도시를 구성하는 다양한 집단들 중에서 어느 하나 혹은 다른 것이 가장 필요하다는 것을 이론적으로 확정하는 것이 불가능하다는 의미에서 각

집단들은 똑같이 필수적인 기능을 수행한다. 도시는 자신을 방어할 집단이 없다면 더 이상 존재할 수 없으며, 또 부가 창조하는 여가가 없다면 문명적 공동체로서 존재할 수 없다. 그리고 미덕이 존재하지 않으면 완전한 의미의 도시로 존재할 수 없다. 도시의 모든 주요 집단들은 이러한 의미에서 정치적 정의에 대한 절대적인 주장을 지니고 있다. 아리스토텔레스는 이러한 주장들을 판결하고자 하지는 않는다. 그는 경쟁하는 집단들 간의 요구와 가치를 인정함으로써 그러한 주장의 실제적인 수용을 고양시키고자 한다.

정치적 정의에 대한 아리스토텔레스의 분석에 있어서 주목할 만한 특징 가운데 하나는 뛰어난 개인 혹은 "최선의 인간"에 대한 강조인데, 이것은 그 정치적 중대성에 있어서 집단이나 계급에 버금가는 것이다. 지배를 향해 경쟁하는 주장들 간의 갈등을 완화하는 데 관심을 둔 아리스토텔레스가 강력한 정치력을 지닌 자를 패각추방하는 민주정의 관행에 동의를 보이는 것은 놀랍다. 또 사실상 그는 왜곡된 정체에 있어서 패각추방은 지배집단의 사적인 이익에 봉사할 뿐만 아니라 또한 정의로운 것이기도 하다고 주장한다(*P* 3. 13. 1284b23–25). 비록 명확하게 그 이유를 밝히고 있지는 않지만 그러한 사람이 정치적 지배에 대해 근본적인 위협을 가할 수 있다는 데 그 이유가 있는 듯이 보인다. 따라서 아리스토텔레스가 덕이 뛰어난 사람 혹은 그의 덕이 타시민에게 공헌함에 있어서 필적할 상대가 없는 사람에게 대해서는 예외를 만들고 있다는 것은 매우 놀라운 사실이다. 이 경우에 있어서는 그러한 사람에게 복종하는 동시에 그를 "영원한 왕"으로 섬기는 것이 모두에게 유일한 정의로운 것이라고 한다.

이러한 언급과 함께 아리스토텔레스는 왕정의 문제에 관한 체계적인 고려로 주의를 돌린다. 논의 중 많은 부분이 최선의 인간과 최선의 법 중 어느 것에 의해 지배되는 것이 더 유익한가의 문제를 검토하는 데 집중되고 있다. 『니코마코스 윤리학』 중 형평에 관한 논의에서와 마찬가지로 아리스토텔레스는 법에는 특수성이 부족함을 강조한다. 그러나 열정으로부터 자유롭다는 점에서는 법의 지배에 찬성한다. 아마도 그 정의에 의해 최선의 인간은 그에 내재하는 열정이 미덕에 의해 통제되는 사람이라고 생각될 것이다. 그러나 이것이 필연적으로 항상 그러한 것은 아니다. 왜냐하면 아리스토텔레스가 천명하는 바와 같이 "원기왕성함"(*thymos*)은 지배자와 최선의 인간을 그르칠 수 있기 때문인데, 이것은 플라톤적 주제의 중요한 반영이다(*P* 3. 16. 1287a30–31). 열정은 뛰어난 덕의 소지자에게 있어서조차도 그들의 미덕을 뒷받침하는 근원으로 작용하는 동시에 결점을 지니게 하는 해로운 작용을 하는 듯이 보인다. 아리스토텔레스는 다시 덕을 소유하는 최고의 형태인 신사도와 도시의 필요조건의 관계에 대한 문제를 지적하고 있다. 아리스토텔레스의 주장이 마침내 택하고 있는 이러한 기대하지 못한 전환을 설명해 주는 것은 다음과 같은 사상이라고 생각된다. 왕정에 대한 대안은 법에 의한 지배라기보다는 병적인 원기왕성함에 집단적으로 덜 취약한 다수의 뛰어난 사람들의 지배, 즉 귀족정이다. 비록 아리스토텔레스가 어떤 종류의 사회에 있어서는 왕정을 매우 적절한 정체로 인정하고 있으나 그는 왕정이 초기 시대의 도시에 속함을 명백히 하고 있다. 패각추방의 문제에 관한 그의 주저를 고려할 때, 이것은 도덕적 탁월 혹은 고귀함이 정치적 정의의 필요조건에 전적으로 부속되어야 한다는 원칙을 인정하는 데 아리스토텔레스가 망설이고 있음을 반영한다는 모험적인 주장을 할 수도 있을 것이다.

7. 정체의 종류

『정치학』의 나머지 부분 중 정체의 종류에 관해 아리스토텔레스가 상세히 분석하고 있는 곳은 제4권의 서두이다. 아리스토텔레스는 최고의 신체에 최선인 훈련뿐만 아니라, 불완전한 신체도 수용 가능하거나 그러한 신체에 최선인 훈련에 대한 고려까지도 필요로 하는 체육교사의 훈련술과 정체에 대한 학문을 비교함으로써 시작한다. 정체에 대한 학문 역시 이와 마찬가지로 절대적으로 최선인 정체에 대한 고려뿐만 아니라 특정한 종류의 도시에도 최선인 정체의 종류, 그리고 대부분의 도시에 수용 가능하거나 적절한 정체에 대한 검토를 포함해야 한다. 아리스토텔레스는 정체에 대해 견해를 밝혀온 대부분의 사람들이 진정으로 유용한, 즉 덜 완전하더라도 획득 가능한 것을 무시함으로써, 그리고 대부분의 도시들이 도달할 수 없는 스파르타와 같은 최선의 정체에만 주목함으로써 오류를 범했다고 말한다. 또한 "이미 존재하는 것으로부터 직접 발생했다는 사실에 의해 보다 쉽게 참여할 수 있고 설득될 수 있는 그러한 종류의 배열을 도입해야 한다. 한 정체를 수정하는 것이 처음부터 건설하는 것에 못지않게 중요한 임무이다"라고 말한다(*P* 4. 1. 1289a1–4). 기존의 정체를 수정하는 것에 대한 아리스토텔레스의 관심은 그의 전체적 접근을 이해함에 있어 중요하다. 『정치학』 제4권에서 6권까지 기존의 정체에 대한 분석이 과학적 분류에 대한 관심에서 비롯된 것이며, 정체들의 가치나 그 상대적 순서에 관한 문제에는 기본적으로 무관심하다는 일반적인 견해와는 달리, 서두에서부터 최선의 정체 혹은 최선의 가능한 정체의 실현이라는 생각에 의해 그분석이 이끌어지고 있다. 최선의 정체는 열렬하게 희망되는 급진적인 유토피아적 계획에 의해서가 아니라, 기존의 법과 정치사상 내에서의 점진적인 변화를 통해 일어나는 경향이 있다고 한다.

아리스토텔레스는 어느 도시나 다수의 부분들(parts)로 구성되어 있기 때문에 정체 역시 다수가 존재함을 상기시킨다. 가장 중요하고 보편적인 부분은 다수의 인민과 소수의 부자이다. 따라서 사실상 오직 두 가지 종류의 정체, 즉 민주정과 과두정만이 존재하는 것으로 종종 간주된다. 그러나 어떤 도시에는 정치적으로 중요한 "중간 요소"—즉 중간 계급—가 부자, 빈자와 더불어 존재한다. 더구나 부자와 빈자들은 그들의 구성에 있어 단일체와는 거리가 멀다. 빈자는 농부, 장인, 그리고 노동자를 포함할 것이며(이러한 집단 내에서도 특정 직업이 지배적일 수 있다), 각자는 그 정치적 함의에 있어서 본질적으로 다른 삶의 방식을 갖는다. 이와 유사한 차이점이 부자와 신사를 구별짓는다. 그리고 규모의 다양성, 지배체의 배타성, 도시의 다른 요소에 부여된 역할, 개인적 지배에 반대되는 것으로서의 법의 상대적 중요성 역시 정체의 하부형태를 형성하는 독특한 원인이다. 예컨대 아리스토텔레스는 그가 "강자의 지배"(*dynasteia*)라고 일컫는 과두정의 하위 타입을 인정하고 있다. 즉 소수의 부자들에 의한 개인적 지배를 인정하고 있다. 또한 그는 농민계급의 정치적 권력에 기초한 민주정, 법의 지배에 기초한 민주정, 그리고 아테네에 특징적인 국가 수입에 의해 부양되는 도시 노동자 계급이 법에 상관없이 지배하는 고전적 의미에서의 급진 민주주의를 구분하고 있다. 정체들 간의 차이만이 궁극적인 정치적 중요성을 지니는 것은 아니다. 때때로 핵심적 측면에 있어서 정체의 하위 타입이 정체의 형태를 구분하는 차이보다 더 중요하다. 예컨대 중도적 민주정은 급진적 민주정보다 중도적 과두정과 더 많은 공통점을 가질 수 있다. 정체의 하위 타입을 고려할 때 정체의 종류는 정치적 혹은 이념적으로 배타적인 형태라기보다는 단일 선상의 한 점으로 보인다. 사실상 아리스토텔레스의 의도에 있어서 이것이 가장 중요한 것이다. 왜냐하면 점진적인 정체의 변혁전략이 성공적이려면 정체들 간의 경계를 허무는 것이 필수적이기 때문이다.

아리스토텔레스는 근대 정치사상과 정치관행에 강력한 영향력을 행사하고 있는 "혼합정체"라는 개념의 창안자라고 생각될 수 있다. 아리스토텔레스의 혼합정체 개념에 대한 논의는 그가 혼합정(polity)이라고 명하는 정체에 대한 논의의 맥락에서 취급하는 것이 유용하다. 그러나 『정치학』에서의 혼합정체는 정체의 건설과 유지에 대한 아리스토텔레스의 일반적 접근을 시사하는 전략들에 대한 고려보다 덜 구체적인 정체의 한 형태라고 말하는 것이 보다 적절할 것이다. 아리스토텔레스가 『정치학』에서 설정하고 있는 중추적인 정치적 임무는, 부자와 빈자 간의 정치적 갈등을 완전히 제거하지는 못한다 하더라도 가능한 한 상당히 무디게 하는 것이다. 아리스토텔레스가 주로 "과두정과 민주정의 혼합"으로 서술하는 혼합정은 이러한 갈등에 대한 하나의 해결책을 제공한다. 그러나 아리스토텔레스는 민주정이나 과두정 그 자체 내에서의 개혁의 가능성 역시 실험한다. 나아가 그는 혼합정뿐만 아니라 약한 의미의 귀족정—덕이 숭앙되며 신사가 정치적으로 중요한 역할을 수행하나 부자와 인민이 함께 그 권력을 공유하는 정체—역시 혼합정체의 한 형태로 간주한다(*P* 4. 7. 1293^{b}1–20).

민주정과 과두정의 혼합으로서의 혼합정에 대한 아리스토텔레스의 서술은 제3권에서 혼합정을 단지 올바른 형태나 공공적인 것을 중시하는 형태의 민주주의로, 민주정을 정신적인 형태로 서술했던 것을 수정 · 보완하기 위해 의도된 듯이 보인다. 혼합정은 민주정으로도 과두정으로도 치우칠 수 있다. 비록 부자의 삶의 방식과 신사의 삶의 방식에 대한 일반적인 혼돈이 존재하지만 후자의 것은 보통 귀족정이라 칭해진다. 모든 경우에 있어서 민주정으로 말해질 수도 있고 과두정으로 일컬어진다 해도 무관한 것이 (스파르타의 정체가 종종 민주정, 과두정, 혹은 귀족정으로 기술되는 것처럼) 잘 혼합된 혼합정의 표시이다. 그리고 단순히 다수뿐만 아니라 도시 내 모든 집단과의 연합을 고려하는 것 역시 잘 혼합된 혼합정의 표시이다(*P* 4. 8-9).

아리스토텔레스의 정치적 가르침의 특징, 그리고 오늘날 정치분석의 견지에서 볼 때 가장 흥미로운 특징 중 하나는 도시에서 빈자와 부자 간의 투쟁을 매개하는 "중간 요소"에 그가 부여하고 있는 역할이다. 일반적으로 대부분의 도시에 있어서 최선이며 가장 수용 가능한 것을 혼합정체와 동일시하는 것은 옳지 않다. 종국에 있어서 정체는 단순한 공직의 배열이 아니라 도시 전체를 위한 삶의 방식이기 때문에 지배집단과 피지배집단의 이익을 제도적 수단을 통해서만 조화시키고자 하는 정체는 어떤 의미에서 인위적인 건축물이 되기 마련이고, 따라서 끊임없는 정치적 불안정에 직면하기 쉽기 때문이다. 그러나 불안을 초래하는 사회적 · 정치적 · 이념적 차이를 축소시키는 역할을 하는 집단을 중심으로 그러한 정체를 건설할 수 있다면 어떠하겠는가?

이것이 중간계급과 그 잠재적인 정치적 역할에 대한 아리스토텔레스의 칭송에 내재하는 사상인 것 같다(*P* 4. 11). 극단 간의 중용으로 이해되는 미덕은 소유에 있어서의 중간적 혹은 중도적 조건과 어떤 연계가 있는 듯이 보인다. 중간 정도의 재산을 소유한 자가 지나치게 부유하거나 빈한한 자보다는 이성적으로 행동하는 경향이 있다. 왜냐하면 "전자와 같은 부류는 거만해지기 쉽고 대규모에 의존하는 경향이 있는 반면, 후자는 악의가 있으며 소규모에 의존하는 경향이 있는데 불의는 거만이나 악의에 의해서 행해지기 때문이다." 적어도 중간계급은 지배하고자 열렬히 원치도 않으며 또 지배당하고자 하지도 않는데, 이 둘은 어느 것이든 극단일 때 도시에 해로울 수 있다. 동시에 중간 정도의 재산을 소유한 자는 지배하는 데에도 지배당하는 데에도 모두 잘 준비되어 있다. 그러나 이와는 반대로 호화롭게 양육된 자는 결코 지배받는 데 익숙지 못하며, 또 빈한하게 자란 자는 지나치게 겸손하거나 굴종적이다. "따라서 존재하게 되는 것은 자유로운 인민의 도시가 아니라 노예와 주인만으로 구성된 도시이다. 빈한한 자는 부러움에 의해 소진되며, 호화롭게 양육된 자는 경멸에 의해 그렇게 된다. 그러나 우정과 정치적 연대의식으로부터는 더 이상 어떤 것도 소진되지 않는다." 이러한 부자와 빈자의 관계는 분파적 투쟁으로 인도되며, 정체는 좁은 의미의 과두정—빈자는 지배에 있어서 어떤 경쟁력도 갖지 못하는—이나 폭정의 방향으로 내몰리게 된다. 다른 한편, 중간 요소가 강력한 곳에서는 분파적 투쟁은 최소한으로 유지되며, 정체는 더 안정적이고 지속적이다.

이러한 주장을 적절한 퍼스펙티브 속에서 고려하는 것이 중요하다. 아리스토텔레스는 많은 도시에 있어서 중간계급이 적으며, 그 정치적 역할은 자주 부자와 빈자의 투쟁에 의해 고양된다기보다는 제한되고, 국제정치적 상황—특히 아테네와 스파르타의 경쟁—은 그러한 역할을 더욱 제한하는 경향이 있음을 인정하고 있다. 더구나 아리스토텔레스가 정치적 덕을 지탱하는 가장 믿을 만한 근원으로 중간계급을 상정하고 있다고 가정하는 것은 잘못일 것이다. 아리스토텔레스는 그가 추구하는 정체가 "개인을 초월하는 미덕"을 전제하지는 않으며, 또 그 같은 미덕을 가르치는 교육을 전제하지도 않음을 명백히 한다. 왜냐하면 중간계급은 미덕의 소유에 의해서가 아니라 악의 부재 혹은 덕을 획득하기에 용이한 외적인 환경에 의해 특징지을 수 있기 때문이다. 다른 한편 아리스토텔레스가 중간계급에 대한 확고한 열정을 갖는 이유 중의 하나는 전통적인 귀족정에서의 미덕이나 신사도보다 덜 모호하게 도시에 봉사하는 미덕과 신사도의 양식장으로 중간계급을 간주하고 있는 데 있는 듯 보인다.

제4권의 나머지와 그 뒤를 잇는 두 권의 책은 정치제도, 분파적 투쟁(stasis)의 원인과 정치변화 혹은 혁명(metabole), 그리고 정체의 유지나 제도화의 방법으로 논의를 확장시키고 있다. 이러한 페이지들은 엄격한 현실주의를 표방하고 일상적인 정치의 선입견을 확실히 파악하고자 한다는 점에서 정치이론에 관한 저작들과는 거의 유사점이 없다. 그러나 이것들은 전술한 책들에서 그려진 정체의 형태에 대한 분석을 보다 풍부하게 하고 심화시킨다. 특히 놀라운 것은 아리스토텔레스가 불완전한 민주정과 과두정의 정치인뿐만 아니라 폭군에게조차도 기존의 정체를 유지할 수 있도록 조언을 아끼지 않는다는 사실이다(*P* 5. 10-11). 이것은 아리스토텔레스의 독특한 유연성, 즉 정치에 대한 기대에서 중용을 취하는 것과 개혁에 대한 신뢰를 반영하는 것이라고 할 수 있다. 비록 폭군하의 시민들이 폭군에게 복종해야 할 도덕적이고 법률적인 의무를 지니고 있기 때문에 그를 전복하려는 어떠한 시도도 행해서는 안 된다고 주장하는 것은 아니다. 그러나 아리스토텔레스는 이러한 종류의 정체에 있어서도 변화가 용이하지 않은 어떤 상황이 있음을 인정하고 있는 듯이 보인다. 나아가 참주정의 가혹함을 완화하기 위해서는 그 참주로 하여금 그의 정체를 보존하기 위해서 그렇게 함이 필요하다는 것을 확신시키지 않고는 그 완화가 불가능하다고 보고 있다.

또 우리의 흥미를 끄는 것은 이 저작이 정치적 인간의 심리에 대한 아리스토텔레스의 견해를 잘 조명하고 있다는 점이다. 정치적 갈등이 계급에 기초해 있음을 강조했음에도 불구하고 아리스토텔레스는 정치에서 경제적 동기가 차지하는 역할을 놀라울 정도로 경시한다. 그는 부자와 빈자의 투쟁이 그 기저에서는 자산에 대한 경쟁이라기보다는 정의의 개념에 대한 경쟁이라고 반복하여 강조한다. 그리고 그는 분노, 기만, 두려움, 모욕, 그리고 영광에 대한 집착과 같은 열정이 분파적 투쟁이나 혁명에서 종종 행하는 결정적인 역할에 관해 많은 것을 이야기하고 있다. 특히 그의 논의는 귀족정과 과두정에서의 엘리트의 심리를 잘 드러내고 있으며, 개인적인 덕이나 덕의 부재로부터 초래될 수 있는 극적인 정치적 결과에 대해 잘 설명하고 있다.

8. 최선의 정체

앞에서 논의한 바와 같이 정체에 관한 아리스토텔레스의 분석은 불완전한 정체뿐만 아니라 인간에게 최선인 정체까지 포괄하고 있다. 그러면 정치에 대한 명백한 실천적 학문 내에서 최선의 정체는 어떤 위치를 점할 수 있는가? 『정치학』 마지막 두 권의 책에서 아리스토텔레스가 행하고 있는 최선의 정체에 대한 논의는 결국 그 저작 전체는 아니라 하더라도 『정치학』의 보다 실천적인 책들에서의 주장과는 유기적 연계가 거의 없는 일종의 플라톤적인 유산의 자취는 아닌가?

최선의 정체가 유용한가의 문제에 대한 첫 번째 대답은 최선의 정체는 오직 기존의 정체에 내재하는 가정과 선택을 명백히 하기 위한 시도를 표현하는 것에 지나지 않는다는 데 있다. 최선의 정체가 매우 희박한 상황의 조합을(혹은 그러한 이유 때문에 결코 존재할 수 없었던) 전제하고 있다는 것은 중요한 문제가 아니다. 유일한 필요조건은 그것이 인간조건에 내재하는 그러한 한계를 존중해야 한다는 것이다. 최선의 정체로 이해되는 그러한 정체는 사실상 기존 정체의 정당성을 판단할 수 있는 기준을 제시함과 아울러 모든 정치변화에 변화의 목적과 모델을 제공한다.

이러한 설명은 아리스토텔레스 내에서도 최선의 정체와 다른 모든 동시대의 정체 사이에는 어떤 괴리—플라톤의 『국가』의 경우와 비교할 때 그렇게 현저하지 않음에도 불구하고 결코 무시할 수 없는—가 존재한다는 점에서 어려운 점이 있다. 아리스토텔레스에 있어 최선의 정체는 희랍세계에서도 스파르타를 위시한 몇 군데—완전한 여가를 즐기고 있기 때문에 정치 · 군사활동이 가능한 단일계급의 시민과 완전히 부자유스럽거나 반자유의 농노계급으로 구성된—에서만 존재했던 것으로 보이는 사회 · 경제조직에 기초한다. 그러나 아리스토텔레스가 정치적 정의에 대한 일반적 물음을 던지거나 정체 변혁에서 그것이 지니는 함의를 강의할 때에는 경제활동에 종사하는 자유시민체(body of free citizens)를 도시의 기준(norm)으로 가정하는 것 같지는 않다. 최선의 정체는 단지 그러한 도시를 위한 모델만으로 기능하는 것 같지는 않다. 이것은 실제로 인민의 정치적 주장의 정당성을 의문시하게 함으로써 인민의 공민권 박탈을 고양하는 등 역작용을 할 수도 있다고 말할 수 있을 것이다.

최선의 정체가 전술한 정체의 종류에 대한 도식적 분석과의 명백한 연계 속에서 논의되고 있지는 않으나 아리스토텔레스가 최선의 정체를 귀족정의 한 형태로 이해하고 있음은 의심의 여지가 없다. 이것은 엄격한 의미에서의 귀족정이다. 즉 덕을 추구하는 데 전념하는 지배체의 순수한 지배이다. 만일 아리스토텔레스가 최선의 정체의 정치적 배열에 관해 이상스러울 정도로 침묵하는 듯이 보인다면, 그것은 최선의 정체가 이질적인 자유민의 집단으로 구성된 정체를 특징짓는 보통의 정치적 갈등에 직면하지 않기 때문에 그러하다. 최선의 정체에 있어서 중추적인 문제는 정치적 정의에 대한 부분적이고 양립 불가능한 주장의 수용이 아니라, 정치적 정의에 대한 최선의 주장을 유지하게 하는 덕의 교육이다.

『정치학』 마지막 권의 최선의 정체에 관한 논의는 두 가지의 특수한 실천적 목적을 위한 것이라고 말할 수 있다. 첫째, 아리스토텔레스는 (『법률』에서의 플라톤을 좇아) 희랍세계 변방에서의 새로운 도시건설이 제공하는 가능성을 염두에 두고 있는 듯하다. 도시의 크기, 위치와 계획, 그리고 주민의 역량 등에 관한 상세한 논의는 이러한 관점에서 이해되어야 한다. 둘째, 최선의 정체에서의 시민의 삶의 방식과 교육에 관한 아리스토텔레스의 논의는 기존 도시에서의 유한 귀족이나 잠재적인 귀족을 위한 하나의 실제적인 지침을 제공하기 위해 의도된 듯이 보인다. 아리스토텔레스는 제3권의 상당 부분을 최선의 통치라고 일컬어지는 도시—특히 스파르타와 카르타고—에서의 귀족계급의 삶의 방식의 단점을 지적하는 데 할애하고 있다. 무엇보다도 『정치학』 마지막 권에서의 최선의 정체는 인상적이나 결점이 많은 사회의 범례에 의해 형성된 정치이념, 그 이념을 지닌 귀족들의 삶의 방식에 어떤 대안적인 모델을 제공하기 위해 의도된 것이다.

아리스토텔레스가 스파르타와 카르타고의 분석에서 강조하고 있는 그들의 주요한 단점은 지배계급이 부에 탐닉한다는 사실이다. 스파르타의 경우 법의 엄격함에도(다른 무엇보다도 개인에 의한 금과 은의 소유가 금지된다) 불구하고 부가 암암리에 탐해지는데, 이것은 한편으로는 법이 토지자산의 불공평한 분배를 통해서 필연적으로 부의 편재를 유발하기 때문이며, 또 다른 한편으로는 스파르타 교육의 공리주의적 편견 때문이기도 하다. 상업주의적 전통을 지닌 카르타고의 경우 부가 공공연히 숭앙되며, 관직의 보유를 위한 전제조건으로 간주되기도 한다. 아리스토텔레스는 역으로 "다른 무엇보다도 덕을 중히 여기지 않는 곳에서는 진정한 귀족정이 될 수 없다"고 주장한다(*P* 2. 11. 1273ᵃ41–ᵇ1). 그러나 아리스토텔레스가 제시하는 해결책이 단순히 스파르타적인 내핍생활의 변형은 아니다. 아리스토텔레스는 확실히 스파르타식 토지귀족에 우호적이며, 그 부가 무역에 기초하고 있는 카르타고적 대안을 거부한다. 제1권에서의 "사업"(*chrēmatistike*) 혹은 돈벌이에 대한 포괄적인 논의에서 나타나듯이 그는 경제활동이 농경적 삶의 방식의 자연적 한계로부터 해방되는 것은 외적 재화에 대한 인간의 욕구에 위험한 충동을 일으키기 마련이라 확신하고 있다. 그러나 동시에 그는 세심하게 의도된 공적 빈곤 혹은 사적 빈곤의 권장에서도 아무런 장점을 발견하지 못할 뿐만 아니라 무역과 돈의 필요성을 충분히 인정하고 있다. 그는 도시가 항구에 위치하는 것이 최선의 도시에 바람직하지 않다고 본 반면 바다에 근접한 위치를 선호했다. 왜냐하면 이것은 교역을 용이하게 할 뿐만 아니라 해군력의 발전을 가능하게 하기 때문이다(*P* 7. 6). 그러나 도시가 함대를 보유하기 위해서는 거대한 수입이 요구된다. 사적인 부의 역할에 관해 아리스토텔레스는 다음과 같이 천명한다. 부에서 파생되는 악은 공동의 식사제도, 공공자금의 유지를 위한 토지의 공동관리, 자유와 중용의 미덕에 대한 교육 등을 통해 부의 공동사용을 고양함으로써 줄일 수 있으므로 적당한 양의 재산이 가장 바람직하다.

최선의 도시의 규모문제(*P* 7. 4)에 대한 간단한 논의는 아리스토텔레스 가르침의 특징적 측면을 잘 드러낸다. 통설에 의하면 최선의 도시는 가장 큰 도시—이러한 견해는 도시는 가능한 한 군사적으로 강력해야 한다는 견해에 기초해 있는 듯하다—이다. 아리스토텔레스는 큰 도시가 잘 통치되는 것이 불가능하다는 이유로 이러한 견해를 거부한다. 이것은 첫째로 많은 수의 사람들을 통제하는 것이 어렵다는 단순한 이유에서 그러하다. [누가 과도하게 많은 병사의 장수가 될 것인가? 또 누가 포고할 것인가? 만일 그가 스텐토(『일리아드』에 나오는 트로이전쟁 때의 목소리가 큰 전령역자)의 목소리를 지니지 않았다면.] 그러나 보다 근본적인 것은 이것이 개인들에 대한 사적인 지식의 부족에서 초래되는 정치적 기능의 근본적인 손상을 반영한다는 것이다. 왜냐하면 법에 따른 공직의 분배와 재판은 시민들이 서로의 자질에 익숙할 것을 요구하기 때문이다. 아리스토텔레스는 도시의 최적 규모를 자급자족이 가능한 수, 즉 동시에 "쉽게 조사 가능한" 수로 정의될 수 있다고 결론짓는다.

마키아벨리에 의해서 주도되는 고전적 정치사상과의 단절이라는 점에서 이 문제가 지니는 중요성 때문에 아리스토텔레스의 위치가 오해되지 않아야 함이 필수적이다. 지금까지 살펴본 바와 같이 아리스토텔레스는 결코 도시의 안전을 위한 요구에 둔감하지 않다. 그러나 그는 팽창에 의해 안전이 보장될 수 있다는 것을 거부한다. 왜냐하면 적어도 아테네와 스파르타의 예는 부적당한 군사자원 때문에 제국이 도시를 황폐화하기 쉽다는 것을 입증하기에 충분하기 때문이다(cf. *P* 7. 14. 1333b4–25). 소도시가 항상 효율적인 방어전략을 지니지 못하는 것은 아니다. 아리스토텔레스는 용기와 군사기술이 출중한 훈련된 군대, 요새, 공격적인 해군력, 그리고 동맹의 네 가지 전략을 제시하는데, 이것들은 종종 동시에 추구될 수 있을 뿐만 아니라 서로가 서로를 강화시키는 전략이라고 주장한다. 이 중 특히 주목할 만한 것은 마지막의 것이다. 사실상 아리스토텔레스는 최선의 정체가 타도시에 대해 "패권적이며 정치적"인 역할을 선택할 수 있으며, 또 그렇게 행위하도록 강요될 수 있는 가능성—제국 이전 단계 때의 스파르타와 아테네의 방식으로—을 펼친다.[13] 그러나 아리스토텔레스는 그러한 가능성에 너무 많은 무게를 싣는 것에는 주저한다. 앞으로 간단히 살펴보겠지만, 이것은 그가 전체 도시의 삶을 위해 최선의 도시의 외적 정향이나 외교정책이 매우 중요함을 인지하고 있었음을 반영한다.

9. 교육, 문화 그리고 최선의 삶의 방식

제3권의 서두인 최선의 정체의 논의를 도입하는 부분에서 아리스토텔레스는 개인과 도시의 최선의 삶의 방식에 관해 상당 부분을 할애하고 있다. 이 구절은 『정치학』을 마무리하는 교육과 문화에 관한 논의의 목적과 중요성을 이해함에 있어서는 물론이고 아리스토텔레스의 정치적 가르침의 일반적 특성을 이해함에 있어서도 매우 중요하다.

왜 윤리적 저작에서 이미 해결되었다고 생각될 수 있는 문제로 되돌아갔는지 그 이유가 한눈에 뚜렷한 것은 아니다. 아리스토텔레스는 행복이 미덕의 삶이라는 주장, 보다 정확히는 "덕과 신중함, 그리고 덕과 신중함에 따르는 행동"의 삶과 동일시되어야 한다는 주장을 반복함으로써 논의를 시작한다. 그리고 개인에게 진리인 것은 전체로서의 도시에 있어서도 진리임에 틀림없다고 주장한다. 그러나 도시의 행복이나 미덕이 개인의 행복이나 미덕과 하나이며 동일한지의 여부에 대해서는 물음이 제기될 수 있는 듯 보인다. 아리스토텔레스는 다음과 같이 말한다.

> 덕을 수반하는 삶이 가장 선택할 만한 삶의 방식이라는 사실에 동의하는 사람들 가운데서도 정치적이고 활동적인 삶의 방식이 선택할 만한 가치가 있는가, 아니면 철학적 삶의 유일한 방식이라고 주장되기도 하는 외적 사건들과의 결별—예컨대 연구에 몰두하는—이 가치 있는 것인가에 대해서는 의견이 분분하다. 고금을 막론하고 이 두 삶의 방식은 가장 열정적으로 덕을 추구했던 인간 존재들에 의해 선택되었던 것이 명백한데, 여기에서 두 삶의 방식이란 정치적 삶과 철학적 삶을 의미한다(*P* 7. 2. 1324ª25-32).

이러한 맥락에서 두 가지 문제가 우리의 주목을 끈다. 첫째는 도시의 정치적 삶에 활발히 참여하는 것과 이방인으로서 독립적으로 사는 것 중 어느 것이 더 나은 삶의 방식인가 하는 문제이고, 둘째는 도시에 있어서 어떤 정체와 정향(diathesis)을 최선의 것으로 간주할 것인가의 문제이다. 그러나 아리스토텔레스의 논의에 있어서 전면을 차지하는 것은 두 번째 문제—최선의 정체의 외교정책에 관한 물음—이다. 아리스토텔레스에 따르면 다음과 같다.

> 주인(master)의 형식으로 행해지는 이웃에 대한 지배를 최악의 부정의가 수반되는 것으로 간주하는 한편, 정치의 형식으로 행해지는 지배를 그 자신의 안녕에 대한 방해로 간주하는 사람들이 있다. 또 다른 이들은 이와는 완전히 반대되는 생각을 지니고 있다. 이들은 활동적이고 정치적인 삶이 인간의 유일한 삶의 방식이라고 믿는다. 또 사적인 인간의 행위영역에서는 공통의 문제에 관해 적극적이

> 고, 정치에 관여하는 사람들의 영역에서보다 여러 미덕을 행할 여지가 적다고 믿는다. 그러나 이것은 그들 중 일부가 가지고 있는 개념이다. 다른 사람들은 주인이나 폭군을 지닌 정체가 유일하게 행복한 것이라고 주장하는데, 사실상 그들에게는 이것이 정체와 법—그들의 이웃에 관하여 지배(mastery)를 행사한다—을 정의하는 원칙이다(*P* 7. 2. 1324a36–b4).

특히 아리스토텔레스는 전쟁, 정복, 그리고 외국인의 지배를 추구하는 도시의 범례로 스파르타를 염두에 두고 있음을 명백히 한다. 스파르타의 정향에 대해서는 두 가지 대안이 존재하는 듯하다. 즉 타도시의 일에 간섭하지 않거나 또는 극단적인 경우에는 동맹 도시에 정치적 지배나 지도력을 행사하는 "적극적이고 정치적인" 정향의 대안이 그것인데, 이것은 정치적 삶에서 개인들이 취할 수 있는 대안적 모델들과 매우 유사하다. 개인은 외국인이나 철학자처럼 정치로부터 벗어날 수도 있고, 지배나 피지배의 방식으로 정치에 참여할 수도 있으며, 주인이나 폭군으로서 동료시민들을 지배하고자 할 수도 있다.

그러나 사실상 이 유사점은 상당히 오도된 것이며, 아리스토텔레스가 주로 고려하고 있는 것은 상호 간의 모순점이다. 아무도 주인이나 폭군으로서의 삶의 방식을 도시 내의 개인을 위한 존경받을 만한 삶의 방식으로 간주하지는 않는다. 그러나 외국인에게 적용될 때에는 주인적 지배와 정치적 지배 사이에는 어떠한 차이도 없는 것으로 가정하는 듯하다. 또 "결코 정의롭거나 유익하다고 생각될 수 없는 어떤 것을 타인에게 행하도록 훈련하는 것을 부끄러워하지도 않는" 듯하다. "적극적이고 정치적인 삶을 인간—숭고한 행동을 행하고 명예를 얻는 데 관심을 지닌 인간—에게 있어서 유일한 삶의 방식"으로 믿는 사람들(혹은 그러한 사람들 중 일부)조차도 그러한 견해를 가진 듯이 보인다. 다시 말해 존경할 만한 사람들조차도 "모두에 대해 권위를 지니는 것이 최선"이라고 생각한다는 점에서 지배의 개념에는 본질적인 불안이 존재하는 듯이 보인다. 이러한 식으로 지배하고자 하는 충동은 자연히 외국인에 대한 지배에서 배출구를 찾는다. 그러나 이것은 도시 그 자체 내에서도 끊임없이 표출될 수 있는 위험이다—스파르타의 예가 입증하듯이 밖으로 향한 탐닉에의 충동은 조국에서도 그 반향을 지니는 경향이 있다(*P* 7. 14. 1333b26–36).

아리스토텔레스가 전개하고 있는 주장을 명백히 굴절시킨 논리를 판별하기 위해서는 철학적 삶에 대한 그의 호소를 오해하면 안 된다. 그의 의도는 철학적 삶과 정치적 삶의 방식을 판결하는 데 있는 것이 아니다. 『니코마코스 윤리학』 제10권에서 철학적 삶의 방식이 그러한 능력을 가진 사람에게는 우월한 것임을 꽤 명백히 하고 있다. 그러나 그는 이러한 사실 자체가 정치적으로 직접적인 중요성을 지니지는 않는다고 확실히 말하고 있다. 이 맥락에서 아리스토텔레스가 철학적 삶에 주목하는 것은 오직 정치적으로 중요한 현상을 위한 모델이나 유추로서이다. 특히 그는 철학적 삶의 능력을 가진 개인들에게 정치적 삶에 개입하지 말 것을 제시하는데, 왜냐하면 무엇보다도 이러한 대안이 어떤 정치적 입장을 가지고 있는 것이기 때문이다. 일부 귀족들이 정치적으로 활동적인 삶을 선호하는 반면 "개인의 사적인 부문에 덕행을 할 수 있는 여지가 더 많다"[14]는 견해를 가진 다른 사람들은 정치에 개입하는 것으로부터는 거리를 두고—특히 아테네와 같이 선동가들이 대중적 인기를 얻기 위해 경쟁하며 사법적인 몰수의 위협이 존재하던 민주정에서 귀족들이 선호하는 입장—있는 것 같다. 이러한 사람들은 아리스토텔레스의 논지를 가장 잘 이해할 수 있는 사람들 가운데 잘 드러나고 있다.

이러한 딜레마에 대한 아리스토텔레스의 해결책은 무엇인가? 그는 덕이 있는 인간이 정치로부터 분리되는 것에 동의하는 것을 꺼리기 때문에 도시와 개인에게 있어서 최선의 삶의 방식은 실천적이고 적극적인 삶의 방식이라고 공식적으로 결론짓는다. 그러나 그는 무제한의 지배를 추구하는 정치적 인간이나 정치적 삶의 본질적 성향을 절제시키는 것에도 동일한 관심을 지니고 있기 때문에 최선의 도시의 정향을 근본적으로 변화시키는 방식으로 실천적이고 적극적인 정치적 삶을 재정의하고 있다. 그는 이제 적극적 삶의 방식이 필연적으로 타인과의 관계 속에서만 그러한 것이 아니라고 주장한다. 어떤 사상이 그 자신을 초월하는 결과를 추구할 때에만 적극적이라고 할 수 없는 것과 마찬가지라고 한다. 사상은 오히려 "그 스스로 완벽할 때만이, 그리고 그 스스로가 목적인 연구의 일종이거나 사유방식일 때만이 훨씬 더 적극적이다." "실로 "홀로 떨어져 존재하는 도시, 그리고 이런 방식으로 사는 것을 의도적으로 선택한 도시조차도 개인보다도 훨씬 더, 반드시 비적극적인 것만은 아닌" 듯싶다. "만약 그렇지 않다면 신과 우주는 훌륭한 상태에 놓여 있지 않을 것이다. 왜냐하면 신과 우주는 스스로에게 본원적인 것을 넘어서는 어떠한 외적 행위도 포함하고 있지 않기 때문이다" (*P* 7. 3. 1325^{b}16–29).

제7권 후반부에서 아리스토텔레스는 이러한 주제로 되돌아와 그것을 정교하게 가다듬는다. 최선의 정체에서 시민들은 정치활동을 행할 수 있음은 물론 전쟁에 참가할 수 있음에 틀림없다. 그러나 그들이 평화와 여가를 향유할 수 있다는 것 역시 중요하다. 전쟁이 평화를 위해 필수적이듯이 일은 여가 혹은 고상함을 위해 필요하다. 정치적 · 군사적 활동이 곧 최선의 삶의 궁극이 아니듯이 경제적 활동도 그러하다. 왜냐하면 인간은 결국 그들이 다른 실천적 활동에 종사하는 것과 같은 이유, 즉 한가로움 속에서 향유되는 여가와 물질들을 구하기 위하여 정치에 종사하기 때문이다. 진정한 의미의 행복은 일과 함께 하는 것이라기보다는 여가와 함께 하는 것이다(cf. *NE* 10. 7. 1177ª4–15). 따라서 행복은 다양한 미덕에 근거한다. 용기와 인내는 정치와 전쟁활동을 위해 필요하며, 중용과 정의는 평화와 여가의 시대에는 물론이고 일과 여가에 있어서도 동일하게 요구된다. 왜냐하면 "전쟁은 사람을 정의롭고 절제되게 하지만 평화와 행복의 향유는 인간을 거만하게 만들기 때문이다." 그러나 분명히 이러한 미덕만으로 충분한 것은 아니다. 최선의 정체에서는 여가에 더하여 "철학" 역시 요구됨을 아리스토텔레스는 덧붙이고 있다(*P* 7. 15. 1344ª11–34).

그러면 아리스토텔레스는 플라톤의 『국가』에서 기술되고 있는 것과 같은(그 자신의 플라톤의 『법률』에 대한 비판을 인용한다면) 철인왕의 지배로 "정체를 이끌고 갔는가?" 이러한 결론이 지속될 수는 없다. 왜냐하면 아리스토텔레스는 인간을 위한 최선의 삶의 방식이 실천적 혹은 정치적 삶임을 보이는 데 상당 부분을 할애하고 있기 때문이다. 또 『정치학』 마지막 권에서의 교육에 관한 보다 세밀한 서술에서도 최선의 정체의 시민체 혹은 그 일부분이 철학을 위한 능력을 지니고 있음을 암시적으로도 전혀 전제하고 있지 않기 때문이다.[15] 사실상 아리스토텔레스는 순수하게 철학하는 사람의 충고나 설득에 대해 열린 마음을 갖는 것과는 구별하여 철학은 왕과 같은 지배자에게 불필요할 뿐만 아니라 궁극적으로는 장애가 된다고 생각하는 듯하다.[16] 아리스토텔레스가 철인의 지배를 진지한 정치적 가능성으로 간주한다고 생각할 이유는 없다. 따라서 그가 이러한 맥락에서 "철학"을 말할 때 그가 염두에 두고 있는 것은 이론적 숙고라는 의미에서의 철학이 아니라 보다 넓은 의미에서의 철학, 즉 "문화"가 그에 대한 가장 그럴 듯한 근사치라고 말할 수 있는 의미에서의 철학을 뜻한다. 제2권에서 『국가』에서의 플라톤이 정체의 행복과 통합을 위해 "교육", 즉 "습관, 철학, 버릇"이 아니라 공산주의라는 제도화된 체제에 의존하고 있음을 비판할 때(*P* 2. 5. 1263ᵇ37–40) 아리스토텔레스는 플라톤이 제도 그 자체보다는 철학에 의존하고 있음을 잊지 않고 있다. 그가 지적하고 있는 바는 플라톤이 엄격한 의미의 철학보다는 광의의 철학에 더 의존했어야 한다는 것이다. 무엇보다도 후자의 의미에서의 철학은 음악 혹은 시와 같은 여가의 배양을 구성한다.

『정치학』의 나머지 부분을 차지하고 있는 문화와 교육에 대한 복합적인 (동시에 확실히 불완전한) 논의가 여기서 모두 적절히 다루어질 수는 없다. 이 논의를 이해하기 위해서는 거만하고 고집센 대화 상대에게는 단지 감상적이거나 하찮게 보일 수 있는 논의를 그들의 구미에 맞게 하기 위해 아리스토텔레스가 직면해야 했던 수사학적 딜레마를 인식해야 한다. 아리스토텔레스는 문학, 예술과 같은 여가의 향유를 최선의 삶의 궁극으로 주장함에 있어서 전통적인 권위에 호소함과 이러한 활동의 비 공리주의적 특성을 강조하는 데 매우 조심스럽다. 그러나 좀더 유심히 살펴보면 교육—도덕적 혹은 지적—이 전적으로 젊은이들의 문제만은 아니며, 성숙된 인간의 즐거움의 배양 역시 일종의 미덕의 교육으로서 작용해야 함을 아리스토텔레스가 명백히 하고자 하고 있음이 드러난다. 최선의 정체의 귀족들은 이러한 덕이 결핍되거나 그러한 덕이 필요한 상황이 정의에 의해 배제된다고 생각될 수 있다. 그러나 아리스토텔레스가 이러한 맥락에서 우리에게 상기시키고 있듯이(*P* 7. 7. 1328ᵃ7–8)

"위대한 영혼의 소유자"조차도 정신의 열정적 부분과 관련된 파괴적 열정에 감염될 수 있다. 그리고 아리스토텔레스는 "신중함"이라는 상위의 덕을 배우기 위해서는 특별한 교육이 필요하다는 사실을 이해시키고자 했다. 이렇게 이해된 교육의 주요 수단으로서 아리스토텔레스는 비극시를 제안하고 있다. 이 비극시는 영혼의 열정을 정화시키도록 짜여져 있다(*P* 8. 7. 1342a10–15). 다른 측면에서와 마찬가지로 여기에서도 아리스토텔레스는 플라톤의 가르침 위에서 그 가르침의 근본적인 의도를 충족시킬 수 있는 보다 나은 무엇인가를 향상시키려고 시도한다.

■■■ Carnes Lord / 김민전 번역

❖ 주 ❖

1_ *Metaphysics E*. 1. 1025^{b}18–28 ; *Topics* 6. 6. 145^{a}15–18 ; *Nicomachean Ethics*(이하 *NE*) 6. 2. 1139^{a}26–^{b}4, 4. 1140^{a}1–23.

2_ *NE* 1.3 1094^{b}11–27, 4. 1095^{a}30–^{b}13. 7. 1098^{a}26–^{b}8, *Eudemian Ethics*(이하 *EE*) 1.5–6. 1216^{b}11–17^{a}18.

3_ 특히 *NE* 10.9를 보시오.

4_ 특히 *EE* 1. 1. 1214^{a}9–14를 고려하시오.

5_ *Politics*(이하 *P*) 3. 12. 1282^{b}14–23.

6_ *NE* 10. .9. 1181^{b}15를 고려하시오.

7_ *NE* 5. 6. 1134^{a}23–18 ; *P* 1. 2. 1253^{a}29–39와 비교하라.

8_ *Rhetoric* 1. 4. 1359^{b}19–23.

9_ *P* 5. 7. 1307^{b}1 – 19, 8. 1307^{b}29–38을 고려하시오.

10_ 이 같은 연관에서 또한 *P* 7. 7을 고려하세요.

11_ *NE* 8. 12. 1162^{a}16–19 ; *EE* 1242^{a}21. 26을 비교하시오.

12_ *P* 7. 10. 1330^{a}31–33, 1. 13. 1259^{b}33–60^{a}7.

13_ *P* 7. 6. 1327^{a}40–^{b}6 ; 14. 1333^{b}36–34^{a}2를 비교하시오.

14_ *P* 7. 2 1324^{a}41–^{b}2 ; *NE* 10. 8. 1179^{a}6–8을 비교하시오.

15_ *P* 7. 14. 1333^{a}27–30을 고려하시오.

16_ 아리스토텔레스, 647 Rose에서 (Themistius, *Orations* 8. 128 Dindorf에서 인용).

❖ Readings ❖

A. Aristotle, *Nicomachean Ethics*, Books, I, III–V, X.
Aristotle, *Politics*, Books, I–IV, VII.

B. Aristotle, *Nicomachean Ethics*, Books, II, VI–IX.
Aristotle, *Politics*, Books, V–VI, VIII.

키케로

Marcus Tullius Cicero_B.C. 106–43

정치철학의 발전을 체계적으로 밝히고자 하는 사람들 중 키케로의 정치사상에 대해 큰 관심을 보였던 사람은 거의 없었다. 전통적으로 그는 플라톤과 아리스토텔레스의 발자취를 따랐던 사람들 중 비교적 영향력이 적었던 그리스-로마 사상가 중의 한 사람으로 간주되어 왔다. 그는 진지한 철학도라기보다는 딜레탕트(dilettante)로 인식되었고, 그의 사상은 일반적으로 절충주의적이며 견고한 이론도 깊은 통찰력도 갖추지 못한 것으로 평가되고 있다. 그의 저작인 『국가』(*Republic*)와 『법률』(*Laws*)은 쇠퇴해 가는 귀족정치의 이상과 현실을 정당화하려는 시도에 불과하다고 간주되고 있다. 후학들에게 있어서 키케로의 가치는 정치철학의 본질적인 문제에 대한 그의 독자적인 언명에 있다기보다는 그 당시에 활동하던 그리스 철학 학파들의 이론에 대해 상세히 설명했다는 것과 그리스와는 극단적으로 다른 로마의 정치적 · 지적 환경에 그 이론들을 접합시켰다는 데 있다. 이제까지 그의 특출한 재능은 여러 학파들의 다양하면서도 때로는 상극되는 가르침들을 종합하여 로마인들의 취향에 맞는 형태로 사용할 수 있도록 했으며, 이를 통해 실용성을 추구하는 로마적 심성을 적절히 만족시켜 주었다는 데 있다고 생각되어 왔다.

이러한 평가는 어느 정도 진실이다. 그러나 이러한 평가는 키케로의 방법론에 대해, 그리고 그가 이 방법론을 통해 달성하려 했던 목표에 대해서는 진지하게 고려하지 않았을 뿐만 아니라, 그의 사상의 본질에 대해 아무것도 알려주지 못하고 있다. 키케로에 대한 기존의 평가는 본질적으로 적절한 분석을 결여하고 있다.

정치가이면서 진지한 철학자였던 키케로는 그의 저술을 통하여 웅변가로서의 탁월한 재능과 경험을 스스로 "불멸의 신이 인간에게 준 가장 고귀하고 풍요로우며 숭고한 선물"[1]이라고 칭한 철학에 바쳤다. 그의 임무는 스스로 서술했듯이 철학을 로마에 소개하는 것이었다. 그에게 있어서 철학은 독단적인 가르침이나 특정 학파의 주장이 아니라 삶의 방식(way of life)이었다. 그에게 주어진 임무는 결코 간단히 수행될 수 있는 것이 아니었다. 철학은 언제나 대다수의 사람으로부터 "의혹과 배척"의 대상이 되기 마련이다. 특히 사색적이기보다 실용성을 추구하는 성격의 사람들은 철학에 대해 배타적이며,[2] 그 철학이 외국의 것일 때 더더욱 그러하다. 키케로는 사람들의 일반적 성향과 사고에 반대되는 것을 소개하는 것이 겪게 되는 어려움과 더불어 그가 소개하려는 철학이 그리스에 기원을 두고 있다는 이유 때문에 더욱 어려움을 겪게 되었다. 키케로가 한편으로는 로마인의 감정에 보조를 맞추고 다른 한편으로는 로마인들에게 설득력 있는 철학의 정당화를 시도하기 위하여 보여준 조심성은 아무도 부인할 수 없다.

그의 저작들을 통해 볼 때 키케로는 아카데미 학파의 회의론자(Academic Skeptic)에 속한다. 이들 회의론자들은 플라톤의 아카데미아에서 비롯된 학파인데, 키케로 당시 이들의 기본명제는 절대적 지식을 얻는다는 것은 불가능하다는 것이었다. 회의론자들은 인간이 인간인 한에 있어서는 확률이 다소 많거나 적은 견해(opinion) 수준에 머무를 수밖에 없다고 주장한다. 비록 인간이 소크라테스처럼 탐구를 통해 모든 견해들의 상대적 수준을 더 큰 확률을 지닌 것으로 끌어올리더라도 결코 절대적 확실성에 이를 수는 없다. 만일 누군가가 행동(action)을 택한다면 그는 여전히 문제점이 많은 이론에 따라갈 수밖에 없다는 것을 알아야 한다.[3]

한편, 회의론과 이것이 주장하는 최종적 판결의 보류가 철학적으로는 조리 있게 들릴지 모르지만, 이러한 입장이 일반 대중들에 의해 그 논리적인 귀결에 이르기까지 극단적으로 심화되고 발전되면 그 결과는 정치적으로 치명적인 것이 될 것이다. 예를 들어 정의(justice)와 불의(injustice)에 대해 합의된 기준이 없다면, 또는 있을 수도 없다면 사상가는 완벽한 합리적 토대 혹은 완벽하게 방어 가능한 토대의 문제에 과도하게 시달릴 필요가 없을 것이다. 그러나 만일 이러한 회의론이 대중들의 마음에 확실하게 자리잡을 경우 정의에 대한 강한 애착이나 이러한 애착에 입각한 어떠한 기준도 본질적으로는 자의적이고 어리석은 것으로 나타날 것이다. 이러한 지식은 공공의 이익이 사사로운 이익에 우선되어야 한다는 것과 같은 정치적 질서가 유지되기 위해서는 필수불가결한 원칙을 포함한 모든 진리에까지 의문을 제기하도록 유도할 수 있다.

키케로는 회의론이, 또는 어쩌면 철학 그 자체가 도시(city), 특히 정치적 공동체에 동요를 일으키게 될 가능성을 잠재적으로 내포하고 있음을 잘 알고 있었다. 순수하고 희석되지 않은 철학적 진리는 기존의 정치질서를 근본적으로 흔들어 놓게 될 것이다. 그보다 통찰력이 부족한 다른 회의론자들과는 달리 키케로는 그런 가능성을 평정한 마음으로 바라보고만 있을 수는 없었다. 그는 철학이 궁극적으로는 국가에 의존하고 있음을 알고 있었다. 즉 건전한 정치질서의 발전은 철학이 발전하기 위한 필수조건이므로 반드시 함께 고려되어야 한다는 것이다. 오직 그러한 질서 속에서만 철학은 존재할 수 있다. 이것이 사실이라면 철학자는 반드시 국가의 요구나 또는 그의 가르침이 가져올 현실적인 귀결들을 길잡이로 삼아야 하는 것이다. 그는 특정 질서, 특히 근본적 결함을 갖고 있다고 생각되는 질서의 기반을 이루고, 또 이것을 이끌어가는 원칙들을 조직적이고 몰인정하게 대중에게 실험함으로써 혼란을 자초하는 것과 같은 모험을 해서는 안 된다고 주장했다. 최선의 정부에 훨씬 못 미치는 결함이 있는 정부가 무정부 상태보다는 낫다. 철학자는 반드시 무엇이 바람직한가 뿐만 아니라 무엇이 가능한가를 살피는 일부터 출발해야 한다. 그리고 주어진 질서를 붕괴시키는 일보다는 기존의 정치질서의 상태를 호전시키는 데 노력을 기울여야 한다.

키케로가 철학교육의 도구로서 대화법(dialogue)을 사용하게 된 이유는 한편으로는 국가와 철학의 관계를 성찰하고, 다른 한편으로는 회의론자이며 플라톤 추종자로서(플라톤은 "그리스가 낳은 … 가장 지혜롭고 … 가장 학식이 높은 사람이다"[4]) 소크라테스적 방법을 선포하기 위해서였다. 그는 『투스카나인(人)에 대한 논박』(*Tusculan Disputation*)에서 대화의 방법을 택한 까닭을 "스스로의 의견을 숨긴 채 다른 사람을 과실로부터 구제하고 모든 논쟁에서 최선의 해결책을 찾기 위해서"[5]라고 서술한 바 있다. 대화의 방법은 저자가 자신의 사상의 내용과 방향을 제시함과 동시에—드러내는 것이 아니고—여러 수준의 의견들이 갖고 있는 상대적인 장점들을 검토할 수 있게 해준다. 대화형식은 저자로 하여금 토론을 이끌어갈 수 있도록 해주지만 독자에게는 논쟁의 결말까지 따라가도록 부담을 안겨준다.

키케로는 그의 선배인 플라톤과 마찬가지로 대화를 하나의 예술작품(work of art)으로 보았는데, 이는 대화의 모든 요소, 즉 참여자들의 행동, 말, 시간, 장소 등 모든 것이 대화의 진전에 한 부분을 담당하게 됨을 의미한다.[6] 오직 세심한 독자만이 이러한 추가적인 의미, 즉 무심한 독자들은 쉽게 포착할 수 없는 표면적인 내용 뒤에 감추어진 유익한 가르침을 알 수 있으나 아무리 세심하다 해도 부분적인 진리밖에는 알 수 없다. 대화의 수단을 통해 키케로는 한편으로는 정치적으로 유익한 무엇인가를 강조하려고 노력했고, 다른 한편으로는 소수의 철학도들 이외의 일반 대중들의 눈으로부터 정치적 삶을 어렵게 하고 불가능하게 하는 보다 근본적인 문제들을 감추려고 했다. 그는 이러한 길을 통해 철학과 정치질서 양쪽 모두에 걸친 그의 책임을 완수하려 했다.

키케로의 정치적 가르침의 대의는 2개의 대화편 『국가』와 『법률』에 나타나 있다. 이 두 책에는 정의에 대한 로마인들의 토론이 기록되어 있다. 키케로의 서술에 의하면 『국가』는 B.C. 129년, 즉 이 책이 기술되기 70년 전인 어느 축제 때 이루어졌던 토론 기록이다. 이 토론은 스키피오(Scipio) 학파 사람들 간에 3일이나 계속된 것인데, 이들은 로마의 정치가이며 동시에 철학에 관심을 가진 사람들이었다. 『국가』는 6권으로 구성되어 있는데, 하루의 토론내용이 각각 2권씩으로 되어 있다. 키케로는 제1권, 제3권, 제5권에 첨부된 서문에서만 스스로의 이름을 밝히고 등장한다. 『법률』은 보다 후에 있었던 토론으로 키케로와 그의 형제 퀸투스(Quintus), 에피쿠로스 학파의 일원이었던 그의 친구 아티쿠스(Aticus) 간에 있었던 어느 날의 대화를 내용으로 하고 있다. 『법률』 역시 6권으로 되어 있다고 하는 것이 일반적인 추측이나 현재 우리가 접할 수 있는 것은 첫 3권의 일부뿐으로 그 나머지 원고는 유실되었다.

역사는 『국가』에 대해서도 너그럽지 않았다. 스키피오의 꿈을 기록한 부분과 원본에 접했던 작가들—예를 들면 아우구스티누스(Augustine)—이 인용했던 여기저기 흩어진 기록들을 제외한 『국가』의 원고는 7세기 이상 유실되어 있었다. 1820년 바티칸의 도서관에서 원본의 필사본이 발견되었을 때는 전체 원작의 1/3 정도에 해당되는 극히 일부만이 남아 있었다. 『국가』와 『법률』의 유실된 부분을 생각할 때, 특히 『국가』의 경우 키케로의 정치사상에 대한 논의는 대부분의 중요한 부분에 있어 잠정적일 수밖에 없다.

이 두 저작에서 키케로가 제기하는 기본적인 물음은 "무엇이 최선의 정치질서인가?"인데, 이는 고전적 정치사상을 총체적으로 이끌어 왔던 바로 그 물음이다. 『국가』가 두 저서 중 더 철학적인데, 이 물음을 향해 곧장 나아가고 있다. 『법률』은 이러한 체제의 법적 · 제도적 기본틀을 그려 보여주고 있다. 핵심적인 물음에 대한 해답은 물론 연관된 몇몇 물음들에 대한 성찰을 전제로 하고 있으나 이러한 성찰 자체가 그의 정치적 저작 가운데 포함되어 있는 것은 아니다.

그러한 연관된 물음 중의 하나가 인간의 바른 삶에 관한 것인데, 『국가』 제1권 서문에서 이 내용이 다루어지고 있다. 이 물음은 다른 말로 하자면 실천적 삶(active life), 즉 정치가로서의 삶이 더 우월한가, 명상적인 삶(contemplative life), 즉 철학자로서의 삶이 더 우월한가 하는 문제이다. 이 문제에 대한 키케로의 관심은 단순히 이론적인 것이 아니다. 에피쿠로스 학파와 같은 철학자들에 의해 정치적 영역을 멀리 하고 정치문제에 참여하기를 꺼리는 경향이 로마인들에게 확산되어 가는 것에 자극을 받아 관심을 가지게 된 것이다. 에피쿠로스 학파의 철학자들은 "우리는 욕망과 정치의 감옥으로부터 해방되어야 한다"고 주장했다. 키케로는 국가공영체(commonwealth)의 운명에 대해 심려하고 있었기 때문에 그의 『국가』는 정치적 삶을 수호하는 현실적인 목표의 수행이라는 내용으로 첫머리를 시작하고 있다. 그는 정치참여를 꺼리는 일반적인 논쟁들이 어느 정도 진리임을 시인하면서도 그들이 도시(city)와 인간에 대한 책임감이나 공공영역에서 얻을 수 있는 영광이라는 관점에서 볼 때 정치참여를 단순히 거부할 수 없을 것이라고 주장했다. 나아가 그는 미덕(virtue)이 진공상태에 존재할 수 있다는 것은 불합리하다고 주장했다.

> … 미덕의 존재(existence)는 전적으로 그 사용(use)에 의존한다. 그리고 미덕의 가장 고귀한 사용처는 국가를 움직이는 정부이다. 미덕은 그것이 현실 속에서 실천되는 가운데 존재하는 것이지 철학자들이 그들의 책에서 끊임없이 우리의 귀에 쏟아붓는 말 속에 존재하는 것이 아니다.[7]

미덕의 원칙을 발견함과 동시에 다른 사람들에게 그에 따라 살도록 강제하는 사람, 즉 정치가들은 이 문제에 대해 심사숙고하지만 정치적 사건에 직접 참여하는 것을 꺼리는 사람들보다 훨씬 더 사려깊어야 한다. 이 점에 있어서 키케로의 입장은 분명하다 : 현실참여적 삶이 명상적 삶보다 우선한다. 그러나 키케로가 이 입장을 발전시킬 열정을 지녔음에도 불구하고 그가 이 해답에 확신을 갖고 있었다고 생각할 수 없게 만드는 조짐들이 있었다. 서문에 나타난 그의 칭송은 무조건적인 것이 아니었다. 정치가의 삶은 "칭송될 만한 가치가 있고" "명성을 얻는 길"이기는 하지만 완전히 행복한 것도, 그 자체를 위하여 선택할 만한 것도 아니다. 이러한 삶을 선택하는 데에는 분명히 "의무감"이 필요하다.

첫 번째 견해가 갖고 있는 잠정적 성격은 토론이 본격적으로 시작되자마자 다시 거론되면서 특히 강조되고 있다. 제2의 태양이 하늘에 나타났다는 보고에 대한 의견을 묻자 대화의 주요 인물인 스키피오는 이 문제에 대해 소크라테스적인 입장, 즉 "인간의 이해력으로는 너무 어렵고 … 인간의 삶에는 그다지 중요하지 않은"[8] 추상적 질문들을 거부하는 소크라테스적인 입장을 취하는 태도를 보였다. 그러나 스키피오는 곧 이 입장을 포기한다. 그는 추상적인 연구나 이에 직접 관련된 것에 대한 관심뿐만 아니라, 필요하다면 실천을 위한 지식에도 관심이 있음을 인정했지만 앞서 강조한 현실적 혹은 세속적인 고찰이 전적으로 부적절한 것이었다고 시인했다.

> 그의 본성이 요구하는 것을 완전히 충족시킬 수 있는 사람보다 더 부유한 사람을 사실상 생각할 수 있는가? 그가 원하는 모든 것을 얻은 사람보다 더 많은 권력을 가진 사람을 생각할 수 있는가? 모든 마음의 혼란으로부터 자유로운 사람보다 더 행복한 사람을 생각할 수 있겠는가? 배가 난파했을 때 들고 나갈 수 있는 정도의 재산을 소유한 사람보다 안전하게 부를 소유한 사람을 생각할 수 있는가? 어떠한 권력, 어떠한 자리, 어떠한 왕국이라 해도 인간의 모든 소유를 경멸하고, 재물이 지혜보다 열등하다고 보며, 영원하고 신적인 것이 아니면 생각조차 하지 않는 자보다 나을 수 있겠는가?[9]

이 부분과 『국가』 끝부분에 있는 그의 꿈에 대한 언급에서 스키피오가 미덕의 삶으로 선택한 것은 실천적 삶보다는 철학적 삶이라는 데 의심의 여지가 없는 것 같다. 정치적 삶은 꿈에 나타난 바에 의하면 인간이 지상에 사는 동안 짊어지게 된 의무이다. 권력과 영광이라는 키케로가 제1권의 서문에서 논했던 정치가에게 쏟아지는 지상의 보상이란 덧없는 것이며, 최후의 심판 때는 의미가 없는 것이다. 정치가의 희생에 대한 진정한 하늘의 보상은 죽음 이후에 보장되는 영원한 행복과 소망의 삶이다.

그러나 고려되어야 할 또 다른 문제가 여전히 남아 있다. 이것은 스키피오가 『국가』의 다른 부분에서 주장한 것으로, 가장 바람직한 삶은 단순한 정치적 삶이나 단순한 철학적 삶이 아니라 "여러 가지 방법들을 연구하고 터득하여 중요한 사건들을 극복하는 과정에서 경험이 통합되는 삶"인데, 이는 말하자면 철학에 의해 그 지평이 확대되는 정치가의 삶이다.[10] 비록 키케로가 이 문제에 대해 모호함을 지니고 있다고 해도 이러한 입장이 그의 최종적 견해라고 단정하는 데 대해서는 의심할 필요가 있다. 그는 이전에 이 두 가지 삶에 대한 추구가 서로 양립할 수 없는 것이라고 주장한 바 있다. 그리스와 로마의 역사 속에서 이 두 가지 삶을 성공적으로 결합시켰던 사람은 거의 없다. 그런데 왜 그는 이 결합의 가능성을 제시하는가?

키케로의 주된 임무는 정치의 우월성을 부활시키는 것이었다. 그러나 이 부활은 정치적 혹은 실천적 삶이 지니는 한계에 대한 자각에 의해 규정된다. 그는 그의 책을 읽는 잠재적 철학자들에게 이와 같은 한계가 있음을 전달함으로써 철학적 삶의 궁극적인 우월성을 보여주려 했다. 동시에 그는 이들 철학자들에게 이러한 한계에도 불구하고 공영체(commonwealth)를 위해 직접 혹은 간접으로 관심을 가지라고 경고하고 있으며, 그는 이론적으로 더 고차원적인 것은 대다수의 사람들에게 직접 관계된 필요를 인정하는 것이라고 주장했다.

> 사실상 조국은 무상으로 우리들에게 생명과 교육을 제공하는 법이 없다. 또한 조국이 우리 자신의 편의만을 위해 우리에게 안전한 휴식과 평온한 안식을 제공한 적은 없었다.[11]

철학자는 그의 재능을 공영체에 봉사하기 위해 어느 순간 그의 "영원하고 신적인" 주제에 대한 관심을 버릴 준비를 해야 한다. 제3의 가능성, 즉 정치적 삶과 철학적 삶의 결합 가능성을 제시하는 것은 이 두 가지 형태의 삶에 대한 이중적인 임무를 강조하기 위해서일 뿐만 아니라, 철학적 삶에는 큰 재능이 없지만 정치적 역할에서는 중요한 위치를 차지할 사람들에게 모범을 제시하기 위해서이다. 이러한 사람들은 최상의 삶보다 필연적으로 다소 수준이 낮으나 최상의 삶에 가장 가까운 삶, 즉 철학에 의해 계몽되는 실천적 삶을 찾도록 충고하는 것이다.

이론적 지식이 실제의 상황에 적합하지 못하다고 믿었던 정치참여자 라에리우스(Laelius)는 인간의 올바른 삶에 대한 물음이 제기된 후에야 최선의 정치체제에 대한 의문과 직면하기 시작한다. 계속되는 토론은 두 가지 방향으로 나아간다 : (1) 정치적 사물과 최선의 정치체제의 본질에 대한 이론적 탐구, 즉 이론적 해결의 시도와 (2) 그 당시까지 로마 공화정의 역사적 경험에 입각하여 이론이 명시하는 바를 실천적으로 규명하려는 시도이다.

이 양면적 접근에 대한 강조는 종종 키케로의 저술이 초기 로마 체제를 이론화한 것에 불과하다는 시비를 불러일으키기도 했다. 이러한 비판은 그의 연구가 보편타당한 정치의 원칙, 즉 "국가의 확고한 기반을 조성하며 도시를 부강하게 하고 국민들의 병을 치료하는 원칙"[12]의 발견에 있다는 그의 명백한 주장을 처음부터 무시한 것이다. 그는 『법률』에서 "우리는 로마 사람들만을 위한 법을 만들고자 하는 것이 아니라 미덕과 안정을 추구하는 모든 나라들을 위해 법을 만들고자 한다"[13]고 밝혔다. 실제적 예의 유무는 그러한 연구의 가능성에 대해 아무런 영향도 주지 않는다.

> 내가 우리 나라를 본보기로 사용하는 것은 어떠한 본보기도 사용하지 않고 정의할 수 있는 최선의 정치체제를 정의하려는 것이 아니라 실제 역사 속에서 존재했던 가장 훌륭한 국가를 설명하려는 것이다. 이것이 내가 우리 나라를 본보기로 사용한 까닭이며, 분명하게 밝히고자 노력하는 것이다.[14]

키케로가 초기 로마 공화정의 부활을 꿈꾼다고 비난하는 사람은 로마 공화제가 절정에 달했을 때조차도 이상적 모델에 접근하지 못했다는 『국가』와 『법률』에 나타난 그의 주장을 또한 무시하는 것이다. 키케로가 그의 『법률』에서 개관한 법전이나 이론적으로 전개한 최선의 국가의 법전은 로마 공화정의 어느 시기와도 일치하지 않는다. 『법률』에 나타난 토론의 참여자들은 퀸투스(Quintus)가 강조하듯이 "로마의 공화정을 단순히 되풀이하려는 것이 아니라 고대의 잃어버린 법을 다시 찾거나 새로운 법률을 제정하려는 것이다."[15] 역사적인 실례로부터의 일탈은 법과 정의의 궁극적 기반이 되는 이성의 명령에 의한 것이다. 여기서 나타나는 옛 것과 새 것의 통합은 오래된 것, 즉 전통적인 것을 선한 것(good)과 동일시하는 경향과 이성이 명하는 선, 즉 자연적인 선 사이를 메우려는 그의 시도들을 보여준다. 완전히 새로 시작하기보다 이성으로 하여금 기존의 법전을 검토하게 함으로써 키케로는 과거와의 연속성이라는 핵심적인 관념, 정치공동체에 일반적으로 존재하는 전통을 존중하는 관념을 유지하고자 했다.

물론 경험적인 모델을 사용해야 할 현실적 이유가 있다. 키케로의 탐구는 방법에 있어서나 결론에 있어서 그리스적인 것이었기 때문에 로마인들의 기호에 맞는다는 것을 증명하기 위해서는 로마의 특성을 부여해야만 했다. 그의 임무는 가능하다면 플라톤이 다루었던 "상상 속의 그림과 같은 공화국"이[16] 아니라, 구체적인 예—그것도 일반적인 예가 아닌 로마의 예—로 그가 이해한 정치의 속성을 설명함으로써 그의 주장을 더 쉽게, 더 설득력 있게 납득시키는 것이었다.

대화는 공영체의 핵심적인 속성에 대한 스키피오의 정의에서 시작된다.

> 공영체는 국민적 사업이다. 그러나 국민이란 아무렇게나 모은 사람들의 집단이 아니라 정의에 대한 합의와 공공선에 대한 동참의식으로 결합된 다수 사람들의 집합이다.[17]

이 결합은 이것이 존재하는 의의인 정의와 공동체의 선이라는 목표에 의해 선도됨을 포기할 때 공동체임을 포기하는 것이다. 스키피오는 공영체가 행복하고 가치로운 삶을 획득하는 데 불가결한 것인 한 그것은 자연적인 것이라고 주장했다. 공영체가 존립하는 까닭은 일부 철학자들이 말하는 것처럼 인간 본성의 약함 때문이 아니라 "인간의 타고난 사회성"[18] 때문인 것이다. 인간은 "고독하거나 비사회적인 피조물"이 아니며, 인간은 본능적으로 그 동료들 간의 교제를 추구한다. 공영체의 정부 역시 자연스러운 것인데, 그러한 장치 없이는 “가정이나 한 도시, 한 국가, 전 인류, 자연과 우주 그 자체의 존재가 불가능한 것이다.”[19]이 정부는 완성되었을 때 하위의 것이 상위의 것에 종속되는, 모든 자연과 일치되는 위계적 규범을 반영하는 것이 될 것이다.

공영체의 특성은 궁극적으로 “행정관(magistrates)들의 배열”, 즉 정부의 형태에 따라 결정된다.[20] 세 가지 기본형은 왕정(kingship), 귀족정(aristocracy), 민주정(democracy)이다. 첫 번째 것은 한 사람에 의한 지배로 애정(affection)을 특성으로 한다 : “왕이라는 이름은 우리에게 아버지와 같다.”[21] 두 번째 것은 우수한 사람에 의한 지배로 신중함이나 지혜를 특성으로 한다. 세 번째 것은 모든 사람에 의한 지배로 자유를 특성으로 한다. 비록 그 기본형 중에는 왕정이 가장 좋고 민주정이 가장 나쁘다고 판단되기는 해도 세 가지 모두 불의와 탐욕이 그 집단의 기본적인 유대를 붕괴시키지 않는 한은 안정된 정부를 제공해 줄 수 있다. 불행히도 이 기본형들은 그 자체에 결점뿐만 아니라 스스로를 붕괴시킬 씨앗을 내포하고 있다.

> 왕정에서는 백성들이 정의로운 통치를 하거나 정책을 심의하는 데 너무나 작은 몫을 담당하고 있다. 귀족정에서는 대중들이 국가를 위한 정책 심의나 권력으로부터 완전히 배제되어 있기 때문에 그들이 자유를 누리기는 어렵다. 모든 권력이 국민의 손에 있을 경우 이들이 정의와 겸손으로 이를 사용할지라도 이 체제는 차이를 허용하지 않기 때문에 여기서 결과되는 평등은 그 자체가 형평의 원칙에 위배된다.[22]

각각의 정치체제에 대해 타락한 형태—참주정(tyranny), 과두정(oligarchy), 중우정(mob rule)—가 도사리고 있으며, 역사는 그 타락한 형태로 쇠퇴해 가는 것이 불가피하다는 것과 완전히 다른 형태로 대체되고 만다는 것을 보여준다.

> 국가의 지배권력은 마치 공과 같아서 왕은 참주로부터, 참주는 귀족이나 대중들로부터 탈취당하게 된다. 또한 귀족이나 대중들은 다시 금권정치가나 참주에게 정권을 빼앗기게 된다. 따라서 어떠한 형태의 정부도 오래 지속되지는 못한다.[23]

물론 계명(啓明)된 정치가라면 이러한 "본래적 순환과정"을 영원히 막을 수 없는 것인지, 최소한 그 속도를 늦출 수 없는 것인지 의문을 제기할 수 있다. 그러나 이러한 일은 중용의 체제, 균형된 체제의 성립 속에서 가능한데, 그러한 체제는 세 가지 기본형의 제도와 원칙들을 포용한 법체제를 가진 것으로 "권리, 의무, 그리고 기능이 균형을 이룬" 형태로 나타나게 된다.[24] 키케로의 이러한 생각은 플라톤이나 아리스토텔레스 등의 고대 철학자들에 의해서도 제시된 바 있었던 것이지만, 키케로에게 혼합정치체제(mixed regime)에 직접적인 영향을 준 사람은 폴리비우스(Polibius)였다. 폴리비우스는 로마의 전례 없는 급격한 팽창을 설명할 길을 찾다가 혼합정치체제를 그 열쇠로 보았는데, 이 혼합체제는 너무나 성공적인 것이어서 "로마 시민도 그 체제가 귀족정인지, 민주정인지, 왕정인지 확실히 말할 수 없었다."[25]

> 집정관의 권력에 초점을 맞추면 그 체제는 완전히 왕정으로 보인다. 원로원의 권력에 초점을 두면 귀족정으로 보인다. 한편 민중의 힘을 보게 되면 이것

> 은 분명히 민주정으로 보인다.[26]

혼합정치체제는 각각의 기본형에 내포되어 있는 쇠퇴를 막을 수 있게 해준다. 혼합정치체제는 지나친 권력의 집중을 예방하고 견제와 균형의 체제를 마련해 준다. 이러한 기틀 안에서 키케로는 "행정관들은 충분한 권력을 가지고, 저명한 시민들의 협의체는 충분한 영향력을 가지며, 대중들은 충분한 자유를 가지는"[27] 체제를 주장했다.

그러나 자세히 검토해 보면 혼합정치체제는 귀족정치체제에 중점을 두고 있다. 이 제도는 귀족정의 자문 또는 지혜가 결정적인 역할을 하도록 계획되어 있다[28] 백성들에게는 어느 정도의 권력이 부여되나 실제적인 권위는 원로원에 있기를 원했는데, 왜냐하면 자유라는 것은 "민중들이 여러 가지 미덕의 조항들에 의해 귀족들의 권위에 양보하는 방식으로 허용"[29]되어야 하기 때문이다. 이러한 "균형과 조화의 체제"의 성공 여부는 키케로의 『법률』에 기술되어 있는 특정 수준의 자격을 유지하는 귀족들의 존재에 상당 부분 의지하고 있다. 그가 『법률』에 서술한 바에 의하면 귀족은 "불명예가 없어야" 하고, "다른 시민들의 모범이 되어야 한다."[30] 이 계급은 공영체의 전체적인 건강을 좌우하는 결정적 요소이다.

> 높은 지위에 있는 사람의 악행이 해로운 것은—그 행위 자체가 나쁘기 때문이라기보다—그것을 모방하는 사람이 많기 때문이다. 우리의 초기 역사를 돌이켜 볼 때 위인의 성격은 전 국민에게 반영되어 재생산되게 된다. 위인의 삶에 조그만 변화라도 나타나면 이는 모든 사람들에 게 나타난다.[31]

만약 귀족정의 질이 타락하도록 내버려 둔다면 그 체제는 결코 오래 지속될 수 없다. 일단 타락하게 되면 이 정체의 존립목적인 시민들의 미덕 함양은 성취될 수 없다.

이러한 혼합정치체제에 내포된 이론적 원칙에 대한 검토는 스키피오의 고대 로마 공화정의 발전과 내적 구성의 설명—그가 일찍이 약속했던 현실적인 해설—으로 이어진다. 토론 서두에서 스키피오가 언급한 역사적 논법은 카토(Cato)가 언젠가 언급했던 내용으로 장면이 전환된다. 유명한 고대 로마의 정치가인 카토는 공화정의 우월성을 다음과 같이 서술했다. 공화정은 "한 사람의 천재가 아닌 다수의 천재에 기반하여 세워졌다. … 한 세대에 의해 세워진 것이 아니고 여러 세기, 여러 세대에 걸친 오랜 기간에 세워졌다."[32] 공화정은 결집된 지혜와 여러 세대의 경험에 근거하고 있으며, 공화정의 제도와 실제는 가장 엄격한 시험인 시간의 시험을 통해 그 우수성을 입증했다.

카토의 주장은 먼 훗날 영국의 정치가인 에드먼드 버크(Edmund Burke)에 의해 발전된 이론을 떠올리게 한다. 버크는 영국 정치체제의 우월성이 인위적 제작이나 의식적인 계획의 산물이 아니라는 데 있다고 주장한다. 영국의 체제는 "조직적인 계획이나 설계에 맞추어 형성된 것이 아니라" "오랜 시간에 걸쳐 다양한 사건을 통해"[33] 발전된 것이다. 영국 체제의 완벽성은 느리고 지속적이며 거의 무의식적인 성장과정인 자연적 발전의 극치를 보여준다.[34]

버크의 의견은 고전철학자들의 입장과 근본적인 차이를 나타낸다. 후자, 즉 고전철학자들은 당연히 최선의 정치체제가 이성과 의식의 계획에 따른 산물이라는 것을 받아들였다. 키케로 자신도 이 문제에 대해서는 고전철학자 쪽에 보다 가깝다는 증거가 있다. 키케로와 이전의 그리스 철학자들의 차이는 우연보다 계획이 우월하다는 것에 대한 의견 불일치에서 비롯되는 것이 아니라 최선의 계획이 지혜로운 개인의 산물인가, 아니면 지혜로운 여러 사람들의 연속적인 노력의 산물인가에 대한 의문에서 비롯된 것이다. 키케로는 최선의 국가가 한 명의 지혜로운 건설자의 산물일 수 있다는 가능성을 단순히 부정하는 것은 아니다. 그는 스파르타의 건설자 리쿠르구스(Lycurgus)의 업적에 대해서는 폴리비우스의 견해에 동의하고 있으며, 성숙된 로마 체제의 발전에 대한 로물루스(Romulus)의 공적에 대해 다음과 같은 논의로 끝맺고 있다.

> 당신은 한 개인의 지혜에 의해 탄생된 새로운 국가가 단지 요람 속에 울고 있는 어린 아이가 아니라 이미 완전히 자란 성인이라는 사실을 알고 있는가?[35]

그러나 이처럼 뛰어나게 지혜로운 사람은 드물다. 보다 가능성 있는 기반에 근거하여 계획을 세우는 것이 더 현명한 일이다. 각각 과거의 경험을 활용할 수 있는 일련의 사람들이 정치체제를 차례차례 개선해 나가리라고 기대하는 것이 더 그럴 듯하다.

역사적 설명 그 자체가 역설로부터 완전히 자유로울 수는 없지만 세심하게 연구할 가치는 있다. 역사는 키케로가 그의 『법률』에서 분명하게 서술하고 있는 바와 같이 그 근거를 환상이 아닌 사실에 두고 있다는 점에서 시와 다르다. 『국가』 여기저기에 나오는 로마의 기원에 대한 스키피오의 언급은 이러한 역사적 설명의 기준에 크게 미치지 못한다. 우리는 어느 대목에 가면 로물루스의 신격화에 식상하게 된다. 그러나 로물루스 시대의 사람들은 이것을 사실로 믿었다. 만일 사람들이 그것을 불가능하다고 말한다면 조롱과 경멸의 대상으로 따돌림당하는 시대[36]였기 때문에 이러한 신격화는 사실로 받아들여져야 한다는 것이다. 이 마지막 주장을 입증하기 위해서 키케로는 이 시대의 문화와 지적 수준에 대해 언급한다. 그러나 그가 든 예는 그리스의 예이다. 로마 시대에도 이에 필적할 만한 예가 있었는지는 제시되지 않고 있다. 우리는 스스로 결론을 내릴 수밖에 없다. 바로 이때 스키피오는 우리의 결론을 선도라도 하듯이 교양 있는 조상들을 단순한 농사꾼으로 만든다. 왜냐하면 우리가 로물루스의 이야기를 회의조차 하기 전에 이전의 로마 선조들이 "배우지 못한 농부들과 다름없이" 로물루스 이야기를 기꺼이 인정하려 했기 때문이다. 게다가 『법률』에서 같은 문제가 제기되자 키케로는 주저 없이 그것이 신화라고 말한다.

스키피오의 서술은 단순한 역사가 아니라 로마의 과거를 이상적으로 그리고자 계획한 것으로 사실과 환상의 혼합이었다. 이는 시민들에게 로마가 정의와 지혜에 기원하여 최선의 정치체제에 대한 로마의 예가 확고한 기반 위에 입각함을 보여주려는 것이었다. 이것은 본질적으로 플라톤이 말한 "고귀한 거짓말"(noble lie)의 한 예이다. 비록 그것이 철학적 진실에는 미치지 못한다 하더라도 이와 같은 공영체의 기원에 대한 유용한 설명은 정치사회 단결의 근간이 될 수 있다. 키케로가 가르치려는 정치가의 임무란 전설적 신화가 비철학적이라는 단순한 이유로 파괴하는 데 있는 것이 아니라, 이성이 지시하는 바에 따라 공영체의 선을 도모하는 방향으로 신화의 부분적 진리를 활용하는 데 있다.

스키피오의 역사에 대한 서술은 혼합정치체제가 최선의 정부임을 예비적으로 제시하고 있다. 그의 주장에 의하면 로마의 몰락은 왕정에서 참주정으로 바뀌는 데에서부터 시작되었다. 혼합정치체제는 이 몰락이 시작된 후에야 소개되었다. 키케로에게 있어서 최선의 정치체제는 지혜로운 사람이 절대적 지배권력을 갖는 것이었다. 지혜로운 사람들에 의한 절대적 지배, 그리고 뛰어난 지혜와 덕을 갖춘 사람에 의한 지배가 가장 바람직한 형태이다. 지혜에 의한 지혜의 지배는 초기 로마 왕들의 통치 하에서는 가능했다. 그러나 왕정이 그 본래의 뚜렷한 특징을 유지하는 동안만 지속되었다. 현명한 통치자에 의한 통치는 선하고 현명한 왕위 계승자가 계속 있어야 가능하므로 계획보다 행운에 의존하게 된다. 이런 관점에서 볼 때 왕정은 정치체제의 단순형 중 현실적으로 가장 불안정하며 "가장 먼저, 거의 틀림없이" 부패하게 된다.[37] 그리고 사실상 키케로가 강조했듯이 어느 한 왕, 예컨대 타르퀴니우스(Tarquinius)와 같은 왕의 무절제한 행동만으로도 왕정에 대한 모든 로마인의 혐오감을 불러일으킬 수도 있다.[38]

스키피오의 설명은 로물루스에 의해 세워지고 로마인들에게 200년간 유지되어 온 "최선의 헌정"이 어떻게 쇠퇴하여 왕정에서 참주정으로 전환하게 되었는가를 보여준다. 이후의 로마 역사는 이러한 전환에 의해 속박에서 풀려난 폭력이 때로는 잘 통제되고 때로는 잘 통제되지 않는 시도의 연속이라는 관점에서 기술된다. 여기서 혼합정치체제는 한편으로는 국민들의 자유에 대한 열망을 충족시키고, 다른 한편으로는 왕정의 특성인 미덕과 지혜를 다시 찾으려는 시도의 하나로 나타난다. 키케로는 그의 『법률』에서 정치가의 임무는 "무엇이 최선인가를 결정하는 것뿐만 아니라 무엇이 필연적인가를 결정하는 것"[39]이라고 경고한 바 있다. 정치가의 능력을 시험하는 한 방법은 그가 어느 정도 필연성의 지시를 이해하는가 하는 것과 그 필연성이 허락하는 한도 내에서 성공적으로 활동할 수 있는가를 측정하는 것이다. 현명한 사람에 의한 절대적 지배가 불가능할 때 정치가로 하여금 지혜에 의한 통치자라는 민중의 지지도 얻고 거의 모든 사회에서 실시 가능한 최선의 체제에 근접토록 해주는 것은 혼합정치체제이다. 혼합정치체제는 우리가 "법의 통치"라고 부르는 체제의 특성을 포함하고 있다. 혼합정치체제는 국가의 기본법을 통해 현명한 국가건설자의 가르침을 구체화한다. 또한 적어도 이 기본법에 어긋나지 않고, 최선의 경우 이 기본법의 정신을 가장 잘 실행하고 널리 펼 수 있는 사람들의 손에 후속되는 기본법의 완성과 집행을 맡기게 한다. 이러한 기본법의 핵심적인 요소와 지배계급의 특성은 키케로의 『법률』에 상세히 그려져 있다.

혼합정치체제의 특수한 강점은 상대적 안정성에 있다. 그러나 비록 혼합체제가 현명한 자에 의한 통치와 민중의 승인이라는 틀을 연결하려 한다 해도 이 체제는 불안정한 기반 위에 있다. 이러한 체제는 언제나 쉽게 달성할 수 있는 것도 아니고, 일단 달성했다 해도 장기간 지속되기 어렵다. 이러한 차선의 체제, 거의 최선에 가까운 체제조차도 어느 국가 어느 시대에나 가능한 것은 아니다.

이제 토론은 최선의 정치체제에 대한 분석으로부터 불의의 주장—즉 정의보다 불의가 국사를 처리하는 데 더 필요한 가치가 된다는 주장—에 대한 검토로 이전된다. 아카데미 학파의 회의론자의 한 사람인 필루스(Philus)는 이러한 주장을 부인하지만 이 학파의 선조인 카르니아데스(Carniades, B.C. 214-129)가 발표했던 불의에 대한 언급에는 동의를 표한다. 그의 언명은 다음의 두 개의 전제로부터 발전한 것이다 : (1) 정의는 자연적이기보다는 인위적이다, (2) 정의는 어리석은 행위이다.

그는 논쟁 첫머리에서 주장하기를, 정의라는 것이 차고 더운 것을 느끼는 것과 같이 본능에 가까운 것이라면 그것은 때와 장소에 관계없이 모든 사람에게 똑같이 해당되는 일이어야 한다고 주장한다. 사실상 정의에 대한 개념은 국가 사이에만 서로 다른 것이 아니고 한 사회의 다른 세대 간에도 다를 만큼 다양하다. 정의는 자연적인 것이 아니라 인간사회의 산물이며, 더 정확하게 말하자면 특정한 인간집단의 산물이다. 정의는 본성에 의존하고 있는 것이 아니라 유용성에 의존하고 있다. 정의는 그 자체를 위해 존재하는 것이 아니고 계산에 의해서만 결정된다. 정의는 안정성이 없다. 그 내용은 환경에 의존하고 있다. 정의는 그것이 없으면 언제나 타인, 특히 강자의 약탈에 시달려야 하는 약자의 공포에 의해 생성되었다 해도 틀린 말은 아니다.

이제 필루스는 앞서 부정했던 전제, 즉 사실상 사람들 간에는 정의의 기본적인 명령에 대해 공통된 양해가 있다는 전제를 다시 시험적으로 수용하면서 두 번째 논의가 시작된다. 그러나 이것을 충실히 관찰해보면 그러한 정의의 명령들은 인간의 본성에 어긋나며, 따라서 정의의 명령들은 지혜나 이기심의 명령에 거의 일치하지 않는 것임을 알 수 있게 된다.

> 지혜는 우리에게 자원을 늘리고, 부를 증대시키고, 국경을 확대시키라고 명령한다. … 가능한 많은 국민을 다스리라고, 쾌락을 즐기라고, 부자가 되라고, 지배자가 되라고, 주인이 되라고 명령한다. 한편, 정의는 우리에게 모든 사람을 아끼고, 모든 인류의 이익을 고려하며, 모두에게 각자의 몫을 주고, 신성한 재산 혹은 공공재산, 타인의 소유물에는 손대지 말라고 가르친다.[40]

만일 이것이 사실이라면 인간도 정치공동체도 이성적으로 정의가 가르치는 길을 선택하리라 기대할 수 없으므로 정의는 단순한 본성이 될 수 없으며, 동시에 최고의 어리석음이 되는 것이다. 필루스는 만일 로마가 정의의 엄격한 요구에 언제나 충실했다면 현재의 대제국이 되지 못하고 여전히 가난에 찌든 촌락(村落)에 불과할 것이라고 주장한다. 추구해야 할 만한 것은 정의의 내용이기보다는 정의롭다는 겉모습이라고 지혜는 충고하고 있다. 따라서 정의롭다는 평판에서 생기는 편의에서 이익을 취하되 정의의 요구에 너무 엄격히 따름으로써 생성되는 불운은 피하도록 하라는 것이다.

정의에 대한 옹호는 토론 참여자 중 가장 연장자이고 가장 보수적인 라에리우스(Laelius)에게 맡겨졌다. 불행히도 라에리우스의 주장은 그 일부만이 남아 있을 뿐이다. 남아 있는 부분들 중 가장 중요한 것은 그가 자연법에 대해 피력한 스토아적 입장이다.

> 진정한 법은 자연과 일치되는 바른 이성이다. 진정한 법은 변함없이 영원히 보편적으로 적용되어야 한다. 법은 그 명령에 의해 의무를 다하도록 하고 그 제재를 통해 악행을 행하지 않도록 막아준다. 법의 명령과 금지는 비록 악한 사람에게는 아무런 영향력을 발휘할 수 없기는 하지만 선한 사람에게는 언제나 유익을 준다. 이 법을 변경하려고 하는 것은 죄이며, 그 일부를 삭제하려는 시도 역시 허락될 수 없으며, 그 전부를 폐지하는 것도 불가능하다. 원로원이나 국민들은 법이 우리에게 부여한 책임을 면제시킬 수 없으며, 우리 자신 밖에서 법의 해설자를 찾을 필요도 없다. 로마의 법과 아테네의 법이 다를 수 없으며 현재의 법과 미래의 법이 다를 수 없으니, 모든 시간과 공간에 적합한 영원불멸의 법이 있을 뿐이다. 신만이 오직 한 분이신 지배자이며 주인이다. 그는 이 법의 창제자이고, 공포자이며, 실행하도록 다그치는 재판관이다.[41]

인간에 의해 강제되지 않는다 해도 이 법은 무시될 수 없다. 이 법에서 벗어나려는 사람은 스스로 본성 속의 가장 훌륭한 부분을 부정하는 것이며, 그 결과 자학과 양심에서 비롯된 정신적 고통을 받아야 한다. 라에리우스는 이와 같은 잘못이 공영체의 파괴를 가져온다고 주장한다. 필루스의 주장은 정의와 지혜는 필연적으로 상반된다는 것인데, 라에리우스는 이와 반대로 정의를 행하는 것이야말로 언제나 가장 지혜롭고 가장 큰 보상을 얻는 길이 될 것이라고 주장한다.

비록 라에리우스에 의해 발전된 관점이 키케로의 관점과 유사하다는 것이 일반적인 견해이지만, 키케로가 라에리우스의 엄격한 도덕주의와 필루스의 마키아벨리즘을 모두 근본적으로 부정하고 있다고 믿을 만한 근거가 있다. 현실에서 물론 한 국가가 독단적이고 무의미한 기준에 의해 선도되기보다는 정의의 엄격한 요구에 의해 선도되도록 하는 것이 바람직하지만 최선의 국가라 해도 완벽한 정의의 근사치 이상일 수는 없다. 이것이 스키피오가 『국가』 제2권에서 로마 역사를 예로 제시하면서 가르치고자 했던 내용 중의 하나이다. 스키피오가 최선의 정치체제라고 한 고대 로마의 체제도 불의로부터 자유롭지 못했다. 필루스가 "가장 정의로운 사람들"이라고 한 로마인들도 약탈과 살인을 했다. 키케로의 결론은 근본적으로 플라톤의 결론과 같다. 완전히 정의로운 정치체제는 인간의 능력이 미치는 영역 밖에 있다. 완전히 정의로운 정치체제가 요구하는 것은 너무나 엄격하다. 지혜로운 정치가는 물론 실제 정치에서 그러한 기준으로 국민들을 선도하고자 원하더라도 개인과 공동체의 속성을 고려할 때 이것이 실현될 가능성은 극히 희박하다는 점을 인정할 것이다.

정치적 삶의 본질적 한계에 대한 이러한 사고는 키케로 사상의 많은 부분에 걸쳐 계속되고 있다. 이는 특히 키케로가 스스로의 이름을 밝히고 의견을 개진하고 있는 『법률』 중에서 정의에 대한 문제, 신분에 대한 문제, 자연법의 특성에 대한 문제를 다룬 장에서 잘 나타난다. 『법률』에 포함된 연구는 그가 『국가』에서 제시했던 정치체제인 혼합정치체제에 적합한 법을 준비하고자 하는 동기에서 이루어진 것이다. 그러나 이러한 법전을 구성할 실정법은 철학이 중심이 되는 여러 가지 연구를 전제로 한다.

> 그러기 위해서 우리는 반드시 정의의 본성을 설명해야 하고, 이는 인간의 본성 속에서 찾아야 한다. 우리는 또한 법률에 의해 정부가 통치되어야 한다고 생각한다. 그리고 우리는 이미 공식화되고 문자로 기록된 국가의 법령을 제정하는 문제를 다루어야 한다. 그래야만 이른바 로마인의 시민법이라고 하는 것이 제자리를 찾게 될 것이다.[42]

『법률』 제1권은 이 문제를 중심적으로 다룬다. 이 책은 『국가』에 나타난 라에리우스의 인간과 우주에 대한 스토아적 이해를 따르고 있다.[43] 그의 영혼 속에 이성의 능력을 신과 공유한 자연의 피조물인 인간은 합리적이고 질서 정연한 우주 속에 존재한다. 그만이 소유하고 있는 이성으로 말미암아 인간은 보편적·합리적 질서를 식별하고 스스로 여기에 순응한다. 그가 이러한 상태에 도달할 경우, 다시 말하면 이성이 그의 길잡이로 남아 있는 한 그는 자신의 본성을 최상으로 완전하게 발휘하며 법과 정의를 신과 공유한다. 모든 인간이 이성을 소유하고 있기 때문에 이러한 최상의 삶—"본성에 일치하는 삶"—은 최소한 이론적으로는 모든 사람에게 가능한 것이다 : "그가 길잡이를 발견하기만 한다면 어떤 종족, 어떤 인간이라도 미덕에 도달할 수 있을 것이다."[44]

『법률』에 나타난 키케로의 가르침은 『국가』에서 라에리우스에 의해 발견된 스토아적 입장과 조화를 이루는 듯이 보인다. 그러나 이것은 의문의 여지를 남긴다. 예를 들면 키케로의 자연법에 대한 언급은 『법률』의 서문에 나타나고 있는데, 이것에 의하면 그는 스토아적 입장이 물론 "거의 대부분의 경우" 옳다고 보이기는 하나 진리인지는 확신할 수 없다고 했다.[45] 한편, 그는 그가 속한 학파의 구성원들에게 그의 논쟁을 너무 세밀하게 검토하지 말아달라고 간청했는데, 왜냐하면 그렇게 되면 그들은 "우리가 아름답게 생각하는 것을 공격하게 될 것이고, 이는 엄청난 파괴를 초래할 것이기 때문"[46]이라 했다. 키케로의 이와 같은 우려는 충분히 이해할 만하다. 왜냐하면 그가 『법률』에서 보여준 스토아적 신의 섭리와 인간중심적 목적론이 다른 두 가지 연구서, 즉 『신의 본성에 관하여』(*On the Nature of the God*)와 『예언에 관하여』(*On Divination*)에서 다시 부정되고 있기 때문이다.

이러한 뚜렷한 모순은 『법률』의 가르침이 철학자들을 대상으로 한 것이 아니라 모든 상류계급, 존경받을 만한 사람들을 대상으로 한다고 보면 납득할 만하다. 가장 긴박한 과제는 현실적인 것이다 : "국가의 견고한 기반을 강화시키고, 도시들을 부강하게 하며, 국민들의 병을 치료하는 것이다."[47]

> 그런 이유 때문에 나는 현명한 사려와 철저한 연구를 결여한 어떠한 제1원칙도 거부한다. 이런 점에서 나는 제1원칙이 보편적으로 수용되리라고 기대하지 않는다. 왜냐하면 그것은 불가능하기 때문이다. 그럼에도 불구하고 나는 옳고 명예로운 일은 그 자체에 의해 결정되어야 하며, 따라서 그 자체에 의해 칭송받을 만한 것만이 훌륭한 것이며, 최소한 그 자체로서 칭송받지 못하는 한 선하다고

할 수 없다는 사람들의 승인을 기대한다.[48]

논쟁은 이러한 원칙을 지지하는 방향으로 전개되었다. 이들 원칙들은 이론적 확실성 때문이 아니라 그들이 갖는 호소력 때문에 선택된다. 만일 키케로의 목적을 되새긴다면 『법률』에 나타난 아티쿠스(Atticus)의 신학적 논의와 국가에 있어서 종교의 우월성에 대한 조건 없는 수용도 이해할 수 있다.[49] 아티쿠스가 비록 에피쿠로스 학파의 철학자로서 그들의 이론적 건전성을 인정하지 않았더라도 로마 시민의 한 사람으로서 정치적으로 유익한 가르침에 동의하는 것은 당연하다. 아티쿠스와 키케로는 모두 이 가르침이 "국가의 견고한 토대"에 중요함을 이해했다. 스토아적 원칙들은 비록 이론적 수준에서는 부족하다 해도 이와 같은 목적—"국가의 견고한 토대"를 구축하려는 목적—달성에는 잘 어울린다.

극히 제한적으로 스토아의 입장을 수용하는 키케로의 또 하나의 입장은 자연법에 대한 그의 태도에 확실히 나타나 있다. 정의를 옹호한 라에리우스는 로마의 과거와 자연법에서 구체화된 정의의 엄격한 요구와의 관계를 조화시키는 데 조금도 어려움이 없었다. 게다가 그는 자연법의 가르침들은 모든 사람에게 이해되기 쉬운 것이라고 믿었다. 스키피오의 역사적 설명은 키케로가 로마의 과거에 대해 라에리우스의 낙관적인 시각을 채택하지 않았음을 보여준다. 그는 정의의 엄격한 요구와 시민사회가 완전히 양립할 수 있다는 시각도 수용하지 않았다. 그는 모든 사람이 자연법을 이해하며 또 길잡이로 삼을 수 있다고 확신하지도 않았다. 모든 사람은 원칙적으로 지혜와 미덕을 획득함으로써 자연에 일치하는 최선의 삶을 살 수 있다. 그러나 사실상 이러한 사람은 거의 없다. 그가 말하는 사람은 실재하지 않는다. 대부분은 "나쁜 습관과 잘못된 믿음", 쾌락과 악덕에 쉽게 무릎을 꿇고 만다.[50] 만일 이렇다면 자연법의 요구는 인간 삶의 요구와는 상반됨을 알 수 있다. 예를 들면 『국가』에서 키케로는 지혜로운 법—순수한 자연법—은 능력에 따른 재산권의 부여를 주장할 것이라 했다.[51] 이러한 원칙은 우리가 알고 있는 시민사회에서는 사용될 수 없는 수단이다. 인간과 국가의 행위가 준거로 삼고 있는 자연법은 기준이 낮아진, 진정한 법의 희석된 변형이다.

이와 유사한 해석은 『의무론』(*De Officiis*)에 나타난 키케로의 인간의 처세나 행위의 원칙에 관한 토론에서도 나타난다. 여기서 논의되는 것은 지혜로운 사람의 처세를 지배하는 기준이라기보다는 지혜롭지 못한 사람들의 처세를 지배하는 기준임을 알 수 있다.[52] 대부분의 사람들의 삶을 선도하는 기준은 지혜로운 사람의 행위를 선도하는 자연 자체의 기준인 보다 높은 기준보다 하급의 기준이다. 키케로가 『법률』 여기저기서 제의한 자연법에 대한 정의도 이 양면적인 특성을 소유한다. 예를 들면 제2권에서 그는 자연법에 대해 다음과 같이 말한다.

> 나는 법이 인간 사고의 산물도 아니고, 국민들이 제정한 것도 아니며, 명령과 금지 속의 지혜로 전 우주를 지배하는 영원한 어떤 것의 산물이라 보는 것이 가장 현명한 자들의 생각임을 깨달았다. 그러므로 사람들은 습관적으로 법은 강요와 억제로 모든 일을 지시하는 신의 절대적 정신이라고 해왔다. 신이 인류에게 준 법은 칭송받아 마땅하다. 왜냐하면 그것은 지혜로운 법제정자의 이성과 정신이 적용된 명령과 제재이기 때문이다.[53]

우주를 지배하고 절대신의 궁극적인 정신 속에 존재하는, 또한 키케로와 라에리우스의 말을 빌리면 "자연 속에 내재하는 최고의 이성"[54]

이라는 영원법은 제2의 법, 즉 "지혜로운 입법자의 이성과 정신이 적용된" 하급법의 명령 및 제재와 반드시 일치하는 것은 아니다. 후자인 하급법은 전자, 즉 영원법에서 파생되었지만 정치적 삶에서 필요로 하는 보다 낮은 기준을 반영한다. "공영체의 본래적 속성은 종종 이성을 붕괴시킨다."[55] 지혜로운 입법자와 정치가는 키케로가 『법률』에서 그의 "최선"의 국가에 적합한 법전을 구상하면서 그랬듯이 순수한 정의와 순수한 이성을 적당한 정도로 조정하여 그것이 시민사회의 요구에 부응하게 한다. 이러한 법에 대한 이해가 키케로로 하여금 다음과 같은 필루스의 입장을 환영하도록 하지는 못했다는 것을 기억할 필요가 있다. 필루스의 입장은 정의는 그 특수한 요구가 언제 어디서나 같은 것이 아니기 때문에 근본적으로 제멋대로이며, 따라서 자연적인 것이 아니라 인위적인 것이라는 것이다. 키케로에 있어서 인간의 정의는 비록 우연적 환경에 따라 특수한 사정과 관련된다 해도 자의적인 것만은 아니다. 인간과 정치사회의 본질을 고려할 때 영원법의 기준대로 실현될 가능성은 거의 없지만 그 기준은 그대로 남아 있다. 그 기준들은 인간 행동의 길잡이로 계속 봉사할 것이며, 인간은 그 기준에 가능한 빨리 근접하기 위해 노력한다.

『법률』은 『국가』에서 시작된 정치적 삶의 문제를 발전시킨 책이다. 이 두 책에서 키케로의 연구는 정의의 본성을 이해하려는 것이었다. 그는 플라톤이 앞서 그랬듯이 최선의 정치질서의 성격을 밝히는 데 주력함으로써 이 거대한 문제를 추구해 나갔다. 이 연구의 한 가지 소득은 정치적 삶의 본질적인 한계를 깨달았다는 것이다. 이성과 정의가 정치적 삶과 합치되기 위해서는 모두 희석되어야 한다. 정치적 삶과 철학적 삶 중 하나를 선택해야 하는 입장에 선 사람이라면 이 사실을 반드시 인식해야 할 것이다.

■■■ James E. Holton / 이조영 번역

❖ 주 ❖

1_ 출판사의 허락을 얻어 "The Loeb Classical Library"로부터 리프린트했다. Marcus Tullius Cicero, *Laws*, C. W, Keyes 옮김(Cambridge, Mass. : Harvard University Press, 1928), I 58 ; *Tusculan Disptutations*, J. E. King 옮김("Loeb Classical Library" [Cambridge, Mass. : Harvard University Press, 1927]) I 1–8.

2_ *Tusculan Disputations* I 1–5 ; II 4 ; IV.5–6.

3_ 이 학파의 견해는 다음의 책에 상세히 설명되어 있다 : E. Zeller, *The Stoics, Epicurians and Sceptics*(London : Longmans, Green, 1870) ; Edwyn Bevan, *Stoics and Sceptics*(Cambrdge : W. Heffer and Sons, 1959).

4_ *Laws* II 39.

5_ *Tusculan Disputations* V 11.

6_ Paul Friendlander, *Plato : An Introduction*(London : Routledge and Kegan Paul, 1958), pp. 154–70.

7_ Cicero, *Republic*. C. W. Keys 옮김(Cambridge, Mass. : Harvard University Press, 1925) I 2.에서 재인용.

8_ *Ibid.*, I 15.

9_ *Ibid.*, I 28.

10_ *Ibid.*, III 4–6.

11_ *Ibid.*, I 8.

12_ *Laws* I 37.

13_ *Laws* II 35.

14_ *Republic* II 66.

15_ *Laws* III 37.

16_ *Republic* II 52.

17_ *Ibid.*, I 39.

18_ *Ibid.*

19_ *Laws* III 3.

20_ *Ibid.*, III 5.

21_ *Republic* I 54.

22_ *Ibid.*, I 43.

23_ *Ibid.*, I 68.

24_ *Ibid.*, I 69 ; II 57, 69.

25_ *The Histories*, W. R. Paton 옮김("Loeb Classical Library" [Cambridge, Mass. : Harvard University Press, 1927]), VI 11.11.

26_ *Ibid.*, VI 11.12.

27_ *Republic* II 57–58.

28_ *Laws* II 30 ; III 24–25, 28, 38.

29_ *Ibid.*, III 25.

30_ *Ibid.*, III 30.

31_ *Ibid.*, III 31.

32_ *Republic* II.2.

33_ *The Works of Edmund Burke*(London : "Bohn's Standard Library"), II 554 ; V 253–54.

34_ *Ibid.*, 307–8.

35_ *Republic* II 21.

36_ *Ibid.*, II 19.

37_ *Ibid.*, I 65.

38_ *Ibid.*, II 52.

39_ *Laws* III 26.

40_ *Republic* III 24.

41_ *Ibid.*, III 33.

42_ *Laws* I 17.

43_ 스토아학파에 대해 상세히 알고자 하는 사람은 다음 책을 참조하시오 : E. Vernon Arnold, *Roman Stoicism*(Cambridge : Cambridge University Press, 1911).

44_ *Laws* I 30.

45_ *Ibid.*, I 19.

46_ *Ibid.*, I 39.

47_ *Ibid.*, I 37.

48_ *Ibid.*

49_ *Ibid.*, II 15–69.

50_ *Ibid.*, I 29–34, 47.

51_ *Republic* I 27.

52_ *De Officiis* I 7–8 ; III, 11–17.

53_ *Laws* II, 8.

54_ *Republic* III 33 : *Laws* I 18.

55_ *Republic* II 57.

❖ Readings ❖

A. Cicero. *Republic*. Bks I, VI.
   Cicero. *Laws*. Bk I.

B. Cicero. *Republic*.
   Cicero. *Laws*.
   Cicero. *Offices*. Bks I, III.

아우구스티누스

St. Augustine_354-430

아우구스티누스는 계시종교가 등장하고 그것이 그리스-로마 철학과 만나면서 창출된 새로운 상황 속에서 시민사회를 다소 포괄적으로 다룬 최초의 저술가이다. 로마인으로서 그는 플라톤에 의해 시작되고 키케로에 의해 라틴 세계에 받아들여진 정치철학을 계승하여 당대에 새로이 기술했으며, 기독교인으로서 그러한 철학을 신앙의 요구에 알맞게 수정했다. 따라서 그는 성서와 고전철학이라는 원래부터 독립적이고 이제껏 관련을 맺지 못했던 두 근원으로부터 추출된 요소들을 융합시키거나 유화시키려는 시도로 특징지워지는 고대 정치사상의 새로운 전통의 창시자는 비록 아니라 할지라도 가장 대표적인 인물로서 등장했다.

아우구스티누스는 우선 철학자가 아니라 신학자로서 저술했다. 그는 스스로를 철학자로 간주한 적이 거의 없으며, 정치현상을 결코 이성과 경험에 비추어 방법론적으로 다루려고 하지 않았다. 그의 최고 원리들(highest principles)은 이성으로부터가 아니라 그가 결코 그 권위에 의문을 제기하지 않으며 인간 일반, 특히 정치적 인간에 관한 최종적 근원으로 간주한 성서로부터 도출된다. 그러나 그는 자신의 입장에 대한 가장 중요한 대안을 먼저 숙고한 다음 자신의 입장을 선택했던 만큼 그의 입장 선택은 독립된(unaided) 인간 이성에 나타나는 정치철학 또는 정치적 사물들의 이해를 전제하고 있다.

그러한 철학적 문제들의 연구에 있어서 기독교인들은 처음부터 유대교인들 또는 이후의 이슬람교인들보다 더 넓은 정도의 자유를 누려왔다. 왜냐하면 서구세계의 다른 두 거대한 종교인 유대교와 이슬람교와는 달리 기독교는 철학을 이방의 것으로 여겨 거부하거나 단순히 관용한 것이 아니라, 일찍이 기독교의 담장 안에 철학의 공간을 허용하고 철학과의 협력에 힘써 그 담장 안에서 정도의 차이는 있지만 교회의 승인과 감독을 받으면서 계속 번성했기 때문이다. 따라서 아우구스티누스는 신앙에 앞서는 인간의 앎의 능력을 인정한다. 계시의 도움 없이 획득되는 이러한 지식은 이교도 철학자들이 발견한 것이고 또한 그들의 영역이다. 이러한 지식은 그후 삶의 최고 규범이자 지침인 신앙으로 대체되어 왔으나 신앙에 의해 폐기되거나 불필요한 것으로 간주된 것은 아니었다. 신약 시대에 신의 진리가 최종적으로 선포된 후에도 계시의 주재자인 신은 인간이 지식을 획득하기 위해 이성을 사용하는 것을 금지하지 않을 뿐만 아니라 오히려 적극적으로 그것의 사용을 명한다. 그가 "신이 우리를 짐승보다 위에 놓은 바로 그러한 자질"[1]을 싫어한다고 생각하는 것은 어리석은 일이다. 이러한 방식으로 도달된 지식은 불충분하지만 당연히 유용한 것이고, 궁극적으로는 신앙에 도움이 되도록 신이 정한 바이다. 아우구스티누스는 지식을 출애급 시절 이스라엘 사람들이 부정

하게 취했으되 결국 그것의 정당한 소유를 요청했던 금·은 재화에 비유한다.[2]

특히 철학은 그 자체로, 또한 신자가 아닌 사람과의 관계 속에서 모두 신앙에 봉사한다. 철학은 계시가 침묵하거나 불완전한 영역에서 지식과 지침을 제공함으로써 계시를 보충한다. 계시가 언급하는 문제들에서조차 철학은 신이 불어넣은 진리를 더욱 충분히 이해하는 도구로서 사용될 수 있다. 필연적으로 불완전한 인간의 지식이 그것의 완성으로서의 신앙을 지향하는 것처럼 신앙은 이성의 사용을 통해 그 자신의 원리들을 더욱 완전히 이해하고자 한다.[3] 더욱이 비록 신약이 인간의 영생(永生, eternal destiny)에 주로 관련되어 있지만, 거기에는 또한 통치자들과 피치자들의 지위와 인간들이 도시에서 살아가기 위해 요구되는 방식들에 대해서도 많은 언급이 있다. 왜냐하면 인간이 영생의 은총을 받을 수 있느냐 없느냐는 바로 이승생활에서의 행동에 따르기 때문이다. 영적 영역들과 세속적 영역들은 끊임없이 교차하고 상호 간에 영향을 미치기 때문에 이 두 영역을 관련짓는 것이 필요하며, 이렇게 하려는 어떠한 시도도 계시에 의한 지식뿐만 아니라 철학에 의한 지식도 전제하기 마련이다. 끝으로 원칙적으로 모든 사람들이 접근할 수 있는 진리를 다룰 때 철학은 신자와 비신자가 만날 수 있는 공통적 기반을 제공한다. 철학을 통해서만 기독교인은 그의 입장을 외부인들에게 명료하게 할 수 있고, 만약 필요하다면 외부인들이 제기하는 반론들에 그들 자신의 무기로 삼아 싸울 수 있다.[4] 따라서 모든 그러한 반론들은 그것들이 신앙을 위한 더 큰 노력을 자극시키고 신이 부여한 진리를 단지 평온하게 소유함으로써 야기되는 자기 만족에 빠지지 않도록 돕는다는 점에서 유용한 목적에 봉사하도록 되어 있다.

그 신학적 성격이 공인되었음에도 불구하고 아우구스티누스의 저작들이 엄밀한 철학적 본질에 대한 많은 숙고들을 포함하고 있다는 것을 발견하기란 그리 놀라운 일이 아니다. 본래의 맥락으로부터 이러한 숙고들을 뽑아냄으로써 아우구스티누스의 정치철학으로 적절히 간주될 수 있는 것을 정연하게 재구성하고 해석할 수 있을 것이다. 그러나 아우구스티누스 자신이 아퀴나스와는 달리 철학을 자기완결적이고 그 자신의 영역을 갖는 독립된 학문으로 간주하지 않기 때문에, 또는 그가 사실상 철학과 신학을 분리된 학문들로 다루지 않기 때문에 그의 사고의 단일성을 참작하여 정치문제에 관한 그의 제견해를 신학적 원칙에 의해 지배받는 단일하고도 응집적인 전체로서 기술하는 것이 좋을 것 같다.

아우구스티누스는 적어도 현존하는 저작만으로 본다면 고대세계에서 가장 많은 저작을 남긴 저술가이다. 그의 가장 광범위하고 중요한 단일 정치저작은 『신의 도시』(*City of God*)이다. 그러나 『신의 도시』는 정치에 제한되지 않으며 정치에 대한 아우구스티누스의 가장 적절한 사고들을 모두 포함하고 있지도 않다. 정의와 법의 주제별 논의를 살펴보기 위해서는 『자유의지론』(*On Free Will*)에 주의를 기울여야 하고, 이단을 제압하기 위해 세속권력을 사용해야 하는가 하는 곤란한 문제에 관한 그의 입장을 살펴보기 위해서는 도나티스트(Donatists)에 대항하는 저작들에 주의를 기울여야 한다. 애국심과 시민권을 옹호하는 아우구스티누스의 견해들을 알기 위해서는 각각 이단자 넥타리우스(Nectarius)와 마르셀리누스(Marcellinus)에게 보낸 편지인 『서한』(*Letters*) 91과 138도 특별히 언급해야 한다. 또한 정치적 숙고들이 부차적이기는 해도 중요한 역할을 하고 있는 다른 많은 저작들이 있다는 것은 말할 필요도 없을 것이다.

거의 예외 없이 이교도들과 이단자들(특히 마니교도들, 도나티스트들, 펠라기우스교도들)과의 계속되는 논쟁상황 속에서 구술된 이러한 저작들의 폭넓은 논쟁적 성격은 가끔 해석을 어렵게 만든다. 더욱이 아우구스티누스는 가장 중요한 문제인 완전한 진리는 그것의 연구가 그러한 진리를 표현하는 데 있어서 신중한 숨김을 수반해야만 보호될 수 있다고 봄으로써 이교도와 기독교도 양측 선배들의 견해에 의견을 같이 했다는 것은 분명하다.[5] 지고의 진리에 본래 내재되어 있는 어려움 때문에 모든 사람들이 그것을 무분별하게 쉽게 이용할 수는 없다. 거짓뿐만 아니라 진리 그 자체도 인간들이 그것과 똑같은 성향을 갖고 있지 않거나 그것을 받아들일 준비가 충분히 되어 있지 않는 한 해로울 수 있다. 만약 철학이 신앙의 버팀목으로 이용될 수 있다면 비우호적인 환경에서는 철학이 신앙에 적극적 장애가 될 수 있음을 우리는 이미 경험을 통해 알고 있다. 처음 몇 세기 동안 주요한 이단자들의 다수는 선한 의도를 가졌으나 이단 저술가들의 철학적 교의에 잘못 의지한 것으로 추정될 수 있다. 그리고 거듭 우월성을 주장함으로써 철학이 스스로를 신앙의 적이자 경쟁자로 변형시킬 가능성은 항상 존재했다. 교회 내에서 철학을 드러내는 것은 곧바로 정통 기독교에 잠재적이나 지속적인 위협이 되었고, 그것은 젊거나 어리석은 사람들에게 그 가르침들이 너무 빨리 노출되는 것을 경계하도록 했다. 아우구스티누스는 "감히 그러한 문제들의 연구에 성급히, 무질서하게 종사하는 사람은 학문을 좋아하게 되는 것이 아니라 호기심에 빠질 것이고, 학식 있게 되는 것이 아니라 쉽게 현혹될 것이며, 신중하게 되는 것이 아니라 불신에 빠지게 될 것이다"[6]라고 말했다.

아우구스티누스는 비학문적인 교리의 전달만이 필요하고 가능한 모든 것인 별다른 지식도 없고 총명하지 못한 사람들의 신심(信心)에 대한 편견을 가지지 않고 보다 훌륭하고 진취적인 학생의 정당한 호기심을 만족시킬 수 있는 방식으로 저술함으로써 이러한 위험들을 극복하려 했다.[7] 대부분 그의 주요 저작들은 신에 의해 계시된 진리의 보다 깊은 지식을 추구하는 기독교인들과, 그의 저작들에서 신앙을 받아들이는 데 필요한 부가적 유인(incentive)을 발견할지 모르는 관심 있는 이교도들을 위해 쓰여진 것이다. 이러한 저작들은 신앙이 합리적임을 강조함으로써 신앙을 철학적으로 옹호하는 동시에 성서에 입각한 철학의 정당화를 제공함으로써 철학을 신학적으로 옹호했다고 말할 수 있다. 이러한 저작들은 철학보다 계시된 진리가 궁극적으로 우위에 있다는 것은 물론, 양자 간의 실질적 조화를 확립하려는 명확한 목적을 위해 양자 간의 유사점들과 차이점들을 탐구했다. 이 저작들은 신앙에 대한 지식에서 이미 진보를 이룬 학생들이 그의 믿음의 함의를 더 완전히 인식하도록 고안되었으며, 동시에 비신자의 입장에서 계시된 진리를 명확히 받아들이는 데 방해가 될 수 있는 장애물들을 제거하고자 했다. 결론적으로 이 저작들은 철학과 계시 간의 현실적 또는 잠재적 일치점들을 공개적으로 논의하고 종종 그러한 유화(宥和)가 명백히 불가능한 지점들에서는 암시만 할 뿐이다. 그 정도로 이 저작들은 아우구스티누스 자신이 "진리를 숨기는 기술"[8]이라고 부른 것을 잘 사용하고 있다. 이 저작들을 완전히 이해하기 위해서는 주어진 문제에 대한 저자의 명시적 진술들뿐만 아니라, 이러한 진술들이 암묵적으로 또는 함축적으로 제기하는 이슈들을 참작해야 한다. 알렉산드리아의 클레멘트(Clement of Alexandria)와 오리겐(Origen)과 같은 초기 교부들의 일부가 공익(common interest)을 위한 고상한 거짓말(noble lies)의 사용을 옹호한 반면 아우구스티누스는 거짓말은 이롭든 해롭든 본질적으로 나쁘다고 공공연히 비난했으며, 그리스도에 의해 세워진 선례에 따르면서 단지 생략이나 말의 간결함과 같은 은폐의 간접적 형태만을 인정할 뿐이다. 그가 「거짓말에 대한 반론」(*Against Lies*)이라는 논문에서 다음과 같이 조심스럽게 지적했다.

> 진실을 숨기는 것이 거짓말을 하는 것과 똑같은 것은 아니다. 모든 거짓말쟁이는 진실을 은폐하기 위해 저술한다. 그러나 진실을 숨기는 모든 사람이 거짓말쟁이는 아니다. 왜냐하면 우리는 종종 거짓말을 함으로써가 아니라 침묵함으로써 진실을 숨기기 때문이다. … 따라서 영원한 진리를 말하는 사람과 해설하는 사람 또는 설교하는 사람, 심지어는 종교와 신앙심의 함양에 속하는 세속적 문제들에 대해 토론하거나 의견 개진을 하는 사람에게도 숨기는 것이 현명하다고 여겨지는 어떤 것을 적당한 때 숨기는 것이 허용된다. 그러나 거짓말을 하는 것은 결코 허용되지 않으며, 따라서 거짓말에 의해 숨기는 것은 허용되지 않는다.[9]

아우구스티누스는 플라톤을 가장 위대한 이교도 철학자이며 동시에 기독교 사상에 가장 근접한 사상을 갖고 있는 철학자로 간주한다.[10] 아우구스티누스는 심지어 플라톤을 가리켜 그가 만약 기독교 시대에 살았더라면 기독교인이 되었을 철학자라고 말하기까지 한다.[11] 그러나 플라톤의 정치철학에 관한 아우구스티누스의 주된 정보원은 플라톤 자신이 아니라 대화편들에 관한 제한된 접촉만을 했을 뿐인 키케로의 『국가』(*Republic*)와 『법률』(*Laws*), 그리고 다소 정도가 덜하기는 하지만 「신성론」(神性論, *On the Nature of Gods*)과 「예언론」(*On Divination*) 등의 논문들과 같은 키케로의 다른 저작들에서 발견되는 키케로에 의한 플라톤 정치철학의 로마적·스토아적 변형이었다. 따라서 스스로를 나타내는 형태에서 아우구스티누스의 정치사상은 플라톤적이라기보다는 오히려 키케로적이다. 불행히도 키케로의 『국가』와 『법률』은 우리에게 훼손된 상태로 전해졌다. 그 저작들은 원래 6권으로 구성되어 있으나 각각의 경우 반도 못 되는 분량만이 남아 있을 뿐이다. 이러한 궐문(闕文)에 의해 야기되는 어려움에도 불구하고 아우구스티누스의 사상과 그의 이교도 스승의 사상 사이에는 세 가지의 중요하고도 밀접히 연관된 논점들에서 차이가 있다. 미덕(virtue)의 개념, 일신론, 종교와 정치의 이분법이 그것이다.

1. 시민사회의 본질 : 기독교적 미덕 대 이교도적 미덕

아우구스티누스의 정치적 교의의 핵심은 철학적 전통과 기독교적 전통 양자에 뿌리를 두고 있는 미덕에 관한 가르침이라고 말할 수 있다. 인간은 본래 언어를 부여받은 사회적 동물이며, 인간만이 언어에 의해 의사소통하고 타인들과의 다양한 관계들에 참여해 왔다. 동료 인간들과 결합하여 정치공동체를 형성함으로써만 인간은 자신의 완성을 성취한다. 무지한 상태(the state of innocence)에서조차 인간들은 서로 교류하며 인간 실존의 궁극적 목표에 함께 도달하려 애썼다. 시민을 시민답게 하고 모든 시민들에게 도시의 목적이나 공동선(共同善, common good)을 지시해 주는 미덕이 정의(正義)이다. 정의는 시민사회의 초석이다. 모든 인간 사회의 통일성과 고결함은 정의에 의존한다. 인간들 사이의 관계들을 규제함으로써 정의는 평화, 사회의 본래적 공동선, 그리고 사회가 획득하는 다른 모든 이익들의 전제조건을 유지시킨다. "평온한 질서"[12]인 평화가 없다면 어떠한 사회도 번영하거나 심지어 생존할 수조차 없다. 키케로에 동의하면서 아우구스티누스는 키케로를 인용하여 시민사회 또는 공영체(commonwealth)를 "옳음에 대한 공동의 승인과 이해관계의 일치에 의해 결합된 (인간들의) 집합"으로 정의한다.[13] 그는 "옳음"을 "법"

에 의해서보다는 "정의"에 의해서 설명하며, 정의가 없는 곳에서는 옳음도 없고 그 역도 성립하기 때문에 어떠한 공영체도 정의 없이는 운영될 수 없다고 주장한다.

이 모든 것에서 아우구스티누스는 고전적 전통에 밀접히 따르며 고전적 전통과 성서의 일치를 강조한다. 이교도 철학자들에 대한 그의 주요한 반대는 시민사회의 자연성이라는 교의와 시민사회 안에서의 정의의 필요성에 관련된 것이 아니라, 정의로운 사회를 세우지 못한 이교도 철학자들의 무능에 관련되어 있다. 그 철학자들은 최상의, 가장 바람직한 도시의 모델이 언어와 사적인 토론에서만 존재할 뿐 실제로 실현될 수는 없다는 것을 인정한 최초의 사람들이다. 그들은 정의를 도시들의 건강한 상태라고 지적했으나 그것의 성취를 보장하기에는 무력했다.[14] 그들이 사회의 이익과 사회의 개선을 위해 제안한 것들이 지고의 칭송의 가치가 있다는 것을 부인할 수는 없다. 그러나 대다수 인간들의 분명하고도 피할 수 없는 사악함이 그러한 제안들이 전체 정치공동체에서 수행되는 것을 차단하는 한에 있어서 그들의 제안들은 실천적으로 평가할 때 명백한 실패이다. 특히 정의가 두드러진 곳이 도시이다. 그럼에도 불구하고 정의는 도시에서 거의, 아니 아마 결코 발견되지 않을 것이다. 그 철학자들 자신이 시인하듯이 실제 도시들은 정의에 의해서라기보다는 불의에 의해 특징지워진다. 실제 도시들이 도시라는 단어의 진정한 의미에 있어서 도시의 자격이 있다고 변호되기 위해서는 키케로의 정의(定義)에서 정의나 미덕에 대한 어떠한 언급도 빼버려야 할 것이다. 실존하는 도시들은 옳음의 공동적 승인에 의해서가 아니라, 사랑의 질이나 사랑받는 대상의 선악에 관계없이 그들이 사랑하는 대상들에 대한 공동의 동의에 의해서 함께 결속된 합리적 존재들의 집합이다.[15] 아우구스티누스의 전체적인 논의는 다음과 같이 정확하게 요약될 수 있다 : 철학은 완전한 인간적 정의(human justice)에 대한 두드러진 소망과 동시에 정의의 실천적 불가능성을 주장함으로써 그 자신의 내재적 한계를 폭로한다. 따라서 철학은 암시적으로나마 더 높고도 순수한 정의의 형태에 의해 인간적 정의를 보충할 필요성을 주장한다. 정치철학에 반대하는 사례가 비신자들이 거부할 자유를 갖고 있는 계시적 전제들로부터, 또는 고전적 모델과는 동떨어진 전제들로부터 진행되지 않는다는 것에 주목해야 한다. 아우구스티누스 반론의 강력함은 논적들의 사상에 내재되어 있으며, 비록 논적들이 그 결론에는 이의를 제기한다손 치더라도 받아들이지 않을 수 없는 원리에 직접 호소한다는 사실로부터 전적으로 추출된다.

아우구스티누스의 고전적 전통에 대한 비판은 여러 가지 점에서 마키아벨리로부터 시작되는 근대 초기 정치사상가들의 비판과 유사하다. 그들은 고전적 전통의 비효과성과 비실천성에 기반하여 고전적 전통을 다루었다. 그러나 마키아벨리와 그의 추종자들과는 대조적으로 아우구스티누스는 인간 활동의 목표와 기준을 낮춤으로써 가르침의 효율성을 고양시키려 하지는 않았다. 인간 활동의 목표와 기준에 대한 아우구스티누스 자신의 요구는 이교도 철학자들의 가장 엄격한 요구보다도 훨씬 더 엄격했다. 고전 정치철학은—인간 행위의 매우 통탄스러운 인간적 성격의 전부를 고려할 것을 거부하는 완고함에 의해서—인간 본성에 비합리적 요구를 했기 때문이 아니라, 인간의 선천적 허약성의 적합한 치유방법을 알지 못하여 그것을 적용할 수 없었기 때문에 실패했다.

일반적으로 도덕적 문제들을 도덕적 문제들의 차원에서 그리고 형이상학적 전제들에 대한 명시적 언급 없이 다루기를 선호한 아리스토텔레스보다는, 보다 플라톤적 절차를 좇아 아우구스티누스는 이론적 또는 선도덕적(premoral) 원칙들로부터 인간행위의 기준을 연역하려고 시도한다. 그의 도덕질서는 사변적 이성에 의해 수립된 자연질서에서 유래한다. 지고의 의미에서의 정의(正義)는 이성에 따라 모든 사물들의 올바른 질서를 처방한다. 이 질서는 인간 내외에서 낮은 것들의 높은 것들에 대한 보편적이고도 철저한 복종을 요구한다. 이 질서는 육체가 영혼에, 저차원의 욕구가 이성에, 이성 그 자체가 신에 의해 지배받을 때 존재한다. 동일한 위계질서가 전체로서의 사회 내에 존재하거나 준수되어야 하며, 이러한 위계질서는 덕 있는 백성들이 신법(divine law)에 의해 그의 이성이 지배되는 현명한 통치자에 복종할 때 나타나게 된다.[16] 그것이 바로 인간이 원초적 정의의 상태로 견디었더라면 작용했을 조화이다. 그러한 상태에서 인간은 아무 불편 없이 사회의 모든 장점으로부터 이익을 얻었을 것이다. 인간은 자신의 의지에 반하여 다른 사람들로부터 지배받지 않았을 것이고, 세속적 재화들의 소유를 위한 서로간의 투쟁 없이 모든 사물들을 완전한 사랑과 자유 속에서 공평하게 나누어 가졌을 것이다.

성서는 이 조화가 죄에 의해 붕괴되었다고 가르친다. 죄를 통하여 동료 인간들에 대한 우위를 주장하려는 인간의 욕망과 자랑하려는 욕구가 풀려나왔다. 인간의 저차원적 욕구들의 무정부 상태와 자신의 이기적 욕구들을 사회의 공동선(共同善) 위에 놓으려는 극복할 수 없는 경향이 현질서의 두드러진 특징이다. 그것은 신에 대항한 인간의 첫 반란에 근원을 두고 있는 영원한 반란의 상태이다. 이러한 반란의 원형(原型)이 아담에 의해 자행되고 신비한 방식으로 그의 모든 후손들에게 유전된 원죄(original sin)이다. 그 결과 인간이 선을 추구하는 데 있어 향유했던 자유는 억압과 강제를 산출했다. 강제는 사유재산, 노예제, 정부 그 자체와 같은 시민사회의 가장 전형적 제도들에서 명백하며, 이러한 모든 제도들은 이성의 지령에 따라 살 수 없는 현재 인간의 무능함으로 설명될 수 있다.[17] 이러한 제도들이 존재한다는 것 자체가 인간의 타락상태의 결과이자 인간의 타락상태를 끊임없이 떠올리게 하는 것이다. 어떠한 제도도 창조의 본래 계획에는 없었고 그 제도들 모두는 인간이 악에 빠지려는 성향을 억제하는 수단으로서만 바람직할 뿐이다. 세속적 재화의 사적 소유권(private ownership)은 인간의 선천적이며 누를 수 없는 욕심을 만족시키는 동시에 억제시킨다. 타인을 동일한 재화의 소유로부터 배제함으로써 사적 소유권은 외부의 제약을 없애며, 따라서 무제한적 획득의 가능성을 억제한다. 그러나 사적 소유권은 사적 소유에 대한 내면적 욕망을 치유시키지 못한다. 노예제와 인간에 의한 인간의 지배의 모든 다른 형태들도 마찬가지이다. 우리가 알고 있는 시민사회조차 죄에 대한 벌이다. 시민사회가 자연적이라고 불릴 수 있다면 그것은 인간의 타락한 본성에 관해서만 그렇다. 사유재산처럼 시민사회도 지배하려는 탐욕스러운 인간의 욕망을 견제하는 하나의 더욱 심화된 수단으로서 신이 정한 바이다. 모든 지배는 강제와 분리되지 않으며, 강제의 정도만큼 전제적이다. 전체 정치사회는 본질과 목적에 있어서 형벌적이며 치료적으로 된다. 본질적으로 정치사회의 역할은 소극적이며, 폭력의 사용에 의해 범죄자를 징계하고 인간들에 존재하는 악을 제지시키는 것이다.

정의는 타락한 인간의 과업도 공동 운명도 아니다. 인간의 이성적 본성에 따르는 선(善)조차 대부분 타락한 인간을 회피한다. 이러한 상황에 대한 치유는 인간 본성에 속하는 자원들 가운데서 발견되지 않는다. 정치적 구원을 포함한 인간의 구원은 플라톤이 공표한 것처럼 철학으로부터 생기는 것이 아니라 신으로부터 온다. 인간적 정의보다는 신의 은총이 사회의 결속력이며 행복의 진정한 근원이다.[18] 그러나 정의상 이러한 구원은 공짜로 주어진다. 구원은 인간이 부여받는 것이지 인간에 의해 성취되는 것은 아니다. 왜냐하면 인간의 성취 그 자체가 수여된 은총의 결과이지 그 원칙은 아니기 때문이다. 현실적 인간성의 상태에서 선한 삶을 보장하는 과업은 신에 의해 조직화된, 신의 은총의 가시적 장치로서의 교회에 전문적으로 맡겨진다. 시민사회의 영역은 고전철학에 의해 시민사회에 할당된 영역과 비교할 때 철저히 제한되어 있다. 기껏해야 시민사회는 억압적 행동에 의해 인간들 사이의 상대적 평화를 유지시키며, 이러한 방식으로 교회가 그 가르침을 펴고 성직자를 보호할 수 있는 최소한의 조건들을 보장한다. 가만히 내버려 두면 시민사회는 덕에 도달할 능력이 없다.

근본적 결함을 갖고 있는 인간적 정의에 대한 아우구스티누스의 평결은 『자유의지론』 제1권의 법의 분석에서 확인되고 더 분명해진다. 아우구스티누스는 정의의 최고 규범인 영원법(eternal law)과 영원법의 일반원칙들을 특정한 사회의 가변적 필요에 적용시킨 세속법 또는 인법(temporal or human law)을 명확히 구분함으로써 시작한다. 영원법은 “모든 사물들을 완전하게 질서짓는” 법으로서 매우 일반적으로 규정되며, 모든 사물들에 적당한 목적을 지시하는 신의 의지나 지혜와 동일시된다.[19] 영원법은 정의와 옳음의 보편적 원천을 구성하며, 다른 법에서 정의롭고 선한 것은 무엇이든지 영원법으로부터 유래한다. 신 자신이 이 법을 인간의 정신에 각인해 놓았다. 모든 사람들은 이 법을 알 수 있고 항상 그것에 복종해야 한다. 선한 자가 보답받고 악한 자가 처벌되는 것도 영원히 법의 힘에 의해서이다. 결국 영원법은 항상 어느 곳에서나 동일하며 예외가 없다.

전적으로 변경 불가능한 영원법에 반대되는 것으로서 세속법은 시간과 장소의 상황에 따라 다양할 수 있다.[20] 이때 다양하게 변하는 것이 정의롭지 못한 것은 아니다. 하나의 법으로서 세속법은 공동선에 관해 공표하며, 필연적으로 정의로운 법이다. 왜냐하면 정의롭지 않은 법은 법이 아니기 때문이다.[21] 그럼에도 불구하고 세속법은 다른 세속법들과 다를 수 있고, 심지어 반대가 되기도 한다. 예를 들면 만약 어떤 도시의 시민들 다수가 덕이 있고 공익에 헌신한다면 민주주의는 정의의 필요조건일 것이며, 입법부가 인민에 의해 선출된다고 규정한 법은 정의로운 법일 것이다. 똑같은 견지에서 타락한 도시에서 덕이 있고 다른 사람들에게 덕을 가르칠 수 있는 사람만이 공직에 임명되어야 한다는 것을 명문화한 법은 마찬가지로 정의로운 법일 것이다. 비록 상호 배타적이기는 하지만 두 법은 항상 악한 인간들에 의해서보다는 선한 사람들에 의해 특전이 분배되는 것이 마땅하다는 영원법의 원칙으로부터 그들 각각의 정의를 추출한다.[22] 왜냐하면 강압도, 우연도, 어떠한 위기도 도시 내에서의 그러한 재화의 공평한 분배를 부정한 것으로 만들지는 못하기 때문이다. 이러한 변화무쌍한 세속법이 바로 한 도시를 다른 도시로부터 구별짓고 각 도시에게 통일성과 특성을 준다. 도시들과 민족들은 단일한 세속법 하에 살고 단일한 세속법에 의해 묶인 인간들의 결사체일 뿐이다.[23]

만약 세속법이 정의로운 법이라면 그것은 여러 점에서 불완전한 법이다. 세속법은 일차적으로 영원한 재화들을 자발적으로 추구하며, 영원법에 복종할 뿐인 덕 있는 자들을 위하여 존재하는 것이 아니라, 세속적 재화들을 탐내며 인법에 의해 강제받을 때만 정의롭게 행동하는 불완전한 자들을 위해 존재한다.[24] 도덕적으로 열등한 인간들의 필요나 요구를 고려하는 만큼 세속법은 극악무도한 악행들을 피하려는 목적을 위해 덜한 악행을 허용하는 본래 가장 바람직한 것과 주어진 어떤 순간에서 가능한 것 사이의 조정을 표상한다.[25] 세속법의 효율성은 세속적 재화에 대한 인간의 집착으로부터 직접 도출된다. 세속법이 인간을 지배하는 것은 바로 인간이 그러한 재화의 노예이기 때문이다. 따라서 엄격한 정의(正義)에 따르면 재산을 올바르게 사용하는 사람만이 소유의 자격이 있다. 그러나 평화를 위해, 그리고 인간의 허약함에 대한 양보로서 세속법은 물질적 재화의 사적 소유를 소유자들의 사용방법과는 무관하게 보장한다. 동시에 부정한 인간들에게 이미 소유된 재화를 위법에 대한 처벌로서 박탈한다고 위협함으로써 세속법은 그 이상의 부정에 대한 억제력으로 작용하고 세속적 재화의 공평한 분배에 가깝게 여겨지는 것을 보장한다.[26] 세속법에서 이야기될 수 있는 가장 중요한 점은 세속법이 교묘하게 사회 내에 제한된 정도의 정의를 발생시키고 유지하기 위해 인간의 비뚤어진 성향을 이용한다는 것이다. 이러한 이유만으로도 세속법은 필수불가결하다. 그러나 세속법이 구현하는 정의는 완전한 정의의 모상(模象)이나 희석에 불과하다.

그 자신의 영역에서조차 제한된 목표에도 불구하고 세속법은 종종 그것을 제정하게끔 한 목적을 이루는 데 실패한다. 첫째, 인간들이 들키지 않으므로 처벌되지 않는 많은 죄를 범한다고 가정하는 것은 비합리적이지 않다. 친구에게 많은 금액을 맡기고 나서 갑자기 그의 예금을 찾을 기회 없이 죽은 사람을 가정해 보자. 마무도 그 거래를 알지 못한다고 할 때 무엇이 그 돈을 법적 상속인에게 되돌려 주지 않고 횡령하려는 수

탁인(受託人)을 막을 수 있는가?[27] 둘째, 범죄가 행해진 것을 알 때조차도 범죄자를 확인하는 것이 종종 불가능하다. 현명하고 훌륭한 재판관들도 실수하기 마련이다. 적절한 정의의 운영을 보장하는 모든 조심성에도 불구하고 재판관들은 사려 없이 무고한 사람들에게 사형을 선고한다. 진실을 확인하기 위해 그들은 종종 고문에 의존한다. 그러나 고문은 유죄자의 발견에는 이르지 못하며, 무고한 사람들에게 고통을 주는 것 이상은 하지 못한다. 고문은 또한 인간적 정의가 어느 정도 암흑 속에서 장사지내지는가를 극적인 방식으로 폭로한다.[28] 마지막으로 가장 중요한 것은 세속법은 이러한 행위들의 숨은 동기로 확장되지 않으며, 살인이나 간음을 범하려는 욕망과 같은 순수 내적 행위에는 훨씬 덜 관련된다는 것이다.[29] 그러한 까닭으로 다른 이유가 없다면 세속법은 덕을 함양시킨다고 말할 수 없다. 진정한 덕은 인간이 정의로운 행위들을 수행할 뿐만 아니라 정의로운 행위들을 옳은 동기로 수행할 것을 요구한다. 행위자의 입장에서 진정한 덕은 법에 의해 명령되는 선에 대한 열망을 함축한다. 따라서 진정한 덕은 세속적 재화에 대한 무절제한 사랑을 포기하고 그의 열정을 이성의 선에 질서지음을 전제한다. 단순히 세속법을 준수하는 것이 도덕적 선을 보장하지는 않는다. 왜냐하면 인간은 법을 지키면서도 여전히 이기적이고 공리적(功利的)인 동기를 위해 행위할 수 있기 때문이다. 예를 들면 법은 자기 방어를 위해 부정한 가해자를 죽이는 것을 허용한다. 그렇게 함으로써 법은 공동선(共同善)을 목표로 하며, 열정과는 철저히 무관하다. 그러나 그러한 목적으로 부여된 자유를 이용하는 인간은 개인적 복수를 위한 이기적 열망을 쉽게 충족시킬 수 있을 것이다. 이 경우 그의 행위는 비록 외면적으로는 정의롭지만 도덕적으로는 비난받아 마땅하다. 만인에게 정의로운 행위를 요구함으로써 세속법이 인간들에게 덕을 습득할 소지를 제공한다는 것은 사실이다. 그러나 세속법은 그 이상은 할 수 없다. 따라서 세속법은 "상위의 법, 더욱 신비스러운 법"[30]에 의해, 즉 인간의 내면적 행위를 포함하여 그것만이 덕의 외관뿐만 아니라 덕 자체를 생산할 수 있는 영원법(永遠法)에 의해 보완될 필요가 있다.

여기까지 아우구스티누스가 전반적인 문제를 취급하는 방식은 키케로의 『법률』과 매우 유사하며, 원문상의 많은 유사성까지 띠고 있다. 그러나 아우구스티누스의 정신 속에서 영원법의 개념과 본질적인 연관을 갖고 있는 신의 예지(divine providence)라는 논제에 이르자마자 이 유사성은 중단된다. 이 점에 있어 두 저자를 분리시키는 간격은 어법상의 차이에 의해 부분적으로 표현된다. 키케로와 아우구스티누스는 모두 영원법 또는 자연법을 세속법 또는 인법(人法)과 구별한다. 그러나 키케로가 전자를 "자연법"으로 말한 반면 아우구스티누스는 "영원법"이라는 표현을 뚜렷이 선호하고 있다. 이 영원법은 인간들이 행복하거나 선해지려고 소망한다면 무엇을 해야 하고 무엇을 삼가야 하는지를 지적할 뿐만 아니라 명령과 금지도 논제화한다. 따라서 영원법은 적당한 상벌(sanctions)을 수반해야만 한다. 그렇지 않다면 영원법은 효과가 없을 것이고, 다른 사람들이 심판관이 될 수 없는 의지의 내면적 행위에 직면했을 때 더욱 그러할 것이다. 무고한 사람들이 종종 부당하게 고통받고 사악한 인간들의 비행이 항상 이승에서 처벌받지는 않는다는 것은 경험으로부터 분명하기 때문에 영원법은 잘못이 바로 잡혀지고 정의의 완전한 질서가 회복되는 사후의 삶 없이는 생각될 수 없다. 영원법은 모든 사람을 그의 정의로운 공적에 따라 상을 주거나 벌할 정도로 정의롭고, 선견지명이 있으며, 전지적인 신을 함축한다. 영원하며 모든 면에서 완전한 존재인 신은 그의 존재나 그의 행동에 있어 변화를 필요로 하지 않는다. 그는 새로운 지식을 습득할 수 없으며, 시간의 경과 속에서 인간에 의해 수행되는 모든 행동들, 심지어 가장 은밀한 생각들까지도 미리 알고 있어야 한다.

이러한 신의 상벌이라는 교의는 시작부터 상당히 이론적인 어려움을 내포한다. 만약 신이 모든 일을 그것이 존재하기 전에 안다고 가정한다면 인간은 항상 그러한 신적 지식에 복종하여 행동해야 한다는 것이 필연적으로 뒤따른다. 그러나 이러한 조건들 하에서 어떻게 인간이 자유로운 존재로 생각될 수 있는지를 알아내기란 곤란하다. 따라서 정치사회의 관점으로부터 받아들일 수 없는 두 대안 간의 선택에 직면하게 된다. 인간은 자유로우며, 신이 영원법에 반해서 자행되는 범죄들을 알고 또는 영원법에 일치하여 실행된 정의로운 행위들을 안다는 것을 부인하는 주장을 할 수도 있다. 그러나 이 경우 영원법은 그것을 보장할 존재 없이 남게 되어 효과적으로 잠재적 악행들을 억제하고 선한 습관들을 증진시킬 어떠한 수단도 없게 된다. 그렇지 않으면 신의 예지를 주장하여 자유의지를 부정할 수도 있다. 그러나 이 경우 인간은 더 이상 그들의 행위를 책임질 수 없을 것이며, 법은 존재이유(raison d'ếre)를 상실하고 훈계는 쓸모 없는 것으로 되며, 칭찬과 비난은 무의미한 것으로 드러나 선에 대한 보상과 악에 대한 처벌의 분배에 있어서 어떠한 정의도 존재하지 않을 것이다. 간단히 말해 인간 생활의 모든 질서는 파괴될 것이다.[31]

아우구스티누스의 해석에 따르면 키케로는 공개적으로는 신의 예지의 교의를 인정하나 개인적으로는 부정함으로써 이러한 딜레마를 해결하려고 힘썼다 한다. 「신성론」(神性論)이라는 논문의 공개적 토론에서 키케로는 신들을 공격한 무신론자 코타(Cotta)에 대항하여 신들을 옹호한 신앙심이 깊은 루실리우스 발부스(Lucilius Balbus)의 편에 선다. 그러나 덜 인기 있는 저작인 「예언론」에서 키케로는 그가 이전의 논문에서 거부하는 체했던 바로 그 이론에 자신의 이름으로 동의하여 진술하고 상세히 설명한다. 이러한 속임수로 키케로는 신의 상벌에 대한 대중들의 유익한 믿음을 훼손하는 것을 교묘히 피했다. 그리하여 다른 한편으로 그는 현자들이 인간의 자유와 양립할 수 없는 것으로 인식한 가르침과, 현자들이라면 정의롭게 행위하기 위해 그와 같은 보상이 필요하지 않을 것이므로 어떠한 경우에도 불필요한 가르침에 그 자신을 결부시키지 않았다. 따라서 아우구스티누스는 "인간을 자유롭게 하려는 소망은 인간을 신성모독으로 만든다"는 결론을 내렸다.[32]

키케로에 반대하여 아우구스티누스는 신은 모든 일을 발생하기 이전에 알고 있으며, 인간들은 단지 그들이 하려고 하기 때문에 그들에 의해 행해져야 한다는 것을 알고 느끼는 것은 무엇이든지 그들의 자유의지에 의해 행한다고 주장한다. 신의 예지(豫知)는 자유선택을 파괴하는 것이 아니라 자유선택을 뒷받침한다. 어떻게 이 두 완전함이 유화(宥和)될 수 있는가 하는 질문에 대한 답은 신의 의지의 지고의 효율성에 달려 있다. 신은 그가 모든 일들의 원인들을 알고 있기 때문에 모든 일들을 안다. 그리고 신이 일어나는 일들의 원인을 아는 것은 신의 의지가 각인에게 단순한 행위로만이 아니라 적합한 양식에 따라 행위하는 힘을 수여하면서 일어나는 모든 일에 확장되기 때문이다. 자연적 원인들(natural causes)은 필연적 인과관계(causality)를, 인의적(人意的) 원인들(voluntary causes)은 자유로운 인과관계를 발동시킨다. 자연의 창조자인 신 안에 이미 포함되지 않은, 신이 부여하지 않은 자연적 원인들에는 어떠한 힘도 없는 것과 같이 인간 의지의 창조자인 신 안에서 이미 발견되지 않는, 신이 알 수 없는 인간의 의지에는 아무것도 존재하지 않는다. 그렇지 않다면 어떤 완성의 창조에 있어서 모든 완전함의 보편적 근원인 신에 부재하는 어떤 완전함을 창조하는 존재를 가정해야만 할 것이다. 자연적 원인들과 인의적 원인들에서 옳았던 것은 예기치 않은 원인들 또는 우연에서도 마찬가지로 옳다. 우연은 단지 원인이 없음을 일컫는 것이 아니다. 인간들이 우연이라고 부르는 것은 아우구스티누스에 있어서는 신 또는 분리된 실체에 기인하는 잠재적 원인이다. 신에게 소급할 수 없는 악의 원인에 관하여 여전히 문제가 제기될 수 있다. 그러나 신이 죄(罪)의 원인이 아니라는 사실은 결코 신의 완전성을 훼손시키지 못한다. 왜냐하면 죄가 되는 행동은 단지 결여된 인간관계에 의해서만 설명 가능한 불완전성이기 때문이다.[33] 또한 그것은 신이 인간들이 범하는 죄를 모르는 체하고 있다는 것을 전제하는 것도 아니다. 만약 신이 인간들이 무엇을 할 수 있고 할 것인지를 안다면 신은 또한 인간들이 해야만 하는 것과 하는 데 실패하는 것도 안다. 물론 인간들의 행동이 시간 속에서 수행되고 따라서 과거, 현재 또는 미래의 어느 것에 속한다는 것은 사실이다. 그러나 이것이 신이 인간들의 행동을 시간을 초월한 보편의 시선으로 파악할 수 있음을 막지는 못한다. 비록 신이 시간을 초월하여 시간 밖에 서 있다 해도 신은 사물들에 의해 측정되지 않고, 그 자체가 모든 사람들의 완전성의 척도인 예지에 의한 영원성으로부터 모든 것을 안다.

이렇게 말했을 때 아우구스티누스는 우리의 지식을 계속해서 에워싸는 신의 본질과 그것의 작동에 대한 모호성을 매우 잘 인식했다. 그의 설명은 대답되지 않은 많은 문제들을 남겼을지 모른다. 그러나 순수 이성적 입장에서 보았을 때 그는 자신의 설명이 키케로의 설명보다 받아들이기 어렵지 않다는 것을 알았다. 또한 그의 관점에서 그의 설명은 인

간으로 하여금 "잘 사는 것"뿐만 아니라 "잘 믿는 것"을 가능케 하는 이점이 있다고 생각했다.[34]

인간적 정의 및 법에 대한 아우구스티누스의 견해는 옛 사회에 대한 판단, 무엇보다도 최후의 위대한 제국이며 이교도 세계의 가장 찬란한 정치적 업적의 축도(縮圖)인 로마에 관한 판단의 기초가 되는 동시에 그러한 판단을 유발시킨다.[35] 이 주제에 관한 아우구스티누스의 긴 논의의 토대는 부분적으로 키케로에 의해 설정된 것이다. 플라톤이 그랬던 것처럼 언어 속에서 완전한 도시를 수립하려는 대신 키케로는 고대 로마 공화정의 예로 돌아감으로써 정치생활에서의 관심사를 다시 일깨우려 한다. 이와 같이 더욱 전통적이고 실질적인 접근에 따라 그는 그의 동포들이 지닌 과거의 영예를 확대하려고 한다. 반면에 아우구스티누스는 그들의 악덕을 폭로하려고 한다. 이러한 악덕은 로마가 다른 민족들을 다룰 때 가장 두드러진다. 도시 안에 어떠한 내부적 정의도 존재하지 않기 때문에 어떠한 외부적 정의 또한 존재하지 않는다. 왜냐하면 스스로 평화롭지 못한 도시는 이웃 도시들과 평화로울 수 없기 때문이다. 소위 이 세계의 왕국들은 거대한 절도물에 불과하다. 그들이 강도와 구별되는 것은 탐욕의 제거에 의해서가 아니라 범죄의 크기와 그들이 저지른 범죄에 대해 벌을 받지 않았다는 점이다. 정의(正義)의 본질적 관심에서 볼 때 알렉산더(Alexander)가 대규모의 함대로 행한 일은 해적이 소규모의 전함으로 행한 것과 다르지 않다.[36] 심지어 아우구스티누스가 제정기(帝政期)의 로마보다 훨씬 더 경의를 표하고 있는 공화정기(共和政期)의 로마조차 모든 세속 도시들을 삼키려 한다고 하여 공통된 비난 속에 포함시킨다. 로마는 "진정한 정의와 법이 자리잡지 못했기 때문에 결코 공화정은 아니었다."[37] 『신의 도시』의 상당 부분은 로마의 철학자들과 사가들의 미화에 대항하여 아우구스티누스가 진정하고도 충실한 고대 로마의 상(象)으로 여겼던 것을 회복시키려는 시도로 나타난다.

어떤 사람의 성격을 진단하기 위해서는 그가 사랑하고 있는 대상을 조사하기만 하면 된다.[38] 고대 로마인들은 정의롭지 않았고 그들의 도시는 진정한 도시가 아니었다. 그들의 열정의 대상이 미덕이 아니었기 때문이다. 틀림없이 로마인들은 그들이 굴복시킨 다른 어떤 민족들보다는 더욱 칭송할 가치를 갖고 있다. 로마인들을 이끌었던 목적이 결코 비열한 것은 아니었다. 로마는 용기를 숭앙했고, 조용하고 안락한 실존의 쾌적함보다 국가에 대한 자기 희생과 헌신을 상위에 놓았다.[39] 그럼에도 불구하고 그것들은 세속적 목표일 뿐이다. 그 목표 추구에 지출된 노력들은 미덕의 징표가 아니라 위대함(greatness)의 징표를 담고 있었다. 세계의 지배자였던 로마는 정복욕에 의해 지배받았다. 로마의 위인들은 기껏해야 나쁜 도시의 뛰어난 시민들이었을 뿐이었다. 그들 중 대부분은 심지어 진정한 정치적 미덕도 소유하지 못했다. 뛰어난 사람이 되고자 하는 그들의 결심은 국민에 봉사하려는 소망에 의해 길러진 것이 아니라 개인적 영광에 대한 갈증에 의해 길러졌다. 궁극적으로는 이기적 동기에 의해 실행되었기 때문에 영웅적 미덕이라고 평판된 것은 사실 눈부신 악덕에 불과했다.[40] 쾌락과 낮은 차원의 욕구충족을 포기한 점에 있어서 로마인들은 어떤 보상을 받을 자격이 있다. 신은 로마가 다른 모든 민족들에 대한 지배권을 주장하도록 허락했을 때 이러한 보상을 수여했던 것이다.[41] 따라서 문명화된 세계의 끝까지 정복을 확장했을 때 로마는 로마의 가장 깊은 열망을 충족시키고 전 세계의 지배라는 대단히 세속적인 야망에 함축된 목표를 달성할 수 있었다. 그러나 논의는 여기서 중

단된다. 오래된 그리고 그 당시 여전히 강력했던 기독교적 변론의 전통에 반대하여 아우구스티누스는 로마 제국이 구원의 섭리(the economy of salvation)에서 특별한 역할을 할당받았다는 것과, 전 세계가 하나의 정부와 법에 소속하도록 편입시킴으로써 진정하고도 보편적 종교인 기독교를 위한 길을 희미하게나마 준비했다는 것을 명백히 인정하려고 하지 않았다.[42]

로마에 대항한 아우구스티누스의 논쟁은 옛 로마의 위대한 광경에 깊이 인상받은 사람으로부터 나왔기 때문에 더욱 놀라운 것이다. 리비우스(Livy)의 스케볼라스(Scaevolas), 스키피오스(Scipios), 레굴루스(Regulus)와 파브리쿠스(Fabricus)의 영예로운 행동들에 대한 숙고는 여전히 그의 상상력을 고무했고, 그는 그들의 공적들을 이야기하면서 특별한 즐거움을 얻었다.[43] 다른 기준에 의하면 이러한 공적들은 칭송할 만하지만 그것은 기억하는 사람들의 마음 속에 어떤 서글픔을 일깨우는, 그러나 기독교가 단호하게 파산을 선고한 과거에 속한다. 옳음의 태양인 그리스도의 출현은 고대세계의 가장 찬란한 횃불들의 빛을 잃게 했으며, 그의 출현은 이교도 영웅이 활동할 수 있는 무대를 영원히 제거했다. 진정한 영웅주의는 기독교적 영웅주의이며, 기독교적 영웅주의는 더 이상 똑같은 형태의 영웅주의가 아니다. 기독교적 영웅주의의 새로움은 우리의 "영웅들"이 영웅들이라기보다는 "순교자들" 또는 증언자들이라고 불린다는 사실에 의해 입증된다.[44] 그러므로 가장 고결한 로마인들의 업적은 단지 두 가지 목적에 봉사할 뿐이다 : 그것들은 인간의 욕망의 깊이와 함께 어떤 순수한 인간적 업적의 하루살이적 성격과 궁극적으로 자기파괴적인 성격을 드러낸다. 그리고 그것은 만약 로마인들이 세속적 이익을 위하여 그러한 역경을 겪으려 한다면 그들은 영원한 보상을 위하여 훨씬 더

큰 희생도 할 준비가 되어 있음을 기독교인들에게 일깨운다.[45]

아우구스티누스는 이교도적 미덕에 대해 강력한 공격을 가함으로써 다른 누구보다도 기독교 세계에서 이루어진 로마에 대한 비방의 책임을 져야 한다. 왜냐하면 그의 논지는 로마 정치에 대한 기독교 세계의 모든 논의에서 표본이 되었기 때문이다. 그의 업적의 중요성은 로마의 사가들, 특히 리비우스에 의해 정교화된 로마의 영원한 위대성이라는 이미지에 사로잡혀 있던 정치가들과 정치저술가들의 정신에 거의 단독으로 로마에 대한 새로운 이미지를 부과했다는 것이다. 르네상스가 도래해서야 비로소 우리는 『신의 도시』의 대중적이며 집요한 고발 하에서 이교도 로마와 그 두드러진 생활양식을 재포착하려는 신선한 시도를 발견하게 된다.

2. 일신론과 시민종교의 문제

아우구스티누스에 따르면, 고전적 설계가 인간을 덕 있게 만들지 못하고 그 자신의 기준에 의해 확증되지 못한 진정한 이유는 비종교적이기 때문이 아니라 본질적으로 그릇된 신성(神性)의 개념과 결합되었기 때문이다. 이러한 오류는 이교도의 다신론(多神論)에서 가장 잘 드러난다. 『신의 도시』 제1부 전체를 포함하면 아우구스티누스가 시민사회의 주제에 관해 썼던 많은 것들은 사실상 이교도 신화의 길고도 자세한 비판 이상이 아니다.

바로(Varro)를 좇아 아우구스티누스는 모든 이교도 신학을 세 개의 기본 형태로 나눈다 : 신화적인 것, 자연적 또는 철학적인 것, 그리고 시민적 또는 정치적인 것.[46] 신화신학은 시인들의 신학이다. 그것은 대중에 직접적으로 호소하며, 많은 신들과 여신들은 인간이 이승생활에서 그들로부터 얻기를 구하는 세속적 재화들 또는 물질적 이로움을 위해 숭배된다. 자연신학은 철학자의 신학이며, 유일신적이다. 그것은 진정한 신관(神觀)에 의존하며, 그만큼 신화신학이나 시민신학보다 상당히 우월하다. 그러나 그것은 소수의 재능 있고 학식 있는 개인들을 제외한 모든 사람들에게 접근 불가능한 것으로 남으며, 따라서 사회 전체에 유익한 영향을 끼치는 것이 불가능하다. 시민신학은 이름이 지시하는 것처럼 도시의 공인신학(公認神學)이다. 그것은 다신론적이라는 점에서 자연신학과 다르며, 이승이 아니라 저승에서의 삶을 위해 이교도 신들의 숭배를 명한다는 점에서 신화신학과도 다르다. 그것은 모든 시민들, 특히 성직자들이 알아서 운영해야 할 신학이다. 그것은 각인(各人)이 적절히 섬겨야 할 신 또는 신들, 성스러운 의식들, 그리고 그가 적절히 수행해야 할 희생들을 가르친다. 비록 시민신학이 그릇된 신들의 숭배를 강요하지만 그럼에도 불구하고 신화신학보다는 견딜 만하다. 왜냐하면 시민신학은 육체의 선보다는 영혼의 선에 관련되며, 정치적 미덕의 발전을 두둔함으로써 인간을 더 선하게 만들려고 열망하기 때문이다.

로마 시민신학의 가장 권위 있는 해설가인 아우구스티누스가 키케로를 인용하여 가장 예리하고 학식 있는 인물로서 언급한 사람은 바로(Varro)이다.[47] 아우구스티누스는 바로를 바로 자신과는 반대로 시민신학의 부적절함을 증명하는 증인으로 사용한다. 바로는 시민신학을 그것이 옳기 때문이 아니라 유용하기 때문에 옹호했다. 바로 자신은 시민신학을 받아들이지 않았으며, 시민신학의 신들을 진지하게 다루지 않았다. 그는 시민신학과 자연신학을 명백히 구별했다는 사실로 그의 입장을 암시했다. 똑같은 결론이 인간적인 사물을 신적인 사물보다 먼저 다루는 그의 『고대의 풍습』(*Antiquities*)에 대한 분석에서 산출된다. 이러한 배열을 채택함으로써 바로는 도시의 신들이 인간과 독립적으로 존재하는 것이 아니라 신들 자체가 인간 정신의 산물이라는 점을 이해시켰다. 아우구스티누스는 이것이 바로 저작의 비밀이라고 말한다. 이와 같이 교묘한 방법으로 바로는 오류가 진리보다 앞선다고 주장하지 않았음을 나타냈다. 만약 그가 인성(人性)에 우선하는 것으로 간주되었던 진정으로 신적인 것들 또는 온전한 그대로의 신성(神性)을 다루려 했다면 그는 그 순서를 뒤집는 데 주저하지 않았을 것이다. 사실 바로는 단지 인간들의 제도보다 인간들에 대한, 또는 그의 용어로는 그림보다 화가에 대한 칭송할 만한 선호를 표현했을 뿐이었다.[48]

이 문제에서 바로의 견해는 다른 이교도 철학자들의 견해, 특히 세네카의 견해와 다르지 않다. 철학이 그를 자유롭게 만들었기 때문에 세네카는 자신의 저작에서 시민신학을 공격하는 것을 삼가지 않았다. 그러나 바로처럼 그는 신성한 의식들과 교의(敎義)들을 계속해서 존중하는 척 가장했다. 항상 말로 그런 것은 아니었으면서도 행동으로는 시민신학의 규범에 순응함으로써 그는 자신이 신에 즐거움을 주는 것이 아니라 법이 명령하는 바를 행하고 있다는 사실을 완전히 이해하고 있음을 보여주었다. 그는 바로와 마찬가지로 그가 경멸한 것을 수행해야 하는, 또는 그가 비난하는 것을 숭배해야 하는 어려운 입장을 취해야만 했다.[49]

바로는 세네카보다 그의 말에 있어서 더 보호받았다. 왜소한 정신들의 허약함에 대한 고결한 존중으로 인해 그는 시민신학을 직접적으로 비판하지 않았으며, 시민신학의 신화신학과의 유사성을 제시함으로써 시민신학의 비난할 만한 성격을 드러내는 데 만족했다.[50] 시민신학에 대한 그의 논의는 그 자체가 시민적이거나 정치적이다.[51] 그의 논의는 세네카가 했던 것 이상으로 그 자신을 대중들의 억견과 편견에 동반시켜야 할 실천적 필요성, 또는 그에 상당하는 정도로 전적으로 이성이나 자연에 기반한 정치질서 수립의 실천적 불가능성을 고려한다. 바로가 신도시(新都市)를 수립할 수 있었더라면 그는 자연에 따라 저술했을 것이다. 그러나 구도시(舊都市)를 다루고 있었기 때문에 그는 단지 구도시의 관습을 따를 수 있을 뿐이었다.[52] 자연과 관행 간의 절충 결과인 그의 시민신학은 대부분의 인간들에게 너무 적은 것을 요구하는 신화신학과 대부분의 인간들에게 너무 많은 것을 요구하는 자연신학 간의 중간 입장을 취한다고 말할 수 있다.[53] 바로의 시민신학의 수준은 시민으로서의 시민의 수준이며, 신의 은총 없이도 가능한 가장 높은 정도의 미덕을 대다수 시민들로 하여금 얻을 수 있도록 하는 유일하게 실행 가능한 수단을 나타낸다.

만약 바로가 외견상 로마의 시민신학을 존경해야 할 어쩔 수 없는 실천적 또는 정치적 이유들을 갖고 있었다면, 그는 그가 자유롭게 비판한 신성의 가치가 없으며 인간 존엄성과 양립 불가능한 것으로 거부한 로마의 신화신학 또는 시인신학을 그렇게 혐오하지 않았을 것이다. 신들에 관한 거짓말을 설파하고 신들의 행위를 꼴사납고 천하게 묘사함으로써 시인들은 신들을 향한 부정을 범했을 뿐만 아니라 인간들 사이에서의 똑같은 부도덕성을 부채질했고, 그들의 예법을 타락시키는 데 누구보다도 기여했다.[54] 바로 자신이 모든 질서정연한 도시로부터 시인들을 추방하라고 요구하는 철학자들에게 전적으로 동의했다. 불행히도 그가 관계했던 도시는 결코 완전하지 못했다. 도시의 중심에 시인들이 현존하는 것은 견딜 만했을 뿐만 아니라 도시는 현실적으로 시인들에게 의존하여 생존했다. 시인들은 시민사회의 산물이자 창조자이다. 그들이 가르친 도덕성은 옛 도덕성과 동일하지도 완전히 다르지도 않다.[55] 그들의 신화가 시민신학의 신화와 중복되는 한 그것은 도시의 통합부문으로 간주되어야 한다. 최종 분석에서 그것은 똑같은 허위를 안고 있으며, 그 허위를 영속화시킨다.

대단히 역설적이지만 신화신학은 종종 전통 신앙들을 충실히 반영할 때만큼 전통 신앙들로부터 결별했을 때에도 도시에 도움이 되는 것으로 입증된다. 시인들은 공중(公衆)을 즐겁게 하며 공중의 비위를 맞추는 데 탁월하다. 그들의 우화의 대상은 대부분 유용한 것들 또는 고결한 것들에 반대하는 즐거움이다. 그 정도로 그들의 작품은 진지한 일의 영역보다는 유희의 영역에 속한다. 대부분의 사람들이 그들의 작품으로부터 취하는 사적이고도 대리적인 즐거움은 정치생활의 불가피한 단점들을 보상하도록 도우며, 정치생활이 발생시키는 긴장들로부터 유익한 해방을 제공한다. 그럼에도 불구하고 모든 외관들과는 반대로 시인들은 혁명가가 아니다. 그들의 혁신조차 시민사회의 안정에 우회적 방법으로 기여한다는 점에서 그들의 행동은 철저히 보수적이다. 도시가 그러한 서비스 없이 지낼 수 없다는 단순한 사실이 도시 자체의 한계와 도시의 문제를 순수한 인간적 수단으로 해결할 수 없다는 도시의 철저한 무능력의 심화된 증거로서 간주될 수도 있다.

시민신학은 신화신학에 유사할 뿐만 아니라 이성을 공유하는 점에서 자연신학에도 근접한다. 많은 시민신학의 가르침들은 어떤 진정한 철학적 진리의 민중적 또는 전(前)철학적 표현으로 간주될 수 있다.[56] 그것들은 종종 자연의 견지에서 정당화될 수 있으며, 사실상 이교도 철학자들의 방식으로 설명되어 왔다. 예를 들면 신들의 지배자인 쥬피터(Jupiter)를 사회적 미덕의 여왕인 정의에 대한 사적 동의어로 간주되는 것을 막는 것은 전혀 없다. 그러나 이러한 해석에는 분명한 한계가 있다. 이교도 신화는 그 공인된 형태에서조차 결코 완전히 합리화될 수 없다. 그러한 까닭으로 민중의 정신에 대한 그것의 지배력은 과학의 진보, 즉 필연적이지만 항상 이로운 것은 아닌 지식의 전파에 의해 약화된다. 그럴 듯한 거짓말에 기초를 두고 있었기 때문에 그것은 영속적으로 스스로를 유지할 수 없었다. 그러한 관점에서 볼 때 다신론은 시민사회에 필요한 동시에 시민사회의 고도의 발전과는 모순되는 것처럼 보인다. 사회의 가치는 지식인의 선을 증진시키는 능력에 의해 평가된다고 말함으로써 다소 다른 용어로 그러한 주장을 표현할 수 있을 것이다. 그러나 사회가 그러한 목적의 달성에 성공하는 만큼 사회 자신의 토대를 파괴한다. 여기에 이교적 구상의 오류가 있다. 기독교에 의한 외부적 영향에 의해서가 아니라 내적 필연성에 의해 이교도 도시의 조야한 다신론은 조만간 일신론으로 스스로를 변형시킴으로써 순화되어야 한다.

위에서 언급한 것으로부터 아우구스티누스가 아무런 유보 없이 자연신학자들의 일신주의적 교의를 채택했다고 추론해서는 안 된다. 우선 한 예를 든다면 이교도 철학자들이 동일한 신성(divinity)의 개념을 모두 공유했던 것은 아니다. 바로를 포함한 그들 중 일부는 인간의 영혼 또는 영혼의 이성적 부분을 신성과 동일시했고, 따라서 인간을 신의 노예로 만들지 않는 대신 신으로 전환시켰다.[57] 그러한 교의는 피조물을 창조주와 혼동하는 것이며, 인간 정신의 변덕이 지고한 존재의 절대적 완전성과 유화(宥和)될 수 없는 한 합리적 관점에서 큰 이의를 제기할 수 있다. 신과 영혼을 또는 창조주와 그의 창조물을 분명하게 구분하는 철학자들만이 신에 관한 진리에 도달할 수 있다. 그들 중 가장 뛰어난 인물이 플라톤이었다.[58] 어떻게 플라톤이 이러한 인식에 도달했는가는 열려 있는 문제이다. 아우구스티누스는 바울이 이교도들 사이에서 진정한 신의 인식 가능성을 인정한다고 말함으로써 이 문제를 남겨놓는다.[59] 철학자들이 때때로 신에 관한 그들의 가르침에서 잘못을 범한다는 사실과는 별도로 여전히 그들을 기독교로부터 분리시키는 하나의 중요한 요소가 있는데, 그것은 그들이 그리스도를 매개자와 구세주로 받아들이기를 거부한다는 점이다. 독립된 인식의 추구자로서 철학자는 근본적으로 긍지를 갖고 있으며, 그 자신이 아닌 누구의 구원에도 의존하기를 거부한다. 그의 전 노력을 끝까지 숙고해 보면 자기 칭송과 자기 찬미에 의해 유발된다.[60] 그러한 기초 위에서 철학자가 기독교로부터 가장 가까이 있는 사람인 동시에 기독교로부터 가장 멀리 떨어져 있는 사람이라고 말하는 것은 아마도 진실일 것이다.

3. 두 도시와 종교 및 정치의 이분법

아우구스티누스의 이교도 종교에 대한 공격은 시민사회 문제에 대한 가장 두드러진 공헌으로 여겨지는 두 도시의 교의에서 절정에 이른다. 우리가 아는 바와 같이 인류는 많은 도시들과 민족들로 분류되며, 각각의 도시와 민족은 그것의 법, 관습, 의식, 언어, 일반적 생활양식에 의해 다른 모든 도시들 또는 민족들과 분명히 다르다. 그러나 더욱 근본적으로 성서는 모든 시대의 모든 사람들에 속하는 단 두 종류의 사회로, 즉 신의 도시(the city of God)와 세속의 도시(the earthly city)로 구분한다.[61] 그러나 이 사회들이 도시들이라고 불리우는 것은 단지 유추에 의해서일 뿐이다. 신의 도시는 하나의 독립된 도시가 아니다. 이 독립된 도시란 다른 도시들과 이웃하거나 유대의 신정 및 콘스탄틴의 세속 군주와 그의 추종자들의 방식을 본떠 특정한 신법에 기초한다. 신의 도시와 세속 도시는 둘 다 개별적 도시들의 경계를 초월하여 펼쳐져 있으며, 어떤 특정 도시나 왕국과 같은 것은 아니다.[62] 둘 사이의 구별은 기독교적 미덕이 진정한 미덕이라는 사실을 시사한다. 또 그 구별은 미덕과 악덕 간의 구별과 일치한다. 한 인간이 신의 도시의 성원이냐 세속 도시의 성원이냐를 확정짓는 것은 그가 자신의 것으로 주장할 인종이나 민족이 아니라 그가 추구하는, 그가 궁극적으로 그의 모든 행위를 충족시키는 목적이다.[63] 신의 도시는 그리스도의 추종자들과 진정한 신의 숭배자들의 공동체와 다르지 않다. 그 도시는 전적으로 신적인 인간들로 구성되며, 그 도시의 전체적 삶은 신의 말씀에 경건하게 묵종하는 삶으로 묘사될 수 있다. 그 도시에서, 그 도시에서만 진정한 정의가 발견될 것이다. 그 도시의 유형이 천상(天上)에 있고 그 도시의 완전한 상태가 사후(死後)에만 성취되기 때문에 신의 도시는 때때로 천상의 도시(the heavenly city)라고 불리운다. 그러나 그리스도를 신봉함으로써 사람들이 진정한 미덕의 삶에 이끌릴 가능성을 갖는 한, 그 도시는 이미 지상 위에 존재한다. 똑같은 이유로 그 도시는 사고와 언어에서만 존재하는 플라톤의 이상 도시(ideal city)와 혼동되어서는 안 된다.

천상의 도시와는 대조적으로 지상의 도시는 자기애(self-love)에 의해 이끌리며 성서가 육신(flesh)이라고 부르는 것을 좇아 살아간다.[64] 오늘날의 맥락에서 "육신"이라는 용어는 좁은 의미로, 즉 단지 육체와 육체적 쾌락만을 언급하는 것으로만 이해되지 않는다. 성서적 용법에서 육신은 자연적 인간과 동의어이며, 그것의 최고 목적이 신에 의해 명령되지 않은 모든 인간의 행위들과 욕망들을 포함한다. 그것은 최고의 선을 쾌락에만 두는 주색가뿐만 아니라 악덕에 빠진 모든 사람들, 심지어 지혜에 대한 추구가 진리에 대한 사랑에 의해서가 아니라 그릇된 자기애에 의해 활성화되는 현명한 사람에게조차 적용된다. 가장 광의의, 가장 포괄적 의미에서 지상의 도시는 완전한 독립과 자기 충족의 애정에 의해 특징지워지며,[65] 신에 대한 복종(미덕들의 어머니이며 수호신)[66]과 경건한 순종의 삶에 반명제로서 스스로를 나타낸다. 그 도시의 조상은 회개하지 않아 속죄받지 못한 카인이며, 그 도시의 신에 대한 거역은 아담이 자기 방식으로 처음 신의 명령을 거역했을 때 범했던 불복종의 죄를 되풀이한다.[67]

비록 아우구스티누스는 때때로 신의 도시를 교회와 등치시키지만,[68] 공식적으로 가시적 교회의 성원인 모든 사람이 그 도시에 속하지 않는다는 것은 그의 다른 진술들 중 일부에서 분명하다. 반면에 기독교 신앙을 갖지 않은 많은 사람들이 비록 자신들은 모르고 있으나 똑같이 거룩한 도시의 성원들이다. 현실적으로 진리와 미덕의 추구에 헌신했던 사람들은 누구나 암묵적으로 신의 도시의 시민이며, 마찬가지로 악덕을 위하여 미덕을 포기한 사람은 누구나 그 도시로부터 배제된다. 더욱이 추상적인 방식으로 구별하는 것을 제외하면 그 두 도시를 구별하려는 인간의 시도는 어떤 것이든지 인간이 진정으로 미덕을 갖추었는지의 여부를 아는 것이 궁극적으로 불가능하다는 사실에 의해 조심스럽게 행해진다. 다른 사람들의 행위를 관찰하고 이야기할 수 있으나 그것을 진행시키는 내면적 정수에 도달할 수는 없다.[69] 미덕에 속하는 행위를 수행하는 사람조차 그의 동기의 본질에 관해 쉽게 유혹받을 수 있는 한, 그가 어느 정도까지 미덕으로부터 행위하고 있는지를 절대적 확실성을 가지고 결정할 수 있는 방식은 없다. 이러한 동기들은 단지 그가 이렇게 하도록 선택했다면 드러날 수 있는 인간의 마음의 비밀에 속하는 것이 아니라, 행위자 자신을 포함한 모든 사람에게 모호하게 남는 마음의 비밀스러운 의도에 속하기 때문이다. 따라서 이러한 삶에서 두 도시는 함께 자라도록 허락되며, 분리되기까지는 추수의 시간을 기다려야만 하는 곡식과 가라지의 비유처럼 불가피하게 혼합된 모든 실천적 목적들을 위하여 존재한다.[70]

모든 사람들, 심지어 가장 사악한 사람들조차 열망하는 평화와 행복에 도달할 어떤 가능성을 갖는 것은 신의 도시의 성원으로서, 그리고 정치영역을 초월하는 질서와의 관계에 의해서라는 사실이 남는다.[71] 이것은 신의 도시가 시민사회에 대한 필요성을 제거해 왔음을 의미하지는 않는다. 신의 도시의 목적은 시민사회와 대치하는 것이 아니라, 시민사회에 의해 제공된 이익들을 초월하여 시민사회를 이끌 수 있는 어떤 목적보다 더 높은 목적을 달성하는 수단을 제공함으로써 시민사회를 보충하는 것이다. 시민사회 그 자체는 인간들이 여기 지상에서 필요로 하며, 영혼의 선을 증진시키기 위한 도구로 사용될 수 있는 세속적 · 물질적 재화들을 확보하고 운영한다는 점에서 여전히 필수불가결하다.[72] 그러므로 신의 도시의 시민권이 세속적 사회에서의 시민권을 폐기하는 것이 아니라 오히려 그것을 보존하고 보충한다. 아우구스티누스의 전형적인 입장은 정확하게 한 인간이 시민사회의 틀 안에서, 그리고 시민사회의 규범에 따라 세속적 삶을 질서화시키는 것이 중단되지 않고 신의 도시의 성원으로 가입되는 이중 시민권이다. 이러한 입장은 도시의 사법권을 배제하며 인간 생활의 본질적 부분을 더 높은 권위에 유예하는 한에 있어서 고전적 전통으로부터의 이탈을 나타내지만, 인간의 삶의 문제에 대한 해결책을 제공할 것을 요구하는 한에 있어서는 이교도 철학자들이 찾으려 했으나 허사가 되었던 그러한 전통의 연장이자 실현으로 보여질 수 있다.

아우구스티누스의 교회 권위 영역과 도시 권위 영역 간의 예리한 구분은 그것들의 관계의 일반적 문제를 야기시키는 동시에 그것들 간의 갈등의 가능성을 시사한다. 최상의 경우에 그 갈등은 기독교적 지혜와 정치권력의 일치에 의해 해결된다. 이것은 기독교인이 관직에 진출하여 기독교의 원칙에 따라 시민들의 공동선을 위해서 그의 권위를 행사할 때 획득되는 상황이다. 그것은 기독교 군주들의 투영으로 읽힐 수 있는 『신의 도시』 제5권 24장에서 아우구스티누스에 의해 명백히 그려진다.[73] 그러한 상황은 기독교 문명에 입각해 도시의 동일성을 회복하도록 이끌며, 인간의 영적·일시적 복락의 관점으로부터 명백히 바람직스러운 것이다. 그러나 그것이 발생할 것이라는 보장은 결코 없으며, 발생한다 하더라도 오랜 시간 동안 지속될 것이라는 보장은 전혀 없다. 아우구스티누스 저작들의 어느 곳에서도 그는 영적 권력과 세속적 권력 간의 명확한 유화(宥和)를 통해 지상에서 신의 도시가 영원히 승리할 것이라는 기대를 하지 않았다.

영적 영역과 세속적 영역 그리고 각각의 사법권 영역을 분리시키고 규정하는 폭넓은 진술들을 넘어서는, 소위 아우구스티누스의 원칙들의 기초 위에서 뒤이어 수세기 동안 정교화된 교회의 국가에 대한 이론은 아우구스티누스에서 발견되지 않는다. 세계 내에서의 교회의 실존이 지극히 우연하고 예견 불가능한 상황이었으므로 아우구스티누스가 이 두 사회 간의 관계의 본질을 가장 일반적인 방식을 제외한 다른 어떤 방식으로 표출될 가능성을 심각하게 숙고했는지는 의문의 여지가 있다.

그러나 그가 명확히 견지했던 입장과 그것의 역사적 중요성 때문에 언급될 가치가 있는 하나의 논점, 즉 이단자들(heretics)과 분리주의자들

(schismatics)을 제압하기 위한 세속 군대에의 호소가 존재한다. 이것은 그 기원이 3세기로 소급되며, 4세기 대부분의 기간에 걸쳐 북아프리카에서 교회를 마비시킨 도나티스트 논쟁이었다. 아우구스티누스는 이단들을 기독교의 품으로 돌아오도록 보장하는 적절한 수단으로서 설득을 옹호하는 것으로 시작된다. 그리고 처음에는 순수 교회의 문제로 여길 수 있었던 것에 어떠한 세속권력 부문의 개입도 확고히 반대했다. 특히 분리주의가 토착 아프리카 주민들 사이에서 로마의 지배권에 대한 끊이지 않는 분노로 인해 선동된 민족주의 운동으로 잠시 후 급속히 성장하는 양상을 띠게 되었을 때 이래로 질서가 곧 회복되려면 발본책(拔本策)들이 필요하게 되었다. 도나티스트 특유의 다루기 어려움과 그들의 계속적 선동, 그리고 그들이 자주 호소했던 테러리즘의 방식들이 그들을 종교적 통일성에 있어서 뿐만 아니라 북아프리카 영지들의 사회적 안정을 계속해서 위협하는 세력으로 만들었다. 마지못해 그리고 다른 모든 수단들이 사라진 후 아우구스티누스는 그 문제를 지방 도시당국에 넘겨버리는 것에 동의했다. 무력의 사용을 허가하는 그의 결정은 다분히 신학적 논쟁보다는 그 사건의 정치적 성격에 의해 지배받았던 것처럼 보인다. 이러한 결정을 함에 있어서 아우구스티누스는 아무도 그 자신의 의지에 반하여 신앙을 받아들이도록 강제되어서는 안 된다는 그의 신념을 주장했다. 그는 조심스럽게 기꺼이 분리주의를 받아들인 도나티스트와 좋은 신앙으로 진리를 찾으려 하나 도나티스트 부모로부터 태어났기 때문에 도나티스트가 된 사람들을 구별했다.[74] 더욱이 그는 위반자들을 처벌함에 있어서 지나친 엄격성을 버리라고 주의시켰고, 자신의 잘못을 버리도록 설득될 수 있는 사람들을 위해 벌칙이 약화되어야 한다고 규정했다. 불행히도 그의 행동은 결과적으로 예견했던 것을 지나치게 넘어선 선례가

되었다. 그에게는 단지 필요성 때문에, 또는 기껏해야 특정한 상황에 대처하기 위한 응급조치에 불과했던 것이 후에 교회의 이단들과 비신자들에 대한 보복을 정당화시키는 일반원칙으로 발동되었다. 정황이 그러하다면 아우구스티누스는 도덕적 기준의 부당한 고양에 의해 조장된 비인간성의 주요한 예로 간주되는, 그리고 근대의 전 기간을 통해 교회에 퍼부어진 주요한 비난들 중 하나의 대상이 되었던 중세의 종교재판에 대한 부분적 책임이 있다고 할 것이다.

4. 기독교와 애국심

순수한 정치적 이유로 시민사회의 문제에 대한 아우구스티누스의 해결책은 아우구스티누스 자신이 충분히 인식했고 그가 반복해서 싸워야만 했던 하나의 주요한 반대에 노출되었다. 기독교는 인간을 더 선하게 만들 수 있다는 능력의 우월성을 주장해 왔고, 비신자의 시각에서는 그러한 주장을 의심할 수 있다. 그러나 공정한 관찰자에게는 기독교가 이교도 정치철학이 실패했던 곳에서 성공했는지 또는 기독교의 보급이 인간사의 현저한 개선을 수반했는지는 결코 분명하지 않다. 어느 쪽인가 하면 일단 박해를 받다 그후 묵인된 기독교가 테오도시우스 황제 하에서 제국의 공인 종교로 되었는데도 불구하고 내·외부로부터 로마에 만연했던 사회적·정치적 무질서가 감소하기보다는 증가했다. 아우구스티누스는 "그리스도가 오신 이래 인간사의 정황은 그 이전보다 더욱 악화되어 왔고 현재 인간사보다 과거 인간사가 더 유복했다는 것은 사실이 아닌가?"라고 묻는다.[75] 로마의 전통적 예배의식과 관례로부터 어떠한 실질적 일탈도 조만간 제국에 유해한 것으로 증명될 것이라고 주장한

시마쿠스(Symmachus)에 의해 주도된 이교도 분파의 반대를 무릅쓰고 그라티안(Gratian)이 원로원에서 승리의 제단(Altar of Victory)을 제거하라고 명한 382년에 이미 기독교인들과 이교도들 사이에서 공개적 충돌이 일어났다. 알라족과 고트족에 의해 410년 로마가 함락된 것은 그 전체 문제를 극적인 절정에 이르게 했다. 기독교인들은 신속히 그 재앙에 대해 비난을 받았으며, 기독교가 사회의 복지에 유해하다는 옛 혐의는 이교도 주민 사이에서 폭넓은 조류를 이루었다. 아우구스티누스가 『신의 도시』를 쓰고자 했던 것은 바로 이러한 고발에 답하기 위한 것이었다.[76] 그러한 주장에 따르면 로마의 위대함은 로마 신들의 은총 때문이다. 신종교를 위해 이러한 신들을 버림으로써 로마는 신들의 분노를 초래했고, 신들의 보호를 그 자신으로부터 제거했다는 것이다.

이렇듯 거칠게 말해졌을 때 그 주장은 로마의 전 역사가 끝없는 전쟁과 내분에 의해 특징지워졌다는 것과 이러한 사회악들은 기독교 이전에도 있었으므로 기독교의 책임으로 돌리는 것은 불합리하다는 것을 보여줌으로써 역공을 받을 수 있다. 그러나 기독교에 반대하는 이러한 통속적 논쟁이 그 성격에 있어서 종교적이라기보다는 정치적인 진정한 문제를 부분적으로 드러내고 있음은 명백하다. 수호신들에 대한 공동의 믿음의 배후에는 기독교가 도시 미덕의 쇠퇴를 초래했다는 심각한 주장이 깔려 있으며, 모든 건전한 이성의 출현으로 적어도 기독교가 제국의 정치적 운수의 쇠퇴에 대해 간접적으로 책임이 있다는 주장을 할 수 있었다. "더 높고 더 고결한 나라"[77]에의 봉사에 인간들을 편입시킴으로써 기독교는 도시를 분열시켰으며, 시민들의 충성에 대한 도시의 무조건적 요청을 약화시켰다. 기독교가 신도들에게 부과한 이중 시민권은 필연적으로 전체 정치질서의 평가절하 및 도시와 도시의 정체(政體)에 전적으로 헌신하는 것을 불가능하게 하지는 않았다 해도 더욱 어렵게 만들었다. 아우구스티누스 자신이 언급한 것처럼 "금방 써버리고 끝날 인간의 생활에 관한 한 치자(治者)들이 인간에게 불신앙과 죄악을 강요하지 않는다면 누구의 지배 하에서 죽을 것인가가 뭐 그리 중요하겠는가?"[78] 더욱 나쁜 것은 새로운 신앙의 가장 특징적인 가르침들의 많은 부분에서 신성한 의무와 시민의 권리가 공공연히 갈등하는 것처럼 보였다. 원수를 사랑하라고 요구하는 가르침은 물론 모든 인간들의 형제애 및 신 앞에 평등의 교리는 일견 도시의 군사력을 약화시키고 도시로부터 외부의 적에 대한 방어의 가장 강력한 수단을 빼앗는 것으로 보이기 쉬웠다. 아우구스티누스 당대의 사람들에게 그러한 위험은 결코 망상이 아니었다. 기독교와 국가에의 충성을 유화시킬 수 없다는 분명하고도 비극적인 사태를 직시하고 아우구스티누스 동료들 중 일부는 신앙으로 인도된 후에도 오랫동안 세례를 거부했다.[79]

물론 인간의 행복을 충실한 시민적 삶보다 이론적 또는 철학적 삶에 두는 고전철학에서는 순수하게 정치적인 것이 평가절하되었다고 지적될 수 있다. 그러나 철학은 선천적 엘리트에게 전해지는 것이지 모든 사람들에게 전해지는 것은 아니다. 바로 그러한 본질에 의하여 철학은 소수의 가문 좋고 잘 교육된 천성(天性)들의 영역에 머물도록 운명지워졌다. 따라서 기독교처럼 똑같은 의미에서 철학이 정치세력으로 되거나 또는 도시의 생활에 직접적이며 즉각적인 영향을 끼칠 위험성은 거의 없다.

이러한 일반적 반론에 대한 아우구스티누스의 답변은 유형상 성서로부터 추론된 주장과 철학 원전들로부터 추론된 주장을 혼합시킨 것이다. 실질적으로 그의 답변은 기독교가 애국심을 파괴하는 것이 아니라 애국심을 종교적 의무로 만듦으로써 오히려 강화시킨다는 것이다. 구약성서의 예언자들과 신약성서의 기록자들은 도시의 권력과 도시의 법에 복종을 명한다는 점에서 같다. 성 바울이 이 점에 대하여 계속해서 언급하고 있는 로마서 13장에서 설교했던 것처럼, 시민사회는 악덕에 대한 치유책으로서 신이 정하신 바이고 죄의 세계의 한가운데에서 자비의 도구로 신이 사용한 것이기 때문에 이러한 법을 거역하는 것은 신 자신의 법령에 도전하는 것이다. 이러할진대 신의 헌신을 시민적 책임을 회피하거나 세속적 지배자들에의 복종을 거부하는 이유로 정당하게 주장할 수는 없다. 사실 기독교는 인간의 모든 행위들과 의견들을 지배하며 인간이 그 아래에서 살아야 하는 인간법을 대치시키도록 요구된 신이 계시한 법으로서보다는 먼저 신앙으로 이해되어야 한다. 기독교는 어떤 정치체제와도 양립이 가능하며, 세속적인 문제들에 있어서 같은 도시에 사는 다른 시민들에게 기독교적 생활방식을 강요하지 않는다. 기독교의 보편성은 가장 다양한 관습들과 관행들에 어려움 없이 그 자신을 순응시킬 수 있다는 점이다. 기독교가 반대하는 유일한 관행들은 이성 그 자체를 악하고 비도덕적인 것으로 비난하는 것들이다. 이러한 관행들을 비판하고 기독교 신도들에게 삼갈 것을 역설함으로써 기독교는 현실적으로 도시의 최상의 관심사에 봉사한다. 시민사회의 본질적 한계에 관한 기독교의 판단은 이교도 철학자와 마찬가지로 시민사회의 폐지를 포함하지 않는다. 명백한 불완전함에도 불구하고 시민사회는 여전히 인간이 소유한 가장 위대한 종류의 선이다. 시민사회의 목표는 기독교인들 역시 추구하는 지상의 평화이거나 또는 지상의 평화여야 한다. 이러한 공동의 목표를 추구하면서 기독교인들과 비기독교인들은 한 도시의 시민들로서 결합하고 함께 살 수 있다.[80]

더욱이 진정으로 말한다면 애국심의 평가절하는 기독교가 신도들에게 더 높은 정도의 도덕성과 미덕을 요구하고 종종 그것들을 획득하게 한다는 사실에 의해 충분히 보장될 수 있다. 따라서 기독교는 도시들과 민족들의 쇠망의 진정한 원인인 악덕과 타락에 대응하도록 돕는다.

> 그리스도의 교의가 공영체의 안녕과 양립 불가능하다고 말하는 사람들로 하여금 우리에게 그리스도의 교의가 요구하는 바로 그러한 일군의 군대를 갖추게끔 해보자. 기독교가 인간이라면 마땅히 그러해야 함을 가르치는 그러한 백성들, 남편들과 아내들, 부모들과 아이들, 주인들과 노예들, 왕들, 재판관들, 괜찮다면 납세자들과 세리들까지도 우리에게 갖추게끔 해보자. 그리고 나서 그들에게 기독교가 공영체의 복지에 불리하다고 말할 수 있는지 두고 보자. 아니, 그들이 교의가 준수된다면 공영체가 구원된다는 것을 시인하는 데 더 이상 주저하지 않게끔 하자.[81]

끝으로 무조건적으로 기독교가 군대의 용맹에 대한 경멸을 조장한다고 단언하는 것은 공정치 못하다. 신약성서는 군인들에게 무기를 버리라고 명하기보다는 오히려 그들의 옳음과 미덕을 찬양한다.[82] 악을 선으로 갚으라는 계율은 외면적 행위들에 관련된 것이라기보다는 이 행위들이 수행되도록 하는 내면적 성향에 관련된 것이다. 그 계율은 전쟁이 치러져야만 한다면 전쟁은 자비로운 목적을 갖고 지나친 가혹함 없이 수행될 것임을 보증하려 한다. 인간은 언제든지 동료들을 가장 이롭게 하는 것을 하도록 강제된다. 어떤 경우에 있어서는 벌칙보다 용서에 의해 평화와 악행자들의 교화가 더 잘, 더 완벽하게 달성된다. 반면에 다른 경우 불의가 자유롭게 횡행하도록 하고 범죄가 처벌받지 않게끔 하는 것은 단지 범죄자들을 그릇된 방식으로 비준해 줄 뿐이다.[83] 기독교가 비난하는 것은 전쟁이 아니라 폭력에 대한 열광, 복수심에 가득 찬 잔혹성, 맹렬하고 누그러지지 않는 증오심, 거친 저항, 권력욕과 같은 전쟁의 악덕들이다. 이러한 악덕들에 굴복함으로써 인간은 적이 그들로부터 취할 수 있는 어떤 지상의 재화보다 더 소중한 재화를 잃었다. 그것은 선한 자들의 수를 증가시키지 못한 채 단지 악한 자들의 수를 증가시킬 뿐이다.[84] 따라서 정의로운 전쟁은 용인되나 필연적으로 평화를 위해서만 수행되야 한다. 그러한 전쟁을 치르려는 결정은 전체 공동체의 행복을 맡고 있는 군주나 지배자에게 달려 있다. 말단 군인의 의무는 명령에 복종하는 것이다. 군인 자신은 명령이 정의로운지 정의롭지 못한지가 분명하지 않은 경우에 자행될 수 있는 범죄에 대해 책임이 없다.[85]

비록 아우구스티누스가 모든 사람이 똑같은 신앙을 공유한다면 인간 사이의 다툼은 덜할 것임에 동의했지만,[86] 그는 결코 전 세계 평화를 이승의 삶에서 획득할 수 있는 목표로 간주하지는 않았다. 또한 그는 이 문제에 대해 유일신론으로부터 모든 인간이 단일 세계사회를 형성하기 위해 정치적으로 통합되어야 한다는 결론을 이끌어내지도 않았다. 그 문제를 명백히 다루고 있는 문장은 다만 이웃과 화합하여 소도시들과 소왕국들이 병존하는 곳에서 인류의 미덕에 가장 이바지하고 가장 행복한 조건을 나타낼 뿐이다.[87] 그러나 조건조차 결코 충분히 또는 영구적으로 실현되지는 못할 것이다. 인간이 전쟁을 좋아하든 싫어하든 전쟁은 불가피하다. 악한 자들은 그들이 원하기 때문에 정의로운 자들과 전쟁을 치르며 정의로운 자들은 해야만 하기 때문에 악한 자들과 전쟁을 치른다. 어떠한 경우에도 독립 도시들과 소왕국들은 결국 약육강식의 정복을 통해 수립된 거대한 왕국에 굴복한다. 실제로 소망될 수 있는 최상의 것은 정의로운 원인이 부정한 원인에 승리할 것이라는 점이다. 왜냐하면 악행자들이 번영하여 그들의 번영을 선한 자들을 억압하기 위해 사용하는 것보다 악행자 자신을 포함한 모든 사람들에게 더 해로운 것은 없기 때문이다.[88]

그 결과에 대한 아우구스티누스의 언급은 이교도를 향한 비판이라기보다는 동료 종교학자들과 어떤 경우에는 그의 제자들을 향한 것이다. 그 당시 많은 저명한 기독교 저술가들—유세비우스(Eusebius), 암브로즈(Ambrose), 프루덴티우스(Prudentius), 오로시우스(Orosius)—은 자구적 또는 세속적 의미에서 어떤 구약성서의 예언을 해석했고, 기독교의 길조들 하에서, 그리고 모든 인간을 진정한 신의 숭배에 통합시키는 기독교의 세계 종교로서의 출현의 결과로서 유례 없는 평화와 번영의 시대를 예견했다. 이들 저술가들의 일부는 다소 자의적으로 정한 10가지 기독교 박해를 애굽의 10가지 재앙에 계속해서 비유했고, 이 유사성으로부터 성서에서 언급된 종말의 시기의 대박해에 이르기까지는 교회가 더 이상 유사한 곤경을 감내하지 않을 것임을 추론했다. 최선의 두 세계가 기독교인들에게 약속되었다. 제안된 해석에 따르면 기독교는 천국에서의 영원한 행복이라는 전망을 제시할 뿐만 아니라, 이 지상에서의 인간의 가장 심각한 문제에 대한 해답을 제공하기 때문이다.

아우구스티누스는 이 모든 해석들이 착상은 좋지만 성서에 입각하지 않았으며 성서의 가르침에 반하는 것으로 보아 기각시켰다.[89] 그는 인간의 기술과 산업이 시간이 흐름에 따라 "놀랍고도 굉장한 진보"를 할 것을 부인하지 않았으나 재빨리 이러한 물질적·지적 진보에 따라 도덕적 선이 반드시 증대하지는 않는다고 덧붙였다. 왜냐하면 이러한 발명들이 인간을 이롭게 해왔다면 마찬가지로 인간을 파괴시키는 데도 사용될 수 있기 때문이다.[90] 그는 더 나아가 시간이 지남에 따라 악덕이 사라지거나 심지어 감소할 것이라는 견해에조차 공공연히 반대한다. 전능한 존재인 신은 물론 모든 악덕을 제거할 수 있지만 인류를 위한 더 큰 선을 상실하지 않고는 불가능하다. 그 자신의 방식으로 신이 허용한 악덕은 인간의 정신적 진보에 기여한다. 그것은 정의로운 자들에 대한 시험이자 악한 자들에 대한 처벌로서 기능한다. 마찬가지로 그것은 신이 인간의 선행결과로 생기는 물질적 이득에 의해서가 아니라 그 자체로 경외될 것임을 보증한다. 인간의 내면과 외면으로부터 이러한 악덕을 극복할 필요성을 인간에 부과함으로써 그것은 인간이 더 높은 수준의 미덕과 도덕적 완성에 도달하는 것을 가능케 한다.[91]

더 일반적으로 인간 존재의 악덕은 그 자체가 신이 인간에게서 추구하는 종합적 계획의 한 부분이다. 그것이 합리적이라고 말할 수 있는 정도로, 그러나 그것의 합리성은 인간 이성을 능가한다.[92] 역사가 순환하는 것이 아니라 일직선의 과정을 취한다는, 역사가 이미 설정된 목표를 향해 연속적 단계들을 통해 진보한다는, 그리고 그리스도의 출현으로 역사가 그 최종적 국면을 시작한다는[93] 성서에 기록된 단순한 사실을 초월하여 인간에게 일어나는 사건들의 내적 의미나 목적을 드러내는 것은 거의 없거나 전혀 없다. 지상의 관찰자에게는 이 사건들이 일단 발생한 것조차도 근본적 모호성을 담고 있다. 총체적으로 숙고할 때 지상사회에서의 삶은 규정된 목적을 향한 질서정연한 진보로서가 아니라 두 도시들이 지상세계에서 구원의 보장 없이 성공과 실패의 혼합된 성격을 갖고서 그들의 지상의 존재를 소진시키는 단순한 과정으로서 나타난다.[94] 왜냐하면 "천국에서만이 우리가 지상에서 찾는 것을 약속받기 때문이다."[95]

아우구스티누스가 이해한 것처럼 기독교는 실로 인간 사회 문제의 해결책을 제공한다. 그러나 그 해결책은 인간 사회 안에서, 인간 사회를 통해서 획득되거나 획득 가능한 것은 아니다. 고전철학자들의 해결책처럼 비록 방식은 달라도 기독교적 해결책은 본질적으로 초정치적(transpolitical)으로 남는다.

■■■ Ernest L. Fortin / 신춘범 번역

❖ 주 ❖

1_ *Epist* 120.1, 3 ; *Sermo* 43.3, 4를 참조하라.

2_ *De Doctr Christ* II 60–61 ; *De Div Quaest* 53.2를 참조하라 ; *Confessions* VII 9, 15.

3_ *On Free Will* I 2, 4 ; I 3, 6 ; II 2, 6 ; *Sermo* 43.7, 9.

4_ *Epist* 120.1, 4를 참조하라 ; *De Gen. ad Litt* I 41.

5_ *City of God* VIII 4 ; *Contra Acad* II 4, 10 ; II 10, 24 ; III 7, 14 ; III 17, 37 ; III 20, 43 ; *Epist* 118.3, 16, 20 ; 118.4, 33.

6_ *De Ordine* II 5, 17 ; *Ibid.*, 1.11, 31을 참조하라.

7_ *De Doctr. Christ* IV 9, 23을 참조하라 ; *Epist* 137.1, 3과 5, 18 ; *Epist* 118.1 외 여러 곳.

8_ *Epist*, 1.1.

9_ *Contra Mend* X 23 ; *De Mend* X 17을 참조하라.

10_ *City of God* VIII 4 ; VIII 5 ; VIII 9를 참조하라.

11_ *De Vera Relig* IV 6–7과 *Contra Acad* III 17, 37에 비교해 보라.

12_ *City of God* XIX 13.

13_ *Ibid.*, XIX 21 ; II 21을 참조하라.

14_ *Epist* 91.3–4를 참조하라.

15_ *City of God* XIX 24.

16_ *City of God* XIX 21을 참조하라 ; *Contra Faust. Man* XXII 27.

17_ *City of God* XIX 15를 참조하라.

18_ *Epist* 137.5, 17.

19_ *On Free Will* I 6, 15.

20_ *Ibid.*, 1.15, 31 ; *De Vera Relig* XXX 58을 참조하라.

21_ *On Free Will* I 5, 11.

22_ *Ibid.*, I 6, 14–15.

23_ *Ibid.*, I 7, 16.

24_ *Ibid.*, I 5, 12.

25_ *Ibid.*, I 5, 12.

26_ *Ibid.*, I 15, 32 ; *Epist* 153.6, 26 ; *Sermo* 50.2, 4를 참조하라.

27_ *En. in Psal* 57.2를 참조하라.

28_ *City of God* XIX 6을 참조하라.

29_ *On Free Will* I 3, 8.

30_ *Ibid.*, I 5, 13.

31_ *City of God* V 9와 10을 참조하라.

32_ *Ibid.*, V 9.

33_ *Ibid.*, XII 6–8을 참조하라.

34_ *Ibid.*, V 10.

35_ *Ibid.*, V 12를 참조하라.

36_ *Ibid.*, IV 4.

37_ *Ibid.*, II 21.

38_ *Ibid.*, XIX 24 ; II 21을 참조하라.

39_ *Ibid.*, V 13과 14.

40_ *Ibid.*, V 12 ; XIX 25를 참조하라.

41_ *Ibid.*, V 15.

42_ *Ibid.*, XVIII 22.

43_ *Ibid.*, II 29를 참조하라.

44_ *Ibid.*, X 21 ; V 14를 참조하라.

45_ *Ibid.*, V 16–18을 참조하라 ; *Epist* 138.3, 17.

46_ *City of God* VI 5 ; *Ibid.*, IV 27을 참조하라.

47_ *Ibid.*, IV 1 ; IV 31 ; VI 2 ; VI 6 ; VI 8 ; VI 9 ; VII 28.

48_ *Ibid* VI 4.

49_ *Ibid.*, VI 10.

50_ *Ibid.*, VI 7 ; VI 8 ; VI 10.

51_ *Ibid.*, III 4 ; VI 2 ; VII 17 ; VII 23.

52_ *Ibid.*, VI 4 ; IV 31과 VI 2를 참조하라.

53_ *Ibid.*, VI 6.

54_ *Ibid.*, VI 7.

55_ *Ibid.*, VI 8.

56_ *Ibid.*, VI 8 ; *Epist* 91.5를 참조하라.

57_ *City of God* IV 31 ; VII 5 ; VII 6 ; VIII 1 ; VIII 5.

58_ *Ibid.*, VIII 4 ; VIII 10–12.

59_ *Ibid.*, VIII 12 ; XVIII 41을 참조하라.

60_ *Ibid.*, V 20 ; *Epist* 155.1, 2를 참조하라.

61_ *City of God* XIV 1 ; XIV 4.

62_ *Ibid.*, XVIII 2 ; XX 11.

63_ *Ibid.*, XIV 28 ; *De Gen. ad Litt*, XI 15를 참조하라.

64_ *City of God*, XIV 2와 4를 참조하라.

65_ *Ibid.*, XIV 13과 15.

66_ *Ibid.*, XIV 12.

67_ *Ibid.*, XIV 14.

68_ 예를 들면 *City of God* VIII 24 ; XIII 16, XVI 2.

69_ *De Ordine* II 10, 29를 참조하라.

70_ *City of God* XX 9 ; *Ibid.*, I 35 참조 ; XI 1 ; VI 49 ; *Ad Donat. post Coll*, VIII 11 ; *Contra Duas Epist. Petil*, II 21, 46.

71_ *City of God* XIX 12를 참조하라.

72_ *Ibid.*, XIX 17.

73_ *City of God*의 V 19 또한 보라.

74_ *Contra Duas Epist.* Petil, II 83, 184 ; *Epist*, 43.1, 1.

75_ *En in Psal.* 136.9.

76_ *Retractationes* II 43, 1을 참조하라 ; *City of God* I 1.

77_ *Epist* 91. 1.

78_ *City of God*, V 17.

79_ *Epist*, 151.14와 136.2를 참조하라.

80_ *City of God* XIX 17 ; XV 4.

81_ *Epist* 138.2, 15 ; *Epist* 137.5, 20과 *Epist* 91.3을 참조하라.

82_ *Epist* 189.4 ; *Contra Faust. Man*, XXII 75.

83_ *Epist* 138.2, 13–14를 참조하라.

84_ *Contra Faust Man* XXII 74 ; *Epist* 138.2, 12.

85_ *Contra Faust Man* XXII 75.

86_ *Epist* 189.5.

87_ *City of God* IV 15.

88_ *Ibid.*, IV 3 ; XIX 7.

89_ *Ibid.*, XVIII 52.

90_ *Ibid.*, XVIII 24.

91_ *Ibid.*, I 29 ; XXII 22와 23.

92_ *Ibid.*, XII 11–21을 참조하라.

93_ *De Catech. Rud* XXII 39 ; *DeGen. contra Man* I 23–24 ; *City of God* XXII 30 *in fine*를 참조하라.

94_ Firmus에게 보낸 아우구스티누스의 편지를 보라. C. Lambot, ed., *Revue* Benedictine 51 (1939), p. 212. 또한 *City of God*, XV 21 ; XIX 5 ; *Retractationes* II 43.2.

95_ *En in Psal* 48.6.

❖ Readings ❖

A. St. Augustine, *The City of God.* Trans. Marcus Dods. New York : Modern Library, 1950. Bk XIX.

St. Augustine, *Letters* 91 and 138. Ph. Schaff, ed., *A Select Library of the Nicene and Post-Nicene Fathers of the Christian Church*, I : *The Confessions and Letters of St. Augustine.* Grand Rapids : Eerdmans, 1956.

B. St. Augustine, *The City of God*, Bks II 21–22 ; IV–VIII ; XIV 1–4 ; 11–15 ; 28.

St. Augustine, *On Free Will.* Trans. John H. S. Burleigh. *The Library of Christian Classics*, Vol. VI : *Augustine, Earlier Writings.* Philadelphia : The Westminster Press, 1953. Bk I.

알파라비

Alfarabi_870-950년경

알파라비는 고전 정치철학과 이슬람교를 연결시켜 가능한 한 조화시키고자 한 최초의 철학자였다. 이슬람교는 예언자이며 동시에 입법자인 마호메트를 통해 신법(divine law)의 형태로 계시된 종교였다. 또한 이슬람교는 그 추종자들을 정치적 공동체로 조직하고, 어떻게 행동할 것인가에 대한 원칙과 구체적 법칙뿐만 아니라 믿음까지 제공해 준 종교였다. 키케로와 달리 알파라비는 고전 정치철학을 전혀 다른 문화권에 소개해야 하는 문제에 직면해 이를 해결해야 했다. 또한 아우구스티누스와 달리 알파라비는 고전 정치철학이 도전받지 않은 채 적용될 수 있었던 비교적 자유로운 세속적 삶의 영역을 갖지 못했으며, 인간의 전체 삶에 대한 정치철학의 주장과 종교적 주장의 상호 갈등 문제에 직면하여 이를 해결해야 했다.

알파라비는 고전적 전통을 회복시켜 그것이 계시종교에 의해 제공된 새로운 맥락 속에서 이해될 수 있도록 한 점에서 정치철학사에서 중요한 위치를 차지한다. 그의 가장 잘 알려진 저작들은 정치체제와 정치생활을 통해 행복을 얻는 것과 관계된 정치적 저작들이다. 그 저작들은 새로운 관점 하에서 철학과 이슬람교 사이의 조화문제를 제시해 준다. 그것은 특히 플라톤이 이해한 것과 같은 종류의 최선의 정체와 이슬람교 신법 사이의 관계에 관한 것이다. 이슬람 철학에서 알파라비가 차지하는 위치는 철학과 도시의 관계에 주된 관심이 있다는 점에서 그리스 철학의 소크라테스나 플라톤의 위치와 상응한다. 알파라비는 정치적 현상과 종교적 현상을 이해하고 연구하는 데 철학적 접근법을 사용하는 전통을 수립했으며, 이러한 전통은 그를 통해 플라톤과 아리스토텔레스에까지 닿아 있다. 또한 그의 저작들은 아비케나(Avicenna), 아베로에스(Averroes), 마이모니데스(Maimonides) 등에게 영향을 주었다. 그들은 알파라비를 아리스토텔레스 다음 가는 "두 번째 스승"으로 찬미했다. 알파라비는 자신의 권위가 고대 철학자들의 권위에 따라 존경받은 고대 이후의 유일한 사상가였다.

1. 신학과 정치학

이슬람교의 근본적 특징들과 고전 정치철학, 특히 플라톤의 『법률』(*Laws*)에 나타나는 선한 정체 사이에는 주목할 만한 유사한 점들이 상당수 있다. 이슬람교와 고전 정치철학은 양자 모두 입법의 궁극적 근원을 신으로부터 찾고 신적 존재와 자연세계에 대한 올바른 믿음을 선한 정치체제를 구성하는 데 근본적인 것으로 간주한다. 양자 모두에게 있어서 이러한 믿음은 우주에 대한 적절한 모습을 반영하고 신적 사물에 관한 진리와 세계의 최고 원칙들에 관한 진리를 시민들이 이해할 수 있는 형태로 자유로이 접근할 수 있게 해주며, 덕행을 행하는 데 도움이 되고 궁극적 행복을 획득하는 데 필요한 조건의 일부를 형성한다. 양자 모두 정치적 공동체의 설립자인 동시에 입법자인 사람의 기능과 그후 정치적 공동체의 지도력을 계승한 사람의 기능이 그 공동체를 조직하고 보존하는 데 절대적으로 중요하다고 본다. 또한 양자 모두 신법이 어떻게 주어지고 어떻게 보존되는가에 관심을 가지며, 양자 모두 마음이나 영혼이 육체로부터 연유한다거나 혹은 그 자체가 육체적이라는 견해—이 견해는 인간의 덕성과 공동체적 삶을 훼손시키는 견해이다—에 반대하고, 인간이 받아들여야 하는 믿음과 인간이 수행해야 하는 행동의 이성적 의미를 이해할 수 없을 것이라는 소심한 경건함을 반대한다. 양자 모두 세속적인 관심을 넘어서 시민들의 눈을 행복에 직접 돌리게 한다. 마지막으로 양자 모두 법률가들의 기술과 기독교 옹호론자들의 기술을 정치적 공동체 설립자의 의도와 그의 법의 의도를 보존하고 공격으로부터 막아주는 부차적 위치로 연결시킨다.[1]

알파라비의 중요한 정치적 저작들[『덕성스런 도시』(*The Virtuous City*), 『덕성스런 종교』(*The Virtuous Religion*), 『정치체제』(*The Political Regime*)]은 이슬람교와 고전 정치철학이 만나는 곳이다. 이 저작들에서 양자 사이의 차이와 갈등은 배제되고 유사점들이 강조된다. 유사점을 강조함으로써, 그리고 이슬람교와 철학을 서로 상대방 쪽에 발을 딛도록 자극하고 심지어 강요함으로써 알파라비는 양자의 공통요소를 가시화시키려 하며, 이슬람교 독자들로 하여금 고전 정치철학의 특징을 이해하도록 자극 내지 지도하려 한다. 이러한 의도는 무엇보다도 그의 저작들의 문체와 구성방식에서 잘 드러난다. 문체상으로 그 저작들은 철학 논문만큼이나 법전과도 유사하다. 그 저작들은 주로 신의 속성, 세계의 질서, 세계 속에서의 인간의 위치, 그리고 어떻게 좋은 사회가 조직되고 이끌어져야 하는지에 관한 실질적 진술들로 이루어져 있다. 플라톤의 『법률』(*Laws*)과 『코란』(*Koran*)의 공통된 양식에 따라 많은 진술들 앞에 머리말이 놓여 있다. 이 머리말은 통치자의 행동을 규제하고 시민들의 믿음과 행동을 규정하기 위한 건전한 법을 알리는 길을 제시해 준다. 이 저작들은 엄밀한 의미의 철학 논문도 아니고 정치 논문도 아니며 특별한 법률 공포문도 아니지만 선한 정치체제를 구성하는 계획을 마련하는 데 기초가 되고 실제 유용한 방식으로 제시된 철학적 · 정치적 탐구들의 결과를 포함한다. 세계에 대한 올바른 견해를 자유로이 받아들이고 덕성을 증진시키며 궁극적 행복으로 이끄는 법에 복종하고 있는 이슬람 독자들은 이미 그 저작들의 형식이나 의도를 이해할 수 있었다. 그러나 그 저작들은 또한 고전 정치철학의 의도에 따르고 있다. 시민들이 이해할 수 있는 용어로 세계에 대한 이성적이고 설득력 있는 설명을 목표로 하고 있다는 점에서 그 저작들은 계시법(revealed law)에 의해 규정된 믿음과 행동을 손상시키지 않고 오히려 그것을 보존하고 설명하는 이성적 이해를 할 수 있도록 하는 한 중요한 실천적 작업을 한 것이며, 그와 같은 이성적 이해를 할 수 있는 방향을 제시하는 한 예비적 작업을 한 것이다.

알파라비의 정치적 저작들은 이슬람의 정치 저술에 있어서 새로운 장르를 형성한다. 알파라비는 습관적으로 주의를 기울여 코란이나 마호메트 그리고 특히 이슬람의 종교적 문제들을 직접 인용하거나 설명 혹은 언급하는 것을 신중하게 삼간다. 그러나 알파라비의 저작들이 독자들에게 주는 첫인상은 분명하다. 저자의 의도는 동료 종교인들, 그리고 실제로 모든 계시종교의 종교인들로 하여금 그들의 신법과 고전 정치철학의 실제 의도 사이에 존재하는 넓은 조화의 광장을 볼 수 있도록 하는 것이다. 독자들은 이제 그들의 신법 속에서 고대의 가장 현명한 사람의 가르침이 실제적으로 완성되는 것을 볼 수 있다. 독자들은 자신의 믿음과 행동을 방어하려는 제한된 목적이나 혹은 이성적 이해는 계시나 신법의 보다 높은 권위 앞에서 무력하다는 것을 인식하는 부정적 목적을 위해서 뿐만 아니라, 맹신자들의 노예국가를 극복하고 계시와 신법의 비밀스러운 의도를 꿰뚫으려는 목적을 위해서도 이러한 철학자들의 연구에 의존할 수 있다. 독자들은 가장 존경할 만한 인류 지혜의 전통을 이해함으로써 자신의 종교적 지혜를 이해하기 위해 자신을 계몽시킨다. 알파라비는 그의 저작들 속에서 플라톤과 아리스토텔레스의 저작 연구에 대한 새로운 접근 가능성을 제공해 준다. 또한 알파라비는 독자들에게 플라톤과 아리스토텔레스를 이슬람의 믿음과 덕성을 손상시키는 외래 전통의 창시자로, 즉 이슬람 사람들이 그것을 반박하고 싸우려는 관점에서만 연구해야 하는 전통의 창시자로 간주해서는 안 된다고 일깨운다. 이러한 전통은 그리스인들에게 뿐만 아니라 이슬람인들에게도 속하며, 이슬람인 자신의 감정과 이성에 가장 근접한 문제들과 관련된 것이기 때문에 그들 자신의 문제로 다루어야 한다고 주장한다. 따라서 독자들은 그들 최고의 정치적·종교적 관심—이것이 그들의 종교와 생활양식의 본질을 구성하고 고대 이교도들로부터 그들을 구별지우며 다른 사회보다 그들이 우월하다는 것을 주장할 수 있는 독자성을 부여한다—에 대한 보다 완전한 이해를 할 수 있다는 희망을 갖게 된다.

2. 덕성스런 체제

알파라비의 정치적 저작들의 주된 주제는 덕성스런 체제(virtuous regime)이다. 이 체제의 지도원칙은 인간의 탁월성 혹은 덕성을 실현하는 정치질서의 확립이다. 알파라비는 인간이 자신의 특별한 품성, 자신의 완성을 구성하는 것, 그리고 자신의 완성을 이룰 수 있는 방법을 이해하고자 하기 때문에 다른 자연적 존재나 신적 존재와 구별되는 한 인문학 혹은 정치학을 인간에 대한 연구로 인식한다. 다른 동물들과 달리 인간은 자신에 내재하는 자연적 원칙만을 통해서 완성되는 것은 아니다. 또한 신적 존재와 달리 인간은 영원히 완전한 것에 의해서가 아니라 이성에 의해서 제시된 여러 대안들 중에서 이성적 이해와 숙고, 그리고 선택으로 이루어진 행동을 통해 완성을 성취할 필요가 있다. 이성적으로 알 수 있고 그것에 따라 선택할 힘이 있다는 것이 인간의 첫 번째 혹은 자연적 완성이다. 이것은 인간이 태어날 때부터 갖고 있는 완성이지 인간이 선택한 것이 아니다. 더욱이 이성과 이성에 따른 선택은 인간의 목적 혹은 인간의 성격상 가능한 궁극적 완성을 실현하는 데 사용하기 위해 인간에게 내재되어 있다. 이 궁극적 완성은 인간에게 가능한 최고의 행복과 일치한다. "행복은 스스로 욕구되어지는 선이다. 행복은 그것을 통해 다른 어느 것을 얻으려는 것이 결코 아니다. 인간이 얻을 수 있는 것 중에서 행복보다 더 위대한 것은 없다."[2]

그러나 행복은 인간이 알아야 하고 완성에 도달하는 데 유용하거나 안내해 주는 어떤 지시된 행동—육체적이든 지적이든—을 먼저 수행해야만 얻어질 수 있다. 따라서 고결한 행동과 비천한 행동의 차이는 인간의 완성과 행복에 유용한 것이냐 아니면 방해하는 것이냐에 달려 있다. 어떤 행동을 잘, 쉽게, 그리고 정연히 하기 위해서는 그러한 행동을 가능하게 해주는 관습들의 특성을 형성하고 발전시켜야 한다. "이러한 고결한 행동을 일으키는 특성의 형태와 상태는 덕성이다. 덕성은 그 자체를 위한 선이 아니라 단지 행복을 위한 선이다."[3] 덕성과 악덕의 차이는 고결한 행동과 비천한 행동의 차이일 뿐만 아니라 인간의 완성과 행복이 무엇인지 아는 것을 전제한다.

덕성스런 체제란 덕성스럽고 고결한 행동을 수행하고 행복을 얻으려는 목적 하에 인간이 서로 협동하는 체제로 정의할 수 있다. 인간의 궁극적 완성, 고결한 것과 비천한 것의 차이와 덕성과 악덕의 차이를 아는 것, 그리고 이런 것을 가르치고 배우고 행복을 얻는 데 유용한 고결한 행동을 일으키는 덕성스런 성격의 형성 및 상태를 개발하려는 통치자와 시민들의 조화된 노력이 존재하느냐의 여부로 덕성스런 체제는 구별된다.

행복을 얻는다는 것은 인간에게 특별한 영혼의 힘, 즉 이성의 완성을 의미한다. 행복을 얻기 위해서는 저급한 욕구들이 자신에 적합한 역할을 수행하기 위해 이성과 협조하고 이성을 도울 수 있도록 훈련될 필요가 있으며, 또한 최고 기술과 과학을 얻는 것이 필요하다. 이러한 훈련과 배움의 과정은 최고의 천부적 재능을 갖고 있고 필수적인 덕성들이 발전되고 고결한 행동이 이루어지는 조건 하에서 운좋게 살 수 있었던 아주 드문 몇몇 사람에 의해서만 달성될 수 있다. 나머지 사람들은 이러한 완성의 어느 정도만 이룰 수 있을 뿐이다. 그들이 이룰 수 있는 완성의 정도는 그들이 살고 있는 정치체제와 그들이 받은 교육의 종류에 의해 결정적으로 영향받는다. 그럼에도 불구하고 덕성스런 체제의 모든 시민들은 세계, 인간, 정치생활에 대한 어떤 공동의 개념을 갖고 있어야 한다. 그러나 그 지식의 성격은 다를 수 있으며, 완성을 이루고 행복을 얻는 정도에 있어서도 다를 수 있다. 덕성스런 체제의 모든 시민들은 크게 세 가지 등급으로 분류된다 : (1) 논증된 증명과 자신의 통찰력에 의해서 사물의 특성을 아는 현인이나 철학자들, (2) 철학자들이 제시한 논증에 의해 사물의 성격을 아는 현인이나 철학자의 추종자들, (3) 나머지 사람들, 즉 시민으로서의 자신의 지위에 의존하면서 적절한 혹은 그렇지 못한 비유의 수단에 의해 사물을 아는 다수의 사람들. 이러한 등급들은 시민의 교육을 조직하고 그들에게 특별한 의무를 부과하며 법을 제정하고 전쟁에서 명령을 내리는 통치자에 의해 배열되어야 한다. 통치자는 설득과 강요를 수단으로 하여 모든 사람들이 자신에게 가능한 덕성을 개발하도록 노력하고, 시민들은 위계질서 속에 자리잡도록 함으로써 그 결과 시민들은 각 등급에 가능하며 그 위의 등급에 봉사하는 완전함을 얻을 수 있다. 덕성스런 도시는 이와 같이 구성되어 있기 때문에 우주와 전적으로 유사하고 시민들은 행복을 얻기 위해 서로 협동한다.

덕성스런 체제는 비세습적 군주제 혹은 귀족제이다. 덕성스런 체제는 지위에 따라 집단으로 나누어 최선의 사람들이 통치하고 나머지 시민들은 통치를 받다가 차례가 되면 통치를 받던 사람들이 통치하여, 결국 통치를 하던 사람들이 통치만 받는 최하의 집단에 다다르게 되는 체제이다. 시민들의 지위에 관한 유일한 평가기준은 자신에게 가능하며, 체제에 참여하고 법에 복종함으로써 개발될 수 있는 덕성의 성격이다. 덕성스런 체제 그 자체와 마찬가지로 덕성스런 체제의 시민들도 덕성스럽다. 왜냐하면 첫째로, 덕성스런 체제의 시민들은 신적 존재와 자연적 존재, 인간의 완성과 행복에 대한 앎을 바르게 비유할 수 있거나 혹은 그렇게 할 수 있는 사람을 따르기 때문이다. 둘째로, 덕성스런 체제의 시민들의 성격은 행복에 도움이 되는 행동을 하도록 형성되어서 이러한 앎에 일치해 행동하기 때문이다.

일단 덕성스런 체제의 주요 특징이 분명해지면 다른 체제의 주요 특징이나 분류를 이해하는 것은 비교적 간단하다. 알파라비는 다음과 같이 크게 세 가지 유형으로 나눈다. (1) 시민들이 신적 존재와 자연적 존재 혹은 완성과 행복에 대해 전혀 알 기회가 없는 체제인데, 이것은 **무지**의 체제(ignorant regime)이다. 이 체제의 시민들은 진정한 행복을 전적으로 망각한 상태에서 좋든 나쁘든 보다 저급한 목적을 추구한다. (2) 시민들이 위의 것에 관해 알기는 하지만 그 요구사항에 따라 행동하지 못하는 체제인데, 이것은 **사악한** 혹은 **비도덕적** 체제(wicked or immoral regime)이다. 이 체제의 시민들은 덕성스런 체제의 시민들과 같은 견해를 갖고 있지만 욕구에 지배되어 이성적 부분에 봉사하지 못하고 무지의 체제에서 추구하는 저급한 목적을 역시 추구한다. (3) 시민들이 위의 것에 관해 어떤 견해를 갖고 있으되 그 견해가 **잘못되고** 타락한 의견인 체제, 즉 사실은 그렇지 않은데 어떤 것을 신적·자연적 존재로 혹은 어떤 것을 완성과 행복으로 간주하는 체제이다. 이곳의 시민들에게 제시된 비유는 결과적으로 잘못되고 타락한 것이며, 따라서 거기에 규정된 행동 역시 잘못되고 타락되었다. 이것은 미혹된 혹은 그릇된 체제(erring regime)이다. 이곳의 시민들은 진정한 앎이나 올바른 비유를 갖지 못하고 무지의 체제의 저급한 목표를 추구한다. 그릇된 체제는 이렇게 이루어진다. 이것은 "그 최고 통치자가 사실은 그렇지 않은데도 불구하고 계시를 받았다는 환상을 갖고 그것에 관해 속이고 그릇된 설명을 하는"[4] 체제이다. 그러나 그릇된 체제는 본래 덕성스런 체제였는데 거짓되고 타락한 견해와 행동을 통하여 그렇게 바뀌었을 수도 있다.

이와 같은 종류의 모든 체제들은 덕성스런 체제에 반대된다. 왜냐하면 이것들은 진정한 앎에 인도하는 원칙과 덕성 혹은 행복에 도움이 되는 행동을 유도하는 성격을 형성하지 못하기 때문이다. 알파라비는 위에서 언급한 유형들을 그 주된 목표에 따라 여섯 가지로 더 세분화시킨다. (1) **필요**의 체제(the regime of necessity or *indispensible* regime). 이곳 시민들의 목표는 단순히 생활필수품을 획득하는 데 한정된다. (2) 비열한 체제 혹은 과두정(vile regime or oligarchy). 이곳 시민들의 궁극적 목표는 자신을 위한 부와 번영을 이루는 것이다. (3) **비천한** 체제(base regime). 이곳 시민들의 목표는 감각적·상상적 기쁨을 즐기는 것이다. (4) **명예**의 체제 혹은 명예정(the regime of honor of timocracy). 이곳 시민들의 목표는 타인들로부터 명예를 얻고 찬미받으며 또한 영광을 얻는 것이다. (5) **지배**의 체제 혹은 참주정(the regime of domination or tyranny). 이곳 시민들은 타인보다 권력을 더 갖고 타인을 종속시키는 것을 목표로 한다. (6) **자치적 결사**체제 혹은 민주정(the regime of corporate association or democracy). 이곳 시민들의 목표는 그들이 원하는 것을 자유롭게 하는 것이다.

3. 철인왕과 예언자-입법가

신학과 정치학을 연결시키는 것은 신적 존재와 세계의 원칙들에 관한 건전한 믿음의 정치적 중요성을 강조하는 것이다. 우리는 이 문제에 있어서 이슬람교와 고전 정치철학이 일치하는 것을 보았다. 이슬람인들은 신적인 것에 대한 진리가 마호메트에게 계시되었다고 믿기 때문에 자신들의 정치체제를 독특한 정치적 공동체로서 일차적으로 정당화시킨다. 또한 그들은 마호메트가 계시를 받고 오지 않았다면 이 세상에서, 그리고 다음 세상에서도 복지에 대한 불확실성과 비참함 속에서 계속 살고 있으리라고 믿는다. 플라톤이 왕은 철학자 혹은 철인왕이어야 한다고 주장한 것은 위와 같은 고려 때문이기도 하다. 일단 최선의 체제를 추구하기 위해서 신학과 정치학의 결합이 필요하다면 통치자의 통치술은 예언 또는 철학의 기술과 결합되는 것이 필요하다. 예언자-통치자 혹은 철인-통치자는 최선의 체제를 실현하려는 문제에 해답을 제시해 주는 사람이며, 그들의 기능은 이런 점에서 같다고 볼 수 있다.

알파라비는 상천(上天)의 신적 사물과 그것을 직접적으로 알 수 없는 시민들 사이의 연결 역할을 하는 철인-통치자, 예언자-통치자의 공통 기능을 강조하면서 최고통치자에 대한 논의를 시작한다. 최고통치자는 시민들에게 행복이 무엇인지 알려주고, 시민들이 행복을 얻는 데 필요한 것을 하도록 결정하는 데 도움을 주며, 다른 사람으로부터 전혀 통치받을 필요가 없는 스승이며 안내자이다.[5] 최고통치자는 지식을 소유하고 있으며, 자신을 지도할 다른 사람을 필요로 하지 않고, 해야 할 모든 것을 탁월하게 이해하고 있으며, 타인들에게 그들에 맞는 기능을 수행하도록 만드는 능력이 있고, 타인의 할 일을 규정해 주고 그 일을 행복을 향해 지도해 줄 능력을 갖고 있다. 이러한 자질들을 갖기 위해서는 명백히 최상의 천부적인 재능이 요구되고 또 이성적 능력을 완전히 계발하는 것이 요구된다. [아리스토텔레스의 심리학에 의하면 알파라비와 정치적 저작에서도 보여주고 있듯이 이성적 능력은 능동적 지성(Active Intellect)에 상응하고 "결합됨"으로써 완전해질 수 있다.] 최고통치자는 자신의 이성적 능력을 실현하고 능동적 지성에 부응하는 사람이어야 한다.

> 고대인에 의하면 이 사람은 진정한 군주이다. 그는 계시를 받은 사람 중 하나이다. 왜냐하면 인간은 오직 이런 지위를 얻었을 때, 즉 그와 능동적 지성 사이에 더 이상 매개가 필요없을 때 계시를 받기 때문이다. … 이제 능동적 지성이 제일 원인(신)의 존재로부터 나오기 때문에 제일 원인이 능동적 지성의 매개를 통해 이 사람에게 계시를 해준다. 이와 같은 사람의 통치가 최고 통치이다. 다른 모든 사람의 통치력은 그보다 열등하며, 단지 그것으로부터 비롯될 뿐이다.[6]

이러한 최고통치자는 그 체제의 모든 권력과 지식의 원천이다. 시민들은 최고통치자를 통해서 자신이 무엇을 알아야 하고 해야 하는가를 배운다. 신 또는 세계의 제일 원인이 모든 것을 지도하고, 모든 것은 신에게 향한 것과 마찬가지로 "덕성스런 도시에서도 각 부분들은 최고통치자의 의도에 정연히 좇아야 한다."[7] 최고통치자는 무한한 권력을 소유하고 있으며, 어떤 사람이나 정치체제 혹은 법에 종속될 수 없다. 최고통치자는 이전의 신법을 인정하거나 폐지하고 새로운 신법을 제정할 힘을 갖고 있으며, 또 "그렇게 하는 것이 좋다고 생각되면 이전에 그가 제정했던 법을 다른 것으로 대체할 수 있는"[8] 힘을 갖고 있다. 최고통치자만 이 체제의 모든 등급의 사람들을 정돈하고 그들에게 지위를 나누어 주는 힘을 갖고 있다. 그리고 시민들이 알 필요가 있는 것을 제공해 주는 것은 바로 최고통치자이다.

대부분의 사람들이 이 점을 알게 되는 것은 이성적 인식에 의해서보다 상상적 형태에 의해서이다. 그 이유는 대부분의 사람들이 신적 사물 그 자체를 알 수 없도록 태어났거나 혹은 알 수 있도록 훈련받을 수 없기 때문이며, 그들의 이해능력에 맞고 특정 체제의 구성원으로서의 상황과 경험에 맞게 모방된 것만을 이해할 수 있기 때문이다. 종교란 체제의 설립자가 시민들에게 제공해 준 것으로서 신법의 형태로 된 일련의 상상적 표현이다. 그 신법은 특정 집단의 사람들을 위해 만들어졌으며, 그들이 이성적으로 사물을 파악하지 못하고 신적 존재와 행복, 완성 그 자체가 아니라 그것들의 모방을 믿어야 하는 필요성 때문에 만들어졌다. 체제의 설립자는 행복의 이성적 · 개념적 설명과 신적 원칙들을 소수인에게 보여주어야 할 뿐만 아니라, 다수인에게는 같은 것을 모방의 형태로 적절히 제시해 주어야 한다. 모든 시민들은 설립자가 그들에게 믿도록 한 것을 받아들이고 보존한다. "자신이 인식하는 대로 행복을 추구하고 자신이 인식하는 대로 신의 원칙을 받아들이는 사람들이 **현인들**이다. 한편, 자신의 영혼 속에서 이런 것이 이미지 형태로 구성되고 그것을 있는 그대로 받아들이며 따르는 사람들이 **신도**(信徒)**들**이다."[9]

더욱이 알파라비는 예언자－통치자와 철인－통치자를 동일시한다. 그들은 모두 절대적으로 최고통치자이며, 믿음과 행동을 입법하는 데 있어서 절대적 권위를 갖는다. 양자 모두 이성적 능력의 완성을 위해 절대적 권위를 얻으며, 양자 모두 능동적 지성의 대리인을 통해 신으로부터 계시를 받는다. 그러면 예언자－통치자와 철인－통치자의 다른 점은 무엇인가?

덕성스런 체제의 통치자가 가져야 하는 첫 번째 자질은 신적 사물과 인간적 사물에 대한 특별한 종류의 지식이다. 이를 위해 인간은 세 가지 능력을 갖고 있다. 그것은 감성, 상상력, 이성(이론적 · 실천적 이성 모두)으로 이것들은 이 순서대로 인간에게서 발전한다. 상상력은 세 가지 기능을 갖고 있다 : (1) 상상력은 감성의 대상이 사라진 후 감지할 수 있는 인상들의 저장소로 작용한다. (2) 상상력은 감지할 수 있는 복잡한 이미지를 형성하기 위해 감지할 수 있는 인상들을 결합시킨다. (3) 상상력은 **모방**을 낳는다. 상상력은 감지할 수 있는 인상 혹은 그것들의 어떤 결합을 통해 인간의 욕구, 기질, 열정과 같이 감지할 수 없는 모든 것들을 모방하는 능력을 갖고 있다. 나중에 이성적 능력이 발전하고 인간이 신적 · 자연적 존재의 성격, 본질, 형태를 파악하기 시작할 때 상상의 능력은 이러한 이성적 형태를 받아들이고 모방한다. 즉 상상력은 감지할 수 있는 인상의 형태로 **표현**한다. 이런 점에서 상상력은 이성적 능력에 종속되어 있고, 모방의 원본으로서의 이성적 능력에 의존한다. 상상력으로는 신적 · 자연적 존재의 본질에 직접 접근할 수 없다. 더욱이 상상력이 구성하는 것 모두가 좋은 모방은 아니다 : 어떤 것은 진실에 가깝고, 원본에 접근하며, 또 어떤 것은 열등하고, 또 다른 어떤 것은 매우 틀렸거나 잘못된 모방이다. 마지막으로 오직 원본을 파악할 수 있는 이성적 능력만이 복사본의 진실된 정도와 원본에 얼마나 유사한가의 정도를 판단할 수 있다. 이성적 능력은 신적인 혹은 영적인 존재를 알 수 있는 유일한 능력이다. 모방의 능력에 의해 제공된 복사본이 좋은 혹은 공정한 모방인가를 보증해 주기 위해서는 엄격한 조정을 해야 한다. 이와 같은 상상력이 강력하고 완전해서 다른 모든 능력을 압도하고 신적인 존재의 이미지를 직접 받아들이며 형성하는 것은 매우 드문 경우이다. 이 드문 경우가 바로 예언이다.

> 상상력이 고도의 완전성에 도달했을 때 인간이 능동적 지성을 통해서 [비물질적인] 인지 가능한 것과 다른 모든 고상한 [신성한] 존재를 모방하고 검토하는 것은 불가능하지 않다. 인간이 인지할 수 있는 것을 통해서 인간은 신적 사물에 대한 예언의 힘을 갖게 된다. 그러면 이것은 모방의 힘에 의해, 인간의 상상

력에 의해 도달된 가장 완전한 단계이다.[10]

따라서 예언의 성격을 묘사하기 위해서는 상상력과 이성적 능력을 구별해야 한다. 상상력이 완전하면 예언도 가능하다. 상상력은 이성적 능력이 없어도 되며, 이성적 능력의 매개 없이 직접 신적 존재의 이미지를 받아들일 수 있다. 인간에게는 능동적 지성과 소통할 수 있는 두 가지 힘이 있다. 상상력과 이성적 능력 혹은 지성이다. 인간이 상상력을 통해 능동적 지성과 소통할 때 인간은 "앞으로 일어날 것에 관해 경고하고 현재 일어나고 있는 것에 관해 알려주는 예언자"이다. 한편, 인간이 이성적 능력에 의해 능동적 지성과 소통할 때 인간은 "현인이고, 철학자이며, 완전한 지성을 가진 자이다."[11]

예언자-통치자와 철인-통치자 모두 덕성스런 도시의 최고통치자로서 요구되는 지식을 소유하고 있는 것처럼 보이거나 또는 예언자-통치자는 철학 없이 통치하고 철인-통치자는 예언 없이 통치하는 두 종류의 똑같은 덕성스런 체제가 가능한 것처럼 보일 것이다. 그러나 알파라비는 계발된 이성적 능력을 소유하지 않는 예언자에 의해 통치되는 덕성스런 체제가 가능하다고 여기지 않는다. 예언과 철학의 구별은 심리적이며, 그 구별을 예언의 성질과 철학의 성질을 각각 따로따로 이해하는 데 유용하다. 그러나 최고통치자에게 요구되는 지식의 질을 논할 때 알파라비는 명백히 두 능력의 완전함을 요구한다. 최고통치자는 완전한 예언자나 완전한 철학자가 아니라 "완전한 인간"이다. 철학자의 경우 그가 젊은이들에게 가르치거나 대중에게 제시하기 위해 이성적 · 이론적 지식을 완전하게 모방하지 않는 한 그가 찾는 철학이나 지혜마저도 불완전하게 남아 있다. 이러한 불완전성은 그가 도시를 통치하고 교육하는 임무에 직면했을 때 근본적인 약점이 된다. 철학자 그 자체로서의 자질(즉 도시에서 혹은 도시와 관련되어서 지식의 유용성과 관계없이 이론적 지식에 몰두하는 자로서의 자질)은 통치자로서의 자질로는 부적격이다. 예언자에게 가장 잘 나타나는 상상력 없이 철인-통치자가 될 수 없다.

예언자에 있어서 상상력은 그를 통치자로 적합하게 하는 한편, 상상력의 작용은 이성적 조정의 유익한 점을 갖지 못한다. 예언자는 상상력에 의해 만들어진 모방이 진리와 어느 정도 같은가를 검토하는 기능을 갖고 있지 않다. 그 기능은 오직 이성적 능력만이 할 수 있다. 따라서 덕성스런 도시의 최선의 통치자는 예언자인 동시에 철학자인 통치자이다. 알파라비는 예언자 마호메트가 동시에 철학자였는지는 말하지 않지만 덕성스런 도시의 최고통치자에게는 예언과 철학의 결합 혹은 상상력과 이성적 능력이 동시에 요구된다고 주장한다. 철학이나 지혜는 덕성스런 도시를 지배하는 데 필수불가결하다. "다른 조건이 만족스럽더라도 지혜 없이 통치하면 덕성스런 도시에는 군주가 없는 것과 같다. 이 도시의 통치자는 군주가 아니고, 그 도시는 퇴락에 직면할 것이다. 따라서 그 통치자와 제휴할 현인이 없다면 그 도시는 시간이 지나면 분명히 멸망할 것이다."[12]

4. 법과 살아 있는 지혜

지혜나 철학은 덕성스런 도시의 설립과 생존에 필수불가결한 조건이다. 한편, 예언은 덕성스런 도시의 설립에는 필수불가결하지만 그 생존에는 그렇지 않다. 알파라비는 덕성스런 도시의 최고통치자 혹은 설립자의 자질을 열거할 때 탁월한 이성적 능력과 예언적 능력이 동시에 있어야 한다는 것을 명시하고 있다. 이러한 요구사항은 정치적 공동체로서의 덕성스런 도시의 구성, 즉 덕성스런 도시는 크게 두 개의 집단으로 이루어져 있다는 사실 속에서도 나타난다. 그 두 집단은 다음과 같다 : (1) 철학자 혹은 철학을 이해할 수 있는 사람, 이론과학을 배울 수 있어서 신적 · 자연적 존재의 올바른 특성을 있는 그대로 배울 수 있는 소수의 사람, (2) (천부적 재질을 결여하고 충분히 훈련받을 시간이 없어서) 철학자가 되지 못한 사람, 의견과 설득에 의해 살아가고 있는 사람, 통치자가 그를 위해 비유와 상징을 사용하여 신적 · 자연적 존재들을 모방해 주어야만 하는 다수의 사람.

소수의 사람들은 인간의 행복과 완성의 의미와 인간의 궁극적 목적으로 이끄는 덕행의 이성적 기초나 정당화를 이성적으로 파악할 수 있다. 반면에 다수의 사람들은 그와 같은 이해를 할 수 없다. 다수의 사람들은 설득과 강제에 따라, 또 즉각적이며 가시적인 규정된 보상과 처벌에 따라 행동하도록 교육되어야 한다. 최고통치자는 철학자처럼 자신의 능력으로 소수의 사람들을 가르치고, 예언자의 능력으로 다수의 사람들에게 비유를 제공해 주며 보상과 처벌을 규정한다. 다수의 사람들이 믿고 실천하기 위해서는 예언자는 이러한 비유와 규정을 만들고 시민들은 그것을 올바르고, 고정되어 있으며, 영원한 것으로 받아들여야 한다. 즉 시민들은 자신들이 믿는가 믿지 않는가에 따라, 또 복종하거나 불복종하는가에 따라 규정된 보상과 처벌을 기대해야만 한다. 그러면 예언의 능력은 다수 사람들의 믿음과 행동에 관한 법을 제정하는 데서 최고에 다다를 것이고, 이런 기능을 하는 예언자는 예언자 – 입법가가 된다. 한편, 이성적 능력은 이론과학을 소수 사람들에게 가르치는 데서 정점에 달한다. 알파라비는 플라톤의 『법률』을 요약하면서 덕성스런 소수 사람들에게는 "고정된 행동이나 법이 전혀 필요없다. 그럼에도 불구하고 그들은 행복하다. 법과 고정된 행동은 도덕적으로 비뚤어진 사람에게만 필요하다"[13]는 플라톤의 논의를 이해했다.

법이 고정되어 있고 의심할 수 없는 신의 권위를 갖는다고 생각하는 것은 신민(臣民)들의 견해일 뿐이다. 우리는 덕성스런 체제의 최고통치자가 법의 주인이지 노예가 아니라는 것을 알고 있다. 최고통치자는 다른 사람에 의해 지배받지 않을 뿐만 아니라 법에 의해 지배받지도 않는다. 최고통치자는 법의 원인이며, 법을 창조했고, 필요하다고 생각되면 그 법을 폐지하거나 변경시킬 수 있다. 최고통치자는 주어진 상황 하에서 공동선을 위해 무엇이 최선인지를 결정하는 지혜와 능력을 갖고 있기 때문에 이러한 권위를 갖는다. 법을 변경시킬 수 있는 상황은 그 변경이 유익하고 덕성스런 체제의 생존을 위해 필수불가결한 때이다. 이 경우 최고통치자는 시민들의 법에 대한 믿음을 혼란시키지 않도록 극도로 조심해야 하며, 법이 변경되었을 때 발생하는 반대효과도 고려해야 한다. 그리고 법을 변경할 때 생기는 이익만큼 법의 변경에서 오는 불이익도 주의깊게 평가해야 한다. 따라서 그는 필요할 때마다 법을 변경시키는 권위를 가져야 할 뿐만 아니라, 그 체제의 복지에 변화가 생기는 위험을 최소화시키는 기술도 가져야 한다. 그러나 최고통치자가 일단 법의 변경이 필요하다는 것을 알고 또한 적절한 주의를 기울인다면 법을 변경하는 그의 권위에 대해 어떤 의심도 있을 수 없다. 따라서 최고통치자가 살아 있는 동안 이성적 능력이 그를 지배하고 철학자로서의 그의 판단 아래 법은 보존되거나 변경된다.

덕성스런 체제의 생존을 보장할 수 있는 것은 통치자에게서 철학과 예언이 동시에 이루어지는 경우이다. 이와 같은 자질을 갖고 있는 통치자가 방해를 받지 않고 계승되는 한 같은 상황이 이루어진다.

> 계승자는 전임자가 결정하지 않고 남겨둔 것에 관해 결정하는 사람이다. 이것이 전부는 아니다. 계승자는 전임자가 제정한 것을 상당히 변화시킬 수 있으며, 어떤 것이 자신의 시대에 최선인지 알았을 때 그것에 관해 다른 결정을 할 수도 있다. 이것은 그의 전임자가 잘못을 저질렀기 때문이 아니라, 전임자는 과거에 최선이었던 것에 따라 결정했고 후임자는 그의 시대에 최선인 것에 따라 결정했기 때문이다. 전임자가 [새로운 상황]을 목도했다면 그도 역시 [자신의 법]을 변경했을 것이다.[14]

철학과 예언이 동시에 있는 것은 아주 드물다. 필요한 모든 천부적 재능을 갖고 있고 성공적으로 훈련받을 사람이 덕성스런 체제에 항상 있지는 않다. 따라서 최고통치자에게 요구되는 모든 자질, 특히 철학과 예언의 자질을 갖춘 자가 없는 상태에서 덕성스런 도시가 생존할 수 있는지는 의문이다. 최선의 형태는 통치하는 한 사람에게 이런 자질들이 모두 있는 것인데, 만일 그와 같은 통치자가 없을 때 덕성스런 체제는 생존할 수 있는가? 알파라비가 『덕성스런 도시』에서 언급하고 있는 것은 단지 예언에 대해서만이다. 알파라비는 예언적 입법을 대신할 수 있는 것을 다음과 같이 말한다. (1) "진정한 군주"에 의해 이루어진 일단의 법과 관습, (2) "법기술"(art of jurisprudence)에 능숙케 해주는 새로운 자질들의 결합, 즉 전임자의 법과 관습에 대한 지식, 전임자의 법과 관습을 변경시키기보다는 그것에 기꺼이 따르는 것, 기존의 법과 관습으로부터 새로운 결정을 "연역"하거나 새로운 응용을 "발견"함으로써 새로운 상황에 적용하는 능력, 새로운 법을 입법하거나 과거의 법을 공식적으로 변경하기

보다는 이전 입법자의 의도를 이해함으로써(특정한 결정이 적용되지 않는) 모든 새로운 상황에 대처하는 능력. 법에 관한 한 이 새로운 통치자는 예언자-입법가라기보다는 법학자-입법가이다. 그러나 그는 지혜나 철학을 포함하여 자신의 통치기간 동안 체제의 공동선을 분별하고 증진시킬 수 있는 다른 모든 자질들을 소유해야 한다.

이런 모든 자질을 가진 사람이 존재하지 않는 경우 알파라비는 제3의 가능성을 제안한다. 이것은 철학자와 철학을 제외한 나머지 모든 자질을 소유한 다른 한 사람이 함께 통치하는 것이다. 이것조차 불가능하다고 판단될 경우 알파라비는 마지막으로 이런 자질들을 서로 나누어 가진 다수의 사람들이 함께 통치하는 것을 제안한다. 그러나 이와 같이 함께 통치하는 것은 필요한 자질들에 영향을 미치지는 않지만 한 사람의 자질에는 영향을 미친다. 따라서 없어도 되는 유일한 자질은 예언이다. 예언을 대체할 수 있는 것은 과거의 법을 보존하고 과거법에 새로운 적용을 발견하는 능력이다. 공동선을 증진시키고 새로운 상황에서 체제를 보존하기 위해 한 사람에게 철학과 예언이 동시에 있어야 하거나 혹은 철학과 법기술이 동시에 있어야 함은 필수불가결한 조건은 아니다. 철학자가 다른 능력들 중에서 과거의 법을 새로이 적용할 수 있는 능력을 가진 다른 사람 혹은 다른 집단과 함께 통치하는 것으로 충분하다. 예언과 달리 철학은 없어서는 안 된다. 철학을 대신할 수 있는 것은 아무것도 없다. 예언이 없을 때와는 달리 철학이 없으면 덕성스런 체제는 생존에 치명적인 타격을 입는다. 살아 있는 지혜에 대한 대체물은 없다.

5. 전쟁과 법의 한계들

철학과 예언(혹은 법기술에 능숙한 것)에 덧붙여 덕성스런 체제의 통치자 혹은 함께 통치하는 집단에 있어야 할 제3의 필수불가결한 자질이 있다. 이것은 용감하고 군사적인 덕성이다. 이 자질은 통치자가 모든 시민의 최고교육자로서의 책임을 다하는 데 요구된다. 즉 이 자질은 시민들의 도덕적 특성을 형성하고 개선시키는 데 요구된다. 모든 사람을 설득력 있고 열정적인 연설에 의해 덕행을 하도록 확신시키고 고양시킬 수는 없기 때문에 설득 또는 동의를 수단으로 사용하는 것만으로는 충분하지 못하다. 아버지가 아들을 다루듯, 학교 선생이 학생을 다루듯 통치자는 본성이나 습관에 따라 자발적으로 법에 복종하도록 교육받거나 설득될 수 없는 사람들에게 힘과 강제를 사용해야 한다. 따라서 통치자는 두 집단의 교육자를 고용할 필요가 있다. 이 두 집단은 설득과 논쟁을 통해 시민을 교육하는 집단과 게으른 사람들, 사악한 사람들, 강제에 의해서만 법에 복종하는 어쩔 도리 없는 사람들을 강제하는 군사적 집단이다. 최고통치자 혹은 통치자들은 두 집단의 행동을 이끌고 지도 · 감시해야 한다. 그러므로 최고통치자나 통치자들은 두 집단을 통솔하기 위해 용감성과 탁월한 전쟁기술을 갖고 있어야 한다.

어떤 체제 내에 적용되는 힘과 강제의 정도는 시민들의 특성에 따라 다르다. 시민들이 덕성스러울수록 힘을 적용할 필요성이 적다. 그러나 통치자가 전체 도시를 정복하고 전체 도시가 자신의 덕성스런 법 혹은 신법을 받아들이도록 강제해야 하는 경우가 있으며, 또 설득이 불확실하고 전망이 불투명할 때 힘을 사용하여 자신의 법을 수립하는 데 걸리는 시간을 짧게 하는 경우도 있다. 강제를 반항심과 나쁜 습관을 갖고 있는 시민들에게 사용할 때, 그리고 신법이 없는 곳에서 새로운 신법을 수립하기 위한 예비과정으로 전체 도시에 강제를 사용할 때 체재 내에서의 강제의 사용은 정당하다. 물리적 힘이나 압제적 힘 혹은 전쟁은 법의 "근본적인 요소"이며, 법을 수립하는 데 기초가 되는 "서곡들" 중 하나이다. 알파라비는 방어전쟁뿐만 아니라 침략전쟁 역시 찬성하는 것처럼 보인다. 알파라비는 덕성스런 체제의 통치자가 수행하는 전쟁은 정의로운 전쟁이며, 그의 군사적 목적은 덕성스런 목적이라고 말한다.

더욱이 한편으로는 플라톤이나 아리스토텔레스와 같이 알파라비는 "도시"를 정치적 전체를 구성하고 그 안에서 인간이 정치적 완성을 이룰 수 있는 최소의 가장 작은 단위로 간주하지만, 다른 한편으로는 그들과 달리 도시를 덕성스런 체제의 번영이 기대되는 가장 큰 단위로 간주하지는 않는다. 그 대신 알파라비는 세 가지 "완전한" 인간의 결사체에 관해 언급한다. 이 세 결사체는 크기가 가장 큰 것으로서 전 세계 모든 인류가 살고 있는 모든 인간의 결사체와 중간 크기로서 모든 인류의 결사체의 부분인 민족적 결사체, 그리고 가장 작은 것으로서 민족의 부분인 도시에 거주하는 자들의 결사체이다. 정의로운 혹은 덕성스런 전쟁과 정복에 관한 알파라비의 가르침을 전 인류의 결사체에 관한 그의 생각과 연결시켜 보면, 알파라비가 지구상 모든 곳에 신법을 전파하고자 하는 이슬람인들의 신성전쟁의 개념을 이성적으로 정당화시키려는 의도로 플라톤과 아리스토텔레스의 가르침을 신중하게 수정했다는 결론을 내릴 수 있다.[15] 또한 알파라비는 보다 진보된 민족이 보다 미개한 민족을 정복하는 것을 정당화해 주는 문명전쟁을 찬성했다고 볼 수 있거나 혹은 보편국가, 세계국가의 이념을 설파했다고 볼 수 있다. 이제 전쟁과 법의 성격에 관한 알파라비의 견해 속에서 위와 같은 점들을 살펴보아야 한다.

알파라비는 전쟁에 관해 두 가지 극단적 견해를 언급한다. 첫째, 타인을 제압하고 지배하는 것이 인간의 자연상태이며, 그렇기 때문에 전쟁은 유일하게 보편적으로 정의로운 행동방침이라는 것이다. 둘째, 자연상태는 보편적으로 평화롭고, 그렇기 때문에 평화로운 공존은 유일하게 정의로운 행동방침이라는 것이다. 후자의 경우 오직 방어전쟁에서만, 군사적인 비자연적 행동에 의해 강요된 전쟁에서만 무기를 드는 것이 정당한 이유가 된다. 알파라비에 의하면 이 두 견해는 덕성스런 체제에 반대되는 "무지하고 그릇된 도시들"에 살고 있는 시민들의 견해이다.[16]

이 두 견해는 두 가지 유형의 체제, 즉 "참주정"과 "평화를 사랑하는 체제"를 야기시킨다. 알파라비는 후자, 즉 "평화를 사랑하는 체제"를 중요한 것으로 간주하지 않는다. 이것은 잘못되기는 하였지만 명백히 위험하지는 않다. 아무튼 알파라비는 이것을 덕성스런 체제에 반대되는 주요 체제로 여기지 않는다. 그 이유는 전쟁과 달리 평화란 인간이 추구하는 주요 "목적들" 중 하나가 아니라, 쾌락 혹은 이익과 같은 다른 목적을 위한 수단이라는 사실에 부분적으로 기인하기 때문이다.

이와 반대로 전쟁, 정복, 타인에 대한 제압, 타인에 대한 노예화, 그리고 타인에 대한 폭정은 인간이 추구하는 최고의 목적 중 하나이다. 그것은 "참주체제"를 야기시킨다. 참주체제에서 인간은 서로를 혹은 다른 체제를 노예화시키려는 목적으로 서로 연합하고, 군사적 행동을 하며, 법을 제정하고 체제를 정비한다. 그들은 다른 목적을 성취하기 위해서가 아니라 그들 모두의 공동의 최고목표, 즉 "폭정에 대한 사랑"을 만족시키기 위해 타인을 노예로 만들고 죽인다. 사실 부, 명예, 쾌락과 같은 다른 목적을 추구하는 나쁜 체제는 여러 경우에 일단 그 목적이 성취되었을 때 폭정으로 변형된다. 위의 욕구가 만족되면 나쁜 체제의 시민들로 하여금 "무지의 체제, 그릇된 체제"의 악폐, 즉 "폭정이 선이다"라는 견해를 자유롭게 추구하도록 하는 것처럼 보인다. 알파라비에 있어서 그 자체가 목적인 전쟁은 최고의 덕성을 목적으로 하는 체제에서는 자리잡을 수 없는 최고의 악이다.

신법을 수립하고 사악하며 교정 불가능한 자들을 억압하기 위해 전쟁과 강제를 선용한 후 덕성스런 체제의 통치자는 시민들 사이의 우애를 증진시키고 평화로운 설득과 자유로운 동의를 얻도록 다시 돌아와야 한다. 그는 다수의 시민들을 설득하기 위해 신적 존재와 자연적 존재에 대한 비유, 덕성과 행복에 대한 비유를 만들어야 한다. 그 비유는 원래의 형태에 유사하고 설득되는 사람들에게 적합해야 하며, 또한 그 비유는 자연, 과거의 경험, 시민의 관습과 관련 있어야 한다. 전쟁을 수행하는 것과 달리 평화롭게 설득하는 데에는 입법자가 피통치자의 특성, 피통치자들이 덕성스런 법을 받아들일 준비의 정도, 덕성스런 법들 사이의 차이점, 시민들이 개선될 수 있는 정도에 맞추는 것이 필요하다. 이러한 고려는 입법자가 창조하지는 않았으나 전제해야 하는 법의 선행조건이고, 극히 제한된 경우를 제외하고—이 예외적 경우에도 점차적으로만 변경시킬 수 있다—변경시킬 수 없는 법의 선행조건이다.

더욱이 입법자는 시민 개개인의 특성이나 습관에 맞는 비유와 설득방법을 이용할 수 없다. 법은 개개인을 그 자체로 하나의 경우로 취급할 수 없다. 일반적 믿음과 실천은 모든 시민을 위해 규정되어야 하고, 집단으로서의 시민들의 독특한 성격에 일치해야 한다. 한 집단에 적합하고 정당한 것이 다른 집단에는 그렇지 않을 수도 있다. "인간의 본성" 혹은 모든 인간이 공통으로 갖고 있는 것을 고려해 볼 때 모든 사람을 위한 입법을 하는 것은 모든 사람에게는 아닐지라도 대부분에게는 정당하지 않은 것을 의미할 것이다. 따라서 전 인류가 민족과 도시로 분화되고, 그 분화는 어느 정도 특성과 관련된 자연적인 구별에 기초하는 것이지 자의적인 것이 아니라면, 그러한 구별은 유용하고 정당한 일반적 믿음과 실천을 규정할 수 있는 한계를 제공할 수 있다.

알파라비는 세 가지 완전한 결사체(도시, 민족, 전 인류의 결사체)에 관한 논의 속에서 전 인류의 결사체는 민족으로 분해된다는 관찰을 덧붙이고 있다. "민족은 두 가지 자연적인 것—자연적 구성과 자연적 성격—에 의해, 그리고(관습적이지만 자연적인 것에 기초를 두고 있는) 언어와 같은 복합적인 것에 의해 서로 구별된다."[17] 이러한 구별은 지구상의 여러 부문(기후, 음식 등등) 중에서 특히 지리적 차이의 산물이며, 그 주민의 기질에 영향을 끼친다. 주민들은 자연적 단위로서의 민족을 구성함에도 불구하고 자연적인 민족적 유사성이 민족 구성원끼리는 서로 좋아하고 타민족은 싫어하는 충분한 정치적 유대를 형성하지는 않는다. 좋고 싫어함의 정당한 목적은 완성 혹은 덕성이다. 이것은 자연에 의해 주어지는 것이 아니라 능동적 지성, 과학, 입법에 의해 주어진다. 또한 민족은 체제, 법으로 구별되는 도시 혹은 도시국가로 나뉘어진다.

알파라비는 도시를 완전한 살아 있는 몸에 비유한다. 살아 있는 몸의 기관들은 단순히 공동의 목적을 향해 협동하는 것이 아니다. 그 기관들은 다른 지위를 갖고 있다. 각각의 기관들은 적절한 기능(종속적이든 우월한 것이든)을 수행할 때 완성되고, 가장 완전한 기관에 의해 모두 지배된다. 이 비유를 민족과 전 인류의 결사체에 적용해 볼 때 완전성의 정도에 따라 도시들은 도시들끼리, 민족들은 민족들끼리 서로 종속되는 것이 요구된다. 그러나 알파라비는 한 도시 내에서의 종속을 제외하고는 그러한 종속을 정당하다고 말한 적이 결코 없다. 그리고 덕성스런 도시에 반대되는 도시들은 덕성스런 도시에 종속되는 것이 아니라 덕성스런 도시로 이행되는 도시라는 관점에서 연구된다. 덕성스런 민족은 덕성스런 혹은 완전한 도시에 의해 통치되는 도시들의 모임이 아니라, "행복을 얻을 수 있는 것에 대해 그 도시들 모두가 **협동**하는" 민족이다. 전 인류의 결사체는 "오직 민족들이 행복을 얻기 위해 **협동**할 때"[18] 덕성스런 것이 된다. 모든 사람의 덕성스런 공동체는 덕성스런 민족을 전제하고, 덕성스런 민족은 덕성스런 도시를 전제한다.

예언의 능력과 신법의 특성 및 기능을 고려해 보면 종교는 민족들과 도시들 사이에 있는 자연적 · 관습적 차이 속에 내재된 한계에 특히 민감하다는 결론을 내릴 수 있다. 종교나 신법이 사이비가 아니고 계몽적이거나 광신적이지 않다면 종교나 신법은 전제정치를 포함한 무지의 체제(폭정을 포함해서)에서 추구하는 목적을 증진시키지 않고 오히려 억압하고 초월하며, 그 목적을 신적 · 자연적 존재의 적절한 혹은 건전한 비유에 대한 믿음을 통해서, 그리고 그 뜻을 받아들일 준비가 되어 있는 어느 집단 사이에서 덕성과 행복을 증진시키는 명령사항과 금지사항을 통해서만 얻을 수 있는 목적으로 대체시킨다. 따라서 종교나 신법은 그 목적이 절대적이고 보편적 폭정인 참주체제의 목적을 폐기해야 하며, 새로운 체제를 세우고 그 체제 안에 있는 사악하고 교정 불가능한 자들을 억제하는 데 필요한 만큼만 힘의 사용을 제한해야 한다. 그렇지 않으면 종교나 신법은 모든 사람이 받아들이고 수행할 수 있는 믿음과 실천을 입법하도록 강요될 것이다. 즉 종교나 신법은 비교적 좋은 도시와 민족이 진정한 덕성과 행복을 얻도록 도와주는 대신에 절대다수의 사람들의 자연적 능력에 알맞게 그 기준을 낮추지 않으면 안 될 것이다. 모든 도시와 민족에서 선택되는 것 혹은 최상의 것들로 덕성과 행복을 증진시키고자 하는 것은 종교나 신법의 목적에서 제외된다. 왜냐하면 그것은 종교의 본래 기능이 아니라 철학의 기능이기 때문이다. 우리는 덕성스런 체제에서 예언과 철학의 기능을 구별했던 것을 기억한다. 선천적으로 드문 품성을 갖고 적절한 훈련을 받은 소수의 자들만이 신적·자연적 존재와 덕성과 행복에 대해 비유가 아닌 이론적 지식을 얻을 수 있다. 반면에 신법의 테두리 안에서 입법된 믿음과 실천은 다수의 목표이다.

이제 도시와 민족들 사이의 자연적 그리고 유사자연적 구별은 이론적 지식을 전달하는 데 장애가 될 필요는 없다. 이론적 지식은 이론적 연구의 전통이 있는가, 혹은 드물지만 그와 같은 개인이 존재하는가를 전제한다. 그러나 일단 이 조건들이 성취되면 이론적 지식은 자유롭게 한 도시에서 다른 도시로, 한 민족에서 다른 민족으로 이식될 수 있다. 모든 도시와 민족의 우월한 사람들 혹은 인류의 왕관 없는 왕들의 보편적 공동체는 어떤 일단의 도그마를 믿는 자들의 공동체가 아니다. 그것은 하나의 그리고 진정한 지혜를 사랑하는 자들의 공동체이다. 알파라비에 의하면 종교는 그 성격상 위와 같은 공동체의 기초를 제공할 수 없다. 종교는 다수의 사람들이 존재와 행복의 진정한 성격을 이해하지 못하기 때문에 생긴다. 종교는 다수의 사람들에게 하나의 구별된 집단으로서 그들의 이해능력과 자연적·관습적 특성의 한계를 고려한 비유를 제공해 줌으로써 이러한 상황을 치유한다. 또한 진정한 자연의 원칙과 정치적 원칙은 불변하는 것이므로 이 원칙들은 고정되어 있으며, 특정한 정치집단의 특정한 성격과 이해 수준에 따라 스스로를 조정할 수 없다. 이와 반대로 비유는 진실에 더 가깝거나 멀 수 있기 때문에 이런 목적에 맞을 수 있다. 또한 같은 진실에도 여러 훌륭한 비유들이 있을 수 있다. 그 비유들이 선하고 덕성스런 정치집단의 구성원이 되도록 하는 데 도움이 된다면 그것들 모두 선하고 덕성스런 것들이다. "결과적으로 종교가 서로 다른 수많은 덕성스런 민족과 수많은 덕성스런 도시가 존재한다."[19] 종교에 대한 알파라비의 이러한 견해는 신법을 철학적 과학으로 만든다. 신법, 법기술, 정치학의 부분으로 수용된 신학을 제시함으로써 알파라비는 모든 종교와 모든 "분파"[20]에 대해, 그리고 그들 모두에 공통된 특징에 대해 중립적으로 논의할 수 있는 가능성을 열어놓았다.

6. 민주주의와 덕성스런 체제

덕성스런 체제에 반대되는 여섯 가지 체제 중에서 첫 번째와 마지막, 즉 필요의 체제와 민주주의 체제가 덕성스런 체제와 덕성스런 사람의 통치를 위한 가장 견고하고 좋은 출발점을 제시해 준다. 필요의 체제[플라톤이 『국가』(*Republic*)에서 말하는 돼지들의 도시(the city of pigs)와 정반대되는 것]는 아직까지 부와 명예에 대한 사랑, 쾌락에의 몰두, 영광에 대한 욕망으로 타락하지 않은 사람들 사이에서 덕성스런 체제가 도입될 수 있는 기회를 제공해 준다. 그러나 이 모든 것이 민주주의 체제 내에서 이루어지기 때문에 민주주의 체제가 덕성스런 체제에 어떤 공헌을 할지는 명확하지 않다.

알파라비는 플라톤의 묘사[(『국가』 7권)와 마찬가지로 민주주의[아리스토텔레스적 의미로는 순수 민주주의(pure democracy) 또는 극단적 민주주의(extreme democracy)]의 첫 번째 원칙을 자유로 규정한다. 알파라비는 민주주의 체제를 "자유"의 체제라고 부른다. 자유란 모든 사람이 자신이 원하는 것을 추구하는 능력을 의미하며, 자신의 욕구 추구를 홀로 해야 한다는 것을 의미한다. 민주주의 체제의 두 번째 원칙은 평등이다. 평등은 한 사람이 다른 사람보다 어떤 것에서든지 결코 우월하지 않다는 것을 의미한다. 이 두 원칙은 권위의 기초, 통치자와 피치자의 관계, 시민 상호 간의 태도를 정해준다. 권위는 오직 자유와 평등의 보존과 증진이라는 토대 위에서만 정당화된다. 통치자가 무엇을 성취했든지 간에 혹은 통치자가 어떤 것을 성취하지 못했어도 통치자는 시민들의 의지에 의해서만 통치한다. 통치자는 시민들이 원하는 것을 따르고 시민들의 변덕에 응해야 한다. 시민들은 다만 자신을 자유로 이끌어 주는 사람, 자신의 욕구를 성취하도록 이끌어 주는 사람, 자유를 보존하고 서로 다른 갈등적 욕구를 향유할 수 있도록 해주는 사람, 그리고 영원한 적에 대항해서 자신을 방어해 주는 사람을 존경한다. 만일 어떤 사람들이 위의 기능을 수행하고 시민들이 기본적인 생활필수품에 만족하고 있다면 시민들은 덕성스럽고 복종하는 것으로 여겨진다. 통치자들의 나머지 부분은 봉사를 수행하는 관리들인데, 그들은 적절한 명예를 얻고 금전적 보상을 받는다. 이러한 이유 때문에 봉사료를 지불해 주는 시민들은 자기 자신을 그들보다 우월하다고 여긴다. 대중들이 그들을 좋아하거나 혹은 그들의 선조들의 봉사에 보상해 주기 위해 그들로 하여금 통치하게 하는 경우에도 마찬가지이다. 이런 차이에도 불구하고 민주주의 체제를 자세히 살펴보면 결국 실제적으로는 통치자와 피치자가 없으며 하나의 최고 의지, 즉 시민들의 의지만 있고 통치자는 시민들의 욕구와 욕망에 봉사하는 도구라는 것을 알 수 있다.

다른 여섯 가지 체제들과 달리 민주주의 체제에서는 시민들이 원하는 하나의 지배적인 목적은 없다. 시민들은 다양한 성격, 이해, 목적,

욕망을 가지고 유사한 혹은 유사하지 않은 수많은 집단을 형성한다. 목적에 관한 한 민주주의는 복합체제이다. 다른 체제의 특정한 목표를 추구하는 다양한 집단들이 공존하고 다른 삶의 방식을 추구한다. 다양한 집단들은 하나의 혼합물을 형성하고, 그 속에서 여러 요소들은 서로 혼융되어 있으며 다른 목적을 독자적으로 혹은 타인과의 협조 하에 자유로이 성취한다.

민주주의 체제는 모든 종류의 욕구를 가능하게 하고 보존, 보호, 증진시키기 때문에 모든 종류의 사람들은 그것을 찬양하고 행복한 삶의 방식으로 간주한다. 모든 종류의 사람들은 민주주의 체제를 사랑하게 되고 거기서 사는 것을 사랑하게 된다. 수많은 사람들이 다른 민족으로부터 이주해 오고, 내국인과 외국인이 만나고 섞이며 통혼한다. 그 결과 자연적 성격, 육아법, 교육, 삶의 양식이 성취하도록 고무되고 허락된다. 완전히 발달된 민주주의 체제는 무한히 다양하고 현란한 광경을 제공해 준다.

그러나 이것은 덕성스런 체제의 반대되는 모든 체제 중에서 민주주의 체제가 선과 악의 가장 크고 다양한 면을 포함한다는 것을 의미한다. 민주주의 체제가 더욱 팽창하고 완전해질수록 그것은 더욱 많은 선과 악을 포함하게 된다. 따라서 그것은 수많은 덕성스런 도시의 부분들을 포함한 것이다. 알파라비는 특히 덕성스런 사람이 나올 가능성, 모든 분야에 있어서 현인, 웅변가, 시인(즉 예증, 설득, 모방을 다루는 사람)이 존재할 가능성을 언급한다. 필요의 체제가 시민들이 근본적이지 않은 욕구와 쾌락에 빠지지 않도록 공헌한다면 대부분의 시민들이 사치에 타락한 민주주의 체제는 덕성스런 체제를 세울 수 있는 근본적이며 매우 발달된 과학과 기술을 제공해 준다. 그리고 이러한 과학과 기술이 올바른 방향으로 발전할 수 있는 최선의 기회를 갖는 덕성스런 체제가 없다면 민주주의 체제는 과학과 기술의 개발을 위해 많은 기회를 제공해 주고 철학자로 하여금 비교적 자유롭게 욕구를 추구하도록 허락해 주는 유일한 체제이다.

■■■ Muhsin Mahdi / 이동수 번역

❖ 주 ❖

* 이 주에서 인용된 모든 것은 아랍어 저작을 참조했다. 여기서 참조한 몇몇 저작들은 영어로 번역되었다. 아랍어 저작에 페이지를 다시 매긴 번역판은 뒤의 Readings에 적어놓았다. 이 글에서 인용문의 번역은 필자가 하였다.

1_ Alfarabi, *The Enumeration of the Sciences*, ed. Osman Amine(2nd ed. ; Cairo : Dār al-Fikr al-'Arabī, 1949), v ; *The Virtuous Religion*, MS, Leiden, Cod. Or. No. 1002, fols. 53v-54v.

2_ *The Virtuous City*, ed. Fr. Dieterici(Leiden : Brill, 1985), p. 46 ; cf. *The Political Regime* (Hyderabad : D'irat al-Ma 'rif al- 'Uthmāniyyah, 1345 A. H.), pp. 42-45, 48.

3_ *Virtuous City*, p. 46 ; cf. *Political Regime*, pp. 43-44.

4_ *Virtuous City*, p. 63 ; cf. *Political Regime*, p. 74.

5_ *Political Regime*, pp. 48-49.

6_ *Ibid*., pp. 49-50.

7_ *Virtuous City*, pp. 56-57 ; cf. *Political Regime*, pp. 53-54.

8_ *Political Regime*, pp. 50-51.

9_ *Ibid*., p. 56.

10_ *Virtuous City*, p. 52.

11_ *Ibid*., pp. 58-59.

12_ *Ibid*., p. 61.

13_ *Plato's Laws*, ed. Franciscus Gabrieli(London : Warburg Institute, 1952), p. 41.

14_ *Virtuous Religion*, fol. 542.

15_ pp. 240ff. 참조.

16_ *Virtuous City*, pp. 75-80.

17_ *Political Regime*, p. 40.

18_ *Virtuous City*, p. 54.

19_ *Political Regime*, p. 56 ; *Virtuous City*, p. 70.

20_ p. 229 참조.

❖ Readings ❖

A. Alfarabi, *The Political Regime*, in *Medieval Political Philosophy*, Ed. Ralph Lerner and Mahsin Muhdi. New York : The Free Press, 1963. Selection 2, pp. 39–76.

Alfarabi, *The Enumeration of the Sciences*, in *ibid.*, Selection 1, chap. v.

B. Alfarabi, *Plato's Laws*, in *ibid.*, Selection 4. Introduction and Discourses I–II.

Alfarabi, *The Attainment of Happiness*, in *Alfarabi's Philosophy of Plato and Aristotle*. Trans. Muhsin Mahdi. New York : The Free Press, 1962. Part I.

Alfarabi, *The Philosophy of Plato*, in *ibid.*, part II.

마이모니데스

Moses Maimonides_1135-1204

중세의 유대 정치철학을 논할 경우 심각하고도 절망적인 어려움에 빠질 수도 있을 것이다. 즉 중세에 유대 정치철학이 존재했다고 가정할 수 있는 근거는 무엇인가 하는 문제이다. 이러한 근거의 존재를 제시하는 역사적 문헌은 오늘날 거의 없다. 오늘날 중세 유대 정치철학이 제기되는 것은 주로 사상의 전달고리에 대한 골동품 수집가의 관심 속에서 이루어진다. 이러한 무관심은 정치사상사에서 보다 뚜렷하게 나타나고 있다. 즉 중세 유대사상가들은 정치사상사와는 무관하다고 간주된다. 이러한 무관심에 대한 이유를 발견하기란 그다지 어렵지 않다. 천 년 이상 자치적인 정치생활을 영위하지 못하고 대부분 통치와 행정으로부터 격리되어 있던 민족이 독자적인 정치적 사유의 원천을 제공할 수 없다는 것이다. 그러나 이러한 주장에도 불구하고 그 가정은 잘못되었다. 왜냐하면 우리가 정치철학의 영역에서 다루고 있는 문제들이 중세 유대사상가들의 저작 속에서 논의되고 있기 때문이다. 정치적 사물에 대한 사유는 정치가나 자격을 갖춘 시민들에게만 열려 있는 것은 결코 아니다.

이제 중세 유대사상가들이 정치철학에 관심을 갖게 된 이유에 대해 좀더 살펴보기로 한다. 제일 먼저 유대인들은 적어도 필로(Philo, A.D. 54)가 살던 시대만 해도 디아스포라(Diaspora), 즉 유대인의 이산(離散)을 비정상적 상황으로 간주했다. 전통적 · 비정치적 용어에 의하면 추방이란 인간의 과오에 대해 내리는 신의 형벌이다. 유대인들이 확신했던 것은 죄가 그들의 공영체를 멸망으로 이끈 것처럼 회개는 그것을 다시 회복시킨다는 것이었다. 이러한 비정상적 상황이 언제 끝날지는 아무도 확신할 수 없었다. 그러나 그것이 끝나리라는 것은 의심의 여지가 없었다. 적어도 이런 점에서 정치적 사물에 대한 성찰이 전적으로 무의미한 작업으로 간주되지는 않았다. 이런 종류의 사유에 대한 보다 강력한 추진력은 유대인 학자들의 유대교 율법서인 토라(Torah)와 탈무드(Talmud)에 대한 관심 속에서 발견된다. 기독교의 스콜라주의와는 달리 중세 유대인의 정치철학은 도그마나 믿음의 형태보다는 신의 계시라는 맥락 속에서 법의 형태로 발전했다. 이 법은 모세 5경을 읽어보면 알 수 있듯이 가장 세심한 부분까지 전체 공동체의 행동과 믿음을 규정하고 규제하는 것을 목표로 한다. 정치적인 것이 주로 토라와 탈무드에 있다는 사실이 중요한 것이 아니라, 그것들이 정치적 연구를 자극시키고 정치적 연구가 법적인 측면에 맞추어져 이루어졌다는 사실이 더욱 중요하다. 이러한 이유 때문에 일상생활에서 정치적 사유의 유용성이나 적실성이 극히 의문시된 경우에도 정치적 사물에 대한 사유는 지속되었다.

그러나 중세 유대학자들의 저작을 주의깊게 살펴보면 또 다른 어려움이 제기된다. 유대학자들은 정치적 논문 그 자체를 쓰지 않았던 것처럼 보인다. 또한 일관되게 정치적 문제를 주제로 다루고 있지도 않다. 중세 유대 정치철학은 다른 주제, 즉 성경의 해석, 신법(divine law)의 주요 특징, 특정 성경 용어의 의미, 탈무드적 입법의 체계적인 재논의, 유대주의의 변호 등의 문제를 논하는 가운데서 전형적으로 나타난다. 유대인 학자들을 정치철학으로 이끌어 간 상황은 그들의 철학하는 방법 또는 그들의 가르치는 방법에 영향을 미쳤다. 그들이 정치철학을 주제화시키지 않는 표현방법을 따른 것은 부분적으로는(그들의 반대자인 회교도들도 그랬던 것처럼) 어떻게 계시법(revealed law)의 법정 앞에서 철학적 행동을 정당화시킬 것인가에 기인한다. 말하자면 토마스 아퀴나스가 『신학대전』(*Summa Theologica*) 모두에서 제기한 질문, 즉 "철학 외에 어떤 교의가 또 필요한가?"라는 질문은 감히 어느 누구도 말할 수 없었을 것이다.

회교도 그렇지만 유대교에서는 더욱 더 공개적으로 철학하기에 앞서 철학은 변호되고 수락되어야 했다. 달리 말하면 흔히 계시적 교훈과 아리스토텔레스적 교훈을 조화시키려는 중세 정치철학의 주요 관심사는 철학의 정당화를 전제해야 한다는 것이다. 알파라비(Alfarabi)에서도 명백히 알 수 있듯이 철학적 추구를 정당화시키는 논의는 계시적 교훈이나 아리스토텔레스적 교훈에서 나오는 것이 아니다. 첫 번째로 요구되는 것은 철학적 방식으로 계시법을 이해하는 것이었다. 유대교에 있어서 이러한 작업이 결정적으로 이루어진 것은 모세스 벤 마이몬(마이모니데스)에 의해서이다. 대체로 마이모니데스의 가르침은 중세 유대철학에서 핵심적 위치에 해당된다고 볼 수 있다. 따라서 그의 가르침은 다른 유대 사상가들이 어떤 점에서 그것을 정교화시켰으며 어떤 점에서 그것으로부터 벗어났는지를 가늠할 수 있는 지표라 할 수 있다. 그의 정치적 가르침을 고려할 때 철학은 결코 유대 종교의 핵심이 아니라는 점을 잊지 말아야 한다. 유대교에서 철학은 보다 후에 나타났으며, 또한 무조건적으로 받아들여진 적은 없었다. 그러나 여기서의 논의는 본래의 계획에 따라 그의 고유한 정치철학에 국한될 것이다.

법의 성격과 목적에 관해 논하고자 한다면 법이 누구를 위해 만들어졌는가 하는 것에 대한 이해로부터 출발해야 하며, 마이모니데스는 바로 이러한 방식으로 논하고 있다. 그의 저서 『방황하는 자들을 위한 안내서』(*Guide of the Perplexed*)에서 마이모니데스는 법에 대한 보편적 논의에 앞서 법의 필요성을 살피고 있다. 엄밀히 말해 모든 생명체 중에서 정치적 동물은 인간뿐이다. 혹 사회적 동물은 있을지 모르나 인간처럼 생존하기 위해 반성이나 예지를 필요로 하는 동물은 존재하지 않는다. 만일 인간을 야수처럼 살도록 버려둔다면 그는 즉시 멸망할 것이며, 동물적 능력만으로는 생존에 필요한 것을 충족시킬 수 없을 것이다. 인간은 사유(思惟)하고 예견할 수 있는 이성적 능력에 의해서만 자기 보존에 필요한 것을 획득할 수 있다. 의식주는 모두 인간의 사용에 적합하기 위해 자연적 원료에 어떤 기술을 가미시켜야 한다. 기술이란 도구의 사용과 이러한 도구를 사용하는 기술자를 전제하므로 인간의 생존은 노동의 분업과 잘 정돈된 사회제도에 의존한다. 이와 같은 사회제도 하에서 각자는 자신의 직업에 전념할 수 있다. 뿐만 아니라 동료의 생존을 위해 자신이 하는 공헌이 다른 한편 자신의 생존을 위해 타인이 수행하는 공헌에 의해 보상받는 것도 알게 된다.[1]

조직화된 사회에서 살려는 인간의 욕구는 인간 특유의 다양성에 의해 보다 더 절실해진다. 행동이 갖는 차이의 정도가 엄청나기 때문에 두 개인이 서로 다른 두 종에 속한 것처럼 보일 수 있다. 이러한 다양성으로 말미암아 인간은 개인의 무절제를 제한하고 조절하는 사람의 감독과 통제 없이는 함께 살 수 없을 것이다. 인간의 본성이 사회를 요구하는 것처럼 사회의 완성은 통치자를 필요로 한다. 이 통치자는 "개인의 행동을 판단하여 부족한 것은 채워주고, 지나친 것은 덜어내며, 모든 사람이 항상 같은 방식으로 실천할 수 있도록 행동과 도덕적 관습을 제정하여 궁극적으로는 자연적 다양성을 관습적인 동의에 의해 숨기고 이에 따라 사회가 잘 정돈되도록 만드는" 사람이다. 자연적 다양성을 약화시키는 수단은 법이다. 이러한 법은 비록 자연적인 것은 아니지만 마이모니데스가 말했듯이 "자연적인 것에 기초를 두고 있으므로" 보다 자세히 살펴보아야 한다.[2]

법을 존립케 하는 상황, 바로 그것은 행동과 의견에 대한 법의 관심을 필요로 한다. 그러나 법에는 인간법과 신법 등 여러 법이 있다. 이것은 법이 서로 배타적이라는 것은 물론 법의 종류를 구별할 필요가 있다는 것을 의미한다. 마이모니데스는 가능한 입법 대상에 비추어 법이 육체와 정신의 완성이라는 두 가지 완성 가능성과 일치해야 함을 깨달았다. 법은 단지 도시 내의 좋은 질서를 세우는 것과 관련될지도 모른다. 법은 시민들의 행동을 제한하고 지도함으로써 시민들의 비행을 예방하고, 불의를 없애고 공공의 안정을 보존하며, 특정한 도덕적 자질, 즉 평화로운 사회생활을 용이하게 해주는 자질들을 육성하고 인간의 행복, 보다 정확히 말하면 법제정자가 행복이라고 생각하는 것을 성취하도록 해준다. 법이란 육체의 복지를 유일한 목적으로 삼는다. 이처럼 법이 도시의 좋은 질서에만 집착한다는 것은 다른 한편 이 도시를 지배하는 의견들이(평화스러운 시민생활을 해치지 않는 한) 그 의견의 성격에 대해 전혀 개의치 않음을 뜻한다. 마이모니데스는 이와 같은 법을 노모스(nomos)라 부른다.[3]

이와는 대조적으로 법은 두 가지 측면에서 인간의 완성을 증진시킬 수 있다. 법은 노모스와 마찬가지로 품위 있는 사회생활에 요구되는 척도를 규정함으로써 인간의 자기 보존뿐만 아니라 최선의 육체적 삶을 영위할 수 있게 해준다. 한 걸음 더 나아가 법은 모든 사람에게 개인적 능력에 따라 올바른 의견을 가르침으로써 영혼의 완성을 이루고자 한다. (육체의 복지뿐만 아니라) 영혼의 복지에 대한 관심, 즉 가능한 한 모든 것에 대한 인간의 이해를 발전시키려는 노력은 신의 계시법의 뚜렷한 특징이다.[4]

요약하면, 마이모니데스는 가상적 행복을 대상으로 하는 노모스와 참된 행복을 대상으로 하는 신법을 구별한다. 그러나 보다 숭고한 목표를 보장해 주는 가능성—즉 인간이 올바른 의견을 얻는 데 도움을 줌으로써 인간의 영혼을 완성시키는 것—은 육체적 복지를 얻는 것을 조건으로 한다. 육체적 욕구(그리고 더 나아가서는 이러한 욕구들을 충족시킬 수 있는 만족스러운 사회질서)는 아무리 열등한 것이라 할지라도 시간적으로 모든 것에 선행한다. 정치적 복지는 인간의 궁극적 완성을 위한 필수불가결의 전제조건이다.[5]

다른 한편 마이모니데스에 있어서 인간의 궁극적 완성은 육체에 대한 관심과는 너무나 멀리 떨어져 있다. 입법하는 데 중요했던 요소들—인간의 행동, 도덕적 자질들—은 이제 인간의 궁극적 완성의 일부분을 이루지 못한다. 인간의 완성은 올바른 의견을 획득하는 데 있다. 이러한 의견은 사유에 의해 인도되며, 이론과학에 의해 참인 것으로 입증된다. 법은 결정적 중요성을 갖는다. 왜냐하면 법의 규정은 인간의 궁극적 완성을 추구하는 방향으로 인간생활을 규제하기 때문이다. 일단 사회생활이 가능해지면 인간은 자신의 고유한 목표달성을 가능케 해주는 사적

(私的) 행동을 기대할 수 있게 된다. 어떤 의미에서 법 혹은 법에 대한 연구가 "작은 일"이라는 것은 사실이다. 그러나 다른 의미에서 법은 신이 이 세계에 넘치도록 베푼 "위대한 선"(善)이다. 신법이 규정하는 모든 행동은 예배이든 유용한 도덕적 습관이든 인간의 사회적 관계를 조정하는 데 그 목적을 두고 있다. 마이모니데스가 거듭 강조하는 것은 이런 규정이 인간의 최고 목적 그 자체에 속한 것이 아니라 단지 최고의 목적을 얻기 위한 준비적인 것, 그러나 필수적인 것이라는 점이다.[6]

법의 중요성은 결코 이런 견해에 의해 감소되지 않는다. 사실 마이모니데스에 있어 최고 형태의 계시는 법의 성격을 갖는다. 신은 자신의 뜻을 모세 이전이든 그 이후이든 언제나 인간에게 말하지 않은 적은 없었다. 그러나 다른 사람들의 예언과 모세의 예언은 근본적으로 다르다. 모세는 다른 예언자들에 비해 훨씬 위대하기 때문에 마이모니데스는 "예언자"라는 용어를 양자에게 동일하게 사용할 수 없다고 선언한다. 모세의 예언이 위대하다는 것에 대한 자세한 논의는 마이모니데스의 법에 관한 저작인 『미쉬나에 대한 주석서』(*Commentary on the Mishnah*)와 『법전』(*Code*)에 잘 나타나 있다. 그리고 『방황하는 자들을 위한 안내서』에서는 단지 암시되어 있을 뿐이다.[7]

그러나 마이모니데스는 『방황하는 자들을 위한 안내서』에서도 모세의 예언이 다른 예언자들의 것과 다르다는 점을 적어도 두 차례 이상 지적한다. 예컨대 아브라함이나 노아와 같은 초기 예언자들에게는 단지 사적(私的)인 일에 관해서만 신의 계시가 나타났다. 이 계시의 목적은 자신과 그 자손들의 완성에 있었다. 아브라함은 자신이 안 진리를 웅변적 설교와 사변적 증명을 통해 다른 사람들에게 가르치기를 원했다. 요약하면, 아브라함이 신으로부터 받은 것은 법의 형태가 아니라는 것이다. 그의 설득에는 강제의 수단이 결여되어 있었다. 모세 이전의 모든 예언이 갖는 근본적인 사적 성격은 그 당시 예언자들이 사회-정치질서를 형성하거나 개선하려는 명백한 시도가 없었음을 의미한다. 모세의 예언과 모세 이전의 예언의 근본적 차이점은 다음과 같다. 즉 모세에게는 법의 형태로 주어졌다는 것이다. 모세 이전의 어느 예언자도 대중 앞에 나서서 "신이 나를 여러분에게 보내어 나로 하여금 여러분에게 이것은 하고 저것은 하지 못하도록 명령하셨습니다"라고 말한 적은 없었다. 모세 이전의 예언자들은 대중을 가르쳤으나 그것은 신법의 형태가 아니었다. 모세 이후의 예언자들은 주로 대중이 모세율법을 준수하도록 인도하는 데 관심을 두었다. 모세가 특별하고 다른 예언자들보다 우월하다는 점은 모세가 유일한 입법을 행한 예언자였다는 데 있다.[8]

물론 다른 사람들도 예언하고 신과 천사에 관한 진리를 이해할 수는 있다. 그러나 모세의 율법은 유일한 또는 유일하게 완벽한 신법이다. 마찬가지로 마이모니데스는 모세의 신법이 변하지 않으며 또한 변할 수도 없다고 본다. 이 법은 그 성격상 개별적 또는 예외적 경우를 고려하지 않는다. 그것은 예컨대 법의 일반성 때문에 고통받는 특정인에게 예외적 관심을 둘 수 없다. 이미 우리가 살펴보았듯이 법의 목적 중 하나는 시민이 평화롭게 살 수 있도록 인간의 자연적 다양성을 감추고 관습을 통해 조화를 증진시키는 일이다. 법은 단지 다수의 경우에만 적용되며, 시간과 상황이 변한다손 치더라도 그 규정이나 금지사항에 있어서 절대적이며 보편적이어야 한다. 만일 이러한 원칙을 무시하고 법의 제정을 마치 의사가 개인의 특별한 체질에 따라 약을 처방하듯이 한다면 그것은 법의 전체 체계를 타락시킬 것이다.

마이모니데스는 알파라비—마이모니데스는 알파라비를 아리스토텔레스 다음 가는 철학자로 본다—와 달리 살아 있는 지혜가 고정된 성문법을 대신해서 통치할 가능성에 대해 명백하게 논하지는 않는다. 특정 시대의 지식인의 판단을 구현하는 예방적 법률제정이 경우에 따라서는 대법정에 의해 이루어질 수 있다. 이렇게 제정된 법들은 신법에 추가되며 또한 영원히 남는다. 극단적 경우에만 신법의 규정과 금지사항은 대법정에 의해 일시적으로 정지될 수 있다. 그 외에는 누구도 신법을 변경할 수 없다. 이 법은 아무도 손댈 수 없는 불변의 것으로 모든 법의 유일하고 완벽한 모형이다.[9]

그러나 알보(Joseph Albo, 1444년 사망)는 마이모니데스의 이러한 견해를 명백히 부정한다. 『뿌리』(*Book of Roots*)에서 알보는 여러 종류의 법을 구별하고 신법의 원칙들을 검토하면서 수많은 신법이 있었다고 지적한다. 알보는 아담, 노아, 아브라함, 모세의 법을 그 예로 든다. 더욱이 이것도 그 일부에 불과하다는 것이다. 하나의 노모스가 이 세상 모든 사람에게 적용되지 않는 것과 마찬가지로 하나의 신법이 모든 사람에게 모든 곳에서 적용되는 것은 아니다. 인간의 기질은 유전에 따라, 지역에 따라 근본적으로 다르고, 이러한 차이는 또한 관습과 관례의 차이를 초래한다. 그러나 신법을 분석해 보면 한편으로는 입법자의 통일성과 다른 한편으로는 피적용자들의 이질성에 따라 세부규정상 상당한 차이를 갖는 근본적 원칙이 있음을 보여준다. 신이 계시해 준 여러 법들은 규제의 범위와 정도가 다를지라도 언제나 공존할 수 있다. 예를 들면 노아의 법, 모세의 법은 똑같이 신성하다. 비록 정도는 다르지만 그것들은 모두 인간의 행복을 추구한다. 어느 특정한 민족을 위하여 하나의 신법이 다른 신법으로 대체되었다는 사실은 법의 제정자가 잘못했다거나 변했음을 의미하지 않으며, 올바른 의견이 바뀌었다는 증거도 되지 않는다. 변한 것은 인간의 성격이다. 한순간에 적합한 것이 영원히 적합한 것은 아니라는 사실을 알고 있는 의사나 교사처럼 신은 보다 더 어려운 처방에 대비해서 인간에게 신법을 주는 것이다. 계속되는 신법의 출현은 인간에게 허용된 것과 금지된 것에 커다란 변화를 가져다 준다. 이러한 변화는 시간의 변화, 인간 성격의 변화에 따라 이루어진다.[10]

알보는 현재 금지된 것이 앞으로 허용되는 것 같은 신법상의 변화가 불가능하리라고 생각할 하등의 이유가 없다고 본다. 그는 모세법이 근본적으로 변경 불가능하다는 마이모니데스의 주장을 부인할 뿐만 아니라 일반적으로 말해서 신법, 특히 모세법이 변경이나 대체되지 않음을 의미한다고 말해두자.[11]

이슬람 정치철학과 마찬가지로 유대 정치철학은 예언을 매우 중시한다. 그러나 예언에 관한 논의에서 입법을 전혀 언급하지 않은 토마스 아퀴나스와는 달리[12] 마이모니데스는 예언자가 결정적인 정치적 기능을 수행한다고 본다. 신법에 대한 믿음은 무조건적인 예언에 대한 믿음을 전제한다. "왜냐하면 예언이 없으면 신법도 있을 수 없기 때문이다." 환언하면 인간의 생존은 사회에 의존하고 사회가 존립하기 위해서는 인간의 상반된 기질을 조화시켜야 하기 때문에 신의 지혜는 특정 개인에게 지배의 능력을 부여해 주었다. 특정 부류의 예언자들은 다른 사람을 지배할 수 있는 능력을 가진 자들 가운데 속한다. 예언자의 영감이 보다 완벽하게 구현될 경우 사적인 목적보다 공적 혹은 정치적 목적을 위해 봉사한다. 잠정적으로 그 목적은 사회질서의 개선에 있다고 말할 수 있다.[13] 여기서는 예언에 대한 마이모니데스의 정의를 재음미해 본 후 신법의 목적과 예언의 최고 목적 사이의 관계를 다시 살펴볼 것이다.

예언에 대한 마이모니데스의 가르침은 대부분의 주요 문제에 있어서 이슬람 철학자들의 그것과 일치한다. 신의 존재를 인정하는 사람들이 주장하는 예언에 대해 마이모니데스는 세 가지 견해를 구별한다. 첫째, 이교도이든 유대인이든 일반인들의 주장이 있다. 즉 이것은 신 자신이 선택한 사람을 예언자로 만든다는 주장이다. 이 견해에 의하면 예언의 전제조건은 선함과 건전한 도덕성이다. 둘째, 마이모니데스가 철학자들의 의견이라고 부르는 것이 있다. 즉 예언은 모든 사람에게 잠재되어 있는 최고도의 완전성을 개인이 실현한 자연적 결과라는 것이다. 만일 어떤 뛰어난 사람이 이성적 · 도덕적 자질 또는 상상력에 있어서 완전성에 이르고 또 적절한 준비과정을 거쳤다면 그는 반드시 예언자가 되어야 한다. 셋째, "법이 주장하는 의견"이 있다. 즉 이것은 둘째 의견과 마찬가지로 예언이 "자신의 본래적 적성에 맞고 또 교육과 연구과정을 거치면 누구나 당연히 예언자가 될 수 있다"는 것이다. 마이모니데스에 의하면 본래적 적성이나 훈련은 필요조건이다. 그러나 철학자들에게 있어서처럼 충분조건은 아니다. 예언자는 적성에 맞는 사람이 훈련에 의해 되는 것이지 기적적으로 되는 것이 아니다.

예언은 신적인 것이 인간의 이성적 능력으로, 그리고 이어서 상상력에 흘러내림으로 정의된다. 이러한 신성의 발산을 받아들이기 위해서 인간은 이성, 도덕, 상상력에 있어서 가능한 최고의 완전성에 도달해 있어야 한다. 인간의 지성은 사변과학의 학습을 통해 완성된다. 인간의 상상력은 본래 완전한 것임에 틀림없다. 원래부터 불완전한 것은 완전한 것이 될 수 없다. 인간의 도덕성의 완성은 숭고하고 신성한 것에 대한 의식적 · 습관적 전념을 통하여, 그리고 인간의 사유를 육체적 쾌락과 타인을 지배하려는 욕망으로부터 해방시킴으로써 달성된다. 이와 같은 완성을 이룬 사람은 최고의 인간이다. 인간에게 이보다 더 위대한 완성은 존재하지 않는다. 예언자는 가장 현명한 철학자보다도 우월하다.[14]

마이모니데스의 예언에 관한 논의를 더 진행시키기 전에 위의 세 가지 완성과 예언자의 기능 사이의 관계를 추적해 보는 것이 필요하다. 신법에 대한 믿음은 예언에 대한 믿음을 전제한다. 왜냐하면 신법의 계시는 예언자를 도구로 해서 일어나기 때문이다. 우리가 이미 보았듯이 신법은 두 개의 커다란 목적을 보장하려고 한다. 그 목적은 육체의 복지와 정신의 복지, 달리 말하면 정연한 사회질서의 확립과 사변을 통한 올바른 의견, 즉 진정한 지식을 얻는 것이다. 신법은 많은 사람들에게 전해지지만 그것을 이해하고 또 그것을 통해 완전성에 도달하는 능력에 있어서는 차이가 있다. 신법은 여러 종류의 사람에게 걸맞고 여러 가지 인간조건과 합치되어야 한다.

이러한 어려움은 신법을 인간에게 전해주는 신의 전달자 혹은 예언자에 의해 해결된다. 예언자는 완벽한 지성을 갖고 있기 때문에 사변적 진리를 직접 알 수 있다. 철학자와 달리 예언자는 이해하기 위해 가정이나 추론에 의지할 필요가 없다. 예언자는 다른 사람들이 완전히 알 수 없는 것을 직접적으로 그리고 즉시 이해할 수 있다. 인간은 인간인 한 주위의 감각세계에 대해서만 직접적으로 알 수 있을 뿐이다. 예를 들면 아리스토텔레스의 지상세계에 대한 가르침은 모든 면에서 옳으나 지상을 뛰어넘는 천상(天上)의 세계, 즉 신의 세계에 관한 가르침은 완전히 옳은 것은 아니다. 이것은 단지 예언자만이 직접 알 수 있다. 따라서 예언자는 철학자보다 더 우월하다. 그것은 철학자가 모든 비철학자보다 우월한 바로 그 이유 때문이다.[15]

예언의 또 다른 전제조건인 도덕적 완전성은 예언자의 지적인 우월성과 가장 직접적으로 연관되어 있다. 왜냐하면 사변적 지식에 대한 욕구, 그리고 그것을 어느 수준까지 이루려는 욕구는 도덕적 완전성에 의존하지 않는 한 감각적 즐거움에 몰두하게 되어 인간의 사유를 신의 세계로부터 끌어내리기 때문이다. 예언자는 신성한 것에만 몰두함으로써 자신과 타인을 구별한다. 예언자와 같이 완전한 사람은 "신에 관한 지식에만 관심을 갖고 이에 비추어 신이 하는 일과 신에 대한 믿음을 성찰함으로써 신과 천사들만 보게 될 것이다."[16] 다른 어떤 사람보다도 예언자는 존재하는 모든 것을 이해하는 데 전적인 관심을 기울인다.

예언자는 완전한 지성을 갖고 있기 때문에 모든 사람의 교사가 된다. 그러나 모든 사람을 똑같은 방식으로 가르치는 것은 아니다. 신에 관한 사변적 진리를 이해하는 능력이 누구나 같은 것은 아니다. 사실 예언자의 지식은 가장 완전한 지식인을 제외하고는 모든 사람들을 당혹스럽게 한다. 예언자의 지식, 적어도 그것에 관한 일반적 결론들은 사람들, 특히 비철학적인 사람들이 이해할 수 있는 형태로 제시되어야 한다. 예언자는 완전한 상상력—이것은 지성을 통해 신성을 받아들인 것이다—을 통해 사변적 진리를 은유적으로 제시할 수 있다. 이론적 지식을 은유적으로 제시하는 것은 예언자의 실천적 이해로부터 연유한다.

이상과 같은 예언의 분석에 비추어 마이모니데스는 "올바르게 사용된 말은 은쟁반에 금사과와 같다"라는 잠언을 해석한다. 이 잠언이 뜻하는 바는 두 가지 의미로, 사용된 말은 은세공으로 장식한 금사과와 같아서 그 외적인 의미는 은처럼 아름다워야 하지만 내적인 의미는 은보다 더 아름다운 금과 같아야 한다는 것이다. 부주의한 관찰자라면 그것을 은으로 만든 사과로 잘못 알지 모르지만 그 외적인 의미는 그 안에 있는 것에 대한 어떤 암시를 나타내고 있어야 한다. 예언자의 말 속에 들어 있는 풍부한 우화들은 외적인 의미와 내적인 의미를 모두 갖고 있는 것처럼 여겨진다. "외적인 의미는 여러 면에서 유용한 지혜를 포함한다. 인간 사회의 행복도 그 중의 하나이다. … 그러나 내적인 의미는 진리 그 자체에 대한 믿음에 유용한 지혜를 포함한다." 예언자를 다른 모든 사람의 교사로 특징지워 주는 완전한 지성은 예언자를 인간의 지도자로 특징지워 주는 완전한 상상력과 일치한다. 예언자는 완전한 이론적 · 실천적 이해를 갖고 있는 사람이다.[17]

달리 말하면 예언자는 그의 완전한 지성과 상상력 때문에 단지 어느 하나에만 완전한 인간의 특성을 모두 자신 속에 통합한다. 사변만을 일삼는 과학자의 경우 신성의 발현은 이성적 능력에만 영향을 미친다. 정치적 공동체를 지배하는 사람—입법가, 복술가 등등—의 경우 상상력에만 영향을 끼친다. 전자, 즉 과학자가 이론적 이해에 국한된다면 후자, 즉 지배자는 실천적 이해에 국한된다. 예언자는 완전한 지성과 상상력 모두에 영향을 끼치는 신성한 은총을 받음으로써 철학자이며 동시에 정치가이고, 또한 입법가이며 동시에 복술가인 것이다. 좀더 정확하게 말해서 예언자의 이 두 가지 완전성 때문에 예언자는 다른 모든 사람을 능가할 수 있다. 예언자는 신법을 제공해 줌으로써 인간의 스승이 되며 또한 철학자의 스승이 된다. 예언자는 인간의 지도자가 되며 또한 정치적 공동체를 지배하는 자들의 지도자가 된다.

마이모니데스가 예언자는 용기와 예지력을 고도로 발전시킬 필요가 있다고 말한 것은 특히 예언의 이러한 정치적 기능 때문이다. 예언자는 신성한 지식을 얻기 위해 "올라간" 다음 "지상의 인간을 지배하고 가르치기 위해 법을 가지고 내려온다." 예언자는 다른 사람보다 우월하기 때문에 실제적 · 사변적 문제에 있어서 인간을 교육해야 할 예언의 의무가 있다. 예언자는 그들을 움직이는 신성한 힘에 거역할 수 없는 반면 그들의 가르침을 받는 백성들은 불의와 불복종으로 그들을 위협한다. 따라서 용기는 모든 예언자들에게 필수불가결한 선행요건이다. "모세가 용기로 충만하여 지팡이만 든 채 노예의 고통으로부터 종교적 공동체를 구하기 위해 감히 왕에게 다가갔던 것은, 그리고 아무런 두려움도 갖지 않았던 것은 '나는 너와 함께 할 것이다' 라고 신이 말했기 때문이다."[18] 우리는 이미 마이모니데스의 정치적 동물로서의 인간에 관한 논의를 살펴보았다. 사회를 요구하는 것은 그 사회를 지배할 법을 요구하는 것과 같다. 어떤 사람이 지배능력을 갖고 있다는 것은 인류를 영속시키려는 신의 지혜의 징표이다. 이러한 능력을 갖고 있는 첫 번째에 해당되는 사람은 예언자 혹은 노모스를 가져오는 사람이다. 이 사람들이 법을 공포한다. 공포된 법을 강제로 집행하는 것은 왕의 영역에 속한다. 따라서 예언자는 신의(神意)의 전달자일 뿐만 아니라 정치사회의 법률제정자이며 설립자이다.[19] 예언자의 이런 역할을 더 알아보기 위해 "저 외로운 인간" 모세가 받은 율법에 대한 마이모니데스의 논의에 주목할 필요가 있다.

마이모니데스는 그의 저서 『논리기법론』(*Treatise on the Art of Logic*)에서 철학자들이 정치학에 관해 많은 책을 썼다는 사실에 주목하면서 다음과 같이 말한다 : "오늘날 이 모든 것, 즉 제도와 노모스는 필수불가결하며, 인간은 신의 명령에 의해 지배된다." 이 말이 내포하고 있는 것은 정치적 문제에 대한 철학자들의 실천적 가르침이 피상적이라는 것이다. 그는 윤리학과 정치철학에 관한 철학자들의 저작에서 이와 같은 실천적 가르침을 추론하지 않는다. "오늘날" 철학자들의 정치적 가르침이 피상적으로 된 것은 계시종교의 전횡 때문이다. 그는 신법의 결정적인 정치적 중요성을 말한다. 『방황하는 자들을 위한 안내서』에서 모세법에 대해 언급하는 것은 이러한 해석을 뒷받침해 준다. 신법은 육체와 정신의 복지를 보장하는 데 목적을 둔다. 이러한 목적을 추구하는 데 있어 모세법은 정치적 문제—인간의 통치와 관련된 문제—를 광범위하고 정확하게, 그리고 세밀하게 다룬다. 그러나 사변적 문제는 토라(Torah)에 잘 요약되어 있다. 토라는 가정과 도시의 통치에 관련된 모든 필요한 정보의 보고이기 때문에 철학자에 의존할 필요가 없다. 완전성에 도달하려는 사람들이 이론과학에 직접 주의를 기울이는 것은 토라가 완전성에 도달할 수 있는 올바른 의견들을 요약적으로만 다루고 있기 때문이다.[20] 중요한 것은 마이모니데스가 최고 예언자의 법이 철학자의 법보다 절대적으로 우월하다고 간주한다는 사실이다. 철학자가 세우고 철학자의 법에 의해 지배되는 도시는 예언자가 세우고 예언자의 법에 의해 지배되는 도시보다 열등하다. 왜냐하면 입법자로서의 철학자는 입법자로서의 예언자보다 열등하기 때문이다.

앞에서 계시의 목적과 예언의 목적 사이의 관계를 논할 때 예언자의 목적은 사회질서를 개선하려는 것이라고 잠정적으로 결론을 내렸다. 이 말은 이제 불충분하다. 신법은 인간을 신과 천사에 대한 올바른 견해로 이끄는 것을 추구하지만 주로 결론을 제시함으로써 이와 같은 일을 한다. 신법의 주요한 작업은 특정 형태의 정치적 공동체를 세우는 것이다. 유대민족의 선조들과 모세의 행동을 다시 돌이켜 볼 때 한 가지 명백한 것은 "그들이 살아 있는 동안 신을 알고 숭배하는 종교적 공동체를 가져오려고 노력했다"는 것이다. 신이 지상세계에 가져오고자 한 계시, 즉 "최상의 선"의 목적은 완전한 종교적 공동체의 설립이다. 이러한 목적은 모든 사람의 마음과 행동이 계시를 받을 때 비로소 성취될 수 있다. 신의 목적이 실현되려면 계시는 완전한 국가의 헌법으로 기능할 수 있는 완전한 법의 형태를 띠어야 한다. 또한 계시는 젊은이와 여자들을 포함하는 모든 사람이 이해할 수 있는 방식으로 제시되어야 한다. 왜냐하면 "토라는 아이들의 언어로 말하기" 때문이다. 이것은 또한 지성과 상상력을 완벽하게 갖춘 사람이 완벽한 법을 공포할 필요가 있기 때문이다. 예언의 최고 형태는 입법이며, 모세는 유일하게 순수한 입법적 예언을 했기 때문에 가장 위대한 예언자이다. 가장 위대한 예언자는 완벽한 도시의 설립자이며 입법자인 것이다.[21]

기적적 설명보다 정치적 고려에 중점을 두는 것이 마이모니데스 가르침의 특징이다. 이런 경향은 예언에 관한 가르침에서 뿐만 아니라 법에 관한 저서인 『법전』에서 논하는 두 개의 관련된 주제, 즉 왕권과 메시아 시대에 관한 논의에서도 명백히 드러난다. 『법전』의 유대어 제목은 『미쉬네 토라』(*Mishneh Torah*)로 "토라의 반복"이라는 뜻이다. 이것은 전통적으로 모세 5경의 제5권이라고 불리워지는 "신명기"(Deuteronomy)에서 따온 말이다. 신명기는 그 앞의 세 권, 즉 모세 5경의 2, 3, 4권의 입법 내용을 반복하고 그 외에 새 것을 덧붙인 것이다. 그것은 한 민족이 더 이상 사막에서 방황하거나 특별한 신의 섭리에 의해 보호와 인도를 받는 것이 아니라 그보다는 자신의 땅에 살면서 농업, 내적인 분쟁, 외적인 침입으로부터 일어나는 문제들에 직면해야 한다는 것이다. 마이모니데스의 『법전』은 이와 유사하다. 여기서 그는 토라와 탈무드의 법을 이산된 삶에만 국한된다고 보지 않는다. 그는 모세와 마찬가지로 실제 국가의 현실적 필요성, 즉 유대인의 이산 이전의 국가, 메시아 이후의 국가에 관심을 갖는다.

이스라엘의 왕권은 의무가 따른다. 그것은 신법의 명령을 받는다. 마이모니데스에 의하면 왕을 임명하는 주된 이유는 "재판과 전쟁"을 위해서이다. 전쟁은 왕권과 밀접히 연관되어 있다. "왕과 전쟁에 관한 법"이라는 제목이 붙은 23가지 계율 중에서 18가지 계율이 군사법에 관련된 것을 다루고 있다. 왕의 선택과 생활양식에 관한 나머지 5가지 계율에 관한 것도 공공연하게 전쟁을 암시하고 있다. 성경이 명하는 이방국가를 정복한 후 왕은 이스라엘의 경계를 넓히고 자신의 위대함과 명성을 높이기 위해 다른 국가와 자유로이 전쟁하는 것이 허락된다. 또한 왕은 절차적 보호규정에 의해 제약받는 일반법정과는 달리 주요 사건의 경우 독단적 판결권을 갖는다. 극단적 상황 하에서는 필요에 따라 왕은 일시에 많은 범법자를 처형할 수 있고, "불안감을 가라앉히기 위한 것"이라면 전시용(展示用)으로 그들을 교수형에 처할 수도 있다.

이런 특권에도 불구하고 왕은 법에 종속되어 있으며, 따라서 법의 제정자, 법의 해석자에 종속되어 있다. 왕의 기능은 예언자나 법제정자의 기능에 대해 보조적인 것일 뿐이다. 왕은 예언자나 법제정자들이 세운 신법이나 노모스를 시민들이 준수하도록 강요한다. 왕이 불러일으킨 두려움과 경외심, 또 그가 마음대로 사용할 수 있는 여러 억제책들은 재판관들을 위해 제공된다. 마이모니데스는 매우 강력하게 왕이 사실상 공영체의 제일인자가 아니라고 지적한다. 그는 왕이 명백히 법에 종속되어 있으며, 따라서 법정에 종속되어 있다고 말한다. 왕은 신의 말씀에 따라야 하고, 예언자를 통해 전달되는 신의 명령에 따라야 한다. 다윗이나 솔로몬 왕과 같이 정치뿐만 아니라 종교문제까지도 관여했던 가장 위대한 왕들조차도 예언에 이르는 디딤돌에 불과했다. 가장 위대한 왕들도 예언자보다 아래였다.[22]

아브라바넬(Isaac Abravanel, 1437–1508)은 왕권을 정치적 · 군사적 관점에서 분석하는 마이모니데스의 견해가 제한적인 것이라고 본다. 또한 그는 예언자를 철학자이며 동시에 정치가로 보는 마이모니데스의 견해도 거부한다. 아브라바넬은 세네카의 『제90 서한집』(*Ninetieth Epistle*)에 주목하면서 근본적으로 반정치적인 전제들에 입각하여 자신의 견해를 피력한다. 그에게 있어서 정치사회는 하나의 인공물이다. 도시의 설립, 사적 소유제도, 인류를 여러 민족으로 세분시킨 것 등등의 모든 것은 자연적·신적 질서에 대항하는 반란의 산물이다. 태초에 인간은 들판에서 순수한 상태로 살았다. 모든 사람은 함께 자연의 산물을 누리고 자유와 평등의 상태에서 살았다. 아브라바넬은 이스라엘의 어린 양들이 사막 속에서 방랑했던 것, 즉 신의 기적적 보호를 받으면서 살았던 것을 이러한 자연상태에 비유한다. 정치적 삶은 신에 대한 반란이다. 중세 유대 해석자들 중 유일하게 아브라바넬은 이스라엘의 왕권이 성경의 위임을 받아 이루어졌다는 것을 부인한다. 그는 왕권이 일종의 월권이며 한 인간에게 왕의 이름을 부여하는 것은 인간이 "신의 규칙을 저버리는 것"이라고 주장한다. "죄악은 신의 왕국을 부정하고 인간의 왕국을 선택하는 데 있다." 왕권에 대한 최상의 설명은 그것이 인간의 사악한 충동행위라는 점을 인식 또는 인정하면서도 신법에 의해 허락되었다고 보는 것이다.

아브라바넬은 군주제의 유용성과 타당성에 대한 이러한 반대에도 불구하고 유대민족에게 적절한 정부형태는 군주의 지배에서 정점을 이룬다고 본다. 이와 같은 정부는 기독교 교리에서 말하는 두 개의 칼, 즉 세속적 칼과 정신적 칼로 구성된다. 정부는 민주적·귀족적·군주적 요소를 포함한다. 혼합제적 속권(俗權)의 정상에는 모세와 같은 사람이 있다. "모세는 이스라엘을 지배한 최초의 왕이다." 정신적 정부의 정상에는 예언자가 있다. 아브라바넬에 있어서 유대국가를 지배하는 요소는 사제들과 예언자들이다. 예언자가 지배자임에도 불구하고 정확하게 말하면 정치적인 것은 아니다. 가장 위대한 예언자인 모세는 예언자로부터가 아니라 이방인으로부터 정의로운 정부를 조직하는 방법을 배워야 했다. 이런 점에 있어서 아브라바넬은 마이모니데스와 달리 예언자의 지배를 정치철학적 고려의 대상에서 제외시킨다. 그에게는 신의 산물인 예언이 초자연적인 것이고 예언자는 초정치적인 것이다. 아브라바넬은 스콜라 철학자들, 특히 극단적 가톨릭교도들의 견해에 크게 영향을 받아 정부의 이상적 형태에 관한 마이모니데스의 입장과 근본적으로 반대되는 결론에 도달한다. 철학자와 왕의 특성을 동시에 갖는 철인왕 대신에 이상적 지배자는 사제왕이라는 것이다.[23]

메시아에 관한 마이모니데스의 절제된 가르침은 이전의 유대교 전통 속에 자리잡고 있던 전설적 주제, 그리고 아브라바넬의 저작을 특징짓는 기적에 관한 열정적 사변과는 아주 대조적이다. 메시아에 관한 논의가 왕과 전쟁에 관한 법을 다루고 있는 『법전』의 14장과 마지막 장에서 이루어진다는 것은 주목할 만한 일이다. 마이모니데스의 근본적 논제는 유대민족이 정치적으로 지위가 변해야지만 메시아 시대가 현재와 구별될 수 있다는 것이다. "메시아 시대가 도래했다고 해서 세상의 어떤 것이 변한다든지 혹은 어떤 혁신적 창조가 일어나리라고 상상하지 말라. 세계는 지금까지 진행되어 온 방식대로 계속 나아갈 것이다 … ." 마이모니데스는 메시아 시대의 비기적적인 특징을 여러 점에서 강조하고 있다. 『법전』에 보면 메시아는 무엇보다도 왕으로 나타난다. 메시아가 단 한번도 "예언자"로 언급되지 않는다. 마이모니데스는 서기 132년 로마에 대항해서 반란을 일으킨 유대민족의 지도자인 코흐바(Bar Kokhba)를 언급하면서 그가 "메시아 왕"으로 간주되었던 바로 "그 왕"이라고 말한다. 코흐바가 살해되자 유대의 현인들은 그때서야 비로소 실수를 범했다는 것을 깨달았다. 마이모니데스는 코흐바가 결코 예언의 능력을 갖고 있었다고 주장하지 않는다. 그는 또한 기적적 행위가 메시아를 진정으로 나타내는 데 필요하다는 것을 분명하게 부정한다. 메시아의 문제는 오히려 정치적 · 군사적 성공의 문제로 전환된다. 마이모니데스가 말하는 메시아는 무엇보다도 먼저 이스라엘의 속박을 풀어주고 고대의 정치질서를 회복하는 임무를 수행하는 군사적 해방자인 것이다.

이와 같은 마이모니데스의 가르침은 메시아를 기적을 행하는 예언자로 보거나 메시아 시대에 관한 보다 환상적인 사변을 하는 전통적 개념에 반대된다. 마이모니데스가 남부 프랑스의 랍비들에게 보낸 편지—여기서 마이모니데스는 유대인들이 자신의 왕국을 잃고 이산하게 된 원인을 보여준다—를 보면 그의 논의가 얼마나 전통적 해석으로부터 멀리 떨어져 있는가를 알 수 있다. 전통적 견해에 의하면 유대인들이 추방된 것은 그들의 죄악에 대해 신이 벌을 내린 것이다. 그 죄는 우상숭배 혹은 그것의 보다 일반적 표현인 점성술로 이해된다. 유대인들은 자신의 왕국에서 살던 때에는 점성술에 몰두했었다. "유대인들은 점성술을 고명한 과학 혹은 유용성이 큰 것으로 생각하는 잘못을 저질렀다. 유대인들은 전쟁기술을 개발하거나 영토확장에 관심을 기울이지 않고 점성술에 대한 연구가 그들을 도울 것이라고 생각했다. 그러므로 예언자들은 이들 유대인들을 바보와 멍청이라 불렀다. 왜냐하면 그들은 무익하고 혼돈된 것을 좇았기 때문이다." 마이모니데스는 점성술이 신이 직접 벌을 주는 신법을 침해한다고는 말하지 않는다. 오히려 그는 바보짓이 스스로의 형벌을 초래한다고 본다. 고대 유대인들은 시간과 정력을 쓸모 없는 것에 쏟음으로써 자신의 몰락을 준비한 것이다. 마이모니데스는 이러한 몰락을 분석하여 미래의 유대국가를 회복하기 위한 설명을 한다. 메시아 왕이라 명명되는 군사적 해방자는 그의 정치적·군사적 행위로 평가되고 정치적·군사적 승리, 즉 성공을 통해 인정될 것이다. 요컨대 메시아는 성공한 코흐바이며, 좀더 정확히 말해서 다윗의 아들이고, 예언자라기보다는 장군이다.

그러나 정치적 성공 그 자체가 목적은 아니다. 정치적 성공은 보다 높은 것에 봉사한다. 마이모니데스는 보다 높은 것을 얻기 위한 수단이 자연적이고 인간적 능력범위 내에 있는 것으로 간주하는 만큼 이성과 정치를 중요시한다. 인간의 삶을 사로잡고 있는 죄악들은 인간의 "목적, 욕망, 의견, 믿음"으로부터 나오고, 이 모든 것은 근본적인 무지로부터 나온다. 이사야 11장에 있는 보편적 평화에 대한 환상은 신에 대한 올바른 앎에 의존한다. 왜냐하면 "진리에 대한 인식을 통해서 적대감과 반감은 제거되기 때문이다 … ." 메시아의 시대는 현재와 다르다. 왜냐하면 유대인들은 성공한 군사지도자의 도움으로 그들 조상의 땅에 돌아올 수 있으며, 무지로부터 생기는 타인에 대한 가해행위를 그만둘 것이기 때문이다. 이러한 두 가지 변화, 즉 조상의 땅에 돌아오고 타인에 대한 가해행위를 그만두는 것은 서로 연관되어 있다. 메시아를 완수한 사람의 임무 중 하나는 "전 세계를 일치된 마음으로 신에 봉사하도록 준비하는 것"이기 때문이다. 메시아는 세계에 올바른 길을 보여주지만 결코 기적을 통해서는 아니다. 그는 신의 전쟁을 수행하며 결국 승리한다. 메시아 시대는 진정으로 희망하는 대상이지만 일단 성취되면 그것이 인간의 최고 목표는 아니다. 메시아 시대는 오히려 최고의 목표를 달성하기 위해 특정한 정치적 전제조건을 확립하는 것이다. 일반적으로 정치적 행동은 "앞으로 올 세계"에 대해 봉사한다. 이스라엘에 정치적 지배를 회복한다는 것은 팔레스타인 사람들의 생활을 밀접하게 묶고 있는 법이 또 다시 준수될 수 있음을 의미한다. 유대인들은 전제적 압박으로부터 자유로워지면 방해받지 않고 토라 속에 있는 지혜를 전념하여 연구할 수 있다. 결과적으로 메시아는 최종의 전체 보상, 즉 "앞으로 올 세계"에서의 삶이라는 "궁극적 선"을 준비하는 것이다. 여기서 마이모니데스는 "앞으로 올 세계"를 배움과 신앙에 정진할 수 있는 삶으로부터 당연히 뒤따르는 영혼의 불멸성과 관련시킨다. 궁극적 선을 획득할 가능성은 정치적 성공의 결과로 나타나는 것이다.[24]

중세 유대 정치철학이 자연법에 대해서 거의 언급하지 않는다는 것은 주목할 만한 일이다. 그러나 "자연법"이라는 용어의 의미를 살피고자 할 때 계시법과 구별되는 이성법이 존재하는가의 물음이 제기된다. 이런 구별에 관해 유대인들이 일반적으로 받아들이는 것은 사디아 가온(Saadya Gaon, 892–928)의 『교리신앙서』(*Book of Doctrines and Beliefs*)에 나타나 있는 견해이다. 우선 사디아는 이성에 의해 그 필요성이 지시되는 신의 계명의 등급에 관해 언급한다. 그와 같은 이성적 신법은 신에 대한 찬미, 우상숭배에 대한 금지, 그리고 부정한 행동에 대한 금지 등으로 분류될 수 있다. 이러한 법의 대상이 되는 구체적 행동을 인정하느냐 안 하느냐의 문제는 이성 속에 내재되어 있다. 따라서 그 필요성은 사변을 통해 개별적으로 확인할 수 있다. 한편, 계시법의 범주화된 지시사항들은 그와 같은 개별적 증명이 없다. 사디아는 자신의 논의를 반복하면서 지혜가 제시해 주는 이성법에 대해 말한다. 이 두 번째 논의는 이성법이 사회적으로 유용한가에 대한 단순화된 설명을 제공해 준다. 이제 이 법은 살인의 금지, 간통의 금지, 절도의 금지, 진실을 말하라는 명령이라 일컬어진다. 이성은 종교적 향연이나 어떤 음식을 먹지 말라는 금지, 어떤 종족과는 결혼하지 말라는 금지 등의 문제에 관해서는 중립적 침묵을 지킨다. 그러나 대부분의 계시법은 명백하고 실제적인 유용성을 지닌다. 사디아에 의하면 예언적 계시는 계시법뿐만 아니라 이성법의 등급을 확립하는 데 필요하다. 이성 그 자체는 이성적 계명을 공식화하기에 충분하지만 모든 입법의 구체적 세목들을 만들 수는 없다. 따라서 예를 들면 "이성은 모든 죄가 그 정도에 따라 처벌되어야 한다는 것에 대해 옳다고 간주하지만 그 정도를 결정하지는 않는다." 그와 같은 세세한 것을 결정하는 데는 신의 계시가 요구된다. 신의 계시가 없다면 인간은 일반원칙을 넘어서는 어떤 것에 결코 동의할 수 없을 것이다.[25]

마이모니데스는 이 문제에 대한 논의에서 사디아의 가르침을 전부 혹은 부분적으로라도 반대할 뿐만 아니라 그 자신을 전통적 견해로부터 어느 정도 구별한다. 앞에서 언급된 편지에 의하면 마이모니데스는 이미 『방황하는 자들을 위한 안내서』에서 모든 성서의 계명에 대한 명확한 이유를 제시했다고 말한다. 그는 성서가 계명들 밑에 깔려 있는 이유를 말하지 않는 것이 좋다고 여기는 정통적 견해를 무언중에 거부한다. 전통적 유대교에 의하면 완전한 복종은 그 이유를 알거나 밝히지 않고서도 계명에 따를 것을 요구한다. 그러나 마이모니데스는 한편으로는 모든 계명에 이유가 있고, 그 이유는 인간의 지성으로 파악할 수 있다고 말하면서도 다른 한편으로는 여전히 이성적 계명의 가능성은 인정하지 않는다. 그는 살인, 절도, 배은망덕, 불효와 같이 흔히 죄악으로 간주되는 행동을 금하는 것을 유대인 현인들이 계명이라고 불렀다는 사실에 주목한다. 마이모니데스는 다분히 사디아를 염두에 두면서 "(이슬람의 변증법적 신학자들인) 무타칼리만병에 걸린 어떤 현인들이 그것을 이성적 계명이라 불렀다"고 말한다.

그러면 도덕적 원칙의 위상은 무엇인가? 『논리기법론』에서 마이모니데스는 사적인 부분을 드러내는 것은 천박하다는 주장, 그리고 은혜를 베푸는 사람에게 관대한 보상을 하는 것은 고결하다는 주장이란 단순히 관습적이거나 일반적으로 받아들여지는 것에 불과하다고 본다. 『방황하는 자들을 위한 안내서』에서는 십계명 중 인간의 사변만으로 알 수 있는 것은 신의 존재와 통일성을 나타내는 처음의 두 계명뿐이라고 주장한다. 나머지 계명들은 이성적 기초가 없다. 그것들은 일반적으로 받아들여진 의견이거나 전통 때문에 채택된 의견에 속한다. 특히 마이모니데스는 선행을 규정하고 악행을 금지하는 것이 인간에게 선천적인 것이라고 말한다. 인간은 예언자의 구체적인 명령에 상관없이 자신의 행동에 따라 보상받거나 벌을 받는다. 그러나 이것은 그와 같은 규정이나 금지가 이성적이라는 것을 뜻하지는 않는다. 인간은 지성이 있기 때문에 진실과 거짓의 차이를 알 뿐이다. 고결한 것과 천박한 것의 차이, 즉 도덕적 원칙은 알려진 대로 일반적으로 받아들여지는 등급에 속하지 지성에 의해 인식되는 등급에 속하지 않는다. 변하지 않고 참된 것만이 후자, 즉 지성에 의해 인식된다. 다른 한편 도덕적 원칙은 기껏해야 확률적인 것에 불과하다. 마이모니데스에게 있어서 도덕적 덕성의 위상은 그것이 얼마나 세계의 평화를 유지하는 데 중요한가로부터 연역된다. 도덕적 덕성은 또한 인간의 궁극적 완성단계인 이론적 오성(悟性)을 요구한다. 왜냐하면 감각적 즐거움에 몰두하거나 타인을 지배하려는 욕구를 갖는 것은 그와 같은 완성에 장애가 되기 때문이다. 그러나 마이모니데스는 도덕적 덕성을 이해할 때 무엇보다도 그 정치적 기능에 주목한다. 이성적 계명의 존재를 주장하는 사람들을 병자로 모욕하고 도덕적 원칙의 정치적 기능과 관습적 성격을 언급함으로써 마이모니데스는 자연법이 엄격히 말해 이

성적이라는 것을 무언중에 부인하고 있다.[26]

유대인 가운데 할레비(Yehudah Halevi, 1085-1141)는 아마도 철학자들에 대한 가장 뛰어난 비평가일 것이다. 그의 가르침은 전적으로 계시에 기초를 둔다. 그러나 여기서는 철학자에 관한 그의 언급에만 논의를 국한시키기로 한다. 대화편인 『쿠자리』(*Kuzari*)에서 할레비는 이성적 노모스들의 존재를 인정한다. 그러나 그의 논의는 결과적으로 예를 들면 아퀴나스의 자연법과 상당히 다르다. 할레비는 "이성적 노모스들"이란 용어를 이교도들의 인간법(예를 들면 플라톤의 『법률』처럼)과 인간이 만든 것이든 신이 만든 것이든 어떤 법에 대한 필수불가결한 틀의 의미를 모두 포함하는 것으로 규정한다. 좀더 정확히 말하면, 할레비는 비철학자에 대한 철학자의 사회적 행동을 지배하는 철학자의 법을 가장 열등한 공동체의 삶에서조차 요구되는 최소한의 도덕성을 규정하는 일단의 규칙과 동일시한다. 그는 이 두 가지를 모두 이성적 노모스라 부른다. 이 두 가지를 동일시함으로써 할레비는 철학자의 법의 통치적 측면은 단지 사변의 보다 높은 목적을 달성하기 위한 수단이기 때문에 법은 범주적 규칙으로 이해되어서는 안 되고 법의 대부분의 측면에 유효하고 신중한 행동규칙으로 이해되어야 한다고 제안한다. 마찬가지로 그는 모든 법(혹자는 그것을 자연법이라고도 하는데)에 필수불가결한 틀은 절대적 유효성과 보편성을 결여하고 있다고 본다. 한 걸음 더 나아가 할레비는 정치사회에 살고 있는 철학자와 도둑집단에 똑같이 적용되는 자연법 혹은 도덕법은 절대적으로 인간을 구속하는 것이 아니며 진정으로 이성적인 것도 아니라고 본다.[27]

이성적 자연법 개념을 부정하는 할레비와 마이모니데스의 논의는 알보에서 더욱 뚜렷이 나타난다. 알보의 자연법에 대한 논의는 아퀴나스보다 홉스에 더 가깝다. 내용상으로 볼 때 알보의 자연법은 사디아의 이성법의 두 번째 논의와 비슷하다. 즉 알보의 자연법은 그것이 없으면 인간이 함께 살 수 없는 최소한의 사회통제를 구체화하는 것이다. 알보의 자연법은 인간을 절도, 강도, 살인 등으로부터 금지시키는 기본적인 정의와 관계 있다. 그것은 고결한 것이나 신성한 숭배에 대해 침묵하는 것과는 관계없다. 알보의 자연법은 십계명의 열 번째 계명을 제외하고는 두 번째에 상응한다. 할레비의 이성적 노모스들과 같이 그것은 다만 육체의 완성과 직접적인 연관이 있다. 알보는 인간이 정치사회에서 사는 것이 절대적으로 필요한 것이 아니기 때문에 이러한 자연법이 인간에게 절대적으로 필요하지는 않다고 말한다. 더욱이 그는 이러한 자연법의 유효성은 개인이 그것을 수립하는 데 달려 있다고 본다. 알보는 도시 밖에서도 살 수 있는 가능성을 피력함으로써 자연법의 강제적인 성격에 의심을 가한다. 또한 그는 이러한 자연법의 목적을 인간에게 적합한 완성과 구별함으로써 결국 자연법이 엄격히 말해 자연적이라는 것을 부정한다.[28] 이슬람인이든 유대인이든 중세 정치철학자들이 동의하는 이 점은 파두아의 마르실리우스에 의해 기독교 세계에서 다시 언급되었다.

■■■ Ralph Lerner / 이동수 번역

❖ 주 ❖

1_ Moses Maimonides, *Guide of the Perplexed*, I 72 ; III 27.

2_ *Ibid*., II 40.

3_ *Ibid*., II 40 ; III 27.

4_ *Ibid*., II 39–40 ; III 27.

5_ *Ibid*., III 27.

6_ *Ibid*., III 27–28, 54 ; *Code, Yesodei ha–Torah*, iv. 13.

7_ *Guide*, II 35. (cf. *Commentary on the Mishnah, Sanhedrin* X, Introduction, article 7, 그리고 *Code, Yesodei ha–Torah*, vii. 6.

8_ *Guide*, I 63 ; II 39 ; *Code, De'oth*, i. 7.

9_ *Guide*, II 39–40 ; III 34, 41, 46.

10_ Joseph Albo, *Book of Roots*, I 4, 25 ; III 13–14.

11_ *Roots*, III 14–16(cf. 19).

12_ Cf., e.g., *Summa contra Gentiles*, iii. 154.

13_ *Guide*, II 37, 40 ; III 45.

14_ *Ibid*., II 32, 36 (cf. 23).

15_ *Ibid*., II 22, 38 (cf. I Introduction).

16_ *Ibid*., II 36.

17_ *Ibid*., I Introduction ; III 28.

18_ *Ibid*., I 15 ; II 37–38, 45.

19_ *Ibid*., II 40.

20_ *Ibid*., III 27–28, 51, 54 ; *Treatise on the Art of Logic*, xiv.

21_ *Guide*, I 33 ; III 51 ; *Code, Yesodei ha–Tofah*, iv.13.

22_ *Guide*, II 40, 45 ; III 41 ; *Code, Melakhim*, i. 1, 8 ; iii. 1–7, 10 ; iv. 10 ; v. 1.

23_ Commentary on Gen 11 : 1 ff., Exod. 18 : 13 ff., Deut. 17 : 14 f., I Sam. 8 : 6ff., I Kings 1과 3.

24_ *Guide*, III 11 ; *Code, Teshubah*, ix ; Melakhim, xi. 1, 3–4 ; xii. 1, 4 ; *Letter on Astrology*.

25_ Saadya Gaon, *Book of Doctrines and Beliefs*, III 2–3.

26_ *Guide*, I 2 ; II 33, 36 ; III 17 ; Logic, viii ; Eight Chapters, iv, vi. (Cf. *Guide*, II 40 ; III 27–

28, 46).

27_ *Kuzari*, II 48 ; III 7 ; IV 19.

28_ *Roots*, I 5, 7 ; III 7, 26.

❖ Readings ❖

A. Maimonides, Moses. *Guide of the Perplexed*, in *Medieval Political Philosophy*. Ed. Ralph Lerner and Muhsin Mahdi. New York : The Free Press, 1963. Selection 12. Part 1, chap. 71 ; Part II chaps. 32, 36–40, 45 ; Part III, chaps. 27–28, 34.

B. Maimonides, Moses. *Treatise on the Art of Logic*, in *ibid*. Selection 11. Chap. xiv.

Maimonides, Moses. *Letter on Astrology*, in *ibid*. Selection 13.

Albo, Joseph. *Book of Roots*, in *ibid*. Selection 14. Bk. I, chaps 5–10.

Abravanel, Isaac. *Commentary on the Bible*, in *ibid*. Selection 15. Gen. 11 : 1–9 ; Exod. 18 : 13–27 ; Deut. 17 : 14–15 ; I Sam. 8 : 4–7 ; I Kings 3 : 10–12.

아퀴나스

St. Thomas Aquinas_1225-1274

토마스 아퀴나스는 모든 기독교적 아리스토텔레스주의자 중에서 가장 유명한 사람으로 정치사상사에서 매우 독특한 위치를 차지하고 있다. 그의 저술이 쌓아온 길은 서구 세계에서 아리스토텔레스의 저작이 가한 커다란 충격과 몇몇 경우에는 그 저작들의 선구적인 복구와 거의 일치한다. 그의 생애 동안 아리스토텔레스의 『정치학』(*Politics*)과 특히 『윤리학』(*Ethics*)의 완본이 라틴어로 처음 번역되었으며, 사실상 전부라고 할 수 있는 아리스토텔레스의 주요 논문들에 대하여 세세한 주석을 가하고 자신의 신학 저작에 그의 글을 폭넓게 인용함으로써 아퀴나스는 아리스토텔레스를 서구 기독교에서 최고의 철학적 권위에 올려놓았다. 그의 정치철학은 기독교 계시의 관점에서 아리스토텔레스의 정치철학을 변형시킨 것이다. 보다 구체적으로 말해서 교부들과 중세의 추종자들에 의해서 대표되고 성경과 플라톤적인 스토아 철학, 그리고 로마법으로부터 나온 요소들로 이루어진 서구의 초기 정치사상의 전통을 아리스토텔레스와 통합시키려는 시도로 볼 수 있다.

기독교 신앙의 토대 위에서 아리스토텔레스를 재해석하고 기독교 신학을 아리스토텔레스적 철학의 관점에서 개조시키려는 아퀴나스의 노력은, 아리스토텔레스를 최고의 이교도 철학자로 보고 그리스 철학과 계시종교를 적절히 조화시키는 유사한 문제에 직면했던 중세의 이슬람 · 유대철학자의 노력과도 비교될 수 있다. 아퀴나스 역시 이들과 마찬가지로 아리스토텔레스의 『논리학』(*Organon*), 『형이상학』(*Metaphysics*), 『물리학』(*Physics*) 등의 자연철학적 글들과 『니코마코스 윤리학』(*Nicomachean Ethics*) 등을 유산으로 물려받았다. 또한 그들과 마찬가지로 이론학(speculative science)과 실천학(practical science)을 구분하고 실천학을 윤리학, 경제학, 정치학으로 분류하는 방법을 아리스토텔레스에게서 배웠다. 그러나 아퀴나스가 그의 자연철학, 윤리학, 정치철학을 모두 아리스토텔레스로부터 영향받았던 것에 비해 이슬람 국가에 사는 이슬람 · 유대공동체의 정치철학은 주로 플라톤의 『국가』(*Republic*)와 『법률』(*Law*)에 기반해 있었다. 즉 이들 플라톤의 저작들이 서구에서는 15세기까지도 거의 이용되지 않았지만 아랍에서는 이미 최소한 10세기 초에 번역되었는데, 알파라비(Alfarabi)는 『국가』와 『법률』에 주석을, 그리고 아베로에스(Averoes)는 『국가』에 주석을 달았다. 이에 반해 아리스토텔레스의 『정치학』은 그것이 최초로 라틴어로 출간된 이래(약 1260년경) 13세기 말기에 이르기까지 무려 7개나 되는 주석서가 기독교 저작자들에 의해 쓰여졌지만 아랍 또는 유대세계에서는 중세에 어떤 주석도 쓰여지지 않은 것으로 알려져 있다.

기독교와 유대 · 아랍적 전통 사이에 나타나는 최초의 그리고 가장 뚜렷한 차이들은 라틴지역 또는 아랍세계에서의 해당 문헌자료를 단순히 이용할 수 있느냐 없느냐 하는 문제 이상의 어떤 역사적 요인에 기인한다고 볼 수 있다. 아리스토텔레스의 『정치학』은 중세 초기에 이미 아랍화되었고, 그 내용은 『니코마코스 윤리학』 등의 저작들처럼 그 인용문들을 통해서 이슬람 · 유대철학자들에게 익숙해졌음을 직접적 증거들이 말해주고 있다. 이와 마찬가지로 플라톤의 『국가』와 『법률』은 아리스토텔레스의 『정치학』을 통해서, 그리고 키케로(Cicero)나 아우구스티누스(Augustine) 등의 저작들이 초기의 로마와 기독교 사회에 수용 · 논쟁되는 과정을 통해서 그것의 존재와 부분적 내용들이 서구의 저작자들에게 알려졌다. 그러나 보통의 경우와는 달리 양 사회에는 이들 저작에 대한 복사본을 구한다든가 내용의 빠진 부분들을 옮겨 보완시키려는 어떤 집단이나 노력도 나타나지 않았다. 따라서 우리는 그 중요성과 관련된 증거들을 통해서 볼 때 기독교 저작가들의 『정치학』의 사용이나 아랍과 유대철학자들에 의한 『국가』와 『법률』의 사용은 이들 상이한 종교공동체 내에서의 정치적 생활이라는 상황에 따라 강요된 신중한 선택의 결과라고 추정할 수 있다.

우리는 알파라비가 철학이 없는 사회에 철학을 소개하고, 또는 어떤 철학이 모호해지거나 파괴되었을 때 그것을 복귀시키기 위해 자신의 철학적 저작들을 썼다는 사실을 알고 있다.[1] 이들 저작들이 처한 특수한 상황은 철학으로 하여금 일반적으로 인정된 여론과 종교적 신념의 법정에서 공공연히 자신을 변호하고 정당화할 것을 요청했다. 이러한 상황은 의문을 제기하거나 의문을 제기함에 의해 자신의 기초를 위협하려는 어떠한 학문에도 천성적으로 적대감을 나타내는 기존의 정치 · 종교체제와 타협하거나 또는 이를 극복하려는 정치연구에 대한 하나의 입장을 부과 또는 초래했다. 그것은 플라톤이 직면했던 상황과 명확한 유사성을 가지고 있다. 플라톤은 그의 철학을 대단히 정치적인 맥락 안에서 발전시켰던 것이다.

아퀴나스는 알파라비와 그 계승자들과는 달리 교회의 권위라는 부분에 대한 반철학적 편견들과 대결해야 되는 경우가 적었다. 그는 철학 자체에 찬성하거나 반대하는 어떤 공공연한 논의에도 개입하지 않고 하나의 기독교로서 그저 철학을 취하기만 하면 되었다. 당시에 철학은 이미 서구 사회에서 인정되고 공적으로도 교회법(Canon Law)에 의해 인가받았을 뿐만 아니라, 모든 신학도들은 철학적 지식을 요구받는 상황이었기 때문이다. 이슬람 · 유대공동체와는 반대로 중세의 기독교 사회에서는 신자가 곧 학자인 것은 전형적인 것이었고, 따라서 아퀴나스는 자신의 저작을 통해 이성이나 철학의 법정에서 신학을 정당화시켰다. 그의 유명한 최초의 작품 『신학대전』(*Summa Theologiae*)에는 철학의 연구가 허락 가능한지 아닌지, 또는 바람직한지 아닌지에 대해서가 아니라 철학 이외의 다른 학문, 즉 신학이 필요한가에 대하여 다루고 있다. 이러한 관점은 또한 다음과 같은 사실을 나타내 준다. 즉 마이모니데스가 대중들에게 철학적 진리를 숨기는 것을 정당화시켰던 바로 그 이유들이, 아퀴나스에 있어서는 왜 신이라는 존재가 초자연적인 진리라는 요소 외에도 인간의 이성과 경험을 통해서만 접근 가능한 진리들이나 자연적 진리들(natural truth)을 계시해 주는 점에 있어서도 적합해 보이는지를 설명하는 이유로 되었다.[2] 이러한 독특한 상황이 아리스토텔레스의 『정치학』에 대한 선호를 낳았는데, 이는 『정치학』이 철학과 도시 사이의 상당한 정도의 동의(agreement)와 따라서 도시 측이 플라톤의 『국가』에서보다 철학에 대해 보다 개방적임을 전제하기 때문이다. 기독교 세계에서 누리는 철학의 종교법상의 지위는 아퀴나스가 어떻게 대부분의 고대 철학자들에게서 공통적으로 보이는 비의주의(esotericism)를 불필요하고 부적절하다고 일소하고, 오로지 그가 정통해 있던 교부들과 그 저작들로부터만 영향받을 수 있었는지를 알게 해준다.[3]

우리는 중세의 기독교 사회에서는 철학이 일반적으로 수용된 반면 이슬람 · 유대공동체에서는 반대되고 거절되었다는 사실만을 지적함으로써 유대 · 아랍의 정치사상은 명확히 플라톤적이고 기독교의 정치사상은 아리스토텔레스적이라고 완전히 구분하여 설명할 수는 없다. 따라서 어떻게 철학이 기독교 사회에 받아들여졌는가 하는 질문과 아퀴나스와 그 제자들의 아리스토텔레스 사상이 왜 기독교 신학의 전통적 틀로서 교부들의 플라톤 사상을 결국 대치하였는가 하는 의문이 여전히 남는다. 이러한 심도 있는 질문에 대한 실마리를 찾기 위해서 우리는 기독교와 이슬람 또는 유대교 사이의 종교적 · 정치적 사회로서의 차이점들을 살펴보아야 한다. 이슬람과 유대교의 가장 뚜렷한 특징은 그들이 둘 다 사적 또는 공적인 인간생활의 모든 요소들을 통제하고 이성이 신법(divine Law)으로부터 독립되어 작용할 수 있는 어떠한 활동영역도 처음부터 배제하면서, 그 스스로를 신성하게 계시된 율법 또는 모든 것을 총괄하는 사회질서로서 가장 우선적이고 중요한 것으로 제시한다는 점이다. 기독교에서는 이와 달리 종교가 신앙 또는 신성한 교의(敎義)로서의 의미만을 갖는데, 이는 신자들에게 일련의 기본적 믿음을 지킬 것을 우선적으로 요구하지만, 만약 그렇게 되지 않을 경우라도 신자들에게 사회 · 정치적 생활을 특별히 종교적이지 않은 규범과 원리에 따라 조직할 수 있는 자유를 허용한다. 이러한 기본적인 차이는 이들 각각의 종교공동체 내에서 신학(sacred science)이 차지하는 위치를 살펴볼 때 발견되는 차이와 그 맥락을 같이 하는데, 이슬람과 유대교에서 최고의 학문은 법률학(*fiqh*)으로, 이것은 신법의 처방을 해석 · 적용 · 응용하는 가장 중요한 임무를 수행한다. 따라서 언제나 논리신학(*kalam*)의 상위에 위치한다. 이에 비해 기독교에서는 신학을 최고의 학문으로 간주하는바, 기독교 신학의 권위는 유대 · 아랍적 전통에서 신학적 숙고에 부여했던 어떠한 권위보다도 훨씬 우월한 것이다. 이 같은 본질적 차이로 말미암아 기독교 사회는 그 자체가 두 개의 다른 권력, 두 개의 상이한 법전에 따라 지배되는 결과를 가져왔는데, 이 두 가지란 교회적 또는 종교법적인 것과 세속적인 것으로, 이들은 각각의 고유한 권한 영역에 따라 상호 간섭으로부터 비교적 자유로운 원칙들을 가지고 있다. 즉 첫 번째의 교회적인 것은 인간으로 하여금 초자연적 목표를 지향하도록 하는 데 관심을 갖는 한편, 두 번째의 세속적인 것은 인간을 지상의 또는 세속적 목표에 관심을 기울이게 한다. 다시 말해서 기존의 종교적 권위에 직접적으로 도전하거나 노골적으로 대립하지 않으면서 이성적 시각에서 정치적 현상을 연구할 수 있는 일반적 분위기가 서구 세계에서는 가능했다는 것이다. 결과적으로 아비케나(Avicenna)가 지적했듯이[4] 아리스토텔레스가 아니라 플라톤이 지적한 몇 가지 이슈들, 예컨대 신법과 인간법의 기원, 이들 양자 간의 관계 및 예언이나 계시의 매개를 통한 신법의 전달 등은 이슬람 · 유대교의 학자들과는 달리 기독교 철학자들에게는 더 이상 적절한 것으로 간주되지 않았다. 요컨대 정신과 세속의 영역 사이에 분명한 분리를 통해 성립되는 기독교 사회의 바로 그 구조는 정치적 문제를 다룸에 있어 다소 제한적이고 독립적인 방법을 사용하는 아리스토텔레스의 『정치학』의 접근 방법과 뚜렷한 유사성을 갖고 있다.

정치철학의 일반적 특징으로서 유대와 아랍 또는 기독교 사회에서 지적되는 것은 각 사회의 전통에서 가장 중요하면서도 궁극적인 문제가 되는 철학과 계시종교 사이의 관계에 대한 것이다. 아퀴나스는 이에 대해 계시의 요구에 대해서 뿐만 아니라 이성의 요구에 대해서까지도 완전한 정당성을 부여하고 있는데, 이는 표면상으로는 법(신법)의 최고성을 선언하는 한편 완전한 학문으로서, 또는 계시의 유일한 진리 판단기준으로서 철학을 파악했던 대부분의 이슬람 철학자들의 해결책과 대조를 이룬다. 또한 아퀴나스가 제시한 이 같은 해결책은 아우구스티누스 또는 그 이전의 철학자들의 그것과도 차이를 갖고 있는데, 이들은 모든 인간 문제들을 계시를 통해서 알게 되는 인간의 궁극적 목표(final end)라는 관점에서 논의하려 하며, 따라서 세속의 학문들이란(철학을 포함해서) 그것이 얼마만큼 계발되었느냐에 따라서 신앙을 통해 밝혀지는 전체적이거나 유일한 통합적 지혜의 일부분을 형성할 수도 있는 것이라고 본다. 아퀴나스에 의하면 이성과 신앙 또는 철학과 신학의 영역은 분명히 구분될 수 있는 것으로서, 이들 양 영역은 각각 완전하면서도 독립적인 학문을 이룬다.[5] 전자의 영역은 생득적으로 밝혀지고(naturally known) 자명한 원칙 아래에서 진행되며 우주의 자연적 질서에 대한 인간 이해의 완전성을 나타낸다. 이는 형이상학, 즉 제일철학에서 그 절정을 이루는데, 자신의 영역 내에서는 최고의 지위를 유지하며 신학에 의해 인간학의 여왕자리에서 쫓겨나는 일이 없다. 자연은 이 영역 내에서 설사 신의 은총이 없다 할지라도 본래적으로 완전한 것이어서 스스로 자체의 목적을 이루거나 자신의 원칙에 복귀할 수 있는 완전성을 갖는다. 다른 한편 후자의 영역, 즉 신학은 마치 모든 사물들이 신의 계시의 모습 속에 나타나는 것처럼 하여 그것의 시작과 끝에 대한 매우 포괄적인 설명을 하는데, 그것은 신앙이라는 요소를 전제로 하며, 자체의 목적에 타당하다고 보이는 철학적 원칙들을 이용함으로써 이루어진다. 그러나 신학에서 이용되는 철학적 원칙들이란 하나의 원칙(principle)으로서가 아니라 계시의 내용을 설명하기 위한 방법론적 탐구의 수단으로만 사용된다는 점에서 철학의 영역과 구분된다.

아퀴나스는 신의 은총에 의해서 자연을 부정하지 않고 오히려 자연의 존재를 전제로 하고 자연 자체만의 수단에 의해서는 도달할 수도 없는 목표에까지 자연을 높임으로써 자연을 완성시킨다. 따라서 아퀴나스에 있어서 계시의 진리와 이성과 경험에 의한 지식 사이에는 어떤 구분이 있을망정 절대적인 불일치란 있을 수 없으며, 이론적으로 볼 때 이들 두 영역은 신성한 진리의 계시자인 신이 자연의 창조자라는 가정하에서 상호 예정되고 조화된다.[6] 철학자의 가르침이 성경의 내용과 다른 것은 계시의 소여를 잘못 해석하거나 자연의 진리를 발견해내지 못하는 인간 마음의 불완전성 때문이다. 즉 인간의 마음(soul)은 지적 존재 중에서 가장 약한 것으로, 인간의 모든 지식은 감각과 함께 발생되고 대상으로부터 추상적으로 얻어진다. 인간의 지식은 개념의 복잡성과 관련되며, 따라서 필연적으로 부분적이고 추론적인 특징을 가질 수밖에 없다. 인간은 "지성"(intellect)과 구별되는 것으로서의 "이성"(reason)을 가지고 있고, 진리에 대해 직관적으로 그리고 일시에 전체적으로 파악하는 것이 아니라 아는 것에서 모르는 것까지 순차적으로 그리고 복잡하고 합리적인 절차를 통해 점차적으로 도달한다는 사실에 의해 지적 존재(intellectual being)로 구분된다.[7] 인간은 각자의 신체적 바탕에서 비롯되는 개인적 차이 때문에 모든 사람이 균등한 지적 재능을 가질 수 없으며, 지식의 습득이라는 면에서 똑같이 유능할 수 없다.[8] 또한 비교적 더 많은 재능을 가진 사람이 언제나 그들이 진리의 추구에만 몰두할 수 있는 시간적 여유 또는 수단을 갖는다고도 말할 수 없다. 뿐만 아니라 인간이 끊임없이 범하게 마련인 도덕적 악행은 비록 인간의 이성적 능력을 직접적으로 해치거나 학습능력을 약화시키지는 않는다 할지라도 인간의 욕망으로부터 발생하는 혼란으로 말미암아 외부적으로 볼 때 학문의 습득을 보다 어렵게 만든다.[9] 인간 마음의 내재적 한계와 지식을 추구함에 있어 직면하게 되는 여러 가지 외적 장애물로 인하여 철학자들조차도 실수를 범하고 서로 간의 의견의 일치를 보지 못하는 것은 놀라운 일이 아니다. 아퀴나스에 의하면 철학자들이 진리에 미치지 못하는 만큼 그들의 가르침은 종종 신앙과 대립하여 결국 이성 자체로서는 계시의 불가능성을 밝힐 수 없고, 이성 이상의 어떤 것이 계시의 실제적 가능성을 증명할 수 있다. 다시 말해서 아퀴나스의 견해는 신의 계시의 전체 또는 일부분에 반대해서 철학자들이 내놓는 주장들은 결코 어떠한 증거도 제시할 수 없으므로 인간의 정신은 계시들에 동의할 수밖에 없게 된다는 것이다.[10]

아퀴나스가 비록 아리스토텔레스 철학에서 자연의 진리에 대한 가장 완전한 표현들을 발견하고 기독교적 진리에 가장 부합되는 철학을 보았다 할지라도 그는 내용과 정신의 양면에서 아리스토텔레스의 철학을 변형시킴으로써만 기독교 신앙과 완전히 조화시킬 수 있었다. 따라서 그 변형의 구체적인 성격을 우리는 다음과 같은 사실로 가장 잘 설명할 수 있다. 즉 아리스토텔레스가 결코 자연법에 대해서는 말하지 않고 자연권(natural right)만을 언급하고 있는 데 비해 일반적으로 아퀴나스는 서구세계에서 자연법 이론의 고전적 대표자로 간주되어 왔다는 점이다.

1. 기독교와 정치 : 정치권력의 본질

아리스토텔레스의 자연(nature) 개념은 아퀴나스 정치철학의 기초를 이루고 있다. 인간만이 다른 동물과 달리 정치적이고 사회적인 존재이며,[11] 따라서 시민사회란 인간에게 자연적인 것인데, 이는 본래 주어졌다는 점에서가 아니라 그것에 대한 인간의 자연적 경향성과 그것이 그의 이성을 완성하는 데 불가결하다는 점에서 그러하다. 자연의 가장 뛰어난 산물인 인간은 다른 어떤 동물보다도 무력하며 또한 결핍상태로 세상에 태어난다. 그는 맨발이고, 벌거숭이이며, 비무장 상태이다. 자연은 대신 인간에게 이성과 말과 손을 줌으로써 자급자족할 수 있게 만들었으나[12] 인간 혼자의 힘으로는 인간생활에 필요한 모든 것을 얻을 수 없다. 따라서 인간은 나중에 보다 편리하게 살아가기 위해서는 물론이고, 이성이 발달하고 손기술을 습득하기 전의 몇 년 동안 생존하기 위해서 불가피하게 다른 사람들의 도움에 의존한다.

풍요롭게 사는 것은 두 번째로 치더라도 우선 인간이 살아남기 위해서 불가피하게 소속하게 되는 최초의 사회는 가족(family)인데, 가족의 특수한 목적은 생활필수품을 조달하고 그로써 개인과 종족의 보존을 보장하는 데 있다. 남자와 여자, 부모와 자녀, 주인과 노예 등 가족이 구성하는 다양한 결합관계는 바로 이와 같은 목표를 지향하고 있다. 가족의 적절한 운영을 그 연구대상으로 삼는 학문 또는 기술로서 경제학 또는 가정관리학 등이 있는데, 이 글은 주로 가계의 구성원이 사용하고 소비하는 기본적인 식품 및 상품의 획득과 관리를 다룬다.

그러나 가족이라는 그 자체만으로 인간은 생존과 보호를 위해 필요한 모든 물질들을 조달할 수 없을 뿐만 아니라 덕의 완성으로 가족구성원 모두를 이끌 수 없다. 예컨대 아버지의 명령의 아버지와 자식 사이의 자연적 사랑에 대한 효력에 의존하는 것으로 대개 착한 젊은이들이 올바르게 행동하도록 하는 데 충분하다. 그러나 설득이 거의 되지 않거나 설득을 해도 효력이 없고 처벌의 공포를 강제해야만 하는 나쁜 성품의 젊은이들에게 그것은 제한적인 효과만 가질 뿐이다.[13] 따라서 참으로 자족적이며 덕의 조건을 충족시키고 인간의 세속적 욕구와 기대를 만족시킬 수 있는 유일한 인간 조직은 도시(the city)인데, 도시는 인간의 실제적 이성이 만든 가장 완전한 작품이다. 도시는 가족에 비해 그 구조가 보다 다양하다는 점에서 알 수 있듯이 가족보다 형태상으로 덜 자연적이지만 그럼에도 불구하고 보다 고차적이고 보다 포괄적인 목적을 지향한다. 하나의 완벽한 사회로서 도시는 그 목적을 도시의 목표에 종속시키는 가족을 포함해서 인간이 만들 수 있는 모든 조직들을 포괄하는 하나의 완전한 인간선(human good)이다.[14] 인간은 오직 시민사회라는 일정한 틀 내에서만 삶의 완전성을 얻을 수 있다. 바로 이러한 이유 때문에, 만약 인간이 동료들과 동떨어져서 혼자 생활한다면 그는 하나의 짐승과 같이 인간으로서의 불완전 상태에 머무르거나 이미 인간으로서의 완전성을 초월하여 마치 신과 같은 자족의 상태에 도달하게 된다.[15]

흔히 인체에 비유되듯이 도시는 다양한 이질적 부분들로 구성되어 있어 각각은 특수한 역할과 기능을 수행하고 있다. 각 부분들은 종종 서로가 일치하지 않는 정열과 욕망에 따라 움직이는 경우가 많으므로 전체적 선을 추구하고 다양한 부분들 사이에서 질서와 통합의 유지를 지향하는 단일한 권위(체)가 기본적으로 도시에 존재한다. 아리스토텔레스가 자연물의 구성원리인 질료(matter)와 형상(form)의 이론을 유추하여 일컬은 대로 하자면 정치적 권위체는 도시의 결정적인 요소, 즉 그것의 형상(form)인 것이다. 따라서 정치권력(regime)이 없는 도시는 영혼이 없는 신체와 같아서 말하자면 이름뿐인 도시인 것이다. 그런데 도시가 자연적이라면 도시에 필수불가결한 정치체 역시 자연적인 것이며, 이는 아퀴나스와 그에 선행하는 기독교 전통에 의하면 인간의 자연적 본성이 아닌 타락한 본성에 근거하는 노예제도와 반대되는 것이다.[16] 정치체는 그것이 자유인 위에 자유인이 지배하도록 구성되고 자기 자신을 위해 존재하는 시민 전체의 이익을 추구한다는 점에서 노예와 구별되는데, 노예는 자기 자신의 이익이 아닌 다른 사람의 이익, 즉 주인의 이익을 위해서 존재하고 지배된다.

아퀴나스에 의하면 도시는 부분들의 총합 이상이고 구성원의 특수이익 이상의 어떤 보편적 목표를 가지고 있다. 물론 도시의 목표는 개개인은 목표와 다른 것이 아니며, 오히려 개개인은 각자의 완전한 성장을 위하여 도시에 의존하기 때문에 도시의 목표는 수적으로 하나이지만 그 도시의 모든 시민들이 공유하는 이익인 공공선(common good)의 특징을 갖는다.[17] 마치 전체가 부분을 총괄하고 또한 그것 없이는 부분이 존재할 수 없는 것으로서 부분보다 중요하고, 그리고 부분에 우선하는 것처럼 도시는 목적인(final causality)의 순서에서 개인보다 우선하며, 도시의 선은 그 고상함에 있어서 개인 각자가 취한 것보다 높고 "보다 신성하다."[18] 얼핏 모순적인 것으로 보일지 모르지만 도시의 공공선이 개개 시민의 사적 이익과 명확히 다르다 할지라도 그것이 그 자체로서 타당한 선이라는 아퀴나스의 논리에 일관성이 없는 것은 아니다.[19] 즉 도시의 공공선은 하나의 타당한 선(good)으로서 한 시민으로 하여금 자기 자신의 이익을 추구하게 하는 그 어떤 목적보다도 더 강하게 추구되는 목적이며, 따라서 공공선과 사적 이익(good) 사이에 갈등이 생길 경우 전자가 당연히 후자보다 우선권을 갖는다는 것이다. 이것은 극히 곤궁한 경우에 처했을 때 사람이 몸 전체를 위해 손이라는 부분을 희생시키는 것과 마찬가지로 개인이 도시를 위해 자발적으로 목숨을 바쳐야 하는 이유를 설명해 준다.[20]

공공선과 정치체의 목적은 무엇보다도 먼저 도시를 구성하고 있는 각 요소들 사이의 평화와 조화에 주어진다.[21] 도시의 평화란 각 부분들이 전체적으로 잘 조정되고 적절한 원활함 속에서 제기능을 잘 수행할 때 존재하게 되지만, 이러한 기본적인 통합은 도시를 파괴할 위험이 있는 세력에 대한 대응능력과 함께 도시가 존재할 수 있는 최소한의 조건일 뿐이다. 다시 말해서 기본적인 통합은 하나의 최소한의 목표일 뿐 도시의 모든 에너지를 쏟을 만한 최고의 목표는 아니며, 도시는 단순한 생존을 초월하여 시민들 사이에 훌륭한 삶, 즉 덕을 증진시키려는 목표를 갖게 마련이다.[22] 우리는 개인적 또는 집단적으로 부, 명예, 자유, 덕과 같은 여타의 다른 것들보다 분명히 더 나은 다양한 선에 가까워지려는 자연적인 경향이 우리 내부에 있음을 경험을 통해 알고 있다. 어떤 도시가 실제로 추구하는 단일의 또는 수개의 목표는 대체로 그 도시 안에서 결정적인 발언권을 가지고 있는 소수의 사람들에 의해 결정되고, 그리하여 하나의 정권이 구성된다. 이러한 의미에서 정권(regime)은 다름이 아니라 특히 정치권력이 도시 안에 배분되는 방법에 관련된 도시의 생활방식이라고 할 수 있다.[23] 어떤 도시를 다른 도시와 구분짓고 그것에 특별한 고상함이나 위대성을 부여하는 것은 구체적으로 그 도시를 지배하는 정권에 따라 결정된다. 바로 이러한 이유 때문에 최선의 정권은 무엇인가 또는 누가 도시를 지배해야 하는가 하는 문제는 정치철학의 중심주제로 떠오른다.

인간은 여러 가지 면에서 서로 상이하지만 특히 지와 덕(knowledge and virtue)이라는 능력 면에서 두드러진 차이를 갖는다.[24] 따라서 자연적으로 열등한 자는 우월한 자에게 종속되기 마련이며, 최고의 인간이 그 외의 사람들을 지배하고 통치하는 직위들은 덕에 따라 배분되는 것이 당연하다. 원래 최선의 정권은 통합의 측면에서나 그 정권이 취하는 목표의 고상함이라는 관점에서 볼 때 왕정(kingship), 즉 덕의 실현을 목적으로 하는 단일한 현인의 무조건적 지배이지만 그러한 절대군주정은 이론적으로만 그러할 뿐 그것은 또한 가장 위험한 정권이기도 하다. 왕은 보기 드물게 덕스러운 사람이 아닌 경우에 그에게 부여된 막대한 권력 때문에 부패하고 쉽게 참주정(tranny)으로 전락할 가능성이 있는바, 참주정은 다른 모든 사실들이 같다면 그 본성상 공공선에서 가장 멀기 때문에 가장 나쁜 정권이다.[25] 더구나 대부분의 사람들은 부나 훌륭한 가문출신과 같이 명확하지만 비교적 덜 진정한 우수성(quality)은 쉽게 인식하면서도 덕성은 그만큼 쉽게 인식하지 못하는 경우가 많다. 따라서 정치적으로 현명하고 유덕한 사람이 그보다 못한 대다수의 사람들로부터 올바로 인식되는 것도 항상 있는 일이 아닐 뿐더러 사실은 거의 드문 일이다.[26] 뿐만 아니라 현명치 못한 다수는 완전히 현명한 사람이 통치할 경우 추구되는 선이 때때로 자신의 저급한(less noble) 이익과 상충될 수도 있다는 가능성 때문에 그를 유일한 지배자로 기꺼이 받아들이지도 않는다. 그러한 경우 도시의 통합이란 가능한 한 다양한 요소들 간의 주장들이 고려되고 화합됨으로써만 이루어져야 한다. 거의 모든 경우에 있어서 개인적 지혜와 탁월함에 대한 요구는 동의에 대한 요구와 함께 결합되어야 한다. 이는 보다 구체적인 목표를 위한 최선의 정권은 소위 혼합정(mixed regime) 또는 군주정과 귀족정, 혼합민주정(polity)의 최선의 요소들을 조화롭게 혼합한 정권이어야 함을 의미한다. 아퀴나스는 이러한 전형적으로 고전적인 해답(solution)을 지지하기 위해 고대 유대인 정권이 취했던 종교적 선례, 즉 모세나 그 후계자들의 권력이 대다수 민중들로부터 선출된 장로회(a Group of Elders)의 권력과 균형을 이루었던 유대(헤브루)의 정치를 지적할 수 있었다.[27]

어떠한 정권에서도 그렇지만 그에 있어서 이러한 정권의 안정성과 효율성은 법의 지배에 의해 최대로 보장된다. 전통적으로 현인이 희소하다는 사실과 명령에 의한 지배는 내재적으로 남용의 문제를 노출하고 있기 때문에 법의 지배는 대부분의 경우에 현실적으로 필요하게 된다. 현인의 부족으로 인하여 개별적인 경우들을 정확히 판단할 수 있는 다수를 찾아내는 것보다는 오히려 좋은 법을 구성할 수 있는 소수를 찾아 나서는 것이 더 용이하다. 그런데 입법자들은 끊임없이 즉각적인 결정을 내려야만 하는 다수의 사람들보다 비교적 주어진 문제의 많은 측면들을 고려할 수 있는 더 나은 계급적 · 시간적 조건에 있어야 한다. 끝으로 법의 제안이 보편성을 띠고 미래에 대한 고려를 가지는 한, 입법가는 그들이 자기 자신의 의사를 밝혀야 하는 안건에 대해 자신의 개인적 이해관계에 얽매이지 않고 자기 자신의 판단에 따른 선택을 할 수 있다.[28] 일반적으로 법은 정치에만 특별히 주어진 수단이며, 여타의 인간 영역들과는 보편과 특수의 관계를 갖는다. 지배자가 시민들 사이에 정의와 도덕을 함양시킬 수 있는 것은 바로 이 법이라는 기구를 통해서이며, 도덕은 구체적으로 법이 정하는 행위를 반복하고 좋은 법 아래서의 습관적 생활과 교육에 의해 습득된다.[29] 이와 같이 입법의 중요성은 그것이 구성적인 특징을 가지고 있고 정치기술의 가장 중요한 행위를 구성한다는 점에 있다.[30] 무릇 법은 제정되고 시행되며, 필요할 때마다 사람들에 의해 개정된다. 한 마디로 말해서 법은 창조한 정치권력에 그 기원을 두며, 그것의 산물이다. 따라서 우리는 정치의 근본현상이며 정치철학의 주된 테마인 정치권력의 개념으로 되돌아가게 된다.

아퀴나스의 정치철학은 그것이 표면적으로 영향받은 아리스토텔레스의 정치철학과 지금까지는 실제로 일치하듯이 보였으나 보다 더 깊은 관찰해 보면 아퀴나스가 인간의 정치적 본성(nature)이나 인간생활에 대해서는 아리스토텔레스의 개념을 받아들이면서도 다른 한편 그것에 깊은 수정을 가하고 있음을 알게 된다. 즉 그는 기독교와 스토아 철학(stoicism) 영향 아래에서, 그리고 이 두 사상 전통에 존재하는 입법가로서의 신 개념이 부여하는 명료성과 확실성의 결과로 해서 그러한 수정을 하게 되었던 것이다. 아퀴나스에 있어서 인간의 우수성은 이제 더 이상 정치생활의 조건들에 의해서 정의되거나 규정되지 않으며, 인간은 자연법의 지식을 통해 특수 사회의 시민으로서 소속해 있는 정치적 질서를 넘어서서 이성의 보편 질서를 직접 따르게 된다. 인간은 그러한 자연법을 공유함으로써 다른 지적 존재들과 함께 신의 섭리에 따라 지배되며, 인간이 만든 어떤 정권의 정의보다도 월등히 뛰어난 정의를 소유하는 보편공동체 또는 코스모폴리스(cosmopolis)의 구성원이 된다. 이러한 관점에서 인간의 최선의 정권과 완벽한 사회질서 사이에 나타나는 분리는 전체적 자연질서를 신의 은총(즉 신법)의 질서에 종속시키려 하는 기독교적 또는 아퀴나스의 가르침에 의해 더욱 더 심화된다. 아퀴나스에 있어서 최선의 정권은 아리스토텔레스와 달리 인간이나 철학에 의해 유도되는 실제적 이성의 작품이 아니라 신의 왕국과 같은 뜻이며, 언제나 신의 은총을 통해서만 실현 가능하고 획득할 수 있는 것이다. 시민사회는 이제 더 이상 윤리적 덕목의 총체를 책임지는 유일한 존재가 아니며, 그 자신 역시 인간 행위가 보편적으로 맞추어 나아가야 하는 더욱 높은 기준에 의해 판단된다. 즉 시민사회는 모든 인간과 모든 도시를 포함하는 포괄적인 전체(the whole)의 일부가 되는바, 그로써 인간의 도덕적 행위의 범위를 한정하며, 인간이 추구해야 할 목표를 정하고 또한 우선성(priorities)의 기본적 서열을 결정하는 유일한 범주로서의 특권적 지위를 박탈당하게 된다.[31]

아퀴나스 사상의 초정치적(trans-political) 성격은 무엇보다도 아퀴나스가 도덕학(moral science)과 정치학을 구분하는 데서 잘 나타난다. 그의 『아리스토텔레스 윤리학 주석』(*Commentary on the Ethics*)에서 아퀴나스는 가족이나 도시의 통합이 유기체적 통합이 아니라 단지 질서의 통합(unity of order)일 뿐이며, 따라서 이들 사회에 있어서 구성원은 행동영역에 있어서 전체의 그것과 구별된다는 사실을 의식적으로 지적하고 있다. 이러한 관찰을 통해 아퀴나스는 윤리학, 경제학, 정치학이 세 부분으로 이루어진 하나의 학문이 아니라 각각의 분리되고 독립적인 세 개의 학문이라는 결론을 끌어낸다. 그리하여 아리스토텔레스에게서와는 달리 윤리학과 경제학이 독자성을 가지게 된다.[32] 이러한 가르침을 통하여 아퀴나스의 자연권에 대한 견해와 아리스토텔레스의 자연권에 대한 견해 간에는 중대한 차이가 있음을 알 수 있다. 아퀴나스는 부분적 정의(particular justice)에 관한 그의 논문의 일부로서 자연권을 다루고 있으며, 자연권을 사적 권리(私的 權利)의 일부로 다루고 있는 울피안(Ulpian)과 같은 로마 법학자들의 전통에 따르고 있는 반면 아리스토텔레스는 사법적 정의(legal justice)라는 맥락에서 자연법에 관한 문제를 다루고 있다.[33] 덕을 갖춘 시민이 조국을 위해 자신의 삶을 바칠 태세가 되어 있다는 명제에 대하여 논하면서 아퀴나스는 만약 인간이 본래부터 스스로를 아낌 없이 바치고자 하는 사회의 일부라면 조국에 대한 충성은 '본성'이라는 측면에서 고찰되어야 한다고 주장했다.[34] 이러한 논지를 통해 우리는 다른 시민사회와 구분되는 특정한 시민사회와 한 인간의 관계는 타고난 본성이 아니라 후천적으로 습득되는 것이라고 이해할 수 있다. 아퀴나스는 사회로부터 유리된 개인은 인간보다 우월한 존재이거나 인간보다 열등한 존재라는 아리스토텔레스의 견해에 동의한다. 그러나 아리스토텔레스가 사회의 규제를 벗어난 범위에 위치하는 완전하고 우월한 인간의 예로서 철학자를 염두에 두고 있었던 것과는 달리 아퀴나스는 철학에 반대하는 입장을 취한 것으로 악명 높은 이집트의 은둔 수도자 성 안토니우스와 같은 유형을 완전하고 우월한 인간의 예로 생각했다.[35] 마지막으로 한 가지 더 예를 들자면 아퀴나스는 아리스토텔레스의 언명을 다음과 같은 취지로 해석했다 : 정치체제가 한 인간으로서의 절대적 선(善)을 기준으로 하지 않고 시민으로서의 인간의 상대적 선에 기준을 둔다면 윤리적 덕(moral virtue)이란 상대적인 가치가 되어버린다. 한 인간으로서의 절대적인 선은 실천적 지혜로부터 분리될 수 없는 것인데, 실천적 지혜의 제1원칙은 정치체제에 관계없이 모든 사람이 공유하고 이해하는 그러한 성질의 것이다.[36] 이러한 논의에 따르면 최선의 정치체제에 대한 규정이 개인 혹은 국가의 행복을 위한 최우선의 필수불가결한 조건이라는 논지는 중요성을 상실하게 된다. 정치철학 그 자체도 마찬가지이다. 이러한 논의에 따르면 최선의 정치체제는 정치철학을 어떻게 현실화시키는가에 달려 있다.

2. 윤리적 덕과 자연법

아퀴나스 학파의 이론적 배경과 실천적 함의는 윤리적 덕(moral virtues)에 대한 아퀴나스의 논의에서 분명하게 드러난다. 아퀴나스는 한 인간이 자신의 본성 혹은 자신의 이성적 본성 속에서 어떻게 행동해야 하는가를 보여주고자 했다고 할 수 있다. (그는) 윤리적 덕에 대해 도덕원칙의 형식을 빌려 서술하지 않고 윤리적 덕이 속하는 곳이라 여겨지는 자연과학의 형식을 빌려 서술하고 있다.[37] 일부 독자들은 아퀴나스의 윤리적 덕에 대한 논의가 사려깊은 지식인이라면 누구나 숙고하는 문제, 즉 인간의 본성과 본성적인 욕망에 대한 확고한 이해에 바탕하여 이를 설명한 것이라고 생각한다. 일반적으로 아퀴나스의 윤리적 덕에 대한 논의는 아리스토텔레스보다 더 교조적이고 연역적인 입장을 취하고 있다고 평가된다.

두 학자 간의 차이는 아퀴나스의 『아리스토텔레스 윤리학 주석』에 이미 어느 정도 분명하게 드러나 있다. 『윤리학』 2권에서 5권에 걸쳐 아리스토텔레스는 11가지 미덕을 특별한 순서 없이 나열하고 있다. 이 책에서 미덕들이 나열된 순서에 비추어 볼 때 (책의 저자가) 미덕들을 인간의 정신과 연관시키려 하지도 않았고 한 가지 미덕들을 다른 미덕들과 관련지으려고 시도해 보지도 않았다고 평가된다. 아리스토텔레스의 논의는 윤리적 덕에 관한 평면적 서술에 머물고 있으며, 철학자와는 구분되는 예의바른 사람 혹은 정직한 사람으로 표출되는 윤리적 현상을 밝히는 데 국한되고 있다. 이 책은 "신사"(gentleman) 혹은 비도덕적 삶보다 도덕적 삶이 본질적으로 우월하다는 것에 대해 조금도 의심하지 않는 훌륭한 윤리적 관습과 사고를 지닌 사람에 대해 이야기하고 있다. 이 책의 공식적인 목표는 천성이 훌륭하다거나 잘 교육된 사람이라 일컬어지는 기준이 이에 대한 이론적인 전제조건을 숙지함으로써 얻어진 것이 아니라 개인의 경험과 교육에 기반한 혼돈된 것이었음을 밝히는 것이다. 이처럼 실용적인 목적으로 저술되었기 때문에 이 책은 윤리가 궁극적으로 근거하고 있는 장대한 문제에 관하여 언급하는 것을 삼간다. 오히려 도덕의 근거가 되는 인간의 본성에 대해 충분히 아는 사람이 아니라 미덕을 실천하는 문제를 깊이 생각하는 사람에게 지식이 유용하다고 주장한다. 기하학을 전혀 배우지 않고도 훌륭한 목수가 될 수 있듯이 인간 행동에 대한 과학적 탐구를 하지 않는 사람도 선한 사람(good man)이 될 수 있다. 모든 토론이 시작되는 근원적인 물음은 선한 인간이란 어떤 사람인가이지 왜 선한 사람이 되어야 하는가가 아니다. 이 물음에 대한 답은 도덕성은 윤리적 선(善)함이 제2의 천성이 되어버린 사람들의 마음 속에서 얻어지는 것이라는 언명에 근거하고 있는 것이지, 자연의 일부로서의 인간에 대한 철학적 탐구로 얻어진 지식에 근거하고 있는 것은 아니다. 모든 논의는 관대함과 정의로움에 대한 서술로 완결된다. 이 두 일반가치는 개인 그리고 사회적 존재로서의 인간의 완전함을 표현해 주는 척도, 혹은 인간의 완전함을 극대화시켜 주는 가치라 일컬어진다.

아리스토텔레스의 『윤리학』 중 이 문제를 직접 다룬 부분을 번역하면서 아퀴나스는 아리스토텔레스의 논리전개 방식을 정당화시켜 주는 이성을 부각시킴으로써 본래의 책에 표면적으로 표현된 것, 내포된 것뿐만 아니라 그 이상의 것을 번역서에 담았다. 용기와 절제는 아퀴나스가 원초적인 감정이라고 일컬은 분노와 욕망처럼 적절한 실체를 가진다. 그리고 표면적인 선 혹은 악, 표면적인 행동과 연관된 부차적 욕망과 관계된 가치들이 뒤따른다. 첫 번째 집단에는 부의 사용을 통제하는 너그러움과 관대함, 너그러움에 기반하는 명예와 연관된 가치들, 그리고 온화함이 속한다. 두 번째 집단에는 친근함, 솔직함, 그리고 세련된 재치가 속한다. 이 모든 것에 뒤따라 정의가 등장하는데, 앞서 언급한 모든 미덕들이 고려되는 상황은 내적 욕망과 관계됨에 비해 정의는 표면적인 행동 그 자체라는 주된 실체를 가진다. 행동(action)이 욕망(passion)으로부터 비롯된 것이라고 인정할 경우 전자가 후자보다 먼저 다루어지는 것은 당연하다고 할 수 있다.[38] (이러한 입장을 전제하고 보면) 아리스토텔레스가 앞서 미덕을 나열한 순서는 다음과 같은 원리에 근거한다고 할 수 있다 : 인간의 생명을 보전하는 데 직결되는 선 혹은 인간의 삶을 파괴시킬 위험이 있는 악과 관계된 욕망이 삶을 영위하는 데 부차적인 역할을 하는 선과 관계된 욕망에 선행한다. 사람들은 아리스토텔레스의 작품의 취지를 존중하는 본질적인 강점과 관계없이 아퀴나스의 "과학적" 설명 자체에까지 열광하게 된다. 일차적인 욕망과 부차적인 욕망의 구분에 따라 가치를 구분하는 방법은, (아퀴나스로 하여금) 아리스토텔레스가 윤리적 삶을 논하는 데 중요한 초점이 되는 가치 중 하나인 인색함과 아량을 부차적인 가치로 돌리고 용기와 겸손에 더 큰 비중을 두도록 유도하게 한다. 나아가 아퀴나스의 아리스토텔레스 『윤리학』에 대한 해석은 (아리스토텔레스 사상의 맥락에서는 그렇지 않겠지만) 윤리적 문제에 접근하는 독특한 낯선 분석원칙을 주입시키고자 한다.

이와 같은 결론은 『신학대전』(*Summa Theologia*)에서 윤리적 가치들을 논한 아퀴나스의 논문들에서 더 분명한 형태로 드러난다. 『신학대전』에서는 아리스토텔레스의 분류법이 배제되고 수정된 플라톤-스토아적 분류, 즉 모든 윤리적 덕들을 네 가지 기본 도덕인 겸손, 용기, 정의, 신중함으로 치환한 분류법이 채택된다.[39] 이 모든 윤리적 덕들은 각각의 덕목을 완벽하게 실현시키고 각 덕목을 규정하는 하나의 혹은 몇 개의 정신과 연결되어 있다. 겸손(moderation)은 그 실체로서 육욕적이고 탐욕적인 부분을 내포하고 있다. 겸손은 이러한 실체에게 인간이 촉각 및 미각에서 즐거움을 얻고자 하는 욕구를 강제력을 통해 적절히 억제하고자 하는 이성의 명령을 전달한다. 용기(courage)는 급한 성미 혹은 흥분을 교정하는 덕목이며, 인간이 이성적인 선을 추구하는 것을 방해하는 두려움을 극복할 수 있게 한다. 정의(justice)는 의지에서 발견되며, 인간이 타인과 교제하는 모든 국면을 통제한다. 이 세 가지 덕목들을 통해 인간은 그의 자연적 속성과 이성이 명하는 선을 잘 조정할 수 있다. 그러나 올바른 목적을 지향하기 위해서는 그에 대해 숙고하고 선택하고 그것에 공헌하는 수단을 예측할 수 있는 무엇인가가 더 필요하다. 이것이 신중함(prudence)의 역할이다. 신중함은 그 실체로서 이성을 지니고 있는 정신적인 덕목이다. 그러나 신중함의 올바른 시행이 이를 뒤따르는 여러 덕목들의 욕구를 조정하는 데 달려 있는 한 신중함은 윤리적 덕목에 속한다 할 수 있다.

다른 모든 윤리적 덕목들은 가치의 대상, 가치의 함의, 가치를 형성하는 필요불가결한 요소로서 이 네 가지 일반가치를 형성한다. 다른 윤리적 덕목들은 이 네 가지 일반가치 중 어느 하나에 연관되어 있기도 하고 여러 개에 연관되어 있기도 하다. 같은 가치라도 그것이 적용될 대상, 즉 그 가치의 담지자에 따라 다양하게 분화된다. 예를 들자면 통치자의 신중함은 일반인의 신중함을 훨씬 능가하며, 전 도시국가나 왕국의 공공선을 증진하는 데 도움이 된다. 두 경우 모두 심중함의 정의를 충족시키지만 두 경우는 독립된 각각의 완전한 형태를 이룬다.[40] 가치의 함의란 제1원칙들의 부차적인 행위나 형태와 관계된 덕목으로 그 자체 안에 제1의 덕목들의 정수나 힘의 원천을 담고 있지 못한 것들이다. 예를 들자면 관용(liberality)이나 친근함(friendliness)의 본질은 정의의 본질과 동등하게 취급되지는 않지만 인간과 인간의 바른 관계지움과 관련해서는 어찌되었든 동일한 범주로 분류된다.[41] 필수불가결한 요소가 되는 덕목들은 그 자체로는 완전한 덕목이 될 수 없으나 완전한 덕목을 구성하는 데 기여하는 여러 가지 요소가 된다. 이를 테면 추억(memory), 창의성(inventivene-ss), 신중함(caution), 용의주도함(circumspection) 등은 모두 완전히 신중한 행동을 구성하는 데 필요한 요소가 된다.[42] 이러한 방식대로라면 인간 본성에 대한 이론적 분석과 특정한 정신에 기반하여 완벽한 윤리적 덕목의 목록을 차례로 만들 수 있을 것이다.

두 극단 사이의 중용을 중시한 아리스토텔레스의 윤리적 도덕에 관한 언명에서 제기된 구체적인 난점에 주목한다면 우리는 아퀴나스의 분석절차에서 포괄적인 의미를 찾아낼 수 있을 것이다.[43] 비록 인간의 행동이 기준을 초과하거나 기준에 미달하여 이성적 규범을 벗어나곤 하지만, 도덕적이고 이성적인 행동은 양 극단이 모두 배제되고 언제나 바른 중용의 상태에 이를 것을 요구한다. 대개의 경우 논의의 대상이 되는 중용은 대상이나 행위자에 따라 상대적인데, 행위자 자신을 포함한 주어진 특정 행위의 개별적 환경을 근거로 해야만 확정될 수 있다. 예를 들자면 이성은 우리에게 생명을 유지하기 위해 먹고 마시는 것이 필요하다는 것을 알려주지만, 일반적인 상황 속에서 그러하다는 것을 알려줄 뿐 각각의 인간이 얼마만큼 먹고 마셔야 하는지 일일이 구체적으로 알려주지는 못한다. 어떤 사람에게 지나친 것이 다른 사람에게 충분하지 못한 경우도 있고 그 반대의 경우도 있다. 어떤 특정한 상황에서 특정 시기에 적절했던 것이 다른 시기, 다른 환경에서는 비난받아 마땅하며 부적절한 것이 될 수도 있다. 우리는 미덕 그 자체가 어떤 사람이 특정한 환경조건에서 널리 공인된 행위의 기준에 맞게 행동하도록 권고하게 되는 상황을 쉽게 연상할 수 있다. 그러나 이러한 경우 즉각 무엇이 그러한 결정을 내리게 하는 기준원칙인가 하는 의문이 떠오르게 된다. 아리스토텔레스의 경험적 접근의 특징은 그의 (도덕적) 원칙에 대한 논의가 인간이 일상적 규범에서 일시적으로 벗어나는 행동을 정당화할 수 있는 초도덕적 목표나 도덕의 본령을 벗어난 규범에 대해 전혀 언급하고 있지 않다는 것이다. (아리스토텔레스는) 『윤리학』에서 이성의 중용이란 법 그 자체인 신중한 사람이 정하는 중용이라고 분명히 언급했다. 이러한 해결책은 행동을 하기 위한 규범으로는 일견 적절하다 여겨질 수 있다. 그러나 논리적인 관점에서 볼 때 무엇인가 미진한 구석을 남긴다. 이러한 논지는 경험적으로 볼 때 올바른 중용의 상태를 선택하곤 했음을 근거로 신중한 사람을 규정하고 이 사람이 선택한 중용은 바른 중용(mean)이라 하는 주장과 크게 다를 바 없기 때문이다.[44]

아리스토텔레스의 논리를 실천적 진리의 관점에서 고찰하려는 사람도 같은 문제에 봉착하게 된다. 문자 그대로 특정 상황에 적용될 수 있는 실천적 진리는 단순히 지식의 대상이 아니다. (실천적 진리를 규정하고자 하는) 사람은 주어진 행위의 본질뿐만 아니라 이러한 행위를 둘러싸고 있는 각종 환경조건에 대해서도 충분히 숙지하고 있어야 한다. 그러나 이러한 환경조건은 무한히 많고, 따라서 이를 평가한다는 것은 불가능하다. 만일 도덕적으로 행동하기 위해 그의 행동에 관련된 모든 환경조건을 알아야 한다면 누구도 행동을 해야 할지 말아야 할지조차 결정할 수 없을 것이다. 따라서 경험적 판단 혹은 신중한 판단은 도덕적으로 옳을지는 몰라도 직관적으로 틀릴 수 있다는 결론이 도출될 수 있다. 누군가가 그의 직무에 태만했기 때문이 아니라 단순한 실수로 환자에게 잘못된 약을 주었다면 그의 행위는 결과적으로 심각한 피해를 주게 되지만 도덕적으로는 선한 행동이 된다. 그뿐 아니라 객관적인 상황에 대한 정확하고 완전한 파악이 (설사 가능하다 해도) 어떤 사람의 행동의 도덕적 가치를 평가할 수 있는 충분조건이 되지는 않는다. 진정한 미덕은 선(善)을 사고의 형태로서만이 아니라 실천적 형태로 추구할 것을 요구한다. 이는 행위자의 편에서 보면 행위자에게 알려진, 그리고 드러난 선에 대한 지속적인 추구를 의미한다. 도덕적인 사람이 주목하는 의문들은 결코 순수하게 객관적이고 편견이 없는 의문들일 수 없다. 이들 의문은 질문자와 분리될 수 없으며, 이에 대한 해답은 순수히 이성만을 사용하는 분석에 이의를 제기한다. 조금 다른 각도에서 서술하면 실천적 판단의 진리는 교정된 욕망에 준거하는 태도에 의해 측정되는 반면 순수한 이론적 판단의 진리는 사물 그 자체 혹은 그 사물의 목적에 준거하는 태도에 의해 측정된다. 그러나 아퀴나스가 적절히 지적했듯이 이 모든 논의들은 또 다시 순환론적인 문제에 봉착하게 된다. 실천적인 관점에서 진리 혹은 바른 이성은 교정된 욕망에서 비롯된 특정한 행동에서 도출된 것이기 때문에 불확실한데, 행동 그 자체가 바른 이성에 호응하도록 규정된다.[45]

양면성을 띤 문제를 해결하려는 아퀴나스의 시도는 아리스토텔레스가 함축적으로 내포하고 있는 것을 명백히 해주었다. 『아리스토텔레스 윤리학 주석』에 예시되어 있기는 하지만 양면성을 띤 문제에 대해서는 법에 관한 논문에서 가장 상세하고 완전하게 다루고 있다.[46] 아리스토텔레스의 논문 중에는 이에 필적할 만한 것이 없고, 그 이전의 키케로나 아우구스투스의 자연법 논의에 본질적으로 의존하고 있는 것도 아니라는 점에서 이 논의의 독창성을 인정할 수 있다. 간단히 요약하자면, 이 논문은 궁극적으로 중용을 선택하는 것이 이성의 작용에 의한 것이 사실이라면 인간이 도덕적으로 추구하는 목표는 그 인간에게 본질적으로 이미 주어진 것이고, 그 목표를 달성하고자 하는 내면적 욕구 속에 이미 내재해 있는 것이라고 할 수 있다. 자연은 확고하고 필연적인 기호(嗜好)에 기반한 본질적인 원칙으로 이해되어야 하며, 아퀴나스가 다른 곳에서 언급한 바와 같이 이성적이지 않은 존재조차도 이성에 순응하는 방식으로 행동하게 만드는 신(神)의 작품의 일부이다.[47] 인간 자체가 자연의 일부이기 때문에 모든 자연이 그러하듯 그 내부에 사고와 관계없이 단일하게 규정지워진 어떤 목표를 지향하고자 하는 경향을 내포하고 있다. 본질적으로 인간은 자연스럽게 이미 정해진 자신의 길을 찾아간다. 동물로서의 인간은 다른 동물과 출산과 자녀양육의 본능적 욕구를 공유하며, 이성을 지닌 존재로서 인간은 본능적으로 정치적 삶이나 진리에 대한 앎 같은 인간 고유의 가치들을 추구한다.[48]

이성을 부여받았다는 바로 그 이유 때문에 인간은 자연 속의 다른 존재보다 신(神)의 섭리에 의한 질서에 더 완전하게 참여하고 있다. 인간은 존재목표가 있으며 그 자신의 존재함을 드러내 주는 본성이 있다는 지식을 통해 그의 방향을 인도하는 일반원칙들을 즉각 깨닫는다. 실천적인 이성의 명령에 의해 이 원칙들은 "법"을 형성한다. 법은 자연 그 자체에 의해 선언되는 것으로, 인간이 선과 악을 판별할 수 있게 해주고 그의 행동의 옳고 그름을 판단하는 오류 없는 기준이 된다.[49] (법의) 가장 보편적인 조항들은 아퀴나스가 양심 혹은 synderesis라 부르는 특별한 형질의 객체를 형성하고 이 형질은 제1의 자명한 전제조건과 병행하는데, 이

로부터 모든 논증이 이론적 질서 속에서 지속된다.[50]

"양심"과 "synderesis"가 동일한 개념으로 사용되는 예는 아리스토텔레스에서는 나타나지 않고 후기 그리스 시대나 초기 기독교 전통에서 나타난다. 이 개념은 이들을 통해 중세로 전해지는데, 이 문제에서 이미 우리는 아퀴나스의 사상이 비아리스토텔레스적 요소를 지니는 징후를 발견할 수 있다. 그러나 한 단계 더 나아가야 한다. 문자 그대로의 법이라는 의미로 고려될 때 문제가 되는 윤리원칙들은 아리스토텔레스나 일반적인 철학 전통에 의존할 것 없이 특정한 성격을 지닌다. 자연법은 어떤 행위가 본질적으로 고귀하다 혹은 비열하다는 이유로 그 행위를 고무하거나 금할 뿐만 아니라, 현생에서나 내세에서의 (어떤 행위에 대한) 응보를 명하거나 금하기도 한다. 이러한 논의는 인간 영혼의 불멸과 지혜와 공정함으로 세계를 다스리며 인간 행동이 공덕을 칭송받을 만한 일인지 벌받을 일인지 판별하는 전지전능한 신(God)을 전제하고 있다.[51] 이러한 문제에 대한 침해는 단순한 경험 부족이나 이성으로부터의 이탈보다 더 큰 배신이다. 이는 자연법의 제공자이자 수호자이며 죄인 스스로가 강탈한 행복이나 미덕 같은 내면적 선(善)을 박탈하고 죄의 무게에 따라 제재를 가하는 신에 대한 공격을 뜻한다.[52] 이러한 맥락 속에서 인간의 전반적인 윤리적 삶은 완전히 새로운 것을 얻게 된다. 그리고 윤리적 삶을 오직 인간의 완전함이나 충만함으로 이해하려 했던 태도를 버리고 인간의 도덕적 삶을 궁극적으로 무한한 구속력이 있으며 신에 의해 권위가 부여된 거룩하고 자발적인 복종에 의한 것으로 이해하게 된다.

자연법은 오직 인간 행위가 가장 일반적인 기준 혹은 윤리적 질서에 대한 인간의 지식에 근거하고 있는 흔들리지 않는 기반을 제공할 뿐임을 덧붙여야 한다. 자연법은 제1원칙을 제공하지만 인간 사회에 (실제로 적용될) 충분한 이성의 규범들을 제공하지는 않는다. 자연법의 제1원칙은 예외없이 모두에게 인지되어 있지만, 이것조차도 개개인의 행동지침으로 바로 사용되기에는 너무 범위가 커서 구체적이지 못하다. 따라서 자연법은 인간의 노력을 통해 형성된 새로운 법에 의해 보충되어야 하는데, 이러한 이유로 이 법은 세속법(human law)이라 부른다. 세속법의 규범들은 자연법에서 나왔는데, 일반법칙에 대한 특수 규정의 형태나 증명할 수 없는 원칙들로부터 이끌어내진 결론의 형태로 이루어져 있다. 예를 들자면 자연법은 신은 고귀한 존재로 숭앙되어야 한다고 전제한다. 그러나 신을 숭배하는 행위는 특정한 시간과 장소에 부합되고 인간 이성에 의해 구체화된 특정 행동양식이나 의례로 이루어진다. 마찬가지로 타인에게 해를 입혀서는 안 된다는 일반원칙은 이성의 추론에 의해 살인하지 말라, 도둑질하지 말라, 간통하지 말라는 규범이 되는 것이다.[53]

말할 것도 없이 이 규범들은 모두 동등한 비중을 갖고 있다고 할 수도 없고 규범을 뒷받침할 수 있는 증거를 모두 제시할 수도 없다. 대개의 경우 이 규범들의 일반성에 제한을 가하는 것은 이들 규범들이 다루는 대상들의 우연성이나 "결함", 그리고 인간 본성의 상대적인 불완전성과 불안정성이다. 인간의 행동은 언제나 개별적인 사건에 연관되어 있고, 그들의 도덕성은 그들이 연관된 헤아릴 수 없이 많은 환경요소 등의 어느 하나에 영향을 받는다. 정의는 일반적으로 빌려오거나 박탈한 것을 주인에게 돌려줄 것을 요구한다. 그러나 이것은 조국을 배반할 의도가 있는 사람에게 선적된 무기를 돌려주는 것이 도덕적으로 옳다는 것을 의미하지는 않는다. 게다가 연령, 천성, 그 이전에 획득한 후천적 성향 등으로 모든 사람이 동등하게 미덕을 행하고 동등하게 도덕적으로 완전할 수는 없다. 특정인이나 특정 집단에 적용시키는 것이 무리한 불가능하고 도덕적인 규범은 그것이 적용될 상황에 맞게 변형되어야 한다.[54] 규범이 상세할수록 그 규범은 더 세분되지만 확실성은 저하된다. 이러한 까닭으로 도덕성을 다루는 학문은 자연을 다루는 학문과는 달리 확실성을 제공할 가능성이 적으며, 진리의 모습을 대충 그 테두리만 그려내는 것으로 만족해야 한다.[55]

아퀴나스와 아리스토텔레스 사이에 제기되는 결정적인 문제는 윤리의 원칙들이 인간이 변화시켜도 되는 대상인가가 아니라 극한의 상황에서도 의무규정이 될 수 있는, 그래서 어느 누구도 벗어날 수 없는 윤리 규범이 하나라도 있는가 하는 것이다. 아리스토텔레스가 단순하게 모든 자연권은 가변적이라고 한 것에 반해,[56] 아퀴나스는 누구나 어떠한 경우에도 동의해야 하는 공동의 규범 혹은 제1의 자연법과 상황에 따라 가변적인 부차적 규범을 구분했다. 전자는 접근하기 어렵고 인간 존재에 대한 자연의 목적에 더 접근해 있다는 점에서 후자와 다르다. 이는 살인과 강간, 절도를 금하는 규범과 같은 것으로 인간은 어느 누구도 이 규범을 벗어날 수 없으며, 오직 자연법의 창시자인 신(神)만이 아브라함에게 이삭을 죽이라고 명한 바와 같이 특정한 경우에 (이 규범에 어긋나는 일을) 명할 수 있다. 우상을 섬기지 말라, 그리고 네 주 여호와의 이름을 망령되이 부르지 말라는 규범을 포함한 십계명의 규범들은 모두 이러한 보편타당한 규범의 범주에 속하며, 구약의 여러 의례에 대한 규범 혹은 판례에 의한 규범과는 달리 신법(New Law)에 의해 폐지되지 않았다.[57]

이러한 제1의 원칙과 부차적인 규범 사이의 구분은 강제 하에 실행되는 비도덕적 행위에 대한 변명과 정당화 가능성에 대한 논쟁을 다룬 아퀴나스에게 당연한 것으로 수용된다. 아리스토텔레스는 "아마도" 어떠한 고통스러운 상황에서도 설사 죽음을 대가로 치르더라도 거부해야 하는 사악한 행위가 있을 것이라는 단정적이지 않은 말을 남겼으며, 이와 비슷한 정도로 애매모호한 다음과 같은 말로 그의 대화편을 마무리 짓는다. "상과 벌은 강제에 항복한 사람과 이를 거부한 사람 모두에게 주어져야 한다."[58] 아베로에스(Averroes)는 이러한 아리스토텔레스의 언명에 대한 주석에서 아리스토텔레스의 주장을 다음과 같이 해석했다. 즉 인간이 강제력에 굴복한 것은 어떤 상황 하에서는 비난받아 마땅하지만 인간 인내력의 한도를 넘는 육체적 · 정신적 고문이 가해질 경우에는 이를 비난할 수 없다는 것이다. (이렇게 해석하면) 선과 악의 구분은 상당 정도 실정법의 영역이 된다.[59] 이와는 달리 아퀴나스는 "아마도"(perhaps)라는 단어를 그 글자 그대로의 뜻이 아니라 수사학적인 것으로 이해했다. 아퀴나스는 (강요에 의한 것과 자발적인 경우의) 행동 모두, 그리고 이러한 시각을 지지하는 모든 국가는 비난받아 마땅하다고 단호하게 주장한다. 그는 우상의 제단에 희생을 바치는 것을 거부하고 화형당한 성 로렌스의 경우를 그의 주장의 근거로 들고 있다. 아퀴나스는 아리스토텔레스의 중용을 추구하는 결론을 수용하지만, 강제에 의한 희생자는 때로는 용서받을 수 있고 최소한 동정의 대상이 될 수 있다는 아리스토텔레스의 암묵적인 주장을 단호하게 거부하고 어떠한 경우에도 악을 행한 사람은 벌을 피할 수 없다는 태도를 취한다.[60]

악한 행동을 금하는 법은 입법자의 의지가 우선적으로 고려하는 사회의 공공선과 입법자의 의지를 구체화하게 된다. 그럼에도 불구하고 입법자 자신도 그의 고찰이 특정 상황에 적합하지 않았음을 시사하는, 미처 생각하지 못했던 경우임을 깨닫게 되면 정해진 규범을 더 높은 법의 이름으로 파기해야 한다는 생각을 결코 버리지 않는다.[61] 자연법의 가장 일반적인 규범은 인간 사회에 직접적으로 적용되며, 그 운용을 위해 희석되어서는 안 된다. 공공선이나 사회의 보호라는 관점에서 누군가에게 이 원칙에 위배되는 행동을 하도록 강요할 가능성은 즉각 그리고 영원히 제거되어야 한다. 정의의 요구와 시민사회의 요구 사이에는 근원적이고 필연적인 조화가 존재한다. 완전무결한 사회질서는 말로서만이 아니라 실제로 존재하며, (만약 존재하지 않는다면) 적어도 실재로 존재할 가능성이 있다. 사회정의는 절대적 의미에서의 정의에 가까워질 뿐만 아니라 절대적 정의와 일치된다. 마찬가지로 한 개인으로서 인간의 완전함은 시민으로서의 완전함과 일치된다.[62]

이러한 맥락에서 사회적 정의와 용기라는 국가의 공공복리에 가장 깊이 연관된 두 덕목은 더 새롭고 고귀한 지위를 차지하게 된다. 정의와 관대함의 비중을 다투는 논의는 정의가 더 비중이 높다는 결론에 도달하게 되고, 정의는 더 말할 것도 없이 윤리적 가치 중 최고의 것으로 등장하게 된다.[63] 마찬가지 이유로 아퀴나스는 아리스토텔레스의 용기에 대한 논의에 내재해 있는 모호성을 제거하고 용기는 무엇보다도 조국을 지키고자 하는 경우 직면하게 되는 죽음의 문제와 연관된 것이라고 명료화시켰다.[64] 이와 마찬가지로 시민사회에 대해 그가 제시한 조화로운 해결책은 선의에서 나온 거짓말(神話)과, 거짓말이지만 유익한 도시국가의 수호신에 대한 믿음을 제거하고 자연법의 필요조건인 유일의 진정한 신으로 대체하는 것이다. 지혜는 이후로 허언에 의존할 필요없이 영향력을 발휘할 수 있을 것이다. 앞서 논의해 왔듯이 아퀴나스의 정치사상에 신비주의가 전혀 없다는 것은 (그가) 기독교 세계에 철학을 복원하려 했다는 것만으로 설명되지 않는다. 오히려 근본적으로 아퀴나스 학파의 가르침에서 주장되는 정의의 요구와 시민사회의 일치에서 비롯된 것이라는 설명이 더 타당하다.

이러한 일치의 명확한 실례(實例)는 아퀴나스가 노예제도의 정당성을 논한 아리스토텔레스의 언명을 수용한 데서 찾아볼 수 있다. 로마법과 만민법의 규범에 따라 아퀴나스는 이러한 인간관계의 필요성뿐만 아니라 정당성까지 두둔했다. 그에 의하면 이 제도는 정복자와 피정복자에게 모두 득이 되는 제도인데, 피정복자에게는 생명을 보장해 주고 정복자 측의 민중에게는 서비스를 확보해 주는 것이다.[65] 이 점에서 아퀴나스의 사상은 아리스토텔레스의 사상과 일치하지 않는다. 아리스토텔레스는 본디부터 노예가 아닌 사람들이 노예신분이 되는 것은 사회 전체의 더 고귀하고 강렬한 욕구에 의해 정당화되는 필요악이라고 보았으며, 따라서 이를 인간 정의가 지니는 자기모순적 성격과 돌이킬 수 없는 결함의 징조가 시민사회의 표면에 드러나는 것이라고 보았다.

3. 성서에 대한 믿음과 철학

아퀴나스의 자연법에 대한 언명은 도덕과 정치의 영역에서 성서에 대한 믿음과 아리스토텔레스 철학 사이의 아퀴나스 학파적 합의점 형성의 대표적 예를 보여주었다. 자연의 법으로서 자연법은 배타적으로 신의 의지를 대변한 것이라고 간주되지 않고 (인간의) 이성에 공유되었다. 장려되거나 금지되는 행위는 그 자체가 본질적으로 선하거나 악한 것이다. 이들은 단지 신이 장려하거나 금지했다고 해서 선하다고 하거나 악하다고 하는 것이 아니다. 법으로서 자연법은 그 작동의 힘을 신의 의지에 의존한다. 따라서 (아퀴나스의 자연법 사상은) 법을 근본적으로 의지의 행위라기보다는 이성의 행위라고 규정했다는 점에서 성서와 구분된다. 그리고 신을 단지 우주 삼라만상의 궁극적 근원 혹은 모든 사물에 영향력을 발휘하여 그들을 움직이거나 또는 움직이지 않는 시행자라고만 보지 않고 무(無)로부터 세계를 창조해내어 자신의 법에 따라 능동적으로 모든 피조물을 이미 예정된 방향으로 나아가도록 하는 입법자 혹은 효율적인 기원이라고 본다는 점에서 철학과 다르다. 철학과 기독교 사이의 논쟁의 핵심은 창조론과 철학의 세계불멸론 간의 반목에 대한 분석에서 최종적으로 드러난다.

아퀴나스는 두 입장 사이의 간극을 메우고자 노력했다. 그러나 이를 아리스토텔레스에 대한 초기의 주석자들처럼 신에 의한 창조라는 개념이 이교도 철학자들로부터 기인한 것으로 간주하는 데서 출발하여 달성하려 하지 않고, 세계의 불멸에 근거하여 아리스토텔레스가 발전시킨 이성은 개연적인 것에 불과하다는 논지에서 출발하여 이를 달성하려 한다. 아퀴나스의 논의는 아리스토텔레스의 『천상에서』(*On the Heaven*)보다는 『원칙론』(*Topics*)을 따르는 경향이 있다. 『원칙론』에서 세계의 불멸성은 변증법의 방식으로 혹은 인간 이성이 해결할 수 없는 것으로 그려진다. 『천상에서』는 같은 문제를 과학적 관점에서 접근하는데, 여기에는 이 문제에 대한 아리스토텔레스의 최종적인 견해가 분명하게 드러나 있다.[66] 만약 세계가 영원불멸이라는 관점이 자연이성에 의해 증명되지도 반증되지도 않는다면 요한계시록의 가르침도 철학의 가르침과 정반대가 되는 것이라고 할 수 없게 된다. 이 두 사상 간의 갈등은 아퀴나스가 신에 의한 세계의 창조와 세계의 불멸성의 분리를 거부함으로써 부분적으로 희미해지고 차차 희석되었다. 아퀴나스에 의하면 세계가 영원불멸의 것이라 해도 세계의 원천은 신의 자유의지 속에 있다.[67] 창조론이 궁극적으로 함축하는 바는 세계가 (시간 역시) 과거의 어느 순간에 존재하게 되었다는 것이 아니라 신이 아닌 모든 존재는 원칙적으로 우연성을 띠며, 그 존재 자체를 완전히 신에 의존하고 있다는 것이다. 여기에서 (우리는) 신 밖에 있는 존재들의 본질과 실존 사이의 진정한 구분에 대한 전형적인 아퀴나스 학파적 언명에 내포된 내용을 발견할 수 있다.[68]

유효한 인과관계를 신의 탓으로 돌림으로써 아퀴나스가 신의 지성과 신의 의지 사이의 구분을 강제로 유지하거나 되찾으려 했다는 것은 사실이다. 비록 이러한 구분이 (신의) 이성을 (신의 의지로부터) 구분해내는 것이며 진정한 의미에서 구별이 아니라고 하지만, 이는 신을 순수한 이성 혹은 그 자체만을 생각하는 이성이라고 규정했던 아리스토텔레스적 신관(神觀)과 비교할 때 신의 의지를 현저하게 부각시킨 것이라 할 수 있다. 이러한 결론은 아퀴나스가 영구적인 창조가 이론적으로 가능하다는 전제 하에 신이 왜 세계를 영원의 시간 중 "바로 이 시간"에 창조했는지를 설명했기 때문에 강화된다 : 세계의 유한성은 모든 것이 신에 그 근원을 둔다는 사실을 더 명료화한다. 모든 것이 신에 근원을 둔다는 사실은 신이 필요에 의해서가 아니라 자신의 자유의지에 따라 세계를 창조했다고 하는 사실에 대한 의구심을 말끔히 씻어준다. 그리고 마지막으로 창조는 총체적인 생명을 선사한다는 뜻을 함축하고 있는데, 오직 신만이 충만한 생명을 소유하고 있어서 이를 실행할 수 있다는 사실은 신의 무한한 힘을 명료하게 나타낸다.[69] 이러한 언명이 널리 수용된다는 사실은 간과되기 쉽다. 그러나 비록 부분적이고 불충분하여 한 부분만 강조하게 되었지만 이러한 언명은 근대 철학과 정치사상의 의지(will)와 힘(power) 개념에 영향을 주었다.

아퀴나스의 해석을 수용하여 아리스토텔레스의 사상이 기독교 교리에 상반되지 않는다는 사실을 받아들인다 해도 아리스토텔레스의 윤리적 · 정치적 시각을 성경의 가르침으로 보완하려 하거나 신학적 틀 속에 끼워넣으려고 하는 것이 아리스토텔레스 사상의 성격을 근본적으로 개조하려는 것은 아닌가 하는 의문이 계속 나타날 수 있다. 아리스토텔레스는 현세의 행복만을 행복의 전부로 생각하고 매우 중요한 문제인 영혼의 불멸에 대해서는 침묵을 지켰기 때문에 기독교는 무엇보다도 내세의 행복을 추구하고 아리스토텔레스는 행복을 현세의 것으로만 생각했다는 아퀴나스의 지적은 두 사상가 간의 차이를 설명하는 근거로는 충분하지 못하다.[70] 아리스토텔레스의 사상에 내세라는 차원을 첨부함으로써 나타나는 효과는 눈에 띄지는 않지만 중요하지 않다고 할 수는 없다. 그 변화는 예를 들자면 겨우 관용이 겸허—아리스토텔레스 철학에서는 전혀 발견되지 않는 덕목—와 결합되는 현상, 지상의 삶을 인간의 영원한 운명 속에서 생각할 때 용기라는 덕목에 나타나는 현상에 의해 드러난다. 신의 보상을 믿는 기독교 신자는 전쟁터에서 죽음을 맞을 때, 그러한 확신을 갖지 못하고 고귀한 목적을 위해 그의 삶을 내놓으면서 인간이 귀중하게 여기는 모든 것을 영원히 그리고 회복 불능으로 잃게 됨을 깨달은 용감한 시민과 똑같은 감상에 빠지는 일은 없을 것이다.

넓은 의미로 볼 때 믿음과 철학은 원칙적으로 완전히 다른 삶의 방식을 견지하고 있기 때문에 성서의 계시와 철학 사이에 합의점이 있느냐 없느냐는 근본적인 문제가 못 된다. 어느 누구도 동시에 똑같이 권위적이고 서로 다른 규범에 의해 (삶의) 지침을 얻을 수는 없다. 믿음의 삶의 우월성을 인정하거나 신의 계시를 경건하게 받아들이고자 하는 사람은 근본적인 의미에서 철학을 파괴할 필요가 있고, 철학자와 비철학자들에 의해 형성된 자연법들을 진정한 신자와 비신자의 근본적인 구분에 기반한 초자연적 규범으로 대치할 필요가 있다. 이와 같은 일이 벌어진다면 지식을 갖춘 아퀴나스 학파의 사람과 지식을 갖춘 아리스토텔레스 학파의 학자 간의 거리는 무한히 넓어져 지식을 갖춘 아퀴나스 학파의 사람과 무식하지만 신앙심 깊은 안토니의 거리보다 더 멀어질 것이다.

앞으로 전개될 분석은 기독교 신학에 대한 혁명의 본질을 보여준다. 흔히 말하는 바와는 달리 아퀴나스는 아리스토텔레스에게 세례를 주어 아리스토텔레스 철학을 기독교화한 것이 아니다. 아퀴나스가 아리스토텔레스에 대해서 무엇인가 한 일이 있다면 그것은 이전의 주석자들이 준 세례를 취소하고 이전에 허용되었던 신국(City of God)에 들어올 아리스토텔레스의 시민권을 박탈했다는 정도이다. 그 대신 아리스토텔레스 철학에 하인의 역할을 부여함으로써 그를 신국의 노예나 하인으로 만들었다. 아퀴나스 자신의 도덕기준에서 볼 때 이러한 처분은 절대 부당한 것이 아니며, 아리스토텔레스는 기독교에 기여한 공로로 최소한 살아남을 은총을 받은 셈인 것이다. 아리스토텔레스가 이슬람이나 유대사상에서는 배척받았지만 마침내 서방 기독교 세계에 안주할 영원한 집을 찾았다는 것이 그 증거이다. 아리스토텔레스가 기독교 전통에서 가장 고귀한 이성의 상징으로서의 명예를 차지하고 있다는 것은 아퀴나스의 진취적 정신이 참신한 것이었고 용기 있는 것이었다는 설득력 있는 증거가 된다.

이 진취적 정신의 성공이 완전한 것도 아니었고 도전을 받지 않은 것도 아니었음을 덧붙이고자 한다. 그 대담함 때문에 아퀴나스는 서구에서 가장 영향력이 큰 두 집단(비록 수적으로 동등하지는 않지만)과 충돌하게 되었다. 그는 전통적인 신학자들의 반발을 일으켰는데, 그들은 아퀴나스가 주제 넘게도 죄 많은 이교도를 교회에 끌어넣은 데 대해 분개했으며, 아퀴나스가 기독교 교리를 조각냈다고 비난했다. 그는 새로이 해방된 철학자들(Latin Averroists)의 분노를 초래했는데, 그들은 바로 그 철학을 (신학의) 노예의 지위로부터 해방시키고자 했으며, 그들이 해방자가 될 수 있으리라 여겼다. 아퀴나스가 신앙과 이성이라는 두 극단 사이에 미묘하게 형성시켰던 균형은 3세기가 지나기 전에 그가 직접 참여하지는 않았지만 간접적으로 조장한 두 가지 혁명적 발전에 의해 무너져 버렸다. 하나는 루터(Luther)로, 그는 지나치게 순수하나 초현실적인 교회라는 이유로 "아리스토텔레스적 교회"를 거부했다. 다른 하나는 마키아벨리(Machiavelli)로, 그는 고전적이지도 않고 기독교적이지도 않으나 뚜렷이 근대적인 이상(ideal)의 이름으로 아리스토텔레스와 교회 양자를 모두 거부했다.

■■■ Ernest L. Fortin / 박현모 번역

❖ 주 ❖

1_ Alfarabi, *The Attainment of Happiness*, 63.

2_ *Summa Contra Gentiles*, I 4 ; *Summa Theologiae*, I, qu. 1, a. l : I–II, qu. 99, a. 2, ad 2 ; *De Veritate*, qu. 14, a. 10. Maimonides, *Guide of the Perplexed*, I 34.

3_ *In Lib. de Divinis Nominibus*, Proemium, 2. Cf. *In Boethium de Trinitate*, qu 2, a. 4 ; *Summa Theologiae*, III, qu. 42, a. 3.

4_ Avicenna, *On the Divisions of the Rational Sciences*, in R. Lerner and M. Mahdi, eds., *Medieval Political Philosophy : a Sourcebook*, New York, 1963, p. 97.

5_ *Summa Contra Gentiles*, II 4 ; *Summa Theologiae*, I, qu. 1, a. 6–7.

6_ *Summa Contra Gentiles*, I, 7 ; *De Veritate*, qu. 14, a. 10, ad 7 and ad 9.

7_ *Summa Theologiae*, I, qu. 85, a. 3 ; *Summa Contra Gentiles*, II 98 ; *Commentary on the Posterior Analytics*, Proemium, n. 4.

8_ *Summa Theologiae*, I, qu. 76, a. 5 ; *Quaest. Disp. de Anima*, a. 8 ; *De Malo*, qu. 5, a. 5 ; In II Sent., Dist. I, qu. 2, a. 5.

9_ *Summa Theologiae*, I–II, qu. 85, a. 1–2.

10_ *Summa Contra Gentiles*, I 9.

11_ *On Kingship*, I 1, [4].

12_ *On Kingship*, I 1, [5] ; *Summa Theologiae*, I qu. 76, a. 5, ad 4.

13_ *Summa Theologiae*, I–II, qu. 95, a. 1 ; *Commentary on the Ethics*, I, Lect. 1, n. 4 ; X, Lect. 14. n. 2139–42.

14_ *Summa Theologiae*, I–II, qu. 90, a. 3, ad 3.

15_ *Commentary on the Politics*, I, Lect. 1, n. 39 ; *Commentary on the Ethics*, I, Lect. 1, n. 4.

16_ *Summa Theologiae*, I, qu. 96, a. 3–4 ; qu. 92, a. 1, ad 2 ; *On Kingship*, I 1, [9–10].

17_ *In IV Sent.*, Dist. 49, qu. 1, a. 1, qu. 1, sol. 1, ad 3.

18_ *Summa Contra Gentiles*, III 17. Cf. *Commentary on the Ethics*, I, Lect. 2, n. 30.

19_ *Summa Contra Gentiles*, III 24 ; *Summa Theologiae*, I–III, qu. 47, a. 10, ad 2.

20_ *Summa Theologiae*, I, qu. 60, a. 5 ; *Quodlibetum*, I, qu. 4, a. 8.

21_ *On Kingship*, I, 2, [17] ; *Summa Theologiae*, I, qu. 103, a. 3 ; *Summa Contra Gentiles*, IV 76, 4 ; *Commentary on the Ethics*, III, Lect. 8, n. 474.

22_ *On Kingship*, II 3, [106] ; II 4, [117−8] ; *Commentary on the Ethics*, I, Lect. 1, n. 4.

23_ *Commentary on the Politics*, II, Lect. 6, n. 226 ; Lect. 17, n. 341.

24_ *Summa Theologiae*, I, qu. 96, a. 3.

25_ *On Kingship*, I 2−3 ; *Summa Theologiae*, I−II, qu. 105, a. 1, ad 2.

26_ *Commentary on the Politics*, II, Lect. 5, n. 212.

27_ *Summa Theologiae*, I−II, qu. 105, a. 1 ; *On Kingship*, I 6, [42].

28_ *Summa Theologiae*, I−II, qu. 95, a. 1, ad 2^{m}.

29_ *Commentary on the Ethics*, X, Lect. 14 ; II, Lect. 1, n. 251 ; *Summa Theologiae*, I−II, qu. 92, a. 1.

30_ *Commentary on the Ethics*, VI, Lect. 7, n. 1197 ; X, Lect. 16, n. 2165.

31_ *Summa Theologiae*, I−II, qu. 72, a. 4. Cf. I−II, qu. 21, a. 4, ad 3^{m} ; qu. 91, a. 1 ; *On Kingship*, II, 1, [94] ; *De Perfectione Vitae Spiritualis*, 13.

32_ *Commentary on the Ethics*, I, Lect. 1, n. 5−6 ; VI, Lect. 7, n. 1200 ; *Summa Theologiae*, I−II, qu. 47, a. 11, s. c.

33_ *Summa Theologiae*. II−II, qu. 57.

34_ *Summa Theologiae*, I, qu. 60, a. 5.

35_ *Commentary on the Politics*, I, Lect. 1, n. 35. Athanasius, *Life of Anthony*, 72ff.

36_ *Commentary on the Politics*, I, Lect. 3, n. 376. Cf. *Summa Theologiae*, I−II, qu. 92, a.1, corp. and ad 4 ; I−II, qu. 58, a. 4.

37_ Cf. *Summa Theologiae*, I, qu. 60, a. 5.

38_ *Commentary on the Ethics*, III, Lect. 14, n. 528.

39_ Cf. *Summa Theologiae*, I−II, qu. 61.

40_ *Summa Theologiae*, II−II, qu. 47, a. ll ; qu. 48, a. 1 ; qu. 50, a. 1−2.

41_ *Summa Theologiae*, II−II, qu. 80, a. l.

42_ *Summa Theologiae*, II−II, qu. 49.

43_ Cf. Aristotle, *Ethics*, II 6.

44_ Aristotle, *Ethics*, II 6, 1107^{a}1.

45_ *Commentary on the Ethics*, VI, Lect. 2, n. 1131. Cf. *Summa Theologiae*, I, qu. l, a. 6, ad 2^{m} ; qu. 14, a. 16 ; Aristotle, *Ethics*, X 5, 1176^{a}4ff.

46_ *Summa Theologiae*, I−II, qu. 90−108.

47_ *Commentary on the Physics*, II, Lect. l and Lect. 14, n. 268 ; *Commentary on the Ethics*, I, Lect. l, n. ll. Cf. *Commentary on the Metaphysics*, V, Lect. 5.

48_ *Summa Theologiae*, I−II, qu. 94, a. 2.

49_ *Summa Theologiae*, I−II, qu. 91, a. 2.

50_ *Summa Theologiae*, I, qu. 79, a. 12−13 ; qu. 19, a. 5−6 ; *De Veritiate*, qu. 16 ; 성 제롬

의 『에제키엘서에 대한 주석』을 면밀히 검토해 볼 때 Synderesis라는 용어는 (Suntoreses, 문자 그대로라면 "보존") 문맥상으로 볼 때 Suneidesis("양심")를 잘못 쓴 것인 듯하다.

51_ *Summa Theologiae*, I–II, qu. 18, a. 9 ; qu. 21, a. 4 ; qu. 96, a. 4 ; qu. 98, a. 5 ; qu. 99, a. l and 5 ; qu. 100, a. 2.

52_ *Summa Theologiae*, I–II, qu. 71, a. 6, ad 5 ; *Summa Contra Gentiles*, IV 140.

53_ *Summa Theologiae*, I–II, qu. 95, a. 1–2 ; qu. 91, a. 2, ad 2^{m}.

54_ *Summa Theologiae*, I–II, qu. 94, a. 4, qu. 96, a. 2 ; II–II, qu. 57, a. 2, ad l^{m}.

55_ *Commentary on the Ethics*, I, Lect. 3, n. 35 ; II, Lect. 2, n. 258–9.

56_ Aristotle, *Ethics*, V 7, 113425ff.

57_ *Summa Theologiae*, I–II, qu. 94, a. 5, ad 2^{m} ; qu. 97, a. 4, ad 3^{m} ; qu. 99, a. 3, ad 2^{m} and a. 4 ; qu. 100, a. 8, ad 3^{m} ; Suppl., qu. 65, a. 1. 서로 사랑하고 하느님을 공경할 의무, 우상숭배를 금하고 하느님의 이름을 망령되이 부르지 말라는 계율은 비록 자연법의 일부이기는 하지만 인간 이성에만 그 정당성의 근거를 두고 있는 것이 아니고 신의 가르침 혹은 믿음으로 형성된 인간의 이성에도 그 정당성의 근거를 두고 있다.

58_ Aristotle, *Ethics*, III l, 1110^{b}24–33.

59_ Averroes, *In Moralia Nicomachia Expositio*, Venice, 1562, p. 31 I.

60_ *Commentary on the Ethics*, III, Lect. 2, n. 395–7.

61_ *Summa Theologiae*, I–II, qu. 100, a. 8.

62_ *Commentary on the Ethics*, V, Lect. II, n. 1003 ; *Summa Theologiae*, I–II, qu. 92, a. l, ad 3^{m}.

63_ *Summa Theologiae*, I–II, qu. 66, a. 4 ; II–II, qu. 58, a. 12.

64_ *Commentary on the Ethics*, III, Lect. 14, n. 537.

65_ *Commentary on the Politics*, I, Lect. 4, n. 75 and 79.

66_ *Summa Theologiae*, I, qu. 46, esp. a. l ; *Summa Contra Gentiles*, II 30–8. Aristotle, *Topics*, I ll, 104 16 ; *On the Heaven*, I 2–4 and 10–2 ; III 2.

67_ *Summa Theologiae*, I, qu. 46, a. 2, corp. and ad l^{m}.

68_ *Summa Theologiae*, I, qu. 3, a. 4 ; *Summa Contra Gentiles*, I 22.

69_ *Summa Contra Gentiles*, II 38, 15.

70_ *Commentary on the Ethics*, I, Lect. 4, n. 4 ; III, Lect. 18, n. 588–590 ; *Commentary on the Politics*, II, Lect. 1, n. 170. Cf. *Summa Contra Gentiles*, III 48.

❖ Readings ❖

A. Thomas Aquinas. *On Kingship to the King of Cyprus*. Translated by Gerald B. Phelan and revised by I. Th. Eschmann. Toronto ; The Pontifical Institute of Mcdiaeval Studies, 1949.

Book. I.

Thomas Aquinas. *Summa Theologica*. Literally Translated by the Fathers of the English Dominican Province. 3 Vols. New Yerk : Benziger Brothers. 1947. I–II, qu. 90–97 ; qu. 100 ; qu. 105, a. l(from the treatise on law) II–II, qu. 47 and 50(from the treatise on prudence). II–II, qu. 57–58(from the treatise on right and justice).

Thomas Aquinas. *On the Truth of the Catholic Faith*(*Summa Contra Gentiles*). Newly Translated, with an Introduction, by Anton C. Pegis. Garden City ; Image Books, 1955. Book I, Chap. 1–7.

B. Thomas Aquinas. *Commentary on the Nicomachean Ethics*. Translated by C. I. Litzinger. Chicago : Henry Regnery Company, 1964. Book l, Lect.1–3 ; Book IV, Lect. 8–1 ; Book V ; Book VI, Lect. 9–6.

Thomas Aquinas. *Commentary on the Politics of Aristotle*. Proemium ; Book I, Lect. l ; Book III, Lect. 1–6. *Medieval Political Philosophy ; A Source book*. Edited by R. Lerner and M. Mahdi, with the collaboration ol E. L. Fortin. New York : The Free Press, 1963, pp. 298–34.

마르실리우스

Marsilius of Padua_B.C. 1275–1342년경

마르실리우스의 주요 저작은 『평화의 옹호자』(*Defender of the Peace*, 1324)이다. 마르실리우스는 기독교적인 아리스토텔레스주의자였다. 그러나 그의 기독교적 경향이나 아리스토텔레스주의는 가장 추앙받는 기독교적 아리스토텔레스주의자인 토마스 아퀴나스의 생각들과는 상당한 차이를 내포하고 있다. 말하자면 마르실리우스는 토마스 아퀴나스와는 다른 세계에서 살았던 것이다. 『평화의 옹호자』 속에서 그는 단 한번 아퀴나스를 언급하고 있는데, 그때조차도 아퀴나스를 인용한다고 하면서도 아퀴나스가 쓴 기록에 저자의 이름[1]이 함께 삽입되어 있는 다른 권위 있는 기독교적 성향의 필자의 말만 인용하고 있다. 아퀴나스는 로마 교회의 전통적인 사제제도를 인정했다. 마르실리우스는 성직자와 신도 모두 기독교적 질서의 한 부분을 차지하지만 전자는 후자와 달리 신성으로 세워진다고 생각했다. 그러나 그는 성직의 위계질서가 신성으로 세워

진다는 생각에는 반대했다. 그에 따르면 모든 기독교의 성직자들은 신권(divine right)이 관여하는 한에서 본질적으로 모든 면에서 동등하다. 그는 또한 주교든 교황이든 간에 어떠한 성직자도 신권에 의한 어떤 권한들을 소유하고 있다고 생각하지 않았다. 즉 명령하거나 강요하는 권한, 국민이든 국왕이든 간에 배교자와 이교도를 처벌하는 권한, 만약 한다면 어떻게 할 것인지를 결정하는 권한, 그리고 법적 구속력이 있는 방법으로 정통과 이단을 결정하는 권한 등이다. 교회에 대한 마르실리우스의 이론을 논제로 삼을 수는 없다. 비록 그의 이론이 특히 종교개혁 시기에 매우 중요했지만 그것은 정치철학이라기보다는 정치신학에 속하기 때문이다. 이런 구분을 따름으로써 우리는 마르실리우스의 가르침을 왜곡하지 않게 된다. 왜냐하면 마르실리우스는 그의 저작을 통해 "인간적인 예증"에 의해 "예시된" 정치적 가르침과 신에 의해 즉각적으로 또는 매개적으로 알려지며, 따라서 이성과는 구별되는 단순한 믿음에 의해 수용되는 정치적 가르침을 구별했기 때문이다.[2] 이런 사실이 기독교의 사제에 관한 이론의 원리가 그의 저작 속에 내재해 있는 많은 어려움에 대해 해답을 준다는 사실을 부인하는 것은 아니다. 왜냐하면 그 원리는 아리스토텔레스의 가르침으로부터 마르실리우스의 유일하면서도 명백한 이탈을 설명하고 있기 때문이다.

정치철학의 원리들을 고려해 볼 때 마르실리우스는 그 자신을 "하늘의 철학자" 또는 "이교도의 현인"인 아리스토텔레스의 철저한 추종자임을 자처했다.[3] 그는 공영체(commonwealth)의 목적을 다루는 데 있어 아리스토텔레스에 분명히 동의하고 있다. 공영체는 좋은 삶(good life)을 위해 존재하고 좋은 삶은 자유로운 인간 형성의 행위, 즉 실천적일 뿐만 아니라 사색적인 영혼의 덕목들을 실행하는 데 존재한다. 실천적 또는 사민적 행복이 인간 행위의 목적인 "것처럼" 보이지만 사실 형이상학자의 행위는 뛰어난 정치가인 군주의 행위보다 더욱 완벽한 것이다.[4] 마르실리우스는 공영체의 목적을 공영체와 그 부분들의 다른 원인들(물질적·형상적·운동적)의 토대로서 여긴다는 점에서 아리스토텔레스에 동의하고 있다. 그는 많은 다른 면에서도 아리스토텔레스에 동의한다. 그는 아리스토텔레스에 대해 단 하나의 유보사항을 둔다. 아리스토텔레스는 시민사회의 심각한 병, 즉 "제거되어야만 하는 인류 공동의 적으로서의 악"을 몰랐다. 이 무지가 아리스토텔레스의 탁월한 지혜를 훼손시키지는 않는다. 아리스토텔레스는 그가 알 수 없었기에 문제시되는 "유해물(악)"을 몰랐던 것이다. 왜냐하면 악은 기적으로부터 비롯된 우연한 결과이고, 가장 현명한 사람이라도 악을 예견하는 것은 기적을 예견하는 것보다 어렵기 때문이다. 기적은 기독교적 계시이다. 심각한 병폐는 성경에 의해 지지되지 않는 기독교적 위계질서의 주장—교황의 힘의 절대성에 대한 언급 속에서 절정을 이루는 주장—으로부터 발생한다. 다른 문제들은 이미 아리스토텔레스에 의해 적절히 다루어졌기 때문에 마르실리우스는 이것이야말로 그가 앞으로 다룰 유일한 정치적 문제라고 선언한다.[5] 그러므로 『평화의 옹호자』 속에서 정치철학의 완벽한 제시를 기대하는 것은 무리이다. 그 책은 아리스토텔레스의 『정치학』(*Politics*)에서 시민사회의 문제점들을 다루었다고 생각되는 부분에 대한 일종의 부록으로 나타난다.

그렇지만 시민사회의 아주 심각한 병폐에 대한 아리스토텔레스의 무지는 그가 이교도라는 근본적인 오류의 이면일 뿐이다. 이런 오류는 유일하게 사제와 관련된 부분에 있어서 즉각적으로 그의 정치철학에 영향을 미친다. 그는 진정한 기독교 사제를 몰랐으며, 잘못된 이교도의 사제만을 알았던 것이다. 이런 사실이 그의 사제에 관한 생각이 전적으로 잘못되었음을 의미하지는 않는다. 반대로 정치철학의 범위 내에서 그의 생각은 거의 옳다. 그는 사제집단이 공영체에 있어 필수적인 동시에 고귀한 부분을 형성하지만 지배집단일 수 없다는 사실을 간파했다. 사제들은 지배하고 심판할 권한을 가질 수 없다. 사제의 수와 자질, 특히 공영체 속에서 외국인이 사제로 승인될 수 있는가 하는 문제는 공영체의 정부가 내리는 결정에 의한다는 사실을 알았다. 기독교적 계시는 이런 논리와 상충되지 않는다.[6] 왜냐하면 사실 계시는 이성에 반대되는 것이 아니라 이성 위에 있기 때문이다. 이것이 전부는 아니다. 아리스토텔레스는 또한 사실 하늘의 계시일 수밖에 없는 사제의 진정한 토대를 알지 못했다. 그러나 아리스토텔레스를 제외한 다른 철학자들은(철학자로서 내세를 믿지 않았지만) 내세에서 강제력을 지닌 소위 자연법을 생각해내거나 인정했다. 왜냐하면 그들은 그런 강제력이 철학자가 아닌 다른 사람들로 하여금 현세에서 악한 일을 피하고 선을 장려하도록 할 것이라고 생각했기 때문이다. 기독교는 진정한 신법(divine law)이고 사후의 심판에 대한 믿음 또한 진정한 것이다. 기독교적 믿음을 기반으로 공영체는 현세의 모든 기쁨을 지향하고 있다고 말할 수 있다. 그러나 내세적 목적은 알려지거나 예시될 수 없기 때문에 정치철학은 내세적 목적이 현세적 목적을 증진시키기 위해 불가피한 도구임을 인식해야 한다. 뿐만 아니라 기독교가 주로 내세에 대해서만 관심이 있는 반면 정치철학은 내세에서의 인간의 운명을 현세에서 어떻게 살았느냐에 너무 의존하도록 만들고, 또한 사후의 심판에 대한 믿음이 정치적으로 유익하다고 지나치게 주장한다.[7] 그렇다면 이교도 철학자들의 논리는 옳으며, 따라서 그 논리는 앞서 예시된 정치적 가르침의 일부분을 형성한다고 말할 수 있다. 어쨌든 이런 추론은 특수한 신법에 대한 믿음 또는 특수한 종교에 의해 구성되는 사회인 "분파"(sect)라는 마르실리우스의 철학적 개념을 이끌어낸다. 이런 개념은 소위 모든 진정한 신법을 포함한다. 왜냐하면 참 종교의 진리는 철학으로서의 철학이라는 상태를 벗어나기 때문이다. 이와 같이 종교적으로 중립적인 개념으로서 분파는 그것이 알파라비 정치학의 본질적인 부분이었듯이 마르실리우스 정치학에 있어서도 마찬가지이다.[8] 이에 따라 사제는 본래 교육자이자 지배자이지만 심판관은 아니라는 사제에 대한 합리적인 개념에 이르게 된다. 신법에서 사제의 본질적 기능은 사후의 삶과 관련된 유익한 원리를 가르치는 것, 보다 일반적으로 말해 그들 사회가 믿는 신법을 가르치는 것이다. 사제들은 교육자로서 공영체의 한 부분을 형성하는 유일한 집단이다.[9] 아리스토텔레스의 『정치학』에 따르면 사실 사제는 공영체의 여섯 부분 중 하나를 형성하나 그들의 기능은 교육에 있는 것이 아니다. 그러나 이 점에 있어 마르실리우스의 아리스토텔레스로부터의 이탈은 오해에 기인한 것이 아니다. 즉 마르실리우스는 그의 스승의 정신적 기반에서 이탈한 것이 아니라 글의 표현에 있어 다른 방식을 취하고 있는 것이다. 근본적으로 사제는 공영체에 있어 교육을 주된 목적으로 하는 유일한 부분이라고 주장함으로써 마르실리우스는 철학자들이란—플라톤에 의하면 가장 좋은 공영체의 지배집단이었고 아리스토텔레스는 그렇지 않다고 주장했던—결코 어떤 공영체에서도 교육적 부분일 수 없다는 중요한 사실로 우리의 관심을 인도하고 있다. 왜냐하면 공영체로서의 공영체의 목적은 사색의 완성품이 아니기 때문이다. 즉 도시나 국가는 철학적으로 살지 않는다.

일반적인 이교도의 철학자들, 특히 아리스토텔레스가 사제에 관한 합리적인 가르침을 정교화했다고 해서 그것이 이 주제에 대한 아리스토텔레스의 가르침이 전적으로 옳다는 것을 의미하지는 않는다. 아리스토텔레스에 따르면 사제의 행위는 지배자의 그것보다 더 고귀하거나 완벽하지 않다. 단지 기독교의 율법 안에서만 사제의 행위는 가장 완전한 것이다. 아리스토텔레스에 의하면 상위계급의 장로들만이 사제가 되어야 하는데, 이 점은 기독교에 의해 부정되는 또 하나의 다른 점이다. 결국 아리스토텔레스의 주장은 사제란 단순한 시민이라는 것이다. 그러나 기독교 사제들은 예수 그리스도를 본받고 복음서에 나타나는 빈곤과 겸허 속에서 생활해야 하기 때문에 속세의 왕에 속하는 것과는 아무런 관계도 없어야만 한다.[10]

아리스토텔레스가 논했던 공영체의 병폐들 때문에 이런저런 종류의 정부가 위태롭게 되고, 좋은 정부는 불가능하게 된다. 그러나 마르실리우스의 견해에서 볼 때 『평화의 옹호자』에서 다루는 병폐는 어떠한 정부의 성립도 불가능하게 한다. 왜냐하면 그 병폐는 정부와 법적 질서의 통일성을 파괴하거나 혹은 기독교가 현세에서 갈등할 수밖에 없는 (영적 그리고 속세의) 두 정부에 귀속된다는 믿음이 존재하는 한 영원한 무정부 상태를 초래하기 때문이다. 그 병폐는 공영체가 존재하는 목적인 선한 생활 또는 평화 속에서 나오는 결과물들을 훼손할 뿐만 아니라, 공영체의 진정한 목적실현을 위한—필수적이기는 하지만—조건일 뿐인 평범한 삶 또는 평화마저 위태롭게 하기 때문이다. 따라서 우리는 마르실리우스의 책 제목이 얼마나 적절한 것인가를 알 수 있다. 그 저작은 신념의 옹호자가 아니라 오직 평화만을 위한 옹호자이다. 다시 반복하지만 평화가 최고의 선 또는 유일한 정치적 선이기 때문이 아니라, 그 책이 그 시대에 대한 보고서이면서 그 시대의 병폐를 주로 다루기 때문이다. 이것이 외견상 마르실리우스가 자신의 관점들을 평가절하하는 이유이다. 그러므로 그는 최선의 체제와 관련된 문제로부터 그 중요성을 전혀 부정하지 않으면서 다음과 같은 사실을 이끌어내고 있다 : 어떤 체제도 무정부 상태보다 좋다. 따라서 그는 좋은 법, 최선의 법보다는 현존의 법 또는 법으로서의 법을 다루고 있으며, 최선의 정부보다는 평범한 정부를 다루고 있다. 그러므로 그는 정통성의 기준으로서 동의의 수준과 구별되는 단순한 동의에 만족하고 있다. 아리스토텔레스는 말하자면 마르실리우스의 곤경에 해답을 주고 있다. 사실 마르실리우스가 완전한 법은 정의로워야 하는 반면에 법으로서의 법은 선하거나 정의로울 필요는 없다고 말했을 때, 그는 지배자는 부당하게 지배하기 때문에 지배자라는 아리스토텔레스의 언명에 전적으로 동의하고 있으며, 혹은 우리가 나쁜 법, 부당한 법을 변별하기 위해 아리스토텔레스처럼 상식을 이용하는 것에 전적으로 동의하고 있다. 더욱이 아리스토텔레스가 법에 의한 노예상태와 자연적 노예상태를 대조시킬 때, 그가 말하는 법이 분명히 정의로운 법을 의미하지 않는다는 것은 말할 필요도 없다. 마르실리우스가 자주 공영체란 미덕을 지향하도록 되어 있다는 사실로부터 생각을 시작할 때, 그는 거의 모든 도시들이 미덕과 관련이 없다는 아리스토텔레스의 관찰에—그렇다고 해서 아리스토텔레스가 나쁜 도시들을 "도시"라고 부르지 않았던 것은 아니다—전적으로 동의하고 있다.[11]

마르실리우스의 아리스토텔레스에 대한 유일한 유보사항은 그가 이교도라는 사실로 인해 즉각 수반되는 문제였다. 그것은 정치철학 또는 합리적인 정치적 교시와 우연하게 관련이 있을 뿐이다. 아리스토텔레스에 의하면 최선의 정체(polity)는 귀족통치이다. 이것은 귀족들이 도시, 즉 매우 작은 사회를 통치하는 것으로서 그들이 부를 소유하고 있기 때문에 그런 통치가 가능하다. 그러나 기독교의 사제들과 교회를 통치해야만 할 기독교 사회에서 그런 사람들이 통치자로 생각될 수 있는가? 왜냐하면 기독교 사회에서는 사제의 행위가 통치자의 그것보다 고귀하기 때문이다. 더구나 교회는 보편적이다. 결국 기독교 왕국에서 최선의 사람, 즉 최선의 기독교인이란 복음에 따라 빈곤(Evangelical poverty)하게 살아야 한다. 이것이 마르실리우스가 자신이 풀어야 하고 풀었다고 믿었던 문제이다.

아리스토텔레스의 원칙(가장 고귀한 실천적 활동을 하도록 지정된 사람이 당연히 지배해야 한다)과 기독교의 원칙(사제의 행위가 지배자의 그것보다 고귀하다)을 어떻게 결합할 것인가 하는 문제는 교황의 전지전능한 권력이라는 논리에 의해 명백하고 간결한 방법으로 해결되어 왔던 것처럼 보일 수 있다. 마르실리우스는 모든 공영체의 근본적인 정치적 권위는 정부나 통치집단이 아니라 인간적 입법자(human legislator)이며, 이 입법자는 인민, 즉 전시 민체라는 가르침에 의해 정치철학의 한도 내에서 앞과 같은 결론을 피한다. 루소의 말을 빌리자면 마르실리우스는 정통성 있는 유일한 주권은 인민이며 그 주권은 정부와는 구별되는 것이라고 주장한다. 따라서 그는 기독교의 사제들을 **평신도**에, 기독교적 귀족을 **평민**에 복종시키는 데 성공한다. 그러나 이런 논리를 전개함으로써 그는 주권을 정부와 동일시하고 무엇보다도 귀족의 주권 또는 정부(귀족정)를 인민의 주권 또는 정부(민주주의)보다 선호했다고 말할 수 있는 그의 존경받는 스승과 다른 입장에 서게 된다.

마르실리우스는 민주주의 또는 민주주의의 지배는 나쁜 체제이고 민중을 구성하는 농민, 예술가, 상업에 종사하는 사람들은 엄격한 의미에서 공영체의 부분들이 아니라는 아리스토텔레스의 주장을 받아들임으로써 앞의 어려움을 해결하려 하지 않는다. 오히려 그는 다음과 같은 가르침을 아리스토텔레스에게 책임지움으로써 어려움을 더욱 가중시킨다. 법 제정의 힘은 전적으로 전체 시민의 손 안에 있어야 하며, 정부는 시민에 의해 선출되고 그들에 대해 책임을 져야 한다. 또한 정부는 법의 엄수 속에서 통치해야 하며, 법을 위반했을 때 시민에 의한 벌을 감수해야 한다. 사실 위의 내용은 아리스토텔레스의 진정한 가르침보다 더 민주적이다. 마르실리우스가 이해하는 것처럼 시민의 전체 구성원 중 민중은 결정적이라고 할 수는 없지만 역할을 수행해야만 한다. 마르실리우스의 민중을 위한 논리는 사실 아리스토텔레스가 약한 체제로부터 귀족정(또는 왕정)으로 상승하는 과정에서 기록하고 고려했던 민주주의에 대한 주장과 거의 일치한다. 그리고 그는 이상한 오역이 없는 것은 아니지만 이 대목에서 아리스토텔레스를 인용하는 데 주저하지 않는다. 이상한 것은 이 상황에서 아리스토텔레스의 반민주적인 주장에 대한 그의 완벽한 침묵이다. 그는 반민주주의적 주장에 대해 기록하지만 아리스토텔레스에 관한 것은 생략해 버린다. 그는 반대중적 입장에 대해서 "바보의 수는 무한하다"는 현인왕 솔로몬의 말을 하나의 권위적인 어구로 인용하고 있을 뿐이다. 마르실리우스는 그의 대중적 논리에 있어 어떤 성경구절도 인용하지 않았다. 그래서 우리는 성경이나 솔로몬이 귀족정을 옹호하고 있다는 성급한 결론을 내리기 쉽다. 그렇지만 마르실리우스는 바울의 말을 빌려 바보나 이교도들이 이야기하는 현인이란 세속적인 학문에 대해서 아무리 현명하더라도 현세의 지혜는 신 앞에선 멍청함에 불과하기 때문에 절대적으로 바보스러울 수밖에 없다는 것을 제시함으로써 성급한 결론의 가능성을 배제한다. 여기서 믿음 있는 사람, 더욱이 믿음 있는 대중은 진실로 현명하며, 따라서 그들이 법을 제정하고 왕과 관리들을 뽑는 데 적합하다는 사실이 도출된다.

대중의 정치적 능력에 대한 마르실리우스의 믿음은 대부분 일반적 권위에 대한 그의 관심이 아니라 기독교 왕국에서의 권위에 대한 그의 관심에서 기인하고 있음을 보여주는 또 다른 언급이 있다. 사제들을 선출하고 그들을 사제 직위에서 면직하는 힘을 다수에게 위임할 필요성은 법을 제정하고 관리를 선출하는 힘을 다수에게 주어야 할 필요성보다 명백하다고 주장한다. 왜냐하면 사제 선출에 있어서의 실수는 영원한 죽음을, 그리고 현세의 삶에 막대한 피해를 초래하기 때문이다. 그런 피해는 여인들이 그들의 죄를 사제에게 고백하는 고해성사 중에 사제들을 유혹하는 행위에 존재한다. 그런 문제에 있어 가장 평범한, 따라서 믿음 있는 다수가 가장 현명한 사람만큼이나 사제 각 개인의 충실성을 판단할 수 있다는 사실은 명백하다. 평범한 다수는 배운 사람보다 그런 면에 더 정통할지도 모른다. 마르실리우스는 또한 평범한 시민들인 시민 전체와는 구별되는, 성령의 힘을 빌려 사색하는 신도들 전체는 오류를 범할 수 없다고 생각한다.[12] 그러나 인민정부에 대한 가장 중요한 언명은 아직 기독교적 왕족들이 존재하지 않고 교회가 사제들과 신민으로서의 평신도 다수로 구성되는 가장 순수한 형태의 교회의 예에서 찾게 된다. 정확하게 그 시대에는 "교회"란 신도 전체를 의미했고, 따라서 모든 기독교인들이 목회자였다. 그러므로 대중과 사제 사이의 전통적인 구분은 대중을 위해 근본적으로 개조되어야만 한다. 초대 교회의 관습에 따르면 모든 사제직의 선출은 신도 전체 구성원의 권한이었다. 이와 같은 추론은 초대 교회에 있어서 다수가 미개하고 미숙했다는 사실에 의해 약화되는 것이 아니라 도리어 강화된다. 주교들이 다수에 의해 종종 선출된다 할지라도 이런 과정은 믿음이 신민과 제왕 모두에게 깊은 뿌리를 내린 후에 더욱 적합한 것이 된다.[13]

정치철학의 범위로 돌아가서 마르실리우스의 인간적 입법자라는 생각을 다소 면밀히 고찰해 보자. 그는 52장 중에 2장 전체를 그 생각에 관한 주장과 증명 그리고 변호에 바치고 있다. 그는 세 가지 증거를 대고 그것에 네 번째 것을 더했는데, 그것은 그가 말한 것처럼 앞의 세 가지를 요약한 것에 불과하다. (1) 입법권은 최선의 법을 만들 수 있는 사람들에게 속해야만 하고, 이 사람들이란 시민 전체이다. 왜냐하면 어느 누구도 자기 자신에게 알면서 해를 끼치지 않으며, 자신의 이익을 생각할 때면 어느 누구의 이익도 무시하지 않게 되고, 그것은 곧 모두의 이익이 적당하게 보장되는 것이기 때문이다. (2) 입법권은 만들어진 법이 잘 준수될 것이라는 사실을 가장 잘 보장할 수 있는 사람들에게만 귀속되어야 하며, 이 사람들이란 시민 전체이다. 왜냐하면 법이 선하지 않다고 할지라도 각 시민들은 자기가 자기 자신에게 부과한 것과 같은 법을 잘 준수하기 때문이다. 이런 것이 성립할 수 있는 이유는 모든 시민이 주인에게 종속된 종이 아닌 자유인이며, 또 계속 자유인으로 살아가기를 희망하기 때문이다. 이런 주장은 신에 의해 주어진 그러므로 절대로 자기 강요적이지 않은 법을 다루면서 마르실리우스가 전혀 논의하지 않았던 어려움의 원인이 되고 있다. (3) 모든 사람은 어느 것이 각자에게 이익이 되거나 해가 되는지, 또 그럼으로써 모두에게 이익이 되거나 해가 되는지를 듣고 알아야 한다. 그리하여 모두와 각자는 이익을 얻고 해를 없앨 수 있다. 아리스토텔레스에 의해 전개된 대중적 사고로부터 주로 취해진 세 주장 속에서 마르실리우스 자신의 원리에 대한 변호가 이루어진다. 나중의 주장들 중 두 번째에서 마르실리우스는 교회법의 과두적 또는 전제적인 성격을 언급함으로써 소수 또는 한 사람에게 입법권을 귀속시키는 것의 위험성을 예증한다.[14] 그러므로 마르실리우스의 대중적 테제는 그의 반사제주의로부터 나온다고 볼 수 있다.

마르실리우스는 근본적인 정치권력, 인간적 입법자 권력은 단순히 시민 전체에 귀속되는 것이 아니라 "시민 전체 또는 그것의 더욱 강하거나 우월한 부분"에 속한다고 생각한다. 확실히 강하거나 우월한 부분이란 부적격한 다수를 의미하지는 않는다. 말하자면 시민 전체를 대체하는 강하거나 우월한 부분은 수나 자질이라는 두 관점 모두에서 이해되어야만 민중이 더 나은 사람들에 의해 좌지우지되지 않고 또한 후자가 전자에 의해 좌지우지되지 않는다. "혼합정"(polity)—과두제와 민주주의 사이의 중간으로서—이 하나의 정부형태가 아니라는 사실에도 불구하고 그에 의해 구성된 질서는 "혼합정"이라고 불리워질 수 있다. 한편, 마르실리우스는 주권을 정부와 구별하여 말한다. 더구나 아리스토텔레스적 의미에서는 민주정에서 평민들이 충분히 심의와 사법권에 참여하지만, 마르실리우스는 시민 전체 또는 그것의 강하거나 우월한 부분과는 구별되는 것으로서의 정부 혹은 지배집단을 위해 이 기능들을 유보시키고 있다.[15] 무엇보다도 마르실리우스가 인간적 입법자라는 정의를 내리는데 혼신을 기울인 몇 장 속에 명백히 나타나 있듯이 인간적 입법자는 그의 입법권을 한 개인 또는 몇 사람에게 위임할 수도 있다. 그러므로 마르실리우스는 인민의 주권이 전적으로 휴면상태에 있을 수 있다는 것을 인정한다. 그는 모든 구성원이 입법에 실질적으로 참여하는 것을 훌륭한 덕목으로 주장하는 동시에 그런 참여를 부적격한 것으로 폐기시킨다. 그는 바로 여기서 인민주권 원칙을 철회하고 있다. 그는 인간 신체에 있어서 심장의 위치와 정치체(body politic)에 있어서의 지배집단을 대비하고 있다. 지배집단은 정치의 다른 부분들을 주조하는 부분이다. 그렇다면 지배집단은 선행적 주권(pre-existing Sovereign)인 인간적 입법자 혹은 적절한 비율에 따라 정치체의 모든 부분들을 구성하는 민중들로부터 발생하는 것이 아니다. 지배집단은 오히려 이른바 주권의 원인이다. 이에 따라 마르실리우스는 공영체에 있어서의 지배집단의 위치를 우주에 있어서의 제일원인, 즉 우주의 다른 부분들이 만들어 놓은 법에는 종속되지 않는 아리스토텔레스적 신의 위치에 비유한다. 한 마디로 마르실리우스는 인간적 입법자(주권)는 지배집단(정부)과 동일하다는, 강하고 우월한 집단은 지배집단과 동일하다는 아리스토텔레스적 입장으로 복귀하고 있는 것이다. 왜냐하면 안정된 모든 정치질서에서 지배집단은 그것이 한 사람 또는 소수 혹은 다수로 구성되어 있든지 간에 사실 강하거나 우월한 집단이기 때문이다. 마르실리우스는 로마제국의 제왕들을 입법자라고 함으로써 지배자를 입법자와 동일시한다. 그는 그런 사실을 인간적 입법자는 지배자에게 "권력의 완전함"을 부여할 수 있다는 주장에서 도출하지는 않는다. 그는 지배자는 인간적 입법자 또는 다른 사람들의 의지에 의해 그의 위치를 부여받으며 어쩌면 자신의 의지에 의해 부여받는지도 모른다고 주장한다.[16]

지배집단이 입법자라면 그들은 단순히 법에 종속될 수 없다. 어떤 개인도 입법자가 아니므로 법 위에 존재할 수 없는 공영체에 있어서조차 키케로가 카탈리나의 음모를 제거할 때 했던 것처럼 통치자 한 사람에게는 공화국을 구하기 위해서 비합법적으로 행동하는 것이 때때로 필요하다. 마르실리우스가 지배자는 오직 신법에만 종속된다고 주장했을 때 신법이란 인간 이성에 의해 인지될 수 있는 그런 것은 아니며, 현세에서 구속적인 힘을 지닌 그런 것도 아니라는 사실을 상기해야만 한다. 더구나 지배집단(정부)이 입법자(주권)일 경우, 인민주의자의 전제에 따른다면 주권을 지닌 인민이 처벌받지 않듯이 똑같은 이유로 해서 정부는 잘못한 경우 처벌받지 않는다.[17] 요약하면 교조적인 어조에도 불구하고 마르실리우스의 대중주의적 가르침은 다른 방식으로 표현되지만, 아리스토텔레스 정치학에서의 민주적 주장과 일맥상통하거나 부수적인 것이라고 말할 수 있다.

정치철학에 관한 논문으로 여겨지는 『평화의 옹호자』의 특징은 인민주권의 원칙을 심정적으로 강력히 주장하면서도 동시에 그것을 부정하고 있다는 점이다. 정치적 사회의 기초와 관련된 이 충격적인 모순의 의미는 무엇인가? 인민주의와 왕권의 절대주의라고 불리울 수 있는 것 사이에서의 마르실리우스의 동요는 무엇을 의미하는가? 그는 인민을 사제와 대립하는 것으로 이해할 때 인민의 편을 취하고 있으며, 교황에 대해서는 고대든 중세든 로마의 제왕들 편에 서 있다고 말할 수 있다. 다시 말해 그 모순은 몇몇 학자들이 그랬던 것처럼 일단 『평화의 옹호자』가 오로지 반사제주의에 의해 촉발되었다고 가정하면 사라지게 된다. 그는 그의 반사제적 주장을 위해 대중적 기초가 필요했던 것이다. 왜냐하면 그는 교회에 대해 인정되었던 여러 견해로부터 벗어나 신약에 호소해야만 했기 때문이다. 신약은 절대왕권 또는 군주에 대한 복종을 위한 요구를 강력히 지지한다. 그러나 불행히도 인간의 운명에 영향을 끼치는 현세의 모든 일[이교도와 배교자에 대한 처벌, 제명(파문), 소유권 등등]에 있어 사제와는 구분되는 세속적인 기독교적 지배자만이 교회를 지배해야만 한다는 마르실리우스의 견해에는 지지를 보내지 않는다. 그렇지만 신약은 그런 문제의 결정은 사제들과는 구분되는 신도들의 전체 구성원에 의존한다는 관점에 대해 분명히 동의하고 있다. 마르실리우스의 "전 시민구성체"는 "전 신도구성체"의 철학적이고 합리적인 대응물일 뿐이다.

그리고 그는 아주 광범하면서도 성립 가능한 기초 위에 그의 반사제주의를 제공하기 위하여 그런 대응물을 필요로 한 것이다. 이성과 계시 모두 사제 지배에 반대하고 있다. 이런 설명은 『평화의 옹호자』의 특성인 근본적 자기 모순이 의도적인 전략에 의해 계획된 결과라는 것을 의미한다. 그런 설명과 그것의 내적 의미 모두 변호 가능한 것이지만, 그것들이 마르실리우스의 대중주의적 가르침의 특징 또는 마르실리우스에게서만 풍겨나올 수 있는 전략들의 본질적 특성에 대한 설명을 제공하지는 못한다. 마르실리우스를 능수능란한, 나아가 거침 없는 정치가나 이론가로 충분히 인식하지 못했기 때문에 사람들은 특히 그의 전략이 지닌 본질적 특성을 설명하는 데 실패한다.

정치신학이나 반신학적 전제들에 의해 영향받지 않은 마르실리우스의 원리, 즉 왕권 또는 왕정에 관한 원리를 살펴보도록 하자. 그는 왕정이 "아마도" 정부의 가장 좋은 형태라고 말하고 있다. 그러나 그의 일은 세습 또는 선출에 의한 왕정 중에 어느 것이 더 좋은지에 관한 문제를 토론하는 것이었다. 그는 이 주제에 대해 단 한 장만을 할애하고 있지만 그 장은 분명히 인민주권을 설명하기 위해 할당된 두 장보다도 더 길다. 그는 한 군주와 그의 후손들이 다스리는 왕정이 아니라, 각각의 군주가 모두 선출되는 엄격한 의미의 선거후제를 선호한다. 이러한 그의 이론은 교황의 관심을 끌었음 직하다. 그러나 당시 교황과 치열한 다툼을 벌이고 있던 독일의 황제에게는 더욱 관심을 모았을 것이다. 독일 황제는 금방 마르실리우스를 옹호하고 나섰다. 반대로 프랑스의 왕은 그의 이론이 별로 달갑지 않았을 것이다.[18] 그렇지만 그의 모험—교황의 절대적인 권한과 그것과 관계되는 모든 것에 대한 제거를 목적으로 하는 모험—이 성공하려면 모든 세속적 왕들의 지지를 획득하는 것이 필수적이다. 그러므로 세습적 왕정보다 선출에 의한 왕정을 선호했다는 것은 그의 궁극적인 또는 참다운 정치적 가르침에 속한다고 말할 수 있다. 그는 인민주권의 원리를 반박하는 것처럼 이와 같은 선호를 결코 반박하지 않는다. 선출에 의한 왕정을 지지하는 그의 주장은 한 가지 문제로 귀결될 수 있다. 지배자의 가장 중요한 자질은 신중함인데, 그것은 인간만사의 무한한 다양성은 법에 의한 적절한 규제만으로 처리되지 않으며, 신중함이란 유전에 의한 것이 아니기 때문이다. 단순한 명석함과 대비되는 실천적 지혜인 신중함은 도덕적 덕목과 분리될 수 없으며, 그 역도 마찬가지이다. 또한 신중함은 특별히 선하고 정의로운 법의 제정을 요구한다. 신중함은 매우 중요한 반면 아주 드물다. 자연은 인류의 단지 한 부분만 신중한 자질을 갖도록 하며, 그 잠재성을 실체화시키는 사람은 거의 극소수이다. 앞의 주장이 세습적 왕정은 비합법적이라는 것을 의미하지는 않는다. 다만 세습적 왕정이 선출에 의한 왕정보다 열등하다는 것을 의미한다. 모든 사람들이 아직 개화되어 있지 않다면 정치적 생활을 시작하는 모든 나라에서는 시공을 막론하고 세습적 왕정이 선출에 의한 왕정보다 선호된다. 왜냐하면 초기든 쇠퇴기이든 시공을 초월한 모든 국가에서 신중함이란 말하자면 기껏해야 한 가족의 보존을 의미하고, 따라서 신중한 선출자가 없기 때문이다. 선출에 의한 왕정은 세습적 왕정보다 우월한데, 왜냐하면 후자는 아직 불완전하거나 돌이킬 수 없을 정도의 미개화된 사회에 적당한 반면 전자는 완전하고 개화된 공영체에 적당하기 때문이다.[19]

이제 이런 사고는 완벽하거나 개화된 공영체에서는 일정한 수의 사람들의 지배, 즉 귀족정이 선출적 왕정보다 적당하다는 결론을 유도한다. 왜냐하면 완벽한 공영체에서처럼 일반적인 공영체에서도 다수의 신중한 사람이 존재한다면 하나를 제외한 모두에게서 항상 최고의 존중을 박탈해야 할 이유가 없으며, 부당하게 정부에 있어서 자신의 몫을 박탈당한 사람들은 당연히 정부 비방에 가담하기 마련이기 때문이다. 마르실리우스는 정부가 한 사람이 아닌 여러 사람으로 구성되어 있더라도 정부의 절대적 통일성은 결코 손상되지 않는다는 것을 증명하기 위해 한 장 전체를 할애하고 있다. 세습적 왕정과 그와 비슷한 종류의 왕정은 아마도 공화국 말기의 로마에서처럼 공영체를 다스리기에 적당한 사람들이 극히 부족한 경우에만 적당할 것이다. 군주정은 완벽한 시민사회보다 가정 운영에 더욱 적합한 형태이다. 왕정과 구분되는 것으로서의 귀족정은 가장 호의적인 조건 하에서만 가능하므로 매우 드문 경우이지만 일단 이루어지면 가장 자연스러운 통치라는 것을 부정할 수 없다. 마르실리우스에 의하면, 만약 사제들이 최선의 모습으로 존재한다면 교회의 평의회는 오직 사제들로만 구성될 수 있다. 왜냐하면 그러한 회합에 참여하는 데 가장 중요한 요건은 지혜의 최고 형태인 신법을 철저히 아는 것이기 때문이다. 그러나 현존하는 사제는 그들 본래의 모습을 갖추고 있지 않다. 따라서 원칙적으로 귀족정 또는 현인들의 지배를 선호한다고 말할 수 있는데, 왜냐하면 마르실리우스가 거듭거듭 주장했듯이 교회는 더 이상 귀족정이 아니라 과두제이며, 그것은 교회에서 대중적 요소인 평신도라는 최고 부분에 의해 고쳐질 필요가 있기 때문이다. 마르실리우스는 그의 대중론에서 법에 대한 개정과 심사는 신중한 사람의 적합한 임무라고 지적한다. 사회의 다른 구성원들은 그 일에 불필요하며 신중한 사람들에게 "형식적인" 인준자로서 행동하는 것보다 더 많은 것을 요구한다면 그들의 임무수행마저도 혼란스러워질 것이다. 법에 대한 대중적인 인준은 사실 대중으로 하여금 법에 더 잘 복종하도록 만들기 때문에 참으

로 바람직한 것처럼 보인다.[20]

마르실리우스의 대중주의와 절대왕정 사이의 동요는 두 잘못된 극단 사이의 올바른 해답으로서의 귀족정을 지적하고 있는지도 모른다. 절대적인 왕의 입법권을 옹호하는 것은 대중적 선거보다 동료들의 선호에 의해 자기의 위치를 차지하는 도시의 신중한 사람들로 구성된 정부–주권의 이익에 도움이 된다. 그리고 "시민 전체의 강하거나 또는 우월한 집단"의 입법권을 옹호하는 것은 정치적으로 탁월하기에 너무 젊거나 늙지 않은, 혹은 너무 작거나 크지 않은 보다 강하고 보다 우월한 사람, 즉 가장 신중하고 덕 있는 시민들 이익에 도움이 된다. 그가 옹호하고자 하는 체제는 민주주의와는 아주 거리가 멀고, 그렇다고 왕정이라고 할 수 없는 "혼합정"(polity)에 가까운 그 무엇이다. 동시에 그의 대중주의적 논변은 예컨대 혼합정(polity)이 지닌 결정적인 결점으로 인해 혼합정으로부터 귀족정으로 방향을 돌린다. 참다운 귀족정은 신중하고 덕 있는 시민들에 의한 지배라는 본래의 성질과 대중의 감정을 존중하는 성질 때문에 대중에게 받아들여진다. 마르실리우스는 가장 완화된 형태로 귀족정을 지지하는 주장을 펴는데, 왜냐하면 그런 주장이 그 시대의 가장 시급한 과제라고 생각했던 반사제 정책에 대해 충분히 광범한 기반을 제공하지 않기 때문이다. 더구나 귀족정을 지지하는 주장은 그 시대의 다수의 생각 속에서 사제의 이익을 증진시키는 것처럼 여겨졌다. 왜냐하면 정치권력이 당연히 가장 현명한 사람에게 귀속되어야 한다면 그것은 인간적 지혜를 지닌 현자보다는 신의 지혜를 지닌 현자에게 속할 것이기 때문이다.

마르실리우스가 채용한 전략은 근본적인 정치적 이슈를 다루는 데 존재했던 물리적 불가능성에 상응하는 정치적 불가능성에 의해 설명될 수 있다. 그는 사제들의 정부가 불가능하거나 바람직하지 못하다는 사실에 만족했기 때문에 사실 이론전개 과정 속에서 편안한 마음을 지닐 수 있었다. 그에 따르면 신약은 특히 세속적인 문제에 있어 사제에 의한 정부에 권위를 부여하지 않았을 뿐만 아니라 적극적으로 그것을 금했다. 단지 기독교의 율법 안에 있을 때만 사제로서의 사제의 행위는 무엇보다도 완벽하다. 그러나 이런 행위는 세속적인 통치권과는 양립할 수 없는 정신과 생활양식을 요구하는데, 왜냐하면 그것은 이 세상에 대한 경멸과 동시에 극도의 겸허를 요구하기 때문이다. 그리스도는 그 자신과 제자들을 모든 형태의 세속적 지배로부터 제외시켰다. 사도 바울은 모든 사제들이 어떤 세속적인 일에 관여하는 것을 금했는데, 그 이유는 어느 누구도 두 주인을 섬길 수 없기 때문이다. 신약은 조국의 방어를 위해서보다는 악한 자를 응징하기 위해서 "쓸 데 없이 칼을 가지고 다니지 않는" 인간적 정부에 복종할 것을 강한 어조로 인정하고 있다. 신약에 의하면 나쁜 지배자나 주인이라면 당해도 좋다는 견해는 사악한 자만심에서 비롯된다. 기독교의 노예들은 헤브루의 노예들처럼 6년간의 복무 후에 해방을 요구하는 것을 허락받지 못했는데, 왜냐하면 문제의 구약 율법이 기독교에 있어서는 순수하게 신비적인 의미만을 가지고 있기 때문이다. 겸허와 현세에 대한 경멸은 세계의 군주들에게 진심으로 복종할 때만 가능하다. 그러나 정치철학의 범위 내에서 마르실리우스는 최고의 기독교적 권위자들이 했던 것과는 다르게 무언가를 강조해야만 했다. 그는 이교도 지배자들이 그들의 신민에게 "군림하고 있다"는 그리스도의 말씀에 대항하여 그들을 변호하는 데까지 나간다. 사도 바울에 따르면 교회 안에서 "경멸"의 대상이 될 만한 사람들, 즉 정신적이지 않은 것들에 대한 지혜를 소유하고 있는 자들만이 이 세상의 문제들을 판단하는 자들이 되어야 한다. 산상수훈의 요구들은 통치자와 평민의 지위 혹은 의무와 결합될 수 없다.[21] 완벽한 기독교적 공동체란 선의 공동체인 그리스도와 제자들의 공동체였다. 그러나 이 공동체는 다른 면에서 볼 때 불완전한데, 왜냐하면 그것은 보편적인 것이 되어야 하지만 그것이 커지게 될 미래에 그것의 통일성을 위한 대책이 없기 때문이다. 그것은 기독교적 군주의 행위에 의해서만 완벽해질 수 있다. 마르실리우스의 사상은 자연을 완성시키는 신의 은총이라기보다는 신의 은총을 완벽하게 하는 자연이라는 말로 표현된다. 전자는 이 세계에서 정의롭고 선한 행적을 지닌 사람들에게 상을 주고 후자는 현세에서 그런 사람들에게 고생을 준다.[22] 마르실리우스는 기독교에 대한 믿음이 기독교 사제들에게 빈곤 속에서 살기를 권유하는 반면 신의 미래 심판에 대한 믿음, 즉 기독교가 다른 종교와 공유하는 믿음은 가난한 자들을 속이지 않도록 권유한다고 말하면서 기독교 율법의 특이함을 지적한다. 그에 따르면 복음에 따라 빈곤하게 사는 것은 이 세상에 대한 근본적인 경멸 또는 근본적 겸허함의 불가피한 부산물이다. 그러나 인간 이성의 측면에서 볼 때 존경과 마찬가지로 부도 좋은 것처럼 보이는데, 그것은 부가 도덕적 덕목의 실행을 위해서 요구되기 때문이다. 그러나 기독교적 가르침에 따르면 자발적인 빈곤은 완벽함을 위해 필요하며, 따라서 빈곤하게 살고 있지 않은 사람들은 나쁜 기독교인이다. 그럼에도 불구하고 마르실리우스는 교황이 로마제왕들 덕택에 극한적인 빈곤에서 벗어나 세속적인 재물의 풍요함을 누릴 수 있게 된 것에 대해 적절한 감사를 표시하지 않는다고 불평한다. 그는 기독교적 도덕과 세속적 도덕은 서로 모순된다고 가정하거나, 계시는 이성 위에 있는 것이 아니라 이성과 반대되는 자리에 있다고 가정하는 것이다. 이것이 그가 신약 율법이 실행되기 어렵다고 보는 하나

의 이유인지도 모른다.[23]

마르실리우스는 종종 종교적 자유의 옹호자로 칭송되어 왔다. 그렇지만 그는 이교도나 배교자에 대한 제재가 적절하다고 생각하는 맥락에서 그런 제재를 허용할 것인지에 관한 문제를 제기하는 수준을 넘지 않는다. 그는 그런 제재는 이 세계에서 신법의 기초 위에 실행될 수 있다는 사실을 부인한다. 마르실리우스에 따르면 문제의 신법을 벗어나는 것을 죄로 규정하는 인간적 법에 의하지 않으면 어떤 신법도 이 세계에서 그런 강제 권한을 갖지 못한다. 더구나 불신과 이단을 경멸하며 내세에서의 심판의 두려움 때문에 그런 경멸을 지지하는 기독교적 신법에 따르면 믿음을 강요당한 사람들은 진정한 신자가 아니다. 또는 기독교 사제들은 그리스도에 의해 어떤 강제 권한도 부여받지 못했다. 그럼에도 불구하고 기독교인인 인간적 입법자는 기독교인이 아니라 인간적 입법자로서 이 세계에서 이교도와 이단자에게 제재를 가할 수도 있다. 이런 권리는 다음의 비유에 의해 예시된다. 기독교적 신법은 음주를 금하지만 이 세계에서 술꾼을 제재하도록 요구하지는 않는다. 그렇다고 해서 그 신법이 인간적 입법자로 하여금 이 세상에서 처벌로 음주를 막는 것을 방해하지는 않는다. 마찬가지로 인간적 입법자가 종교적 엄숙성, 즉 정통성을 강화시킬 수도 있다. 예를 들면 그가 이렇게 할 것인지 아닌지는 이단에 대한 그의 판단에 달려 있다. 그는 이단과 우상숭배에 대한 성서적 비유에 의해 인도될 수도 있다. 그러므로 우상숭배도 기독교적 신법에 의해 금지되지만 우상숭배를 허용하듯이 이단을 허용할 수도 있다. 또한 그는 이단과 나병에 대한 성서적 비유에 의해 인도될 수 있다. 따라서 그는 전문가(내과의사)의 조언에 따라 나병환자에 대한 강제적 행동을 취할 수 있듯이 전문가(사제들)의 조언에 따라 이교도에게 강제적인 행동을 취할 수도 있다. 그는 또한 신약은 확실히 파문을 허용하고 있으며, 파문은 현세의 생활에서 파문된 자에게 영향을 미친다는 사실에 의해 인도될 수도 있다.[24]

그러나 어떤 신학적 사고, 즉 기독교적 신법에 관한 어떤 사고와는 별도인 내세에서의 신적 판단에 대한 믿음이 이교도 철학자들조차 인정하는 것처럼 현세의 선한 행동을 촉발시킨다면, 인간적 입법자가 그 믿음을 뒤집을지도 모르는 언동을 금지함으로써 그 믿음과 그 믿음의 결과를 보호하는 것은 부당한 것이 아니다. 이런 결론은 인간적 정부는 "영원한" 행위와는 구분되는 "일시적"인 것에만 관여한다는 마르실리우스의 가르침과 대립하지 않는다. 그런 구분[이삭 이스라엘리(Issac Israeli)의 『정의서』(定義書, *Book of Definitions*)의 한 구절이 마르실리우스에게 제시한 구분]에 따르면, 우리의 인식력과 식욕에 의한 행위는 생각이나 욕망처럼 행위자 내부에 남아 있는 영원한 어떤 것이지 육체의 일부를 사용하여 수행되는 것이 아니다. 반면에 그런 힘들의 다른 행동들은 일시적이다. 다른 표현을 빌리자면, 인간적 정부는 문제되는 행위를 저지른 사람이 부정한다 할지라도 그것을 저질렀다는 사실이 판명될 수 있는 그런 행위에만 관여한다. 이것으로부터 언동이란 일시적인 행위라고 결론지을 수 있다. 앞에서 지적된 뒤집을 수 있는 언동은 다른 사람들에게 또 전체로서의 공동체에게 해가 될지도 모르기 때문에 그것들에 대한 금지는 인간적 입법자의 판단에 속한다.[25] 마르실리우스는 확실히 종교로부터의 자유를 설파하고 있지 않다.

만약 그가 바라는 것처럼 신법에 종속되어 있는 모든 사람들이 신법의 약속과 처벌을 이해하든지 말든지 자유라면 어떤 신법도 그 가치를 고수하기 어려울 것이다. 특히 기독교의 신법은 영원한 구원을 위한 필요조건으로 믿음을 강조한다. 그리하여 만약 그리스도가 그의 신법의 유일하면서도 진정한 의미가 모든 기독교인들에게 접근 가능하다고 규정하지 않았다면 기독교의 신법은 헛되이 선사되거나 인간의 영원한 파멸을 위해 부여되었을 것이다. 평의회를 권위 있게 해주고 그것의 결정에 강제력을 부여해 주는 자가 인간적 입법자인 한, 보편적 혹은 가톨릭교회, 즉 신도들 전체는 법적 구속력이 있는 방식으로 믿음의 필수불가결한 통일성을 규정한다. 관할권이 전 세계에 미치며 기독교 신앙을 갖고 있는 인간적 입법자가 한 명만 존재할 때에는 이 규정은 어떤 어려움도 야기시키지 않는다. 마르실리우스가 채택한 의견에 따르면 그런 입법자는 로마 국민이며, 또는 이차적으로 로마의 국왕이다. 마르실리우스는 당시 로마 국왕의 품위를 보존하고자 하였다. 그러나 그는 우월한 사람을 인정하지 않고 있다는 사실, 또는 서로 독립적으로 존재하는 수많은 인간적 입법자가 그 시대에 존재하고 있다는 사실을 그 자신과 독자들에게 은폐시킬 수 없었다. 그리하여 개인의 독립적인 영역 또는 공영체의 경계를 제외하고는 믿음의 통일성에 대한 보장은 더 이상 존재하지 않는다. 따라서 마르실리우스는 다양한 기독교 왕권들이 로마의 주교를 "보편적 주임사제"로 인식함에 동의하는 것이 바람직하다고 여겼으나 그들이 반드시 그래야만 하는 것은 아니라고 보았다.[26]

그렇지만 보편적 주임사제 또는 보편적 주교는 보편적 군주보다 덜 필요하다. 왜냐하면 보편적 군주는 보편적 주교가 할 수 있는 것보다도 믿음의 통일성 속에서 신도들을 더 잘 보호하기 때문이다. 기독교인으로서 마르실리우스는—로마제국이 권력의 절정에 달했을 때조차도 표면상 또는 관례적으로—믿음에 대한 의무를 면제받기 위해 정치사회는 엄격히 말해 보편적이어야 한다고 요구하는 것 같다. 즉 그는 인민주권에 관한 그의 원리의 마지막 궤적 또는 그런 원리에 의해 부분적으로 제시되는 귀족정에 대한 아리스토텔레스적 선호를 포기해야 하는 것처럼 보인다. 왜냐하면 마르실리우스나 아리스토텔레스에 의해 이해된 민주주의나 귀족정은 실행 가능성이 없으며, 공정하게 말해서 작은 사회들일 뿐이다. 그렇지만 이런 모든 것에도 불구하고 바로 이것 때문에 마르실리우스는 보편적 군주가 필요하다는 사실을 부인한다. 왜냐하면 성서는 보편적인 세속군주를 원하지 않기 때문이다. 더구나 이성도 그런 것을 요구하지 않는다. 만약 특정한 공영체들 또는 왕국 속에서 정부의 통일성이 존재한다면 인간들 사이의 평화는 충분히 보장된다. 우리는 평화란 유일하면서도 가능한 방법으로 보장된다는 의미로 이해할 수도 있다. "세계 국가"가 바람직한가에 관련된 문제에 대한 그의 유일한 주제 토론에서 마르실리우스는 그 결정을 거부한다. 마르실리우스는 세계 정부 수립을 방해하는 어려움에 대해 언급한다. 그 어려움은 세계의 다양한 부분들 사이의 의사소통이 부족하고, 멀리 떨어져 있어서 언어가 다르며, 관습이 극단적으로 상이해서 야기되는 어려움이다. 그는 사람들을 분리시키는 이 모든 것들이 신적인 원인, 즉 이런 결정적인 것들에 의해 사람들로 하여금 인구폭발을 막기 위해 전쟁하도록 선동하는 자연에 원인이 있을지도 모른다는 견해를 제시한다. 만약 전쟁과 유행병이 없다면, 그리고 인류의 시작도 없고 끝도 없어서 "영원한 세대"가 존재한다면, 또는 우주가 영원하다면 인구폭발이란 불가피할 것이라는 사실을 명백히 한다.[27] 보이는 우주의 영원성에 대한 아리스토텔레스적 원리는 "인류 시조"가 존재했다는 성서적 원리와 우리의 시조가 타락했으며, 따라서 인간에게는 구원의 필요성이 존재한다는 성서적 원리의 전제와 양립할 수 없다. 마르실리우스는 아리스토텔레스적 원리가 옳다고 주장하지는 않는다. 그렇다고 그것이 성경의 가장 근본적이고 가장 명백한 원리들과 모순되기에 틀렸다고 주장하지도 않는다. 그러므로 독자는 『평화의 옹호자』의 38장(II 19)에 제시된 성경의 진리에 대한 믿음의 토대와 관련된 질문에 대한 마르실리우스의 논의를 고려할 때까지 단지 그가 신자인지 아닌지를 추측할 뿐이다.

정치철학의 범위 안에서 마르실리우스의 토마스 아퀴나스에 대한 무언의 반대는 자연법 또는 자연권을 다루는 그의 가르침 속에서 명백히 드러난다. 마르실리우스는 소위 자연법이 존재한다는 사실을 부인한다. 그는 이성은 인간 이외의 다른 입법자를 알고 있지 않으며, 따라서 소위 법이라고 불리우는 것은 모두 다 인간법이다라는 사실을 전제한다. 사실 이성은 고귀한 것과 정의로운 것, 그리고 사회에 유익한 것을 분별할 능력이 있다. 그러나 그런 통찰이 그와 같은 법은 아니다. 더구나 그것은 모든 인간에게 접근 가능한 것이 아니며, 따라서 모든 국민에게 허용되는 것은 더더욱 아니다. 이런 이유 때문에 그것은 자연적이라고 불리울 수 없다. 사실 고귀한 또는 정의로운 것에 관련된 법칙들이 존재하며, 그것들은 모두 종교에서 허용되고 또한 거의 모든 곳에서 강제적으로 적용된다. 그러므로 이런 법칙들은 형이상학적으로 자연권이라 불리울 수 있다. 그들의 존재가 보편적 또는 일반적으로 인정됨에도 불구하고 그들은 올바른 이성에 의해 명령되는 것이 아니기 때문에 엄격히 말해서 자연적이지 않다. 보편적으로 인정되는 것은 이성적이지 않으며, 이성적인 것은 보편적으로 인정되지 않는다. 형이상학적으로 "자연권"이라고 불리울 수 있는 법칙들 중에서 마르실리우스는 일정 기간 동안 사람의 후손들은 부모에 의해 양육되어야 한다는 법칙을 언급한다. 그러나 아리스토텔레스가 불구의 어린이는 양육할 필요가 없다고 주장했기 때문에 마르실리우스는 이 법칙을 무조건적으로 이성적이지 못하다고 여겼는지도 모른다. 대체로 전쟁이 인구폭발을 막기 위해 자연스럽게 존재한다면 정의로운 전쟁과 그렇지 못한 전쟁 사이의 구분은 별로 설득력이 없으며, 정의에 관한 법칙들의 이 중대한 조건은 공영체에서 보편적 또는 일반적으로 획득되도록 허용되는 정의에 관한 그런 법칙들의 이성적 성격을 손상시켜야만 한다. 다른 말로 하자면 권리에 관한 보편적으로 인정된 법칙들은 이성적이지 않은데, 왜냐하면 그것들을 위반해야 할 자연적인 필연성이 존재하기 때문이거나 공동의견과 계시의 가르침 모두 의지의 자유를 주장하는 한 인간은 그 자유를 소유하지 못하기 때문이다.[28]

마르실리우스가 명백히 실천 이성에 있어서 제일원리의 존재를 부정한 사실로부터 출발한다면 자연법에 대한 그의 부정을 가장 잘 이해할 수 있다. 아리스토텔레스의 『윤리학』에서 행동의 제일원리에 관한 인식상태는 모호하다. 이 모호함을 제거하는 하나의 방법—아베로에스(Averroes)와 단테(Dante)가 애용했던 방법—은 이론적인 이성이나 자연과학에 의해 제공되는 행동의 제일원리를 인식하고, 또한 그리하여 정치학의 제일원리도 인식하는 것이다. 인간의 목표가 무엇인지를 명확히 하는 것은 자연과학이다. 인간의 목표가 그의 정신, 즉 형이상학자로서의 형이상학자의 실제적 사고의 완성이라고 하자. 이 목표를 추구할 수 있는 개인적 인간 존재는 주어진 환경 속에서 이 목표에 어떻게 도달할 것인가에 대해 숙고할 것이다. 실천 이성의 행위인 이 숙고는 많은 점에서 각 개인에게 다르게 나타나며, 사고를 지닌 인간으로서의 완성을 원하는 모든 사람들이 준수해야만 하는 행동의 보편적인 법칙들이 존재한다. 그러나 그런 법칙들은 엄격히 말해 보편적인 것이 아닌데, 그것은 단지 소수의 인간만이 사색적인 생활을 자연스럽게 영위할 수 있기 때문이다. 그러나 모든 인간이 추구할 수 있는 목표도 있다. 그것은 육체의 완성이다. 이 하급의 또는 최초의 완성은 정치사회 속에서, 그리고 그것을 통해서 다른 것들 중에서도 특히 안전함을 요구한다. 여기서 심각한 애매모호함이 개입한다. 다른 길을 통한 것이지만 정치사회는 인간의 최초 그리고 궁극의(사색적) 완성을 위해 요구되어지는 것이다. 그렇다고 할지라도 반대로 정치사회는 "부분들"의 다양함(농부, 예술가, 재력 있는 사람, 군인, 사제, 관료 또는 판사)과 각 부분의 특정한 질서를 요구한다. 그리고 그런 것이 잘 되기 위해 입법자와 관료 또는 판사가 신중함을 소유하거나 만약 그렇지 못할 경우에는 필히 도덕적 덕목의 일부, 특히 정의를 소유하고 있어야 한다. 『정치학』에서의 아리스토텔레스의 전개과정에 동의하면서 마르실리우스는 그런 덕목들의 필요성을 시민사회의 목적에서 끌어내고 그런 목적의 필요성을 인간의 목표에서 끌어내고 있다. 말하자면 마르실리우스는 아리스토텔레스가 그의 『윤리학』에서 교육적 또는 실천 이성들을 위해 전개했던 과정으로부터 벗어나면서 그런 덕목들을 궁극적이거나 그들 자신을 위해 선택적 가치가 있는 것으로 간주하지 않는다. 마르실리우스의 정치학이 아리스토텔레스의 그것보다 더욱 명백하고 명확하게 "예증적인" 이유는, 마르실리우스가 신중함과 도덕적 덕목들을 그들 자신을 위해 선택적 가치가 있는 것으로 보지 않고 앞에 지적한 두 가지 자연적 목적에 유용한 것으로 보았기 때문이다.[29]

마르실리우스는 인간에게 자연스러운 최고의 목적에 대해 아리스토텔레스가 그의 『정치학』에서 한 것처럼 많은 언급을 하지는 않는다. 위에서 언급된 이유들 때문에 마르실리우스는 그의 시각을 낮추었다. 공영체에 관한 그의 원리는 돼지들의 도시가 진정한 도시라는 플라톤의

『국가』의 주장을 생각나게 한다. 인간법에 대한 그의 원리는 신법은 육체와 정신의 완성을 가져오는 반면 인간법은 인간 육체의 완성을 가져다 준다는 마이모니데스의 주장을 생각나게 한다.[30] 그러나 마이모니데스는 신법이란 본질적으로 이성적인 것이며, 토마스 아퀴나스의 견해처럼 이성을 초월한 것은 아니라고 주장한다. 마르실리우스는 인간법에 대한 마이모니데스의 견해와 신법에 관한 토마스 아퀴나스의 견해를 결합시켰으며, 따라서 정치철학의 범위 안에서 법이라고 부를 수 있는 유일한 것은 육체의 건강함을 지시하는 인간법이라는 결론에 도달했다고 볼 수 있다. 마르실리우스는 그의 반사제주의에 의해 어느 정도까지는 이런 견해를 택했던 것이다. 반신학적인 열정이 철학자로 하여금 사색의 우월성을 의심하도록 하는 극단적인 수준까지 가게 했을 때 정치철학은 고전적인 전통, 특히 아리스토텔레스와 결별하게 되며 아주 새로운 장으로 들어서게 되었다. 문제의 철학자는 마키아벨리였다.

■■■ Leo Strauss / 유영산 번역

❖ 주 ❖

1_ Marsilius of Padua, *The Defender of the Peace*, trans. with an introduction by Alan Gewirth (New York : Columbia University Press, 1956), II 13.24 (=Dictio II의 169번째 문단).

2_ *Ibid.*, I 9.2.

3_ *Ibid.*, I 11.2 처음과 16.15 끝.

4_ *Ibid.*, I 4.1 ; 1.7 ; II 30.4 끝(cf. I 6.9첫째 문단).

5_ *Ibid.*, I 1.3−5, 7 ; 19.3과 8−13.

6_ *Ibid.*, I 5.1 ; 15.10 ; 19.12와 II 1.4 ; 8.9에서 끝까지 ; 30.5(문단 2).

7_ *Ibid.*, I 4.3−4 ; 5.11, 10.3.

8_ *Ibid.*, I 5.2, 3, 13 ; 10.3. II 8.4 끝.(cf. "분파"의 경멸적 의미에 대해서는 II 16.17참조) p. 178을 보시오.

9_ *Ibid.*, I 5.12 ; 19.4(102, 22, ed. Previté−Orton)과 5의 처음. II 6.10 끝 ; 10.6, 20.13 마르실리우스가 Deut. 33 : 10을 인용하지 않았음을 주목하라.

10_ *Ibid.*, I 5.1, 13. II 13−14 ; 24.1 끝 ; 30.4(문단 1의 끝).

11_ *Ibid.*, I 1.1 8.4 ; 10.4−5 ; 15.1 ; 17. II 4.5 ; 8.9 ; 28 끝. *Politics* 1255^b 13−15 ; 1276^a 1−3, 1282^b 7−13 ; 1324^b 7−9 ; 1333^b 5ff. *EN* 1180^a 24−35.

12_ *Defender*, I 5.1, 13 ; 8.3 ; 11(특히 11.6) ; 12.3과 4 ; 13.1, 3,4. II 17. 10−12 ; 21.3과 9 끝. *Politics* 1281^a 40ff. (특히 1281^b 23−25).

13_ *Defender*, II 2.3 ; 15.8 ; 16.1과 9의 처음 ; 17.5 ; 7−8, 10 ; 28.3, 17.

14_ *Ibid.*, I 12−13. II 23.9, 13의 처음 ; 24.11 ; 26.19 ; 28.29.

15_ *Ibid.*, I 5.1, 7 ; 8.1 ; 12.4. II 2.8 ; 4.8 ; 8.7.

16_ *Ibid.*, I 4.4(13, 20) ; 8.5 ; 10.2 ; 12.3 ; 13 끝 ; 14 처음과 끝 ; 15.5−6 ; 21 ; 17.9. II 5.4 (149 밑) ; 8.6 ; 21.2 ; 30.4 (485, 19−21−이 장의 중앙 2문단 중의 하나) III 2.13. *Defensor Minor*, 3장 서두. *Politics* 1296^b 14−16.

17_ *Defender*, I 14.3 ; 15,4 ; 26.13. Cf. II 3.15와 30.6.

18_ *Ibid.*, I 9.5−7 ; 15.3 끝 ; 16. II 24.2.

19_ *Ibid.*, I 7.1 ; 9.4−7, 10 ; 11.3 (42, 14−15) ; 14.2−7, 10 ; 15.1 : 16. 11−24(특히 16.17).

20_ *Ibid.*, I 2.2 ; 3.4 ; 9.10 ; 11.5 끝 ; 12.2 ; 13.8 ; 14.9 ; 16.19, 21, 23 ; 17. II 20.2 끝과 13−4 ; cf. II 3.15와 30.6 Gewirth, *loc. cit.*, I 254. I 22에 제시된 *regnum*의 사용은 마르실리우

스가 실제적으로 그랬던 것보다 더 강한 왕권적인 경향을 기대하게 한다.

21_ *Ibid.*, I 10.3 ; 12.2. II 4.13 ; 5.1–2, 4–5, 8(1문단) ; 9.10, 12 ; 11.2, 7 ; 28.24(462, 9) ; 30.4 1문단 끝.

22_ *Ibid.*, II 4.6 ; 13.28 ; 17.7–8 ; 22.1의 처음. 15–16 ; 24.4 ; 27.2(426 문단2). Gewirth, *loc. cit.*, I 81.

23_ *Ibid.*, I 6.3, 6 ; 15.21 ; 16. II 11.4 ; 13.16, 23끝–24 ; 26.12 처음.

24_ *Ibid.*, I 10.3–7. II 5.6, 7(154, 23–26과 157, 28) ; 6.11–3 ; 8.8 ; 9. 2–5 ; 10.3, 7,9 ; 13.2 끝.

25_ *Ibid.*, I 5.4, 7. II 2.4 (3) ; 8.5 ; 9.11 ; 10.4, 9 ; 17.8에서 끝까지 Gewirth, loc. cit., I 284. 또한 174ff.를 보라.

26_ I 19.10 II 13.28 ; 17.2 ; 18.8 (문단 1–2와 끝) ; 19.1–3 : 20.1–2 ; 21. 11, 13 ; 22.6, 8, 10 ; 24.9, 12 ; 25.4–6, 9, 15–18 ; 28.27 ; 30.8. *Defensor Minor*, 7장과 12장.

27_ *Defender*, I 17.10. II 28.15.

28_ *Ibid.*, I 10.3–7 ; 12.2–3 ; 14.4 ; 15.6 ; 19.13. II 8.3 ; 12.7–8.

29_ *Ibid.*, I 6–9 ; 11.3 ; 14.2, 6–7. Dante, *De Monarchia*, I 14.

30_ *Republic* 372 6–7 ; *Guide of the Perplexed*, II 40과 III 27.

❖ Readings ❖

A. Marsilius of Padua. *The Defender of the Peace*. Trans. with an Introduction by Alan Gewirth. New York : Harper–Torch Books, 1967. Discourse I, i–xiii ; Discourse II, xii secs. 3–12.

B. Marsilius of Padua. *The Defender of the Peace*. Discourse I, xiv–xix ; Discourse II, viii, xii, secs 1, 2, 13–34과 xix.

마키아벨리

Niccolo Machiavelli_1469-1527

사람들은 종종 미덕(virtue)이라는 단어를 사용하는 대신 "삶의 질"이나 "위대한 사회" 혹은 "도덕적인", 심지어는 "공명정대한"이라는 용어를 사용하여 미덕에 대해 논한다. 그러나 우리는 무엇이 미덕인지 알고 있는가? 소크라테스는 미덕에 대해 만족할 만한 개념정의 없이 인류의 최상의 선(good)은 일상의 대화를 미덕에 관한 것으로 만드는 것이라고 결론지었다. 그러나 우리가 이 지극히 중요한 의문에 대해 가장 명확한 답을 얻으려면 아리스토텔레스의 『윤리학』(*Ethics*)으로 시선을 돌려야 한다. 『윤리학』을 통해 우리는 자부심(magnanimity)—명예로운 대접을 받을 만한 가치가 있다고 판단되면 스스로 명예를 요구하는 습관—이 최선의 미덕임을 발견하게 된다. 우리는 또한 같은 책에서 겸양(sense of shame)은 미덕이 아니라고 했다는 사실도 발견할 수 있다. 겸양이란 아직 성숙되지 못하여 실수하지 않을 수 없는 사람들에게 나타나는 것이지, 완전히 성숙되어 언제나 바르고 완벽하게 일을 처리하는 사람들에게서 나타나는 감정은 아닌 것이다. 전혀 다른 곳에서 전혀 다른 가르침을 얻게 되는 것은 경이로운 일이다. 예언자 이사야(Isaiah)가 그의 직책을 부여받았을 때 그는 진심으로 스스로가 그 지위에 적합하지 못한 인물이라고 생각하고 있었는데, 그것은 다음과 같은 그의 말에 잘 나타나 있다 : "나는 죄인들에게 둘러싸여 있는 죄 많은 인간입니다." 이는 자부심에 대한 무조건적인 비난이며 겸양에 대한 무조건적인 옹호이다. 그 까닭은 다음과 같은 구절에 잘 나타나 있다 : "성스럽도다, 성스럽도다, 성스럽도다, 만군의 주인이신 여호와여!" 아리스토텔레스를 비롯한 그리스인들에게는 성스러운 하나님이 존재하지 않았다. 그리스인들이 옳은 것인가, 유대인들이 옳은 것인가? 아테네가 옳은 것인가, 예루살렘이 옳은 것인가? 어느 쪽이 옳은지 밝혀내는 작업을 어떤 방식으로 계속할 것인가? 우리는 인간의 지혜로는 이를 판단할 수 없다고 인정하고 그 해답은 신념의 문제라고 일축해 버려야만 하는 것인가? 그렇다면 그것은 아테네 측의 완전한 패배가 되는 것이 아닌가? 왜냐하면 신념에 근거하는 철학은 더 이상 철학이 아니기 때문이다. 아마도 이러한 해결되지 않는 갈등이 서구 철학을 정체되지 않게 하는 원동력이 되었을 것이다. 그리스 철학뿐만 아니라 근대 철학에서도 철학 그 자체라고 하는 사고의 근저에는 이런 갈등이 자리잡고 있을 것이다. 근대 철학을 이해하고자 하는 과정에서 우리는 마키아벨리를 만나게 된다.

마키아벨리는 특정 유형의 정치—그의 영향력과 무관하게 계속 존재해 왔고 앞으로도 존재할 정치형태—를 가리키는 일반명사로 개인의 이름이 사용되고 있는 유일한 정치사상가이다. 그 특정 유형의 정치란 목적—조국의 세력확장을 추구하되 그 조국을 정치가 자신이나 자신의 당파의 세력확장에 사용하려는 목적—을 달성하기 위해서는 모든 수단—정의로운 것이든 불의한 것이든, 혹은 칼이든 독약이든—을 편의에 따라 사용할 수 있다는 생각에 근거한 정치를 말한다. 이러한 현상이 정치 그 자체만큼 오래된 것이라 할 때 왜 겨우 500년 전에 이를 기술한 마키아벨리의 이름으로 이를 명명했는가? 그것은 마키아벨리는 자신의 이름을 밝히고 공식적으로 이러한 정치를 옹호한 최초의 인물이었기 때문이다. 따라서 그가 거둔 성과는 혐오할 만한 것이든 훌륭한 것이든 정치 그 자체 혹은 이탈리아의 르네상스라는 정치사 속에서만은 이해될 수 없고 정치사상, 정치철학, 정치철학사라는 맥락 속에서만 이해될 수 있다.

마키아벨리는 선행하는 모든 정치사상가들과 단절된 모습으로 나타난다. 이러한 시각을 뒷바침해 줄 유력한 증거도 있다. 그러나 그의 정치적 저술은 표면상 고대 로마의 공화정을 재건하려는 것처럼 보인다. 즉 그는 극단적인 개혁자가 아니라 오래되어 잊혀진 것을 복귀시키려는 사람으로 보인다.

우리의 연구를 원활히 하기 위해 우선 마키아벨리 이후의 두 사상가인 홉스와 스피노자로 눈을 돌려보자. 홉스는 자신의 정치철학을 완전히 새로운 것으로 간주했다. 더 나아가 그는 그의 저작 이전에는 정치철학이나 정치학이라 할 만한 것이 없었다고 생각했다. 그는 스스로를 진정한 정치철학의 창시자, 진정한 정치학의 창시자로 간주했다. 홉스는 물론 소크라테스 시대부터 진리라고 주장되는 정치적 견해(doctrine)들이 있음을 알고 있었다. 그러나 홉스에 의하면 이러한 견해들은 학(science)이라기보다는 꿈(dream)에 불과하다. 홉스는 소크라테스와 그의 추종자들을 무정부주의자로 간주했다. 왜냐하면 그들은 실제적 법인 국가

법이 보다 상위의 법인 자연법에 호소하도록 하여 시민사회와 전혀 상반되는 무질서를 조장했기 때문이다. 홉스에 의하면 보다 상위의 법인 자연법은 주권(sovereign power)에 대한 무조건적인 복종만을 지시할 수 있을 뿐이다. 이러한 사고방식이 홉스 자신의 가르침과 모순된다는 것은 어렵지 않게 증명할 수 있다. 적어도 이러한 사고는 사물의 근본에까지는 미치지 못하고 있다. 홉스의 고대 정치철학에 대한 반감은 다음의 언명에 분명하게 드러나 있다 : "그들은 일반적으로 정의와 정책이 모순 속에서 서로의 영역을 침범하도록 서술하고 있다. 이러한 이론들을 규범과 철학으로 변화시키기 위해서는 우선 감정이 변덕을 부리지 않을 것이라는 확신이 서는 토대에까지 이 이론들을 끌어내린 후, (이제까지는 공중에 건설되었던) 자연법 속의 개별 경우들을 더 이상 논박당하지 않는 수준에 이르기까지 차례차례 쌓아나가는 수밖에 달리 방법이 없다." 정치교육의 합리성은 그것이 감정을 인정하고 이에 따르도록 하는 데 있다. 합리적인 정치교육의 근거가 될 감정은 폭력적인 죽음에 대한 두려움이다. 얼핏 보기에는 "약속을 어기지 않고도 영광과 긍지를 얻을 수 있는" 관대함이라는 열정을 택할 수 있을 것 같지만, "인류의 가장 큰 부분을 차지하고 있는 부와 감각적 쾌락을 추구하는 사람들에게서는 관대함이란 거의 찾아볼 수 없다." 고전적인 가르침들이 공중에 세워졌던 것에 비해 홉스는 명백히 낮지만 견고한, 널리 공유될 수 있는 기반 위에 (사상을) 건설하려 했다. 이러한 기반 위에서 도덕성이 차지하는 지위는 하락되었는데, 도덕성은 두려움에 의해서 나타나는 온순함에 불과한 것으로 취급된다. 도덕법이나 자연법은 자연의 권리, 자기보존의 권리에서 파생된 것으로 이해된다. 근본적인 윤리는 의무가 아니라 권리인 것이다. 이 새로운 정신은 우리들 자신이 살고 있는 세대를 포함한 근대의 정신이 되었다. 홉스의 이론이 그의 위대한 계승자들에 의해 변화되었음에도 불구하고 이 정신은 그대로 보존되었다. 로크는 자기 보존을 안락한 자기 보존으로 확대시켰고, 이는 이익추구 사회의 이론적 기반이 되었다. 칸트는 정의로운 사회는 정의로운 사람들에 의해 건설된다는 전통적인 시각에 반대하여 "이상하게 들릴지 모르지만 정의로운 질서의 국가를 건설하는 일은 악마들이라도 그들이 상식을 지니기만 했다면(그들이 기민한 계산능력만 있다면) 해낼 수 있다"고 단언했다. 우리는 이러한 생각을 마르크스의 사상에서도 발견할 수 있는데, 왜냐하면 그가 기대를 걸었던 무산자들이 천사는 아니기 때문이다. 홉스가 성취한 혁명은 전적으로 마키아벨리에 의해 준비되었던 것인데 홉스는 마키아벨리를 인용한 일이 없다. 이는 더 연구해 볼 문제이다.

홉스는 어떤 면에서 스피노자의 스승이다. 그럼에도 불구하고 스피노자는 그의 『정치적 논문』(*Political Treatise*) 첫머리를 바로 그런 철학자들을 공격하는 것으로 시작한다. 스피노자는 그 철학자들이 열정을 악덕(vice)으로 취급했다고 주장한다. 그들은 열정을 조소하고 애도함으로써 실재하지 않는 인간 본성에 대한 믿음을 칭송하고 증명하는데, 그들은 실재하는 인간의 모습을 표현한 것이 아니라 그들이 존재하기 바라는 인간을 그렸던 것이다. 그러므로 그들의 정치적 가르침은 모두 쓸모없는 것이다. 이와 전혀 다른 것이 정치참여적 **철학자**(politici)의 경우이다. 그들은 경험으로부터 배웠기 때문에 악덕 또한 인간이 있으면 함께 존재하는 것이라고 생각한다. 따라서 그들의 정치적 가르침은 가치 있는 것이며, 스피노자는 이를 기반으로 그의 사상을 세웠다. 이들 정치참여적 철학자들 중 가장 위대한 인물이 플로렌스 태생의 마키아벨리이다. 전통적인 사상에 대한 마키아벨리의 조심스러운 공격은 스피노자에 의해 구체화되었고 홉스에 의해 보다 적극적인 언어로 표현되었다. 스피노자는 타키투스로부터 "인류가 존재하는 한 악덕도 존재할 것이다"라는 언명을 빌렸는데, 이 언명은 스피노자의 입을 통해 메시아 시대의 믿음에 대한 철저한 부정으로 화했다. 메시아 시대의 도래는 기적을 요구하는데, 스피노자에 의하면 기적은 불가능한 것이다.

스피노자의 『정치적 논문』의 서문은 마키아벨리의 『군주론』(*Prince*)의 제15장을 모방하고 있다. 마키아벨리는 여기서 다음과 같이 서술했다.

> 군주가 어떻게 통치할 것인가에 대해서는 이미 많은 사람들이 쓴 바 있기 때문에 이 글을 씀으로써 비난을 받을까 두렵다. 그러나 나는 나의 글을 이해하는 사람에게 유익한 무엇인가를 쓰고자 한다. 많은 사람들이 실제로 보지도 알지도 못하는 공화국이나 군주국을 생각해 왔는데, 나는 어떤 사물에 대한 상상에 접근하기보다는 그 사물의 진실에 곧장 다가가는 것이 낫다고 생각한다. 한 개인이 어떻게 살고 있는가의 문제와 어떻게 살아야 할 것인가의 문제 사이의 괴리는 매우 크다. 따라서 어떻게 살아야 할 것인가에 치중하여 사람들이 실제로 어떻게 살고 있는가를 무시하는 사람은 실패하기 쉽다. 왜냐하면 언제나 선만을 행하려는 사람은 선하지 않은 대부분의 사람들 속에서 패배하게 되는 것이다. 그러므로 스스로를 지속시키려는 군주는 선하지 않은 행동을 할 수 있을 것, 선함을 이용할 수 있을 것, 환경의 요구에 따라 선함을 사용하지 않을 수 있을 것을 배워야 한다.

인간이 마땅이 살아야 하는 방법, 즉 미덕을 행동결정의 기준으로 삼는 사람은 상상 속의 왕국, 상상 속의 공화국에 도달하게 된다. 고전철학자들이 그랬다. 따라서 그들은 『국가』(*Republic*)와 『정치학』(*Politics*)의 최선의 정치체제에 도달했다. 상상 속의 왕국을 언급할 때 마키아벨리는 철학자들의 그것만을 생각한 것이 아니라 하나님의 왕국도 함께 생각했다. 마키아벨리의 관점에서 볼 때 하나님의 왕국이란 그의 제자 스피노자가 말했듯이 정의로운 사람이 통치할 때만 정의가 지배할 수 있다는 환상에서 나온 독단이다. 철학자들은 최선의 정치체제가 현실화될 수 있는 것이라고 보지만 사실상 이는 불가능하다. 플라톤에 의하면 이 현실화는 철학과 정치권력이 전혀 그럴 것 같지 않은데도 불구하고 동시에 일치할 때 이론상 가능하다. 최선의 정치체제를 현실화하는 일은 기회, 즉 인간의 통제를 넘어선 **운명**(Fortuna)에 의존하고 있다. 그러나 마키아벨리에 의하면 **운명**은 복종시킬 수 있는 여인(女人)이다. 올바른 자격을 갖춘 사람은 **운명**을 굴복시킬 수 있다. 많은 사람이 살아갈 방향과 **운명**에 대한 태도는 상관관계가 있다. 훌륭한 정치의 기준을 낮춤으로써 이론 속에서 가능한 정치질서의 현실화를 보장받을 수 있다. 마키아벨리 이후 그의 추종자들의 어조는 올바른 이상(理想)은 필연적으로 현실화된다는 것이다. 즉 이상과 현실은 필연적으로 수렴된다. 이러한 사고방식은 괄목할 정도로 성공을 거두었다. 만일 누군가가 아직도 이상의 현실화를 확실히 보장할 수 없다고 한다면 그는 냉소주의자로 비난받을 각오를 해야 한다.

마키아벨리는 인간이 어떻게 살아가고 있는가를 그냥 서술하기 위해 탐구한 것은 아니다. 그가 관심을 가진 것은 군주들에게 어떻게 지배하고 어떻게 살아갈 것인가를 가르치는 일이었다. 따라서 그는 아리스토텔레스의 『윤리학』의 내용을 고쳐 썼다. 그도 전통적인 가르침이 진리임을 어느 정도 인정한다. 아리스토텔레스의 생각으로는 인간은 고결하게 살아야만 한다. 그러나 그는 고결하게 사는 것이 행복하게 사는 것이라거나 행복으로 이끌어 준다는 것은 부정한다. "백성들에게 마치 그것이 당신의 의무인 양 관대하게 하는 것도 당신에게 피해를 줄 것이다. 왜냐하면 당신이 한번 고결하고 관대하게 행동하면 계속 반드시 그렇게 해야만 하게 되기 때문이다." 군주는 재정난에 시달릴 것이고, 필요한 금전을 얻기 위해 그의 국민들을 억압적으로 다스리지 않을 수 없을 것이다. 관대함의 반대가 되는 무자비함은 "군주의 통치를 가능하게 해주는 악덕 중의 하나이다." 그러나 군주는 다른 사람의 재산에는 관대해야 한다. 왜냐하면 그것이 군주의 평판을 높여주게 될 것이기 때문이다. 동정과 그와 반대되는 잔인함에도 비슷한 이치가 적용된다. 이 논의는 군주가 사랑받는 것이 두려움의 대상이 되는 것보다 나은지 혹은 그 반대인지에 관한 마키아벨리의 의문으로 이어진다. 사랑받으며 동시에 두려움의 대상이 될 수는 없다. 따라서 군주는 어느 한 쪽을 선택해야만 하고, 선택할 경우에는 두려움의 대상이 되도록 해야만 한다. 왜냐하면 사랑받는다는 것은 타인에 의존하는 것이고, 두려움의 대상이 된다는 것은 자기 스스로에 의해 결정되는 일이기 때문이다. 그러나 군주는 미움의 대상이 되지 않도록 해야 한다. 군주는 국민의 재산과 여자—특히 재산—를 탐내는 일만 삼가면 미움을 받지는 않을 것이다. 사람들은 자신의 재물을 너무나 사랑하는 나머지 아버지가 죽음을 당하는 것보다 재산을 빼앗기는 것을 더 원망스럽게 생각한다. 전쟁중에 잔인하다는 평판을 듣는 것은 전혀 해가 되지 않는다. 가장 훌륭한 예가 한니발의 경우인데, 그는 승리했을 때나 패배했을 때나 모두 휘하의 병사들로부터 절대적인 복종을 받았으며 반란은 전혀 없었다. "이러한 사실은 순전히 그의 비인간적인 잔인성에 기인한 것이다. 그의 잔인성은 그의 다른 여러 미덕들과 함께 그가 휘하 장병들 눈에 언제나 덕망 있고 무서운 사람으로 보이게 했는

데, 이 잔인성이 없었더라면 그의 다른 미덕들은 충족될 수 없었을 것이다. 깊은 성찰 없이 한편의 사람들은 그의 행위를 찬양하는 글을 쓰고, 다른 한편의 사람들은 똑같은 이유로 그를 비난한다." 비인간적인 잔인함은 한니발의 미덕 가운데 하나라고 기록되어 있다. 비인간적인 잔인함의 또 다른 보기는 체자레 보르지아(Cesare Borgia)의 로마냐 평정이다. 이곳을 평정하기 위해 그는 "잔인한 살인마" 라미로 도르코(Ramirro d'Orco)를 선두에 세우고 그에게 모든 권한을 주었다. 라미로는 곧 명성을 얻었다. 그러자 체자레는 이러한 과다한 권력은 더 이상 필요하지 않다고 생각하고 라미로가 미움을 받도록 했다. 그는 라미로가 채택한 가혹한 규범들이 증오를 야기할 것임을 알고 있었다. 체자레는 잔인성이 관계된 일은 그의 소행이 아니라 그의 부하의 잔인한 성품 때문에 일어난 일인 듯이 보여지기를 원했다. 그는 어느 날 아침 수도의 광장에서 라미로를 처형하고 효수했다. 이 처참한 광경은 시민들에게 어느 정도 만족감을 주었다.

마키아벨리의 새로운 "의무"(ought) 개념은 환경의 요구에 따라 미덕과 악덕을 동시에 현명하고 활발하게 사용할 것을 요구한다. 그에게 있어서 힘(virtú)[1]이라는 단어는 미덕과 악덕의 현명한 선택을 의미한다. 나는 그가 "미덕"이라는 단어를 고전적 의미와 그 자신의 의미 양쪽으로 사용함으로써 그 자신과 그의 독자들을 속이고 있다고 믿는다. 종종 그는 힘(virtú)과 선(bontà)을 구분한다. 이러한 구분은 어떤 면에서 키케로에 의해 예비되었다고 볼 수 있는데, 그에 의하면 사람이 "선하다"(good)는 것은 겸손과 절제, 그리고 무엇보다도 용기, 지혜와 구분되는 정의, 신의에 의존한다. 미덕들에 대한 키케로적 구분은 절제와 정의는 모든 사람들에게 요구되는 미덕인 반면에, 용기와 지혜는 몇몇 사람들에게 요구되는 미덕임을 내용으로 하는 플라톤의 『국가』를 떠오르게 한다. 마키아벨리의 선함과 다른 미덕 간의 구분은 선함과 미덕이 상반되는 것이라고까지 발전한다. 미덕은 지배자와 군인에게 요구되는 것이고, 선함은 평화로운 직업에 종사하는 민중에게 요구되는 것이며 그들의 특성이다. 여기서 선함은 정부에 대한 두려움에서 나타나는 복종 혹은 야비함을 의미하는 것으로까지 간주된다.

『군주론』의 몇몇 부분에서 마키아벨리는 온화한 사람이라면 언제나 언급할 도덕성에 대해 이야기하고 있다. 그는 그 모순을 철인황제(philosopheremperor) 마르쿠스 아우렐리우스 이후 막시미누스(Maximinus) 때까지 로마를 다스린 황제들을 다룬 제19장에서 해결하고 있다. 그가 가장 중심적으로 논하고 있는 인물은 세베루스(Severus)이다. 세베루스는 가장 잔인하고 탐욕스럽다고 알려진 황제 중 한 사람이다. 그러나 그는 언제나 더없이 교묘하게 지배할 수 있는 위대한 미덕을 갖추고 있었는데, 그것은 사자와 여우의 성품을 가진 사람을 잘 이용할 줄 알았다는 것이다. (여우와 사자의 성품이란 군주가 마땅히 모방해야 하는 것이다.) 새로운 이론에 의해 탄생될 군주는 선량한 황제 마르쿠스 아우렐리우스를 모방할 필요도 없고 세베루스를 모방할 필요도 없다. 다만 그는 세베루스로부터 국가를 건설하는 데 필요한 부분을 취하고 마르쿠스로부터 이미 굳건하게 세워진 국가를 보전하는 적절하고 훌륭한 방법을 취하면 된다. 『군주론』의 핵심 주제로 다루어지는 것은 전혀 새로운 국가의 새로운 군주, 즉 국가의 건설자이다. (국가를) 건설하려는 사람에게 모범이 될 사람은 빈틈 없이 영리한 범죄자 세베루스이다. 이것은 아우구스티누스가 이미 말했듯이 정의(justice)는 절대 통치의 근본이 아님을 뜻한다. 정의의 토대는 불의(injustice)이다. 도덕성의 토대는 부도덕이다. 정권의 정당성

(legitimacy)의 토대는 부당성(iIlegitimacy)이나 혁명이다. 자유의 토대는 독재이다. 태초에는 폭력이 있었지 화합이나 사랑이 있었던 것은 아니다. 물론 폭력 그 자체를 영속시키기 위한 폭력과 인간적 삶의 조건을 형성시키는 자유와 인간애의 기반을 형성시키는 선에서 멈추는 폭력 사이에는 분명한 차이가 있다. 그러나 『군주론』에서는 그 차이에 대해 극히 미미한 암시를 했을 뿐이다.

우리에게 위안을 주는 내용은 이탈리아의 군주 로렌쪼 디 메디치(Lorenzo de' Medici)에게 프랑스, 스페인, 독일 등의 야만족들로부터 이탈리아를 해방시킬 것을 충고한 『군주론』의 마지막 장이다. 마키아벨리는 로렌쪼에게 이탈리아 해방이 그다지 어려운 일은 아니라고 말하고 있다. 마키아벨리가 그 까닭이라고 제시하고 있는 것 중 하나는 "신의 계시를 나타내는 전례가 없었던 사건들이 나타나고 있다 : 바다는 스스로 갈라지고 구름은 길을 인도하며, 바위에서는 물이 쏟아지고 만나(manna)가 비처럼 내린다"는 것이다. 전례가 없다는 사건은 사실 전례가 있었다. 이스라엘 백성들이 이집트의 속박으로부터 풀려날 때 그러한 기적들이 있었다. 마키아벨리가 제안하려는 것은 이탈리아가 로렌쪼의 약속의 땅이라는 것이다. 그러나 거기에는 한 가지 문제가 있다. 이스라엘 백성을 속박에서 해방시킨 모세는 약속된 땅에 들어가지 못하고 그 경계에 이르러 죽었다는 점이다. 마키아벨리는 로렌쪼가 이탈리아 독립을 완성할 만한 비범한 덕을 결여하고 있기 때문에 이 위대한 일을 완성시키지 못할 것이라 전망했다. 이 외에도 이 비범한 일을 로렌쪼가 완성시키지 못하리라 단언한 이유는 또 있다. 이제까지의 이 모든 계시는 시나이(Sinai)의 계시 이전에 일어난 일이었다. 마키아벨리가 예언하는 것은 새로운 계시, 새로운 십계명이 절박히 필요하다는 것이다. 이 계시를 가져올 사람은 물론 평범한 로렌쪼가 아니라 새로운 모세이다. 이 새로운 모세는 마키아벨리 자신이며, 새로운 십계명은 완전히 새로운 군주에 대한 완전한 새로운 가르침이다. 모세는 (신의) 보호를 받는 예언자였고, 마키아벨리는 필연적으로 소멸해야 하는 (신의) 보호를 받지 못하는 예언자였다. 이 문제를 해결하기 위해 우리는 마키아벨리의 또 다른 명작 『리비우스의 초편 10장에 기초한 논고』(*Discourses on First Ten Books of Livy*)로 눈을 돌려야 한다.

그러나 『군주론』에서 해결되지 않은 문제를 해결하기 위해 『논고』로 눈을 돌린 사람은 마치 후라이팬에서 불 속으로 뛰어든 것과 마찬가지이다. 왜냐하면 『논고』는 『군주론』보다 훨씬 이해하기 어렵기 때문이다. 독자는 이 책을 접하고 당황하기 마련이지만 바로 이 어리둥절함이 이해의 시작이다.

우선 첫머리인 봉헌 서한으로부터 시작하기로 하자. 『군주론』은 마키아벨리의 주군이던 로렌쪼 디 메디치에게 증정된 책이다. 마키아벨리는 그 자신은 하층의 미미한 인간으로서 주군의 위대함에 너무나 압도되어 『군주론』이 비록 자신에게는 가장 소중한 것이나 로렌쪼의 품격에 견주어서는 보잘 것 없는 것이라 여겨진다고 기술하고 있다. 그는 그의 작품이 오랜 기간 동안 위험을 이겨내고 그가 터득한 모든 지식을 구체적으로 담고 있으면서도 양이 적어 헌정받은 사람이 짧은 시간에 이해할 수 있으리라 여겨지기 때문에 이를 추천한다고 했다. 『논고』는 마키아벨리에게 이 책을 쓰도록 권고했던 그의 젊은 두 친구에게 헌정되었다. 동시에 이 책은 그 친구들이 베풀었던 도움에 대한 마키아벨리의 감사의 표시이다. 그는 그의 주군이 그에게 호의를 가져주기를 기대하면서 『군주론』을 헌정했다. 그러나 마키아벨리는 로렌쪼가 그의 『군주론』에 대해 아름다운 말 한 필을 선사받은 정도의 관심이나마 보였는지조차 알 수 없었다. 이 모든 것이 함께 작용하여 그는 『논고』의 봉헌 서한에서 그가 『군주론』의 봉헌 서한에서 했던 것과 같이 작품을 군주에게 헌정하는 관습은 나쁜 것이라고 비난하고 있다. 『논고』는 군주에게 바쳐진 것이 아니라 군주가 될 만한 사람에게 헌정되었다. 로렌쪼가 군주가 될 만한 자질이 있었는지는 여전히 의문으로 남아 있다.

이 두 책의 차이는 마키아벨리가 『논고』에서 사용된 몇몇 개념들을 『군주론』에서는 사용하지 않는 것을 볼 때 분명히 설명된다. 『군주론』에서는 양심, 공공선, 독재자(군주와 독재자를 구분하는 경우의 독재자), 천국 등이 언급되지 않는다. 또한 『군주론』에서의 "우리"는 절대 "기독교도인 우리"가 아니다. 여기서 반드시 언급해야 할 것은 마키아벨리가 현세와 내세, 이생과 내생을 구분하지 않았다는 사실이다. 그는 악마나 지옥에 대해서도 언급한 바가 없으며 영혼에 대해서도 언급한 바가 없다

이제 『논고』에 대해 살펴보자. 『논고』는 무엇에 대한 책인가? 이것은 어떤 종류의 책인가? 이러한 어려움은 『군주론』에 해당되지 않는다. 『군주론』은 군주들의 지침서이며, 군주들의 지침이 되는 것은 전통이다. 이에 따라 『군주론』의 각 장의 제목은 모두 라틴어로 되어 있다. 이는 『군주론』이 혁명적인 가르침을 전통적인 외관으로 숨기고 있다는 것을 뒷받침해 주는 사실이다. 그러나 『논고』에서는 이러한 전통적인 외관이 사라진다. 이 책의 모든 장은 그 내용이 고대 로마를 다룬 고전적이고 전통적인 것이라 해도 라틴어 제목을 사용하지 않았다. 나아가 『군주론』은 분명히 구상 하에 쓰여진 책이기 때문에 비교적 쉽게 이해되는 반면 『논고』는 그 구상이 너무나 불명료해서 구상을 하고 쓰여진 책인지조차 의심스러울 정도이다. 게다가 『논고』는 리비우스(Livy)의 초편 10권에 기

초한 글이라 주장하고 있다. 리비우스의 초편 10권은 로마의 건설로부터 로마공화정의 절정기였던 제1차 포에니전쟁 직전, 로마가 이탈리아 반도 밖으로의 원정을 시작하기 이전까지를 다루고 있다. 그러나 마키아벨리는 『논고』에서 리비우스가 그의 로마사 연구에서 소화하고 있는 모든 영역을 다루고 있다. 리비우스의 책은 142권으로 이루어져 있고 『논고』는 142장으로 이루어져 있다. 리비우스의 저작은 기독교의 시작인 아우구스투스 황제까지 다루고 있다. 어쨌든 『군주론』보다 4배나 방대한 『논고』에서 한 가지 주제는 분명하게 배제하고 있다 : "많은 사람이 관계된 새로운 일의 우두머리가 된다는 일은 위험한 일이다. 그리고 어떤 새로운 일을 조종하고 성취시키는 일은 또 얼마나 어려운 일인가! 성취한 후 이를 유지시키기 위해 관리하는 일을 토론하기에는 너무나 오랜 시간을 요하는 존귀한 일이다. 따라서 나는 좀더 적절한 때까지 이를 유보하려 한다." 그러나 마키아벨리가 『군주론』에서 논하고 있는 것은 분명히 너무나 오랜 시간을 필요로 하며 존귀한 바로 그 일이다 : "우리는 새로운 질서를 소개하는 선도자가 된다는 것이 가장 다루기 힘들고 성공 가능성이 희박하며 통제하기 어려운 일이라는 것을 고려해야 한다." 마키아벨리가 이곳에서 "지속적인 유지"에 대해서 언급하지 않은 것은 사실이다. 『논고』에 의하면 그러한 "지속적인 유지"는 인민에 의해 가장 잘 수행될 수 있고 새로운 체제와 질서의 소개는 군주에 의해 가장 잘 이루어질 수 있다. 이로부터 우리는 『논고』의 핵심적인 주인공은 『군주론』과는 달리 인민이라는 결론에 도달하게 되는데, 이 결론은 불합리하지는 않지만 이 작품을 이해하기 시작한 독자에게도 다소 미흡한 듯이 느껴진다.

『논고』의 특성은 두 가지 다른 문제에 대한 예를 통해 보다 상세히 설명된다. 제2장 13절에서 마키아벨리는 미천한 신분에서 고귀한 신분으로의 상승은 폭력을 통해서 가능한 것이 아니라 속임수를 통해서 가능한 것이라고 단언하고 이를 증명하고 있다. 이는 로마공화정의 건설기를 설명하는 것이다. 그러나 로마공화정에 앞서 마키아벨리는 영락한 신분에서 고귀한 신분으로 상승한 4명의 군주에 대해 이야기하고 있다. 그는 특히 페르시아 제국을 건설한 키루스에 대해 상세히 서술하고 있다. 키루스의 예가 핵심적인 경우이다. 키루스는 그의 숙부인 메디아 왕을 속이고 권력을 장악했다. 그러나 그가 왕의 조카라고 할 때 그를 낮은 영락한 신분에서 일어선 자라 할 수 있는가? 마키아벨리는 이탈리아로 돌아와서 삼촌인 베르나보(Bernab)로부터 부정한 수단으로 권력과 왕국을 빼앗은 죠반 갈레아쪼(Giovan Galeazzo)의 예를 들고 있다. 갈레아쪼 역시 군주의 조카에서 시작했으므로 미천한 영락한 신분에서 상승했다고 할 수 없다. 마키아벨리는 그러한 수수께끼 같은 서술방법을 통해 무엇을 보여주려고 했는가? 해답은 제3장 48절의 첫머리를 장식하고 있는 다음과 같은 말에 나타나 있다 : 사람들은 자신의 적의 엄청난 실수를 발견했을 경우 그 속에 속임수가 숨겨져 있다고 생각할 것이다. 마키아벨리는 더 나아가 "그 속에는 반드시 속임수가 숨겨져 있을 것이다"라고 쓰고 있다. 그럼에도 불구하고 곧이어 등장하는 예에서 마키아벨리는 로마인들이 한때 풍기문란한 상태에서 엄청난 실수를 질렀는데, 이 때 어떤 속임수가 숨어 있는 것은 아니었다고 말한다.

우리는 어떻게 『논고』에서 직면하게 되는 문제점들을 다룰 것인가? 우선 제목 『리비우스의 초편 10장에 기초한 논고』로 돌아가자. 이 제목은 결코 문자 그대로 맞는 것은 아니지만 이 책이 원칙적으로 리비우스의 초편 10권에 따라 이루어져 있다고 간주하는 것이 좋겠다. 더 나아가 『논고』가 분명한 기획을 결여하고 있다고 했었다 : 아마도 이 책이 리비우스를 충실히 따르고 있다는 것을 신중하게 고려한다면 이 책의 구도가 가시화될 것이다. 마키아벨리는 리비우스적 순서를 따름으로써 리비우스를 따르고 있다. 거듭 강조하는 것이지만 이 사실이 진실이라는 것이 아니라 마키아벨리가 리비우스를 사용하고 있는가 아닌가가 이 책을 이해하는 열쇠라는 사실을 납득한다면 이는 진실이 될 수 있다는 것이다. 마키아벨리는 다양한 방식으로 리비우스를 인용하고 있다. 때로는 리비우스의 저작을 아무 말 없이 인용하기도 하고, 때로는 "이 책이다"라고 출처를 밝히고 인용하기도 한다. 또한 리비우스의 이름을 밝히면서 인용하기도 하고, 때로는 그의 이름이나 저작에서 인용한다는 것을 밝히지 않은 채 라틴어로 인용하기도 한다. 마키아벨리는 첫 10개 장에서는 리비우스를 인용하지 않고 다음 5개 장에서는 리비우스를 인용했으며, 다시 다음의 24개 장에서는 리비우스를 인용하지 않았다. 이러한 사실 뒤에 숨겨진 이유에 대한 이해가 『논고』를 이해하는 열쇠가 된다.

나는 이 글에서 이 문제를 완전히 다룰 수는 없지만 다음의 5개 장을 예로 선택하여 이 문제를 다루어 보려고 한다. 내가 다루려는 5개 장은 제1권의 서문, 제2권의 서문, 제2권의 2장, 제1권의 26장, 제2권의 5장이다.

제1권의 서문에서 마키아벨리는 그 이전에는 아무도 다루지 않았던 길을 택하여 새로운 체제와 질서를 발견했다고 생각하도록 유도한다. 그는 자신의 업적을 새로운 산과 바다를 발견한 탐험가의 업적에 비유하고 있다. 그는 그 자신을 도덕적 · 정치적 세계의 콜럼부스로 표현한다. 그를 가속화시킨 것은 그 새로운 체제와 질서가 모든 사람들에게 공통된 이익을 가져올 것이라는 평소의 신념이었다. 그러므로 그는 용감하게 그 앞에 놓여 있는 위험에 맞선다. 위험은 무엇인가? 미지의 바다와 땅을 발견한 후 고향으로 돌아오면 안전하다. 그러나 새로운 체제와 질서를 발견하는 문제에서의 위험은 그것을 널리 알리는 과정, 즉 새로운 것을 발견하는 것에 있다. 따라서 우리가 마키아벨리로부터 이미 충고 받았듯이 많은 사람들에게 영향을 줄 새로운 것을 선도하는 입장에 서는 것은 위험하다.

놀랍게도 마키아벨리는 곧이어 새로운 체제와 고대 체제를 일치시킨다. 그의 발견은 재발견일 뿐이다. 그는 현대 조각의 모범으로 숭앙되는 고대 조각의 파편에 의존하여 현대의 문제를 해결하려 하고 있다. 고대의 미덕들이 자취를 찾아볼 수 없게 되었다는 통탄할 만한 결과와 더불어 아무도 가장 훌륭했던 고대의 왕정과 공화정의 행위들을 모방하려 하지 않는다는 것이 더 놀라운 일이다. 현재의 법관은 과거의 법관으로부터 그 기술을 배운다. 현재의 의사들은 과거 의사들의 경험을 자신의 판단근거로 삼는다. 따라서 정치와 군사문제에 있어 현재의 왕정이나 공화정이 고대의 예를 참고하지 않는다는 것은 이상한 일이다. 이러한 결과는 현재의 종교가 국가를 약화시켰다거나 야심만만한 유한계층들이 많은 기독교 국가에서 저지른 악행에서 비롯된 것이 아니라 역사에 대한, 특히 리비우스에 대한 이해가 불충분한 데서 비롯된 것이다. 동시에 마키아벨리 시대의 사람들은 과거를 모방하는 것이 어려운 정도가 아니라 불가능하다고 믿고 있었다. 이것은 명백히 불합리하다. 인간의 본성을 포함하는 자연의 질서는 예나 지금이나 같기 때문이다.

우리는 이제 과거 체제의 재발견일 뿐인 새로운 체제의 발견이 왜 위험한 일인가를 이해한다. 과거의 재발견은 현대인이 고대인의 미덕을 모방해야 한다는 것을 요구하는데, 이것은 현재의 종교와 상반된다 : 현재의 종교는 이교도의 미덕이란 현란한 악덕일 뿐이므로 이를 따르는 것은 도덕적으로 불가능하며, 따라서 과거의 미덕을 모방하는 것은 불가능하다고 가르치는 종교이다. 마키아벨리가 『논고』에서 성취하고자 한 것은 단순히 기독교의 교리에 어긋나는 과거의 미덕을 소개하는 것이 아니라 이를 재등장시키는 것이다. 이상의 내용은 새로운 체제와 질서의 발견이 과거의 체제와 질서의 재발견일 뿐이라는 어려움을 해결한 것은 아니다.

그러나 이것만은 분명하다. 마키아벨리는 과거 체제의 우월성을 지당한 것으로 받아들일 수가 없었다. 그는 과거의 체제가 우수함을 증명해야 했다. 그러므로 그는 과거를 숭배하는 사람과 과거를 비난하는 사람의 공통 기반을 찾아야 했다. 그 공통 기반은 기독교적인 것이든 이교도적인 것이든 과거의 것에 대해서는 숭배하는 태도이다. 그는 선한 것은 오래된 것이고, 따라서 가장 선한 것은 가장 오래된 것이라는 무언의 전제에서 출발한다. 따라서 그는 가장 오래된 찬란한 문명인 고대 이집트로 가려 했다. 그러나 이집트에 대해서는 알려진 것이 너무 적어서 별 도움이 되지 못했다. 마침내 마키아벨리는 자료가 충분한 가장 오래된 문명이며 바로 그 자신의 조상들의 문명인 고대 로마에서 출발하기로 결정한다. 한편, 고대 로마는 모든 면에서 감탄할 만한 시대는 아니었다. 스파르타가 로마보다 우월하다는 강력한 예를 찾아낼 수도 있다. 그러므로 마키아벨리는 고대 로마의 권위를 세워야 했다. 그가 이 작업을 수행한 방식을 보면 신학자들이 비신자들에게 성서의 권위를 세운 방식을 떠올리게 된다. 그러나 고대 로마는 성서와 같은 책은 아니다. 따라서 마키아벨리는 로마의 대표적인 역사가 리비우스와 그의 책의 권위를 세움으로써 로마의 권위를 세웠다. 리비우스의 역사가 마키아벨리의 성서인 것이다. 이러한 이유 때문에 마키아벨리는 로마의 권위를 세우기 전에는 리비우스를 인용할 수 없었다.

그는 로마의 종교를 다룬 부분(제1권 11장-15장)에서 리비우스를 인용하기 시작한다. 그는 선행하는 장에서 자유로운 도시(free city)의 건설자로서의 로물루스와 전제정의 건설자로서의 시이저를 비교하고 있다. 저자에 의하면 시이저의 영광은 그의 보기 드문 성공에 눈이 멀어 타락하게 된 당시의 저술가들의 찬양에 의해 탄생된 것인데, 황제들은 자신들의 통치기반을 보호하기 위해 저술가들이 시이저에 대해 자유롭게 평가하도록 허락하지 않았다. 그러나 자유로운 저술가들은 이러한 제한을 어떻게 피해갈 수 있는지 잘 알고 있었다 : 그들은 시이저의 불운을 예언한 카틸리나를 비난하고 시이저의 적인 브루터스를 찬양했다. 그러나 모든 황제들이 나빴던 것은 아니다. 네르바로부터 마르쿠스 아우렐리우스에 이르는 기간은 누구나 자신의 의견을 주장할 수 있었던 황금기였다. 황금기란 사상과 사상의 발표가 권위에 의해 제한되지 않는 시대이다. 이 말은 마키아벨리가 로마 종교를 다루는 데 사실상 길잡이 역할을 했다는 것을 말한다. 그는 이교를 최소한 기독교와 동등한 것으로 대우한다. 모든 종교의 규범은 권위인데, 이것이 마키아벨리가 앞서 제기했던 바로 그 문제이다. 그러나 고대 로마의 지배계급에게 있어서 종교는 권위가 아니었다. 그들은 종교를 자신들의 정치적 목적을 위해 적절히 이용했다. 고대 로마의 종교에 대한 찬양은 근대 로마의 종교에 대한 비판을 함축하고 있다. 마키아벨리는 시이저의 백성이었던 자유로운 저술가들이 브루터스를 찬양했던 것과 똑같은 이유로 고대 로마의 종교를 찬양하고 있다. 그는 그가 지배받고 있는 기독교 질서의 권위를 공공연히 비난할 수는 없었던 것이다. 그러므로 리비우스의 역사를 마키아벨리의 성서라 한다면 그것은 마키아벨리에게 반성경(anti-Bible)으로 여겨졌다.

고대 로마의 권위를 세우고 그것이 근대보다 우월함을 여러 예로 보여준 후 마키아벨리는 그 단점을 암시하고 있다. 리비우스의 책만이 그가 의존한 유일한 권위였다. 제1권의 끝부분에서 그는 중요한 문제에 대한 리비우스를 포함한 모든 학자들의 의견을 공개적으로 묻고 있다. 그리고 나서 그는 그가 재발견한 과거 체제와 질서가 왜 새로운 것인가를 차례차례 깨닫게 해준다 : (1) 고대 로마의 체제는 응집된 계획이나 합리적 이해의 바탕 위에 세워진 것이 아니고 실패의 경험 속에서 환경의 영향을 받으며 건설된 것이다. 마키아벨리는 이에 합리성을 추가하였으며, 과거 체제의 문제점도 다소 수정했다. (2) 과거의 체제에 생기를 불어넣은 정신은 전통숭배, 권위존중, 충성심 같은 것이었는데, 마키아벨리는 전혀 다른 정신으로 생기를 불어넣었다. 제1권에서의 논쟁의 진전은 분명하다. 비록 제1권은 고대의 유산에 대한 찬양으로 시작하지만, 많은 로마 사람들이 그들의 승리를 giovanissimi로 자축했다는 "매우 새로운" 표현으로 끝을 맺는다.

이제는 제2권의 서문을 이해할 준비가 갖추어졌다. 여기서 마키아벨리는 고대를 선호하는 편견에 대해 공개적으로 의문을 제기한다 : "사람들은 언제나 근거도 없이 과거를 찬양하고 현재를 비난한다." 사실 세상은 언제나 똑같다. 선과 악의 양은 언제나 같다. 나라와 민족들이 미덕의 시기와 퇴락의 시기를 거쳐 바뀔 뿐이다. 고대에서 미덕은 처음에 앗시리아에 존재했다가 마지막에는 로마에 존재했다. 로마제국이 붕괴된 후 미덕은 일부 지방에서 부활했는데, 특히 터키에서 소생되었다. 그러므로 우리 시대에 터키에서 태어나지 못하고 그리스에서 태어난 사람은 현재를 비난하고 과거를 찬양할 것이다. 따라서 마키아벨리가 과거의 로마 시대를 찬양하고 그가 살던 당시를 비판한 것은 이로써 정당화된다.

그가 살던 당시의 로마와 이탈리아에는 고대 미덕의 자취가 남아 있지 않았다. 그러므로 그는 젊은 사람들에게 기회가 닿는 대로 고대 로마의 미덕들을 모방하라고 훈계했다. 그 자신은 시대와 불운의 탓으로 과거의 미덕들을 따르는 것을 방해받았다.

제2권의 서문에 나타난 내용은 제1권의 서문과 비교해 볼 때 다소 부족한 감이 있다. 이는 제1권의 서문은 이 책 전체에 대한 소개를 내용으로 하고 있었음에 비해 제2권의 서문은 그 한 권만에 대한, 그것도 제2권의 앞부분만에 대한 소개를 내용으로 하고 있는 데 기인한다. 여기서 마키아벨리는 그가 리비우스에게는 부여하지 않은 비중 있는 작가라는 명칭을 부여한 플루타르크의 견해를 다루면서 첫머리를 연다. 플루타르크의 견해란 로마인들은 미덕이 아니라 행운으로 그들의 제국을 손에 넣었다는 것으로 리비우스나 로마인들 모두에게 공유되는 견해였다. 로마 정복 이전의 유럽에는 자신들의 자유를 굳게 수호하고 자유로운 정치체제—공화정—를 지켜가는 세 민족이 있었다. 그러므로 로마가 이들을 정복하기 위해서는 엄청난 미덕이 필요했다. 어떻게 고대인들이 현대인들보다 더 자유를 사랑할 수 있었는가? 마키아벨리에 의하면 이는 우리의 종교와 고대 종교의 차이에서 비롯된 것이다. 우리의 종교는 겸손과 비굴함, 인간적인 것에의 경시를 최고의 선으로 간주하고 있다. 반면 고대의 종교는 인간 정신의 위대함, 육체의 강인함, 그 밖에 인간을 강하게 해주는 모든 적절한 행위를 최고의 선으로 여겼다. 그러나 인간의 세계와 신의 세계에서의 무장해제는 로마제국이 멸망한 후 모든 공화제적 삶이 멸망함으로써 이루어졌다. 그 엄청난 미덕과는 별도로 로마가 위대하다 할 수 있는 두 번째 이유는 이민족이 로마의 시민이 될 수 있도록 너그럽게 허가했다는 것이다. 그러나 이 조치는 국가를 위험에 노출시키는 것이었는데, 아테네와 스파르타인들은 새로운 이주자들이 과거의 관습을 타락시킬 것이라 염려한 바 있다. 로마의 정책에 의하면 공화정에 대해 전혀 모르거나 관심이 없는 동양인들도 로마의 시민이 될 수 있었다. 로마가 서방 정복을 시작했을 때 동방 정복은 이미 끝나 있었다. 따라서 로마공화정은 한편으로는 기독교 공화국과 정면으로 대치되면서도 다른 한편으로는 기독교 공화국 건설의 원인이 되었으며, 그 모형이 되기도 했다.

제3권에는 서문이 없으나 첫장이 서문의 구실을 한다. 이러한 약간의 파격을 통해 마키아벨리는 『논고』의 장수가 리비우스의 역사와 일치하고 있다는 사실을 강조하는데, 앞서 검토한 바와 마찬가지로 리비우스의 역사는 로마의 탄생부터 기독교 세계의 출현까지를 내용으로 하고 있다. 제3권 첫장의 제목은 다음과 같다 : "교파나 공화국을 오래 유지시키려 하는 자는 즉시 그 근원으로 돌아가라." 제목은 교파와 공화국만을 언급하고 있으나 장의 내용 자체는 공화국, 교파, 왕국을 다루고 있다. 이 중에서 교파, 즉 종교의 문제가 중심을 차지한다. 세상의 모든 사물은 하늘이 정해준 목표를 지니고 있다. 그러나 그 사물들은 질서를 지킬 때만, 즉 근원으로 돌아갈 때만 그 목적에 도달할 수 있다. 어떤 사물이든 시초에는 어떤 미덕을 지녔을 것이다. 왜냐하면 그것이 없었다면 최초의 명성을 얻지 못했을 것이고 발전할 수 없었을 것이기 때문이다. 마키아벨리는 공화국에 대해 그의 명제를 가장 먼저 적용시키는데, 갈리아족에 패한 후 로마가 새 삶과 미덕을 되찾는 것을 예로 들고 있다. 로마는 옛 관습들, 특히 종교적인 관례들과 정의를 되찾았는데, 이를 무시했더라면 로마는 사멸했을 것이다. 과거의 미덕을 회복하는 것은 인간을 최초에 선한 상태로 만들어 주었던 폭력과 공포가 부활하는 것과 양립한다. 이

제 마키아벨리는 자신이 의미하는 과거의 체제와 질서의 회복이 근본적으로 무엇인지를 밝힌다 : 인간이 태초에 선했다는 것은 그가 순진무구했기 때문이 아니라, 그가 폭력과 공포—원초적이고 근원적인 폭력과 공포—에 사로잡혀 있었기 때문이다. 태초에 사랑이 있었던 것이 아니고 폭력이 있었다. 마키아벨리의 완전히 새로운 가르침은 이 근거 없이 단정된 통찰에 기반하고 있다(홉스의 자연상태에 대한 견해를 예견하고 있다고 할 수 있다). 그 다음에 마키아벨리는 교파에 대한 논의로 관심을 돌린다. 그는 그의 명제를 "우리의 종교"의 예로 선명히 부각시키고 있다 : "만일 우리의 종교가 그 시초나 성 프란시스코와 성 도미니크의 교리로 돌아가지 않으면 완전히 소멸하고 말 것이다. 그들만이 빈곤과 예수를 따르는 행동으로써 이미 신앙이 완전히 소멸한 인간의 가슴에 다시 신앙을 가져다 줄 것이기 때문이다. 그리고 이 새 교파는 고위 성직자들의 불멸성을 지켜주고 종교 지도자들이 우리의 종교를 파멸시키지 않도록 하는 데 큰 역할을 하고 있다. 프란시스코파나 도미니크파 수도사들은 청빈하게 살며 고해와 설교로 민중 사이에 신망을 얻고 있어서 사악한 일의 사악함을 말하는 것은 나쁘다거나, 고위 성직자들에게 복종하라거나, 고위 성직자의 죄는 신이 심판하도록 두라는 것 등을 설득시킬 수 있기 때문이다. 따라서 성직자들은 그들이 볼 수 없는 형벌을 두려워하지 않기 때문에 최악의 행동을 한다. 이 혁신은 유지되었고, 결국 종교를 유지시켰다." 여기서 시초로 돌아가는 것은 새로운 질서를 창출함으로써 달성되었다. 마키아벨리는 프란시스코파나 도미니크파가 기존의 기독교 위계질서를 손대지 않고 있어서 단순히 원시적인 기독교로 되돌아간 것은 아니라고 생각하기 때문에 이렇게 말하고 있는 것이다. 그러나 새로운 질서의 창출은 마키아벨리가 『논고』의 결론 장에서 강조했듯이 공화국을 위해서도 필요하다 : 과거의 체제와 질서를 소개하는 일은 새로운 체제와 질서의 서론에 불과하다. 물론 프란시스코파와 도미니크파의 기독교 개선과 공화제의 개선은 다르다. 공화제의 개선은 눈에 보이는 악에 저항하는 것이기 때문에 지배자를 포함한 공화국 전체를 개선의 대상으로 한다. 기독교 교리는 원초적인 것이 사랑이라고 전제하기 때문에 악에 저항하지 않는다. 이러한 교리는 무질서와 회피로 이끌어가게 마련이다. 우리는 이와 완전히 반대되는 전제에서 시작해야 한다.

우리는 『논고』의 장수가 의미 있고 신중한 선택의 결과임을 이미 살펴보았다. 그래서 우리는 『군주론』의 장수도 의미가 있는 것이 아닌가 생각해 보게 된다. 『군주론』은 26장으로 이루어져 있다. 26은 히브리어로 성스러운 하느님이라는 4단어로 된 말에 쓰인 글자수이다. 그러나 마키아벨리가 이 사실을 알고 있었는지는 의문이다. 26은 13의 2배이다. 13은 현대나 혹은 과거의 어느 때 불운의 숫자로 여겨졌었으나 그 이전에는 오히려 행운의 숫자로 여겨졌었다. 따라서 "13의 곱"은 행운과 불운 양자를 함께 의미하게 된다. 행운이란 운명(fortuna)을 의미한다. 이에 따라 우리는 마키아벨리의 신학을 "신(神)은 운명이다"(Deus sive fortuna)라는 말로 표현할 수 있는데[이는 스피노자의 "신(神)은 자연이다"(Deus sive natura)와는 구별되는 개념이다], 이에 따르면 신은 인간의 영향에 굴복한다고 여겨지는 운명이라고 해석할 수 있다. 그러나 현재의 경우 이를 주장하는 것은 "너무나 요원하고 고귀한" 논쟁을 불러일으킬 수 있다. 그러므로 『논고』의 제26장에서 무엇인가 도움을 얻을 수 없는지 살펴보자. 이 장의 제목은 다음과 같다 : "새로운 도시나 국가를 건설한 군주는 마땅히 모든 것을 새롭게 해야 한다." 이 장의 주제는 『군주론』의 가장 중요한 주제인 새로운 국가에서의 새로운 군주이다. 선행하는 장의 끝부분에서 마키아벨리는 다음과 같이 주장했다 : 절대적인 권력을 건설하려는 사람, 다시 말해 독재정치를 실시하려는 사람은 마땅히 모든 것을 새롭게 해야 한다. 그러므로 우리가 논하고 있는 이 장의 주제는 "독재정치"(tyranny)가 되는데, 이 장에서 "독재정치"라는 용어는 전혀 쓰이지 않고 있다. "독재정치"라는 단어는 26장으로 구성된 『군주론』에서나 『논고』의 제26장에서나 모두 기피되는 용어이다. 이 장의 가르침은 다음과 같다 : 자신의 국가에서 절대적인 권력을 건설하고 싶은 새로운 군주는 모든 것을 새롭게 해야 한다. 그는 새로운 이름, 새로운 권위, 새로운 사람으로 새로운 관직을 구성해야 한다. 그는 다윗왕이 그렇게 했듯이 부자를 가난하게 하고 가난한 자를 부유하게 해야 한다 : qui esurientes implevit bonis, et divites dimisit inanes. 결론적으로 그는 그의 국가에 있는 어떤 것도 손이 미치지 않는 것이 없도록 해야 하며, 어떠한 계급의 재산도 왕에게 속해 있다는 사실을 깨닫게 해주어야 한다. 그가 취해야 하는 행동은 기독교적 삶뿐만 아니라 모든 인간적인 삶에 비추어 볼 때 잔인하고 사악한 것이다. 따라서 모든 사람들은 인간성을 황폐화시키는 군주가 되기보다는 평범한 인물이 되려 한다. 개정판 성서에 의하면 이 장에 나타난 라틴어 인용구는 다음과 같이 번역된다 : "그는 배고픈 자들의 곳간을 훌륭한 것으로 채워주었으며, 그는 부자들의 곳간을 텅텅 비게 했다." 이 인용구는 후에 예수로 불리게 되는 아들을 낳게 될 것임을 천사 가브리엘에게서 듣고 성모 마리아가 감사드리는성모 마리아 찬가의 일부분이다 : "가난한 자의 곳간을 채워주고 부자의 곳간을 비게 할" 사람은 다름 아닌 하나님 그 자신인 것이다. 이 장의 맥락에 따르면 하나님은 전제군주가 되는 것이고, 가난한 자를 부유하게 하고 부유한 자를 가난하게 한 다윗왕은 전제군주로의 길로 나아갔으므로 신의 뜻대로 지배한 왕이 되는 것이다. 우리는 이 구절이 『군주론』과 『논고』에서 신약성서가 인용된 유일한 예임을 기억할 필요가 있다. 그리고 이 유일한 인용구는 신에게 가장 심한 모욕을 가하는 데 사용되었다. 마키아벨리를 옹호하는 사람은 신에 대한 모독은 드러나지 않고 암시적일 뿐이라 한다. 그러나 이 변호는 마키아벨리를 돕기는커녕 다음과 같은 이유로 마키아벨리를 오히려 난처하게 한다 : 만일 모독이 공개적으로 드러나면 모든 선한 사람들은 그를 외면하고 그를 벌할 것이다. 죄는 완전히 그의 것이 된다. 반면 숨겨진 모독은 그 모욕한 자를 벌로부터 보호해 준다는 문제도 있지만, 이를 읽고 듣는 사람이 공범자가 되게 하기 때문에 나쁘다. 마키아벨리는 자신의 글을 읽는 "청년들"로 하여금 죄가 될 사고를 하게끔 하여 그들과 친밀한 관계를 유지했다. 이러한 공범의식은(이러한 사고가) 유죄임을 판단하는 재판관들에 의해서도 형성된다. 마키아벨리는 이를 의도하고 있었다. 이것이 그의 청년 교육에서 중요한 부분을 차지하고 있었고 그가 청년들을 타락시켰다는 말을 듣게 된 원인이 되었다.

만약 지면이 허락한다면 13의 배수가 되는 『논고』의 장들을 살펴보기로 하자. 나는 그 중 하나인 제2권 5장을 다루고자 한다. 이 장의 제목은 다음과 같다 : "교파와 언어의 변화는 홍수와 전염병과 더불어 전통을 파괴시킨다." 마키아벨리는 이 장을 그들의 논쟁에 반론을 표하는 몇몇 학자들이 제기하는 문제로 시작하고 있다. 이 문제를 논하는 학자들은 세계가 영원하다고 주장한다. 마키아벨리는 다음과 같이 답해야 한다고 "믿었다" : 만일 계속 나이를 먹는다면 5천 년 이상의 기억을 간직하고 있어야 한다. 마키아벨리는 성경의 이름으로 아리스토텔레스에게 이의를 제기한다. 그러나 그는 계속 다음과 같이 이야기하고 있다 : 부분적으로는 신에게서, 또 부분적으로는 인간 자신에게서 기인된 다양한 이유로 시간의 기억이 파괴되는 것을 본 일이 없는 사람은 그러한 답변을 할 것이다. 마키아벨리는 반기독교 논쟁으로 가장 잘 알려진 아리스토텔레스의 추정된 논박을 부정한다. 그는 다음과 같이 계속하고 있다 : 인간에게서 비롯된 원인은 교파와 언어의 변화이다. 새로운 교파가 등장하면 이는 곧 새 종교가 등장한다는 말인데, 그 교파는 우선 명성을 얻기 위해 기존의 종교를 소멸시키려 한다. 이때 새 교파의 교리를 건설한 사람이 다른 언어를 사용하면 기존의 교파를 쉽게 붕괴시킬 수 있다. 이는 기독교 교파가 이교도 교파를 몰아낸 과정을 생각해 보면 쉽게 깨달을 수 있다. 전자는 후자의 모든 교리와 의식을 폐지시켰고 고대 신학에 대한 모든 기억을 파기시켰다. 이교도의 훌륭한 학자들에 의해 이룩되었던 지식들이 완전히 소멸되지 않은 것은 기독교도들이 자신들의 교리를 기록하기 위해 계속 라틴어를 사용했기 때문이다. 만일 그들이 다른 언어를 사용했더라면 과거에 대한 어떤 기록도 남아 있지 않을 것이다. 과거의 기억을 소멸시키기 위해 시와 역사기록을 태워버린 것이 얼마나 훌륭한 일이었던가를 알기 위해서는 성 그레고리와 다른 성직자들 간의 회의록을 읽기만 하면 된다. 만일 그들이 새로운 언어에 대한 성가신 요구에 가담한다면 모든 것은 짧은 시간에 잊혀지고 말 것이다. 이러한 과도한 허풍을 통해 마키아벨리는 "시간의 악의"에 의해 많은 부분이 유실되었던 리비우스를 되찾는 것으로 대표되는 그의 작품배경을 그려보여 주고 있다(제1권 2장). 나아가 그는 새로운 교리가 새로운 언어로 쓰여진 이슬람교의 행동과 기독교도들의 행동을 비교하고 있다. 기독교와 이슬람교의 차이는 기독교도들이 이슬람교도들보다 이교도의 옛 문화에 대해 더 존경심을 갖고 있어서 생긴 것이 아니라, 이슬람교가 동로마제국을 정복한 것처럼 완전하게 기독교가 서로마를 점령하지 못해서 라틴어를 반드시 써야 했고, 이교적인 로마 문학을 어느 정도 유지해야 했기 때문에 생긴 것이다. 곧이어 마키아벨리는 이 교파가 5천-6천 년 동안 두세 번 변화했다고 말한다. 그는 이에 따라 기독교 세계의 수명을 추정했는 데, 가장 길게 잡아 3천 년, 짧게 잡으면 1천 666년이 된다. 이는 『논고』가 쓰여진 후 약 150년이 지나면 기독교 세계가 몰락하리라는 것을 의미한다. 마키아벨리가 이러한 문제를 다룬 최초의 인물은 아니다[cf. 게미스토스 플래손(Gemistos Plethon)은 마키아벨리보다 훨씬 낙관적이다].

그러나 무엇보다도 마키아벨리가 중점을 두고 있는 것은 기독교조차도 신에게서 비롯된 질서가 아니고 인간의 질서라는 점이다. 우리가 망각을 일으킬 만한 변화 중 신에 의해 주어지는 것은 전염병과 배고픔, 홍수 등이다 : 신적인 것은 자연적인 것이고 초자연적인 것은 인간이다.

마키아벨리가 거론하는 종교에 관한 내용은 독창적인 것이 아니다. 이는 그가 종교를 "교파"라는 용어로 부르고 있다는 것에서 지적될 수 있는데, 그는 종교에 대해 어떠한 타협도 거부하는 중세의 아리스토텔레스 학파인 아베로에스주의(Averroism)로 나아가고 있다. 마키아벨리의 종교에 대한 가르침이 독창적인 것은 아니라 해도 이를 밖으로 드러내는 방법은 영리했다. 그는 환경의 요구에 따라 그 사용이 결정되는, 국가에 봉사하는 신학이 있을 뿐이라고 주장하면서 그는 강력하고 유능한 군주가 있다면 종교가 없어도 된다고 주장한다. 이는 종교가 공화국엔 필수적인 요소임을 함축하고 있다.

『논고』에 나타난 도덕정치에 관한 가르침은 『군주론』에 나타난 것과 근본적으로 같은 내용이지만 중요한 차이점이 있다 : 『논고』는 독재자가 어떻게 공화적 질서를 붕괴시키는가도 가르치지만 공화정에 대해 중점적으로 다루고 있다. 마키아벨리가 군주제보다는 공화정을 선호한다는 것은 확실하다. 그는 국민생활을 향상시키는 데 기여하지 않는 억압, 특히 공평하며 까다롭지 않은 형벌의 확립에 도움이 되지 않는 억압은 몹시 싫어한다. 그는 관대한 사람이지만 정치적인 삶에서는 관대함이라는 것이 빈틈 없는 계산임을 잘 알고 있었다. 『논고』에서 그는 카밀루스(M. Furius Camillus)를 찬양함으로써 자신의 선호를 분명하게 보여주고 있다. 카밀루스는 리비우스에 의해 제2의 로물루스로, 또한 아주 사려 깊은 실천가인 제2의 로마 건설자로 찬양되고 있으며, 나아가 최고의 지배자로 칭송되고 있다. 그러나 마키아벨리는 카밀루스를 "로마장군 중 가장 신중한 사람"이라 했다. 그는 카밀루스를 선과 미덕, 인간애와 성실성, 지혜 등을 갖춘 최상의 인물로 평했다. 그는 특히 좋을 때나 곤경에 빠졌을 때나 똑같은 마음 상태를 유지하는 카밀루스의 평정심을 높이 평가했다. 카밀루스는 갈리아족과 싸워 로마를 구하고 영광을 얻었을 때나 추방선고를 받았을 때 모두 똑같은 마음 상태를 유지했었다. 카밀루스는 뛰어난 성품에도 불구하고 추방되었다. 왜 그런 일이 일어났는가를 마키아벨리는 제3권 23장에서 논하고 있다. 리비우스를 근거로 그는 세 가지 이유를 열거했다. 그러나 마키아벨리가 이해한 바로는, 리비우스는 이 세 가지 원인이 동시에 작용하여 카밀루스가 추방되었다고는 보지 않았다. 이 문제에서 마키아벨리는 리비우스가 아니라 플루타르크를 따르고 있다. 그러나 그는 이에 큰 변화를 가한다 : 그는 카밀루스가 추방당한 까닭을 그가 갈리아족에게 승리를 거두고 개선할 때 4마리의 백마가 이끄는 마차를 탔기 때문이라고 보는데, 개선행진을 할 때 사람들은 그가 자부심에 가득 찬 나머지 태양의 신 쥬피터(리비우스는 빛의 신이라 했다)와 동일시되기를 원하고 있다고 보았던 것이다. 카밀루스라는 뛰어난 사람의 다소 충격적인 행동이 마키아벨리의 눈에는 카밀루스의 자부심의 표현으로 비쳤다고 여겨진다. 카밀루스의 바로 이 자부심은 마키아벨리가 이미 잘 알고 있었듯이 카밀루스의 위대함을 능가하는 위대함이 있음을 보여주는 것이다. 카밀루스는 새로운 체제와 질서의 창출자는 아니었다. 이를 다르게 표현하자면 카밀루스는 전형적인 로마인으로서 위엄 있는 사람인데, 마키아벨리가 그의 희곡 『만드라골라』(*La Mandragola*)에서 묘사했듯이 인간의 삶에는 경솔함도 필요한 것이다. 그는 진지함과 경솔함이라는 두 요소를 절묘하게 조화시키고 있다는 이유로 대(大)메디치를 존경한다.

마키아벨리의 가르침 전체를 판단하는 것은 상당히 혼란스러운 일이다. 이에 대한 가장 단순한 답은 다음과 같다. 마키아벨리가 리비우스를 제외하고 가장 많이 인용하는 사람은 크세노폰이다. 그러나 그가 인용하는 책은 『키루스의 교육』(*The Education of Cyrus*)과 『히에로』(*Hiero*)뿐이다. 그는 크세노폰의 윤리관의 또 다른 축인 소크라테스적 저술에는 관심을 기울이지 않았다. 마키아벨리는 크세노폰의 절반—필자가 보기에 더 훌륭하다고 생각되는 절반—을 억눌렀다. 마키아벨리는 크세노폰, 플라톤, 아리스토텔레스 등으로부터 도덕적 가르침을 배우지 않았다. 마키아벨리에 의해 모든 것이 새로운 모습으로 등장하게 되었다는 것은 인정하지만 그는 지평을 넓히는 대신 오히려 폭을 좁혔다. 인간에 관한 근대 이론들은 이와 같은 특성을 지닌 것이 많다.

마키아벨리는 종종 소피스트들과 비교된다. 마키아벨리는 소피스트나 소피스트로 유명한 학자를 거론한 일이 없다. 그러나 그는 이 문제를 『카스트루치오 카스트라카니의 생애』(*Lafe of Castruccio Castracani*)에서 간접적으로 다루고 있다. 이 책은 매혹적인 적은 분량의 책으로, 14세기의 용병대장 혹은 독재자의 이상형에 대해 기술하고 있다. 이 책의 끝부분에서 마키아벨리는 카스트루치오가 듣거나 말한 재치 있는 말들을 기록해 두었다. 이 대부분은 마키아벨리가 디오게네스 라에리티우스(Diogenes Laeritius)의 『위대한 철학자들의 생애』(*Lives of the Famous Philosophers*)에서 인용한 것이다. 마키아벨리는 간혹 몇 가지를 카스트루치오에 맞게 고치고 있다. 디오게네스의 책에는 고대의 철학자들은 소크라테스처럼 죽고 싶어한다고 되어 있는데, 마키아벨리는 이를 카스트루치오의 말로 어울리게 시이저처럼 죽고 싶다는 것으로 고쳤다. 카스트루치오에 기록된 말들은 주로 냉소주의자인 아리스티푸스(Aristippus)와 디오게네스의 말이다. 소피스트로 분류되지 않은 아리스티푸스와 디오게네스를 인용했다는 사실은 우리가 마키아벨리의 "전거"라 할 만한 학자들이 어느 학파였는가에 관심을 가졌을 경우 해답에 접근하는 좋은 길잡이가 된다.

『니코마코스 윤리학』(*Nicomachean Ethics*)의 마지막 부분에서 아리스토텔레스는 소피스트에 대해 다루고 있다. 그의 주된 논지는 소피스트들은 정치학을 거의 수사학과 동일시하고 있다는 것이다. 다른 말로 하자면 소피스트들은 연설의 전지전능을 믿었다는 것이다. 이런 문제로 마키아벨리를 비난할 수는 없다. 크세노폰은 페르시아 왕에게 대항하는 키루스의 원정에서 군대의 지휘자였으며, 유명한 수사학자 고르기아스(Gorgias)의 제자였던 그의 친구 프록세노스(Proxenos)에 대해 이야기하고 있다. 크세노폰은 프록세노스가 정직한 사람이고, 신사들을 지휘할 능력은 있으나 그의 병사들이 그를 두려워하며 따르게 할 능력은 없다고 했다. 그는 신사가 아닌 사람을 벌할 수도 꾸짖을 수도 없었다. 그러나 소크라테스의 제자인 크세노폰은 성공적인 지휘자임이 증명되었는데, 그는 신사와 비신사 모두를 잘 지휘할 수 있었기 때문이다. 소크라테스의 제자인 크세노폰은 정치에 있어서 말을 능가하는 엄격함과 가혹함이 존재하고 있음을 숨기려 하지 않는다. 이 중요한 점에서 마키아벨리와 소크라테스는 소피스트에 대항하여 공동전선을 구축하고 있다.

■■■ Leo Strauss / 이조영 번역

❖ 주 ❖

1_ 역주 : virtú는 단테의 『신곡』(神曲)에서도 힘으로 이해된다.

❖ Readings ❖

A. Machiavelli, Niccolo. *The Prince*.

B. Machiavelli, Niccolo. *Discourses on the First Ten Books of Titus Livius*.

지은이

■ 레오 스트라우스(Leo Strass)

레오 스트라우스(Leo Strauss, 1899–1973)는 시카고 대학 정치학과의 Robert Maynard Hutchins Distinguished Service 교수를 역임했다.

저서로는
『자연권과 역사』(*Natural Right and History*),
『탄압과 글쓰기의 기술』(*Persecution and the Art of Writing*),
『마키아벨리』(*Thoughts on Machiavelli*),
『홉스의 정치철학』(*The Political Philosophy of Hobbes*) 등이 있다.

■ 조셉 크랍시(Joseph Cropsey)

조셉 크랍시(Joseph Cropsey, b.1919)는 시카고 대학 정치학과의 Distinguished Service 명예 교수로 재직 중에 있다.

저작으로는
『정체와 경제』(*Polity and Economy*),
『정치철학과 정치학의 이슈들』(*Political Philosophy and Issues of Politics*) 등이 있다.

서양정치철학사 I

초판1쇄 / 2010년 7월 30일
2쇄 / 2013년 3월 9일

엮은이 **레오 스트라우스/조셉 크랍시**
감 수 **김홍우**
옮긴이 **김영수 외**
펴낸이 **여국동**
펴낸곳 **도서출판 인간사랑**
인 쇄 **백왕인쇄**

출판등록 1983. 1. 26. / 제일-3호

정가 20,000원

ISBN 978-89-7418-555- 8 93160

(410-815) 경기도 고양시 일산구 백석동 1178-1
TEL (031)901-8144, 907-2003
FAX (031)905-5815
e-mail/igsr@naver.com